世界传世藏书

【图文珍藏版】

# 世界大百科

马博◎主编

线装书局

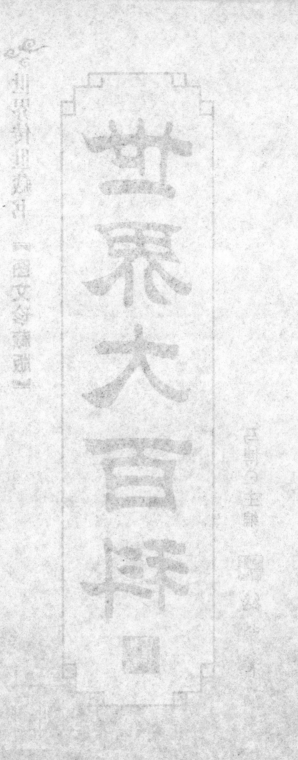

# 目　录

## 艺术百科

## 科技百科

世界大百科

# 艺术百科

马博⊙主编

# 导　读

你可曾听过舒伯特轻柔曼妙的小夜曲？

你可曾听过贝多芬气势恢宏的交响乐？

你可曾意识到《圣安东尼的诱惑》那图画传递的情思已如春风吹过你的心田？

你可曾意识到《俄狄浦斯王》那旋律承载的思绪已如细雨浸润了你的血脉？

……

人类在缔造光辉灿烂的世界文明的同时，取得了辉煌的艺术成就：备受推崇的美索不达米亚石雕、光耀千古的古埃及金字塔和神庙建筑、神圣肃穆的古印度佛教艺术、被誉为“凝固的音乐”和“石头写的史书”的欧洲中世纪建筑、文艺复兴及之后异彩纷呈的世界艺术……这些成就是人类宝贵的艺术遗产。

世界艺术是人类智慧、思想和情感的结晶，其丰富的内涵是广大读者培养审美观点、美的欣赏能力和创造能力的优质土壤。作为世界文明的重要组成部分，世界艺术一直是传承文明的载体。世界文明的进步与变革，都在艺术上留下了印记。譬如，欧洲资本主义生产关系和资本主义文化的萌芽促成了文艺复兴的到来。又如，印象主义、未来主义文学思潮引领了印象派和未来主义绘画的潮流。因此，了解艺术是解读世界文明的蹊径。此外，在世界艺术发展过程中，各艺术门类互相渗透、融合，逐渐形成了独特的美学体系。它对世界各民族心理的形成具有重大的推动作用，是了解世界各民族心理特征和人类社会的一扇窗口。同时，它对广大读者提高文化素质和人生品位大有裨益。可见，了解世界艺术一举多得、终身受用。

走近艺术，艺术的美感可以给你诗意，给你梦想，给你心灵的启迪，让你乘着歌声飞翔。这部分《艺术百科》采用故事性的体例将世界艺术发展史上最具代表意义的经典故事娓娓道来。这些故事介绍了各领风骚的艺术流派、垂范千古的艺术大师和举世公认的艺术杰作。它们多角度、全方位地讲述了世界艺术，成一部全面而有趣的世界艺术史。对艺术杰作的解构揭开了艺术的神秘面纱，指引读者从不同的角度、用不同的思维去欣赏、理解艺术。另外，书中配有几百幅精美图片，包括艺术家的画像与旧照、艺术文物和艺术品图片，它们给世界艺术以丰富、具象的还原，使读者在阅读之旅中学到丰富的知识。

# 音乐艺术

## 法国管风琴大师库普兰和《羽管键琴曲集》

弗朗索瓦·库普兰(FrancoisCouperin 1668～1733)法国作曲家、键盘乐器演奏家。被誉为"法国键盘音乐之父",法国巴洛克时期重要的艺术家。

库普兰的《羽管键琴曲集》是其最具影响的作品,也是倾其毕生精力而创作的。这套曲集共4卷,总数有230余首作品。4卷分别为:第一卷,5套组曲(1～5),作于1713年;第二卷,7套组曲(6～12),作于1717年;第三卷,7套组曲(13～19),作于1722年;第四卷,8套组曲(20～27),作于1730年。这27套组曲,每一套都辑同一调性的各种舞曲而成套,每一曲都有充满诗意的标题,比如第二组曲的终曲为著名的《蝴蝶》,在鲜明的转调中表现蝴蝶飞舞。第四组曲的终曲为《闹钟》,第九组曲的第八曲为《飘动的发带》,第十三组曲的第二曲为《芦苇》,第十四组曲的第一曲为《恋爱中的黄莺》。这200多首作品,短小、细致,一般每曲2～3分钟左右。库普兰的这套《大键琴曲集》不仅对巴赫的键盘音乐产生过重大影响,而且也是德彪西等后来现代印象派音乐的先驱作品。

库普兰

库普兰的大键琴曲以华贵典雅著称,体现出法国18世纪初精巧纤细的巴洛克风格,没有人说库普兰是情绪激昂,不受约束,强烈或者粗野的;而经常被赞誉为"高贵的""温柔的""有教养的""诗一般的""华丽的"。反对他的人说他是轻浮的,迎合人的;而他的拥护者则把他看成是一颗经过琢磨的宝石。在他诞生之后的两个世纪后,法国作曲家德彪西和拉威尔,都给予他像圣人一般的赞誉,称他具有"法国音乐气质的最纯粹和最典型的表现"。

巴洛克艺术是指16世纪后期开始在欧洲流行的一种艺术形式,不仅在绘画方面,巴洛克艺术代表整个艺术领域,包括音乐、建筑、装饰艺术等。巴洛克(Baroque)一词源于西班牙语及葡萄牙语的"变形的珍珠"(barroco)。作为形容词,此词有"俗丽凌乱"之意。

欧洲人最初用这个词指"缺乏古典主义均衡特性的作品",它原是18世纪崇尚古典艺术的人们,对17世纪不同于文艺复兴风格的一个贬抑的称呼,现今这个词已失去了原有的贬抑,仅指17世纪风行于欧洲的一种艺术风格。

虽然有人说巴洛克缺乏古典均衡性的艺术作品,但其实巴洛克艺术家,与文艺复兴的前辈相同,都很重视设计和效果的整体统一性,巴洛克风格以强调"运动"与"转变"为特点,尤其是身体和情绪方面的,同时,巴洛克也是对矫饰主义的一种反动。

在欧洲文化史中,巴洛克惯指的时间是17世纪以及18世纪上半叶(约1600年~1750年),但年份并不代表绝对的艺术风格,特别是建筑与音乐。这一时期,上接文艺复兴(1452年~1600年),下接古典时期、浪漫时期。弗朗索瓦·库普兰代表着法国巴洛克音乐的辉煌。

库普兰1668年11月10日出生于巴黎。父亲夏尔·库普兰(Chades Couperin,1638~1679)是巴黎圣热尔韦教堂(St. Gervais)的管风琴师,早逝后由拉朗德(Lalande)接替他的职位。库普兰10岁时就开始代理拉朗德演奏,18岁时正式接任这一职位。1685年任巴黎圣热尔韦教堂管风琴师。在老师拉朗德的提携下,他于1690年发表了第一部管风琴曲集。1693年起又任皇家圣堂管风琴师,故有路易十四御前管风琴师之称,次年又担任皇家大键琴教师。1702年受封爵士。1700~1717年间担任了凡尔赛宫的大键琴师,此后在巴黎和凡尔赛之间繁忙地生活。1733年9月11日逝世于巴黎。同巴赫家族相似,库普兰家族自15世纪至19世纪也出现了许多音乐家,而弗朗索瓦是成就最高的一位,因他又与他的伯父同名(1631~1701),后人称他为"伟大的库普兰"。

除此之外,库普兰还有40多首管风琴曲,作品涉及弥撒曲、经文歌、康塔塔、室内乐等,写过许多带标题、非组曲结构的小品,立意鲜明,风格清新流畅,具有法国宫廷艺术典雅、细腻、精美、灵巧的趣味。

## 音乐之父巴赫和《勃兰登堡协奏曲》

约翰·塞巴斯蒂安·巴赫(Johann Sebastian Bach1685~1750)是成功地把西欧不同民族的音乐风格浑然融为一体的开山大师。他萃集意大利、法国和德国传统音乐中的精华,曲尽其妙,珠联璧合,天衣无缝。巴赫自己在有生之年并未享有盛名,而且在死后50年中就已被世人遗忘。但是在近来一个半世纪中他的名气却在不断地增长,普遍认为他是超乎时空的最伟大的两三位作曲家之一,而且有些人认为他是其中最伟大的作曲家。

巴赫在《马太受难曲》中,用两组合唱,两组管弦乐,戏剧性地对立起来,而让圣咏的主题在它们之上自由飘荡。这部作品也具有很强的抒情性,作品的结束合唱非常有力量,使用两个合唱队、八个声部,描写耶稣下葬时人们的感情。宽厚的低声部,恰似广阔的河床,旋律在上面奔流。保持着复调音乐的感觉,而庞大的合唱自由宽广地歌唱着,充满着力量。《马太受难曲》的戏剧性和感召力随着时间的推移,得到后人更广泛、更深刻的认可。

巴赫的管弦乐作品中,最著名的是《勃兰登堡协奏曲》,这部协奏曲一共6首,编号BWV1046~1051。这6首著名的协奏曲,是为当时克滕的青年王子利奥波德而作,利奥波德会多种乐器,是一位高水平的音乐爱好者。1718~1719年冬,巴赫从克滕到柏林,曾为勃兰登堡大公演出,大公叫巴赫送一些作品给他,巴赫从他在克滕创作的作品中选了这6首协奏曲,抄完加上献词献给了大公。这6首协奏曲本不是一套,各首需要的乐器组合不同,所以巴赫对它们所起的标题是《六首不同乐器的协奏曲》。这些协奏曲,巴赫使用了当时有可能的乐器编制,当时大公的音乐班子只有6位乐手,而这些协奏曲中即使配器最少的第六首也需要7件乐器,根本无法演奏,结果这些作品就在大公的收藏室内束之高阁13年。大公去世后,召集的乐手解散,不用的乐谱以一部协奏曲48个分尼的废纸价格卖掉。幸运的是这些协奏曲被巴赫的弟子、当时著名的作曲教师奇伦贝格买去,他又把它们送给了他的弟子、普鲁士亚马利亚公爵之女。这位公爵之女就是腓特烈大帝的妹妹,这些手稿才得以保存。

音乐之父巴赫

从某种意义上可以说,巴赫的成名有赖于他的受难乐。受难乐所表现的耶稣的悲剧性经历,不仅具有某种史诗性,同时也是现实生活情感的表现。这种宗教音乐,所表现的悲哀、沉重、压抑的感情,应当说是只有当时的德国人才具有的感情。这种感情,从我们能够听到的,也只有德国人写的最深。

这是因为在巴赫生活的时代,德国处于政治分裂、经济落后的状况,文化艺术暗淡无光。外国的例如法兰西、意大利、英吉利的文化,在德国占绝对优势,自己的民族文化受到轻视。恩格斯曾形容到,"从那个时候起,棍棒和鞭子就在国内占了统治地位;和整个德意志一样,德意志农民降低到极卑微的地位。"在这种情况下,教堂自然成了人们寄托精神情感的地方。

巴赫1685年生于埃森纳赫,10岁时,父母双亡,赴奥尔德卢夫与兄约翰·克里斯托夫共同生活,并在该地学习键盘乐器和管风琴。1700年起在吕讷堡圣米夏埃尔教堂唱诗班任歌手3年,在此期间,从管风琴师、作曲家伯姆那里学习到很多东西。1703~1717年他因创作了一些优秀的管风琴曲和教堂康塔塔而受到人们的注意。1717年被任命为安哈尔特·科滕宫廷的乐长,科滕亲王喜欢器乐曲。巴赫的小提琴协奏曲、奏鸣曲、组曲和《勃兰登堡协奏曲》都在这一时期写成。1722~1750年,巴赫在圣托马斯教堂任职期间,创作了被誉为复调音乐典范的《平均律钢琴曲集》第一卷和《平均律钢琴曲集》第二卷以及250首以上《教堂康塔塔》《马太受难曲》《b小调弥撒曲》。其中包括他的最后一部作品,未完成的《赋格的艺术》。1740年,巴赫的视力开始出现毛病,曾两次做了手术,不仅未能重见光明,反而拖垮了身体。1750年7月28日,巴赫在莱比锡去世,享年65岁。

巴赫一生共有两个妻子,20个孩子。21岁时同他的叔伯二妹结为伉俪,他们一共生了7个孩子,但是当巴赫35岁时妻子不幸去世。翌年他鸾凤再续,可是他的第二个妻子非但不能帮助抚养头7个孩子,反而又给他生了13个。巴赫死后只留下9个儿女,其中有4个成为真正著名的音乐家。这的确是一个音乐天才之家!

在德国的图林根州,"巴赫们"曾成为音乐家的代名词,这是因为巴赫一族,可以上溯到好几代人,其职业都是一种组成行会的音乐职业,世家相传,他们属于音乐艺人这样一种特殊社会阶层。在领主的宫廷中,巴赫的社会地位是仆役性质的,与厨子列在同一个名册上。他不具有自由音乐家的社会地位,其创作的作品并不能直接成为其经济收入的来源,而是归于领主所有。即使成为托马斯的宫廷乐长,他也很难维持在莱比锡的生活,死后也无遗产,不似贝多芬死后还留有股票。他的作品除了在教堂中,在当时演出也很少,死后长期默默无闻。

他的作品有不少是为统治者而写并对其歌功颂德的,但是他不满足于自己屈辱的地位和现状,所以不断地转换他的恩主,寻求能更好发挥自己艺术才能的栖身之处。他甚至说过自己是不得不生活在被人厌恶嫉妒的环境中,并且也曾和宫廷、教会中的恩主发生冲突,所以他也有傲慢、倔强的一面。

复调音乐创作是巴赫一生的最高成就。它体现了巴赫所信仰的德国北方新教的宗教根基,也展示了巴赫精湛的作曲技艺:复杂、精细的线条,严格的对位,和声、复调在作品中的高度平衡,横向、纵向等精雕细刻的品质。《十二平均律》堪称一部《旧约全书》,而《音乐的奉献》《赋格的艺术》既是对巴赫一生复调音乐的总结,也是他对整个巴洛克音乐的概括、发展的总结。

此外,大型声乐作品清唱剧和康塔塔,也构成了巴赫宗教作品的重要组成部分,其音乐语言注入了他全部的天才资源,从而使这些作品比其他范例更具魅力、更经久地流传于世。巴赫的音乐是至高无上的,被人誉为"一切音乐中最惊人的奇迹"。

## "交响曲之父"海顿和《伦敦交响曲——惊愕》

弗朗兹·约瑟夫·海顿(Franz Joseph Haydn1732~1809)古典维也纳乐派的奠基者,18世纪完美的古典主义音乐风格的教父级代表人物,被冠以"交响曲之父"和"弦乐四重奏之父"。

《伦敦交响曲——惊愕》是海顿后期创作的12部"伦敦交响曲"的名曲之一,是海顿的第九十四号交响曲。"伦敦交响曲"大多具有热烈洒脱的主题旋律,充满活力的节奏,应用了活泼明快的乡村舞曲素材和简洁精致的复调性处理。其中4首得了绰号:《第九十四交响曲——惊愕》《第一百交响曲——军队》,《第一百零一交响曲——时钟》,《第一百零三交响曲——鼓声》。这12首"伦敦交响曲"标志着海顿交响曲的最高成就。

提起《惊愕》的曲名,还有一段有趣的传说。据说当时一些贵妇淑女和绅士们总是以高傲的样子走进剧场,而当音乐会开始时他们却都打起了瞌睡。海顿看在眼里,记在心上。

"交响曲之父"海顿

海顿演出他的新作。不知底细的贵妇淑女们，又姗姗来到剧场。幕启了，乐团像往常一样奏起轻快舒畅的第一乐章，贵妇淑女们被音乐熏得陶陶然。接着又是慢板，温和、优美、宁静的第二乐章，就像是一首催眠曲，这时，听众的眼帘已经垂了下去。越来越多的人似乎进入了梦乡。

突然，一种类似雷鸣闪电般的声音，敲击着每个人的耳鼓，一种从未有过的惊恐状，出现在那些贵妇淑女们的身上：或是恐惧的张大嘴巴发不出声；或是离席而逃，慌不择路；或是从座位惊起而呆立不动；或是心脏剧烈跳动而难以自控……千姿百态，洋相尽出。

原来，那一惊人之声，是海顿以乐队的最强力度的演奏而造成的效果。海顿跟贵妇淑女们开了个玩笑。

故事也许是后人杜撰，但此曲后来则有了副题《惊愕交响曲》。

海顿在音乐史上占有重要地位，主要因为他是一位出色的交响曲作曲家。尽管他并非交响曲体裁的首创者，早在巴赫和亨德尔的时代，就已有人在这个领域做了努力，开拓了道路。海顿继承了先辈的成就，确立了交响曲的规范，所以被称为"交响曲之父"。

海顿确立了乐队的双管编制和近代配器法原则，奠定了近代交响乐队的基础。

海顿的作品都与奥地利民间音乐保持着紧密的联系，深刻地反映出海顿纯朴、明朗、幽默和乐观主义音乐风格，并对后代音乐家的创作产生了巨大影响。

海顿1732年3月31日生于奥地利东部临近匈牙利的罗劳镇，其父是世代相传的车匠，母亲是贵族府中的厨工，家境贫困。海顿的童年是快乐的，他被家人昵称为赛佩儿（Sepperl），从小就显露不凡的音乐天分，天生一副好嗓子。6岁时，跟他的表兄弟法郎克接受严格的音乐训练，8岁被维也纳圣斯蒂芬教堂选中担任唱诗班歌童。在这里，他如鱼得水一般刻苦地学习音乐理论与钢琴。

17岁这一年，海顿因变声和在表演中恶作剧式的剪同学的辫子被解雇，此后的10年是他的艰苦岁月。为了糊口他当过仆人、送过信、擦过皮鞋，干过家庭教师。1754年他认识了当时颇负盛名的意大利作曲家、声乐教师N.波尔波拉，海顿向他学习作曲、意大利文和声乐，同时为他的声乐课伴奏，兼当仆人。

1755年海顿受菲恩贝格伯爵邀请，参加在其府邸举办的四重奏晚会，担当四重奏中的小提琴手。次年海顿的第一部《降B大调弦乐四重奏》问世。经菲恩贝格伯爵介绍，1759年海顿应聘担任了捷克莫尔津伯爵府邸中的乐队指挥和室内乐作曲家。在这一年里，海顿创作了《第一交响曲》。

1761年是海顿一生中的一个重要的转折点，由于莫尔津伯爵遣散了乐队，海顿受邀加入埃斯特哈齐亲王宫中的乐队任副乐长，后任乐长。从1761年起直至1790年乐队解散，海顿在埃斯特哈齐宫廷度过了一生中最可贵的30年。在30年的时间里，创作了各类体裁的作品，写出了他的大部分佳作。包括约60部交响曲，40首弦乐四重奏，约30首钢琴奏鸣曲，5首弥撒曲和11部歌剧等。随着他的交响曲的发表，名声大噪。1790年尼科劳斯亲王去世，宫中的音乐组织解体，海顿移居维也纳。

海顿声誉渐著，1764年他的作品在巴黎出版，1765年他的名字第一次出现在英国报纸上。1781年结识莫扎特时，他已蜚声欧洲。年近半百的海顿与初显风华的莫扎特建立了诚挚的友谊。莫扎特自认为是海顿的学生，声称首先从海顿学习了怎样写作弦乐四重奏;他写了6首弦乐四重奏题赠海顿。海顿也十分倾慕和重视莫扎特的天才,他由衷地承认莫扎特歌剧创作方面的优势。在海顿后期的作品中,也显露出受到莫扎特音调柔和、感情细腻风格的影响。

1791年,海顿首次访问伦敦并创作演出,创作了著名的《伦敦交响曲》《惊愕交响曲》等6部作品。于1791年7月荣获牛津大学音乐博士学位,并收贝多芬为徒。1794年,他重访英国,创作技艺日臻完美,又创作了6部交响曲。

1796~1802年,海顿重新为埃斯特哈齐家族服务,但只为一些重大节庆创作音乐。在此期间,他创作了以《创世纪》《四季》为代表的6部雄伟壮丽的弥撒曲、清唱剧。其后,身体每况愈下。1808年3月27日在维也纳再度演出《创世纪》时,海顿最后一次对公众露面。1809年4月9日奥地利对法国宣战,法国军队迅速占领了维也纳。5月31日,海顿在战事倥偬中逝世,享年77岁。遗体安葬于洪德斯图尔姆公墓,1820年改葬于艾森施塔特的伯格教堂,1932年人们又在那里建了海顿陵,陵墓圆顶的天窗周围铭刻着他的名作的标题。

海顿是一位多产的作曲家,作品涉及的范围也十分广泛,海顿一生写有108首交响曲、68首弦乐四重奏及协奏曲、嬉游曲等其他器乐作品;声乐作品有26部歌剧和4部清唱剧。

## 音乐神童莫扎特和歌剧《费加罗的婚礼》

沃尔夫冈·阿玛迪乌斯·莫扎特(Wolfgang Amadeus Mozart 1756~1791)伟大的奥地利作曲家,维也纳古典乐派的杰出代表,音乐神童。

歌剧《费加罗的婚礼》以意大利喜歌剧的形式构思,融合了正歌剧的严肃戏剧矛盾主题,音乐充分显示出莫扎特以音乐塑造戏剧角色的卓著才能。除咏叹调外,重唱成为表现戏剧紧张矛盾场景的重要手段。《费加罗的婚礼》是莫扎特歌剧代表作。

莫扎特的歌剧都是具有市民特点的新体裁。但无论是歌剧《费加罗的婚礼》还是《唐璜》《后宫诱逃》《魔笛》还是大量交响曲、协奏曲、钢琴曲和室内乐重奏,他的作品都洋溢着追求民主自由的思想,并迸发出在巨大社会压力下的明快、乐观情绪。他广泛采用各种乐曲形式,成功地把

音乐神童莫扎特

德、奥、意等国的民族音乐和欧洲的传统音乐有机的联系在一起,赋予它们深刻的思想内容和完美的形式,为西方音乐的发展开辟了崭新的道路。其创作手法新颖,旋律纯朴优美,细节干净细致,配器注重音色效果,发挥了复调音乐的积极作用,对后世音乐创作产生极大的影响。

莫扎特1756年生于萨尔茨堡。当时属于巴伐利亚的一个城市,现在位于奥地利西部。父亲利奥波尔德·莫扎特是萨尔茨堡大主教宫廷里一位小提琴兼作曲家。当他发

现幼年莫扎特出众的音乐天赋，就专心致力于小莫扎特的音乐教育。6 岁时，小莫扎特就能演奏钢琴、管风琴、小提琴，并创作了第一首小步舞曲，9 岁写交响曲，12 岁已经完成了第一部歌剧。莫扎特 6~15 岁期间里，一半以上的时间由父亲带领，和姐姐一起，在欧洲各地长途巡回旅行演出，足迹遍布巴黎、伦敦、维也纳、意大利、德国、比利时和荷兰，这次巡回演出对他一生事业发展产生重要影响。与各地音乐家的接触，使他获得了广博的音乐见识，其中巴赫的小儿子 J. C. 巴赫的歌唱性快板和协奏曲、意大利歌剧艺术和萨马丁尼的交响曲都给他留下深刻印象。童年的这种颠簸生活也有损于莫扎特的身心健康，他过早辞世与此不无关系。然而童年受到的神童礼遇和广博见识，培养了他的艺术家的自尊和市民意识，开拓了他的艺术视野。

成年的莫扎特越来越难以忍受萨尔茨堡的闭塞的环境和大主教仆役的音乐职位。可是 1777 年在欧洲的寻职旅行，以母亲在巴黎去世而悲剧般告终。1781 年他无法忍受大主教的凌辱，毅然向大主教提出了辞职，到维也纳谋生。他是奥地利历史上第一个有勇气有决心摆脱宫廷和教会，维护个人尊严的作曲家。虽然他是一位自由作曲家，但仍然无力抗争封建社会对他的压迫。生活的磨难对他的思想和创作产生了深刻的影响，此后开始了他生命中重要的 10 年。

1781 年，他和大主教决裂后，写出了著名的歌剧《后宫诱逃》。该剧于 1782 年 7 月首演，获得很大成功。1782 年，他在没有征得父亲同意的情况下，同一位曼海姆音乐家的女儿康施坦丝·韦伯结了婚。莫扎特和当时正在维也纳的海顿结下了深厚的友谊，他向海顿学习了四重奏和交响曲创作的经验，并写了 6 首弦乐四重奏赠送给海顿。1784 年，他参加了"共济会"（也叫兄弟会，是拿破仑在埃及创建的，宣言自由平等，兄弟之爱），是维也纳第八支部的成员。他热心地参加了这个带有资产阶级启蒙思想色彩的团体的活动，对它所宣扬的自由、平等、博爱的思想有强烈共鸣，并在这种思想的启示下写出了许多作品。

1785 年，一度倒闭了的维也纳民族剧院恢复，莫扎特有了从事歌剧创作的机会。他写了一部滑稽戏《剧院经理》（1786 年演出）。1786 年完成并上演了《费加罗的婚礼》，该剧影响很大，甚至在布拉格也家喻户晓。1787 年《唐璜》完成并得到演出。在维也纳，莫扎特发现了巴赫的作品。他对巴赫的复调技法进行了深入学习和研究。这对他后期的创作起了重要影响。

1789 年 4 月，贫困中的莫扎特，由他的学生卡尔·利希诺夫斯基公爵带领，到柏林、德累斯顿、莱比锡等地演出。虽然轰动一时，却未能摆脱经济困境。1790 年 1 月，他的歌剧《女人心》上演。2 月，国王去世，莫扎特向继任国王利奥波德二世请求接任宫廷乐长 L. 霍夫曼的职位，得到同意，但未实现。1791 年，他写了歌剧《蒂托的仁慈》，未获成功。同年 9 月写了最后一部歌剧《魔笛》，并在重病中写作大型宗教音乐作品《安魂曲》。

《安魂曲》表现的是：有一天，一位神情冰冷、身着黑衣的陌生人前来拜访，他请大师为他写一首《安魂曲》。陌生人走后，身心交瘁的莫扎特含着眼泪对妻子说，这部作品将为他自己而写。"他带着一种狂热的拼死劲头儿开始写生平最后一部作品——《安魂曲》，莫扎特处于过度劳累的状态中，他摆脱不了这部'为死亡而作的弥撒曲'是为他自己而作的这样一种念头，他认为自己不能活着完成它了，他鞭策自己来写这部充满死亡景象的杰作，开始了与时间进行的悲剧性竞赛。"一个永远的遗憾是，这场竞赛的胜利者是死神,《安魂曲》写到一半时,莫扎特再也握不住手中的笔……1791 年,莫扎特在贫病中死去,葬于贫民公墓。这部传世之作的最终完成者,是他的得意门生修斯梅尔。

在莫扎特身上,处处都体现出典型的艺术家天性。他是一个热爱生活、充满诗意、富于感情的人。他认为穷人最讲信义,"世界上只有穷人才是最好、最真实的朋友,有钱人完全不知什么叫友谊"。他天真、单纯,总是兴高采烈。他易受感动,爱掉眼泪,具有女性般的柔情。他童心不泯,像孩子一样充满了好奇,似乎永远长不大。

在莫扎特短短的一生 36 年里,有 25 年在从事歌剧创作,共写了 20 余部。其中《费加罗的婚姻》《唐璜》和《魔笛》最具代表性。莫扎特最有代表性的交响曲有 7 部。其中《第三十一交响曲》(《巴黎》)是为当时欧洲最杰出的交响乐团之一的巴黎交响乐团谱写的,具有巴黎的音乐风格和丰富的音响,《第三十五交响曲》(《哈夫纳》)实际上是一首小夜曲,《第三十八交响曲》(《布拉格》)常被人们称作"没有小步舞曲的交响曲",它只有 3 个乐章,不再是对意大利交响曲的风格模仿,而是一部地道的维也纳交响曲,《第三十六交响曲》(《林茨》)反映了莫扎特受海顿交响曲创作的影响。协奏曲是除歌剧以外,莫扎特在音乐创作上贡献最为突出的体裁之一。他一生写了 50 余部各种独奏乐器与乐队的协奏曲。这些作品在巴洛克协奏曲的基础上,确立了 18 世纪古典主义协奏曲的结构原则。莫扎特写了 17 部钢琴奏鸣曲、6 部小提琴奏鸣曲和 35 部钢琴小提琴奏鸣曲等,对古典奏鸣曲套曲的发展有一定的贡献,确立了维也纳古典乐派 3 个乐章的奏鸣曲套曲形式。宗教音乐以《追思曲》和《安魂曲》最具代表性。

## 乐坛至圣贝多芬和《英雄交响曲》《第九交响曲》

路德维希·凡·贝多芬( Ludwig van Beethoven 1770~1827)德国最伟大的音乐家、钢琴家,维也纳古典乐派代表人物之一也是最届一位,与海顿、莫扎特一起被后人称为"维也纳三杰"。

他的创作集中体现了他那巨人般的性格,反映了那个时代的进步思想,它的革命英雄主义形象可以用"通过苦难——走向欢乐;通过斗争——获得胜利"加以概括。

《英雄交响曲》作于 1803 年。在之前一年,贝多芬迁到离维也纳车程一小时的海利金宁静村庄作曲,他在那里完成了第二号交响曲。但耳疾恶化使他痛苦万分,因而他写下了海利根施塔特遗书,陈述悲惨遭遇与不幸。后来贝多芬又因康德的哲学观重建信心。"要忘掉自己的不幸,最好的方法就是埋头苦干"。此时他回到维也纳,乐思泉涌,写出了雷霆万钧的《第三交响曲》。此曲原想献给拿破仑,但因拿破仑加冕称帝,贝多芬愤而涂掉拿破仑的名字,改称为《英雄交响曲》。

《英雄交响曲》标志着贝多芬的精神的转机,同时也标志着他创作的"英雄年代"的开始。

贝多芬创作生涯中最伟大的作品《第九交响曲》是全聋后所作。聋子能做音乐,已是妙谈;何况所做的又是世间最伟大的杰作!可知这全是超越心灵的产物,只有能超越人生的大苦闷的精神的英雄,乃能得之。又可知命运对于人类,只能操纵怯弱懦夫,而无可奈何这伟大的精神的英雄。贝多芬的耳疾始于 28 岁的时候,自此至 57 岁逝世,20 余年的日月,全是聋疾为祟的时期。然而大部分的作品却在这时期产生。直到入了全聋期,站在演奏台上听不见听众的拍掌声的时候,他仍继续作曲,终于做出了最伟大的《第九交响曲》而搁笔。临终的时候,他口中还这样叹息:

"唉!我只写了几个音符!"

足可见他抱负的伟大。

贝多芬于 1770 年 12 月 16 日诞生于德国波恩。父亲是该地宫廷唱诗班的男高音歌手,碌碌无为、嗜酒如命;母亲是宫廷大厨师的女儿,一个善良温顺的女性,婚后备受生活折磨,在贝多芬 17 岁时便去世了。贝多芬是 7 个孩子中的第 2 个,因长兄夭亡,贝多芬实际上成了长子。贝多芬的母亲第一次嫁给一个男仆,丧夫后改嫁给贝多芬的父亲。艰辛的生活剥夺了贝多芬上学的权利,他自幼表现出的音乐天赋,使他的父亲产生了要他成为音乐神童的愿望,成为他的摇钱树。他不惜打骂,迫使贝多芬从 4 岁起就整天没完没了的练习羽管键琴和小提琴。7 岁时贝多芬首次登台,获得巨大的成功,被人们称为第二个莫扎特。此后拜师于风琴师尼福,开始学习作曲。11 岁发表第一首作品《钢琴变奏曲》。13 岁参加宫廷乐队,任风琴师和古钢琴师。1787 年到维也纳开始跟随莫扎特、海顿等人学习作曲。1800 年,在他首次获得胜利后,一个光明的前途在贝多芬的面前展开。可是三四年来,一件可怕的事情不停地折磨着他,贝多芬发现自己耳朵变聋了。原

贝多芬雕像

来,钢琴声的分贝数一般在 80~90 分贝之间,人不能在 85 分贝或更高分贝的噪音环境中停留超过 6 小时,贝多芬热爱练习钢琴,因此导致耳聋,但是对于一个音乐家来说,没有比失聪更可怕的了。因而人们可以在他的早期钢琴奏鸣曲的慢板乐章中理解到这种令人心碎的痛苦。

贝多芬无时不充满着一颗火热的心,可是他的热情总是惨遭不幸,他总是交替地经历着希望和热情、失望和反抗,这无疑成了他的灵感源泉。1801 年,贝多芬爱上了朱列塔·圭恰迪尔,他把《月光奏鸣曲》献给她。但是风骚幼稚自私的朱列塔·圭恰迪尔不理解他崇高的灵魂。1803 年与伽仑堡伯爵结婚,这是令人绝望的时刻,贝多芬曾写下遗书。

1803 年他从灰暗中走出来,写出了明朗乐观的《第二交响曲》。之后更多更好的音乐在他的笔下源源不断的涌现。《第三交响曲》(英雄)、《第五交响曲》(命运)、《第六交响曲》(田园),还有优美动听、洋溢着欢乐的小提琴协奏曲,以及绚丽多彩的钢琴协奏曲和奏鸣曲。

1823 年,贝多芬完成了最后一部巨作《第九交响曲》(合唱)。这部作品创造了他理想中的世界。1826 年 12 月贝多芬患重感冒,导致肺水肿。1827 年 3 月 26 日,贝多芬终于咽下最后一口气,原因是肝脏病。在他临终前突然风雪交加,雷声隆隆,似乎连上天也为这位伟大音乐家的去世而哀悼!贝多芬的葬礼非常隆重,有 2 万多人自动跟随灵柩出殡,遗体葬于圣麦斯公墓,而他的墓旁则是舒伯特的坟墓。贝多芬终生未婚。

作曲家只在人世间停留了 57 年,一生完成了 100 多部作品。

## 艺术歌曲大王舒伯特的《魔王》《小夜曲》

弗朗兹·舒伯特(Franz Schubert 1797～1828)伟大的奥地利作曲家,浪漫主义音乐的开创者之一。

《魔王》是一首戏剧性、艺术性很强的叙事歌曲。演唱者要善于用不同的音色变化和感情处理来表现 4 个不同人物。这首歌曲创作于 1815 年,是舒伯特最著名的歌曲之一。

全曲以德国诗人歌德的同名叙事诗为词,通过不同的旋律音调,配上不同的唱腔,以及钢琴模仿持续不断的急驰马蹄声和呼啸的风声的三连音,表现了叙事诗里儿子、父亲、魔王以及叙事者四个性格各异的人物和特定的环境。叙述了一个在昏暗的大风之夜,父亲怀抱生病的儿子在烟雾笼罩的森林里策马疾驰,黑暗中传来昏迷的孩子紧张、惊恐的呼叫,凶恶、狡猾的魔王幻影正引诱、威逼孩子随他而去的故事。这首歌曲虽然是自由发展,但保持了结构的统一和形式的完美。

**艺术歌曲大王舒伯特**

《小夜曲》是舒伯特于 1828 年逝世前数月完成的。原为作者声乐套曲《天鹅之歌》的第四首,由维也纳音乐出版家哈斯林格题名,意借天鹅临死才放喉歌唱之说,暗示这一套曲为作者绝笔。《小夜曲》是作者根据诗人莱尔斯塔勃的诗所作,是一首脍炙人口的名曲。这首《小夜曲》由于旋律优美、动听,也被改编成器乐曲演奏,广受人们喜爱。歌曲结构为二部曲式,大小调交替发展。第一段 d 小调旋律轻盈婉转,情绪柔和明朗,模仿吉他的伴奏,表现了一位青年向心爱的姑娘倾诉爱慕之情。

舒伯特是德国近代艺术歌曲的创始人,所做的 600 多首歌曲显示出卓越超群的曲调写作能力。曲调朴素自然,和声新颖,大小调交替,充满戏剧性。在自然音体系和声基础上巧妙运用变化音;钢琴伴奏风格多样,他把和声、伴奏提高到与诗歌同等重要的地位。在诗与歌之间建立均衡的关系。他的交响曲均采用古典曲式,曲调抒情、和声独特、色彩巧妙,表现出浪漫风格特征。

他采用和声上的色彩变化,用各种音乐体裁形式来刻画个人的心理活动,富有大自然的和谐和生命力的气息,他将瞬息间的遐想行之于乐谱,把感受到的一切化为音乐形象,构成了他独特的浪漫主义的旋律。他对后来浪漫主义音乐的发展起到了极其深远的影响。

舒伯特 1797 年生于维也纳,父亲是一位小学校长,也是他的音乐启蒙老师。1808 年被"帝国"小教堂唱诗班录取为童高音歌手,住进神学院宿舍。在学校管弦乐队拉小提琴,并为这个乐队写了他的《第一交响曲》。1812 年起随萨列里学习乐理。1813 年因变声离开神学院,在父亲的学校担任助理,同时继续大量创作。1814 年 10 月 19 日,舒伯特第一次为歌德的诗《纺车旁的马格丽特》谱曲,据说是这首歌曲导致德国艺术歌曲的诞生,此说虽不精确,却有一定道理。这首歌打开了舒伯特创作灵感的闸门,仅 1815 年一年就写了 144 首歌曲。其中 10 月的一天就写了 8 首。1816 年舒伯特辞去中学的教职,专心从事作曲。1817 年他作为约翰·埃斯特哈齐公爵两个女儿的教师来到茨塞利茨避暑庄园。1819 年和福格尔在上奥地利施太尔度假时写了《鳟鱼五重奏》。1820 年 6 月舒伯特的歌唱剧《孪生兄弟》在维也纳演出 6 场,由福格尔演唱剧中孪生兄弟的角色。同年完成他的《第七交响曲》的初稿,但未配器。翌年写《第八交响曲》只完成两个完整的乐章和 130 小节谐谑曲。1821 年,迪阿贝利第一次出版了他的歌曲《魔王》,其他一些作品随之陆续出版。1823 年,疾病开始折磨舒伯特,住院期间,他写了声乐套曲《美丽的磨坊姑娘》中的一些歌曲。舒伯特一生共创作了 600 多首歌曲、9 部交响曲、2 部弥撒曲和其他一些作品。年仅 31 岁的舒伯特 1828 年 11 月 19 日溘然长逝,被安葬在贝多芬墓附近。

虽然舒伯特并不是艺术歌曲的创造者,但是他短暂一生创作的 600 多首歌曲,使德国艺术歌曲 Lied 一词,而非英语的 Song 或法语的 Chanson,成为音乐史上艺术歌曲的名称。舒伯特表现了浪漫主义艺术家对诗歌的向往,他贪婪地阅读诗歌,选作歌词的既有歌德、席勒、海涅、缪勒、施莱格尔,也有平凡人的诗作。在舒伯特的笔下,所有的诗都变成了音乐。他并不因偏爱诗歌而使旋律有失完整,他善于以自然完美的音乐表现出诗的意境。而且钢琴伴奏的和声、色彩和织体变化都是重要的艺术表现因素。体现了歌词与音乐、人声与伴奏的理想的统一。这是其后只有极少作曲家能够达到的艺术境地。

舒伯特的歌曲有的似质朴的民歌,如《野玫瑰》《菩提树》,有的弥漫着甜蜜和忧郁,如《在海边》《流浪者》,还有的充满了雄辩和紧张的戏剧性,如《魔王》。在音乐形式上有简单的或变化的分节歌和根据歌词贯穿发展的叙述性歌曲。他的主要歌曲还有《纺车旁的马格丽特》《海的静寂》《摇篮曲》《鳟鱼》《死神与少女》和《致音乐》等。

舒伯特的一生是短暂的,贫困潦倒的,在 30 岁那年才有了一台自己的钢琴。舒伯特和贝多芬被后人称为世界乐坛上最灿烂的金星。这两位大师都处于当时封建王朝的黑暗统治时期,他们一生都用音乐艺术来反抗这种统治。舒伯特采用轻蔑漠然的乐观主义去斗争,在作品中除去对黑暗势力的描写,同时还表现出对未来生活的美好期望。其作品风格是以抒情性为主,结构较为自由,旋律性很强。

## 浪漫主义钢琴诗人肖邦和《马祖卡舞曲》

弗列得利克·肖邦(Frederic Chopin 1810～1849)波兰最伟大的作曲家、钢琴家。典型的浪漫主义音乐语言的创造者之一。

马祖卡在肖邦创作中占有重要的地位。肖邦曾经说过:"我的钢琴只熟悉马祖卡。"的确,他一生从未间断马祖卡的创作,共写过 60 多首。肖邦的马祖卡是以马蒂维亚地方的马祖尔、库亚维亚克和奥别列克这三种波兰舞曲为基础的。这三种舞曲有许多共同点。首先它们都是三拍子。其次,马祖尔舞曲的重音可以落在小节内的任何一拍上,但最常见的是落在第二拍。而后一小节又不大重复前一小节的重音位置,库亚维亚克舞曲的重音,虽然也可以落在小节内的任何一拍上,但只要前面出现了,后面则以前面重音位置作为样板,所以,在节奏上比较单调一些;奥别列克的重音则较规律地落在每个第二小节的第三拍上。

在肖邦的作品里,用马祖卡的节奏比后两种要多一些,有时,他还把这两种或三种舞曲用在同一首乐曲里形成对比,他把这几种舞曲统称为马祖卡。

肖邦虽然写了60多首马祖卡,但他绝不是单纯在节奏或风格上简单地模仿。他把它们提高了,成为一幅幅民俗风情画、一首首音诗,表现了波兰的民族精神和气质。

肖邦的马祖卡细分起来,可以归成三类:第一类是民俗风情画式的。它们的旋律都比较朴实,有的还模仿了一些有特色的民族乐器的音色;第二类和民间舞蹈有着密切的联系,情绪都比较欢快,节奏性强;第三类是抒情的马祖卡。

浪漫主义钢琴诗人肖邦

有的揭示了人们的内心世界,有的像是戏剧性的音诗。贯穿肖邦一生的是《马祖卡舞曲》,代表了肖邦对祖国、人民的深沉思念和爱意。肖邦在1830年离开波兰时写了第一首马祖卡舞曲,他一生的最后一首作品也是马祖卡舞曲。

1810年3月1日,肖邦生于华沙附近的热拉佐瓦沃拉。父亲原籍法国,是华沙一所中学的法语教师,后来开办了一所为来华沙学习的外省贵族子弟的寄宿学校。母亲是波兰人,曾在一个贵族亲戚的家庭中任女管家。肖邦幼年时向一位捷克音乐家 W. 日夫尼学习钢琴,8岁时开始公开演奏。1824年师从德国音乐家、华沙音乐学院院长 J. A. F. 埃尔斯纳学习音乐理论。1826年中学毕业后入华沙音乐学院学习,同时开始了他的早期创作活动,1829年毕业于该院。当时正值波兰民族运动走向高潮的年代,反对外国奴役、争取自由独立的民族斗争对青年肖邦的思想产生了深刻影响,培育了他的民族感情和爱国热忱。1830年3月肖邦在华沙演出了自己的早期代表作《第二钢琴协奏曲》(f小调),同年10月在告别华沙的音乐会上演奏了自己的另一部代表作《第一钢琴协奏曲》(e小调),均获得成功。11月2日肖邦携带一抔朋友们赠送的波兰泥土离开华沙,出国深造,从此永远离开了祖国。12月初在维也纳逗留期间得知华沙爆发起义的消息,他为未能参加这次起义而焦急。当时曾想返回波兰参加斗争,被友人劝阻,未能实现。次年初在赴巴黎途经斯图加特时得知起义遭沙俄镇压、华沙陷落的噩耗,精神受到强烈震撼,这些,都在他当时的创作中留下了深刻印记。抵巴黎后,他放弃了去伦敦的计划,在巴黎定居,从事钢琴演奏教学和创作活动。在这里他除了与流亡巴黎的波兰侨民密切交往之外,还结识了西欧文艺界许多重要人物,其中包括波兰流亡诗人 A. 密茨凯维奇,德国诗人 H. 海涅,法国画家 E. 德拉克洛瓦,意大利音乐家 V. 贝里尼,匈牙利音乐家 F. 李斯特等人。这些交往对肖邦精神生活的影响是不能低估的,特别是同法国女作家乔治·桑的关系,对肖邦的思想、生活产生了深刻的影响。他们从1838年同居到1846年关系破裂,前后共生活了 8 年。从 30 年代初抵巴黎到 40 年代中期,肖邦的思想和艺术高度成熟,在创作上获得了极其丰硕的成果。从 1846 年起肖邦的创作开始出现衰退的趋势。其原因是多方面的:40 年代波兰民族运动的几次挫折,使对此一直抱着热烈期望的肖邦在精神上受到了沉重打击,深深陷入了失望和消沉的情绪之中;同乔治·桑之间爱情的破裂,故乡亲人和挚友的相继去世,自己健康情况的不断恶化,这一切都给他的身心造成深深的创伤,加重了他的悲哀和孤独。1848 年衰弱的肖邦去英国逗留了一段时间,从事短期的教学和演奏活动。在那里他为流亡国外的波兰侨胞开了最后一次演奏会。回巴黎后健康情况急剧恶化,1849 年 10 月 17 日逝世于巴黎寓所,临终时嘱咐死后将自己的心脏运回祖国波兰安葬。

肖邦的创作可分 4 个时期。华沙时期(早年~1830 年):这一时期是肖邦一生创作的起点,作品已经闪耀着民族感情和民族风格的光辉。这在他的《d 小调波洛奈兹舞曲》《c 大调马祖卡舞曲》中都有鲜明的体现。而这一时期最重要的作品是 1830 年创作的《第一钢琴协奏曲》与《第二钢琴协奏曲》,这两部作品富于浪漫主义气质,音乐具有民族民间风韵,情绪明朗欢快,充满了对幸福生活的热烈向往。

华沙起义时期(1830~1831 年):这时期,肖邦的创作出现飞跃。肖邦为华沙起义的民族浪潮激起的爱国热情和对祖国亲人的思念,令他创作出强烈爱国主义内容与高度完美艺术形式相统一的早期杰作《c 小调练习曲》(《革命练习曲》)、《a 小调前奏曲》等。

巴黎全盛时期(1832~1845 年):肖邦的具有深刻民族内容、独创的艺术形式和娴熟的钢琴表现技巧的创作日臻完美。他涉猎了各种音乐体裁,从练习曲、前奏曲、马祖卡、波洛奈兹、夜曲、圆舞曲、即兴曲,到结构复杂的叙事曲、谐谑曲、奏鸣曲等,获得极其丰硕的成果。其中《E 大调练习曲》《降 d 小调钢琴奏鸣曲》的第三乐章《葬礼进行曲》《c 小调夜曲》《降 A 大调波洛奈兹舞曲》等尤为突出。

晚期(1846 年后):肖邦这时的创作明显衰退,较重要的作品有《幻想波洛奈兹舞曲》《f 小调马祖卡舞曲》等,依然倾诉着对祖国、亲人的思念与期望。

## 钢琴王子李斯特和钢琴曲《匈牙利狂想曲》

弗朗兹·李斯特(Franz Liszt 1811~1886)19 世纪最辉煌的钢琴演奏家。交响诗大师、钢琴之王、作曲家、指挥家,批评家、作家、神父。

李斯特所创作的 19 首钢琴曲《匈牙利狂想曲》,在他的钢琴作品中占有特殊重要的地位。这些作品不但充分发挥了钢琴的音乐表现力,而且,为狂想曲这个音乐体裁创作树立了杰出的音乐典范。这些作品都是以匈牙利和匈牙利吉卜赛人的民歌和民间舞曲为基础,进行艺术加工和发展而成的,因而都具有鲜明的民族色彩。这些乐曲结构精炼、乐思丰富活跃,音乐语言与音乐表现方法同匈牙利乡村舞蹈音乐和城市说唱音乐有密切联系,乐曲的形式虽然不时地变化,可是音乐形象始终鲜明而质朴,体现了自然美和艺术美的完美统一。

他是最早把匈牙利民族音乐提高到世界水平的民族音乐家,他有爱国思想和民主思想,有积极要求变革生活的热情,也有怀疑和失望的消极情绪,但占主要地位的常常是前者而不是后者。李斯特是肖邦的同代人,但他离开祖国的时间比肖邦更早,因此,他的思想和创作不能简单地纳入"民族乐派"。然而，作为一个匈牙利人，李斯特对祖国的事业真诚关注；民族的历史和英雄人物，民间音乐的音调和节奏，在他的创作中都得到生动的反映和运用；加之他对东、北欧及俄罗斯青年作曲家的大力提携和鼓励，使他在欧洲民族乐派的发展上起了积极的推动作用。在他的祖国，人民始终尊崇他为伟大的"民族艺术家"。

李斯特生于距奥地利边境不远的匈牙利赖丁小镇。1821年举家迁居维也纳，从车尔尼学习钢琴，向萨列里学习作曲。从11岁便开始了辉煌的钢琴演奏生涯。在巴黎他受法国革命思潮和文学浪漫主义运动的影响。吸收肖邦、柏辽兹和帕格尼尼等人的成就。1848年以前，他在欧洲各地演出，受到狂热的欢迎，成为一代具有超凡技艺的钢琴巨人。这一时期主要创作钢琴

钢琴王子李斯特

作品。1848～1861年期间，任德国魏玛宫廷乐队指挥与音乐总监，大力扶植进步的作曲家，演奏他们的最新作品。1854年组织了"新魏玛协会"，几年后组织"全德音乐协会"，使魏玛成为当时音乐文化中心地之一。此间还创作了大部分交响乐作品。由于与塞恩·魏特根斯坦公主的婚姻受挫，在一次关于歌剧演出的争议之后，迁居罗马。接受了低级的圣职，但仍为慈善事业演奏，奔波于罗马、魏玛、布达佩斯，从事创作、教学工作，教授出一批钢琴名家。1886年去维罗特探望女儿科西玛时去世。

李斯特是19世纪欧洲音乐界的天王巨星。关于他的称号有很多："钢琴上的帕格尼尼""钢琴王国里的西泽大帝""钢琴艺术的拿破仑"等。他不只有才华，而且俊朗不凡，当时乐迷对他的疯狂程度，较之现代听众对任何乐坛歌手，包括古今中外，都有过之而无不及。他上台演奏，女士们便尖叫，甚至晕倒。他表演完毕后，女士们便把身上的珠宝掷给他当礼物。不只他的音乐让人陶醉，他的人也是有傲骨的。

有一次，他为沙尼古拉斯一世表演，岂料皇帝竟和邻座的人交头接耳，李斯特马上站起来说："当尼古拉斯陛下说话的时候，一切，包括音乐，都应该肃穆。"然后便离台而去。

李斯特是19世纪最辉煌的钢琴演奏家。他受意大利小提琴演奏名家帕格尼尼的启发，决心在钢琴上创造出同样的奇迹。他的演奏风格继承了克列门蒂、贝多芬的动力性钢琴音乐传统，发展了一种19世纪音乐会的炫技性演奏风格。另一方面他把钢琴视为万能的乐器之王，追求宏伟的交响性音响。他的演奏和钢琴音乐创作大大推进了钢琴艺术的发展。

作为一位作曲家李斯特对19世纪的标题音乐做出了重要贡献。他在柏辽兹的标题交响曲之后，首创出"交响诗"的音乐体裁。这种浪漫主义更为理想的交响乐形式，来源于贝多芬、韦伯、门德勒的序曲。李斯特13首交响诗的标题，明示出它们与文学、绘画、戏剧的密切联系。如《匈奴战役》与绘画相关，《玛捷帕》以雨果同名诗歌为据，《哈姆雷特》是莎士比亚戏剧的主要角色，《普罗米修斯》则与德尔的诗篇有联系。与柏辽兹不同，

李斯特不注重用音乐去描绘场景、事件,他也从不陷入琐细的音乐解说,而追求对作品的内容或艺术形象进行哲理性的概括。他的交响诗更近于贝多芬《交响曲》的传统。李斯特的交响诗是单乐章,保留了奏鸣曲式的一些特征,各段落速度的变化与对比又似把交响曲套曲浓缩在一起,以主导动机贯穿变化达到音乐的统一和戏剧的发展。他的交响诗还有《塔索》《山岳》《理想》《匈牙利》等,其中最常演奏的是《前奏曲》。体现了他的炽热、夸张的音乐情感特点。李斯特还写有《浮士德交响曲》和《但丁交响曲》。他的交响诗在 19 世纪下半叶被各国音乐家广泛采用,成为最重要的浪漫主义乐队体裁。

李斯特的作品多姿多彩、极富想象力,充分挖掘了钢琴的音响功能,对演奏者的技巧提出了很高的要求。作为那个时代最杰出的钢琴家,他对键盘音乐的发展做出了重大的贡献,在他的后期作品中最早使用了 20 世纪才普遍采用的和声语言。它的钢琴曲已列入世界古典钢琴曲的文献宝库。

## 意大利歌剧皇帝威尔第的歌剧《茶花女》《弄臣》

居塞比·威尔第(Giuseppe Verdi 1813~1901),19 世纪意大利歌剧复兴时期最具代表性的歌剧作曲家,有"意大利革命的音乐大师"之称。

作于 1853 年的三幕歌剧《茶花女》。由皮亚韦根据小仲马的戏剧《茶花女》撰写脚本。其剧情描述巴黎名妓玛格丽特被青年阿芒的爱情所感动,甘愿离开巴黎社交生活,与阿芒去乡间同居,靠变卖首饰过纯洁的生活。但阿芒父亲坚决反对儿子与玛格丽特的结合,在他的请求下,玛格丽特为顾全阿芒的家庭声誉,决定牺牲自己的幸福,返回巴黎。阿芒误以为玛格丽特变了心,在巴黎狂赌后,将赢得的金钱掷向玛格丽特,当众辱骂她。玛格丽特受精神打击,一病不起,却为信守诺言,不向阿芒澄清真相。阿芒父亲终于被玛格丽特所感动,向阿芒说明真情。阿芒赶到玛格丽特身边,她已奄奄一息,终于在阿芒怀中停止了呼吸。

在歌剧《茶花女》中,作曲家以一首前奏曲来代替序曲。这段音乐不长,第一个主题是近于静态的旋律,仿佛是在叙述玛格丽特的悲惨生活一般,同时又刻画出了她那温柔妩媚的形象;而加弱音器的弦乐器在高音区奏出的悦耳的音响,又使这段音乐显得特别温暖而诚挚感人。乐曲的第二个主题的调性与和声都很清晰,旋律的进行也显得十分宽广,它是女主角玛格丽特纯真爱情的象征。

三幕歌剧《茶花女》于 1853 年在威尼斯首演后,虽然由于各种社会原因而遭到失败,但它很快就得到了全世界的赞誉,被认为是一部具有出色艺术效果的巨著,并由此成为各国歌剧院中最受欢迎的作品之一。《茶花女》的原作者小仲马说:"50 年后,也许谁也记不起我的小说《茶花女》了,但威尔第却使它成为不朽。"

在四幕歌剧《弄臣》(又名《利哥莱托》)中,作曲家创造了性格优柔寡断、内心感情变化多端的弄臣,风流浮华、多情善变的公爵和纯真深情、富于诗意幻想的吉尔达三个不同的音乐形象。剧中的许多唱段都是世界名曲。第四幕中公爵的抒情歌《女人爱变卦》,节奏轻松活泼,音调花俏,就是这位情场能手的绝妙写照。据说当时威尔第为防止这首歌外传,直至最后一次排练才拿出曲谱。演出时这首歌一炮打响,被再三要求重唱一次。于是这首歌很快就成为世界流行的歌曲。剧中还有许多世界著名的唱段,如第三幕利哥莱托的咏叹调,第二幕吉尔达的咏叹调《亲爱的名字》,第四幕中公爵和玛达林娜、吉尔达、利哥莱托的四重唱等等。

威尔第为这部歌剧写了一首很短的前奏曲,冰冷的铜管音色和不和谐的和声充满了不祥之兆——悲剧气氛即由此奠定。

《咱俩一样》《你们这些狗强盗》和《报仇的时刻终于来到眼前》3 首咏叹调是歌剧《弄臣》中主人公利哥莱托内心情感最集中的体现,是揭示歌剧主题"诅咒"的最主要表现手法。威尔第在他的歌剧咏叹调中打破了传统宣叙调和咏叹调的界限,形成独特的"宣叙——咏叹"风格,形成了独具一格的"威尔第式咏叹调"。在这部歌剧中他充分地利用了这一手法,极为成功地塑造利哥莱托这个具有双重性格的歌剧人物音乐形象,为我们研究和探求他歌剧艺术特征提供了较为直接的途径。

威尔第 1813 年 10 月 10 日生于帕尔马的巴塞托附近的隆高勒,曾就教于当地管风琴手。一个喜爱音乐的杂货商发现了威尔第的音乐才能,自愿资助他入米兰音乐学院就学,但校方不愿接受他,可能因他钢琴演奏欠佳或是因长了一副"农民相貌"。威尔第在米兰随私人学习两年后,回到巴塞托,继续学习并指导镇上的音乐活动,与杂货商之女结婚。1836 年完成歌剧《罗彻斯特》。1839 年《奥贝尔托》在米兰斯卡拉歌剧院上演取得一些成功。1838~1840 年间,妻子和两个孩子相继去世,威尔第悲痛欲绝,发誓不再创作,后被劝说创作了《纳布科》,此剧的极大成功使他成为意大利最著名的年轻作曲家。之后问世的歌剧《仑巴弟人》《雷尼阿诺之战》使威尔第成为意大利民族的光荣和骄傲。1851 年以后,威尔第的创作进入鼎盛时期,歌剧《弄臣》《茶花女》《游吟诗人》《阿伊达》等作品体现了他的民主思想和高度的艺术才能。

1887 年,歌剧《奥赛罗》第一次在米兰上演即被认为不仅是作曲家的最高成就,也是意大利歌剧的最高成就。《法尔斯塔夫》是他最后一部歌剧,直到现在,这部喜剧杰作仍在演出,并受到人们的喜爱。1859 年威尔第与同居 10 年的女高音歌唱家朱塞皮娜·斯特雷波尼结婚。1897 年斯特雷波尼的去世标志着威尔第作曲生涯的结束,此后仅创作了4 首宗教歌曲。1901 年 1 月 27 日,威尔第在米兰圣阿加塔去世,几十万群众涌上街头向他的遗体告别,隆重的哀悼场面超过了国王的葬礼。

威尔第的歌剧依照传统,通常采用历史题材(只有《茶花女》以现实主义手法描绘现代社会),但是他坚持歌剧作为人性的戏剧的观念,处理题材时,他首先重视的是以戏剧情节深刻表现人的性格和强烈的热情,这与瓦格纳歌剧的浪漫性质与神话象征完全不同。威尔第崇拜贝多芬,他继承了罗西尼、贝里尼和多尼采蒂的传统。坚持直接以质朴、热烈的独唱声乐旋律作为歌剧最主要的表现媒介,采用传统分曲式的形式,(在《奥赛罗》中他寻找到了更富有戏剧性地将分曲连贯起来的音乐方法)重唱与合唱都成为歌剧戏剧表现的有力的辅助手段,管弦乐队简捷有效。威尔第的歌剧发扬了意大利歌唱传统,提高了歌剧的戏剧表现能力,而且始终保持着率直、高尚和热烈的艺术个性气质。

威尔第一生的创作代表了意大利 19 世纪下半叶歌剧发展的历史著名作品,26 部歌剧中,两部喜歌剧,其余为正歌剧。

# 法国著名音乐家古诺的《浮士德》《罗密欧与朱丽叶》

查理·弗朗索瓦·古诺(Charles Francis Counod1818~1893)法国作曲家。

《浮士德》是古诺创作的典型的抒情歌剧,剧本作者巴比埃和卡雷只采用了歌德原诗的第一节和女主角玛格丽特与浮士德的爱情悲剧。在这部作品中,古诺使用的现实主义的、丰富多变而又自然的表现手法,用音乐刻画人物性格的高超技巧,符合时代潮流的、较为通俗的曲调,色彩丰富的和声与配器,以及富有戏剧性的情节等等,都是在大歌剧中所少见的。后来古诺又将道白改为朗诵调,增添了芭蕾舞场面,于1859年起由巴黎歌剧院演出,当年就演了57场,相当成功。从此成为最受欢迎的歌剧之一。此后,《浮士德》便盛演不辍,并成为古诺最著名的音乐作品。他的前辈奥伯(Auber)、波瓦第乌(Boieldieu)、哈洛德(Herold)与亚当(Adam),无论作品多么好听、学养多么丰富,但是只要写起剧院作品,本身的优异作曲技巧就完全被抛在脑后;古诺是真正将技巧、剧院、群众结合在一起的第一位法国歌剧作曲家。

几个世纪以来,《罗密欧与朱丽叶》一剧在世界范围内被广泛移植,盛演不衰,尽管情节略有更动,但其艺术感染力始终不减。

在众多的改编本中,以由巴比亚和米歇尔·卡雷改编、古诺作曲的五幕歌剧最为知名,该剧首演于1867年4月27日,地点在巴黎歌剧院。古诺将莎士比亚的严肃悲剧作了抒情化的戏剧处理,旋律悦耳动听,格调优美高雅,富于情感的表现。有评论说这种处理与同类题材的戏剧相比,在思想的深刻性上稍微逊色,但其抒情的特点却使它成为百年来最受欢迎的西洋歌剧之一,剧中两段罗密欧与朱丽叶的二重唱(第四幕在朱丽叶卧室唱的《迷人的夜晚》和第五幕在墓穴中唱的《啊,爱情》)更成为歌剧史上的永恒旋律。另外,第一幕朱丽叶在舞厅的独唱《在我的梦幻中》和第二幕罗密欧在花园的独唱《月边星儿出来了》也广为传唱。

古诺1818年6月18日生于巴黎,1893年10月18日卒于圣克卢。父亲是画家,母亲是钢琴家。古诺自幼从母亲学音乐,后来又拜作曲家A.雷哈为师,在上大学之前已具有相当高的音乐修养,同时还学习美术。1836年入巴黎音乐学院,从E.L.阿莱维学对位法,从J.F.勒絮尔学作曲,从A.齐默尔曼学钢琴。入学第二年即获罗马大奖第二名,1839年获罗马大奖第一名。同年赴罗马进修。1841年5月1日,他的第一部重要作品《三声部弥撒曲》在罗马上演。1842年秋离开罗马回国,沿途访问了维也纳、柏林等地,接触到各国音乐的优秀作品和著名人物。在莱比锡受到门德尔松的热情接待,亲自为他演奏和讲解巴赫的管风琴作品。这些活动对古诺日后的创作产生了深刻影响。回到巴黎后,曾任教堂管风琴师和歌队指挥。1852年任巴黎最大的男声合唱团——"奥费翁合唱团"的指挥。1858年到抒情剧院工作,在这里他写出了第一批成功的歌剧作品,其中包括使他名垂后世的《浮士德》(1859)。由于普法战争的影响,1870年9月古诺携全家避居英国。由于维多利亚女王十分欣赏《浮士德》而得宠于王室,一度是英国音乐生活中的红人。1874年6月返回法国,不间断地创作直至去世。

古诺早年热心宗教,第一部作品即《三声部弥撒曲》。1855年所作《圣塞西勒庆典弥撒曲》是对宗教音乐的一次改革。50年代转向歌剧创作,但前两部《萨福》和《残酷的修女》均归于失败。使他名垂后世的是 1859 年创作的《浮士德》和《罗密欧与朱丽叶》。除 12 部歌剧外,他还作有 3 部交响曲及声乐曲等,其中《教皇进行曲》被采用为梵蒂冈国歌,而最流行的是《圣母颂》。

古诺是一个天主教徒,甚至一度想当神父,他曾写过近 20 首弥撒曲和许多宗教歌曲。1883 年的一天,当古诺听到巴赫的《C 大调前奏曲》时,他马上产生用这首曲子的伴奏音型谱成一首《圣母颂》的念头。所以,这首曲子,当初的确是一首歌颂圣母玛丽亚的音乐作品。

古诺用巴赫的《C 大调前奏曲》分解和弦的伴奏谱成的《圣母颂》,到现在已过了 100 多年。到今天,这首《圣母颂》早已冲破它原先所要表达的内容,它和人们的世俗感情紧紧地联系在一起,成为一首世界名曲。它还被改成各种器乐曲,成为音乐会上喜闻乐见的曲目之一。

## 捷克音乐表情大师斯美塔那的交响诗《我的祖国》

贝德叶赫·斯美塔那(Bedrich Smetana 1824~1884)捷克作曲家、钢琴家和指挥家。斯美塔那,是捷克民族艺术音乐的奠基人。被誉为"新捷克音乐之父",是捷克民族乐派的奠基人。

斯美塔那一直致力于捷克民族歌剧的创作。他的 8 部歌剧以《被出卖的新娘》最为著名。歌剧以捷克农村为背景,善良、质朴的乡民,淡淡的戏剧讽刺;捷克牧歌的旋律,波尔卡舞曲的节奏,别具风情的饮酒合唱,勾画出一幅清新的民族风情的生活画卷。《达里波尔》充满着爱国的激情,《李布舍》则是对贤明公正的民族女先知的歌颂,今天仍是民族庆典必演出的剧目。斯美塔那后期的几部歌剧《两个寡妇》《吻》和《秘密》等继续保持了民族性的倾向。

斯美塔那采用李斯特交响诗的体裁,以波希米亚人质朴、自然的气质描绘了捷克的历史和自然,写出了交响诗套曲《我的祖国》。交响诗套曲《我的祖国》是斯美塔那的代表作,创作于 1874~1879 年间,在音乐史上有着很高的地位,历来被认为是捷克民族交响音乐的起点。作品中充满了爱国的热情,乐曲结构宏伟绚丽,音乐形象富有诗意。斯美塔那是在丧失了听力后用心灵谱写这组作品的,并在每个乐章都加上了内容的说明。

《我的祖国》共分 6 个乐章:第一乐章《维谢格拉德》描写古代捷克的光荣历史。第二乐章《沃尔塔瓦河》描写纵贯捷克的沃尔塔瓦河的风光。第三乐章《沙尔卡》描写民间传说中的女英雄。第四乐章《捷克的田野和森林》生动描写了祖国的自然风光。第五乐章《塔波尔》和第六乐章《布兰尼克山》描写了人民与异族压迫者的斗争。

6 个乐章都可以单独进行演奏,其中最著名的是完成于 1874 年 12 月 8 日的第二乐章《沃尔塔瓦河》。

曲中所描写的沃尔塔瓦河(捷克民族的母亲河)由南向北纵贯美丽富饶的国土,是捷克民族的摇篮。引子中运用长笛和单簧管的音色,逼真地描绘了沃尔塔瓦河源头的两支山泉,潺潺流水,渐渐汇入大河,大河流过回响着猎人号角的森林。乐曲奏出最为著名的河流奔腾的主题,展示了沃尔塔瓦河瑰丽、庄严的景象。随着河水的奔流,一个村庄出现在河岸,村中传来捷克民间的波尔卡舞曲,这是农民在欢乐地举行婚礼。乐声渐渐远去,河水向前奔流,月光下一群水仙女唱着歌,在水面嬉戏。穿过峡谷,沃尔塔瓦河的激流冲击着石坎和峭壁,发出雷鸣般的吼声。沃尔塔瓦河流过捷克的首都布拉格,河面渐渐变得宽广,最终,沃尔塔瓦河波涛滚滚流向无尽的远方。这是一段激奋而欢乐的音乐,旋律抒情妩媚。音乐在史诗般的音响中结束,小提琴的波动旋律滚滚而去。

斯美塔那 1824 年 3 月 2 日生于奥匈帝国波希米亚的利托米什尔(现属捷克共和国)一个小镇的酒坊主家庭,5岁参加弦乐四重奏,6 岁举办钢琴独奏音乐会,8 岁创作第一部作品。1843 年定居布拉格,在贵族家庭中任教师,同时师从普罗克什学作曲。听了李斯特的演奏后,两人成了挚友。1848 年在民族主义者未获成功的起义中,参加过国内的革命战斗。这一年与钢琴家 Katharina Ko - lárová 结

低音管与倍低音管

婚,并在布拉格创建音乐学校。1856 年赴瑞典,任哥德堡爱乐乐团指挥。到魏玛访问李斯特并以李斯特的模式创作了 3 首交响诗,其中有《瓦伦斯坦营地》。1861 年返回布拉格,以音乐会钢琴家的身份游历欧洲。1863 年,任布拉格合唱团指挥和日报评论员。1866 年,他的第一部歌剧《在波希米亚的勃兰登堡人》在布拉格临时剧院上演,并赢得了声誉。斯美塔那被任命为该剧院指挥和《被出卖的新娘》首演的指导,该剧是一部成功之作。1868 年他创作的歌剧《达里波尔》首演失败,被批评为不纯的民族主义。因患梅毒导致全聋,于 1874 年辞去临时剧院的指挥职务。在此后的 5 年里,创作了 6 首交响诗组成的组曲《我的祖国》《e 小调弦乐四重奏》、歌剧《李布舍》(被选为 1881 年布拉格民族剧院落成典礼上上演的剧目)等一系列杰作,斯美塔那从此名扬世界。1884 年,斯美塔那因患精神病,在医院里去世,被作为民族英雄安葬。

斯美塔那的早期作品深受古典大师们的影响,后来结识了李斯特和柏辽兹,对自己作品的传统风格产生疑问,使他逐步摆脱西欧传统古典音乐的束缚,走上民族音乐的道路。在体现音乐的民族性方面,斯美塔那将捷克将民间音乐素养融入自己的作品中,极少直接采用民歌主题,却处处充满了浓郁的捷克民族音乐的风格及意味。斯美塔那是一位具有强烈爱国精神的作曲家,这种精神明显地体现在他的音乐中。斯美塔那一生致力于创立一种具有捷克民族风格的音乐,这种音乐以捷克民歌为基础,他被认为是捷克民族主义流派的创始人,被誉为"捷克民族音乐的奠基人""新捷克音乐之父""捷克的格林卡"。

## 圆舞曲之王小施特劳斯的《蓝色多瑙河》《春之声》

小约翰·施特劳斯(Johann Strauss 1825~1899),老约翰·施特劳斯的儿子,奥地利著名的作曲家、指挥家、小提琴家、施特劳斯家族的杰出代表。

《蓝色多瑙河》被誉为奥地利的国歌,是圆舞曲之王。小施特劳斯创作这首世界名曲的灵感来自一篇描写爱情的诗歌,其中有一句"多瑙河,美丽的蓝色多瑙河"。诗句那流畅的音节使他受到了强烈的感染。当时,小施特劳斯正在为维也纳男声合唱团创作一首

声乐曲,他就将《蓝色多瑙河》作为那首男声合唱曲的标题,而且把它化入了乐曲的序奏之中,使人们在乐曲一开始就能联想起这条汨汨奔流的大河。说来奇怪,这部日后成为维也纳音乐标志的不朽名作,在初次与听众见面时,却被认为是小施特劳斯为数不多的一次败笔。听到演出失败的消息,小施特劳斯倒一点也不在乎,当时,他只是咕哝了一句:"嗯,那就让它见鬼去吧。"要不是小施特劳斯在这之后不久,应邀赴巴黎参加国际博览会,那么《蓝色多瑙河》很可能就会湮没在他为数众多的乐稿之中而被人遗忘了。

圆舞曲《春之声》作于 1883 年。当时作者已年近六旬,但本曲依然充满活力,处处散发着青春的气息。据说小施特劳斯只用了一个晚上在钢琴上即兴创作出本曲的,因此本曲最早的版本是一首钢琴曲,后经剧作家填词而成为流行一时的声乐曲,直到现在,本曲的声乐版本仍然是许多花腔女高音十分喜爱的曲目。本曲的管弦乐版本也十分流行,百余年来一直深受世界人民喜爱。本曲是小施特劳斯不朽的名作。作为一首圆舞曲,本曲与作者其他的圆舞曲迥然不同:它并不是典型的维也纳圆舞曲体裁,其节奏自由、充满变化,旋律生动而连贯,具有较强的欣赏性,很少用于伴舞,原谱中也没有注明各个段落,另外本曲还带有回旋曲的特征。全曲具有相当高的艺术性,雅俗共赏、经久不衰。曲中生动地描绘了大地回春、冰雪消融、一派生机的景象,宛如一幅色彩浓重的油画,永远保留住了大自然的春色。

小约翰·施特劳斯出生在维也纳。他的父亲希望他将来成为一个银行家而不是一个音乐家。尽管如此,他还是从小就暗地里学习小提琴。讽刺的是,他的小提琴老师正是他父亲的管弦乐队的首席小提琴,弗朗兹·阿蒙(Franz Amon)。然而,父亲终于发现了小施特劳斯把时间"浪费"在了音乐上,两人大吵一架。在小施特劳斯 17 岁那年,老施特劳斯与他的情妇埃米莉·特兰布施(Emilie Trambusch)离家出走。这样,小施特劳斯能够专心从事他所热爱的音乐事业了。

之后,小施特劳斯向开办私人音乐学校的约阿希姆·霍夫曼(Joachim Hoffmann)教授学习了对位法和和声技法。在与指挥家约瑟夫·德雷施勒(Josef Drechsler)学习和声时,他的天赋得到了极大的认可。同样,他在他的另外一位小提琴老师,维也纳宫廷剧院(Vienna Court Opera)的芭蕾舞辅导教师安东·科尔曼(Anton Kollmann)那里,也得到了极高的评价。由于这些人士的高度评价,他成功地从权威人士处得到了公开演出的不成文许可。随后,他很快在"Zur Stadt Belgrad"酒馆(维也纳的音乐家们寻找职位的固定去处)招募了充足的人手以扩充他的乐团。然而由于他父亲的巨大影响和势力,几乎没有任何剧院提供给小施特劳斯演出的合约。最终,小施特劳斯终于说服了维也纳 Hietzing 区的多玛耶尔赌场(Dommayer's Casino)提供给他一个初次亮相的机会。当地媒体疯狂地报道这场父子间的"施特劳斯家族内战"。老施特劳斯本人对儿子不服从自己的命令极为恼怒,一怒之下他决定在有生之年永远不在多玛耶尔赌场登台演出,尽管 Hietzing 区是他早年多次演出的辉煌成功的见证地。

小约翰·施特劳斯觉得自己早年的生涯很困难,但他很快就赢得了公众的欢迎。他的第一个重要的职务是作为"第二维也纳市民旅的指挥家",这是一个荣誉职务,这个职务在约瑟夫·兰纳死后有两年时间空着。1848 年 2 月 24 日在维也纳爆发了市民革命。小施特劳斯与他的父亲彻底吵翻,他加入革命派阵营,这对他来说从音乐的角度和从职业的角度都不利。奥地利皇家两次拒绝他出任皇家舞会指挥的职位。此外维也纳警方还拘捕他因为他公开演奏了《马赛曲》。这支曲子被看作是一支呼吁革命情愫的曲子。1849 年老施特劳斯在维也纳死于猩红热，小施特劳斯将他们两人的乐队合并到一起重新开始周游欧洲。最后小施特劳斯的名望甚至超过了他父亲。他成为世界上最有名的华尔兹作曲家。他与他的乐队周游奥地利、波兰和德国。往往在他的音乐会上他只指挥一个曲子，然后他就得赶到另一个音乐会上去了。当时各地的表演场地都以在门外贴出"施特劳斯在此演奏！（Heut Spielt derStrauss！）"的告示为卖点。另外，小施特劳斯还访问了俄国并在那里写了不少曲子。但他回到维也纳后又把这些曲子的名称改掉了来合乎维也纳人的口味。在随后的 1870 年，他到了英国访问，并与首任妻子在伦敦皇家歌剧院同台献艺。同一时期他还在法国、意大利和美国举行过音乐会，当中更在波士顿音乐节指挥了一场怪兽音乐会（Monster Concert），也就是指挥1000 多名乐手演奏他的首本名曲《蓝色多瑙河》。

维也纳金色大厅

小约翰·施特劳斯的第二位妻子 Angelika Dittrich 与他之间不仅在年龄和见解上差异很大，而且他们之间的音乐兴趣也不同。最糟糕的是他的第二位妻子到处唠叨他们的私事，这迫使小施特劳斯决定与她离婚。但由于他的离婚请求未被批准，小施特劳斯为此改变了他的宗教，并于 1887 年 1 月 28 日成为萨克森-科堡-哥达公国的公民。小施特劳斯的第三位夫人阿德蕾·施特劳斯（Adele Strauss）对他晚年的创作有很大的推动性作用。阿德蕾令小施特劳斯再次发挥其创意，创作出《吉卜赛男爵》《森林主人》等经典名剧和《皇帝圆舞曲》《皇家庆典圆舞曲》《东方童话》《聪明的葛丽特》等名曲。

## 意大利音乐情圣普契尼和歌剧《图兰朵》

贾科莫·普契尼（Giacomo Puccini 1858～1924），威尔第之后最伟大的意大利歌剧作曲家，19 世纪末至欧战前真实主义歌剧流派的代表人物之一。

《图兰朵》是普契尼的最后一部歌剧，取材于 C. 戈齐的神话剧，在这部作品里他坚持了创作的现实主义原则，摆脱了原著的象征性，使全剧充满生活气息，人物都是富有激情的活生生的人。他在这里一反过去常采取的抒情室内风格，恢复了几乎被人忘却的意大利正歌剧风格，有雄伟的合唱、辉煌的独唱段落、丰富多彩的音响效果等。由于戏剧的背景是古代中国，采用了中国民歌《茉莉花》的曲调，但其他方面并无中国特色。他在剧中广泛运用了欧洲的古调式，有些表现性强的场面，运用现代和声，形成不和谐的多调性结合。可惜写到第三幕时普契尼因病逝世，剩下的部分由他的学生 F. 阿尔法诺根据他的草稿完成。1926 年 4 月，当《图兰朵》在著名的斯卡拉歌剧院首演，获得巨大成功。指挥大师托斯卡尼尼在第三幕临近结尾时放下指挥棒，转向观众低声宣布："大师的作品在这里结束。"

普契尼的第一部歌剧是为参加比赛而作的独幕剧《群妖围舞》(Le Villi)，虽然没有得奖，却得到意大利著名诗人、剧作家、作曲家博伊托(Boito,1842~1918)的青睐。这部歌剧于1884年在米兰上演。1893年上演的歌剧《玛侬·莱斯科》获得成功，1896年又推出《艺术家的生涯》(La Boheme 又译《绣花女》)。有趣的是，《艺术家的生涯》开始时并不受欢迎，但很快就以其人物塑造鲜明、感情表现到位、技巧娴熟而成为一部最流行最受人喜爱的杰作。1904年的《蝴蝶夫人》(Madama Butterfly)开始时也并不像事前想象的那样成功，但在普契尼将它改编为三幕歌剧后，得到社会的广泛推崇，作曲家本人也像一个大英雄一样，获得无尽的掌声和喝彩。

普契尼1858年生于卢卡。家族世代从事音乐事业，10岁时入教会唱诗班，16岁任风琴演奏师，1880年入米兰音乐学院随巴齐尼和蓬基耶利学作曲，以《群妖围舞》参加松佐尼奥的独幕歌剧比赛，虽遭到评奖团的拒绝，却获得了博伊托的好评并于1884年在米兰上演。威尔第的出版商里科尔第听了这部歌剧后，委托普契尼创作歌剧《埃德加》，该剧于1889年首演失败。然而，1893年上演的《玛侬·莱斯科》证明里科尔第的信任是正确的。在这部歌剧中，成熟了的普契尼显示出他的热情而又丰富的写作才能，使得这部作品成为他的代表作之一。1896年在都灵上演的《艺术家的生涯》，是又一部人物塑造、感情表现、技巧娴熟、广泛流行和深受人们喜爱的杰作。1904年在萨尔都写的另一部歌剧《蝴蝶夫人》，对人物进行了非常成功的心理刻画，而且要求扮演女主角的女高音具有卓越的嗓音和舞台表演技巧。该剧在米兰首演时失败了，3个月后，普契尼在布雷恰重新改编为三幕歌剧上演，在那里该剧受到凯旋般的喝彩，从此它流行之广可与《艺术家的生涯》相媲美。1910~1918年，他的《燕子》《外套》《修女安杰丽卡》《贾尼·斯基基》等歌剧相继问世，充分显示了普契尼天生的戏剧才能。

普契尼的歌剧继承了威尔第的传统，受到真实主义歌剧的影响，并综合了德国浪漫主义歌剧的音乐手法。普契尼的歌剧虽缺少威尔第式的崇高气质，但是他以十分敏锐的戏剧感觉，善于用音乐塑造人物性格和创造出戏剧性的效果。他常用管弦乐队的主导动机为戏剧环境和角色的心境进行烘托，他避免咏叹调与宣叙调截然划分的传统处理，注重音乐的戏剧连贯性，而在重要抒情段落则突出宽广流畅的抒情咏叹旋律。他的《蝴蝶夫人》《图兰朵》《来自西部的少女》表现出他对东西方异国情调题材和音乐的兴趣。

普契尼一生的歌剧创作，在性格塑造、音乐配器、情感表达、戏剧性冲突和技巧方面都表现出其他人所少有的才能。他的12部歌剧和其他一些合唱作品，为他奠定了在歌剧发展史上的崇高地位。应当说，他是20世纪意大利最伟大的歌剧作曲家，是威尔第之后的意大利歌剧界的又一高峰。

从20世纪20年代起，在意大利音乐创作中，意大利歌剧已经失去了主导地位。普契尼继承了意大利歌剧的现实主义传统和人道主义精神，但往往带有悲观和宿命的色彩。普契尼发展了威尔第晚期的艺术成就，不断探索革新艺术表现手法。他借鉴各民族乐派的成就，顺应时代的潮流，兼收并蓄了当代和声、管弦乐法、曲式等方面的新技巧，创造了意大利歌剧新的形象性的朗诵和咏叹风格；乐队担负戏剧性布局的作用，积极参加到舞台情节的发展中去；他力求使歌剧的戏剧性布局动力化，对20世纪的歌剧发展有巨大影响。

诞生于 1930 年的普契尼音乐节，是普契尼音乐节基金会组织的一年一度的音乐盛会，是意大利托斯卡纳大区丰富多彩的文化生活中最受欢迎的文化盛事之一，它不仅是全意大利最重要的音乐节之一，也是世界上唯一一个以作曲家贾科莫·普契尼所命名的音乐节。音乐节在每年夏季七八月间举行，地点选择在普契尼获得灵感而谱写出不朽乐章的地方。

随着时间的推移，普契尼音乐节的影响和声望日益提高。每年成千上万的观众从世界各地慕名而来，欣赏著名指挥家、歌唱家的出色表演，品味由著名导演执导的普契尼的代表作品《蝴蝶夫人》《图兰朵》《波希米亚人》《托斯卡》和《玛侬·莱斯科》以及独特新颖的舞台设计。

## 音画大师德彪西和管弦乐《大海》

阿希尔·克洛德·德彪西（Achille Claude Debussy1862～1918），法国著名作曲家和印象主义音乐的奠基人。

管弦乐《大海》作于 1905 年 3 月，初演于 1905 年 10 月。本曲为德彪西最大的一部交响音乐作品，全曲分为三大部分：

一、《海上的黎明到中午》（片段 1）这一部分顺序描写了：大海的潮水声；夜幕缓慢地揭开，一丝光亮映照在海面上：一轮红日渐渐升起，天空由紫色变为了青色，逐渐地增加了光辉，一幅开阔的大海黎明景色被生动地描绘出来。

二、《波浪的游戏》（片段 2）音乐生动地描绘了白色的浪花拍击海岸时的情景。导入部描写了可爱的小波浪来回动荡的音响。在音乐的继续发展中，英国管奏出可爱的第一个主要动机，给人以悠闲的感觉。

三、《风和海的对话》（片段 3）这一部分开始时，定音鼓的震音刻画出远方激动、飘浮着的雷声。之后，音乐描写了海风吹到海面，引起阵阵骚乱的潮声，犹如风和海的对话。这部作品不仅描绘出了一幅引人入胜的大海波澜壮阔的景象，同时也表现出作者对大自然景物的歌颂和赞美。

**音画大师德彪西**

关于本曲，曾有这样一段佳话。本世纪初，巴黎有一位从来没有亲眼见过大海的绅士，在欣赏德彪西的交响音画《大海》时，仿佛真的看到了惊涛拍岸、浪花飞溅的大海景象，这给他留下了不可磨灭的印象。后来，当他到海滨旅游时，见到了真正的大海，反而觉得有些"不够劲"了。待他旅游归来，得以再次欣赏德彪西的交响音画《大海》时，才找回当初的感觉。此时他不禁惊叹道："哦！这才是大海啊！"

1862 年 8 月 22 日，德彪西生于巴黎附近的圣日耳曼昂莱。双亲经营一家小陶瓷店，后破产倒闭。父亲又因参加巴黎公社起义而被监禁，这使德彪西的幼年生活动荡不安。少年时师从莫泰夫人学钢琴，1872 年 10 月入巴黎音乐学院，师从 A.F. 马蒙泰尔、A. 拉维尼亚克、E. 迪朗等。1880 年底转入 E. 吉罗的作曲班,并开始了初期的创作活动。1880~1881 年两次利用暑假去俄国任富孀梅克夫人的家庭教师,并随她去意大利、奥地利旅行,接触到俄罗斯音乐。他对柴可夫斯基兴趣不大,但深受穆索尔斯基的影响。1884 年德彪西以康塔塔《浪子》获罗马大奖,1885 年去罗马进修,1887 年返回巴黎。80 年代末接受了多方面的影响,如两次去拜罗伊特观看 R. 瓦格纳的歌剧,聆听巴黎世界博览会上爪哇佳美兰乐队的演奏,以及与象征派诗人和印象派画家们交往等等,使他逐渐形成了自己的艺术理想,产生了一系列印象主义风格的代表作。同时,还为《蓝色评论》《音乐评论》《法国水星》《里昂音乐评论》等报刊写作颇有见地的文章,表露了他的音乐美学观。1907 年开始,德彪西不停地到国外旅行,先后在布鲁塞尔、伦敦、维也纳、罗马、布达佩斯、阿姆斯特丹等城市,监督上演他的歌剧,亲自指挥和演奏他的作品。也是在这时,他开始患了致命的直肠癌,创作量大大减少。第一次世界大战期间,他憎恨战争,表示要创造音乐美去代替被敌人破坏的美,决定写作 6 首不同乐器及各种组合的奏鸣曲,以体现他对法国文化传统的热爱。但仅完成 3 首,在备受疾病折磨之后,于 1918 年 3 月 25 日逝世于巴黎。

德彪西的创作可分为 3 个时期:

早期(1890 年前)为音乐探索时期,为日后形成的音乐风格打下了基础。像《月光》已在意境、色调和手法上预示了德彪西的印象主义风格。歌曲《曼多林》(1883)、《被遗忘的小咏叹调》(1888)、《波德莱尔的五首诗》(1889)等具有法国艺术歌曲的抒情特点,其音调自然,如侃侃而谈,而伴奏的和声已开始复杂化。

中期(1890~1910)这是德彪西创作的成熟时期,他的大部分作品均完成于这 20 年。歌剧《佩里亚斯与梅丽桑德》(1892~1902)是根据比利时诗人 M. 梅特林克的同名戏剧写成。音乐加强了戏剧中深沉静寂的气氛和宿命论的暗淡色彩。声乐部分没有咏叹调和激昂的歌唱,全部用近似于朗诵的音调写成;乐队音响柔和,配器精美,起到与诗歌结合、衬托诗意和渲染气氛作用。《牧神的午后前奏曲》(1892~1894)、《夜曲》(1893~1899)、《大海》(1903~1905)《意象集》(1906~1909)等,是印象主义管弦乐的杰作。《牧神的午后前奏曲》,直接受法国象征派诗人马拉梅同名诗歌的启发,其独特的音响大部分来自木管乐器组丰富的音色变化,两个主题都有慵懒的性格,象征牧神的笛声与梦幻。

在管弦乐三部曲《夜曲》中,第一首《云》的细致弦乐分部,擦奏与拨奏的结合以及丰富的和声,描绘出一幅色彩苍茫的天空画面;第二首《节日》复杂的节奏变化和精致的配器,产生了异常细腻的音响,显示出一种震颤的光彩;第三首《海妖》加进了女声合唱(无歌词),刻画月光下银色的海与海妖,从而反映出它们在意境上与印象主义绘画的联系。

《大海》趋向于对大自然的律动作逼真的描写,线条粗犷,音响洪亮,基于几个主要动机的不断发展和变形,由塑造海浪翻滚的音型贯穿全曲,求得统一。管弦乐《意象集》的 3 首乐曲以《伊比利亚》为最优秀。它有大型管弦乐队的丰富手法和鲜明的西班牙民间舞蹈的节奏与音调,较德彪西其他管弦乐作品语言更为生动,色彩更为明亮。钢琴音乐是德彪西创作的主要部分。在 1892~1902 年埋头写作歌剧与管弦乐之后,重又转向钢琴创作,此时正是他创作精力最旺盛,技巧也较成熟的时候。从《组曲:为钢琴而作》(1894~1901)开始,产生了一系列自标题小曲组成的钢琴曲集。《版画集》(1903)偏重画面形象,构思新颖,手法独特,其中的《塔》受东方风格影响。两集《意象集》(1905~1907)

进一步创造了新的和声语汇,展现出新的音响世界,奠定了印象派钢琴音乐风格的基础。《儿童角落》(1906~1908)的6首小曲,表现了儿童的生活世界,天真的心理和想象,音乐语言既精炼集中又丰富多彩,并有出色的幽默感。两集《十二首钢琴前奏曲》的创作年代已到了中期的末尾(1910)和进入晚期(1913)。它们撷取了印象主义的精华,把视觉因素,有时甚至是一个风景的内在含义用音乐手段表现出来。印象主义的美学原则与写作技巧,在这里发挥得淋漓尽致。歌曲《比利蒂斯之歌》(1897)两集《华丽的节日》(1892、1904)也是德彪西艺术歌曲的代表作。

晚期(1910~1918)由于健康和战争的原因,德彪西晚期的创作量减少,并有好几部作品由友人 A.卡普莱、C.科什兰配器完成。主要作品有神秘剧《圣塞巴斯蒂安的殉难》(1911),3部芭蕾音乐《卡玛》(1912)、《游戏》(1913)、《玩具箱》(1913),歌曲《马拉梅的三首诗》(1913)、《十二首钢琴练习曲》(1915)以及3首室内乐奏鸣曲等。这些作品体现出两种倾向:一种是音乐语言的继续复杂化,突破了传统的和声与形式的约束,出现了多调式因素,另一种是回复到法兰西古典器乐曲的传统道路,两者都预示了20世纪音乐的发展方向。

## 芬兰国宝民族之魂西贝柳斯和交响诗《芬兰颂》

让·西贝柳斯(Jean Sibelius 1865~1957)又称西贝流士,芬兰最著名的作曲家、民族乐派的代表人物。

《芬兰颂》创作于1899~1900年,1899年沙皇俄国加紧对芬兰的统治,激起了芬兰人民的爱国激情,西贝柳斯为民族运动写下了这首为祖国生存而奋斗的不朽作品。19世纪60年代,芬兰遭到沙俄的统治。1899年,沙皇发出文告,对芬兰国会的立法权和人民的言论自由,做出了新的限制,赫尔辛基的报纸被迫停刊,这样芬兰政府成为名存实亡的傀儡政权,芬兰人民发起了保卫宪法的运动。同年11月爱国人士则通过为报刊筹募基金而举行的盛大募捐演出——在赫尔辛基大剧院里演出图画剧《芬兰的觉醒》。由西贝柳斯配乐,该剧的终曲就是《芬兰颂》。当时曾用过《祖国》这个曲名,但是受到沙皇的禁令。在演出时,不得不改用《即兴曲》。1917年俄国十月革命后,芬兰于同年12月6日宣布独立,这首作品曾称为《国民颂歌》,因在国外演出用此曲名不方便,最后便改名为《芬兰颂》。

芬兰国宝民族之魂西贝柳斯

《芬兰颂》和第二交响曲是同一时期作品。一开始的高涨而又消退的钢管声,拉开曲子的序幕。接着由长笛、双簧管和竖笛吹奏象征和平的曲调。战争的爆发奏响了炮火声。枪炮声后是胜利的进军乐曲,给人以强烈的鼓舞、振奋,到了结尾,再次听到和平的赞歌,形成了快乐的气氛。

　　《芬兰颂》这首举世闻名的杰作,曾对芬兰民族解放运动起过很大的推动作用。它在向全世界诉说位于北极圈的这个小国为生存而进行的殊死斗争,并使全世界确信芬兰并不是沙俄独裁统治下的一个附属国,所起的作用比千万本小册子和报刊论文都重要得多。它被誉为芬兰的"第二国歌"。

　　西贝柳斯 1865 年生于海门林纳,1957 年逝于耶尔文佩埃。童年学过钢琴和小提琴,并根据教科书自修过作曲。1885 年进赫尔辛基大学学法律,同时在音乐学院选修音乐课程,1886 年放弃法律。1886~1889 年在赫尔辛基音乐学院随韦盖柳斯学作曲,随西尔拉格学小提琴,1889~1890 年在柏林随贝克尔学作曲,1890~1891 年在维也纳音乐学院随戈尔德马克与富克斯学作曲。1892~1897 年回到赫尔辛基在音乐专科学院教小提琴与理论。1892 年合唱交响曲《库勒沃》在赫尔辛基上演获得巨大的成功。1897 年西贝柳斯开始享有艺术家年薪,使他从此能专心从事创作。1899 年,西贝柳斯创作出成为芬兰民族象征的音诗《芬兰颂》,同年他首次访问意大利。此后,他完成了第一、二、三、四交响曲,1914 年他访问美国,创作第五交响曲来庆祝自己的 50 寿辰,这部作品已列为他最受欢迎的作品。之后又创作了第六、七交响曲和其他许多作品。在 20 世纪 30 年代的英国,他曾被许多作曲家几乎认为是当今音乐界唯一值得学习的典范。其结果竟使得英国人再也不想去听勋伯格、贝尔格、韦伯恩,也不想去听斯特拉文斯基的大部分音乐了,这种状况直到为这些作曲家打抱不平的行动取得胜利后才告结束,而这时西贝柳斯恰好也与世长辞了。他生前在自己的祖国和英、美两国是个大名鼎鼎的人物,甚至被抬高到像英雄般的崇高地位。

　　在西贝柳斯的音乐世界里没有人物,不论是男是女,连一个可以称为人物的也没有。聆听西贝柳斯的音乐仿佛就是在观赏宽银幕电影,迷雾笼罩着神秘的湖泊、苍翠茂密的森林。他的音乐反映了芬兰的大自然景观,是没有异议的。西贝柳斯诞生于"千湖之国"的芬兰,他享受了 91 岁零 9 个月的天年,在音乐史上,享有如此长寿的作曲家是罕见的。也许正是这种没有人物的音乐,净化了他的灵魂,使他长寿。

# 舞蹈艺术

## 芭蕾舞的故事

汉语"芭蕾舞"一词,译自法语的"ballet"。芭蕾舞艺术孕育在意大利,诞生在17世纪后期路易十四的法国宫廷,18世纪在法国日臻完美,到19世纪末期,在俄罗斯达到发展的顶峰。芭蕾在四百余年的不断完善和发展的过程中,对世界各国都产生了很大影响,流传极为广泛,至今已成为世界各国都在努力发展的一种国际主流舞蹈艺术形式。

1581年的《皇后喜剧芭蕾》被公认为世界上第一部芭蕾作品。1661年,法王路易十四在巴黎建立了皇家舞蹈学院。17世纪70年代,芭蕾演出开始使用黎塞留主教宫廷剧场。演出场地和观众观看角度的改变,引起了舞蹈技术和审美观念的变化。演员站立的姿势越来越外开,由此正式确定了脚的五个基本位置,这五个外开的位置成为发展芭蕾舞技术的基础。专业芭蕾舞演员应运而生,并逐步取代了贵族业余演员,职业女芭蕾演员也开始登台演出,舞蹈技术得到十分迅速的发展。芭蕾演出从基本上是一种自娱性的社交活动,逐步转变为剧场表演艺术。

18世纪的芭蕾大师诺维尔是芭蕾史上最有影响的舞蹈革新家,他在1760年出版的《舞蹈与舞剧书信集》中首次提出了"情节芭蕾"的主张,强调舞蹈不仅是形体的技巧,而且属于戏剧表现和思想交流的工具。诺维尔代表了欧洲芭蕾革新的主流,集中体现了启蒙运动的民主主义精神,他的追求和观点集中体现在他写作的《舞蹈和舞剧书信集》一书中。受他的影响,他的学生让·多贝瓦尔创作出舞剧《关不住的女儿》,至今还在世界各国不断上演。在诺维尔理论的推动下,芭蕾舞从内容、题材、音乐、舞蹈技术、服饰等方面都进行了一系列改革,这些改革使芭蕾终于能够与歌剧分离,从而形成一门独立的剧场艺术。

到19世纪三四十年代,芭蕾舞迎来了一个浪漫主义发展时期,它是芭蕾舞发展史上的"黄金时代",无论是舞蹈技艺、编导,还是演出形式等方面,都经历了一个灿烂辉煌的阶段。《仙女》《吉赛尔》《爱斯米拉尔达》《海盗》等一批舞剧相继产生,一批芭蕾人才横空出世。可惜的是,这段黄金时代委实过于短暂,仅仅十几年便出现了停滞枯萎的局面。从19世纪下半叶开始,欧洲芭蕾舞的中心逐渐移至俄罗斯。

从19世纪40年代起,外国舞蹈家们开始频繁访俄。像塔利奥尼父女、佩罗、圣·莱昂,特别是布农维尔的学生约翰逊(在圣彼得堡)和布拉斯(在莫斯科)的教学活动,为俄国舞蹈界输入了法兰西、意大利两大舞派的精华,并逐渐形成了新的学派——俄罗斯舞派。在这个芭蕾舞复兴的运动中,来自法国的彼季帕成就卓著,起到了决定性的作用。

在音乐方面，俄国作曲家柴可夫斯基通过《天鹅湖》《睡美人》《胡桃夹子》的创作过程，实现了舞剧音乐的革新，使音乐成为舞剧中塑造形象、叙述事件的基础，启发并丰富了舞剧编导的舞蹈交响化的思想。《天鹅湖》第二幕达到了舞蹈诗的高峰，被奉为交响化舞蹈的范例。以后又有格拉祖诺夫写出的《雷蒙达》《四季》，这些作品在继承浪漫主义芭蕾传统的同时，体现了俄国现实主义传统。

20世纪初，俄国芭蕾已在世界芭蕾舞坛占据主导地位，拥有了自己的保留剧目、表演风格和教学体系，也涌现了一批编导和表演人才。此后，一批俄国芭蕾舞界的年轻人要求革新、探索新的表演手段和发展道路。他们之中的带头人福金发现，他的革新思想不可能在帝国剧院内实现，他便主要为国外的佳吉列夫芭蕾舞团排练他的作品。佳吉列夫从1909年起连续三年组织俄罗斯芭蕾舞演出季，并于1913年成立了以蒙特卡罗为基地的永久性剧团——佳吉列夫俄罗斯芭蕾舞团，并在欧美各地巡回演出，影响巨大。这个团把由俄国保存的古典传统剧目送回欧洲，促成了欧洲芭蕾的复兴。该团后来解散，它的成员流散至欧美各国，对世界各国的芭蕾复兴或创建，做出了重要贡献。

1929年末，前佳吉列夫俄罗斯芭蕾团成员利法尔成了巴黎歌剧院芭蕾舞团的常任舞蹈编导和主要舞蹈演员，直到1958年。这时期的法国芭蕾舞业实际上进行了一些改革，例如废除了赞助人可以在芭蕾演出之前到后台去与舞蹈家们闲聊等持续了一个世纪的古老特权；还有每周举行一次开幕式等等。1932年，法国重演《吉赛尔》时，利法尔饰演阿尔伯特，展示出他才华横溢的一面。当代法国芭蕾舞坛有两大编导家：罗兰·佩蒂于1965年编导的《巴黎圣母院》，获得了辉煌声誉；莫里斯·贝雅1970年编导的《火鸟》也为他后来如日中天的事业开了个好头。法国巴黎歌剧院芭蕾舞团的保留剧目，至今都有《吉赛尔》《葛蓓莉娅》《西尔维娅》等。

英国芭蕾舞的复兴，主要归功于三位杰出的女性人物：在皇家剧院多年担任首席女芭蕾舞蹈家的阿德莉娜·热奈夫人；为皇家芭蕾舞团建立了不朽功业的妮娜特·德·瓦卢娃夫人；以自己名字命名的芭蕾舞团的创始人玛丽·兰伯特夫人。此外还有节日芭蕾舞团、苏格兰芭蕾舞团等。

美国没有国家芭蕾舞团，来自俄罗斯的巴兰钦创办的美国舞蹈学校于1948年转为纽约城市芭蕾舞团，巴兰钦任艺术指导和主要编舞家，副艺术顾问是杰罗姆·罗宾斯，他们形成了一种典型的美国芭蕾舞风格。另一重要芭蕾舞团是美国芭蕾舞剧院，于1940年就开始了它的运作，先后担任编导的有福金、马辛、安东尼·图德等。此外，在美国还有乔弗里芭蕾舞团、阿瑟·米切尔的哈莱姆舞蹈剧院等，后者是第一个黑人古典芭蕾舞团。

丹麦皇家芭蕾舞团是丹麦民族传统的优秀继承者，布农维尔一百年前创作的舞剧，仍然在哥本哈根以纯正的风格进行演出（实际上是旧式法国风格）。在丹麦芭蕾中，传统意识一向是非常强大的。1932年哈拉尔德·兰德尔被任命为丹麦皇家剧院芭蕾指导，一直到1952年，他为法国、英国重排的《练习曲》，是对丹麦芭蕾舞艺术的一大贡献。

在俄国，十月革命后，高尔斯基坚持戏剧的表现性，使它的舞蹈演员们采取斯坦尼斯拉夫斯基的方式生活于角色之中，原本产生于宫廷的芭蕾舞并未衰亡。1927年在莫斯科演出了《红罂粟花》，是俄国第一部英雄主义的现代题材舞剧，它标志着古典学派的胜利，指出了追随的准绳，古典芭蕾博得了新的声誉。谢苗诺娃和乌兰诺娃首次登台，新创作的舞剧注重戏剧结构,更多地运用民间舞蹈来丰富舞蹈编导的语汇。俄国芭蕾也开始了它的复兴之路。

从 1581 年法国演出《皇后喜剧芭蕾》至今四百余年,芭蕾舞的身姿已遍及全世界,被公认为人类文化遗产的重要组成部分,成为一种世界性的艺术语言,五大洲的众多国家都建立起自己的专业芭蕾舞学校和芭蕾舞演出团体,涌现出大批人才和剧目,很多国家逐步形成了自己的风格特色,在芭蕾舞的艺术表现上不断出现了新的探索和创造。

## 芭蕾化身巴甫洛娃

《天鹅之死》的凄美瞬间在许多人的记忆中并不陌生,而这个经典的舞台形象正是由杰出的芭蕾舞表演大师——安娜·巴甫洛娃创造的。巴甫洛娃是 20 世纪初芭蕾舞坛的一颗巨星,她将毕生精力都献给了芭蕾艺术。

安娜·巴甫洛娃(Anna Pavlova, 1881 ~ 1931)生于圣彼得堡一个贫苦家庭。父亲是农村士兵,母亲做过洗衣工,生活十分贫苦。巴甫洛娃 10 岁时进入了圣彼得堡舞蹈学校,到了高年级阶段渐渐显露出了非凡的舞蹈才华,她那古典式的舞步及表演天资十分引人注目。毕业后,进入了马林斯基剧院芭蕾舞团,并用了四年的时间迅速升为该团的主要演员。1909 年,她应邀参加了佳吉列夫俄国芭蕾舞团,与福金等艺术家合作并主演了《阿尔米达的别墅》《仙女们》等剧目。巴甫洛娃首次在巴黎"俄罗斯演出季"中亮相便引起了轰动。1910 年,她开始组建自己的小型芭蕾舞团,并在世界各地巡回演出。在长达 20 年之久的巡回演出中,巴甫洛娃的足迹遍布了中国、埃及、南非、乌拉圭、智利、加拿大、澳大利亚、瑞典等四十多个国家,演出数千场,观众不计其数。据说,长时间的排练演出使她每年都要穿坏两千多双足尖鞋。曾有评论家这样分析她

芭蕾化身巴甫洛娃

成功的秘诀:"她无时不在训练,无时不在彩排。她从不因获得荣誉而停步不前。"她用这样执着的精神投入舞蹈练习,穿坏两千多双足尖鞋已不足为奇了。

在巴甫洛娃的芭蕾舞表演艺术生涯中,她曾塑造了无数惟妙惟肖、栩栩如生的艺术形象,表演过大量的经典芭蕾舞剧及舞蹈作品,主要包括《天鹅湖》《睡美人》《胡桃夹子》《雷蒙达》《舞姬》《吉赛尔》《仙女》《埃及之夜》《天鹅之死》等。她的舞蹈吸收了各位芭蕾表演大师之所长,然而又具有不同于各家的独特风格。她的舞蹈实践活动不仅推动了芭蕾在许多国家的发展,更使一些国家的濒于僵化、消失的芭蕾焕发出生机。她非凡的艺术魅力也影响了许多人的命运,甚至有许多著名的舞蹈家都是在看了她的演出之后,才爱上了芭蕾,选择了芭蕾。如英国著名舞蹈编导阿什顿就是 14 岁时在厄瓜多尔看到

巴甫洛娃的演出后深受震撼,从此便立志要献身于这门崇高的艺术而后成为举世闻名的芭蕾大师。现代芭蕾编导大师福金曾经说过:"巴甫洛娃艺术的重要作用,并不在于它给人带来了一时的欢乐,而在于它在本世纪(20世纪)25年内,使人们改变了对芭蕾的看法……证明了芭蕾应该成为语言的最高意义的形式。"因此可以说,巴甫洛娃对于芭蕾艺术在全球的传播和普及功不可没。

巴甫洛娃所演出的最著名的作品当属《天鹅之死》,这是一部感动着世界的独舞作品,有着震撼灵魂的力量。该作品由俄国舞蹈编导米歇尔·福金创作,自1905年首演以来,每次演出都能够给人以新的感受。

当大提琴黯然奏响那宁静而忧郁的旋律,一只白天鹅静静地出现在"湖面"上,忧伤地徘徊在皎洁的"月光"下。她低着头,抖动着翅膀,摇曳的身影在倾诉着对这个世界无限的留恋。然而在天空与生命的呼唤下,她鼓足全部力量一次又一次展开双翅飞向天空,欲飞而无力……精疲力尽的白天鹅无限向往着飞翔、向往着自由的天空,它的每一片羽毛似乎都在哀鸣。挣扎中,她奄奄一息,无力的"双翼"倾向前方。慢慢地,她又直起腰身,开始旋转,似乎生命的光辉重新闪现。转瞬间,生命再也无法挽回,身体安静了,温柔的翅膀最后一次爱抚着美丽的羽毛……那凄美的舞姿、绵长的忧伤,不禁令人为之心动,美丽的身影化作生命的哀歌,可是你会觉得她——天鹅,是那样美丽高洁,这就是"天鹅之死"对生命的礼赞。《天鹅之死》没有什么惊人的技巧,短短两分钟内,巴甫洛娃以其细腻的表演与超凡的舞蹈技巧,将天鹅的形象表现得淋漓尽致。《天鹅之死》已经成为芭蕾史上流传最广的经典作品之一,许多芭蕾明星莫不以出演《天鹅之死》为荣。

据编导福金的回忆,一次在与巴甫洛娃讨论"编什么舞蹈最合适"的时候,福金顺手用曼陀林弹起了圣桑的曲子《天鹅》,当即提议用这段音乐编舞。在福金看来,纤细、娇柔、略显忧伤神态的巴甫洛娃简直就是心目中"天鹅"最理想的化身。于是他立刻进入创作,舞蹈中充满着即兴与偶然,只用了五六分钟时间,便成就了这个经典的舞蹈作品。福金曾评价说:"没想到,这部作品后来竟成了新俄国舞蹈的象征……它实际证明了舞蹈不单纯是悦目的艺术,而应该是通过眼睛进入到灵魂深处的艺术。"《天鹅之死》在它代代相传的过程中也在不断地创造变化,我们现在能够欣赏到的大多是由苏联著名演员玛亚·普列谢茨卡娅演出的版本,她演出《天鹅之死》已近千次之多。

巴甫洛娃,这位曾为世人倾倒的"天鹅"积劳成疾,最后因辛劳过度于1931年1月在荷兰海牙准备演出时与世长辞。当时英国皇家芭蕾舞团正在进行演出,不幸的消息传来后,乐队指挥继续宣布由安娜·巴甫洛娃表演《天鹅之死》……乐曲响彻了剧场,但却只见追光灯在缓缓移动,空空的舞台只留下凄美的回忆……安娜·巴甫洛娃临终前曾留下了一句催人泪下的遗言:"把我的天鹅裙准备好!"巴甫洛娃虽然去了,但在人们的心中她永远是那只圣洁而坚强的白天鹅。巴甫洛娃的表演艺术对后人的影响是极其深远的,她的舞蹈艺术闪烁的是不息的光芒。

## 美国芭蕾之父巴兰钦

乔治·巴兰钦(George Balanchine,1904~1983)是美国芭蕾演员、编导,原籍俄国。巴兰钦一生创作的经典芭蕾无数。世界顶尖水平的美国纽约城市芭蕾舞团也是他最杰出的"作品"之一。他的舞蹈思想与创作实践推动了整个 20 世纪芭蕾艺术的蓬勃发展。

1904 年,巴兰钦生于圣彼得堡的一个音乐世家,父亲是一位作曲家,因此,巴兰钦从小就接受了音乐的熏陶。五岁时就开始学习钢琴,良好的音乐基础教育为巴兰钦未来的舞蹈创作奠定了重要的基础。1914 年,巴兰钦考入圣彼得堡帝国音乐学院舞蹈学校学习音乐、舞蹈,并逐渐开始尝试芭蕾舞创作,毕业后任国家歌剧舞剧院芭蕾舞团演员,同时继续尝试编舞。1924 年,他加入了享誉世界的佳吉列夫俄罗斯芭蕾舞团,后出任该团最后一位舞蹈编导,并于 1928 年创作了他早期的优秀舞剧作品《阿波罗》。在佳吉列夫俄罗斯芭蕾舞团工作的短短四年中,巴兰钦的舞蹈创作逐渐建立了古典与现代相融通的美学风格。1933 年,他移居美国,主持创办了"美国芭蕾舞学校",在此基础上建立了"美国芭蕾舞团"(纽约城市芭蕾舞团的前身),并担任该团团长兼艺术指导。此举为美国芭蕾艺术的发展奠定了十分重要的基础,也为美国培养了一批优秀的芭蕾舞艺术家。美国纽约城市芭蕾舞团已被列为世界一流的芭蕾舞团之一,它不仅拥有世界一流的舞者,而且保留了大量的经典舞作,在世界上影响力非常广泛。巴兰钦在团期间创作的芭蕾舞作品达一百五十多部,其中许多作品都被尊为芭蕾艺术的经典之作。如舞蹈作品《莫扎特组曲》(1933)、《小夜曲》(1934)、《巴洛克协奏曲》(1941)、《四种气质》(1946)、《水晶宫》(1947)、《竞技》(1957)、《星条旗永不落》(1958)、《珠宝》(1967)、《谁在意》(1970)……早期舞剧作品《浪子》(1929)以及 60 年代的《仲夏夜之梦》(1962)等,还有许多传统舞剧题材的新创作。1972～1981 年,他曾先后率领芭蕾舞团隆重举行了斯特拉文斯基、拉威尔和柴可夫斯基艺术节,由该团上演了根据这些音乐家的音乐创作的舞剧作品。

巴兰钦的舞蹈舞剧创作所用的音乐范围很广,从 19 世纪格林卡、柴可夫斯基的古典音乐,到德彪西、拉韦尔,以及斯特拉文斯基的现代派音乐,他都能够灵活自如地运用于舞蹈创作之中。

巴兰钦非常了解舞蹈与音乐之间的妙趣,他通常习惯于直接对着总谱进行舞蹈创作。凭着扎实深厚的音乐修养,巴兰钦不仅能够在舞蹈创作中与作曲家紧密沟通,而且能够将芭蕾舞创作与音乐创作融为一体,形成了"交响芭蕾"的创作风格。所谓"交响芭蕾",也有人称之为"音乐芭蕾"或"音乐视觉化",即是遵循交响乐的结构规律而进行创作的芭蕾。这种芭蕾创作方式并不是对音乐的单纯模仿,更不是完全受音乐结构的支配,而是在舞蹈与音乐交响结构的互动中,追求更多更美的舞蹈形式上的突破,是一种芭蕾舞创作手法的尝试。1934 年,他为美国芭蕾舞学校的学生创作的女子群舞《小夜曲》,就是一部体现了"交响芭蕾"风格的作品。《小夜曲》是巴兰钦移居美国后运用柴可夫斯基的音乐进行创作的第一部芭蕾作品,该作在美国芭蕾史上具有举足轻重的地位。该作品没有任何故事情节,而是根据每个乐章的音乐变化出丰富的肢体语言。在《小夜曲》创作的背后还有一段非常有趣的花絮:巴兰钦选择柴可夫斯基的《弦乐小夜曲》作为训练的伴奏音乐。一天,练功厅响起"小夜曲"的时候,只来了 17 个女生学员,巴兰钦就为这些演员排起队形,先练习手的动作。第二天的练习只来了 9 个女生,巴兰钦只好把 9 个人排成新的队形。随后的几天里,不断有人加入或离去;男同学也一个个加入了排练;女孩们又开始争着让他们做自己的舞伴;一个女孩对自己迟到的行为懊恼不已……《小夜曲》就这样在不知不觉中完成了,而排练里不断出现的生活琐事,也被真实地记录在了最后的演出里,这些使得该作品显得特别亲切自然又与众不同。

巴兰钦最伟大的作品也许要数1941年的《巴洛克协奏曲》，其中既简洁又繁复的编舞设计、音乐和舞蹈之间以及独舞者与群体间的互动，都令观众大开眼界。巴兰钦十分善于处理和把握舞台空间，如通过角度和位置的交换产生强烈的对比；也善于运用和革新传统的舞步，例如把民间舞舞步和芭蕾风格完美融合。巴兰钦的舞蹈使动作和感情、形体和精神、表演和联想浑然一体。

在改革和创新精神的指引下，巴兰钦的作品以新颖别致的风格特点见长。他的大部分作品善于把现代舞和古典芭蕾融会贯通，这可以初见于他创作的《四种气质》中。巴兰钦1946年根据古希腊神话传说创作了《四种气质》，这是一部成功的以古典芭蕾为精神内核的现代作品。其中四个人物是以古希腊神话人物命名的，作品主要表现了古希腊提出的人的情感可以划分为忧郁型、多重型、黏液型和胆汁型四种气质。此后他又将这种风格配以当代音乐，形成抽象舞蹈，特别是他与格雷姆合作的《插曲》赋予芭蕾舞以新的面貌。

鉴于巴兰钦的舞蹈思想及其实践对美国的芭蕾与现代舞所产生的重大影响，他被西方评论界赞誉为"20世纪最富有创造活力的芭蕾编导家之一"，并且被赋予"美国芭蕾之父"的桂冠。对于这些赞誉，巴兰钦当之无愧。

## 乌兰诺娃：最美丽的天鹅

苏联芭蕾舞大师乌兰诺娃（Ulanova，Galina Sergeevna 1910~1998）出生于圣彼得堡一个芭蕾舞世家，母亲罗曼诺娃是一位芭蕾舞演员，父亲乌兰诺夫是一位芭蕾舞导演和舞台监督。乌兰诺娃1919~1928年在列宁格勒舞蹈学校学习，主要教师是她的母亲和瓦冈诺娃。毕业后，乌兰诺娃曾先后在基洛夫歌剧舞剧院芭蕾舞团（1928~1943）和莫斯科大剧院芭蕾舞团（1944~1960）任主要演员。1962年她退休告别舞台后，任莫斯科大剧院芭蕾舞团的首席教员，并担任排练工作，一生从事舞蹈事业。

乌兰诺娃童年时就表现出与众不同的艺术天赋，动作灵活轻巧优美，喜好音乐并有一定的理解力，对美的事物具有较强的敏感性。她的母亲发现了她的这一潜质，这使本来并不想让她成为专业舞蹈演员的父母决心培养她走专业芭蕾舞演员的道路。在列宁格勒舞蹈学校学习期间，

**乌兰诺娃**

她受到母亲的培养，并很快直接接受在校任教的俄国最著名的芭蕾舞教育家瓦冈诺娃的精心培育和严格的训练。乌兰诺娃经历了十分艰苦和科学的专业训练，瓦冈诺娃针对乌兰诺娃的身体条件，精心帮助她平衡发展整个形体的造型，克服了身体素质差、先天条件不足等问题，使她系统地接受了芭蕾舞的全面训练，很好地掌握了复杂的芭蕾技巧。乌兰诺娃在专业技巧不断取得进步的同时，又不断地提高自己的芭蕾舞表现力，这段学习经历为她逐渐形成自己独特的表演风格奠定了重要的基础。

乌兰诺娃一生从事舞蹈事业，在舞台上跳舞三十余年，出访过数十个国家，为世界奉

献了许多经典的芭蕾舞作品,获得极高的世界性的荣誉。

乌兰诺娃塑造了无数经典的舞蹈形象,这包括了在舞剧《巴赫切萨拉伊的泪泉》中扮演的波兰公主玛丽,她的演出一举成名,是乌兰诺娃的成名作。此后还在舞剧《天鹅湖》中饰演白天鹅,在《罗密欧与朱丽叶》中饰演朱丽叶,在舞蹈《天鹅之死》《仙女们》,舞剧《吉赛尔》《睡美人》《灰姑娘》等作品中也饰演了主要角色。其中乌兰诺娃在《天鹅湖》中饰演的奥杰塔达到了完美的程度,她用优雅灵活、干净流畅的舞蹈技巧和来自对人物命运和灵魂的深刻理解,生动地表现和塑造出一个无与伦比的白天鹅。白天鹅成为乌兰诺娃的经典形象。评论家扎瓦茨基曾评价她是"现代芭蕾艺术中唯一的、不可重复的、无法超越的芭蕾舞演员"。在《吉赛尔》中,乌兰诺娃的表演更是让人们看到她精湛的艺术功力,她极好地把握了人物的内心世界,使悲剧达到了艺术的顶峰,使人物的性格极其鲜活。英国芭蕾舞评论家阿哈斯凯认为:"乌兰诺娃的吉赛尔如此完整,如此凝练,以至于很难分析她。只有诗人和哲学家能给予她应有的评价。"她在《睡美人》第二幕中的演出是全剧目中难度最大的,但是并没有难倒乌兰诺娃,她创造了奇迹,用精美的技巧、高贵的气质赢得了人们的赞美。她演绎的朱丽叶更是震撼了芭蕾舞坛,从此确立了乌兰诺娃的古典芭蕾表演大师的地位。

乌兰诺娃的舞蹈艺术特色是:动作的表现力极强,富有诗意,刻画人物深刻细腻,善于表现复杂的人物性格。她的表演典雅高贵、极具音乐感和歌唱性。她使舞蹈的柔情技艺与戏剧表演完美结合,她强调舞蹈表演要符合形象塑造的要求,能够灵活运用舞蹈技术,不单纯雕琢动作,深刻展现人物内心的激情。不论多么复杂的动作也表演得自然、流畅,而简单的动作则又表演得富有音乐感之美。乌兰诺娃所塑造的一个个艺术形象都给人们留下了恒久的印象,人们赞扬她高大无比,称颂她为芭蕾女神。

1944年,当乌兰诺娃成为莫斯科大剧院首席舞者之时,莫斯科大剧院因此而成为世界古典芭蕾的中心。乌兰诺娃曾随剧院出访意大利佛罗伦萨、英伦等地,演出不仅获得了极大成功,而且一度在欧洲引发了"俄派芭蕾热"。乌兰诺娃的国际声誉高涨,被誉为20世纪芭蕾舞艺术的代表性人物之一。

由于乌兰诺娃对苏联芭蕾事业的卓越贡献,曾两次获得苏联社会主义劳动英雄称号,多次获得列宁奖金和苏联国家奖金。1951年获苏联人民演员称号。她还曾担任第一至第六届瓦尔纳国际芭蕾舞比赛和第一届莫斯科国际芭蕾舞比赛的评委。1962年退休后,她又担负起莫斯科大剧院芭蕾舞团的首席教员,并负责排练。她为国家培养了一批世界级的芭蕾明星,获得国家的高度赞赏。

乌兰诺娃的艺术人生让人敬仰,她不仅才华卓越,其人格魅力也备受称赞。她朴实、谦虚、自律、勤劳、率直,没有明星的架子。她有极强的敬业精神,她淡泊名利,非常注意自我修养,不断地从文学、音乐、绘画中汲取营养,丰富自己的内心世界。她被誉为世界芭蕾舞界的一个传奇,被称为艺术的灵魂。乌兰诺娃为俄国和世界的芭蕾舞事业都做出了卓越的贡献,为芭蕾舞艺术的发展起到巨大的推动作用。她的舞蹈是世界人民的艺术财富。当她去世时,国家高度评价:"乌兰诺娃是艺术家良心、荣誉和尊严的象征,她在艺术王国中将获得永生,成为几代俄罗斯艺术家的榜样。"

## 英国女爵士玛戈·芳婷

20世纪伟大芭蕾舞女演员之一——英国芭蕾大师玛戈·芳婷（Margot Fonteyn，1919~1991)生于中国上海，这个与中国有着特殊缘分的英国舞蹈家，在60岁的时候又以特殊的方式回到了这块东方热土，并带来了最经典的"问候"。

玛戈·芳婷早期跟随俄国侨民教师乔治·冈察洛夫学习芭蕾舞。1934年回到英国后，进入伦敦萨德勒斯威尔斯芭蕾舞团舞蹈学校。她十几岁的时候就进入了萨德勒斯威尔斯剧院(现为英国皇家芭蕾舞团)，同时接受了当时最好的芭蕾舞训练，她的两位老师都是出自古典芭蕾之父彼季帕的门下。同年，玛戈·芳婷参加了舞剧《胡桃夹子》演出，担任伴舞演员，饰小雪花，受到重视。1935年，该团的主要演员阿莉西亚·玛尔科娃退出舞台，从此，玛戈·芳婷代替玛尔科娃，一跃成为该团的首席独舞演员，并在《天鹅湖》中扮演了女一号：白天鹅"奥杰塔"。这次成功演出成了她舞蹈生涯中的重要转折点。1939年，她又成功主演了舞剧《吉赛尔》，这使她成为当时英国最出众的芭蕾明星。1946年，芳婷在伦敦皇家歌剧院主演舞剧《睡美人》，因成功地扮演了剧中的公主而再次轰动英国舞坛，从此她赢得了英国芭蕾界的"首席地位"。1956年，玛戈·芳婷以她卓越的艺术成就被英国女王特别授予大不列颠王国女爵士的荣誉称号。

玛戈·芳婷的舞蹈演出极受欢迎，就连以严格谨慎挑剔著称的评论家，都会为她的表演予以极高的赞美。当人们问起芭蕾大师乌兰诺娃，对当今世界哪一位芭蕾演员评价最高时，乌兰诺娃第一个说到的名字就是玛戈·芳婷。

英国著名的芭蕾编导大师弗雷德里克·阿希顿曾为芳婷创作了大量舞蹈舞剧作品，如《夜曲》《交响变奏》《达甫尼斯与赫洛亚》《茶花女》等。此外，她与赫尔普曼、麦克米伦、克兰科、格雷姆等著名的舞蹈家也有许多合作，并主演了《哈姆雷特》《罗密欧与朱丽叶》《狂热的诗篇》等作品。

芳婷的芭蕾表演以抒情、细腻、生动的艺术风格著称。她的舞姿轻盈，动作优美流畅，善于用细腻的舞姿来刻画舞剧人物的内心情感，她的舞蹈富于表情、更富于歌唱性，那是一种能够将舞蹈与音乐细腻地融为一体的表演。芳婷的芭蕾技术十分娴熟，她的绝招是足尖功夫，其单脚立足尖可达二十几秒钟，创造了芭蕾舞女演员的"世界纪录"。在娴熟的技巧之上，她还能够将技术融入形象，也就是说，能够恰到好处地将芭蕾技术与舞蹈形象的塑造合二为一。舞蹈与音乐、技术与人物情感……都是芭蕾作品中的重要内容，只有将它们融会贯通才能呈现出最生动的表演。

20世纪60年代，玛戈·芳婷曾邀请著名的俄罗斯芭蕾王子鲁道夫·努里耶夫前往伦敦，这对"舞蹈史上最震撼人心的"搭档，开始了艺术上的合作。两人最初是在卡文加登剧院的舞台上开始了"世纪合作"，芳婷与努里耶夫的舞蹈为世人带来了无限的惊喜。来到伦敦后的努里耶夫对一些传统的芭蕾舞剧如《吉赛尔》《天鹅湖》《罗密欧与朱丽叶》等作了改编。于是，1964年10月，玛戈·芳婷和努里耶夫在维也纳上演了史上最著名的《天鹅湖》(由努里耶夫排演的版本)。与其他的几个版本相比，不同的是，此版结尾是悲剧收场：王子被恶魔掀起的惊涛骇浪所溺毙，天鹅公主也永远消失在湖中，悲伤的结局令人无限惋惜。至今世界上许多歌剧院上演的《天鹅湖》用的还是努里耶夫的剧本。当时饰演女主角的玛戈·芳婷已四十多岁了，这个年龄还能够担纲经典舞剧，对于许多舞蹈演员来说，尤其是芭蕾舞演员，完全是不可思议的。不过看看芭蕾大师乌兰诺娃在六十多岁的时候还曾上台演出，我们只有惊叹舞蹈大师们的超常舞功了。年近五十的芳婷以《天鹅湖》中轻松活泼、优雅迷人的舞姿震惊了所有观众——"这是芭蕾舞界的奇迹！"芳婷的舞伴努里耶夫在出演剧中王子时只有 26 岁。然而两位舞蹈家却以惊人的艺术创作完成了一个成功的《天鹅湖》版本。演出结束后，多达 89 次的谢幕，最终刷新了芭蕾史上的谢幕记录。他们在英国共同演出的《吉赛尔》，同样引来了观众们的欢呼。此后他们的表演更是场场爆满，表演后鲜花撒满舞台，掌声久久不能平息……芳婷与努里耶夫还合拍了舞剧影片《茶花女》，她用舞蹈热情地赞美了真诚、纯洁的爱情，将茶花女外表奢华放荡、内心凄苦善良的复杂个性刻画得惟妙惟肖，使之成为芭蕾电影的佳片。直到 1978 年芳婷退休，与努里耶夫长达 17 年的合作结束了。

玛戈·芳婷在芭蕾舞表演艺术上取得了如此卓越的成就，但她的生活却并非一帆风顺。1958 年，巴拿马政府指控她参与丈夫推翻政府的阴谋，因此对她签发了逮捕令。芳婷虽免遭厄运，但她的丈夫却因遭到枪击而致残。接下来的生活，芳婷一边精心照顾丈夫，一边以惊人的毅力继续她的舞台演出，从未因生活的磨难而轻言放弃。这是一位真正令人尊敬的舞蹈艺术家。1979 年，编舞家阿什顿专为芳婷创作了舞剧《向芳婷致敬》，60 岁的芳婷依然优雅非凡地出任了该剧的女主角，这是她 45 年舞台生涯的告别演出。玛戈·芳婷对芭蕾艺术始终不断地追求和探索，1975 年，芳婷还著述《玛戈·芳婷自传》，此后又拍摄了《舞蹈的魔力》等电视片，其中详尽地描述了她对舞蹈的挚爱。1978 年，芳婷退休后担任了皇家舞蹈学院院长。

玛戈·芳婷的足迹曾遍及世界各国，然而当她在离开中国 60 年后的 1979 年，再次踏上中国这片东方热土之时，曾将北京舞蹈学院演出的《卖火柴的小女孩》编入她与英国BBC 电视台合拍的自传片中，这是一次难忘的合作，更是一次完美的"问候与回忆"……

## 法国编舞大师莫里斯·贝雅

说起莫里斯·贝雅我们不得不驻足凝望他为世界舞蹈艺术所带来的成就。作为一位颇具影响力的法国舞蹈大师，莫里斯·贝雅在 20 世纪的芭蕾舞编导艺术圣殿中显然具有举足轻重的地位，他可以将传统与现代、典雅与激情融入他最挚爱的舞蹈创作中。莫里斯·贝雅( Maurice Béjrt )为我们这个时代创作了太多的精彩作品，他把毕生的精力都献给了芭蕾，直到生命的最后一刻。就像他的《生命之舞》，深邃、震撼、史诗般的色彩……舞蹈就是他一生的追求，他始终如一地将舞蹈作为心中最神圣的仪式，他的舞蹈人生也因此而得到世人的崇敬。

莫里斯·贝雅 1927 年出生于法国马赛，14 岁进入了芭蕾舞学校学习，此后曾先后到伦敦、巴黎深造。1945 年，在他的家乡，贝雅作为一个年轻的舞者第一次登台表演。1950年，年仅 23 岁的贝雅开始尝试编舞，并创作了他的第一部舞蹈作品《火鸟》。1955 年，他根据皮埃尔·舍菲尔和皮埃尔·亨利的音乐编排了《孤独人交响曲》，从此人们开始关注到了这位杰出的法国舞蹈编导。而他初获巨大成功则是在 1959 年，应布鲁塞尔皇家剧院邀请创作了具有里程碑意义的舞剧《春之祭》。用斯特拉文斯基《春之祭》音乐创作舞蹈是许多著名舞蹈编导们竞相尝试的题材,贝雅在该作成功首演后,逐渐走向了他用一生去追求的芭蕾编导艺术之路。在他几十年的舞蹈生涯中,他从未停止过创作,大量的舞蹈作品其体裁形式涉及各种样式,先后创作的芭蕾作品达几百部,代表作包括《波莱罗》(1960)、《黑白组曲》(1961)、《七桩死罪》(1961)、《霍夫曼的故事》(1961)、《婚礼》(1961)、《维也纳组曲》(1962)、《快乐的寡妇》(1963)、《贝多芬第九交响乐》(1964)、《浮士德》(1964)、《罗密欧与朱丽叶》(1966)、《现代弥撒》(1967)、《圣·安东尼的诱惑》(1967)、《巴克蒂》(1968)、《没有鲜花,没有花冠》(1968)、《尼金斯基——上帝的小丑》(1971)、《徒步旅行之歌》(1973)、《我们的浮士德》(1975)、《双重奏》(1985)、《献给未来的弥撒》(1986)、《歌舞伎》(1986)、《猝死》(1991)、《卓越人士》(1992)、《李尔王》(1994)、《神甫的住处》(1997)、《生命之舞》(1997)、《变化》(1998)、《丝绸之路》(1999)、《胡桃夹子》(2000)、《光》(2001)、《鼓手之死》(2002)等享誉舞坛的芭蕾舞作品。

不同时期的作品充分显现着这位舞蹈大师对艺术的深刻思考。1960年,运用拉威尔的《波莱罗舞曲》创作而成的男子群舞《波莱罗》,是一部非常有趣的作品,他使用了一种不寻常的创作方式,由平静深沉的独舞渐渐过渡到整齐激昂的群舞,全然在不断重复并夸张的舞步、不断叠加舞者的"量变"中升华为激情澎湃的舞蹈交响乐章。正如拉威尔的这部交响乐杰作,在节奏与旋律的限制中,发觉了一种更自由的情感表达方式,人们可以在从宁静渐至疯狂的舞蹈氛围中体验舞蹈艺术的感染力,获得更充分的想象空间。贝雅的父亲加斯顿·伯杰·贝雅是法国著名的哲学家、东方学家,因此,他对舞蹈的创作与思考无疑受到了父亲的重要影响。在他的作品中,1997年创作的《生命之舞》充满了对人生的哲学思考。舞蹈可以表现生命、表现爱情、表现死亡……而恰恰在这部作品中,贝雅在生命哲思的呼唤中用芭蕾"说"出了生命的可贵、爱情的美好、人类冲突的可悲以及死亡等终极问题。作品还将莫扎特细腻而优雅的音乐与英国皇后乐队极富张力的音乐交织在一起,服装设计大师范思哲制作整部作品的舞台服装,风格简练而突出舞者的个性。他的舞蹈创作风格也因鲜明的戏剧性和对传统音乐、舞蹈的创新与改编而备受人们关注。2000年,贝雅创作的舞剧《胡桃夹子》则是个全新的版本,又是一部充满解读色彩的现代芭蕾作品。作品仍然采用了柴可夫斯基的《胡桃夹子》的音乐,但是在人物、剧情方面却做了彻底改变,取而代之的是关于一个男孩费尽周折寻找母亲的故事。无论是人物形象还是舞剧情节,都与芭蕾舞史上那部被誉为经典的圣诞芭蕾《胡桃夹子》相去甚远,但却因这位编舞大师的"别出心裁"而推出了一部"颠覆"经典的佳作。我们不能不说莫里斯·贝雅是一位非常会"讲故事"的编舞大师。

作为一位大师级的舞蹈家,贝雅更对于文化的多样性具有明显的偏爱,尤其是对东方的神秘主义色彩具有浓厚的兴趣。他能够以舞蹈的形式来表现不同的文明,包括印度教、日本传统剧种歌舞伎、埃及金字塔等内容都是他创作中曾关注的焦点。因此,他的作品充满着多元文化的色彩,以其宽阔的视野而为世人所知晓。

贝雅的一生为世人留下了太多的宝贵财富,世界著名舞团——洛桑贝雅芭蕾舞团也是贝雅的杰作之一。早在1960年,贝雅在比利时布鲁塞尔创建了20世纪芭蕾舞团,并带领该团开始了世界各国的巡回演出。1987年,该团在瑞士洛桑重新组建,正式更名为洛桑贝雅芭蕾舞团,至此,他扎根于洛桑。这可谓世界上最著名、最成功的舞蹈团之一。在他的舞团中,芭蕾舞演员所接受的舞蹈训练通常是古典技术,因此,每一部作品都能够展示那些优秀的芭蕾舞演员优美流畅的线条。在为这些优秀演员创作舞蹈作品的过程中,贝雅更希望通过他的编舞以及他的先锋派舞蹈来为芭蕾舞赢得更多的年轻观众,渐渐地,现代舞和杂技的因素被吸收进来,这为他的舞蹈创作开辟了新的空间。

与其舞蹈创作成就同样重要而显著的则是他创建的几所舞蹈学校,包括 1970 年创建的布鲁塞尔 Mudra 学校( Mudra 在印度语中意为"手势")、1977 年创建的达喀尔 Mudra Afrique 学校、1992 创建的洛桑 Rudra 学校。其中洛桑 Rudra 学校一直开办至今,这也是目前世界著名的职业舞蹈学校之一。1995 年,莫里斯·贝雅当选为法兰西学院院士,使舞蹈进入了法兰西学院。

除了舞蹈,他还涉足戏剧、电影等其他种类的艺术创作。创作的确是他永不停止的人生追求,直到 2007 年,这位享誉世界的法国编舞大师的舞蹈人生落幕,莫里斯·贝雅的舞蹈人生永远在尝试新的"舞步"!

## 才华横溢的编舞家基里安

捷克裔编舞家伊日·基里安( Jiri Kylian )是当代芭蕾舞编导中的佼佼者。他的舞蹈充满着肢体语言的智慧,就像一种美妙的游戏……动作、舞姿、结构、音乐、节奏……在他手中完全幻化成一首首唯美的舞蹈诗篇,只欣赏他的"动作",就足以令人回味无穷。现代风格、传统意蕴,在视觉与心灵的碰撞中交织,舞蹈欣赏变成一种要去积极猜想的享受,享受每一处身体动作、每一组动力的自然转换所带来的惊喜。基里安的舞蹈创作无限拓展了芭蕾舞的表现空间,令人惊叹的是,在规范、规格束缚下的芭蕾,也能够如此自由。

1947 年 3 月 21 日基里安出生于捷克的布拉格,母亲是俄罗斯舞蹈团成员,以跳西班牙舞蹈见长。父亲是一名银行经理,而基里安从小却对马戏产生了极大的兴趣。也许正是马戏表演的丰富性和幽默感,潜移默化地影响了基里安后来的舞蹈创作风格。9 岁时,基里安因为体操学校关门,他进入了布拉格国家舞蹈剧院舞蹈学校,从那时起,这个未来的编舞家就开始了他的舞蹈生涯。刚刚接触舞蹈的基里安,很快地在舞蹈中找到了一种表达自己的方式,他天性中对舞蹈的敏感足以奠定了他走向编导之路的基础。1962 年,他进入布拉格音乐学院学习舞蹈,他的舞蹈才能很快得到学院的赏识。1968 年,基里安离开了捷克斯洛伐克,前往英国伦敦皇家芭蕾舞学院学习了一年。第二年,斯图加特芭蕾舞团艺术总监约翰·克兰科发现了这位年轻舞者的天才,随即热情邀请他前往德国。在德国生活的七年间。基里安在克兰科的鼓励和帮助下,在斯图加特芭蕾舞团迅速成长。也正是这个德国最古老的芭蕾舞团为基里安创造了他编舞生涯的起点。此后,基里安曾回家乡布拉格度暑假,不幸正值苏联军队占领布拉格,这使他不得不终结假期,被迫逃离家园,再次踏上追求舞蹈梦想的旅途。

自 70 年代起,基里安的舞蹈创作开始起步,并很快进入了丰收期。30 年时间他创作的作品多达百部。1970 年,他的处女作《诡论》以及随后创作的《来与去》问世。1973 年,由于克兰科突然身故,斯图加特芭蕾舞团骤生变化。随后,基里安受荷兰舞蹈剧院邀请创作了《观者》,并从此开始了双方长达三十多年的合作。1975 年,当时年仅 28 岁的基里安与汉斯·尼尔一道,出任了荷兰舞蹈剧院的联席艺术总监。基里安创作的大部分作品皆出于此。到 2005 年为止,约有 67 部舞蹈作品都是为该团创作的,成果颇丰。可以说荷兰舞蹈剧院是他最重要的舞蹈创作基地。20 世纪 70 年代他相继创作有《返回异乡》(1974)、《变形之夜》(1975)、《孩子们的游戏》(1978)、《小交响曲》(1978)、《诗篇交响曲》(1978)等;80 年代创作了著名的《重跺大地》(1983)、《六支舞》(1986)、《不再游戏》(1988)、《天使下凡》(1989)等;90 年代创作了《萨拉班德》(1990)、《美梦》(1990)、《极乐时刻》(1991)、《未知何在》(1993)、《蜡之翼》(1997)、《一种孤独》(1998)、《甜蜜的谎言》(1999)等;2000 年后还创作有《点击·暂停·沉默》(2000)、《出生日》(2001)、《黑鸟》(2001)、《27′52″》(2002)、《时过境迁》(2002)、《最后的触摸》(2003)、《不眠夜》(2004)、《帽子》(2005)、《虚凝之间》(2006)等作品。

其中创作于 1978 年的作品《小交响曲》,使基里安开始在国际舞蹈界赢得声誉。该作品选用了捷克作曲家雅纳杰克的音乐,首演于美国南卡罗莱纳州斯波雷托艺术节。舞蹈充分展现出基里安那独特的充满诗意的舞蹈风格,尤其是双人舞的设计,舒展流畅的动作,质感中流淌着丰富而细腻的情感。此外,1983 年的《重跺大地》,则是基里安从澳洲原住民的生活中获取灵感而创作的名作。在基里安编舞生涯中最具代表性的作品要数他的"黑白芭蕾"系列,其中包括六个作品,即上文提到的《六支舞》《不再游戏》《天使下凡》《萨拉班德》《美梦》《极乐时刻》。六部作品分别创作于 20 世纪 80 年代末与 90 年代初,时至今日依然是许多舞蹈爱好者竞相收藏的佳作。基里安后来的许多舞蹈作品,其主题开始关注了许多人生的终极问题,这使他的作品在思想表达上有了更深厚的内容,形式与内容在他的作品中得到了完美的统一。近年来,基里安的舞作逐渐开始兼有戏剧性风格及实验元素,如创作于 2006 年的作品《虚凝之间》就为观众展示了全新风格。2006 年,他还涉足电影艺术领域,与荷兰导演柯南共同执导了电影《车人》,该剧曾邀请了四位荷兰舞蹈剧院三团的资深舞者加入。

成立于 1959 年的荷兰舞蹈剧院,素以古典芭蕾为基础。然而,在编导家基里安领导和影响下,其创作风格从古典转向了现代,当然这是一种既延续着古典芭蕾传统,又拓展着现代舞蹈风格的创作思想,荷兰舞蹈剧院也因此跻身于世界顶级舞团之列。作为当今世界领先的舞团,荷兰舞蹈剧院是由三个团组成,分别根据不同年龄的舞者建制。其中一团为主团,舞者年龄限于 23~42 岁,二团则是为 23 岁以下年轻舞者而设,三团是为资深舞者而设,三个团共同创造了荷兰舞蹈剧院的卓越成就。该团的所有舞蹈演员都具有扎实的古典芭蕾基础,但在基里安那些极具现代风格的舞蹈作品中,舞者却能够不拘泥于传统技术,以充满现代意识的肢体语言阐释作品深刻的思想内涵。该团的每次演出都会被各传媒推崇备至。权威的欧洲舞蹈杂志曾指出:荷兰舞蹈剧院的团员以不凡的舞蹈、无比的精确、快得叫人透不过气的速度和动力,瞬间迷倒了汉堡……基里安才华横溢,能够让观众在不知不觉间任想象驰骋。我国中央芭蕾舞团团长赵汝蘅也曾感慨地说:"荷兰舞蹈剧院的舞蹈作品中有一种让人窒息的美感。"基里安以其卓越的舞蹈成就赢得了世界舞坛的赞誉。

基里安除了为荷兰舞蹈剧院创作舞蹈作品之外,还曾为斯图加特芭蕾舞团、巴黎歌剧院芭蕾舞团,以及日本芭蕾舞团等创作作品,其作品获奖无数。他个人曾荣获荷兰女王授予的皇家荣誉奖、美国朱丽亚音乐学院名誉博士、捷克共和国总统名誉奖章等。

## 编舞天才艾夫曼

鲍利斯·艾夫曼（Boris Eifman），被美国《纽约时报》誉为"当代最成功的俄罗斯编舞家"，他是现代芭蕾舞发展中的一个重要人物。年仅24岁的艾夫曼就已成为出色的编舞家，31岁即成立自己的舞团。他的舞蹈编导成就卓越，获奖无数，在国内外享有很高的盛誉。

1966年，艾夫曼就读于当时的列宁格勒音乐学院编舞系。早在1970年，艾夫曼创作首演了《艾卡诺什》，其编导才华初露峥嵘。同年，受聘于马林斯基剧院基洛夫芭蕾舞团所属芭蕾舞学校维格鲁华学院的舞蹈编导。1972年，艾夫曼创作了芭蕾舞剧《格伊雅奈》，由此大获成功，成绩斐然。该剧于1979年改编成电影，在纽约上映时同样受到热烈欢迎。1975年，艾夫曼为马林斯基剧院基洛夫芭蕾舞团创作了芭蕾舞剧《火鸟》。1977年，鲍利斯·艾夫曼创立了艾夫曼芭蕾舞团（最初名为列宁格勒新芭蕾舞团），任团长兼艺术总监，并立刻开始在俄罗斯各地巡回演出。从此艾夫曼的舞蹈编导才华获得了更广泛的赞誉，其作品更是被世界舞蹈艺术界所推崇。然而艾夫曼芭蕾舞团却命运多舛，适逢苏联政权瓦解，种种的政治因素使其创团的10年间只能在国内公演；直到1988年，艾夫曼舞团终于到巴黎香榭丽舍剧院（Champs Elysees Theatre）举办首次国际演出，从此一举成名，国际争相邀约，艾夫曼舞团成为俄国芭蕾的新代名词。艾夫曼芭蕾舞团不同于传统俄式芭蕾，题材更为广泛，同时加入强烈的视听觉效果及戏剧张力，舞者皆有深厚扎实的古典芭蕾基础，他们展现了俄国古典芭蕾的新风貌，注入一股崭新的活力。1991年，鲍利斯·艾夫曼的生平被拍成电影，片名为《自由的艾夫曼》。1998年，纪录片《在莫斯科大剧院的胜利》记录了在莫斯科大剧院举行的"纪念鲍利斯·艾夫曼从事芭蕾舞创作二十周年"的盛大演出。同年，艾夫曼芭蕾舞团赴美国纽约首演，引起了巨大轰动，并获年度世界"最受喜爱的芭蕾舞团"的称号，当时的纽约艺术评论界一致盛赞这场精彩的演出。

20世纪90年代，艾夫曼曾连续编写了多部舞剧创作剧本，主要包括《柴可夫斯基》（1993）、《卡拉马佐夫兄弟》（1995）、《红色吉赛尔》（1997）、《安魂曲》（1998）、《我的耶路撒冷》（1998）、《俄罗斯的哈姆莱特》（1999）、《唐璜与莫里哀》（2000）。

鲍利斯·艾夫曼芭蕾舞剧创作自成一格，在形式上不仅将古典芭蕾语汇与现代舞的表现力完美地融于一体，而且在内容上还非常重视芭蕾舞剧创作具有哲学意味的主题，重视在主题的表达中展现强烈的视听觉效果及戏剧张力。这种融合与创作倾向虽然并非艾夫曼首创，但正如《纽约时报》舞蹈评论家安娜所说：却由他发扬光大。编舞家鲍利斯·艾夫曼最看重舞剧作品所能够展现的戏剧张力，注重在一种张弛有度但足以动人心魄的氛围中展开主题。同时，艾夫曼又十分重视舞蹈表现形式对作品主题的挖掘。他运用各种丰富的动作和舞步，以及充满戏剧效果的群舞，通过不同的结构组合，创造出耳目一新的芭蕾舞蹈语言。在舞蹈中，艾夫曼不但融入现代舞的元素和风格来激发俄罗斯古典芭蕾的新意，还融合了前卫派剧场与电影艺术中的蒙太奇技术，为规范严谨的古典芭蕾增添了太多的精彩。

无论是《柴可夫斯基》还是《俄罗斯的哈姆莱特》，都深深印上了艾夫曼的创作色彩，作品中充满哲理且难以预料的极致形式，充分烘托出舞蹈主题与内容的深刻。其中舞剧《柴可夫斯基》描述了这位伟大的作曲家戏剧性的一生，并巧妙地重现了他与不朽的芭蕾音乐《天鹅湖》的情结；而舞剧《俄罗斯的哈姆莱特》则展现了华丽却充满诡计和悲剧色彩的宫廷生活。身处艾夫曼的作品中，舞剧自身的戏剧张力会在他妙语连珠的手法碰撞中，产生惊人的震撼力。

艾夫曼作为新一代芭蕾舞团的创建者，他对当今芭蕾舞蹈艺术所做出的卓越贡献是不言而喻的。舞团从 1977 年建团至今，三十多年中原创四十多部优秀舞剧的成就，使他成为当今芭坛最引人关注的编导家之一，艾夫曼芭蕾舞团也因此而成为当代最具活力、最受推崇的世界级名团。该团已与基洛夫芭蕾舞团、莫斯科大剧院芭蕾舞团等世界一流舞团同获封为"国家艺术团"。由于该团长期在国外演出，以至于在俄罗斯本土想欣赏一场艾夫曼芭蕾舞团的演出几乎一票难求，其演出的火爆程度可见一斑。该团汇集了大批优秀的芭蕾舞演员，他们总能将艾夫曼的创作意图淋漓尽致地表达给观众，观其演出的观众无一不被其深深吸引。艾夫曼芭蕾舞团的舞者具有深厚扎实的古典芭蕾基础，作为芭蕾这种高精尖艺术美的灵魂，艾夫曼对其"材质"的选择也是几近残酷的，仅就身高而言，男 1.80 米、女 1.70 米以上的优选让他在现代唯美主义的道路中迈出了坚实的第一步。

鲍利斯·艾夫曼是继巴兰钦和格里戈罗维奇之后，在世界舞坛上最负盛名的俄罗斯编舞大师，他既是俄罗斯古典芭蕾的继承者，也是现代芭蕾的发扬者，古典与现代在艾夫曼的舞蹈中融会贯通。

## 田园中的《关不住的女儿》

两幕三场芭蕾舞剧《关不住的女儿》是芭蕾舞历史上非常著名的一部情节芭蕾，也是从历史上流传下来的最古老的芭蕾剧目，又称《无益的谨慎》。由法国芭蕾编导家让·多贝瓦尔编剧和导演，于 1789 年 7 月 1 日在法国的波尔多市大剧院首演。

18 世纪在法国资产阶级革命前夕，启蒙主义文艺思潮主张以第三等级的平民作为文艺作品的主人公，使得文艺更接近人民，更紧密地为当时的革命斗争服务。这些先进的思想影响了当时的一批进步舞蹈家，使他们认识到必须用自己的艺术来传播进步思想，不能老是因循过去只表现神话、王宫生活或古代传说，而要用舞蹈艺术来反映现实生活中人的思想及其行动。芭蕾舞剧《关不住的女儿》，就是在这种社会思潮背景下产生的一部具有历史意义的作品。

在创作观念上，《关不住的女儿》一反往常古典芭蕾表现王子仙女世界的惯例，把平民的普通生活搬上舞台，并使之成为世界芭蕾舞的经典剧目，具有里程碑的意义。编导在舞蹈的编排以及与音乐的关系上保持着高度统一，整个风格清新、轻快、恬静，犹如一首让人回味无穷的田园诗。该剧音乐大都采自法国的民间歌曲和乐曲。

《关不住的女儿》的编导多贝瓦尔，是法国芭蕾改革大师诺维尔的学生，因而这部舞剧全面体现出诺维尔关于情节芭蕾的改革主张。1760 年，法国舞剧改革家、舞剧编导诺维尔出版了著名的《舞蹈和舞剧书信集》一书，该书全面地提出并阐述了关于创作"情节芭蕾"的原则。诺维尔认为，舞蹈是属于戏剧表现和交流思想的工具，芭蕾必须向戏剧靠拢，"应该分场、分幕，每一场都应该像一幕一样，有其开始、中场和结束"，而"那些与情节无关的舞蹈段落都得取消"。诺维尔的这种观点，为芭蕾舞最终脱离歌剧、真正成为独立的表演艺术，铺平了道路。

诺维尔的学生多贝瓦尔在创作芭蕾舞剧《关不住的女儿》时，充分地贯彻了老师的创作主张。他的最初构想，是出自一幅名不见经传的风俗画。

那是在 1789 年的某一天，编导家多贝瓦尔在街上散步，忽然一家商店橱窗里摆设着的彩色画片引起了他的兴致。这张制作得并不算精美的图画，描绘了一个乡下小伙子慌张地从一间农舍里逃走，他的后面有个正在生气地向他扔帽子的农妇，而妇女的旁边还站着一位年轻的姑娘在伤心地抹着眼泪。这张画清楚明白地说出了这样一个故事：不服母亲管教的女儿偷偷地和自己的意中人幽会，事情败露后她立即遭到母亲的责难。多贝瓦尔从这幅突出了农村社会生活情趣的画中得到启发，因此创作灵感油然而生。他很快创作出芭蕾舞剧《关不住的女儿》，并一举取得成功。

《关不住的女儿》主要剧情是：法国农村寡妇西蒙有一个漂亮的女儿丽莎。母亲贪财礼一心想把女儿嫁给村里最富有的葡萄园主的傻儿子。但女儿则另有所爱，她早与本村青年柯勒斯相爱，并准备与他结婚。母亲为阻止女儿与柯勒斯接近，对爱女严加看守。一日，农夫们把收获的麦秸送进屋中时，柯勒斯也随众人混进门来藏入麦秸堆中。为感谢众人，西蒙请大家去喝酒，走前让女儿继续纺纱，并把门锁上。在丽莎和柯勒斯跳着热恋的双人舞时，门外传来母亲回家的声响，柯勒斯被丽莎急忙推入放麦秸的储藏室。母亲回家看到女儿慌张的神态和她颈上柯勒斯送的围巾，十分生气。为防事情有变，母亲决定立即去找葡萄园主，让女儿早日与其子成亲。出门前，她把女儿锁进了储藏室后才放心而去。当西蒙夫人把葡萄园主、其子以及签订婚约的公证人等请到家中，办完一切手续收受钱袋后，便把钥匙交给傻女婿，让他打开储藏室的门领出新娘。当门打开，出人意料的是从里边走出的却是身上沾满麦草的丽莎和柯勒斯一对爱侣，显然是母亲的谨慎反倒给他们结成夫妻创造了条件。西蒙夫人想尽一切办法依然管不住自己的女儿，如今生米已经煮成熟饭，她不得不当着证人的面应允了这对有情人结为眷属，并对他们施以祝福。

让·多贝瓦尔的这部舞剧，是芭蕾史上第一部在舞台上出现农民形象、表现农民的劳动和爱情生活的舞剧作品。

作品的戏剧结构平铺直叙，清晰明了，又有巧妙的转折。日常生活的场景、劳动场面、欢庆的民间仪式，为哑剧性动作的大量运用奠定了合理的基础。多贝瓦尔运用写实的手法，重点塑造了平民阶层的多种性格——质朴、热情、追求自由、活泼可爱，也包括了势利、贪欲等等方面。在"情节芭蕾"的审美理想下，多贝瓦尔使用了"造型宣叙调"，即包括了大量生活手势的哑剧行为，但哑剧与舞蹈不是完全脱节、分裂的，哑剧主要作为一种连接生活情节与舞蹈的媒介，而不是单纯交代故事的手段，同时哑剧比台词更生动地描绘了情节，司空见惯的动作在舞台上具有了诗意。

《关不住的女儿》中的舞蹈呈现出三种形式：1. 情态性舞蹈，舞蹈倾向自然化形态，如描绘庆祝仪式和田间嬉戏；2. 情节性舞蹈，用于叙述某个特殊的情节片段；3. 情感性舞蹈。在这部舞剧里，双人舞的程式化结构初步形成（如：开端、发展、高潮、结尾，即 ABA 的结构，男女双人慢板舞、变奏的技巧炫示、合舞等）。《关不住的女儿》拥有健康、明朗、淳朴的思想感情，其喜剧轻快的情调受到广泛的欢迎。

由于广受好评，《关不住的女儿》在推出之后一直流传至今。但在多贝瓦尔之后，许多编导都在上演该剧时再次对舞剧进行了进一步的修改和润色，从而在世界范围内产生了多个版本。然而，作品中所透露出的诺维尔的舞蹈思想、哑剧的描述手段以及情节化的戏剧结构等，都对后世芭蕾舞的发展产生了重大的影响。

今天，芭蕾舞剧《关不住的女儿》的舞蹈和音乐经过了多次变动，它那最初的版本也已逐渐走样，乃至消失了。但是，即使是两百年后的今天，人们仍会把这部舞剧当作探究芭蕾发展史的重要作品来欣赏。当今世界各国舞台上能见到的两幕三场版本基本上都是由尼金斯卡编导创作的。

在中国，北京舞蹈学校早在 1957 年就首次在中国上演过《关不住的女儿》。至今，该剧一直是中国观众喜爱的芭蕾舞剧目。

## 女鬼《吉赛尔》

驰名世界舞坛的芭蕾舞剧《吉赛尔》，被誉为"浪漫芭蕾的代表之作"。其凄美的题材洋溢着不尽的诗意，跌宕的情感扣人心弦。自问世以来，始终是世界芭坛上最受欢迎的芭蕾舞剧目之一，获得了"芭蕾之冠"的美誉。

这部浪漫主义芭蕾舞剧的代表作，第一次使芭蕾的女主角同时面临表演技能和舞蹈技巧两个方面的严峻挑战。舞剧是既富传奇性，又具世俗性的爱情悲剧，从中可以看到浪漫主义的两个侧面：光明与黑暗、生存与死亡。在第一幕中充满田园风光，第二幕又以超自然的想象展开各种舞蹈，特别是众幽灵的女子群舞更成为典范之作。

《吉赛尔》由简·科拉里和朱尔·佩罗共同创作，取材于德国诗人海涅（1797～1856）的《德国冬日的故事》，剧本由泰奥菲勒·戈蒂埃等人完成，音乐创作由阿道夫·亚当担任。该剧于 1841 年 6 月 28 日在法国巴黎首演。

《吉赛尔》第一幕的背景是中世纪，莱茵河畔的乡村广场。

收获葡萄的季节到了，前去劳动的村民三三两两穿过广场。偷偷爱着农家姑娘吉赛尔的山林守护人希拉里昂，忐忑不安地走到她家门前。他犹豫了一会儿，终于下定决心举手敲门。忽然，不远处传来了响声，守林人吃了一惊，赶紧缩回手躲入暗处。

乔装打扮成农民的阿尔贝特伯爵与自己的侍卫从小木屋里走了出来，他兴奋地跑到吉赛尔家后门，美丽的吉赛尔走出门来，阿尔贝特拉住她，两人沉浸在绵绵的爱意之中。吉赛尔忧郁地告诉伯爵，昨夜她做了个噩梦，梦见阿尔贝特同一个贵族小姐结婚，不再爱自己了。阿尔贝特赌咒发誓，将永远信守爱情的诺言。吉赛尔顺手摘下一朵雏菊，想用花来占卜阿尔贝特是否真心爱她。姑娘坐到长凳上，撕下了一片花瓣："爱！"又撕一片："不爱！"最后撕下的花瓣却是："不爱！"阿尔贝特为了安慰姑娘，急忙采下另一朵花来占卜，结果是："爱！"于是，两人又高兴地翩翩起舞。看到这里，一直躲在暗处的希拉里昂冲到姑娘面前，急切地嚷道："吉赛尔，这爱情是不会有好结果的，他在欺骗你！"阿尔贝特恼怒地把守林人赶了出去，并甜言蜜语，百般安慰吉赛尔。

摘了葡萄回村的青年男女来看望吉赛尔，他们一起跳起了欢快的华尔兹舞。吉赛尔的母亲可生气了，她走出家门警告吉赛尔："吉赛尔，别跳这么多舞了。跳啊跳啊，这将会使你心脏破裂而死去的，那些早死的姑娘要变成不幸的'维丽丝'，到了晚上便在坟墓上跳个不停……"

远处传来了狩猎的号角声，阿尔贝特神色不安地跑了下去。青年们也走散了。吉赛尔在母亲的催促下回到家里，希拉里昂则悄悄钻进了伯爵藏身的小木屋。

打猎的贵族们上场了，其中有阿尔贝特的父亲和未婚妻巴季尔达公主，还有前呼后拥的侍从们。他们决定在这个村子里休息一会儿。吉赛尔母女俩闻声迎了出来，热情地为客人们张罗食品。吉赛尔好奇地打量着公主身上华丽的装饰品，抚摸她的长裙。巴季尔达也很喜欢这位淳朴美丽的乡下少女，送给了她一条金项链。

傍晚，摘完葡萄的农民们回来了，广场上热闹起来，开始举行推选"收获季节女王"舞会。快乐的乡亲们推选吉赛尔为"女王"，给她戴上了象征王冠的花环。吉赛尔满心喜悦地跳了独舞。阿尔贝特也加入了大家的舞蹈行列，他与吉赛尔的双人舞博得一片叫好声。

人们正在欢欢喜喜地纵情舞蹈时，希拉里昂突然闯了进来。他发现了伯爵的佩剑，他提着剑，当众宣布阿尔贝特是一个骗人的贵族。阿尔贝特恼羞成怒，上前来夺剑，标着伯爵纹章的剑鞘应声落地。希拉里昂愤怒地吹响了号角，把在屋里休息的巴季尔达等人唤了出来。

巴季尔达公主走到伯爵身边，对他穿了一身农民服装非常惊讶，阿尔贝特见是未婚妻，暗暗吃惊，却又不得不吻了下她的脸。吉赛尔疑惑地注视着他俩，巴季尔达指着手上的指环告诉吉赛尔："阿尔贝特是我的未婚夫！"一句话犹如五雷轰顶，吉赛尔顿时觉得天旋地转，神智昏迷，母亲慌忙抱住女儿，焦急万分。吉赛尔硬撑着站起来，身边仿佛回响起了用花瓣占卜时的音乐，她痴痴地重复着占卜的动作，回忆着一去不复返的美好时光……突然，少女的双手在空中僵住了，呆呆地盯着前方，最后无力地垂下头来，含着满腔冤屈离开了人世。阿尔贝特绝望地举起剑要自杀，被眼明手快的侍卫挡住。伯爵不顾一切推开人群，扑倒在吉赛尔身上伤心地哭了起来。

第二幕的场景是湖边的林中墓地。

埋葬着吉赛尔的新坟上，繁茂的花草在惨白的月光映照下散发出阵阵神秘的气息。希拉里昂和他的伙伴来到墓地，寻找吉赛尔的新坟。这时，远处传来午夜报时的钟声。霎时间，四周亮起了星星点点的"鬼火"，青年们害怕了，立即抛下守林人溜之大吉。

树丛间有个头罩面纱的幽灵，飘进林中墓地，她的身上散发出阴森可怕的白光，她就是主宰"维丽丝"鬼魂们的鬼王米尔达。在跳了一段独舞之后，她挥动手中的魔杖，召集其他鬼魂出来舞蹈。鬼魂们一个接着一个飘到舞台上。转瞬间，所有的鬼魂都围绕着米尔达，伴着她起舞。

米尔达做了一个手势，鬼魂们迅速围住了吉赛尔的坟墓。沉寂了片刻，双手交叉在胸前的吉赛尔从墓中缓缓升起，她艰难地一步步走到米尔达面前，弯下腰向她致意。鬼王用魔杖点了一下吉赛尔，吉赛尔的冤魂顿时得到了力量，越来越快地旋转起来……

有人来了，鬼魂们迅速离开。阿尔贝特手捧洁白的百合花，正在寻找吉赛尔的坟墓。忽然，他看到头上闪过吉赛尔的"影子"，立刻朝她奔去。但是，"影子"飘忽不定，一会儿跃到树上，一会儿又从树林间飞过，还不时地向他抛撒鲜花。阿尔贝特始终也追不上她，气喘吁吁地跌倒在坟前；忽然，少女又站到了他身旁，阿尔贝特悲喜交集，跪倒在"她"的面前恳求宽恕。吉赛尔心软了，答应原谅他，两人又跳起了一段缠绵而惆怅的双人舞。

希拉里昂慌慌张张地跑上场，一群鬼魂紧跟在他后面追赶。她们变出种种花样折磨他，弄得他筋疲力尽，绝望之中被"维丽丝"们推入湖中。

鬼魂们又抓住了阿尔贝特，眼看他也要难逃厄运了，吉赛尔飘然出现，把他救到自己的坟前。阿尔贝特本能地抓住了坟前的十字架，好像抓住了救命稻草。可是，米尔达命令吉赛尔不停地跳舞，企图把伯爵诱入死亡的舞蹈圈，鬼魂们把他团团围住，再次跳起了致命的舞蹈，阿尔贝特用尽最后的气力舞着、舞着……

忽然，早晨四点的钟声响了，东方露出了鱼肚白。鬼魂们支配的时间已经过去，鬼王米尔达也失去了威力。阿尔贝特的父亲、巴季尔达公主和侍从们出现了。吉赛尔与阿尔贝特依依不舍地告别，隐入坟墓之中。阿尔贝特怀念着吉赛尔的幻影，昏倒在巴季尔达的面前。

芭蕾舞剧《吉赛尔》是19世纪浪漫情怀的缩影，它的故事极具感染力，当中蕴含爱与痛、背叛和愧疚以至无限的柔情。《吉赛尔》是在特定的历史背景下问世的，它的出色表演技艺是一个世纪以来不断进化的结果，同时表现出了忧郁与哀伤的浪漫主义情调。浪漫主义这一文学艺术运动，促进了当时的编舞技艺的不断提高，为芭蕾舞艺术增添了一定的魅力。该剧代表了当时舞蹈艺术的新成就，在芭蕾史上第一次让一位芭蕾女主演同时面临着表演与技巧两个方面的挑战：对于现实中的吉赛尔，女主演必须体现出少女的活泼与活力；而对于非现实中的吉赛尔，她则要求能表现出冤魂的虚无缥缈和哀伤幽怨。这个要求对于当时的芭蕾舞演员来说是很高的。在世界芭蕾舞坛上，《吉赛尔》的地位大概是任何一出古典芭蕾舞剧都无法超越的。因此，一个半世纪以来，著名的芭蕾女演员都以演出《吉赛尔》作为最高的艺术追求。

《吉赛尔》的音乐格调新颖，充满旋律美和戏剧性，作曲家阿道夫·亚当创作的音乐超过十四首，其中，那首著名的"吉赛尔"是他的成名之作。为了在音乐中体现出浪漫主义的意境，表达特定人物的情绪变化，作曲家在舞剧音乐中首次使用了主题旋律贯穿的手法，如第一幕中吉赛尔和阿尔贝特相恋的旋律，在吉赛尔发疯的回忆中反复再现，这对人物的内心活动起到了画龙点睛的作用，同时也为后来的舞剧音乐创作树立了典范。亚当的舞剧音乐流畅动听而节奏多变，为该剧奏出了跨越生死的深邃意象。

该剧的群舞以整齐划一的服装、表情、动作，突出了群舞的严整性，使该剧的优美程度得到极大提升。

## 美妙的《天鹅湖》

可以毫不夸张地说，芭蕾舞剧《天鹅湖》是中国人妇孺皆知的外国芭蕾舞作品，是在中国最具知名度的芭蕾舞剧，同时也是最受中国人喜爱的芭蕾舞剧目。

故事在优美的序奏声中开始，台上是绿荫掩映的美丽的庭园，背景是雄伟的城堡。王子齐格弗里德迎来他20岁的生日，明天将举行盛大的庆祝典礼，今天在城堡的前庭举行热闹的集会。桌上佳肴美酒堆积如山。王子在家庭教师沃尔夫冈和友人宾诺以及村里的青年和姑娘们的围拢之下欢乐起舞。

这时母后出场，她对王子说："你不能再如此终日嬉戏了。明天在你的成年庆祝典礼上,将请来各国的公主,你从中挑选未来的王妃吧。"王子勉强应允,母后满意地退场。

王子意识到不久就要告别自由自在的青春时光,忽然心情沉重起来,脸上的笑容消失了。宾诺发现王子不悦,为了改变他的情绪,立刻拿出酒来开始娱乐。村民们跳起华尔兹,舞台上逐渐恢复了明亮色彩。

一会儿,欢宴散去,红日西沉,王子陷入沉思。宾诺和几个青年来邀王子狩猎,王子再次露出笑颜,和他们一同前去狩猎。

第二幕由《天鹅湖》最有代表性的著名序奏开始。

山间湖水,美丽的月色,可爱的天鹅成群结队地在湖面上滑行而过,上岸之后,天鹅们变成了美丽的少女,身着白色纱裙。其实她们是被恶魔罗特巴尔德施魔法变成天鹅的,白天是天鹅,只有夜晚才在这湖畔还原人形。

这时,王子齐格弗里德手持弓箭登场,当他以一只头戴王冠的天鹅为目标搭箭欲射时,那只天鹅在王子眼前变成了美丽的少女。她就是天鹅女王奥杰塔,本来是某国国王的公主,飞来这湖畔的那些天鹅,都是和她一样遭到同样命运的少女。王子闻知后大惊。

王子聆听奥杰塔娓娓地倾诉着不幸,由深深的同情逐渐转为爱慕。同时,奥杰塔告诉王子,要想解除魔法,必须有纯真的爱情。王子发誓,要在明天的成年庆典上宣布与奥杰塔订婚。

恶魔罗特巴尔德在暗地里窥视,露出狰狞的笑容。一会儿,东方发白,与王子惜别的奥杰塔和少女们,又被恶魔罗特巴尔德变为天鹅。

第三幕转入王子盼望已久的成年庆典上,被邀请的贵族和达官显宦们云集在城堡的大厅里。王子和母后登场就位。然后从六个国家邀请来的美丽的公主也登场了。但是王子心中只有奥杰塔。不料恶魔罗特巴尔德带领黑天鹅奥黛尔出现,把奥黛尔变成奥杰塔的模样欺哄王子,王子被骗,把她当作了奥杰塔。

舞会开始,人们跳起各国多姿多彩的舞蹈。王子与假奥杰塔起舞,并宣布订婚。此时,白天鹅奥杰塔一直在窗外守望,她一声悲鸣,振翅飞去。继而,只见雷鸣闪电,妖风袭来,恶魔罗特巴尔德与黑天鹅狂笑而去。王子始知中了奸计,持剑追赶。

第四幕舞台场景仍是在美丽湖畔的夜晚时分。

奥杰塔和白天鹅少女们因王子的失策而永远失去重返人间的机会,无限悲伤。

这时,手持利剑的王子奔来,跪倒在奥杰塔面前为自己的愚蠢请罪,再度表达他对奥杰塔的爱,矢志不变,两人紧紧拥抱,泪沾衣襟。

恶魔罗特巴尔德出现了,王子拔剑相迎,经过一场恶斗,终于杀死了恶魔。

王子和奥杰塔为今生不能永久结合而悲恸,悲观之余,一同投湖,于是奇景出现了,他俩的伟大爱情破除了魔法,白天鹅们重新还原为美丽的少女。

这个美丽的芭蕾故事,在问世时还有个趣事。

这个剧目的音乐是由俄国作曲大师柴可夫斯基创作的。1871 年,时年 31 岁的柴可夫斯基来到妹妹家中小住。作为一个称职的舅舅,他决定送给可爱的外甥们一份特殊的礼物——根据孩子们平时阅读的德国作曲家莫采乌斯的童话《天鹅池》(讲的是一位青年骑士怎样打败恶魔救出被魔法变成天鹅的少女,最后与她结婚的故事)而创作的独幕芭蕾音乐。

1875 年,柴可夫斯基的好朋友、时任莫斯科大剧院艺术指导的弗·别吉切夫约请柴可夫斯基为大型舞剧《天鹅湖》谱写音乐，这对于渴望能在芭蕾舞剧作曲领域做一些大胆尝试的柴可夫斯基来说，无疑是一个好机会。经过一年的精心创作，1876 年 3 月，柴可夫斯基完成了四幕舞剧的钢琴谱，4 月 20 日又完成了全部配器工作。

然而，1877 年 2 月 20 日，《天鹅湖》的首次公演却遭遇惨败，这令所有人都始料未及。舞蹈评论家拉罗什看完演出后这样写道："我从未见过大剧院的舞台上有过比这更糟的演出……服装、布景和效果也未能将舞台上的空虚掩盖分毫。没有一个芭蕾舞迷能从中获得哪怕五分钟的乐趣。"

面对这样一个结果，柴可夫斯基感到万分沮丧，他把失败的原因归咎于自己的音乐尚不完善，并计划重新修改《天鹅湖》的音乐。然而，直到他于 1893 年 11 月因霍乱猝死为止，这项工作一直没有开始。

一向对《天鹅湖》的失败怀有疑问的法国舞剧编导马里乌斯·彼季帕后来来到了俄国，他找到了该剧的剧本和总谱。经过仔细研究，彼季帕惊奇地发现：这个剧目的剧本和音乐原来这么精彩！于是，彼季帕决定重新改编第二幕舞蹈，并于 1894 年上演了单独的舞剧第二幕，果然不同凡响，受到了一致的好评。在这个成功的鼓舞之下，彼季帕乘胜出击，与其弟子伊万诺夫合作，共同改编了《天鹅湖》的全剧。1895 年 1 月 15 日，新版《天鹅湖》在圣彼得堡的马林斯基剧院上演，一举获得了空前的成功。这一成功，奠定了《天鹅湖》在芭蕾舞剧历史上的地位。

这一版新的《天鹅湖》问世后，迅速走红于全球各地。从此，它不但成为世界各大芭蕾舞团的常演和保留剧目，同时也成为世界人民最喜爱的芭蕾舞剧目。

不过，"不是我不明白，这世界变化快！"今天的《天鹅湖》在各种版本你方唱罢我登场的风水轮流转中，可谓让人开了眼，其中，英国人马修·伯恩编导的男版《天鹅湖》，让众多"天鹅迷们"大跌眼镜。这个新编舞剧将故事移到 20 世纪 50 年代，天鹅全部由男性担任，上演后引起巨大反响，在几年的时间里，获得了英国和美国的无数奖项，其中包括 1999 年百老汇托尼大奖中的最佳音乐剧导演（有趣的是《天鹅湖》本身根本就不是音乐剧）、最佳编舞和最佳服装。真可谓时过境迁，沧海桑田。

## 圣诞礼物《胡桃夹子》

在我们这个星球上，每逢圣诞，全世界的舞台上都会刮起一股《胡桃夹子》的旋风。芭蕾舞剧《胡桃夹子》是世界上最优秀的芭蕾舞剧之一，它之所以能吸引千千万万的观众，一方面是由于它有华丽壮观的场面、诙谐有趣的表演，但更重要的原因是柴可夫斯基的音乐赋予舞剧以强烈的感染力。这个冬季旋风，不啻是舞蹈艺术送给全世界人民的一个精美的圣诞礼物。

《胡桃夹子》的故事发生在 19 世纪初的德国，纽伦堡市内的舒塔尔巴姆家要开圣诞晚会。女儿克拉拉、儿子弗里茨和他们全家人都在门口迎接客人。

圣诞晚会开始了。克拉拉的教父德罗赛尔梅亚带来一个漂亮硕大的手摇八音匣，从中取出可爱的少女、滑稽的小丑、强悍的阿拉伯人三个木偶为孩子们表演。最后，德罗赛尔梅亚拿出了其貌不扬的胡桃夹子，克拉拉求德罗赛尔梅亚把这个木偶送给她。她怀抱着胡桃夹子，静静地进入了梦乡——

熟睡的克拉拉被惊醒了，她看到七只鼠王带着一大群老鼠，要偷走胡桃夹子。胡桃夹子突然变大了，指挥着木偶和老鼠展开大战。克拉拉被这场面吓得昏了过去。当她醒来的时候，胡桃夹子已经摆脱魔法变成了一个英俊的王子。王子邀请克拉拉到自己统治的糖果王国去做客。两个人乘上了木马，踏上了旅途。

王子和克拉拉来到了雪国，这里是一片晶莹的世界。冰雪女王和国王带领着雪的精灵们变成随风飘落的雪花，跳着舞蹈欢迎他们。克拉拉从女王和国王那里得到了一块美丽的披肩和王子一起又上路了。

水的妖精们看到克拉拉和王子乘坐的木船，喧嚷起来。一阵阴风吹过，还没有被消灭掉的老鼠们又来反扑，但最后都在王子的宝剑下丧了命。

消灭了老鼠，克拉拉和王子来到糖果王国，这是用各种点心建成的豪华宫殿。巧克力、糖豆、奶油等各种各样的精灵们跳起华丽的舞蹈欢迎他们。克拉拉和王子跳起了在糖果王国作为结婚仪式跳的双人舞。克拉拉不知不觉地已经深深爱上了王子，但也隐约感到了王子将会离开她远去。怀着这种不安，克拉拉静静地入睡了。

圣诞晚会结束了。教父把洁白的披肩轻轻地披在克拉拉肩上，然后坐着雪橇远去了。克拉拉追忆着和王子一起度过的美好时光，怀抱着胡桃夹子，久久地伫立在纷纷飘舞的大雪里。圣诞节的夜越来越深了……

这部在世界芭蕾舞坛上占有重要地位的作品，其音乐也是由俄罗斯作曲家柴可夫斯基创作的，是他的第三部舞剧音乐。1892年12月，这部舞剧在圣彼得堡的马林斯基剧院首演时，舞剧的音乐比舞蹈本身受到了更热烈的欢迎。

《胡桃夹子》的舞剧编导是彼季帕和伊万诺夫。首演时，舞剧结构本身即被认为存在着一些问题。当时，彼季帕尚未完成整部舞剧的创作便有病在身，其余的编排工作由其助手伊万诺夫接替。后来在俄罗斯国内又出现了一些具有影响力的改编版本，如莫斯科大剧院1919年戈尔斯基版、基洛夫芭蕾舞团1928年罗普霍夫版、1934年基洛夫芭蕾舞团瓦伊诺宁版等，都在原作的基础上有了新的发挥。

1934年1月，英国皇家芭蕾舞团首演了尼古拉·谢尔盖耶夫根据他从马林斯基剧院带来的舞谱而编排的《胡桃夹子》，这是该剧首次在西方国家露面。而1954年2月，出身于圣彼得堡马林斯基剧院的乔治·巴兰钦在美国推出了这部舞剧的改编版，当时在美国国内引起了巨大轰动。从此至今，每逢年末，巴兰钦率领的纽约城市芭蕾舞团都会上演为期四周的《胡桃夹子》，而巴兰钦版《胡桃夹子》仍是今天纽约城市芭蕾舞团的保留剧目。

作为取材于童话故事又富有节日喜庆气氛的芭蕾舞剧，《胡桃夹子》具有老少皆宜、雅俗共赏的特点，这使它成为西方国家最受欢迎、演出场次最多的芭蕾舞剧之一。每逢年末，《胡桃夹子》便大行其道，各种编舞版本层出不穷，各地舞团通常还邀请本地学习芭蕾的少年儿童来参加演出，以增强当地观众的认同感和参与意识。

2000年，中国中央芭蕾舞团（现名中国国家芭蕾舞团）也曾推出过中国版的《胡桃夹子》，故事的背景则从西方的圣诞节改变成中国的春节。对这个"中国版"是如何问世的，亲历这一过程的中国芭蕾舞蹈家冯英做了这样的介绍："与其他经典芭蕾作品一样，《胡桃夹子》流传至今已有百余年历史了，世界各大芭蕾舞团均把它作为保留剧目之一。中国芭蕾舞团作为世界十大芭蕾舞团之一，自然责无旁贷地要为我们的观众献上这部作品。1999 年我们改编了这部中国版的《胡桃夹子》，要改编一部既保留芭蕾风格，又要有民族性，更要体现时代特征的贺岁芭蕾，在编舞中，我们力求保持芭蕾应有的程式和规律，同时加进新东西。比如，二幕中的双人舞是最后舞剧的高潮，形式没变，还是按照双人舞各自的独舞进行，但是打破了一些芭蕾舞需要保持的重心感，就是有些动作要不在重心上完成，另外还加进一些民族的舞蹈语言。"对于这样一个实验过程，许多学者都认为：中国版的《胡桃夹子》是中国芭蕾舞人为形成独立的中国芭蕾学派的一次探索和努力。

## 克兰科与《奥涅金》

于 2008 年底在北京天桥剧场上演的大型三幕芭蕾舞剧《奥涅金》，是"第六届北京国际戏剧·舞蹈季"的闭幕式剧目，由中国国家芭蕾舞团首次在中国把该剧搬上北京的舞台。该剧以细腻独具的处理方式、完美流畅的表现手法，为这一届北京国际舞蹈季画上了一个圆满的句号，同时，也让首都的观众一睹由中国人演绎的这出世界优秀舞剧。

舞剧《奥涅金》并不是首次出现在中国的舞台。20 世纪 80 年代初，德国斯图加特芭蕾舞团就曾把这出由世界当代芭蕾舞大师克兰科的名作带到中国，并受到了中国观众和舞蹈界专业人士的好评。为了让当代中国人重温大师名作的风范，中国国家芭蕾舞团购买了该剧的演出版权，经过细致的排练和舞台制作，终于于 2008 年 12 月 19 日在北京做了该团的中国首演。

三幕芭蕾舞剧《奥涅金》由约翰·克兰科根据亚历山大·普希金的诗体同名小说改编成舞剧，音乐使用了柴可夫斯基创作的部分乐曲，经库特·海因兹·斯托尔兹编曲和配器，形成该剧音乐，雅致而洗练的舞台布景由托马斯·米卡设计，色彩搭配非常舒服的服装由玛伦·费舍尔和托马斯·米卡设计，灯光设计是斯汀·贝扎克。中国国家芭蕾舞团通过这样一个国际团队，把克兰科的精髓完整地保留下来，并呈现给中国的观众。

约翰·克兰科创作的舞剧《奥涅金》是由德国斯图加特芭蕾舞团于 1965 年 4 月 13 日在斯图加特首演的，该剧被国际舞坛视为当代芭蕾舞剧的代表作。

约翰·克兰科是德国斯图加特芭蕾舞团的缔造者。他于 1927 年 8 月 14 日生于南非的勒斯滕堡，早在开普敦大学接受舞蹈训练时，就崭露出编导才华，根据斯特拉文斯基的音乐组曲创作过舞蹈《士兵的故事》。1946 年，克兰科进入英国伦敦的萨德勒斯·威尔士舞蹈学校继续深造，很快便成为萨德勒斯·威尔士芭蕾舞团（即后来的英国皇家芭蕾舞团）的一员。自 1949 年起，他将全部的精力投入到编舞工作之中，为该团编创了大量很有影响的舞蹈作品。1961 年，克兰科被当时德国巴登-符登堡国立剧院（即现在的斯图加特国立剧院）任命为斯图加特芭蕾舞团团长。1962 年 12 月，由克兰科创作的《罗密欧与朱丽叶》为他的事业迎来了巨大声誉，演出受到了媒体和观众的一致赞誉。此后，他又接连创作出举世闻名的《奥涅金》和《驯悍记》等经典叙事性芭蕾作品，从而确立了国际伟大芭蕾编导大师的地位。在这些成功的舞剧作品中，克兰科表现出非常高超的编导技艺，他能够细腻地讲述故事情节并编制清晰的戏剧结构，特别是他在双人舞编排上的不凡水准，彻底征服了全球的观众。成功之后的克兰科带着斯图加特芭蕾舞团辗转全世界，受到了广泛的赞誉。1973 年 6 月 26 日，他在结束了美国的巡演之后在回德国的飞机上意外去世,享年 45 岁。

我们通过这部在世界上广受赞誉的舞剧,很容易看到克兰科在结构舞剧方面的才能。

剧情开始在拉莉娜夫人家的花园。

拉莉娜夫人、奥尔加和奶妈一面准备着参加舞会的服装,一面谈论着拉莉娜夫人的女儿达吉亚娜即将举办的生日宴会。拉莉娜夫人思索着未来和自己已经失去的青春和美貌。

奥尔加的未婚夫、年轻诗人连斯基带着一位来自圣彼得堡的朋友奥涅金到访。他向众人介绍了奥涅金——一个因为厌倦城市生活而来到乡间散心的年轻人。情窦初开的达吉亚娜对这位风度翩翩的陌生人产生了爱慕之情,他与自己熟悉的乡下人那么与众不同。但是,奥涅金只把达吉亚娜看成一个读了太多浪漫小说的村姑。

达吉亚娜对奥涅金一往情深,心中充满澎湃的初恋遐思,禁不住写下了情真意切的情书,嘱咐奶妈将信转交给奥涅金。

达吉亚娜的生日会上,当地达官贵人纷纷前来为达吉亚娜庆祝生日。他们谈论着连斯基如何痴迷于奥尔加,也窃窃私语地预测达吉亚娜和那个初来乍到的奥涅金将如何发生风流韵事。一旁,奥涅金觉得这伙人令人厌烦,掩着嘴打起哈欠来,他觉得很难在这些人面前保持礼貌。还有,他对达吉亚娜的情书也感到厌烦,他觉得那不过是少女的意乱情迷之作。他悄悄找到达吉亚娜,拒绝了她的爱,并把情书撕掉。达吉亚娜悲痛欲绝,这不但没有唤起奥涅金的怜惜之心,反而更增加了他的反感。

这时,达吉亚娜的远房亲戚格雷明公爵来了,他爱恋着达吉亚娜,拉莉娜夫人自然也希望撮合他们,但是,芳心已碎的达吉亚娜眼里根本就没有这位年长体贴的亲戚。这时,郁闷无聊之极的奥涅金故意向奥尔加大献殷勤,来惹怒连斯基;而奥尔加也漫不经心地跟他嬉戏。可是,连斯基却被激怒了,他向奥涅金提出决斗。

达吉亚娜与奥尔加试图向连斯基解释,但这位浪漫诗人已觉得好友出卖了自己,心上人又忘恩负义,使他万念俱灰,坚持要决斗。决斗中,奥涅金杀死了好友,而他冰冷的心也因朋友的悲惨死去而被震动。达吉亚娜认识到她的所爱是多么虚无缥缈,而奥涅金又是那么自以为是,那么空虚。

为了忘记这场无聊的决斗,奥涅金四处游荡,多年后他重回圣彼得堡。他出席刚刚完婚的格雷明公爵在宫殿举行的宴会。奥涅金赫然发现,端庄、优雅的公爵夫人正是当年自己不屑一顾、漠然回绝的村姑达吉亚娜,奥涅金知道大错铸成,追悔莫及。他觉得人生显得更加空虚而漫无目标。

达吉亚娜读着奥涅金写给她的情书,突然奥涅金迫不及待地站在她面前。达吉亚娜忧伤地告诉他,尽管对少女的纯真充满着向往,但是她现在已为人之妇,她不可能从奥涅金那里得到幸福和尊重。她责令奥涅金从此永远离开自己。

在中国国家芭蕾舞团的舞台表现中,年轻的中国芭蕾舞演员朱妍以她充满深挚情感的动作语言,传神地表现出克兰科动作的精髓,她用不施粉黛的真容,深深地打动了现场的观众。中国演员能这么好地传达出克兰科原剧的精华,显示出中国芭蕾舞事业高度发展的良好态势。该团高水平的演出质量,让国外合作方伸出了满意的大拇指。

## 格雷姆：美国现代舞之母

她是美国现代舞的创始人之一，她与音乐家斯特拉文斯基、画家毕加索齐名为 20 世纪三大艺术巨匠，她曾说："我没有选择舞蹈，是舞蹈选择了我。我把舞蹈作为某种宗教信仰式的追求。"这就是享誉世界的美国现代舞大师玛莎·格雷姆！

玛莎·格雷姆（Marthe Graham 1894~1991）生于美国宾夕法尼亚州阿勒格尼，高中毕业后在洛杉矶坎诺克学校开始学习舞蹈。1916 年，22 岁的格雷姆进入了位于洛杉矶的丹妮丝-肖恩舞蹈学校进一步深造。当年丹妮丝刚刚见到格雷姆时曾评价说："论个头矮了点，论年龄大了点，论相貌丑了点。"而且不适合学习丹妮丝那特有的优美雅致的东方舞，于是决定让格雷姆学习学校所开设的多种舞蹈课。一些带有原始风格的舞蹈课逐渐吸引了她，这位起初并不被看好的女学生渐渐开始显示出了她的舞蹈天才。多年后她曾回忆说："是丹妮丝打开了一扇门，使我看到了生命。"毕业后，格雷姆进入丹妮丝-肖恩舞蹈团担任演员。在舞校和舞团生活了近十年的时间里，她曾表演过一些丹妮丝的埃及、印度、西班牙、印第安等风格的舞蹈，但这些精美的舞蹈却难以符合她内心的激情。1923 年，由于艺术见解的不同，格雷姆离开了丹妮丝-肖恩舞蹈团。直到 1926 年，她创建了美国玛莎·格雷姆舞蹈团，并在纽约举办了第一台个人作品晚会，创作了《悔悟者》《移民》《耶稣复活节》《青春似火》等。1927 年，她在纽约创办了现代舞学校，并培养了许多优秀的演员和教师，如默斯·坎宁汉、保罗·泰勒等。1932 年，格雷姆在美国本宁顿学院成功创立了第一个舞蹈学士的学位。此后，她更专注于舞蹈创作，并与许多音乐家、雕塑家合作推出新作，如《地平线》《编年史》《复仇女神之歌》《向和平致敬》等。1948 年，她着手成立了玛莎·格雷姆当代舞蹈中心。1951 年，她又在纽约著名的朱丽亚音乐学院开设了舞蹈学系。自 20 世纪 40 年代后，格雷姆的舞蹈创作也逐渐进入了高峰，直到 1969 年，76 岁的格雷姆宣布退出舞台。1973 年，她撰写的《玛莎·格雷姆笔记》一书出版。直到 1991 年去世前，她仍从事著述和舞蹈创作。

格雷姆一生创下了一百八十余部作品的惊人纪录，自 20 世纪 20 年代开始，其著名的代表作品有《异端》（1929）、《悲歌》（1930）、《原始的奥秘》（1931）、《美国之歌》（1937）、《深沉的歌》（1937）、《人人都是马戏班》（1939）、《给世界的信》（1940）、《赛伦之岸》（1943）、《阿巴拉契亚之春》（1944）、《黑色的牧场》（1946）、《心灵的洞穴》（1946）、《闯入迷宫》（1947）、《黑夜的旅程》（1947）、《天使的乐园》（1948）、《天使的对话》（1955）、《古老的时光》（1969）、《航海的神话》（1973）、《夜晚里的乞丐》（1973）、《猫头鹰和小猫》（1978）、《春之祭》（1984）、《珀尔塞福涅》（1987）、《枫叶旗儿》（1990）等等。其中大部分舞蹈舞剧作品在题材的选择上吸取了古希腊神话以及宗教或民间传说的内容，还有大量作品取材于现实生活。

她在编舞的同时，也开始关注并研究身体的结构、机能与舞蹈的关系，从而逐渐探索和形成了一整套系统的现代舞技术及其训练方法。这是一种完全不同于芭蕾但又可以与之相媲美的舞蹈技术，这就是著名的"格雷姆技术体系"（Graham Technique），其核心为"收缩-放松"（Contraction-Release）。这种"收缩-放松"技巧的特点是注重人的脊椎部位的运动方式，以脊椎为人体动作的轴心和支柱，使躯干进行收缩和伸展的动作，从而使整个身体产生基于这一动律原理而发生的动作变化。动作的动力来自呼吸,吸气时腹部需要放松,强调身体有力的伸展;吐气时则利用腹部收缩的力量带动身体。与此同时,格雷姆还特别创造和发展了地面的动作技巧。以她的课堂舞蹈训练为例,开始的练习并不同于芭蕾的把杆训练,而是从地面上开始。从"收缩-放松"技术到形成舞蹈作品,格雷姆逐渐创造了独具个性的舞蹈风格。因此在看过格雷姆的舞蹈之后,曾有人发出这样的感慨:激烈的收缩,粗野的"地板动作",震惊了那些认为真正的舞者理应跃入空中的人。"格雷姆技术体系"已被公认为是能够与古典芭蕾并驾齐驱的舞蹈技术,是欧美现代舞技术流派中最强大的一支。至今仍广泛流传于世界各国,作为训练现代舞者的重要课程,并支撑着现代舞创作的不断探索和发展。

从玛莎·格雷姆舞蹈作品的内容风格上看,她不再描绘那些古典芭蕾中的浪漫幻想,也不再谈论那些人类社会之外的情感故事,而是转而关注和表现人类生命本身所发生的真实的情感,带有一种终极关怀的色彩,赋予了舞蹈哲学思考的高度。格雷姆的舞蹈创作坚守两项信条:"以身体形象客观地表现我的信念""用舞蹈揭示内在的人"!因此她曾被人们誉为"用现代舞刻画人物心理活动的大师"。

曾在玛莎·格雷姆舞团担任过舞蹈演员的明星麦当娜曾说:"玛莎大师是真正的'女神',她对于艺术理想的坚持和坚强的性格至今仍深深影响着我。"还有美国著名的电影导演伍迪·艾伦、好莱坞影星格利高里·派克、美国影星贝蒂·戴维斯等都曾投师于格雷姆。作为舞蹈艺术大师,格雷姆不仅对现代舞的创作和表演做出了重要贡献,而且在戏剧、电影等领域都产生了重要影响。

格雷姆一生获得很多殊荣,1966年,她被授予哈佛大学荣誉艺术博士学位;1976年,由美国总统杰拉德·福特为她亲自颁发了总统自由奖章;1999年美国时代杂志推选玛莎·格雷姆为世纪舞蹈家,尊称她为20世纪最重要的舞者之一。

## 现代舞诗人保罗·泰勒

"我在编舞时,对舞者在舞台上的位置要求非常严格,他们的移位也要求非常挑剔,一定要有空间的布置,整个作品就像一幅画一样完美。"现代舞、诗人……两个奇妙的概念就在保罗·泰勒这位现代舞编导家的创作中获得了机缘。

保罗·泰勒(Paul Taylor 1930~)是著名的现代舞蹈大师,出生于美国的宾夕法尼亚州阿勒格尼,早年生活在华盛顿,1947年进入西拉库大学就读美术专业,业余爱好游泳和建筑。此后,22岁的保罗·泰勒在纽约开始了他的舞蹈人生。他先后夺得了纽约著名的朱利亚音乐学院舞蹈系、玛莎·格雷姆当代舞蹈学校等学府的奖学金,并且曾在格雷姆的舞团担任独舞演员。在美国和欧洲演出期间,保罗·泰勒开始演出自己创作的作品。1959年,作为客座演员,保罗·泰勒参加了乔治·巴兰钦旗下的纽约城市芭蕾舞团的演出。20世纪50年代,保罗·泰勒成立了自己的舞蹈团,开始了对舞蹈艺术的追求并不断地给世界带来惊喜。

美国保罗·泰勒现代舞团的建立,给世界呈现出一个个现代舞的神话,创造出欧美现代舞的极具代表性的经典作品一百多部,先后在世界六十多个国家六百五十多个城市进行过演出。世界上有七十余个舞团演出过他的作品,演出版权达一百二十余个。他代表美国政府参加了四十多个国家举办的艺术节,也多次来到中国演出和教学交流,给中国人民带来了深刻美好的艺术享受。保罗·泰勒的舞蹈艺术创造了半个世纪的辉煌,剧目经久不衰,成为现代舞的一个重要流派。

保罗·泰勒舞蹈团是世界上最优秀的舞蹈团之一。保罗·泰勒的现代舞蹈艺术的巨大成就和被世界无数观众的喜爱,赢得了无数的荣誉。1993年在白宫举行的仪式上,美国总统克林顿亲自为保罗·泰勒颁发国家勋章。1992年他创作的《舌语》获当年的艾美奖。1992年被授予了林肯中心"为提高全球人类生活和丰富国家文化"荣誉。保罗·泰勒在他的艺术生涯中,两次被法国政府授予骑士爵位。1995年11月,保罗·泰勒获得了ALGUR H MEADOWS设立的杰出艺术成就奖。被授予"世界罕见的最有创造性和杰出贡献的人"的称号。同年,他名列由美国国会图书馆学术成就办公室公布的"全美最杰出的50人"之一,以表彰他对美国文化做出的贡献。2000年1月,因其对法国文化的特殊贡献,他又荣获法国政府最高荣誉Legion d'Honneur。保罗·泰勒曾三次获得美国古根海姆奖、六个荣誉博士称号,十次被推选为美国艺术与文学院院士。他囊括了五十多个奖项和荣誉称号,成为现代舞蹈的重要符号,成为美国文化的代表之一。

1993年,他又组建了保罗·泰勒二团,以满足教学及社区需要。自成立以来进行了大量的演出,开展了保罗·泰勒现代舞蹈技术体系的教学活动,在世界传播和推动着现代舞的发展,为人类文化艺术做出了卓越的贡献,被一致公认为美国现代舞第三代舞蹈大师。他的舞蹈技术体系在美国已经成为教学的内容,在世界许多的现代舞教学中也多被采纳,更是现代舞舞蹈演出团体所遵循的楷模。保罗·泰勒现代舞团的演出所到之处都会掀起观众的高涨热情。1999年,保罗·泰勒作为美国的文化使者肩负着美国白宫新千年委员会发起的官方文化项目——"环球文化之都"行动,在智利的圣地亚哥、德国的克罗涅举行演出取得巨大成功,使美国的舞蹈艺术之花盛开于世界。正如美国1998年《旧金山年鉴》上评价的那样:"在此世纪之交的时刻,保罗·泰勒舞蹈团作为任何艺术形式的最佳范例,并可作为本世纪以来美国对世界舞蹈最伟大的贡献,它当之无愧地称为现代主义舞蹈的极致。"2000年,在美国的演出季中,他们的舞蹈旋风般地席卷美国大地,在肯尼迪中心、在北卡罗来纳州的杜尔姆的舞蹈节、在马萨诸塞州的贝克特的"雅格之枕舞蹈节"、在达姆罗什参加林肯中心户外艺术节的演出等,所到之处影响非同一般。

保罗·泰勒的舞蹈作品主要包括《光环》(1962)、《海滨广场》(1975)、《最后一瞥》(1985)、《舌语》(1991)、《皮亚佐拉的火山》(1997)、《生命之火》(2002)等百部之多。这些作品表现出他非凡的想象力、深刻的文化内涵、无懈可击的优雅的舞蹈语言,使经典音乐与舞蹈完美地结合起来。他的舞蹈总是那么令人耳目一新,在舞者翩翩的动作中,激昂、快乐、幽默、浪漫抒情、痛苦悲壮,都充满着迷人的魅力和无穷的遐想。有的作品深刻而严肃,令人产生来自心灵的启发和思索。保罗·泰勒的舞蹈作品与世界名曲结合更是充满着诗情画意,优雅性和音乐性融为一体,给人带来绝妙的精神享受。他的舞者用高水平的肢体语言塑造出一幅幅精美的图画,人们称之为"移动的雕塑"。保罗·泰勒舞蹈团的演员们凭借出色的舞蹈感觉和长期严格的排练,将保罗·泰勒舞蹈中深刻的含义表达得淋漓尽致。他的舞者被视为健美的化身,健康而阳光。保罗·泰勒的舞蹈作品和演出在美国国内和海外都是各家电视台制造商所追捧的节目,同时也曾多次被搬上银幕,特别是《舞者》使舞蹈团队大放异彩。

保罗·泰勒的现代舞蹈艺术之所以有很大的影响力和极强的感染力，来源于他对舞蹈的深刻理解和认识。他断言："任何时候的音乐舞蹈的流行趋势都反映了那个时代的动向，有好的有坏的，有快乐的也有悲伤的。"因此他更关心当代人当代事，他的舞蹈正是以这样的理念来编排来创造的。从他的舞蹈风格中我们新鲜地体味到舞蹈的连贯性和流畅性，以及变幻无穷的情感世界、充满诗意的浪漫情怀，还有那突出的撞击人们视觉的现代感。他赋予舞蹈的不仅仅是娱乐，而是更深厚的文化内涵，作品中充满着乐观主义、冒险精神、成功的喜悦等，体现出文化是艺术的灵魂的重要主题。他注重舞蹈表演的层次性、戏剧性，注重美好的音乐对舞蹈的诠释与拓展，因此感染力极强。他实现了舞者与舞蹈完整的统一，无愧为现代主义的舞蹈大师。

## 风靡全球的踢踏舞

踢踏舞是世界各地都有的一种以丰富的脚点变化为主要特色的舞蹈，亚洲、非洲、欧洲、美洲，世界各地几乎都拥有着自己的踢踏舞形式。随着爱尔兰踢踏舞晚会《大河之舞》的风靡全球，带有爱尔兰风格的踢踏舞一时间在全世界传播开来，重新唤起了人们对于踢踏舞的关注和喜爱。实际上，在世界踢踏舞家族中，爱尔兰踢踏舞不过是其中一种而已。

欧美人称踢踏舞为 Tap Dance，意即：拍打、敲击。虽然在世界各地踢踏舞有不同的风格，但处于主流地位的欧美踢踏舞主要有两大分支：爱尔兰踢踏舞和美式踢踏舞。

美式踢踏舞形成于 20 世纪 20 年代左右，当时爱尔兰移民和非洲奴隶把他们各自的民间舞蹈带到美国，逐渐融合形成了新的舞蹈形式。美式踢踏舞起源于美国社会的下层民众，是一种爱尔兰民间舞蹈和非洲黑人舞蹈的融合。这种流派的形式比较开放自由，没有很多的程式化限制。舞者不注重身体的舞姿，而是炫耀脚下打击节奏的复杂技巧，他们常常聚在街头互相竞技。其整体舞风比较朴实、散漫。后来在长期的发展中，这种流派不断受到诸多因素的影响。比如说美国西部牛仔的影响、黑人传统击鼓节奏的影响等等，其中最重要的影响可能算是爵士乐的影响，踢踏舞吸收了爵士乐音乐节奏、即兴表演等元素，更具自娱性，也更加开放而具有挑战性。这样就逐渐形成了十分丰富的舞蹈形式，并且成为代表美国的、"黑人味"浓厚的踢踏舞流派。表演这种舞蹈时，舞者需着特制的踢踏舞鞋，用脚的各个部位在地板上摩擦拍击，发出各种踢踏声，加上舞者潇洒自如的舞姿，从而形成美国踢踏舞特有的幽默、诙谐和表现力非常丰富的艺术魅力。

美式踢踏舞在好莱坞歌舞片时代，作为大银幕上最迷人的舞蹈形式，被世界各地的人们熟悉和喜爱，从而让美式踢踏舞发展到了一个高峰。从可爱的秀兰·邓波尔，到好莱坞两位鼎鼎大名的舞王弗雷德·阿斯泰尔和吉恩·凯利等，他们在影片中踢踏起舞的表演，迷倒了亿万观众，也让美式踢踏舞在全球范围内大行其道。当时著名的影片有《雨中曲》《一个美国人在巴黎》《皇家婚礼》《龙国香车》《一月船长》《小叛逆》等。但在歌舞片的热潮过去后，美式踢踏舞也经历了一个发展上的低潮期。

爱尔兰踢踏舞也有自己的风格，舞蹈时，上半身几乎没有动作，双手自然下垂，贴与髋部，下半身双脚总是保持交叉的姿势（45°）。爱尔兰式踢踏舞又分软鞋舞及硬鞋舞部分，在软鞋舞方面，男士与女士所跳的是不同的，因为软鞋男女的鞋子不同，女士方面有点像芭蕾舞鞋,不会发出声响,而男士的鞋后跟部分则是硬的,所以可以发出声音。

爱尔兰踢踏舞作为爱尔兰民间传统艺术,其真正得到认识与重视,还是要从《大河之舞》(1995)的上演开始。那些热爱此种艺术的舞者,将更先进的踢踏舞理念融入自己的民族传统中,完成了爱尔兰踢踏舞蹈的升华。在现在大家所见的爱尔兰舞剧中,我们会看到舞者的上半身会有些许的动作,那是由舞者进行的改进。爱尔兰踢踏舞王迈克·弗莱利是最著名的爱尔兰踢踏舞者。《大河之舞》《王者之舞》《火焰之舞》都是著名的爱尔兰踢踏舞大型晚会。

除美式和爱尔兰踢踏舞外,在欧美各国也还有许多踢踏舞形式,它们都各具艺术特色和气质。如英式踢踏舞强调的是以芭蕾优美肢体动作为主,在舞步方面有较多的旋转、滑步等,舞者在演出时常带给人们一种贵族的气质。再如西班牙的弗拉门科,也是一种节奏相当复杂的踢踏舞,其脚底的踢踏成分是非常浓郁而出色的。在非洲,踢踏舞更是随处可见。如博茨瓦纳踢踏舞就很有特点,它不是靠脚跟与地面的接触而形成踢踏的声响,而是把沙粒装入椰壳中,然后绑于踝间,这样,舞者在表演时同样可以发出叮咚作响的声音。类似的踢踏方法,还可以在印度的卡塔克舞蹈中见到。同非洲舞蹈一样,印度舞蹈也是在表演时不着舞鞋而光脚舞动的。卡塔克舞蹈的方法是,用一个个小铜铃组成的绑腿缠于小腿处,随着舞蹈者双脚不停地舞动从而形成轻重缓急的清脆铃声。这可是一套极其讲究技艺水准的踢踏舞方式,不经过长期的训练,根本不可能达到完美的水平。在中国,也有许多少数民族拥有自己的踢踏舞形式,如藏族的踢踏舞就在藏族舞蹈中成为一种极为常见、也最受欢迎的表现方式。藏族的踢踏舞是靠皮靴的鞋跟击地从而完成踢踏的,往往是一组女舞者排列成一排,做着整齐划一的踢踏舞动作,让舞蹈达到高潮。这种表演方式,在藏族舞蹈中极为常见。除藏族外,中国其他的少数民族的民间舞蹈中,也有很多的踢踏舞成分,欢快的情绪和多变的节奏成为这些民间舞蹈的主要艺术特色。

有人说,踢踏舞是一种被用来听的舞蹈样式。的确,一位伟大的踢踏舞表演者更是一位节奏感超强的音乐家。在一些国际的踢踏舞比赛中,评委们甚至根本不看舞蹈演员的表演,而是靠听他们打击节奏的轻重缓急来判断舞者的功力。评判一个出色的踢踏舞者,要看他无论在多快的节奏、多复杂的舞步、多轻的声音下,是否都能做到各种踢踏动作清晰准确。所以,节奏是否清晰、动作是否准确,成为衡量一位优秀踢踏舞者的标准。

## 街舞:流行旋风

街舞与说唱、DJ、涂鸦都是嘻哈(HIP HOP)文化的元素,又都同属街头文化。不过这些元素早已成为当今社会的流行时尚,嘻哈风格甚至已成为全球重要的流行产业,这种流行文化的符码弥漫在了社会生活的各个角落,影响了许多年轻人的个性和行为方式。极具自由风格与即兴色彩的街舞,最早源于20世纪70年代的美国纽约街区,是由美国黑人创造的街头舞蹈艺术。随着世界各国多元文化的交融,街舞已迅速成为一种世界性的时尚舞蹈潮流。尤其在传入日本、韩国后,逐渐丰富了原有街舞的种类以及表演方式,这种街舞文化的变体又直接影响到其他亚洲国家对街舞的认识。

说至街舞,其舞蹈本身可谓魅力无穷,尤其时下那些朝气蓬勃的青少年,对街舞可以说十分着迷,这是他们最热衷的一种休闲方式。街舞的动作幅度极为夸张,爆发力强,头、颈、肩、上下肢以及躯干等关节的屈、伸、摇、摆、扭、振等动势变化极为丰富。旋律节奏超酷的音乐拍打着人们的神经,给人以活力四射、激情澎湃之感。也有人认为喜欢跳街舞的人痞气十足,难登大雅之堂。殊不知在那种宽松肥大的舞服、个性夸张的饰品包装下,我们要看到的不仅仅是令人眼花缭乱的舞蹈动作,更重要的是人与舞蹈的志趣的合一,是街舞文化赋予人们的一种轻松洒脱的风格和积极进取的生活态度。此外,街舞还有其特殊的健身功能。许多优秀的街舞者都非常注重身体动作的协调性以及力度和柔韧性,适当的运动量不但能够使身体进行有氧运动,而且能够增强肌肉和韧带的功能,促进脂肪的消耗。因此,街舞对我们每个人来说都是一种大有益处的舞蹈活动,它不仅仅是年轻人的休闲专利,时下就有许多老年街舞爱好者组成老年街舞队,既强健了体魄又丰富了生活。

我们首先来了解几个主要的街舞类型。按照舞蹈动作的风格来看,有的比较侧重于技巧性,例如:BREAKING,也就是我们都熟悉的霹雳舞。跳 BREAKING 的人通常被称为 B-BOY 或 B-GIRL。世界上有许多国家每年都会举办 B—BOY 街舞大赛,如国际街舞界公认的最专业、级别最高的 UK B BOY CHAMPIONSHIPS(英国街舞锦标赛)、BATTLE OF THE YEAR(德国 BOTY 街舞大赛)等。此类国际性街舞赛事总能够吸引数以万计的来自不同国家的年轻人前去观看和参与,热烈的比赛场面常常令人感叹街舞文化的无穷魅力。他们以舞会友,充分营造了一种多元文化交融的和谐氛围。国际街舞大赛能够为每一位参赛者和街舞爱好者提供最完美的技艺展示空间,获胜者将一跃成为新星而备受街舞爱好者们的崇拜。BREAKING 具有很强的竞技特点,动作难度系数较高,如风车转、单手倒立、头转、平地托马斯等,都是其特有的地板技巧。舞者要完成这些技巧就需要有很好的力度和柔韧性,但更重要的是协调性,舞者需要经过刻苦的练习才能将许多技巧完成得潇洒自如。POPING,通常称作机械舞,是一种控制肌肉迅速收缩、放松而使身体震动或停顿的舞蹈方式。就像机器人的形态和运动方式,但要强调舞蹈动作短促而有爆发力。虽然机械舞很少有大幅度的动作,但在视觉上却具有非常强的冲击力。著名歌星迈克尔·杰克逊也推动了机械舞的流行,在他的歌舞表演中,典型的滑步动作成了舞迷记忆中的经典瞬间。有的人认为锁舞与机械舞还有着一定的渊源。LOCKING,通常称作锁舞。顾名思义,一种快速的身体动作与静止的舞姿造型之间的反复切换,它所产生的视觉效果具有强烈的对比,停顿的舞姿造型通常具有炫技的特点。舞蹈动作还强调整个手臂的快速运动,而臀部与下肢相对而言显得较为松弛。锁舞多以独舞形式出现,独舞演员在舞蹈的过程中离不开与观众之间的互动,且带有诙谐、幽默、搞笑的表演风格,以至于观众常常会为出色的锁舞表演者尖叫欢呼。据记载,最初锁舞的动作是意外创造出来的。在一次舞蹈表演中,一个叫坎贝尔的舞者因忘记了动作而使流畅的舞蹈停顿在了一个奇怪的造型中。无心插柳柳成荫,这种停顿的方式却因产生的特殊效果和在场观众们的开怀大笑而流行起来,后来被称之为锁舞。街舞的种类还包括 WAVE、HOUSE、NEWSTYLE 等等,都是当今广泛流行的街舞类型。许多街舞者经过长期的刻苦训练,往往能够成为全能型的街舞高手,能够将各种风格类型的街舞技艺灵活运用、融会贯通,并在表演中即兴创造新的动作风格。

"服饰"对于街舞的表演来说是一个重要的因素。大家比较常见的也是最基本的服饰包括：带有夸张标志的宽大 T 恤或两件叠穿的上衣、宽松的牛仔裤或运动裤、棒球帽、花色头巾等等，再装饰以样式奇特的饰品。这些元素组合起来最终要达到彰显街舞表演者个性魅力的作用，否则在舞台上的表演就会大打折扣。

"竞赛精神"是街舞文化中的重要内容，也是 HIP-HOP 文化中的精髓。无论是在街头，还是在公园、广场，我们经常会看到街舞者们激烈斗舞的情形，然而这种斗舞追求的不完全是胜负之别，而是达到一种技艺切磋与合作。作为一种流行文化，街舞的竞赛精神及其特有的千变万化的个性风格，与这个现实社会的时代节拍有着巧妙的关联，这也是它之所以风靡世界的原因之一。街舞文化已经逐渐成为一种全球现象，它的动感与时尚、挑战与创新将吸引更多的人来亲身体验其中的乐趣！

## 优雅的华尔兹

华尔兹是国家标准舞的舞种之一，是一种非常美丽而优雅的舞蹈，它拥有"舞中之后"的美誉。若想真正领略华尔兹的魅力，首先要了解国际标准舞这个具有很强的规范性和竞技性的舞种系统。国际标准舞（简称国标舞）通常分为两类，共包含十个舞种。两类是指摩登舞和拉丁舞。其中在摩登舞（Matern Dance）项目群中，又包括了华尔兹、维也纳华尔兹、探戈、狐步、快步五个类型；而拉丁舞项目群则包括了伦巴、恰恰、桑巴、牛仔和斗牛五个类型。每个舞种又都有专属的舞步风格及舞曲。

国际标准舞的发展经历了宫廷舞、社交舞、舞厅舞、国标舞四个时期，它们的基础主要是一些民间舞蹈以及娱乐场所中的舞蹈。19 世纪初，英国的"舞厅舞"取得了较快的发展，尤其是在上流社会的舞会中，这种具有交际兼娱乐功能的舞蹈形式备受人们的推崇。直到 19 世纪末 20 世纪初，舞厅舞开始广泛流行起来，参与的人群既有贵族，又包括生活在社会底层的普通民众。20 世纪 20 年代，英国皇家舞蹈教师协会对这种舞蹈形式进行了整理和规范，包括舞种内容、舞步、舞姿、舞曲等都有了统一的标准。至此，国际标准舞及其比赛规则日渐成熟，国际性的国标舞大赛也在逐年扩大规模。1925 年，第一批规范了的国标舞种包括华尔兹、探戈、狐步、快步四种摩登舞，随后又增加了维也纳华尔兹，摩登舞自此在欧洲各国广泛传播。随着各类国标舞比赛的增多，其主要功能也从社会交际转向了舞蹈竞技。至 20 世纪 60 年代，国标舞的内容再一次扩充，增加了拉丁舞比赛项目，该项目主要是对非洲和拉丁美洲一些国家的舞蹈进行了整理和规范，其舞种包括了伦巴、恰恰、桑巴、牛仔和斗牛五项。至此，十个舞种全部进入了国际标准舞比赛，并逐渐赢得了世界各国人民的欢迎。国际标准舞的内容是不断发展变化的，在不同的历史时期都有着不同的特征，经过多次的演变、创新、合并，才形成今天的国际标准舞。

下面我们来了解国际标准舞中的摩登舞——华尔兹（Waltz）。

华尔兹是一种三拍子的舞蹈，又称圆舞、慢华尔兹、波士顿华尔兹。从它的名称我们就能够感受到华尔兹舞蹈的律动特征。的确，华尔兹要求男士和女士要在悠扬的旋律节奏中相伴起舞。舞蹈的最大特征就是"旋转"，而旋转中的舞姿则是雍容而华贵的，舞蹈风格更呈现着温馨而浪漫的格调。因此，华尔兹曾被誉为"舞中之后"。关于华尔兹的起源有多种说法，有的人认为，它与欧洲土风舞有一定的渊源，这种舞蹈中的一部分由美国传播至英国，最终成为摩登舞中的华尔兹；而另一部分则流传在欧洲中部，仍保持土风舞特有的传统风格，最终构成了维也纳华尔兹（Viennese Waltz）。维也纳华尔兹也是国标舞种之一，又称圆舞或快华尔兹。还有的理论观点称，华尔兹与维也纳华尔兹的起源是相同的，它们都源于一种叫作沃尔塔的舞蹈。然而由于舞蹈节奏、速度的变化，最终分为慢华尔兹和快华尔兹，即华尔兹与维也纳华尔兹，也就是我们常说的慢三与快三。

虽然华尔兹与维也纳华尔兹是国标舞中的两个不同的舞种类别，但二者的基本技术和舞蹈风格却有许多相似之处。

两种华尔兹其舞蹈动作的精髓都是"旋转"，因此它们都有"圆舞"之称。每一对舞者都要以不停地旋转而使舞裙随风飘舞，尤其是维也纳华尔兹那平稳轻快、敏捷流畅、快速旋转的舞步，伴随着奥地利作曲家弗兰兹·兰纳和约翰·施特劳斯那一首首不朽的圆舞曲，早已成为风靡世界的舞蹈精品。华尔兹的舞蹈与音乐完美结合、交相辉映，传遍了世界各国。

华尔兹除旋转动作之外，还有许多丰富的舞姿技巧和舞步。华尔兹的四大技巧包括反身、摆荡、升降和倾斜，是指身体与舞步反向配合的反身动作，舞者进退时的舞步摆荡动作，舞步变化过程中的身体上下起伏、左右倾斜的动作。而每一项技巧之间又有着内在的关联，舞者只有通过非常默契的配合，才能将技巧融入舞蹈的表现之中，真正展示华尔兹美的形态。华尔兹的动作技巧都需要在缓慢悠扬的三拍子乐曲中极为流畅地完成，连绵不断的舞步运行、轻柔灵巧的舞姿变换，完全能够展现华尔兹雍容华贵、深情浪漫的舞风魅力。因此，华尔兹作为国标舞的基础舞种，通常被列为第一项供舞者学习。与华尔兹相比，维也纳华尔兹的音乐节奏则更快，旋转性更强，舞者需要在不停地快速旋转中完成上述技巧。

华尔兹、维也纳华尔兹与其他的摩登舞种也有许多共同特点。除探戈舞之外，所有的摩登舞都起源于欧洲，因此，在舞者的穿着上，则要体现欧洲绅士的优雅风度，展示欧洲女性的高贵妩媚。男舞者的舞服通常以传统样式的黑色或深蓝色燕尾服为主，以及白衬衫搭配领结。而女舞者则要穿上雍容华贵的长及地面的晚装裙，并搭配高跟舞鞋。这样才能使两个舞者在旋转中更充分地展示庄重、大方、浪漫、潇洒的风度。所有摩登舞种的舞者通常需要一位男士和一位女士相伴而舞，舞伴在身体形态、风度气质以及表现力等方面都要达到协调一致，默契配合，否则很难令观众赏心悦目。舞伴在舞蹈中要保持身体相互接触的姿势，男士的体态要求舒展而挺拔，而女士从头部到脚下的体态，一定要形成一种美丽的弧线，并在旋转步中，与舞伴保持身体重心的平衡。这种舞姿和体态与芭蕾舞相比，更多了几分帅气和妩媚。每当华尔兹舞蹈出现在流光溢彩的舞池中，那犹如呼吸般连绵不断的旋转舞步，总能尽情挥洒最绚丽、最华美的摩登风采。

## 阿根廷国粹探戈

探戈（Tango），被誉为阿根廷国粹，也是国际标准舞摩登项目之一。探戈在摩登舞家族中是最具神秘色彩的舞蹈，无论是节奏风格，还是舞步运行或动作表情，都与摩登舞中的其他舞蹈类型有很大差异。别具一格的探戈舞曲节奏为2/4拍，具有抑扬顿挫、铿锵有力的特征。舞曲的旋律弥漫着无尽的深情与忧伤，更充满着浓郁的生活气息。在舞曲抑扬顿挫的变化中，探戈舞步更要显示动静结合、快慢有致、欲进还退的丰富变化。其显著的舞步特点为"蟹行猫步",即舞步前行时,舞者要横向移动,而舞步后退时,舞者则要横向向前斜移。在探戈舞的表演中,女舞者身穿长裙,男舞者穿着高领上装以及带马刺的长筒靴,舞伴身体之间靠得较紧,舞者的表情通常是严肃而深情的。伴随着头部的快速转动,舞者的眼神中散射着时而深邃灵动、时而左顾右盼的目光,那沉稳潇洒的舞姿中更透露着几分令人热血沸腾的神秘色彩。关于这种独特的舞蹈动作方式,曾有一段有趣的故事:相传阿根廷的男士在与自己的女伴跳探戈的时候,双方都要配上短刀,目的是为了提防情敌的干扰。因此形成了探戈舞独有的表情严肃、快速扭身、快速转头、左顾右盼的动作特征。技术上极为娴熟的探戈舞者,其表演总能给人以意犹未尽之感。尤其是舞伴之间的配合,所有那些转瞬即逝的令人眼花缭乱的舞步,令人无法捕捉那些漂亮的动作过程,只有速度与身体重心的变换构成了舞蹈棱角分明的特征。而舞者身体动作间的交织与缠绕,又能将探戈舞独特的肢体美表达得淋漓尽致。

迄今为止,关于探戈舞的起源众说纷纭。有的观点认为,探戈取自西班牙的古拉丁语,它起源于西班牙,由西班牙殖民者传至阿根廷;还有的观点认为,探戈是西班牙文Tango 的译音,不过它最早可追溯至非洲的一种民间舞蹈形式探戈诺舞。早在 19 世纪,许多非洲国家、西班牙等欧洲国家的移民进入阿根廷,聚集在阿根廷首都布宜诺斯艾利斯。每当夜幕降临,这些来自不同国家的移民便时常相聚饮酒作乐,互诉异乡生活的寂寞与思念。共同的生存环境促使这些原本来自不同国家的舞蹈艺术形式也有了相互融合的契机,最终形成了"探戈",是由一种"带有停顿的舞蹈"发展而来。从此,探戈舞在阿根廷逐渐生根开花,并被阿根廷人视为国粹。探戈舞最早产生于布宜诺斯艾利斯的贫民阶层中,没有华丽的服装,也没有绚丽多彩的舞台和灯光,只是在探戈舞蹈的表演中充满了娱乐和刺激……观众也都是当时出卖苦力的下等人。然而,随着城镇生活丰富多彩的变化,随着探戈舞在美洲大陆的广泛传播,其舞蹈形式与风格开始受到了许多拉美国家甚至欧洲国家的影响,由此发展出许多不同的探戈舞类型。如阿根廷探戈、墨西哥探戈、西班牙探戈、英国探戈、意大利探戈等等。

阿根廷探戈,是当今各类探戈舞蹈的祖源。阿根廷人认为,探戈就像男人和女人之间的一种争斗,而相互之间激情似火的目光以及对抗性的身体接触,才是探戈舞蹈的灵魂。探戈舞是一种较为内敛的,甚至是充满忧伤思绪的舞蹈。当人们跳起探戈舞的时候,既不欢笑也非纵情,而是一种沉稳内敛、含蓄的激情。在探戈舞的旋律、节奏以及舞步中,始终流淌着阿根廷民族的血液,它的情感具有一种征服的力量。在拉美地区,还有许多独特的舞蹈形式,如巴西的桑巴、古巴的伦巴等。这些拉美国家的舞蹈与探戈相比却极为不同,在探戈舞蹈中永远找不到那些极度的奔放与诱惑。有的人说,探戈是一种舞蹈,也是一种文化,还是一种人生的方式。由此,我们更加深了对探戈舞蹈的认识和理解。在阿根廷,若想亲眼目睹一场探戈舞的表演,就如同家常便饭一样简单易行。许多餐厅或酒店每天都有免费的探戈舞表演,许多来自世界各地的游客都能够在这里欣赏到高水平的探戈舞蹈。探戈对于阿根廷来说,已经不仅仅是一种古老的艺术,它更是一种承载着传统文化的现代社会的流行时尚。

英国探戈则是当今国际标准舞探戈的重要基础。当今国际标准舞中的探戈舞已经融合了各种探戈舞蹈的精髓,在通过舞蹈艺术家们不断地创造与升华后,逐渐成为国际标准舞中的重要舞种,进而从一种粗俗甚至带有颓废色彩的舞蹈演变成了高雅的舞蹈表演艺术,成为国际上广为流传的舞蹈形式。

被誉为探戈舞王的阿根廷舞蹈家莫拉·戈多伊,是当代阿根廷探戈舞的领军人物,她曾率领著名的国宝级舞团"阿根廷探戈舞蹈团"进行世界性的舞蹈巡演。她的表演是在阿根廷探戈舞的基础上,又融入了芭蕾舞的艺术特点,这使探戈舞蹈在技巧性与艺术性上又有了创造性的发展。探戈舞如同风暴般席卷了整个世界舞坛,已成为当今全世界人民的舞蹈艺术财富。

## 活力四射的快步舞

国际标准舞摩登项目之一快步舞(quick step),是一种节奏快速而又充满青春活力的舞蹈,是标准舞中最轻松活泼的舞蹈。也正因为它的舞步灵动欢快,舞蹈风格轻松活泼,因此吸引了越来越多的舞蹈爱好者参与其中。

快步舞与狐步舞具有相同的起源,都是起源于美国的舞蹈样式。早在20世纪初期,一种情绪欢快的舞蹈开始在纽约的舞厅中流行。到了20世纪20年代,由于舞曲速度及其舞步风格逐渐出现差异,因此,这种舞蹈逐渐演变成了两种不同节奏的舞蹈样式,即快步舞和慢狐步舞。快步舞即成了狐步舞的"快速版",并从此流行于欧美,后广泛流传到世界各国。快步舞不但发展了狐步舞中走、跑、追、转体等舞步,而且创造了许多快速的动作,逐渐扩大了快步舞与狐步舞的差别。快步舞的风格与流行于南美移民和非洲裔美国人生活中的一种欢快的舞蹈也有着密切关联。20世纪20年代,随着美国黑人摇摆爵士乐的日益兴盛,又包括了查尔斯顿舞、希米舞等许多新的流行舞蹈,它们成了日后构成快步舞的重要元素。其中,南卡罗莱纳州的查尔斯顿舞,最早是由一些黑人码头工人创造的一种以旋转动作为主的舞蹈,后来发展成为一种风格强烈奔放的舞蹈形式,并以摆手、屈膝、踢腿等动作为主要特色。希米舞则是源于尼日利亚的契卡舞,以快速摆动肩部、臀部的动作为突出特征。

快步舞曲的鲜明特点是以节奏活泼、明快、动感见长,给人一种轻松甜美的感觉。舞曲为4/4拍,每分钟50~52小节,因此,快步舞在民间也被称为"快四步舞"或"快四"等。快步舞的音乐节奏通常较快,因此许多人会觉得其舞蹈的速度也一定极具挑战性,一定要跟上音乐的节奏满场飞……其实不然,优秀的摩登舞者必然具有把握节奏的能力。快步舞其基本的舞步以四步为一个组合单位,节奏为慢快快慢(SQQS)、慢慢快快(SSQQ),S表示慢步,具有开阔大方的特点,Q表示快步,具有快速小巧的特征。而在舞厅舞中,SSQQ则是最常使用的四常步。舞者在这些基本舞步及其花式变化中,首先需要处理好慢步与快步、慢跳与快跳的对比关系。一方面,通过舞者身体、膝盖、脚踝、足尖的下压,充分灌满慢步节奏的时值;另一方面,舞步在由慢及快的过程中,需要通过脚和腿的协调配合,突出上升摆荡的力量,也就是身体重心由低到高及其过程中的横向摆荡,从而形成慢步与快步的对比。在此基础上,舞者才能够将舞蹈处理得或抑或扬、快慢有致,正所谓"静如处子、动如脱兔"的潇洒风格,瞬间给人以酣畅淋漓的舞蹈艺术享受。因此,快步舞虽然因舞步速度而得名,但是,其舞步依然有快步和慢步之分。

早期的快步舞,吸收了一些快狐步舞的动作,曾被称为"快狐步舞"。而现在的快步舞,在此基础上又融入了一些芭蕾舞动作技术,例如小跳动作等等,进而使快步舞的风格更趋于灵巧轻快,富于跳跃性,其艺术性大大增强。因此,快步舞又因其动作灵巧轻快、活泼欢跳、舞姿活跃动人的风格特点而被誉为"欢快舞"。

摩登舞中的华尔兹主要是以旋转为特征,而快步舞则是以轻快的直线移动为主。快步舞的主要舞步是走步(the Walk)、追步(Chasse),在这两种舞步的基础上,变化出快步舞的所有基本花式舞步。其中追步的跳法是由三步组合而成,舞步节奏为"快快慢",需占用四拍。追步也称作并步或追并步,此舞步要求双脚并合,重心在于双脚,而瞬间再转移至单脚。快步舞的基本舞步还包括波格(Polka)、锁步(Lock),以及一些华尔兹的舞步。快步舞也是技巧性较强的舞种,因此,掌握好基本动作和身体感觉,对于跳好快步舞来说十分重要。在舞蹈中,快步舞者通常要有对身体重心移动的很好的控制能力,这是舞蹈表演的重要环节。由于快步舞的动作速度较快,因此,只有重心转移到位,舞者的身体才能够形成漂亮的舞姿,只有在控制好身体重心移动的基础上,才能够将跳跃、旋转、并步完成得生动流畅,充满感染力……"跳跃步"在快步舞中是最具有感染力的舞步,是以跳动为主的舞蹈动态。它要求舞者协调运用腿部的弹跳力,快速跳离地面的高度只需控制在足尖稍稍离地,切不可忽高忽低、上蹿下跳、只见体力不见功力。"跳跃步"可跑跳、大跳、快速高跳,也可小频率弹跳,无论何种方式的跳法,都要舞步规律中不失稳健与奔放。在快步舞的表演或比赛中,舞者经常会编排一连串的连续跳跃舞步,以增添舞蹈的动感与活力,激发观舞者的热情,瞬间激起舞场滚滚热浪。然而,在英式国标舞理论中,这种连续跳跃舞步却并未成为指定步型。此外,快步舞还有一些舞步技巧,如跨越、点地、荡腿、滑步等动作,都极大地增强了快步舞的表现力。

快步舞者的表演轻快活泼,灵活奔放,每每令人目不暇接,那是一种洋溢着快乐自然的风格,那是一种释放着无拘无束的力量……舞蹈由内而外地四处流淌着的都是快乐跃动的音符,它们就像一种"嬉戏"或者"娱乐",尽情制造着青春活力与快乐的魔力。快步舞的艺术魅力,总能将人们带入那无比欢乐的气氛之中,给人们以美的愉悦。

## 缠绵妩媚的伦巴舞

提起伦巴(Rumba),我们不得不溯源至拉丁舞蹈的历史与整体风貌。国际标准舞中的拉丁舞包括了伦巴、恰恰、桑巴、牛仔和斗牛五项。拉丁舞除斗牛舞外,都源于美洲各国,而古巴则是拉丁舞及拉丁音乐的重要发源地。早期的拉丁舞蹈是一种民间的自由社交舞蹈,它饱含激情、浪漫而又充满活力。拉丁舞蹈的音乐更是热情洋溢、抒情奔放,极具节奏感。最初的拉丁舞及其音乐在人们生活中只是一种表达喜悦的方式,随着这种舞蹈风格与功能的演变,渐渐发展成为人与人之间表达爱慕之情的一种肢体语言方式。由于功能性的转变,拉丁舞越发变得极度热情而直率,甚至遭到了当时许多人的排斥。然而,拉丁舞的魅力终究令人无法抗拒,这种浪漫而多彩的舞蹈艺术表现形式,已经成为深受世界人民喜爱的舞蹈样式。就在我们身边,拉丁舞的时尚热潮随处可见,无论是音乐还是舞蹈,甚至是健身,拉丁的风格都在流行。

拉丁舞的着装,男士要以紧身或宽松的套装为主,显示出男性潇洒的阳刚之气;女士则穿着短裙装,突出修长的身体和玲珑曲线。拉丁舞的表演通常是以男士和女士的双人对舞为主,握持姿势因不同舞种而各不相同,没有统一的固定模式,需要根据舞姿变化而变换。"拉丁"被很多人认为是性感、奔放的代名词,一个好的拉丁舞者,正是需要在舞蹈中呼唤性感的灵魂，才能使拉丁舞更加生机勃勃。然而其中的伦巴舞蹈则颇具缠绵妩媚、柔美婀娜的浪漫情调。伦巴不像恰恰、桑巴那样热情奔放、激情四射，但它那情感中柔和的元素却能够浸润、侵占你身体中的每一个细胞，令人为之心潮澎湃。它几乎是拉丁舞蹈中的灵魂，是拉丁舞中最具代表性的舞蹈。对于初学拉丁舞的人来说，通常会将伦巴作为入门的第一支舞。引人入胜的旋律节奏、热情迷人的舞姿步态，再伴以委婉抒情的音乐，一种略带原始色彩而又不失现代情调的拉丁舞风扑面而来……这就是风靡世界的拉丁舞经典之伦巴舞。

"Rumba"源自"rumbear"一词，意为"聚会、舞蹈、玩儿得愉快……"它原是西印度群岛的一种包括了打击乐、歌唱、舞蹈艺术形式的通称。如在牙买加和海地，就有一种叫作"伦巴盒子"的原始乐器；而在古巴，则是一种民间舞蹈。伦

**缠绵妩媚的伦巴舞**

巴舞是最典型的古巴舞蹈之一，在那里已有一百多年的历史，但它最早与西班牙和非洲的舞蹈却有着渊源关系，它是由早期的西班牙殖民者和非洲人将这种综合性的传统艺术带到了古巴，再经由古巴土著人和移居者共同创造的民间舞蹈。伦巴舞的重要发展期虽然是在古巴，但是在加勒比群岛以及拉丁美洲等地也有类似的舞蹈发生。显然，伦巴舞蹈是一种多元文化的集合体。早期的伦巴舞蹈形式多种多样，有独舞，有双人舞，还可以众人参与，有时还有语言的加入。

伦巴作为拉丁舞的"第一支舞"，同样是一种蕴含着"浓浓爱意"的舞蹈，也被称为爱情之舞。因此，与其他拉丁舞项目相比，伦巴的音乐和舞蹈都比较柔美抒情，舞者在如歌如梦的旋律中若即若离地翩翩起舞。伦巴舞的表演既要塑造男士剽悍刚强、气宇轩昂、威武雄壮的个性美，更要展现女士在舞姿的流动转换中所形成的身体的曲线美。古巴人有头顶东西行走的习惯，走路时要求上身平稳，而上面的重力和人体的支撑力则构成了相互对抗的关系。为了调节身体、步伐的平衡，胯部自然会产生向两侧的扭摆。伦巴的舞姿恰好体现了这一动律特点，在平稳控制脊椎和两肩的同时，舞者的胯部动作要求呈横8字形摆动，胯部的摆动看起来还要轻快而柔和，这是身体重心经由一只脚向另一只脚推移而形成的，也就是通常所说的"稳中摆"的动律。当动作连贯起来，给人以连绵不断的横向摇摆的视觉效果，舞姿便自然凸显出婀娜多姿的风格，从而形成伦巴舞独特的动律特征。以伦巴与恰恰舞为首，拉丁舞的多数舞种都表现出胯部摆动的动律特点，而这种摆动还要突出一种切分节奏，即在音乐节奏的一拍中完成动作时，胯的摆动多在后半拍中出现。这样的动律正是构成伦巴舞蹈的特殊情感及风格的重要元素。伦巴的基本舞步主要有：矩形步、古巴式走步、开阔脱步、古巴式脱步、蝴蝶式脱步……所有的伦巴舞步都需要胯、膝、足的协调配合，并以低重心和腰胯部优美的线条为显著特征。伦巴舞的表演过程可分为不同"阶段"，并由三种节奏组成：Guaguanc，Yamb，Comumbia。在舞

蹈中,Guaguanc,男伴尽力想接近女伴,女伴则做出回应。Yamb,女伴做出"挑逗",但最终又拒绝男伴。Comumbia 是后来出现的,只在少数国家有人跳。

伦巴舞曲是一种很完美的、富于情感的音乐,它的律动中充满着激情、快乐、自由……其音乐节奏为舒展的 4/4 拍子,速度为每分钟 27~31 小节。夜曲式的演奏气氛使伦巴舞曲充分释放出浪漫的情调,这恰好与伦巴舞蹈中的缠绵妩媚、悠然抒情的风格相吻合。作为拉丁舞之最,伦巴舞的节奏型要比摩登舞复杂得多,其基本节奏型为"XxxxxXxXx"的周而复始。舞蹈在四拍中走三步,节奏为快快慢(QQS),快步一拍一步,慢步两拍一步。舞步要求节奏准确、动作敏捷,无论快步或慢步都是半拍到位。胯部的摆动要求走三步摆三次,摆动时快步占一拍,慢步占两拍。

要想真正领略伦巴舞蹈的风采,还要放眼国际伦巴舞蹈大师的精彩表演。如德国的布莱恩·沃生和卡门,美国的斯拉维克·克莱克里和凯琳娜·斯米尼,南非的迈克·温汀克和贝亚塔,波兰的米切尔·马林托斯基和祖安·兰尼斯等。

## 年轻的恰恰

恰恰(CHACHA)是拉丁舞中的新秀,在国际标准舞的大家庭中历史最年轻,没有它的"兄弟姐妹"那样辉煌的历史,通常认为恰恰最早在 20 世纪 50 年代初期的美国舞厅中出现。恰恰步法花式多姿多彩,能够给人一种明朗轻快、欢乐逗趣的感受,可以使舞者特别兴奋,跳起这种舞蹈还能够带来特别浓厚的聚会氛围,它具备了一切流行舞蹈的潜质和特点,出现后很快就带来一股席卷全美的恰恰舞狂潮。

恰恰是从一种名叫曼波舞(MAMBO)的舞蹈衍生发展而来的。源自加勒比海岛国古巴和海地的曼波舞的名字来自一位女祭司的名字,她集村子中的政治顾问、医生、占卜先知、驱魔使和公共活动的组织者于一身。据传说这位女祭司可以让人们产生幻觉,在大家娱乐甚至是宗教活动中表现出不同寻常的狂热状态而自我满足。曼波舞曲以 4/4 拍为主,节奏强劲,舞风奔放、野性,胯部的摆动、扭动把舞者的情感在动感的鼓点音乐中表达和发泄出来。由于曼波舞能够充分释放人们的热情,带有很强的刺激性,与传统宗教文化产生了很大的冲突,在当时还一度被拉丁美洲当地的教会认为是低俗的代表。由于曼波舞是很多舞蹈种类的起源,因此它在舞蹈界中的地位非常重要。但是曼波舞的舞蹈步伐非常烦琐,导致很多喜欢它的人学习起来十分困难,从而一度成为表演艺术。表演艺术最大的弱点就在于不能在大众中普及,而这一切在 20 世纪 50 年代发生了很大的变化。舞者在跳曼波舞的过程中戏剧性地加了一个跳跃步伐,与之配套的音乐也在第二小节的第一个音符后添加了一个切分音,使之成了三联音的形式。这一小小的改动却出乎意料地得到了大家的喜爱,这一改动也创造了现今风靡世界的一个新舞种,这就是恰恰。恰恰最初被称为恰恰恰(CHA CHA CHA)便是这一节奏的形象体现。"恰恰"名称的由来还有好多种解释,一是有人认为源于西班牙语"chacha",意思是"育婴保姆";二是认为其名称来源于西班牙语"chachar",意思是"咀嚼古柯叶";三是含义为西班牙语的茶叶一词"char";四是一种名叫库卡拉恰的古巴舞蹈;五是认为是一种象声词,是由模拟在跳恰恰舞步时鞋子发出的声响而命名;六是由于恰恰舞在 20 世纪 50 年代还被称为"用锯琴伴奏的曼波",(锯琴是拉丁美洲的一种打击乐器)因此被认为是依据锯琴摇动时发出的声音而得名为"CHA CHA CHA"。

恰恰舞与它的前身曼波舞几乎同时传入欧洲,但是曼波舞逐渐被边缘化,在20世纪50年代中期,恰恰舞开始在全球广泛流行。著名的功夫巨星李小龙就是恰恰舞的忠实爱好者,并且曾获得1958年全港恰恰舞公开赛的冠军,1959年初到美国的李小龙还在旧金山开班教授过恰恰舞。时至今日,恰恰也比曼波更流行,更受欢迎。有人认为流行的原因一是恰恰舞没有快慢,只要会走步,一步接一步跟着节拍走就可以了;还有就是跳这种舞的时候,男女舞伴可以在基本舞步动作的基础上,随心所欲各跳各的,舞技高超的可以尽情展示,刚刚入门的也可以自得其乐。恰恰无论从生理、心理或社交的观点来看,它都是有趣、自由和容易掌握的,适合男女老幼、各种舞蹈基础的人去练习,成千上万的人正享受着它带来的乐趣。

恰恰舞与伦巴有很多相通的地方,但是由于伴奏舞曲及舞步速度轻快,舞步和手臂动作配合紧凑,恰恰舞的风格因此而显得潇洒帅气、花哨利落,更突出了活泼热烈和俏皮欢快的热带风情,因此与伦巴的气质截然不同。恰恰舞者第一拍动胯,第二拍动脚,第一步与伦巴舞一样,舞者是以音乐的第二拍开始起步的。初学者不可只注意动作和步法而忽视了乐曲节奏的掌握,否则踏错了起步的节拍,将会使脚步与节奏一错到底。恰恰的基本舞步始终保持着爵士步的重心特点,即重心在直的那条腿上,这样才能跳出紧凑利索的舞步。跳每个舞步都应该在前脚掌施加压力,膝部稍屈,当重心落到某只脚上时,脚跟放低,膝部伸直,胯部随之向侧后方摆动,另一条腿放松屈膝。恰恰舞十分注意腰胯的扭动,胯的节奏练习是重要的基本功之一,胯部的摆动要明显,只是在跳快步时可不必强调。

恰恰舞的音乐曲调欢快,从来听不出严肃的味道,充满热情和原创精神。恰恰的旋律节奏通常是短音或是跳音,并加有断音奏法,使舞者能够给观众制造出"顽皮般"的气氛。恰恰舞曲节拍为4/4拍,虽然恰恰舞曲经常演奏每分钟34小节的节奏,但最理想的节拍是每分钟32小节。它的舞步每小节四拍走五步,慢步一拍一步,快步一拍两步,节拍数法有:"慢,慢,快快,慢""踏,踏,恰恰恰"和"2,3,4,1",所有的舞步都是这种数法。英国有些舞者在舞厅里仍是以音乐的第一拍开始左脚前进,数为"1,2,恰恰恰",这种方法对初学者较易学。不过上述的数法"2,3,4,1"仅用在由舞蹈教师协会所举办的考试和竞赛中。

在正规的拉丁舞比赛中,结束了第一首的桑巴舞竞赛后,选手们就在舞池中选取第二首竞赛舞恰恰舞的位置。由于恰恰舞不属于大幅度移动的舞蹈,故选手们必须选择自己喜欢的位置,规划出舞蹈氛围以求最好的表现。恰恰舞的格调是"俏皮"和"活泼",因此,在恰恰的舞蹈组合编排中就要经常加入一些与现场观众直接的面对面的舞蹈动作。选手们也非常了解如何使用这些俏皮活泼的动作调动现场气氛,而观众们的热情呼应则可以激励舞者们发挥出更高的技术水平。

## 巴西国舞桑巴

桑巴(Samba),起源于巴西里约热内卢,是一种人气十足的民间舞蹈形式,又被誉为巴西的国舞。有人说,在巴西,它与足球一样,让这里的人们忘记性别,忘记年龄,一齐沸腾与尖叫……一位巴西作家也曾这样夸张地说:"每一个巴西人都可能是父母在一个狂欢节的桑巴夜晚的产物,巴西人的血液里流淌着桑巴的旋律,桑巴就是我们的生活方式。"

　　然而巴西人对待桑巴舞并不是从一开始就怀有热爱和崇尚的心理。早在 16 世纪，约有六百万非洲黑人相继被贩卖到巴西当奴隶，黑奴带来了桑巴舞的早期形态。由于这种舞蹈带有一种身体摩擦的动作，而被视为粗俗不雅的舞蹈，因此遭到了殖民统治者的严令禁止，直到 20 世纪初，跳这种舞蹈仍会遭到人们的鄙视。在长达三百余年的殖民历史里，非洲黑奴的土著舞与巴西民族舞蹈互相交融渗透，产生了风格独特的桑巴舞，最初出现在巴西最大的城市里约热内卢，盛行于海湾地区。在近五十年间，桑巴舞经过不断的发展演变，才渐渐步入了高雅艺术的行列。1932 年，巴西举行了首次情人节桑巴舞游行观摩比赛，从此，桑巴舞很快就风靡了巴西全国。号称"世界上最大的狂欢节"——巴西狂欢节，也为桑巴舞的传播起到了非常重要的作用。桑巴舞的众多版本都是通过巴西的狂欢节流传到世界各地的，如 Bajao、MarCha 等。在巴西狂欢节中，要数里约热内卢狂欢节最为著名。该市狂欢节以其参加桑巴舞大赛演员人数之多、服装之华丽、持续时间之长、场面之壮观堪称世界之最。在早期的里约热内卢狂欢节期间，全市各主要大街上都是为桑巴舞表演而准备的舞台，直到 20 世纪 80 年代，还专门建起了能够容纳数万观众的桑巴舞赛场，从此每年都有成千上万人观看或参与桑巴舞盛会。桑巴成了巴西人庆典必跳的舞蹈，开始享有巴西国舞的盛誉。在整个拉美地区，桑巴舞都达到了十分广泛的普及。曾经有过这样的描述：无论男女老幼，他们平时跳，节日跳；在舞台上跳，在大街上也跳；白天跳，通宵达旦地跳。只要桑巴舞曲响起，人们总是激情难抑，欲罢不能……

　　普遍流行于巴西的桑巴舞与国际标准舞中的桑巴舞有所不同。桑巴舞原是一种集体性的交谊舞蹈，参加者少则几十人，多则上万人。舞者围成圆圈或排成双行，边唱边舞。鼎沸的鼓声、狂放的舞姿、不停舞动的身躯，给人以激情似火的感觉。舞者有的手持盾牌，一副红蓝相间的原住民装扮，还有的要佩戴着重达数千克的行头，头戴彩色的羽毛，穿着华丽而夸张、闪亮而别致的服饰，一身火凤凰的造型，似一团团炽热的火焰在摇曳闪烁。"染"了古铜色肌肤的巴西桑巴舞者，浑然忘我地随着乐队演奏的桑巴舞曲，舞动性感的身躯。如今在里约热内卢的许多俱乐部里，桑巴的热情奔放也是随处可见的。

　　而作为国际标准舞拉丁舞项目之一的桑巴舞，虽然已经统一并规范化，但仍保留着桑巴盛会的自由与活力之风。桑巴舞的表演与探戈、华尔兹有些共同之处，都比较突出舞蹈的流动性，属"游走型"舞蹈，需要围绕舞池并沿舞程线绕场行进。所谓舞程线（Line of Dancing），简称 L.O.D，是指舞者沿着舞池向逆时针方向运行的路线。它没有任何标记，只是一条假设线。舞者可以根据舞蹈表现的需要而直进、斜进或弧线运行。桑巴舞步动律感较强，需在全脚掌踏地和半脚掌垫步之间交替完成，并通过膝盖、踝关节的屈伸、弹动，使全身前后摇摆，就像在模仿南美椰林的随风摇摆，尽显摇曳震颤之美。有人说跳桑巴舞时，身体感觉像在拧毛巾。这主要是针对舞者胯部的动作要求具有倾侧、摆荡的特点，而且其动律要力求做得自然流畅，当然这些动作是需要整个身体为之协调配合来完成的，如此才能展现桑巴舞特有的魅力，表现出人体的曲线美。

　　桑巴舞曲的节奏为 2/4 拍或 4/4 拍，每分钟约 50~52 小节。音乐风格欢快而热烈，具有浓厚的非洲黑人音乐的风格和韵味，且有着特别的动感。巴西桑巴音乐大多由纯正的拉美乐器演奏，其中表现节奏的乐器有 tamborim，chocalho，reco-reco 和 cabaca。尤其是富有巴西特点的桑巴鼓演奏，其个性化的鼓点节奏代表着鲜明的音乐审美取向。鼓和舞蹈是桑巴中不可分离的因子，正是那声声震耳欲聋的鼓，为舞蹈增添了无限的热情和动感，这也是桑巴舞区别于伦巴、恰恰等拉丁舞项的根本所在。因此深受许多乐迷、舞迷们的喜爱。

许多人对桑巴舞的印象就是"挑逗、性感、健美……"的确，它就像是一种诱惑，一种嬉戏。为了将这些桑巴舞的特点展现出来，舞者需要释放全部的激情，欢快、煽情、激昂地表演。而对于参加桑巴舞竞赛的选手而言，在掌握了这样一种舞蹈风格基调后，还要熟练规范的舞步。同时，在令人眼花缭乱的舞步中正确地运用身体重量与地心引力，从而产生"很沉"的重心，这一点对于舞者来说也是极为重要的。另外，舞者的身体技术也要达到高度灵活，因为肢体的柔韧性对桑巴舞的竞技表演来说极为重要，具有了很好的身体柔韧性才能够拓展身体的表现力，才能够在强烈的旋律节奏中充分展现舞蹈美感。

## 动感十足的牛仔舞

国际标准舞拉丁舞项目之一牛仔舞（Jive），又称"捷舞"，起源于一种叫"吉特巴"（jitterbug）的典型的美国舞蹈。吉特巴在 20 世纪 30~40 年代最先流行于美国南部，糅合了爵士（jazz）和查尔斯登舞（charleston）的精华而显得独树一帜。

吉特巴一般分为两种跳法：一般社交场合中是六步吉特巴，又称水兵舞，传入中国后经过演绎在京津和南京等地区流行。另一种是八步吉特巴，被称作 jive。基本上两者都是以六拍来完成一个基本步，只是六步较为悠闲懒散，而八步则热情欢快，富于变化。另外波普、摇滚、美国摇摆舞都对牛仔舞有着一定的影响。

最早对牛仔舞的文字记载出自伦敦舞蹈教师 Victor Silvester 于 1944 年在欧洲出版的一本介绍牛仔舞的书。在第二次世界大战期间，美国士兵将牛仔舞带到了英国，由于战争的影响，人们及时行乐的情绪高涨，致使牛仔舞发展到了疯狂的地步，随后几年间便风靡世界。

牛仔舞动作粗放，动感十足，舞步丰富多变，带有快速的切分滑步，舞姿看上去像是马上就要脱离地心引力的牵引，有人甚至还称呼它为"月亮步"，在拉丁舞中具有独一无二的魅力。牛仔舞节奏较快，动作敏捷而自如，舞步跳起来的感觉是激动人心的，有时有强烈的扭摆和连续迅急的旋转，使人眼花缭乱、亢奋至极，因此牛仔舞对舞者的体能也有较高的要求。在国标舞比赛中，牛仔舞通常被安排作为五个拉丁舞中最后出场的舞蹈，大多数选手在跳牛仔舞时都会竭尽所能地投入到竞技表演中，这极需选手具有很好的体力与耐力，让观众觉得，在跳了前四个舞之后他们仍然是精力充沛的。

牛仔舞曲旋律欢快，节奏强烈，节奏为 4/4 拍，每分钟约 42~44 小节。由于牛仔舞曲节奏很快，因此跳的步伐一定要小，几乎就是在原地跳，否则很难跟上节奏。牛仔舞的特点是舞步敏捷，跳跃，舞姿轻松、热情、欢快，要求脚掌踏地，腰和胯部做钟摆式摆动。牛仔舞虽然欢快热烈，给人的感觉富有弹性，跳跃感很强，事实上跳跃感并不是真的跳起来很高，而是由于双腿的快速的运动给人的错觉造成的。

牛仔舞的基本舞步主要包括原地踏步、并合步、弹踢步、摇步、交叉部、弹跳步、交叉扭转步等。学跳牛仔舞必须先跳好并合步，这也是这种舞蹈的学习难点之一。跳并合步的时候，可以转或不转地跳向 360°的任何方向。并合步还可以旋转着跳，当跳向前或向后的并合步时，可以用也可以不用锁步。并合步的重心主要是在前脚掌，而且是脚尖内侧。当男士或女士跳向前的并合步时，是前脚掌—脚尖—前脚掌。跳向后的并合步时，是脚尖—前脚掌—脚尖。向左、向右或向前、向后的并合步是牛仔舞中最常用和最基本的舞步，许多舞步都是在此基础上变化发展的，因此对于初学者来说必须反复练习，熟能生巧。掌握好并合步的节奏是学习该步法的第一关。很多初学者把牛仔舞并合步的节奏跳成了快快慢，那就成了恰恰中的并合步节奏了。还有很多初学者，跳的节奏虽然对，但还是给人感觉仍然像是在跳恰恰，原因就是第二步的跳法错误。恰恰并合步中第二步是走着并过来的，但是在牛仔舞的并合步中，第二步是跳着并过来的，感觉自然大相径庭。走着并过来，如平常走路一样，要先把重心移动到支撑腿，然后再把另一条腿并过来。而跳着并过来，就没有经历移动重心这个动作过程，只要并过来的那条腿与地面产生一个作用力，把要并过来的腿同一侧的身体弹起来即可。如果不仔细领会这里面的微妙区别，许多牛仔舞爱好者就会苦练多时也不得要领。跳牛仔舞左右并合步的时候胯是要左右摆动的，否则舞蹈动律就失去很多本应具有的魅力。很多舞者跳的时候，即使节奏对，第二步并腿的要领也对，但如果没有胯的动作，看起来就缺少了很多韵味。胯要在向左的并合步中向左摆动，在第三步向左出胯。牛仔舞中的许多辅助性舞步同样也有胯的摆动，可以参照伦巴舞中胯的摆动，但是在牛仔舞中胯不要求像伦巴舞中那样转动，只要稍微左右摆动就可以了。

在当前的牛仔舞表演和比赛实践中，很多人特别注意对左右摇摆的处理，因为这样，舞者就可以更容易地创造性地在这种左右摇摆动律中加入一些具有鲜明个人特色的动作，如此给人的感觉偏于嬉玩而轻松。这也体现了拉丁舞历史上特别注重追求个性风格的传统。但是同时也有很多牛仔舞选手特别注意弹跳的高度和速度感，这对舞者的体力、脚踝的柔韧性、身体协调和控制能力具有很高的要求，在这种理念和技巧下跳出的牛仔舞看起来则更加欢快、利落。但是，由于它突出和强调了瞬间运动的速度，因此不可能同时追求比较大的摇摆幅度，也就不能表现出更多的个性色彩。

## 奔放细腻的斗牛舞

国际标准舞拉丁舞项目之一斗牛舞（paso dole），起源于法国，盛行于西班牙，是根据西班牙斗牛场面创作而成的，是在西班牙斗牛运动游戏的基础上演变出的舞蹈。

西班牙素有"斗牛王国"之称，悠久的斗牛活动可称为西班牙的"国粹""国技"，它风靡西班牙，享誉世界，充分体现了西班牙人的粗犷豪爽、热情奔放、朴实刚毅的民族性格。

西班牙斗牛起源于古代宗教祭神活动，大约在 13 世纪演变为赛牛表演，真正的斗牛表演则是 18 世纪中叶的事。如今的斗牛活动也被称为民族的体育项目，在西班牙每年有斗牛节，数以百计大大小小的斗牛场吸引着数以万计的热情观众。斗牛表演中勇敢、机敏、强悍和豪放的斗牛士，不停地舞动着的火一样的红色斗篷，充满激情的连续不断的西班牙风格进行曲的演奏，以及被激怒的重达四千多千克的公牛的进攻和狂野的反抗，无不让人惊心动魄、情绪激昂。

舞台上的西班牙斗牛舞，会给人们留下深刻的记忆，它那奔放的音乐，绚丽的色彩，激情的舞步，张弛有力的舞姿，坚定的步伐，饱满的情绪，给人以无尽的心灵享受。由于斗牛舞有着广泛的社会性，很长时间以来这一带有竞技性的斗牛舞，作为拉丁舞类，已成为世界标准舞大赛的重要项目，深受大众的喜爱。

斗牛舞的舞蹈动作是通过模仿斗牛士在斗牛时的基本动作发展变化而来的，是一种具有行进特色的舞蹈。斗牛舞——paso doble，是西班牙文，意思是"两步"，所以，斗牛舞也是一种两步舞。其舞态豪放，雄壮威武，舞蹈的特点是舞步流动大，游走型，由男女舞者共同演绎。舞蹈中的男舞者比拟为斗牛士，如斗牛士般气宇轩昂、刚劲威猛，脚步干净利落，给人一种勇往直前的大无畏气概；女舞者则象征着牛，或斗牛士用以激怒公牛的红色斗篷，舞步英姿飒爽，舞姿绚丽迷人。男女舞者的动作都洋溢着激情豪放的风格，他们的步伐强悍振奋、激烈舒展，与音乐节奏非常完美地契合。斗牛舞还被认为是带有西班牙另一国粹——弗拉门科舞表演风格的舞蹈，它们具有息息相通的热情与奔放。

斗牛舞舞蹈技巧要求动作的力度要强，强调头部和视线的协调性，尤其是对于眼睛的神态和视线的要求，要充分表现出如同真实斗牛时的追逐牛、挑动牛的眼神。斗牛舞的舞姿挺拔，无胯部动作及过分膝盖屈伸，重心靠前。舞步的重心在脚底，但是绝大多数向前的舞步都是脚跟的动律，并以脚掌平踏地面完成舞步，以表现极具节奏感的、淋漓尽致的舞步动律，使整个舞蹈的表演动人心弦。斗牛舞对舞者有特殊的要求，男舞者的角色尤其重要，因此斗牛舞也被称为"男人的舞蹈"，要求表现出斗牛士的勇猛坚强、潇洒挺拔、阳刚和热情；女舞者要突出线条优美，自由流畅，要有大幅度的旋转动作及跳跃，要表现出迷人的幽雅。

斗牛舞是具有戏剧性情节的舞蹈，需要刻画人物丰富的内心世界，用丰富的肢体语言表演出斗牛过程中震撼心灵的感觉，述说一个完美的故事，从而达到较高的艺术境界。

斗牛舞的精彩表演更离不开那独具特色的西班牙的斗牛音乐，无数优秀的斗牛曲都是诞生于悠久的斗牛活动。与西班牙斗牛相伴的乐曲多达几百首，这些乐曲动听、雄壮、激情、奔放，斗牛舞的灵感即来自这种音乐，美妙的斗牛音乐给斗牛舞注入了情不自禁地激情，正是这种激情，激发出了舞者的舞步。斗牛舞曲又是西班牙进行曲，它雄壮有力、意气风发，舞曲的节奏一般为2/4拍，速度约每分钟60~62小节，具有鲜明有力的节奏感。在众多斗牛曲中，曲名为《西班牙斗牛曲》的乐曲深受人们的喜爱，该乐曲充满激情和欢快的情调，豪迈而奔放，成为经久不衰的世界名曲，风靡世界。西班牙斗牛音乐与舞蹈的完美结合，创造了经典的斗牛舞艺术，因此，完美的音乐是舞蹈生命力的重要组成部分，有了它才有了斗牛舞的精彩。

斗牛舞要求有很高的表现力，要有娴熟的舞蹈技巧，要用优美的肢体语言有层次地把人们热爱斗牛场景的动人心魄的情绪淋漓尽致地表现出来。从斗牛舞的产生及形成的历史背景中我们知道，由于它具有鲜明的西班牙民族的性格特征，同时又由于它属于拉丁舞的门类，因此舞蹈必须突出这两方面的特征，既要狂野奔放，又要细腻沉着，既要勇敢大胆，又要机智灵活，更要通过深入刻画人物的方式体现主题特征，把在斗牛活动中反映出的西班牙民族淳朴倔强的精神、斗牛的狂热情感、不怕牺牲的冒险精神、对自由的渴望、对勇敢者的崇拜及对爱情和幸福生活的追求等内容都融入舞蹈中去，以赋予斗牛舞生生不息的灵魂，使舞蹈的生命力更长久。斗牛舞的舞姿优美、奔放，激情四射，表现力丰富，内涵深刻，源远流长，也许这就是人们对斗牛舞情有独钟的原因吧。

# 绘画艺术

## 西方绘画之父乔托的《犹大之吻》

乔托·迪·邦多内(Giotto di Bondone,约 1267~1337)是佛罗伦萨画派的创始人,也是文艺复兴时期意大利艺术的伟大先驱者之一。乔托的艺术是中世纪与文艺复兴艺术的分界线,他不仅表现出卓越的绘画技巧,同时也奠定了文艺复兴艺术的现实主义基础。

意大利美术在 13 世纪以前一直受拜占庭艺术的影响,这种情况要到佛罗伦萨画家契马布埃(约 1240~1302)等人诞生以后才逐渐有所改变,然而真正使意大利绘画摆脱拜占庭宗教画风,并走向现实主义道路的第一位画家,却是契马布埃的学生,一位与伟大的但丁齐名的画家乔托。

乔托出生在佛罗伦萨北方山区韦斯皮亚诺的农民家庭。他从小上山放羊,经常用石头或小木棍在地面、石头上描画自己放牧的山羊。有一天,佛罗伦萨大画家契马布埃路过此地,见小乔托正蹲在地上画画,发觉他天赋不凡,于是说服了他的父母,将他收为自己的徒弟,带他到佛罗伦萨学画。乔托技艺很快就超过了老师,他不仅从古今名人的优秀作品中汲取养分,而且突破了中世纪绘画缺乏艺术生命力的缺陷,创作了许多具有生活气息的宗教画。乔托青年时代居罗马,师从罗马画派领袖彼得·卡瓦里尼,曾为圣彼得柱廊大厅做过大量的镶嵌艺术品;1305 年至 1308 年,乔托移居帕多瓦城,在阿雷纳教堂里创作了一组描绘圣母和基督生平事迹的壁画,代表作有《金门之会》《逃亡埃及》《犹大之吻》和《哀悼基督》等,其中后两幅是乔托最有名的杰作。这些壁画几乎所有画面都贯穿着统一的蓝色天空色彩,塑造出一系列富有寓意性的人物形象——仁慈、智慧、贪婪、背叛、固执、暴政等,被誉为"14 世纪意大利艺术的重要纪念碑"。所有壁画至今保存完好,参观者络绎不绝,这座教堂也成为世界重要艺术宝库之一。乔托除了在佛罗伦萨作画外,从 1308 年到 1334 年间,他还到比萨、维罗纳、弗拉拉、拉文纳、乌尔比诺、阿累索、路加、那不勒斯等地绘制壁画。在他 67 岁高龄时,佛罗伦萨市政厅指定"艺术大师"乔托领导建造大教堂独立式钟楼,可惜他生前只建造起一层,后由弗朗切斯科·塔兰蒂完成,至今仍堪称佛罗伦萨最优秀的古建筑,与圣玛利亚大教堂并列。人文主义小说家薄伽丘在他著名的短篇小说集《十日谈》内也提到过乔托,说他生而具有超群的想象力,他无一不能运用他的妙笔将自然界的万物描画得惟妙惟肖,令观者以为真实景色。

《犹大之吻》作于 1305 年左右,是湿壁画,尺寸为 200 厘米×185 厘米。据《圣经》传说,耶稣的十二使徒之一犹大偷偷勾结敌人,愿以 30 块银币出卖他的主耶稣。在逾越节的晚餐上,耶稣已指出他是卖主之人,他便提前溜走,并立即去给敌人引路,前来捉拿耶稣。这幅画面表现犹大领了一队兵，还有祭司长和法利赛人的差役，手里举着灯笼、火把、兵器，冲进了客西马尼园。犹大走在前头，直奔耶稣跟前，要与他亲吻，作为认人的暗号。画家以众多人物的复杂场面展开，显然是要借这一题材来表现生活的黑暗与光明面，以期体现正义与邪恶之间尖锐的冲突。乔托在这幅画上比较深刻地处理了这一宗教情节，表现的是画家自己对正义的同情和对邪恶的憎恨立场。画上的基督形象是作为道德完善的崇高象征来表现的。当然，这个富有戏剧性的场面还没有完全摆脱中世纪僵硬呆板的构图形式。为了解决画面的不同层次，他把人与自然环境的关系安排得更加接近真实，扩大了画面的远近空间。为了使群像人物有主次，画家用心探索明暗表现和物体的体积感。要处理这些复杂的绘画任务，在14世纪初的佛罗伦萨时代还是艰巨的。

乔托性格开朗、活泼、机智、幽默，为人正直，在权贵面前他不善奉承。有一段轶闻，说他在一个炎热的夏季，正在挥汗作画。那不勒斯国王来到他跟前，看到他如此不顾酷热，就对乔托说："如果我是你，这样热的日子，我就不工作了。"乔托听后一笑道："如果我是国王，的确就不会工作了。"

乔托一生主要绘制教堂内的壁画，他的作品富有立体感，并以自然景物代替中世纪绘画惯用的金色及蓝色背景。这些教堂壁画虽描绘的都是《圣经》里的故事，但乔托已开始从构图上尽量采用活的人物和真实的世界，对绘画素材已具有人文主义精神的理解方法。与封建正统的神学思想相对立的人文主义思想，在乔托所生活的年代已萌生初芽，人们开始从信仰神转变为信仰自己、尊重人性和人生的价值，但还未形成一种思想运动。意大利的权贵们千方百计争抢这位佛罗伦萨大师以为己用，而乔托从不违背自己意愿，我行我素，在全国漫游，到处留下艺术的种子，推动着人文主义艺术的发展。因此，他的努力受到伟大诗人但丁的好评。诗人在《神曲》里写道："契马布埃强逞能，自负艺坛最英雄。而今乔托名扬远，竟将先生变后生。"据说诗人但丁正于此时被教会永远驱逐出佛罗伦萨，流落到帕多瓦，乔托热情地接待了他。乔托非常尊敬但丁，如在一幅题为《乐园》的大壁画里，他就把但丁的肖像画了进去；但丁的作品对乔托的艺术也有相当大的影响。正是凭借这两位天才杰出的创造力，意大利文化与艺术才迎来一个新的时期。

乔托的绘画意义是深远的，他不仅表现了一位中世纪革新家的探索精神，还为后来的画家做出了表率。乔托发明了一套直接观察自然，以再现客观现实的绘画实验方法，开创了人文主义思想和写实主义的表现方法。他所塑造的宗教人物犹如雕像般浑厚，个个都是有血有肉有人情味的世俗男女，不再是中世纪的幽灵；在画面艺术处理方面，力求在平面上再现立体空间的效果，空间具有空气感和深度感，画中形象具有体积感和重量感；在人物安排上，善于突出主体形象，具有视觉的吸引力。这种艺术处理的方法，成为后来欧洲绘画的典范。乔托是公认的使西方美术摆脱中世纪美术程式的第一人，其绘画影响意大利长达一个世纪之久。他当之无愧地成为写实画风的鼻祖，被誉为"西方绘画之父"。从他开始，中世纪的神秘色彩逐渐消退了，艺术史家也开始撰写关于这位伟大艺术家的传奇。

## 波提切利歌颂维纳斯的《春》

桑德罗·波提切利(Sandro Botticelli，1445~1510)是15世纪佛罗伦萨画派最后一位画家。他出生在一个皮革工匠之家,真名叫亚历山大·菲利浦。波提切利少时顽皮,不思学业,父亲只得把他送到金银作坊里做学徒。15 岁时又被父亲送到画家菲利普·利比的画室学画。利比带着波提切利一同描绘现实生活中的人,并借鉴古希腊艺术中的理想,所以他们创作的圣母子和神话人物都具有世俗的情态:和蔼可亲、动作轻盈、身着绢纱、临风飘逸。后来波提切利又转从委罗基奥门下,与比他小 7 岁的达·芬奇同窗。波提切利 27 岁时决定自立门户,独立开设工作室接受社会订件。由于他曾师从利比,因此也受到银行家科西莫·美第奇的喜爱和赏识,逐渐成为美第奇宫廷画家中的领袖。科西莫的孙子洛伦佐·美第奇喜欢豪华、享受的宫廷生活,在他的宫廷里云集了许多诗人、画家、学者,过着一种骑士风度的生活。这样的生活对波提切利影响很大。1477 年,他为洛伦佐新购置的别墅绘制了他一生中最重要的作品《春》。这幅画优美动人,充满跳跃感,让人感受到春天即将到来的气息,充满了画家对色彩的感受,挥散出充沛的想象。

《春》取材于诗人波利齐安诺歌颂爱神维纳斯的长诗。维纳斯即古代希腊神话中的阿弗洛狄特,是爱与美的女神。据希腊神话描述,维纳斯是克洛诺斯把自己的父亲乌拉诺斯的肢体投入大海时从海中的泡沫中诞生的。画中的维纳斯看起来并不快乐,倒是花神、春神与风神(自左至右)三个形象被描绘得生机勃勃。森林边,三位女神沐浴在阳光里,携手翩翩起舞。右边的一个象征华美,中间一个象征贞淑,左边一个象征欢悦。春回大地,万木争荣的自然季节即将来临,她们将给人间带来生命的欢乐。波提切利用中世纪的装饰风格来展现这三位女性形象,线条富有节奏感,人物的形体美借助于线条来体现,十分流畅。画面上唯一占有显著地位的男子形象,则是最左边采摘树上果子的墨丘利(希腊神话中的赫耳墨斯),实际上,这位众神的使者是在用他的神杖驱散冬天的阴云。他是众神的信徒,在这里是报春的象征。此外,维纳斯的头上还飞翔着被蒙住双眼的小爱神丘比特,他正准备朝着左边的人把金箭射去。谁要是中了他的金箭,便产生如痴似狂的爱情。这一切都是波提切利对美好生活的向往的写照,他把诗人的赞美以丰富的形象手段象征性地铺陈在这一幅画上。艺术家对美好事物的愿望,总是与他所处的生活境遇发生矛盾。波提切利在画上展示了那么多充满着春的欢欣的天神形象,尽管他们显得庄重与自信,总不免带着画家内心深处所埋藏的一种无名的忧伤。画面的基调则是纤弱和略显悲愁。不难理解,这种伤感情调正是当时贵族文化的一种通病。此画完成后,洛伦佐被此画的寓意深深感动。一些上流社会的文化人士认为背景包含祝福、万物初醒的春季,而且发现每一环节都与爱有关联。他们一致被这张巧妙蕴含结婚礼赞的画所感动。

1485 年,波提切利又画了一幅《维纳斯的诞生》。玫瑰在轻风的吹送中,绕着维纳斯窈窕而柔和的身姿飘舞。洋溢着青春生命的肉体,美丽娇艳的鲜花,在当时是作为向宗教禁欲主义挑战的形象。画面上维纳斯脸上挂着淡淡的哀愁,胸中似乎含有不可言传的、精神的、近乎理想的爱。因此,诞生似乎并没有带来欢乐,反而有点悲剧味道。画的背景是一片伸展无边的海水、肥沃的土地和茂密的树林,维纳斯的步子仿佛没有承受重量似的显得飘逸,好像处于有推动力的旋律之中。女神怀着惆怅来到苦难人间的精神状态,也正是画家自己对现实态度的写照。他以极富想象力的构图,创造出个人顿生幻想的空间,同时又以写实的造型手段,把神女维纳斯现实化、理想化,给人以亲近感。最重要的是,他运用浪漫主义的处理方式,组织了现实与非现实、人与神、天上与地面等空间关系和人物关系,给人以瑰丽和奇异的艺术感觉,让人领略到浪漫主义艺术之美。维纳斯的姿态,显然参照古典雕像的样式来描绘,只是把两只手换了个位置,但缺少古典雕像的健美与娴雅。这种造型和人物情态实际上成了波提切利独特的艺术风格。

波提切利画中的维纳斯被认为是美术史上最优雅的裸体,并不像后来某些威尼斯画家所倾心的那种华丽丰艳、生命力过剩的妇女,而是面容上带有一种无邪的稚气。曾经做过金匠的波提切利,正是以他那富有诗意、充满优美曲线、别具一格和不可思议的天才作品,成为那个时期佛罗伦萨最伟大的艺术家。

1492 年,波提切利的保护人洛伦佐去世,美第奇家族被放逐,贵族复辟,人民处于水深火热之中。波提切利的心被震动了,他的人生观和艺术观发生了一次重大变化。当时,有位叫萨瓦那罗拉的修士掌握着佛罗伦萨。这个正义的修士在宣传宗教教义时,否定着当时文艺复兴时代的一切,指出教皇生活腐朽淫荡,美第奇家族的暴发户行径,还有富人们无所事事。于是,罗马教皇用火刑封住了他的口。为纪念这位修士,波提切利画了一幅《诽谤》,画中表达了他的愤怒和抗议。然而,这场生活的震荡之后,画家也衰老了。晚年的他没有了大家族的依靠,自己挥霍无度,以致穷困潦倒,靠救济度日。在生命的最后几年,他不问世事,孤苦伶仃,拄着拐杖走路,晚景凄楚可怜。后起的达·芬奇等三位高手很快就超过了他,他在绘画界的时代也就结束了。1510 年 5 月,波提切利死于贫困和寂寞之中,被葬于佛罗伦萨"全体圣徒"教堂的墓地里。

## 达·芬奇《蒙娜丽莎》的神秘微笑

法国卢浮宫有三件镇馆之宝:《米洛斯的阿弗洛狄特》《萨莫色雷斯的胜利女神》和《蒙娜丽莎》。而《蒙娜丽莎》是全馆唯一加了玻璃罩的画作,禁止观众拍照,因为怕镁光灯射线伤害这稀世珍宝。

这幅画的作者达·芬奇(Leonardoda Vinci,1452～1519)是意大利文艺复兴时期第一位画家,也是整个欧洲文艺复兴时期最杰出的代表人物之一。他是一位思想深邃、学识渊博、多才多艺的艺术大师、科学巨匠、文艺理论家、哲学家、诗人、音乐家、工程师和发明家。后代学者称他是"文艺复兴时代最完美的代表"。在同时代的人看来,达·芬奇就像一位充满传奇色彩的魔术师,有"万能天才"的美誉。在现代人眼中,令人惊异的是,他仅用 12 幅完整的作品就奠定了世界艺术史上最伟大画家的地位。

《蒙娜丽莎》代表了达·芬奇的最高艺术成就,他创作此画时,在艺术上可谓孜孜以求,把自己对人物典型的审美理想全部倾注于此。画中背景山水幽深苍茫,仿佛梦幻般飘浮不定,人物坐姿优雅高贵,目光神奇专注,面颊柔润微红,神情美丽诚挚,含蓄隐约地微笑着。因此,达·芬奇极为珍爱这幅肖像画,始终带在自己身边,晚年移居法国时也不离左右,最后遗存巴黎。

蒙娜丽莎是佛罗伦萨著名银行家拉·佐贡多的妻子,当时年约 24 岁。据说当时达·芬奇为了唤起她发自内心的情感,曾经请钢琴师为她演奏,请丑角为她表演。但是,这个女人仍是一副冷漠的表情。为此,画家不得不将画作断断续续地延迟了 3 年。有一天,这个女人在翻阅画家草图时,忽然发现了画着鸭掌的图画,她感到非常疑惑。画家告诉她这幅画是他研究设计的飞行器,因为鸭掌滑水动作虽然简单,但隐藏着飞行器飞行的某种秘密。蒙娜丽莎想到飞行器一旦设计成功，人类将可以在空中自由飞翔的情景，顿时，心灵为之一震，并由衷地绽出一丝微笑。这一难得的又发自内心深处的微笑立即被达·芬奇捕捉到，并把它成功地描绘出来。

蒙娜丽莎那丝神秘的微笑，既欣喜又悲伤，既惆怅又憧憬，似乎总在变化，每一个角度都呈现出不同的内涵，烘托出她丰富复杂的情感、变幻莫测的心境，给人以无穷的回味和联想。达·芬奇在《蒙娜丽莎》中淋漓尽致地发挥了他那奇特的烟雾状笔法，还力图使人物的丰富内心情感和美丽的外形达到巧妙的结合，对于人像面容中眼角唇边等表露感情的关键部位，特别着重掌握精确与含蓄的辩证关系，从而使蒙娜丽莎的微笑含意无穷，具有一种神秘莫测的千古奇韵。于是，这令人一见难忘的"微笑"已不是具体的佐贡多夫人的表情了，而是一种具有抽象意义、普遍意义和典型意义的人性特质，是蒙娜丽莎所有的，是达·芬奇所有的，也是人类所共有的。有人评价《蒙娜丽莎》："这是世界美术史上最美的一只右手；这副脸庞只要见过一次，就永远离不开我们的记忆。"

这幅肖像继承了希腊古典主义庄重、典雅、均衡、稳定和富有理想化的表现范式，又进一步突破了希腊古典艺术在人本质上的局限，为使后来的艺术更进一步走向现实客观和深层微妙的表现树立了楷模。作为文艺复兴的启蒙作品，它率先冲破了把人都画成木乃伊一般的传统表现手法，赋予了人物以生命的活力和人性的光彩，《蒙娜丽莎》成为世界上最著名、最使人难以忘怀的一幅肖像画。

蒙娜丽莎神秘的微笑是达·芬奇的天才创造，也让人们琢磨了好几个世纪。据说卢浮宫有两件《蒙娜丽莎》，一真一假，唯有馆长知道真假，其识别的奥秘正在那一丝神秘的微笑。

荷兰阿姆斯特丹大学的科学家与美国伊利诺伊州大学联合开发了一种"情绪识别软件"，能通过分析面部表情特征来评估一个人的情绪，如嘴唇的弯曲度、眼部周围的皱纹等，然后分别算出喜悦、悲伤、恐惧、愤怒、惊讶、厌恶这6种情绪所占的比例。对蒙娜丽莎的微笑的分析结果是：其中包含83%的喜悦，9%的厌烦，6%的恐惧，2%的愤怒。美国哈佛医学院的神经生物学家利文斯通认为，蒙娜丽莎微笑的时隐时现，是我们的眼睛运动的结果。在欣赏《蒙娜丽莎》这幅画时，人们首先注意的是人物的眼睛。当观察者眼睛的中心区在蒙娜丽莎的眼睛上时，"外围区"视线会落在她的嘴上。鉴于外围视区的观察特点，它会很快地注意到蒙娜丽莎颧骨的阴影，这些阴影又恰恰使人们意识到笑容的存在。但是，当直接观察蒙娜丽莎的嘴时，人眼的中心区又不会注意到阴影，所以"人们永远无法从她的嘴上看到笑意"。加拿大美术史家吉鲁曾公布过一项令人震惊的研究成果，说蒙娜丽莎那倾倒无数观赏者的口唇是一个男子裸露的脊背。达·芬奇是个左撇子，习惯从右到左倒着书写，要借助镜子才能读出他写的东西。将镜子旋转90°后，从镜中看蒙娜丽莎抿着的笑唇，恰好是一个背部线条分明的结实男性脊背以及左臂和肘部的一角；而且，表现人体美和呼唤人性的觉醒，既是达·芬奇的人生哲学又是他的艺术观。美国马里兰州的鲍考夫斯基博士认为："蒙娜丽莎压根就没笑，她的面部表情很典型地说明她想掩饰自己没长牙了。"法国里昂的脑外科专家孔代特博士认为蒙娜丽莎刚得过一场中风，她半个脸的肌肉是松弛的，只不过因为脸歪着所以才显得像是微笑。英国医生基友博士相信蒙娜丽莎怀孕了。他的根据是：她的脸上流露出满意的表情，皮肤鲜嫩，双手交叉着放在腹部。也有心理学家提出，蒙娜丽莎有些生气，原因是她已在那里坐很久了，可达·芬奇还没画完。有人甚至推测蒙娜丽莎刚刚经历了性高潮，所以才表现出令世人倾倒的微笑。更滑稽的是，有人竟然说她刚吃完巧克力，所以表情显得很陶醉，而当时巧克力还没有发现呢！

达·芬奇是人类智慧的象征，他最大的抱负是发现一切、研究一切、创造一切，然而只有那些线条、色彩组成的艺术为他带来永恒的赞誉。人们认为他是一名画出了永恒微笑的画家。他在临终前遗憾地说："我不曾被贪欲或懒散所阻挠，阻挠我的只是时间不够。我一生从未完成一项工作。"这位艺术大师和科学巨匠晚年极少作画，只是潜心研究科学，去世时留下了大量的笔记手稿，内容涉及物理、数学和生物解剖等。但是大部分著作和手稿都没有发表，直到他逝世多年后才被世人发现。科学史家丹皮尔这样评价达·芬奇："如果他当初发表他的著作的话，科学一定会跳到一百年以后的局面。"而他的学生弗朗西斯科·穆埃基说："达·芬奇的死，对每一个人都是损失，造物主无力再造一个像他这样的人了。"

## 博斯的《圣安东尼的诱惑》

尼德兰画家博斯（Hieronymus Bosch，1450～1516），祖父和父亲均为画家，为当地正在兴建的哥特式大教堂工作。博斯主要从祖父和父亲学艺，也可能跟民间艺人学习过，受到民间丰富艺术传统的培育。从他的精细笔法看，早年也可能受过细密画的训练。1486年，博斯成为圣母兄弟会的成员。1489年，为圣约翰教堂内圣母兄弟会礼拜堂祭坛两翼画外侧，并为礼拜堂设计窗户。1506年，完成《最后的审判》。1511年，为圣母兄弟会设计枝形铜吊灯，次年设计一个十字架。博斯的作品均未标明年代，难以明确其创作的发展。他的画作大多结构浩大复杂，以突出人类的堕落、抨击教会的腐朽、揭示封建统治的残酷黑暗为主旨，深刻反映了广大群众要求社会和宗教改革的情绪。其作品以描绘各种难以名状的魔鬼形象为特色，带有象征性、暗喻性，意义阐释不一，众说纷纭。博斯被很多人认为是超现实主义的先驱，曾给予尼德兰革命时期的主要画家勃鲁盖尔以深刻影响。他的主要作品有《干草车》《世上欢乐之园》和《圣安东尼的诱惑》等。

祭坛画《圣安东尼的诱惑》

博斯最为出名的一幅作品是《圣安东尼的诱惑》，是一幅绘于里斯本圣约翰教堂的祭坛画。

修士圣安东尼是一位虔诚的基督教徒。在父母去世后，他将财产尽数散给穷人，自己离群隐居修行。在修行过程中，魔鬼为了和上帝争夺人类，千方百计地前来诱惑他的灵魂，但从未动摇过他的坚定信念。博斯所处的时代，诱惑包括对精神与肉体的双重折磨，在这套三联祭坛画《圣安东尼的诱惑》中，左边的一幅表现了魔鬼对安东尼肉体上的惩罚，右边的一幅表现了色情与美食的诱惑，中间的部分，也就是经常见到的这一幅，表现了一场魔鬼的狂欢，它模仿天主教弥撒的形式，但称颂的不是上帝而是撒旦。圣安东尼跪在平台上举着一碗清水，被各种由魔鬼幻化出的怪兽、恶魔所包围，而周围都沉浸在花天酒地的寻欢作乐中，只有城堡废墟中十字架旁的修士——可能是圣约翰——做出和他同样的手势。在平台右下角，那个长着狐狸头、老鼠脸、长鼻上架着一副眼镜的伪君子，假正经地在读着《圣经》。屋顶上那个教士正和一个女人饮酒作乐，旁边立着一位裸女。画中还有披着铠甲的鱼、天空中飞翔的大鸟等等。圣安东尼面对怪物的诱惑，陷入忘我的冥想境地。画家借这些离奇古怪的动物、人物、半人半兽的怪物来影射天主教会、教士的虚伪。圣安东尼提倡人应绝欲，可是他周围的人却在拼命地追求各种欲念，这些都表现出教会的虚伪、可耻、可笑。这种画法如同一面照妖镜，使观者看到这个社会的本质。

博斯喜用夸张的艺术手法，人物形象具有象征含义，多以寓言或宗教故事及幻想化的表现形式，来影射当世的现实，而被后世艺术家奉为独特的现实主义大师。《圣安东尼的诱惑》宣扬了异端教派强调个人苦修精神，反对贪恋世俗的各种享乐、诱惑。虽然表现的是以圣徒为象征的正义最终战胜邪恶，但其中倡导的从苦修到忘我的状态以及与神相通的情景与当时的神秘主义教派学说相符，而画中的各种怪物可能来源于本土信仰的自然精灵。

博斯生活于赫托丁博斯，此地为勃艮第大公的领地，以商业繁荣而著称，他的名字就是以这个城市命名的。尼德兰地区的日耳曼民族在基督教之前有其信奉的传统宗教，他们笃信众多自然生灵，通过法术治病，盛行女巫、女预言者，而基督教进入后对古老的信仰打压得很厉害，激起了民众的抵制。为了缓和宗教矛盾，僧侣们给予某些旧有习俗和信仰以合法形式，并以基督教的教义将其改扮。这样的环境使得尼德兰画家在绘画中所表现的主题与物象相异于其他基督教根深蒂固的地区。

博斯的名字于1486年至1487年间首次出现在圣母兄弟会成员名单中，尽管据说这是一个正统而严格的基督教团体，但是有不少学者指出，当时很多的以"兄弟会"为名的团体都与神秘主义教派学说有着或多或少的联系。从大体看，博斯的思想受基督教神秘主义神学的影响，其艺术则具有民间艺术的讽刺和风趣。他生活的年代，正当西欧封建制度危机加深，群众对宗教改革和社会改革的要求日益强烈的时期。从博斯的画中很容易看出他对人类前途的担忧和对教会的失望，因而有人指出他在精神上更接近于流行的反教会的神秘教派的异端邪说，倾向于到本民族淳朴的传统信仰中寻求解救人世的精神安慰。

这样的题材后来也被许多画家和作家采用过，西班牙的绘画大师达利就画过一幅《圣安东尼的诱惑》，法国作家福楼拜1874年曾经发表剧本《圣安东尼的诱惑》。

## 米开朗基罗的《最后的审判》

米开朗基罗说："想努力创造完美的东西，必须具备心灵的纯洁，同时富于宗教精神。"这位意大利文艺复兴时期伟大的绘画家、雕塑家和建筑师正是用一生的实践证明了这句话。

米开朗基罗（Mjchelangelo，1475~1564）生于佛罗伦萨附近的卡普莱斯市，父亲是奎奇市和卡普莱斯市的自治市长。他13岁进入佛罗伦萨画家基兰达约的工作室，后转入圣马可修道院的美第奇学院做学徒。1496年，21岁的米开朗基罗来到罗马，受法国红衣主教委托，为圣彼得教堂制作《哀悼基督》雕像。这件雕像的问世，使米开朗基罗名满罗马，自多纳太罗之后又一颗雕刻巨星升起。1501年，26岁的米开朗基罗载誉回到故乡佛罗伦萨，用4年时间完成了举世闻名的云石雕像《大卫》。《大卫》作为佛罗伦萨守护神和民主政府的象征，被安放在佛罗伦萨市政厅大门之前。1505年，应教皇朱理二世的邀请，米开朗基罗赴罗马为教皇在圣彼得教堂内建造陵墓，历经艰辛磨难为陵墓留下名雕《摩西》《被缚的奴隶》和《垂死的奴隶》等雕像。米开朗基罗的雕塑成就使教皇的艺术总监勃拉曼特极为妒忌，他唆使教皇暂不修建陵墓，强迫雕刻家去画西斯廷教堂天顶画。米开朗基罗以超凡的智慧和毅力，用了4年零5个月的时间，完成了世界上最大的壁画《创世纪》。1519~1534年，大师重又回到佛罗伦萨，在那里创作了他生平最伟大的作品——圣洛伦佐教堂里的美第奇家族陵墓群雕，著名的《日》《夜》《晨》《暮》雕像就是安放在这座陵墓的石棺上。1535年末，已经60岁的雕刻家又被教皇召到罗马，在25年前完成的《创世纪》天顶画下的祭坛壁面上绘制《最后的审判》，他用了6年的时间创作了这幅惊世骇俗的教堂壁画。之后他一直生活在罗马，从事雕刻、建筑和少量的绘画工作，直到1564年2月18日逝世于自己的工作室中。

《最后的审判》这幅祭坛画高14.6米、宽13.4米，描绘了基督审判众生灵魂的情景。场面恢宏，人物众多，分为天上、人间、地狱三个空间。在这块将近200平方米的祭坛后的大墙上，他绘出了数以百计的等身大小的裸体群像。画面中央是耶稣挥动着手臂，把右边背负罪孽的人投进地狱，把左边善良的、遭到不幸的人的灵魂带进天堂。任何人包括米开朗基罗自己，都没有在他对未来世界极端悲观的描绘中得到宽恕：他把自己绘成圣人巴塞洛缪手中拿着的一张被剥下的人皮。这幅画表现了宗教因果报应的思想，劝诫人们要扬善除恶。画面构成关系极为复杂，充满着悲壮的效果，表现风格已成为17世纪巴洛克艺术之典范。这幅气势磅礴的大构图体现了米开朗基罗的人文主义思想，他要用正义来惩罚一切邪恶。"末日"意味着人类悲剧的总崩溃，所有这些形象尽管有的有名有姓，有的泛指一定的社会阶层，大体上仍未违背宗教模式。艺术家以超人的勇气，全部采用裸体形象来展示，这又一次证实了他敢于肯定人的意义。因为米开朗基罗坚信：执行艺术主要任务的道路是人体，因为它们最能体现人的品质。

《最后的审判》艺术效果惊心动魄，尤其是壁画中央的耶稣，简直是意大利人民英雄形象。他有神的威力，可以呼风唤雨，一个手势就能使无数裸体变成时代的旋风。这幅画1541年在圣诞节前展出时，整个罗马城为之沸腾，艺术家卓越的写实主义功力使意大利人民倾倒了，人们瞻仰它，仿佛听到了真正的天庭惩罚声。壁画完成后，连米开朗基罗远在威尼斯的学生瓦萨里也赶来观看，这位美术史家这样评述："我们已经看到，至高无上的教皇朱理二世、利奥十世、克里门斯七世、保罗三世、朱理三世和庇乌斯五世，都想把他吸引到身旁。同样，土耳其苏丹苏里曼、法国国王弗朗茨·瓦卢亚卡尔五世皇帝、威尼斯元老院、美第奇家族科西莫公爵，都愿意向他提供荣誉津贴，原因不外乎企求分享他的艺术光辉，只有具备他这样崇高威望的人才能受此厚待。世人都已目睹并且承认，他将三种艺术都提高到了完美无缺的境地，这种完美无论是在古代大师那里，还是在近代大师那里都不曾见过。"确乎如此，教皇保罗三世第一次看到《最后的审判》时，竟惊愕地跪了下来，祈求上帝在自己的最后审判日大发慈悲。

但并非所有的人都像教皇这么深受触动，也有人持反对态度。许多人反对米开朗基罗将耶稣描绘成脸部刮得干干净净、肌肉结实的阿波罗这样一个异教徒的形象，更多的人对作品中出现的几十个裸体形象持有异议。教皇仪式掌管人、红衣主教比艾吉欧·塞色尼在新教皇面前诋毁米开朗基罗："在一个神圣的地方，画这么多显露全身的裸体形象，太不相宜了；这件作品绝对不适用于教堂，倒是可以挂在澡堂或酒店里。"于是新教皇下令让一个画家给壁画上所有裸体的下身添画了布条，后人就给这位画家起了一个诨名"穿裤子的画家"。对于《最后的审判》引起的喧嚷和不满，米开朗基罗把一个非常像比艾吉欧的人物描绘成地狱之王弥诺斯，长着驴耳朵，腰间缠绕着一条蛇，并且做出了幽默的回应："告诉教皇，这是小事一桩，画很容易得到合适的修改。但请他首先把这个世界变成一个适宜的地方，然后绘画也会很快效仿的。"

米开朗基罗曾在著名画家基兰达约门下学习，但真正给他启示的是古代雕塑，他在致力于领悟古人成就时，也致力于解剖人体，研究人体的结构和运动，这使他成为充分发挥人体表现力的美术家之一。米开朗基罗一生都和美第奇家族密切相关。洛伦佐最先注意到了才华早露的米开朗基罗，对他倍加重视和爱护。这个14岁的少年出入于洛伦佐的宫殿，学习、观摩大量的艺术品，并与当时最有名望的人文主义学者、诗人交往，这对一个少年的技法、视野及价值观的影响不言而喻。或许正是在美第奇宫廷中接触到的人文主义思想，使得为数代美第奇服务的米开朗基罗成为一个大写的"人"，而不是一个"御用艺术家"。

作为文艺复兴的巨匠，米开朗基罗代表了欧洲文艺复兴时期雕塑艺术的最高峰，他创作的人物雕像雄伟健壮，气魄宏大，充满了无穷的力量，具有一种雄浑壮伟的英雄精神，是一位最接近贝多芬音乐境界的美术家。他可以将一块35年前被毁坏的没有生命的大理石雕成一尊塑像，赋予他生命。他塑成怒目而视、青筋暴露的摩西竟然震撼了自己的心灵，曾拿着木棒敲打摩西膝盖让他开口说话。他用尽平生之力绘制天庭壁画，因长期仰首工作，在平常走路时竟也要歪着脖子。

米开朗基罗得天独厚地活到89岁，度过了70余年的艺术生涯。他历经人生坎坷和世态炎凉，一生所留下的作品都带有戏剧般的效果、磅礴的气势和悲壮的激情，他所塑造的英雄既是理想的象征又是现实的反映。在近70岁时，垂暮之年的他拾起锤子和凿子，还去建造罗马圣彼得大教堂。直到生命终止的前8天，他一直在创作一尊《基督架下》，并把自己描绘为放弃了自己的墓穴来迎接耶稣的老人尼克德马斯。

米开朗基罗是人类天才、智慧和勇气的结晶，他的光荣与成就属于全人类。一个艺术家只要有任何一件类似于他的作品，便足以跻身艺术史，荣耀一生。而米开朗基罗在雕塑、绘画、建筑、诗歌等方面取得的成就，在迄今为止的人类文明史上，恐怕只有他一人。他的艺术创作成为西方美术史上一座难以逾越的高峰。因此，米开朗基罗在活着的时候，人们就尊称他为"神"。想来只有上帝的手才能创造出这样灿若繁星又重如泰山的辉煌成就吧！

# 威尼斯画家乔尔乔涅的《暴风雨》

乔尔乔涅(Giorgione,约1477~1510)堪称是16世纪第一位伟大的威尼斯画家。生于卡斯泰尔弗兰科,卒于威尼斯。乔尔乔涅师从乔凡尼·贝利尼·贝利尼在培养学生方面,可与达·芬奇的老师委罗基奥、米开朗基罗的老师基兰达约和拉斐尔的老师佩鲁吉诺一较高低,在他的作坊里,培养出了乔尔乔涅和提香两位大师。乔尔乔涅不折不扣地接续了老师贝利尼的风格,一直到他生命最后的几年才放弃。

乔尔乔涅像拉斐尔一样,32岁时因染瘟疫英年早逝,但他与多产的拉斐尔不同,只给我们留下了屈指可数的几件作品,其中最著名的一幅是《暴风雨》。这幅画完全把人物从属于风景,被认为是西方绘画中第一幅风景画杰作,也可以看作是绘画史上最富个性也是最神秘的作品。

这幅画以一种优美的方式继承了贝利尼的绘画特质,乔尔乔涅把人物放在一大片风景的角落里,仅在前景溪水边描绘两个人物。靠近画幅左边的是一持矛伫立的士兵,右边则有一哺乳的裸体妇女。近年有人以X射线探视图左的士兵像,发现此处最初画的亦为裸体妇女,以后才改画为武装士兵。这样大幅度的改变,表明画家原意无涉于人物故事,艺术表现已完全集中于风景的描绘和气氛的创造。画家力求表现出在遥远天边暴风雨已经来临,而眼前则是山雨欲来、溪水林木浸润着奇妙的光与色的景象,烘托出音乐般的丰富而谐调的气氛(据说乔尔乔涅亦精于音律)。

《暴风雨》体现的是一种微妙而渗透一切的异教心态,乔尔乔涅画中人物并无意于向我们解释其所处的场景究竟意味着什么。他们自己属于自然的一部分,暴风雨即将湮没他们,他们不过是这场悲剧的被动的见证人而已。他们究竟是谁?年轻的士兵、搂抱着婴儿的裸体母亲似乎拒绝说出自己的身份。艺术史家迄今弄不清这幅画的主题,它甚至比蒙娜丽莎的微笑还要神秘。之所以用《暴风雨》为它命名,是因为暴风雨是画中唯一能被人理解的"行为"。不论这幅画的原意是什么,呈现在我们面前的都是一幅迷人的田园诗般的景色,一个即将被暴风雨冲走的美丽的田园梦境。乔尔乔涅另外一幅名作就取名为《田间合奏》,可以证实我们的观感。这种怀旧的白日梦,原来只有诗人才能表达出其意蕴,而现在为画家抒发出来,《暴风雨》由此开创了一个崭新的绘画抒情传统。直接受惠于这个新传统的画家,是乔尔乔涅的同窗好友提香。提香的绘画天才与乔尔乔涅旗鼓相当,他接过乔尔乔涅的未竟事业,进一步探究田园化绘画语言,主导了威尼斯画坛大半个世纪之久。

乔尔乔涅不仅善于描绘风景,人物造型也很有创意。他吸取了达·芬奇艺术特别重视的烟雾状笔法和含蓄表情,使自己创作的人物形象既有恬静优雅的神态,又有微妙丰富的诗意。他的人物画代表作有《劳拉像》(1506,这是他所有作品中唯一留下题识者),描绘一手持桂枝的古典女性,姿态端庄,双目炯炯有神,风格近似达·芬奇。《尤迪丝像》(约1505),表现古代犹太女英雄亲手杀死敌军首领拯救了祖国的故事,但乔尔乔涅着重描绘的不是其巾帼英雄的气概而是少女温柔秀美的容貌。这两幅人物画都以其诗情画意而在文艺复兴美术中独树一帜。《三博士》(约1510)则取材于传统的宗教故事,即传说所谓基督降生后前来朝拜的东方贤人。乔尔乔涅并不表现任何与朝拜有关的情节,只刻画三僧面壁论道和沉思冥想的情况,因此也称此画为《三位哲学家》。画中三僧分别表现为老、中、青三代,前两人站着交谈,后者则坐着沉思,三人皆仅据画幅右半部,左半部大胆地表现为幽暗山崖的一角,远景可见一片夕阳余晖中的山林村舍。人物姿态皆有特色,尤为杰出的是黝黑岩石和夕照远景的表现,这样大胆而又和谐的用色在文艺复兴绘画中尚无先例,也大大超过了他的老师贝利尼的水平,开辟了威尼斯画派以色彩表现为主的特点。

乔尔乔涅最著名的人物造型则是《睡着的维纳斯女神》,它开创了西方绘画中历久不衰的一个题材:裸体的躺卧着的女神像。以维纳斯入画是人文主义精神的一个充分体现,自15世纪后期以来即成为新美术中最受欢迎的题材。乔尔乔涅此画则把女神置于一片优美的田园风景之中,维纳斯的体态极其完美,沉睡的神情和田园风光的宁静相配合,恰到好处。乔尔乔涅是此画的主要创作者,背景风景部分却是经提香之手续成,女神的面容可能也为后人修饰,不免有损于真迹神韵。即使如此,它仍是西方同类题材作品中最完美的一幅。

乔尔乔涅在1507年受聘为威尼斯总督府作画,后又为该城的德国商人协会作画,表明当时他已是威尼斯画界主要画家之一。他的风格,特别是色彩运用和气氛烘托得技法,经提香等人之手而发扬光大,终于成为威尼斯画派最重要的艺术遗产。乔尔乔涅对于16世纪的威尼斯画派有着深远的影响,当时的人文主义学者卡斯蒂廖内已把他和达·芬奇、米开朗基罗、拉斐尔等并列为最大画家。

## 小荷尔拜因的《法国两使节》

汉斯·荷尔拜因(Hans Holbein,1497~1543),亦称小荷尔拜因,以区别于其父老荷尔拜因。父子俩皆为画家,但小荷尔拜因成就尤著,是德国文艺复兴美术主要代表,与丢勒、格吕内瓦尔德齐名。欧洲文艺复兴时期很多大画家都擅长画人物肖像,但终生从事肖像画创作,成就盖世者唯小荷尔拜因。

小荷尔拜因出生于德国巴伐利亚的奥格斯堡,是欧洲最大的矿冶工业和金融业的中心。他主要是向他的父亲老汉斯·荷尔拜因学习绘画。18岁时,他和哥哥一起去了瑞士的巴塞尔,很快便成为一位在周边很有影响的画家。在那里,他遇见人文主义者伊拉斯谟,受到新思想的熏陶,画艺也大有长进。两年后为新当选的巴塞尔市长迈尔夫妇画像,一举成名。伊拉斯谟委托他为自己的讽刺作品《愚人颂》绘制插图,他同时还为马丁·路德翻译的德语《圣经》绘制了插图,也为巴塞尔市政厅绘制壁画,为教堂和私人住宅设计玻璃镶嵌画和装饰画。1517年应邀到瑞士中部作画,顺道到过意大利,学习意大利的"新艺术"。回来后被接纳为巴塞尔画家同业公会会员,和一位皮革商的寡妇结婚,并开了自己的画店。1524年,曾到法国旅行。当时发生在瑞士的宗教改革反对教堂悬挂偶像绘画,因此荷尔拜因的处境比较艰难。1532年,他正式迁居英国。定居英国后,小荷尔拜因主要为王室及宫廷显贵画像。他曾经为亨利八世设计朝服,并为其第二个妻子安妮·博林设计墓碑和墓前装饰,不过他为博林画的画像可能在博林被处死后被销毁了。他还曾经为亨利八世的其他几位妻子画过肖像,亨利八世曾经批评他的肖像画过于美化他的妻子们。1528年,他回到巴塞尔处理一些事务,并承接了几单绘画生意,第二年他抛妻离子回到伦敦,此后再也没有回家。1543 年,他正在为亨利八世画另一幅肖像时,由于感染瘟疫在伦敦去世,年仅 46 岁。他是在 10 月 7 日写下的遗嘱,在遗嘱的 11 月 29 日附件上注明他"最近已经逝世"。

小荷尔拜因一生的主要成就在于肖像画,他在继承丢勒奠定的现实主义基础上,更深刻地理解和描绘人物性格的多面性、矛盾性和精神气质的复杂性。他的肖像画写实功底深厚而坚实,构图严谨准确,人物情绪饱满,形象逼真,质感庄重,空间繁复。如《亨利八世婚礼像》,画中的亨利八世伟岸魁梧,着装华丽多彩,身体如同一座山,恰似他的强大王朝。《亨利八世王后肖像》也是一幅难得的佳作,画面富丽堂皇,王后珠光宝气,在人物的写实传神上更是精益求精,达到了无以复加的地步。

小荷尔拜因的代表作《法国两使节》名列西方艺术最伟大的肖像画作品之一,描绘的是担任过大使的波利西勋爵和主教乔冶·德塞费形象。这位主教是一位著名的学者和音乐爱好者,也是当时同情路德派教义的极少数法国主教之一。小荷尔拜因以画中打开的赞美诗集所写的路德教派赞美诗,显示这位主教的思想。画中两人身穿丝绸华服,傲然挺立,宣扬他们既是拓展人类知识的学者,又是权势显赫的贵族;桌上摆放的音乐、天文学、制图学的物品,显示其丰富的学识和兴趣。在画的前景中有一个变了形的骷髅头,人物帽檐上也有个骷髅,小荷尔拜因借此来暗喻死亡的信号,强调人类的成就都只是虚幻无常、转瞬即逝的东西。他着力表现出人物的社会地位、性格特征和心理状态,并吸收了意大利式的肖像画技法。显然,画家并未矫揉造作地去故意美化、粉饰画中人物,而是以直观的、高度写实的手法忠实地记录了自己的感受和理解。但是,贵族习气的呆板和矜持也给作品带来了僵化的痕迹,这与迎合当时宫廷趣味的"矫饰主义风格"有关。

小荷尔拜因精巧的写实技术和卓越的艺术才华是独一无二的。他在创作一幅肖像画以前,经常用铅笔描绘衣物、装饰品等细节,有时也用钢笔或垩笔,然后在纸上沿轮廓扎上小孔,铺在画布上,用炭粉将其转移到画布上,在晚年也使用复写纸。他的画作对细节描绘非常详细、真实,甚至于仪器上的刻度、信笺上的文字、桌布上的花纹都描绘得一丝不苟,但整体风格仍然非常统一,人文主义风格非常明显,俄罗斯作家陀斯妥耶夫斯基曾经评价他的作品《墓中的基督》"可以把许多人的信仰夺去"。

小荷尔拜因几乎所有的作品都被收进皇家收藏馆,因此,外人很难获得他的作品,甚至是复制品。

## 丁托列托的《浴后的苏珊娜》

丁托列托(Tintoretto,1518~1594)是意大利文艺复兴晚期的重要画家,以宏丽的色彩、磅礴的构图称雄于世,突出地代表了文艺复兴时期杰出的艺术成就。

丁托列托生于威尼斯的一个染匠家庭,原名"雅可布·罗布斯提",他给自己取了"丁托列托"的绰号,意即"染匠的儿子"。他自幼就对绘画产生浓厚的兴趣,染坊店的墙壁和地板上到处涂满了他的画作。父亲托人请提香收儿子做了徒弟,但丁托列托性情桀骜不驯,总是与老师发生冲撞,终被提香赶了回来。他对此并不以为意,21 岁就开始了独立作画的生涯。丁托列托常常不计报酬为朋友作画,只是象征性地收一些颜料和画布的钱。他非常鄙视商人,一次,他的弟子把自己的画卖给了商人,买主觉得价钱太高,想请丁托列托帮忙看一下。丁托列托看了画火冒三丈，伸手就打了弟子一个耳光。商人大吃一惊，转而又很庆幸，以为能降低价钱，哪知丁托列托却说："笨蛋，怎么把这么好的画卖得这么贱！"

他着迷于米开朗基罗强劲有力的造型艺术，对这位大师的作品从绘画到雕刻都进行了大量的素描揣摩，并将米开朗基罗的造型和提香的色彩融为一体。因此，在丁托列托的作品里，可以感受到威尼斯画派一脉相承的绚丽色彩和佛罗伦萨画派的震撼力。

16世纪50年代至60年代，丁托列托的绘画在充满感人的悲剧力量的基础上又添加了诗意的境界，这是他加强宗教或神话人物所热烈追求的生活美的结果。尤其是那些以表现女性裸体为主的题材，人物更加丰满而多姿多彩。比如他为13世纪法国中篇小说画的一幅《拯救阿希诺伊》，描绘青年骑士们拯救两个锁着镣铐的裸体美人，强暴与搏斗转变为诗一样美丽的幻境，妇女的肉体被画家绘写得惟妙惟肖，既富有魅力又不乏娇艳。此种变化是丁托列托中年以后在创作上的新特征。有人根据这种特征，认为17世纪意大利风格主义的兴趣是与他这种绘画趣味有关的。

丁托列托也像提香一样，对神话和宗教题材的创作流露出强烈的兴趣。这些作品洋溢着丰富的色彩和强有力的视觉效果，体现出威尼斯画派后期创作中"糅合色彩与造型"的成功范例。如《浴后的苏珊娜》就发挥了他描绘曲张健美人体的专长，柔和的光韵使柔嫩的肌肤焕发出别样观感。

《浴后的苏珊娜》表现了《圣经》中的一则故事：美人苏珊娜嫁给一位巴比伦巨商约基姆为妻，丈夫非常爱她。她善良贤淑，忠于自己的丈夫。一次，她在家中花园的水池里沐浴，族中的两个长老乘机偷看她的胴体。好色之徒想上前玷污她，遭到苏珊娜严词拒绝。两个老头怕苏珊娜向丈夫揭发自己的丑行，便决意先发制人，诬告苏珊娜不贞。纠纷一直闹到埃及法老那里，苏珊娜终被定为死刑。此事被先知但以理获悉，苏珊娜的冤情才得到洗清，两个老头也被判以烙刑。苏珊娜从此就成为希伯莱民间故事中的贞女象征。

在丁托列托笔下，题材本身的道德感已经处于次要地位，他首先考虑的是如何借助"沐浴"这一情节更好地表现女性裸体。在夹道树木的橄榄阴影里，苏珊娜裸着身体，一只脚伸入平静的小溪里，对面树丛的玫瑰花射出绛色与紫色光芒，远处有纤细的小杨树，调子轻淡，因为那是花园的亮处。镜子、珠翠、胸衣、香水瓶和化妆品在水与镜子的反射中，闪烁着若隐若现的寒光。苏珊娜顾影自怜，镜内只映出一只金色别针和浴巾的流苏。画家刻意在为苏珊娜低声吟唱，笔触饱满，感情恬淡，用熟练的油画技法使这幅画具有意大利古典美：晦暗的棕褐色背景加强了苏珊娜身上柔和细腻的色调，肌肤的银灰、粉红与天蓝色使她丰艳如凝脂的肉体栩栩如生。在淡淡的阴影笼罩下，躯体显得光彩奕奕，呈现了这个女性肌肤的柔滑感。前面那条淡蓝中夹杂着翠绿的浴巾，由于富有情趣的褶皱，将苏珊娜青春的气息映衬得更加自然。

丁托列托捕捉了抒情和肉欲的瞬间，抓住了苏珊娜自然宁静的神态，还安排了两个偷窥的猥亵老头，具体表明目击者的存在。画中园景的构图，经过丁托列托仔细研究之后，产生了重要的作用。长满玫瑰花藤的篱笆，不仅切割出主角的空间，同时也把观众的注意力引向形状各异的树枝背景中，令观者马上就能发现有一个老头藏在篱笆后面，另一个老头则从篱笆的另一端探出身来。光线是这幅画的主角。丁托列托利用镜子反射的光线加强了苏珊娜的形体,特别是脸部的亮度,光线也使苏珊娜看起来肤质细腻、光彩照人。

由于丁托列托利用镜子产生反射光线的技巧极为高超,因而博得了"光的画家"的美誉。《浴后的苏珊娜》这幅画也被英国18世纪油画大师荷加斯认为成就"比得上米开朗基罗"。

## 勃鲁盖尔的《农民婚礼》和《农民舞会》

彼得·勃鲁盖尔(Pieter Bruegel,约1525~1569)生于荷兰安特卫普东部的北布拉邦特州的勃鲁盖尔村。他的第一位老师是长于彩色玻璃宗教画的库克·凡·阿尔斯特;后又向安特卫普一位重视民间版画的出版商兼画家伊罗尼姆斯·考克学习,考克系风景画家,兼经营画店,曾刻版印行勃鲁盖尔的作品,并与之长期合作。1551年,勃鲁盖尔成为安特卫普画家行会的画师。从1552年起,他游历意大利、法国等地,以求广闻博见。翌年冬回到考克的画店工作。1563年,勃鲁盖尔和库克·凡·阿尔斯特的女儿结婚,移居布鲁塞尔,并在这里度过最后6年。因为他有两个儿子,也都是画家,故后世称他为"老勃鲁盖尔"。

老勃鲁盖尔的晚年才是他艺术的黄金时代。他的画风古朴而率直,借对事物细节之忠实描绘与怪诞幻想之唐突对比,在画中缩影尘世苍凉。其深刻的观察,不论是在刻画农民生活的写实作品,抑或表达时代背景的讽刺画作中都一览无遗。《雪中猎人》《农民婚礼》《农民舞会》《通天塔》和《盲人》等杰作,充分流露出他惯用的多样情节安排和文学寓意,构图紧凑,且擅以侧面轮廓线描摹,使得画中事物看似简单,却显出极为有力的效果。

勃鲁盖尔喜欢在农民堆里泡,他所有的画都是关于乡村、自然和农民的,这在他所生活的那个时代是绝无仅有的。他总是以饱蘸感情的笔触来填描农事嬉游、畜类鸟群,使画幅充满柔情而致密的诗意,蕴涵着一种勃勃生机,展现出农民朴素单纯的劳动快乐。勃鲁盖尔对农民的形象和生活细节观察入微、描绘如真。他后来虽然离开农村,但常常去农村。他身着农民的服装,带着礼物参加农民的节日庆典,体察各方面的细节,然后再现于自己的画幅中,以至于人们以为他就是一个佛兰德斯的农民。

《农民婚礼》是勃鲁盖尔描绘的最完美的人间喜剧。宴会设在一间仓房里,稻草高高堆积,新娘坐在一块蓝布面前,头顶上悬着花冠,她双手交叉平静地坐在那里,脸上露出十分满意的笑容。椅子上坐着的老头和新娘身边的女人大概是新娘的父母,更靠后在狼吞虎咽的男人大概就是新郎。左边角落里,一个男人正在斟酒,旁边篮子里有一大堆空罐;还有两个男人戴着白围裙,在临时凑合的木托上抬着十盘肉饼或是粥,一位客人把盘子向桌上递过去。背景中还有一个吹鼓手,正在注视着抬过去的食物,眼睛里流露出一种可怜、凄凉、饥饿的神情;餐桌上还有两个局外人是修道士和地方官,正在聚精会神地谈话。前景中有一个孩子,小小的头上却戴着一顶插着羽毛的大帽子,手里抓着一只盘子,正全神贯注地舔那香喷喷的盘子。勃鲁盖尔为避免画面的混乱和拥挤,便让餐桌向后移动到背景中去,人的动作是从仓房开始,一直到前景抬食物的人,然后再通过照料餐桌的那个男人的姿势,把我们的视线引向新娘身上。

《农民舞会》与《农民婚礼》是成对的两幅作品,大小相同,同样记录了16世纪尼德兰的乡村生活。舞会通常是在一年一度的露天市集中举行,是为了祭祀当地守护神而举办的庆祝活动,为期一个礼拜,农民们每年都会在这个时节尽情享乐。画面中,远处是一处隐约的教堂,一群淳朴健壮的农民在乡村空地上跳着笨拙的舞蹈。左边桌子前面一位身穿白衣的农民正在吹奏风笛,旁边一位带有醉意的青年正拿着酒罐向他敬酒;一位老农妇情不自禁地拉起小孙女学习跳舞,桌子旁边还有两个农民正在饮酒猜拳;他们的身后,一对恋人情不自禁地拥抱接吻;挂着三角红旗下的农舍前,一位男人正邀请女主人出来跳舞。这些人物虽衣着简朴,却透露出一股天真淳朴、爽直豪放之风,充满了生命的活力。在这幅画中,勃鲁盖尔放大了画中人物的比例,捕捉生活细节,并沿着对角线将画面一分为二,使整个构图协调而富于韵律感。

从画面来看,也许人们会觉得勃鲁盖尔的画不如拉丁民族意大利人的画更理想化、更完美,其实,这种不避丑陋直视现实生活本身的艺术观正是他的价值所在,后来意大利的卡拉瓦乔画派,西班牙的"波德戈奈"风,荷兰的哈尔斯、伦勃朗,法国的夏尔丹以及19世纪的现实主义美术都受到了他的影响。

勃鲁盖尔于1569年在布鲁塞尔去世,葬于布鲁塞尔圣母院礼拜堂。圣堂右侧廊第三号礼拜堂,至今仍保存有勃鲁盖尔之墓。妻子梅肯当时25岁,遗子有4岁长子彼得、2岁次子杨,两人后来都成为画家。勃鲁盖尔一生给后世留下40多件油彩画、蛋彩画,100件素描,300件铜版画稿等。

勃鲁盖尔在艺术史上的影响力不容小觑。他善于思想,天生幽默,喜爱夸张的艺术造型,因此人们赠他绰号"滑稽的勃鲁盖尔"。他继承了博斯的艺术风格,被誉为"新博斯"。他是17世纪荷兰绘画的开拓者,是自扬·凡·爱克开始的早期荷兰画派的最后一位巨匠,是欧洲美术史上第一位"农民画家",被公认为佛兰德斯绘画的三大巨匠之一。

## 西班牙画圣格列柯的《拉奥孔》

格列柯(El Greco,1541~1614),西班牙画家。由于生于希腊的克里特岛,后被人称为格列柯,意即希腊人。早年,他在故乡学画,1560年到了威尼斯,进入提香的画室。后来,他来到罗马,当他看到米开朗基罗的《最后的审判》时,非但没有表示尊崇,而且大言不惭地说他可以比米开朗基罗画得更好,罗马人以他们的愤怒回敬了这个不知天高地厚的疯子。他只好离开罗马,来到西班牙的首都马德里,腓力二世是他老师提香的崇拜者,于是对他报以热情和礼遇,并委托他画一幅圣摩里斯殉难的画,但国王发现他的画风与其师提香相去甚远,怪异的造型令国王不能忍受,虽然付给他酬金,却拒绝悬挂。1577年春,格列柯来到了西班牙首都托莱多,意外地受到了聚居于此的旧贵族们的欢迎。他在这里度过了近40年的岁月,其怀才不遇的心境与旧贵族的没落情绪不谋而合,他开始用悲剧性的目光来看生活,在他的作品中充斥着苦闷、沉思、怀疑、骚动不安的情绪。正如美术史家芬克斯坦所说:"在格列柯看来,周围的整个世界都在崩溃。"

格列柯是一个天才而又非常复杂的人物,具有宗教神秘主义思想。他成名后物质上很丰富,精神上却日益苦闷。他在托莱多过着与世隔绝的生活,住进当地贵族为他提供的别墅,终日拉上窗帘,闭门过着豪华的生活,吃饭时还要有乐队伴奏,说是"为了不让自然的光影响我心中的光"。他在绝世幽居中得到了心灵的净化与自由,并因此激发了他潜在的神秘主义气质,这与当时流行于西班牙上层社会的神秘主义相吻合。因此他远离了意大利的传统,在作品中常用抽象的宗教题材和荒诞离奇的艺术形式来表达自己的痛苦与哀愁。晚年时,格列柯性格愈发孤僻、狂放,笔下的人物形象成为其思想哲理的象征。其创作的人物身躯严重扭曲变形,像旷野中的孤魂一般漂泊无定,画面笼罩着一种虚幻、病态的神秘气氛,色彩浓厚,加重了阴森恐怖的气氛。《拉奥孔》是格列柯在生命最后 4 年里创作的作品,最能代表他的怪诞画风。

**格列柯的《拉奥孔》**

拉奥孔是古希腊神话人物,在特洛伊战争中希腊人苦战 10 年始终不能取胜,于是接受巫师的建议,改用智取。他们设计了一匹造型精美的木马,在木马的肚子里藏着全副武装的士兵,将之置于特洛伊城外,然后佯装撤退,隐蔽在附近的海湾。特洛伊人果然中计,准备将木马拉进城去。这时,特洛伊城负责在礼拜仪式上进行监督的官员拉奥孔看出了其中的隐秘,急忙劝阻特洛伊士兵不要将木马拖到城中。但特洛伊人没有听信他的话,将木马当作战利品拉进城中。结果,木马中的士兵与城外的希腊军里应外合,一举攻克了特洛伊城。然而,拉奥孔的这一举动触怒了雅典娜女神,她是希腊的保护神,木马计正是在她的提示下设计的,她不能容忍任何人与她作对。于是,雅典娜遣来两条巨蟒,杀死了拉奥孔和他的两个儿子。

罗马雕塑家曾经塑造过拉奥孔形象,1506 年在罗马出土的拉奥孔雕塑曾经轰动一时,被推崇为世上最完美的作品,米开朗基罗惊叹"实在是不可思议"。莱辛还写出了专门的美学著作。而格列柯的画与雕塑所表现的"人类永恒的痛苦"有所不同,他用冷色的调子、变形的人体,重新阐释了这一古典题材。

格列柯的这件作品以高度的悲剧性激发出人们的感受和想象力。画面中,远处的地平线被夸张地抬高了,前景的拉奥孔倒地与巨蟒搏斗,因为恐惧和痛苦而剧烈地扭曲变形;右边的儿子似乎已死去,左边的儿子将巨蟒甩成一个圆圈,被画家刻意拉长的身体显示出力量和健美。人和蟒在殊死搏斗中组合成一段舞蹈造型,具有雕塑般的立体感。黑色、银白色、赭红色与蓝色被大胆地使用着,形成触目惊心的对比。除了挣扎的拉奥孔父子,右侧还站着两个直立静观的人体,他们被认为是特洛伊敌人的保护神——阿波罗和雅典娜,正是他们派出了巨蟒来噬食祭司。后来,当人们在清洗这幅画的时候,发现还有第三者的头和身体存在,这个人很神秘,在格列柯很多与"天启"有关的画中都出现过。背景中,那匹使特洛伊人遭受灭顶之灾的巨大木马变成了一匹真实的马,并向远方走去,远处却不是特洛伊,而是托莱多。格列柯的晚年一直都在把托莱多作为一种精神的象征来描绘,他不仅经常将其用作画面的背景,而且还把它视为单独创作的主题。

许多人都认为《拉奥孔》的含意远非看上去那么直白简单,它不过是借用了古希腊的样式和主题,而真正想探讨的却是蕴藏在画家内心的时代危机。

西班牙是一个多灾多难的民族，从公元713年开始受阿拉伯人的统治，经过了近800年的反抗斗争，到1492年才最终独立。在西班牙的历史上，第一个具有世界影响的绘画大师就是格列柯，但是世人对他褒贬不一。有人说他是疯子，狂妄自大、目中无人，从他画的人物看，他似乎患有错视症，因为所有人物都被他画得很长，都是畸形的；还有人说他是所有艺术家中最伟大的艺术家，是西班牙画坛的灵魂、天才的疯子，毕加索认为"在他身上，无疑具有一些他那个时代，或是我们这个时代不曾认识的伟大的东西"。无论如何，格列柯都是一个伟大的画家，他的作品像一面多棱镜，曲折地反映了西班牙16世纪下半叶动荡的社会和没落贵族的精神危机。20世纪初，他的艺术又重新被认识和发掘，作品中所具有的现代性备受人们欣赏和注目。

其实，格列柯的墓志铭最恰当地总结了他的一生：他用笔给木头以灵魂，给画布以生命。

## 哈尔斯的《吉卜赛女郎》

17世纪的荷兰绘画最大成就之一是肖像画，而在这方面有两位声名卓著的大师哈尔斯和伦勃朗。

弗朗斯·哈尔斯（Frans Hals，1581~1666），荷兰现实主义画派的奠基人，杰出的肖像画家。他出生于安特卫普一个服装工人家庭，幼年随父母迁居荷兰。当时的荷兰已独立，建立了世界上第一个资产阶级共和国。它的纺织业和海上运输业十分发达，沿海城市出现了前所未有的繁荣。哈尔斯一家便定居于阿姆斯特丹西部的海港城市哈勒姆。这个水手、商人和手工业者的城市，为哈尔斯的艺术创作提供了丰富的源泉。虽然哈尔斯在性格上豪爽不羁，生活上放浪形骸，然而由于他在绘画上才华横溢，依然为时人所尊重。据说鲁本斯和凡·代克都曾到他的画室拜访过。

17世纪，随着资本主义工商业的发展，荷兰的团体或单人肖像画发展最为繁盛。哈尔斯是这种肖像画题材的重要代表。他是荷兰画派出现较早的一位大画家，一生大部分岁月都是在哈勒姆度过的。哈尔斯有贪杯的嗜好，经常流连于哈勒姆的酒肆坊间和一些酒友一起消磨时光。酗酒带给哈尔斯的是个人情感的充分放纵，却没有打消他对生活的热情，他追逐着笑的瞬间，并把它们永远地留在了画面上。哈尔斯1610年或1611年加入哈勒姆圣路加公会。当他作为画家开始独立创作时，正逢荷兰人民革命斗争获得胜利之初，荷兰共和国处于蓬勃向上繁荣发展时期。哈尔斯早期与盛期的作品中充分表现了荷兰市民健康、愉快、充满生命力的形象，反映出革命胜利后荷兰人民朝气蓬勃的精神风貌。1616年新作《愉快的伙伴》是他较早期作品，其后，如《微笑的骑士》《弹曼陀铃的小丑》等作品都表现出哈尔斯挖掘人物内心世界的深邃目光。然而最使哈尔斯感兴趣的还是那些兴致勃勃的酒徒，画家为这些酒友，特别是为一些下层人物作肖像。在他们身上，更能表现出哈尔斯豪爽不羁的天性与笔触豪放、痛快淋漓的艺术才华。如《吉卜赛女郎》《玛莱·裴蓓》等，都极其生动地表现了这些人物乐观、活泼的形象。他晚年作品《哈勒姆养老院的女管事们》《一个戴宽边帽的男子》等多取古典构图的正面形象，画面上流露出一种忧郁的情绪，比早期作品凝重而深刻。

《吉卜赛女郎》现藏于巴黎卢浮宫。与文艺复兴盛行的庄重的肖像画不同，他选取富于表现力的刹那间嬉笑神情来描绘,速写式的轻快笔触,活灵活现地点染出一位性格爽朗、欢快俏皮的吉卜赛女性形象,观众仿佛能听到她的笑声。他自由的画法可以与印象主义相媲美。

吉卜赛人是浪迹在欧洲各地的一个流荡民族,原住在印度的西北部。长期居无定所的生活,使他们学会了各种技艺,尤擅歌舞,其性格也分外开朗、活泼而且奔放。这幅画描绘的是一个披散着黑发、穿着也比较随便的穷苦的吉卜赛女郎,她敞胸露怀,恣意畅笑,神情生动而又自然,好像什么都不在乎,无拘无束。她没有思想的约束,也没有矫揉造作,女郎那种民间气质被画家娴熟的技巧、热烈的色调准确地刻画出来了,据说她的原型就是叶塞尼娅。画家采用了明快的笔触以加强形象的表现力,并有意给这个女郎的脸上增加了一点红晕。看来她是刚喝了几口酒,呈现出一种兴奋的情绪,正在朝一个画外的人物调笑。

哈尔斯创作的肖像画中充满一种乐观向上的情绪,笔下的人物使人感到或多或少带有醉意。他善于以敏锐的观察和纯熟的技巧,摄入他们瞬间的神态,尤其对微笑的捕捉有独到之处。画家喜欢选取半身近景的构图,刻画人物时,特别注意面部表情,善于表现人物的性格特征和心理状态,虽然多为单人半身肖像,却常常使人联想到画面之外还有其他人物,构成一个情节,洋溢着浓郁的生活气息,有如一幅风俗画。用笔粗犷却不失真,大面积的横向运笔,彰显了人物特有的个性。画中人物神采飞扬、形神兼备、笑意盈盈,从《吉卜赛女郎》中女郎低回的眉目间,从《微笑的骑士》中青年撇动的嘴角间,从《伊莎贝拉》里女子流动的明眸间,可以体会这种传神之魅。因此,他被人们称为"描绘笑的画家"。

哈尔斯这位杰出的现实主义大师,晚年过着穷困而悲惨的生活,靠慈善机构的救济金为生,在贫病交加中离开了人世。这位捕捉欢乐的大师不仅自己饱尝了生活的辛酸,在死后还被埋没达三百年之久。直到印象派绘画的兴起,经马奈、莫奈等人的发掘,哈尔斯才得到他在历史上应得的尊崇。

## 拉图尔的《玩牌的作弊者》

乔治·德·拉图尔(Georges de La Tour,1593~1652)是一个非常神秘的法国画家,生平和经历至今仍不明确。只知道他1593年3月19日生于吕内维尔附近,出生地隶属于洛林公国,父亲是面包师。1652年1月30日卒于同地。1617年拉图尔娶了戴安娜为妻,妻子比他大2岁,是名门贵族的独生女,有丰厚的嫁妆陪嫁。拉图尔跟妻子在岳父死后搬进岳父的豪宅里,生了10个小孩,但只有长子活到成年。

今天,人们普遍认为拉图尔是一位非常有特色、有才气的画家。他画世俗题材也画宗教题材,在这些画中无论是人物还是周围的环境都极其朴素、真实,富有日常生活的特色。他的宗教题材没有宗教神秘气氛,笔下的圣母和其他一些《圣经》传说中的人物却像是当地的农民,形象质朴,有一种端庄自然的美。而且,他总是赋予整个画面以崇高的精神性,其笔下人物常表现出一种动人的朴素、端庄而理智的形象,已经形成了一种古典主义的造型样式。他的画还具有一种宁静的几何图形的美,强调画面构图的单纯性。

拉图尔的作品构图严谨,以极端写实的手法描绘光与影的变化,画风受到卡拉瓦乔的影响,有自己独特的风格。无论是探讨生死或是宗教画的主题,都带着一股神秘感。他对烛光有特殊嗜爱,许多作品都以一根正在燃烧的蜡烛为光源,利用烛光来创造独特的效果,人物在烛光下忽隐忽现,光线的变幻十分精到细致。对象的受光部位明亮,背景深褐,明暗对比强烈,显现出一股神秘动人的气氛。因而他被称为"烛光画家"。

拉图尔的一系列画作如著名的《玩牌的作弊者》《女相命人》等,展现出其细腻的笔触和敏锐的观察力,充分将画中人物的内心世界曲折委婉地传达出来。他的晚期杰作如《油灯前的马格达丽娜》《伊琳为圣赛巴斯蒂安疗伤》等系列,更成熟掌握燃烧着蜡烛的夜光表现,流露出一股神秘动人的气氛,整个画面深具一种崇高的精神性。

《玩牌的作弊者》是拉图尔非常著名的画作。画面中的人物就是街头常见的现实人物,描绘的题材就是牌场作弊的情景。画中气氛诡异,四个人围着桌子而坐,三个人正在打牌,有一位女仆正给女主人拿酒,而作弊的正是左边那位从背后拿出方块A的男子。受害的是坐在右边的那位年轻人,他眼帘低垂,正规矩专注地整理着自己的牌。由他的穿着可以知道,光鲜亮丽的绸缎衣下稚气未脱、涉世未深。中间那位打扮入时的美丽妇女,眼神透露着狡猾。这是当时盛行的一些风俗画,显示出当时人们的生活与社会风气,其细腻的笔触和敏锐的观察力,充分将画中人物的内心世界传达出来。

拉图尔说过:"游戏、酒和国际象棋是对我们灵魂的消耗。"17世纪时期的法国盛行玩纸牌,当时有人因为玩纸牌开始考虑道德问题,这种游戏是不是一种罪孽呢? 一本小册子曾经刊登了一篇文章,提出一个问题:"基督教问题牵扯着游戏,我们要知道一位嗜爱游戏的人是否可以自我解脱,特别是妇女。"但所谓的游戏即所谓的作弊,手势与眼神当中隐藏着一个阴谋。在17世纪时人们又对作弊法加以改进:"作弊"从此意味着一种游戏的做法。

拉图尔从不为君主歌功颂德,也不去迎合贵族口味。在他的创作中,没有同时代"古典"画家那种冷漠、理性而故弄玄虚的"学究"气,也没有因表现宗教主题而远离现实生活。17世纪中叶,巴黎的艺术鉴赏风尚发生了变化。凡尔赛式的宫廷风格开始走俏,拉图尔生动的古典含蓄风格不再时髦。因而逐渐被人们遗忘。他的一些作品曾被人们误认为勒南兄弟、委拉斯贵支、苏巴兰等人的手笔。拉图尔在世名利双收,死后却默默无闻。直到20世纪30年代,才有人又提起他,为他恢复了历史本来的面目。

## 委拉斯贵支的《教皇英诺森十世》

16世纪末至17世纪的100年是西班牙美术的黄金时代,其间,出现了格列柯、里韦拉、苏巴兰、牟利罗等杰出的画家,而其中影响最大的人物还是委拉斯贵支。他以卓越的洞察力和创造性的艺术技巧,表现出他对西班牙人民的热爱和对于绘画艺术的精确理解。在艺术史上,他不但属于西班牙,而且属于全世界,是西班牙出现的第一位世界性的绘画巨匠。

1599年6月6日,委拉斯贵支(Diego Velazquez,1599~1660)出生在西班牙著名工业城市塞维利亚,从小就喜欢画画,早年跟老埃雷拉学艺,后来投奔帕奇科门下。帕奇科是塞维利亚画派深孚众望的画家,以造型严谨著称。委拉斯贵支受到了严格的训练,以勤奋的努力和聪颖的天资成为帕奇科最喜爱的学生。在帕奇科门下所做的几件作品,如

《卖水老人》《煎鸡蛋的老妇人》等风俗画，都以关心贫民生活为主题，技巧上以强烈的明暗对比和造型的扎实功力见长。但与后来成熟时期的作品相比较，还显得比较拘谨，并且明显地仿效卡拉瓦乔的明暗技法。1623年，委拉斯贵支由老师帕奇科介绍，来到马德里，经正在担任首相的塞维利亚元老奥列瓦尔斯伯爵的举荐，进入西班牙宫廷为国王菲利普四世画像。19岁的菲利普四世和25岁的委拉斯贵支之间有着极亲密的交往，菲利普四世每天到委拉斯贵支的画室来观赏。因此委拉斯贵支就乘机为菲利普四世画像，在他一生的画作中菲利普四世肖像占了大多数。委拉斯贵支深得国王的欢心，曾经作为外交官赴西班牙，还被任命为国王的宫廷画师，得以在宫中悉心观摩大批意大利文艺复兴大师和当代巨匠们的作品。他对威尼斯画派的巨匠提香和当

肖像画《教皇英诺森十世》

代佛兰德斯画家鲁本斯的作品尤其崇拜，他们在色彩上追求总体和谐的高明技巧使委拉斯贵支赞叹不已。鲁本斯很欣赏委拉斯贵支的才能，劝其去意大利学习深造。于是他在29岁那年去了艺术之都意大利，在威尼斯研究了意大利的绘画，临摹米开朗基罗的《最后的审判》和拉斐尔的《雅典学院》。从此，他的宫廷肖像画开始摆脱塞维利亚画派的拘谨和枯燥之弊病，变得生动明亮起来，艺术渐渐进入了成熟的阶段。代表作是《酒神与醉汉》《火神的作坊》和《布列达城的投降式》。

《教皇英诺森十世》或许是委拉斯贵支最为杰出的一幅肖像画。画面中的人物是1644年登基的罗马教皇。在文献记载中，这位教皇似乎从来就没有给人们留下过美好的印象，甚至还被认为是全罗马最丑陋的男人。据说，他的脸长得左右不太对称，额头也秃秃的，看上去多少有点儿畸形，而且他的脾气也暴躁易怒。然而，就是这样一个难看而阴郁的人，在委拉斯贵支笔下却成为一个绝佳的描绘题材。1650年，委拉斯贵支再次来到意大利，为教皇留下了这幅珍贵的肖像。画家选择了教皇正襟危坐的情景，这与他的身份很相称。整幅画面采用了单纯的色调，看上去如同一曲红色的变奏。肉红色的皮肤、血红色的嘴唇、闪着缎面光泽的教皇披肩、头顶的小红帽、座椅靠背上的红色天鹅绒、暗红色的背景，这一切营造出了一种奇异的效果，让人感觉教皇透过紧锁的眉头正直视着我们。面对这幅举世闻名的杰作，教皇只评价了一句："实在是太像了！"

《宫娥》无疑是委拉斯贵支最负盛名的代表作。后来的许多画家都对这幅作品推崇备至，甚至包括毕加索在内的许多画家都试图用自己的方法去解构这幅作品，以便探究画面下隐藏着的"真理"。《宫娥》的中心人物是西班牙国王菲利普四世的小女儿玛格丽特公主，她处于画面的中心位置，摆出端仪的姿态。一个宫女跪下来奉上茶点，但任性的小公主全然不理会。透过画面墙壁上的镜子显现出来的人物，正是国王菲利普四世和王后玛丽安娜。现场每个人物都流露出慌张的神情，只有画家神情镇定，还刻意突出了自己胸前佩戴的爵士勋章。此时，从侧窗打入室内的光完全把画面定格在一瞬间，这一瞬

间犹如照相机迅速按下的快门,真实而前所未有。这幅高度达 3 米的作品,画面的每个物体与实物同等大小,这些正显示出委拉斯贵支高超的技法。画家将每个物体都刻画得相当到位,毫不敷衍。质感、形体、空间、明暗的处理更是让人拍案叫绝,画家向人们展示了一个"真实"的时间片段的塑像。

对于委拉斯贵支而言,肖像并不是只留下一个瞬间的外表,它是直面人性的考量与审查。不管是怎样的一种内心世界,也不管表明有多少道具和伪装,委拉斯贵支都让人意识到,他笔下描绘的一定是一个具有独特个性的人,他有他的经历、他的故事、他看待世界和处理问题的方式,他生命中一定曾经有一刻像画中那样存在着。而这一刻,就足以暴露他隐藏在内心深处的最本真的性格。正是出于这种对人物深层情感的关注,身为宫廷画师的委拉斯贵支不仅为教皇、为王公贵族画像,而且也把他伟大的才能赋予身边那些被取笑和遗忘的人。如《塞巴斯蒂安·德·莫拉》和《宫娥》中的侏儒,虽然他们身体残疾,相貌丑陋,却丝毫不会让人感到滑稽,而是同所有正常人一样,庄重严肃,深谙宫廷礼仪。他们的目光逼视着人们,带着一种无以名状的深邃和悲凉。画家曾深深被这些被当作狗一样来调教和娱乐的宫廷侏儒所吸引,为他们创作了一系列同样杰出的肖像。可以说,委拉斯贵支的肖像作品接近于我们所说的"图解",因为画面中没有一样东西不是如实逼真的再现;可是,它们同时又在说话,使人能够感受到一种深沉而伟大的内涵。他对人物的内心世界开掘得如此之深,以致所有的情感与写实的形象交融在一起,令观者难解难分。

委拉斯贵支对欧洲绘画史做出了革命性贡献。他能够区分最为微妙的光的层次与色的变化,完善了"大气透视法",他发现在某一瞬间只能聚焦于一个事物并保留一个模糊的背景,并根据这一规律组织画面空间。

委拉斯贵支虽然身为宫廷画家,却永远执着于追求艺术中自由的内心。也正因如此,委拉斯贵支受到了后世众多艺术家的追捧,使他当之无愧地同里韦拉、苏巴兰一起成为西班牙美术黄金时期的三大代表人物,并在 19 世纪的印象派画家那里,赢得了"画家中的画家"的美誉。

## 光影魔术师伦勃朗的《夜巡》

伦勃朗( Rembrandt,1606~1669)出生于荷兰莱登一个磨坊主的小康人家,曾是莱登大学法律系的学生,但他倾心绘画,不久便辍学和当地画家杨·凡·斯瓦宁堡学习绘画。1623 年转入阿姆斯特丹德拉斯特曼画室,做起专画肖像的热门生意。伦勃朗于 1632 年定居阿姆斯特丹,绘画声誉鹊起。他 28 岁时与一位名门闺秀莎士基亚结婚。莎士基亚原是画家认识的一位美术商威廉·布尔克的表妹,也是已故吕华顿市长的女儿,拥有一笔相当丰厚的遗产。伦勃朗被邀给她画像时,两人一见钟情。伦勃朗坚决要娶自小失去双亲的莎士基亚为妻,可她的亲戚不同意。伦勃朗不顾一切反对,冲破重重阻力,几经波折,这对恋人终成眷属。妻子殷实的财产成为伦勃朗事业成功的基础。直到 1642 年妻子去世前,伦勃朗一直是上流社会的肖像画家,他的画在荷兰十分受欢迎,生活也相当优越。此后,他的事业逐渐衰落,伦勃朗开始陷于债务之中。在他的妻子去世后几年,伦勃朗生活每况愈下,画风也受到影响,他不再画那些平庸的肖像画和一些神秘玄想式的神话题材，而开始选择一些挖掘深刻人性的题材，在宗教题材中注入了父爱、怜悯与饶恕的主题。窘困的生活也转移了他的艺术视线，他把下层普通的穷苦民众画入了自己的作品之中。当伦勃朗1669年去世时，他除了几件旧衣服和画具外，没有留下任何财产。人世沧桑，人情冷暖，给伦勃朗的画作打上了强烈的生活烙印。

伦勃朗的《夜巡》

《夜巡》是伦勃朗艺术和生活的一个重要转折点。伦勃朗生活的17世纪的荷兰，是一个绘画风潮泛滥的时代，当时的绘画主要是为市井各种阶层绘制肖像画，雇主的满意与否是一个画家能否成功的关键。1642年，班宁·柯克中尉和手下射手共16人，每人出100盾，请伦勃朗画一幅集体像。伦勃朗没有像当时流行的那样把16个人都摆放在宴会桌前，画出一幅呆板的画像，而是设计了一个场景：16个人接到了出巡的命令，各自在做着紧急集合出发的准备，大尉和中尉站在画面的中央，神情镇定，他们似被舞台灯光所照亮，显得十分醒目，周围的射手则沉浸在或明或暗的光影里。这幅画采用强烈的明暗对比画法，用光线塑造形体，画面层次丰富，富有戏剧性。尽量使每个人都能看见，又安排得错落有致，同时还使中心人物班宁·柯克中尉及副手极为突出。画作完成后，因为伦勃朗没有遵从订货者的要求和趣味去安排人物，没有把他们置于豪华的宴会或欢快的娱乐中，也没有表现出他们做作的豪情和风姿，结果射手们提出抗议并拒绝接受此画，并要求画家重新画一幅。出于一个画家的艺术感和坚持自己的艺术主张，伦勃朗坚决不画。订货者为了索回画金，将此事诉诸法庭，并对画家进行大肆攻击；加上伦勃朗曾以自己妻子的裸体为模特画过一些宗教题材的历史画，遭到维护旧道德的人们的非议；这一年伦勃朗的妻子为他生下一个儿子后去世了，为照顾儿子，他请一个年轻村妇来做保姆，后来又和她生了一个孩子，整个小市民阶层认为这是一件丑闻，是通奸，他们对画家进行嘲笑，加尔文教派牧师也开始谴责那个村妇。从此，再也没有人上门请伦勃朗来作画了，债主开始频频上门讨债，伦勃朗的生活从此陷入了困顿之中，晚年生活困难，家产被拍卖，油画作品买主不多，只有宗教题材的蚀刻版画还有人订制。一个高贵的灵魂就此沉沦，荷兰画派自此也开始没落。

《夜巡》是一幅在人物群像上经过深思熟虑、充分体现荷兰革命时期的射手们的爱国主义精神的杰作，可以作为一幅历史画来欣赏。此画于1715年从射手总部移到阿姆斯特丹市政府时，因墙面不够高，无法挂在门厅里面，射手们就自行把周边裁掉，使得整幅画丧失了原有的平衡。而挂这幅画的大厅是烧泥炭明火取暖的，泥炭的灰在画上落了厚厚一层，使得整幅画色彩变得暗淡，以至于18世纪的人们认为这个原本是白天的场景是在夜晚进行的，从而给它取名为《夜巡》。

伦勃朗的肖像画朴素真实，注意人物的内心世界，朴实无华，在鉴赏和审美上有持久的意义。伦勃朗虽没有留下他个人生平的自传性文字，但在他的80余幅自画像中，他的装扮和情绪每每不同，从年轻时的无忧无虑，到中年时的意气风发，再到晚年时的饱经风霜，都在向后人诉说着他一生的遭际。画家生命里最后的那张自画像显现出的是一股忧郁和倔强气质,可以看出,即使生活在贫穷和折磨中,画家追求自由和自我画风的坚强意志并未受到摧残;相反,那执着的目光中所流露出的,却是极富哲理性的挑战意味,显得深刻而感人。站在这幅画下,观者无不为画家那铮铮傲骨和不屈灵魂所撼动。

伦勃朗运用富于情感的丰富色彩来描述故事、刻画人物,其能力无人能及。他画中人物总是透露出复杂的心灵信息,充满着人道思想和人文热情。他为人所称道的是他在描绘光暗对比时的独特技巧,有人说他以黑暗来绘光明,法国19世纪画家兼批评家佛罗芒坦视他为"夜光虫"。他的色彩总是那么深沉厚重,在一片深棕色的基调中,他谨慎地使用着有限的亮色。他利用织物的华贵的闪光,在明亮的金黄、朱红的点缀中构成一片漂亮的暖调,他在这种调子中又不时穿插些鲜明的蓝、绿等冷色,使其颜色如同宝石一般熠熠生辉。在对光的使用方面,如同他谨慎地使用亮色一样,他自由地戏剧性地处理复杂画中的明暗光线,利用光线来强化画中的主要部分,也让暗部去弱化和消融次要的因素。他这种魔术般的明暗处理,构成了他的情节性绘画中强烈的戏剧性色彩,也形成了伦勃朗绘画的重要特色。

伦勃朗是个多才多艺的画家,是继肖像画家哈尔斯之后最杰出的现实主义大师之一。他画肖像、人物群像、风景,一生创作了数以千计的油画、铜版画和素描,是影响世界绘画发展的最重要的大师之一,其成就与意大利文艺复兴时期的艺术巨匠不相上下。后世的荷兰画家梵高面对着伦勃朗的画时,曾说道:"你知道吗,我只要啃着硬面包在这幅画(《夜巡》)的前面坐上两个星期,那么即使少活十年也甘心。"

## 风俗画大师维米尔的《倒牛奶的女佣》

维米尔(Johannes Vermeer,1632～1675)生于荷兰的代尔夫特,一生几乎没有离开过故乡,同外界极少接触。所以关于他的生平所知甚少。从当地教会的洗礼登记簿上可以知道,他的父亲是当地一位绢纺织品商人,并且兼营美术品。维米尔的美术知识全靠自学。他善于静静地观察身边的人物和他们的日常生活,把平凡单调的家务事表现得富有哲理诗一般的韵味。1653年4月,他与一个富裕家庭少女卡德琳娜·布鲁奈斯结婚。同年12月加入当地画家公会,并两度当选为画家公会的主席。

维米尔一生过着近乎隐居的生活,这使得他的绘画题材十分狭窄,几乎只限于自己身边的事物。他未曾到过意大利和佛兰德斯,甚至连阿姆斯特丹也未去过。据画家公会的历史档案记载:他在1672年任画家公会主席时,因为一桩伪造意大利名画的事件曾到哈根市去鉴别该画的真伪,这大约是他离开家乡的唯一记录。因此,不论在当时还是死后,他一直默默无闻,作品无人问津。维米尔去世时十分潦倒,他留下妻子、11个孩子和令人吃惊的债务。

维米尔用亲切而纯朴的画风描绘着身边平凡的日常生活,被艺术史家称为"优秀的风俗画家"。维米尔在绘画风格上属于巴洛克艺术,绘画形体结实、结构精致,色彩明朗和谐,龙善于表现室内光线和空间感。他绘画造诣的深度,对于空间、光线、色彩的技法,有着非常独特高超的成就。他刻画纺织品的精湛技巧使许多画家叹为观止,一些伪造名画的高手也无法把维米尔成熟期的作品临摹出来。维米尔的作品往往平凡中寓哲理,既通俗易懂又神秘莫测。整个画面温馨、舒适、宁静,给人以庄重真实的感受。他的画光线并不是太多，却给人以明亮的感觉，虽然缺乏深刻的社会内容，但是画中平实的情感起到了净化心灵的作用。最能体现维米尔绘画风格的是著名的《倒牛奶的女佣》。

这幅画闪现着朴实的人性光辉，充分显示着维米尔的绘画天赋。画中展示着一个非常朴素的生活片段：简朴的厨房，一个系着围裙的健壮女佣，正忙着准备早餐，左边墙角有一窗户，一边挂着一只藤篮和一盏马灯，桌上杂乱地摆着一些食物。画家采用了较低的视点，使所有人和物的质感都很强烈。窗户透进来的柔和天光，斜斜地投射到女佣身后的白墙上，形成一片由强到弱、由明到暗、由清晰到晦涩的光晕。阳光慢慢地浸润着厨房里的每件物品，清晰又迷蒙。女佣沐浴在光中，神情怡然，率真亲和，平静庄重，闪现出一种勤劳善良的人格魅力和平凡质朴的美丽。黄蓝两色构成了和谐的色调。构图简洁大方，风格清新。日常的室内场景、细节像照相机镜头截取下那么精确，没有任何突兀的局部，都被牢牢统一在一种坚固的整体感里。面包，流淌的牛奶，女佣的头巾，额头，前襟，在晨光的抚摸下诞生了一种生命的尊严。维米尔的笔触冷静超然，他的冷光有银子的质感，洗去了物质的世俗性，由此诞生一种不朽感。维米尔这种对日常生活的精确描绘和深刻理解，具备了超越时间的永恒感。隔了几个世纪再看这幅画，心灵依然会被触动。20世纪初，《倒牛奶的女佣》差一点儿就被美国人买去，在荷兰国内引起轩然大波，好在荷兰国会决议由国库出钱买回。因此，这幅画在荷兰已被视为国宝，外人休想染指。

维米尔是运用构图、空间和光线的大师，却被人遗忘了长达两个世纪之久。他的作品不多，至今被认定为真迹的只有36幅。他去世后的几十年一度湮没无闻。在荷兰美术的著录中也几乎找不到他的名字。后来人们曾把他的作品与荷兰另两位画家德鲍赫与霍赫的作品相混淆。直到1849年，一位法国艺术评论家迪奥菲·杜尔发现一幅题为《代尔夫特城风光》的油画，上面的签名是维米尔。为了弄清此人是谁，杜尔跑遍了荷兰、比利时、德国、英国等各大美术馆，最后才解开了这幅画的原作者之谜。他正是维米尔。杜尔倾囊收购已证实是维米尔的5幅作品，还向欧洲各美术博物馆推荐，并编出了维米尔的作品目录。这份目录据后世学者们鉴定，其中三分之二是维米尔的真迹。1866年，杜尔出版了维米尔的研究文集，从而引起了西方美术史界的重视，使这位湮没了将近两个世纪的荷兰风俗画大师的名字再度光照史册。好莱坞曾经拍摄一部电影《戴珍珠耳环的少女》，专门讲述维米尔的故事。维米尔的作品现被全球的博物馆和私人收藏家所珍藏，价值连城。

## 最早的漫画家荷加斯的《时髦婚姻》

威廉·荷加斯（Wukkuan Hoganh, 1697~1764），英国画家，艺术理论家。他生于伦敦一个贫穷教师家庭，父亲深知儿子有绘画才能，15岁时送他到一位金银雕刻家门下学艺。荷加斯家境贫苦，父亲曾因负债入狱，这种生活体验对他的创作风貌不无影响。23岁的荷加斯以铜版画家身份独立开业，专营雕刻工艺，并兼插图和讽刺画创作。荷加斯具有一双敏锐的眼睛、惊人的模仿力和视觉记忆能力，不喜欢学院派的清规戒律，讨厌临摹死板的东西，很喜欢照实物写生，喜爱自由驰骋，善画讽刺画，为此他很遭自己老师詹姆士·索赫尔爵士白眼。不过，荷加斯却出人意料地长期到老师的画室去，实际上是因为喜欢老师的女儿简斯，最后荷加斯"拐跑"了简斯，草草地结了婚。老师为此大发雷霆。

当时荷加斯不过是无名的青年画家，作版画勉强维持生活。然而不久，荷加斯的连续性组画逐渐博得了社会的好评，取得了公认的地位，过上了幸福的生活，老师才不得不承认这个被自己骂作"流氓"的女婿。

荷加斯的油画作品笔触粗阔，色彩富于表现力，他画的组画就像一部小说，充满了滑稽、严肃、讽刺等各种情感。油画代表作有《时髦婚姻》《妓女生涯》《浪子行径》《文明结婚》《卖虾女》和《洛瓦特爵士》等。荷加斯不仅是画家，也是位美学家，他著有《美的分析》，是欧洲美学史

油画《时髦婚姻》

上第一篇关于形式分析的美学专著，对以后的绘画发展有一定影响。经过他的开拓，英国绘画发展的曙光才得以在英伦三岛上升起；并由于他的尖锐讽刺画揭露了英国贵族上流社会的丑恶腐朽，有力地推动了英国民主主义启蒙思想的发展。

荷加斯的作品大多讽刺了贵族阶层腐化堕落的丑恶面目，并且表现了对下层社会的同情。最著名的代表作是在 1743~1745 年间，用 6 幅油画组成的连环组画《时髦婚姻》，每幅油画长 70 厘米、宽 91 厘米，既各自独立又互相连接成一个故事。18 世纪的英国贵族阶级虽然走向没落。但仍然有权，只是钱很少；而新兴资产阶级虽然腰缠万贯。但是手中无权。荷加斯所画的《时髦婚姻》组画，正是反映这两个阶级通过子女婚姻互相勾结利用又互相倾轧的故事。如画家所说，《时髦婚姻》所描述的是"上流社会形形色色的时髦事件"。这套讽刺画虽说还没有具备今天漫画的所有特征。但是它在情节和形象处理上的某些夸张、幽默手法以及辛辣的讽刺性，都和现在的漫画具有共同点。所以，艺术史上通常把它看作漫画的雏形，把荷加斯称作"最早的漫画家"。

第一幅《婚约》是一个订婚的场面。资产者商人带着女儿来到贵族家订立婚约，患病的没落贵族傲慢地用手指着家谱表白自己家族的高贵身份，家人拿过来抵押单，要高傲的伯爵在上面签字；这是一个尖锐的讽刺，窗前站着一位背对观众的律师，无可奈何地看着窗外；身着红大衣的商人胆怯地看着伯爵，唯恐高攀不上。画面左边一组人物很有趣：这位阔小姐满面愁容，对未来的夫君并不满意，在用手帕穿着订婚戒指，无聊地摆弄着，身旁的贵族子弟由于生活放荡而显得未老先衰，正心神不宁，试图用鼻烟提神，而显得肥胖的男傧相却乘机甜言蜜语大献殷勤。画家用尖刻的艺术语言，再现了资产阶级与旧贵族通过联姻而互相勾结利用的丑相。一个时代的特征被浓缩在这一小小的画面上。在画面的左下角，画了两条公母狗硬被链条锁在一起，这一情节正揭示了这桩婚姻交易的性质和前景。

第二幅《婚后不久》表现的是这对买卖夫妻新婚之后的一个下午。墙上的时钟指针是下午 1 时 20 分，新娘好像刚刚起床，她头戴睡帽，身穿晨衣，百无聊赖地伸着懒腰，手里拿着化妆镜偷看自己的丈夫。客厅散落在地上的书本、扑克是昨晚新娘与密友狂欢留下的痕迹。她那惬意的微笑、斜瞥丈夫的眼神又流露出她昨晚通奸嬉戏的隐情。新郎看起来刚进家门，从他那敞开的制服、顶着的帽子、散乱的假发看，他好像也在外面狂欢了一夜。管家拿着一叠到期的债券找他，然而无力还债的主人，气急败坏地踢倒了椅子，提琴

和琴谱都翻落在地上,而后有气无力地瘫坐在靠椅上。管家无可奈何,只好悻然离去。家犬好像嗅到了外人的异味儿,从他的口袋里叼出了女人的内衣。这是一幅败落的贵族新婚家庭写照。古老而陈旧的室内空荡荡,既遗存昔日的富贵派头又显示今日的穷困潦倒。

第三幅《求医》和第四幅《闺房》分别表现的是男女主人公自己的隐私。丈夫背着妻子带着怀有身孕的情人到江湖大夫那里去设法打胎;与此同时,妻子背着丈夫在自己的闺房里与密友、情人狂欢嬉戏。画面环境以挂满名画的房间为背景,显示昔日的光辉,而在这庄重的文化氛围中,却演了一出现代丑剧。女主人头顶上方的那幅名画,是意大利画家柯勒乔的《朱庇特与伊娥》。

第五幅《决斗》是组画的高潮。丈夫外出寻欢作乐,妻子在家偷情,正被归来的丈夫碰到,逼得双方决斗,丈夫不幸中剑身亡,情人夺窗而逃,家人赶来为时已晚,奸夫畏罪潜逃,妻子懊丧不已,跪求亡夫宽恕。这幅画成为时髦婚姻悲剧的高潮。画面以聚光的强烈明暗对比,突出悲剧结局场面。

第六幅《自杀》是这场悲剧的终结。奸夫被处以死刑,女主人因自责而服毒自尽。她那腰缠万贯的父亲对女儿的死却无动于衷。对他来说最重要的事情就是,急着摘下女儿手上的戒指,放进自己的衣兜里。

荷加斯被称为"英国绘画之父",是英国第一位在欧洲赢得声誉的、富于民族特色的美术家。荷加斯的艺术曾先后受到以鲁本斯为代表的巴洛克艺术影响,尼德兰的博斯和勃鲁盖尔对他的讽刺画有极大的启迪。荷加斯热爱生活,他的创作题材都取自现实生活,他对现实社会中的人物和事件都有极敏锐的观察和理解,他具有画家的眼和手以及小说家的头脑,他还利用艺术对大众进行道德教育。他的色调新颖,技巧娴熟,均被复制成版画广为流传。荷加斯是一位继承了欧洲大陆各种优秀绘画方式的画家,却能独立于各个艺术风格之外。他的色彩富有强烈的张力感,用笔泼辣大胆,创造了英国画坛"写意"的先河。据说,数百年后,大导演乔治·顾柯就根据他的代表作《卖虾女》灵感突现,创造了那个生活在伦敦肮脏街巷中的"爱丽莎"形象。

## 洛可可画家布歇的《蓬巴杜夫人》

弗朗索瓦·布歇(Francois Boucher,1703~1770)是一位与他生活的那个时代最协调一致的画家。那个时期,路易十四王朝特有的华丽和庄重已不再流行,画家们不愿再拘泥于形式,也不讲究气派,他们开创了一种讨人喜欢的、多少带点矫揉造作的风格。即所谓的洛可可风格。

洛可可风格的具体倡导者是蓬巴杜夫人。蓬巴杜夫人是18世纪法国宫廷里最有权势的女人。出生在巴黎最大的金融之家,是巴黎社交界的女神。在成为蓬巴杜侯爵夫人之前,她曾经有过一次不甚理想的婚姻,后来在路易十五举办的皇家舞会上,她几乎迷倒全巴黎的贵族男子,并得到路易十五的垂青。路易十五为她做主解除了第一次婚姻,然后正式册封为蓬巴杜侯爵夫人。她平步青云,委身为路易十五的情妇。初入凡尔赛宫时,蓬巴杜夫人只住顶楼几间普通房间。她善于取悦宫中权贵,特别是王后玛丽。与国王姘居5年后,她渐渐从顶楼搬进国王的豪华居室,在宫中也日益稳固了自己的地位,甚至一度左右着路易十五的朝政。

蓬巴杜夫人支持启蒙主义哲学家伏尔泰反对泥占的主张，当伏尔泰出狱后，她把哲学家迎到了凡尔赛宫。她支持并亲自主持了具有世界意义的古罗马庞贝城遗址的考古发掘。她与其弟马里尼侯爵共同规划建造了巴黎军校、协和广场、枫丹白露宫配殿、爱丽舍宫等建筑。她喜欢蔷薇色，于是皇家塞夫勒瓷厂出产的瓷器被冠以"蔷薇蓬巴杜"的名字。她亲自设计的一种宫内服饰，被命名为蓬巴杜式便服。当时一切与审美有关的东西，都被贴上了"蔷薇蓬巴杜"的标签。她是洛可可艺术的主宰，一切以她的好恶为标准，人称"洛可可的母亲"。蓬巴杜夫人以文化保护人的身份，左右着当时宫廷的时尚审美趣味，正是由于她的推波助澜，洛可可艺术风格才

肖像画《蓬巴杜夫人》

在法国乃至整个欧洲大行其道。据说在蓬巴杜夫人死后被拍卖的3 500多册藏书中，政治、军事、经济方面的书籍就占有相当大的数量，足见这位夫人学识的渊博。尽管历史上对蓬巴杜夫人的评价不一，伏尔泰却对蓬巴杜夫人大加赞誉，说她是欧洲"最具智慧的女性"。

在蓬巴杜夫人热烈地追随着政治和艺术的时候，洛可可艺术的灵魂式人物布歇同样兴致勃勃地追随着她，他的艺术自然也反映着蓬巴杜夫人时期的特征。布歇当时不仅经常为这位夫人设计具有中国风格的服装，二人还一起规划、设计出了大如宫殿建筑、园林、御用马车、家具、摆设，小至胸花、瓷器、书籍装帧、画框、折扇、烛台乃至面包、菜肴等方面的样式与风格，一时成为一种影响整个欧洲的艺术风尚。他还在他的画中多次将蓬巴杜描绘得极其优雅和高贵，深得夫人赏识和信赖，被指定为蓬巴杜夫人的素描与版画教师，也因此获得"皇家首席画家"的称号。那一年，他同时担任法兰西学院院长。

肖像画并不是布歇所擅长的题材，其肖像画作品只有12幅，其中7幅描绘的是蓬巴杜夫人，显示出画家与他的这位资助者之间非常亲密的关系。布歇于1758年画的《蓬巴杜夫人》是他为蓬巴杜夫人所画的众多肖像中最为著名和美妙的一幅。布歇不仅将细节设置得密集精致，也把这位控制着西方世界时尚的贵夫人描绘得雍容华贵，其神态活灵活现地跃然于画布上，给人以强烈的印象。布歇最后创作的《蓬巴杜夫人》中，夫人身穿华丽的大裙服，镶着蔷薇色的丝带，右手支靠在庭园内一座雕像的台基上，手上拿着一枝蔷薇，在她左胸前，也别着一朵蔷薇花，这是蓬巴杜夫人的象征物。身上的皱裥褶裙，上面繁缛的荷叶镶边、花饰以及薄而透明的织物的强烈质感，都被描绘得淋漓尽致。这幅《蓬巴杜夫人》当时装饰在凡尔赛宫，后来转到蓬巴杜夫人弟弟手中。蓬巴杜夫人看后说道："虽然非常可爱，但不太逼真。"该作品创作之时，蓬巴杜夫人仍是路易十五的爱妾，但她已经失宠。虽然蓬巴杜夫人拥有贵族称号，但序列仅为侯爵。因此，布歇描绘蓬巴杜夫人之时，既不能将其描绘得威严高傲，也不能将其描绘成非常美丽的人物。相反，布歇将她表现为很有艺术品位、富有教养的妇女。这一观点得到了第一代哈特福德侯爵的证

实。哈特福德侯爵 1763 年见到蓬巴杜夫人之时，他觉得她"非常和蔼亲切，比我的想象拥有更加丰富的感受性和话题"。

布歇的创作形式丰富，包括了壁画、舞台布景、家具、服装设计及织毯画稿等，以及反映市民生活的风俗画。代表作有《狄安娜出浴》《维纳斯与小爱神》等。他在天花板、屏风、车把手、门的正面、首饰盒和瓷器上，都绘制了牧歌式和田园式的爱情神话故事题材。他还曾经受王致诚神父的图案所启发，创作过一组《中国色彩》画作，这幅画被博韦工厂为蓝本纺织了一批挂毯，由路易十五赠送给中国的乾隆皇帝。

尽管布歇和洛可可之风一再受到美学家狄德罗的指责，被认为是艺术圣坛上的"盛装的幽灵"。不过，这位评论家的过火抨击不能抹煞布歇在绘画史上的一定地位。这"盛装的幽灵"对于法国路易十四时期过于严苛的宫廷礼教及其对艺术和人性的束缚，都是一次有力的冲击和挑战。他的艺术成就是显而易见的，最后，连狄德罗 1770 年听说布歇去世的消息时也不得不说："我对布歇已经说了太多的贬词，我休战了。"

## 庚斯博罗向权威挑战的《蓝衣少年》

托马斯·庚斯博罗（Thomas Gair 曲 orough，1727~1788），英国画家，1727 年生于英国萨福克郡的一个羊毛商家庭，母亲是一个花卉静物画家，因此他早期接受了良好的艺术教育。他幼年当过首饰匠的学徒，15 岁被送到伦敦学画，给旅居英国的法国洛可可画家格拉韦洛当助手，学习到了洛可可绘画的技巧。
1746 年，19 岁的庚斯博罗与波弗特公爵的私生女玛格丽特·布尔结婚，婚后回到故乡萨福克郡。1750 年在巴斯城开设计室，专门创作肖像画。1752 年在伊普斯威奇定居。1759 年，他移居巴斯城，请他画肖像的绅士和贵族妇女络绎不绝，被贵族们公认为桂冠画家。1774 年，庚斯博罗从故乡移居伦敦，1781 年应召为国王和王后画像，同时被任命为皇家美术学院的筹建人之一。1786 年，庚斯博罗重返故乡，致力于抒情风景画的创作，取得了很高的成就。1788 年 8 月 2日，画家悄然逝世于伊普斯威奇自己的宅邸中。

《蓝衣少年》是庚斯博罗针对当时英国皇家美术学院首任院长雷诺兹的理论偏见画成的。当时，庚斯博罗的肖像画已驰名国内外，伦敦的美术爱好者纷纷前来要求他画肖像。雷诺兹也是一位杰出的肖像画家，当他看到庚斯博罗画肖像艺术的巨大成功，心生嫉妒，常常出言不逊。

肖像画《蓝衣少年》

于是，住在伦敦的雷诺兹和坚守巴斯城的庚斯博罗形成了"两雄并立"的对立两派，他们彼此贬抑。一次，雷诺兹在给学生讲授画技时说："蓝色不能在画面上占主要地位。"庚斯博罗听后，表示蔑视这金科玉律，无所畏惧地向权威发起挑战，专画蓝衣人物，于是诞生了这幅举世闻名的《蓝衣少年》和另一幅《蓝衣女子》。

《蓝衣少年》作于 1770 年，模特是一位工场主的儿子。这个男孩穿着蓝色华服，酷似王子。整幅画以蓝色为主调，且夹杂了许多淡黄、淡红的暖色，调解了过于寒冷的感觉。活泼、跳跃的蓝色绸缎，变幻莫测的衣纹和高光，与含蓄的黄灰、蓝灰、绿灰、红灰的背景形成了奇妙的和谐对比，使这一片蓝色晕成一匹光滑柔软的绸缎，新颖别致，没有让人感到任何不适，反而使人觉得出奇制胜。庚斯博罗用奔放的笔触，轻灵流畅地把少年那种偶傥风度表达得淋漓尽致，充分发挥了宝石蓝的光色作用。最成功之处是：画家用准确的色块再现了少年身上的蓝缎子织物的质感和薄软感。正如当时一位评论家所形容的，他把肖像绘成与歌剧一般富有韵致，这是一个"经过人工处理的真实"。

《蓝衣女子》是庚斯博罗在色彩运用上对英国传统技法的一次突破，而且是一次极为成功的突破。画家运用奔放而流畅的笔触和含蓝色的头发衣饰，构成一幅别致的肖像艺术品，令人耳目一新。

《蓝衣少年》的成功源自庚斯博罗在肖像画、风景画上的杰出才能，以及与之相应的色彩修养和色彩技巧。他早在少年时期就打下了扎实的速写、素描功底，并且有良好的直觉感应力和视觉记忆力，19 岁的时候就凭着记忆和印象，用微小的植物作树、用镜子作水，绘制小巧精湛的乡村田园风光。

庚斯博罗的作品不同于荷加斯，他不注重情节、教益，而注重画面本身的"自律"，注重画家自身感情的表达，也不同于同时代大名鼎鼎的肖像画家雷诺兹。雷诺兹严守古希腊、罗马艺术的典范，追求宏伟、庄严、肃穆、沉重的表现模式；而庚斯博罗的艺术得益于鲁本斯的华丽色彩和凡·代克那种潇洒的形象构图，是自发的、即兴的、直觉的、充满激情和不拘形式的，创造出英国式的民族艺术风格。他的肖像画不但常常将人物和自然景色巧妙地融合在一起，而且常常突破传统程式，不落俗套。他在肖像之余更喜爱风景画，他从荷兰风景画大师雷斯达尔、霍贝玛等人的作品中学习了精湛的色彩技巧，满怀深情地描绘山川、丛林和淳朴的农民生活。他曾经说过："为了生活，我画肖像；为了艺术，我画风景。"庚斯博罗的风景画为后世风景画的发展起到了重要的示范作用，影响了几代风景画家。

庚斯博罗虽然不大喜欢读书，甚至连普通中学都没有读完，但是，他"说起话来妙语连篇"；他虽然没有著述传世，"可是，以他写给密友的信来看，他的知识又很少有人可以与其相比"。庚斯博罗性格外露，感情丰富，热爱自然，酷爱音乐，自称是"一个慷慨、直率而浪荡的人"。因而，他的作品强调光和奔放的笔触，加之精致的色彩，富有节奏感，色调抑扬有度，具有浓厚的浪漫主义倾向。

英国艺术有着辉煌的历史，它不仅为世界贡献了莎士比亚、弥尔顿、拜伦和雪莱这些杰出的艺术家，还为民族的画坛培育了荷加斯、雷诺兹、庚斯博罗、透纳、康斯坦布尔等赫赫有名的油画大师，而庚斯博罗正是 18 世纪继荷加斯之后在英国画坛脱颖而出的一个天才画家。

## 大卫浪漫主义代表作《马拉之死》

大卫(Jacques Louis David,1748~1825)出生在巴黎一个中产阶级家庭,10 岁时父亲去世,由叔父抚养。他从小就对绘画有浓厚的兴趣,16 岁进入皇家美术学院,在维恩门下习画;26 岁荣获一等奖章赴罗马 5 年,饱览意大利巨匠及古代作品;回到巴黎参加 1781 年沙龙展一举成名。大革命后,大卫当了国民公会的委员,成为激进派的勇将。他在法国大革命时期与帝国期间集全国美术的大权于一身,首先废止腐败的传统学院,以统合的学院制取代。罗伯斯庇尔失势后,他一度陷狱。1799 年拿破仑即位后,大卫受到礼遇,费时 3 年描绘了包括一百人以上的大场面巨作《拿破仑的加冕礼》《跨越阿尔卑斯山的拿破仑》等杰作。滑铁卢一战,拿破仑失败,大卫逃到瑞士;回国又遭驱逐。定居布鲁塞尔,最终客死异乡。

油画《马拉之死》

1793 年 7 月 13 日,巴黎炎热的夏天,画家大卫冒着暑热,直奔《人民之友报》主编马拉的寓所。他得知消息,两个小时前马拉被刺身亡。

马拉是物理学家。又是法国大革命中激进革命力量雅各宾派的首领之一,他撰写过很多抨击封建专制的文章,在当时享有很高的威望。马拉为躲避反动分子的迫害,长期在地窖工作,因此,染上了严重的风湿病。为减轻病痛,他每天不得不泡在带有药液的浴缸里坚持工作。同是雅各宾派的大卫,就在暗杀发生的前几天还曾访问马拉,亲眼见到过他在浴缸中办公的情景:"浴缸旁边有一只木箱,上面放着墨水瓶和纸,在浴缸外的手却在书写关于人民福利的计划。"现在看到被杀害的战友遗体,大卫强抑心中悲痛,取出随身携带的画具,画下了马拉的遗容。第二天,法国国民公会召集会议,人们纷纷谴责敌人的卑劣罪行。有个叫希罗的慷慨激昂地说:"大卫,你在哪里?拿起你的画笔,要让敌人在马拉被刺的情景前发抖。这是人民的要求!""我一定会画的。"大卫坚定地回答。

3 个月后,油画《马拉之死》被挂在国民公会会议厅里。大卫以他刚劲沉郁的笔触,生动再现了法国大革命的英雄以身殉职的壮烈情景:在虚空而沉重的黑色背景映衬下,一束光线照到马拉身上。马拉倒在浴缸里,锁骨下被刺的伤口清晰可见,鲜血正在从伤口中流出,染红了浴巾和浴缸里的药液,握着鹅毛笔的手无力地垂落在浴缸外,手中还握着鹅毛笔以及一份正待签署的申请书,上面写着:"1793 年 7 月 13 日,玛丽·安娜·夏绿蒂·科黛致公民马拉:我十分不幸,指望能够得到您的慈善,这就足够了。"这张字条正是右翼吉伦特党女刺客夏绿蒂·科黛递来的,她想利用马拉对她的同情,趁他不备用匕首刺死他。地上滑落着一柄带血的凶器,凶手已经逃离现场。浴缸旁的案台上有墨水、羽毛笔、纸币和一张马拉刚刚写完的便条："请把这 5 法郎的纸币交给一个 5 个孩子的母亲，她的丈夫为祖国献出了生命。"

画家将马拉设计在一个情节和场景之中，丰富了肖像画的表现内容，增强了它的感染力。白色的浴巾、绿色的桌布、黄色的木箱，没有累赘图像，构图压得很低，黑色浓积上部，突出了画面下半部的客观写实表现，使画面产生了一种凝重庄严的气氛，加强了死者身体的下垂感，并增强了人们的压抑和悲痛之感。作为纪念，画家在木台下题了两行法文："献给马拉，大卫。"

画家将马拉的面容描绘得像米开朗基罗的雕塑《哀悼基督》。据说马拉长得并不英俊，而大卫有意美化他的形象，将马拉的死表现得如同基督一样，赋予他高贵安详的姿态，营造出一股庄严肃穆的气息，反映了画家对马拉的无比敬重之情。在这幅画中，大卫突破了当时绘画古典主义所崇尚的传统，即题材必须取自古希腊罗马的神话、典故、人物，以服饰细腻、人物庄重来表现古代的英雄人物。但大卫在《马拉之死》中却表现出法国大革命时代的英雄气概，反映了人们渴望寻求一种时代所需要的理想主义和英雄主义精神。

《马拉之死》完成以后，大卫将画作递交给 1793 年 11 月 14 日召开的国民公会，会场里顿时响起"为马拉复仇"的声浪。法国国民公会为马拉举行了隆重的葬礼，他的塑像被安放在国民公会的会场里。1794 年，国民公会通过法令，将马拉的遗体安葬在先贤祠。1799 年，拿破仑发动"雾月政变"，大卫将《马拉之死》转移他处。直到 1893 年，比利时皇家博物馆将此画正式收藏，使之永远成为世界艺术宝库中的一件无价之宝。

# 戏剧艺术

### "悲剧之父"埃斯库罗斯的《被缚的普罗米修斯》

  阳光明媚的希腊半岛盛产橄榄和葡萄,它是奥林匹克运动的发祥地。公元前500年左右,伟大的戏剧艺术在古希腊诞生了。

  希腊戏剧起源于酒神崇拜。酒神狄奥尼索斯是生殖之神,掌管万物。他在冬天被撕裂,撒入大地,到了春天,万物复苏,他也复活。酒神周游世界,身后跟着半人半羊的随从"萨提"。为了祈祷丰收,希腊人要在春秋两季举行盛大的祭祀活动。人们组成合唱队,身披羊皮,头戴羊角,载歌载舞,吟唱酒神的传说。"悲剧"希腊文的原意是"山羊之歌"。这种宗教仪式后来演化成戏剧表演,狄奥尼索斯也成了戏剧之神。

埃斯库罗斯

  虽然戏剧的历史和邈远的古代宗教仪式相关,在那种史前时期,还没有今天所谓的艺术家,或许参加仪式的每一个人都是艺术家,因为他们和天地精神相贯通。最初的舞台是打麦场的半圆形场地,观众沿着山坡席地而坐,与今天观看足球比赛的情形有些类似。然而,总需要有那么一个人,来承担起世界戏剧史"开天辟地"的重任。我们找到了他,厄流西斯城的埃斯库罗斯(约前525~前456),他是第一位伟大的悲剧作家,被称为"悲剧之父"。

  埃斯库罗斯对流传已久的表演仪式进行了改革,悲剧不再局限于表演酒神的故事,其他神祇和英雄的故事都成为作家得心应手的素材。演员的人数增加到两个,当然都是男性,演出需要戴面具,通过戴不同面具区别出不同的角色。没有现代化的设备,为了让远处的观众也能有清晰生动的观感,演员身披艳丽飘逸的长袍,垫高肩头,脚踩高跷。歌队被保留下来,作用弱化了。神也好,英雄也好,他们出口成章,都是漂亮的诗句,而且是吟唱出来的,可惜,今天我们只能从断简残篇里感受当年的意蕴。

  酒神节庆活动增加了戏剧大赛。在一次比赛中。参加角逐的剧作家必须提供四场戏剧:一套三部曲。由三场关联的悲剧组成,外加一场"羊人剧"——就是插科打诨、搞笑逗乐的滑稽戏。这是一个盛大的节日,所有希腊公民都来观看、喝彩,获胜的剧作家和演员,好像今天获奥斯卡奖的影人那样。风光无限。埃斯库罗斯就是公元前484年,首次在大赛中获胜的。

这位戏剧大师还参加过著名的马拉松战役,他据此写了《波斯人》一剧,首演时,古希腊著名政治家伯里克利曾担任歌队成员。不过,他最著名的戏剧是《普罗米修斯》。《普罗米修斯》为三部曲,分别是:《被缚的普罗米修斯》《解放的普罗米修斯》和《带来火种的普罗米修斯》。

普罗米修斯是古希腊神话中一位大英雄,他是十二巨神之一,曾经帮助哥哥宙斯打败敌人,登上奥林匹斯山的王位。但他怜悯人类,教给人类各种生存的技能,并从天庭偷来文明必需的火种,这就得罪了宙斯。宙斯将他绑在高加索的悬崖之巅,日晒雨淋,还派一只秃鹫不断啄食他的肝脏,让他忍受无穷无尽的痛苦。但是,宙斯也惧怕普罗米修斯,因为他知道一个能够推翻宙斯的"天大的秘密"。宙斯就派不同的神来劝降,普罗米修斯都不屈服。后来,预言实现,他获得了解放。可惜只有《被缚的普罗米修斯》流传下来了。千年之后,英国著名诗人雪莱创作诗剧《普罗米修斯的解放》,歌颂自由和反抗。

相传埃斯库罗斯写过80多部戏剧。公元前3世纪,埃及托勒密王朝法老托勒密三世,以重金做抵押,从雅典将唯一一部《埃斯库罗斯全集》借到手,但他再也没有归还。这部全集一直被保存在收藏着几十万卷古代珍贵典籍的亚历山大图书馆,禁止任何人誊抄。学者们从世界各个角落前来拜读,这样持续了好多个世纪。公元640年12月22日,亚历山大图书馆毁于战火,《埃斯库罗斯全集》灰飞烟灭。这位伟大的剧作家只有7部作品传世。

与作品的悲剧结局相比,作家本人的结局更像一幕荒诞剧:欧洲东南部有一种以捕食乌龟为生的鹰,它抓住乌龟的边壳,直冲云霄,然后将乌龟抛向裸露的岩石,砸开龟壳,啄食龟肉。公元前456年,就发生了这样一次捕食过程。只是,乌龟被砸向一位希腊老人的光头,可怜的老人被当场砸死,他就是埃斯库罗斯。他曾经得到过一则神谕,说他将死于来自天上的一击。于是他终日小心翼翼,在下雨天一直远离树下,以防被雷电击中,但他还是没能躲过这"来自天上的一击"。

埃斯库罗斯为自己撰写的墓志铭只字不提戏剧创作,他为自己是战士而自豪:这座坟墓掩埋着埃斯库罗斯的尸骨,欧福里翁之子,丰饶之城格拉的骄傲,马拉松的树丛可以证明他的英勇,长发的米底人也被他的英雄气概所打动。

## 古希腊悲剧的最高典范《俄狄浦斯王》

忒拜城的国王拉伊俄斯曾经做过对不起别人的事,因此受到神的惩罚,以致婚后多年没有子女。他向神求子嗣,神说:"你将会有一个儿子,但命中注定,你要死在他的手里,他还会娶他的母亲做妻子。"不久,王后伊俄卡斯忒果然生下一个儿子,他们想起神的话,非常恐惧。为了避免悲剧发生,婴儿生下来才三天,国王夫妇就派人把他丢弃在山野。善良的仆人于心不忍,将婴儿转交给一个牧羊人。牧羊人又把他带回国内,送给科林斯的王。科林斯国王和王后十分喜爱这个孩子,为他取名为俄狄浦斯。时光流逝,当年的弃婴已长成一名英俊的王子。

一次,俄狄浦斯从一个酒后失言的人那里听说自己不是父母的亲生骨肉,就去问神。

神对他说,他命中注定要犯下"杀父娶母"的滔天大罪。俄狄浦斯惊恐不已,他决定远离父母,远离科林斯。在外出的路上,他迎面遇到一辆马车,与人发生口角,年轻人脾气暴、力气大,失手将车上的一位老人打死。

俄狄浦斯听说忒拜城出现一头怪物,让过往的路人猜谜,若猜不中,便要葬身兽腹,那里举国不宁。代理国王克瑞翁已经贴出告示:谁能除去此患,可以做忒拜的王,并愿意将妹妹——前任王后相许。聪明的俄狄浦斯猜中了谜语,怪兽跳崖自尽。他也顺理成章当上了忒拜的国王,娶了原先的王后做妻子。时光荏苒,忒拜城在他的治理下国富民安。他的家庭生活也很美满,王后给他生下了二子二女。但是,俄狄浦斯已经在完全不知情的情况下犯下杀父娶母的滔天大罪。因为这罪孽,神降罪忒拜城:瘟疫肆虐,粮食无收,牛羊死去,妇人不孕,"到处是求生的歌声和痛苦的呻吟"。

上述这段往事,在《俄狄浦斯王》这部戏开场的时候,已经发生了。戏剧的大幕刚刚拉开,观众看到的,就是一群孤苦无告的民众聚集在王宫前,请俄狄浦斯为他们做主。俄狄浦斯也忧心如焚,告诉民众他已经派克瑞翁去神殿求问,并保证付出任何代价都要救民众脱离苦海。这时,克瑞翁带回神谕。神说:忒拜城面临灾难,是因为杀害前王的凶手还在忒拜,只有这个罪人受到惩罚,忒拜才能转危为安。俄狄浦斯当即表明要铲除真凶。他找老盲人预言家,请他说出真凶的名字。老人心知肚明,但不愿意说。在俄狄浦斯的追问下,他不得已说道:"追查凶手的人就是凶手本人。"俄狄浦斯哪里肯受这样的"污蔑",骂他诽谤,扬言要惩罚他。他则大骂俄狄浦斯是杀父的凶手、娶母的罪人。

王后闻讯赶来,劝俄狄浦斯不要理睬预言家的这类无稽之谈,并举例说她曾得到神谕,说前王要死在自己儿子手里,他却是在路上被一个强人打死的。王后的话,本是要宽慰俄狄浦斯,不料却引起了俄狄浦斯的恐惧,他顺着这条线索,查清自己当年失手打死的人,正是微服出访的前王拉伊俄斯。这时,科林斯的使者带来国王去世的消息,并请俄狄浦斯回国主政。俄狄浦斯一直害怕"娶母"的神谕会变成现实,所以他不愿意回去。使者正是当年收留婴儿的牧羊人,告诉他尽可放心,因为他不是那个王后的亲生儿子。无巧不成书,为调查前王被害原因而被招来的仆人,正是当年奉命丢弃婴儿的那位,两个当事人一互道因果,真相大白:眼前这个俄狄浦斯,正是当年被丢弃而没有死去的那个小王子。他打死的是自己的父亲,而眼前这位替他生下四个子女的王后,正是他的亲生母亲!谁也没有想到真相如此可怕,俄狄浦斯的罪孽如此深重。王后自杀而死,俄狄浦斯看着既是母亲又是妻子的王后,痛恨自己有眼无珠,他刺瞎双目,自我流放,愿意接受神的任何惩罚。

这就是发生在俄狄浦斯身上的悲剧。他生下来就注定要"杀父娶母",父母试图避免,把他抛入荒野;他自己也试图避免,离开科林斯,但每一步恰恰又是朝着命运设定的方向迈进,直至最后铸成大罪。

有一段小插曲,不能不提:俄狄浦斯在忒拜城外,遇到一头拦路吃人的怪兽斯芬克斯。斯芬克斯让他猜谜:"什么东西,早上四条腿,中午两条腿,晚上三条腿?"他猜中了,谜底就是"人"。这是一个隐喻:俄狄浦斯知道人,却看不清自己的命运。索福克勒斯的这个剧本,深刻地表现了古希腊人的命运观:命运何其残酷,人的能力何其有限!无论你多么勇敢、智慧、高贵,哪怕贵为国王,也难以逃脱命运的安排。"因此,当我们等着瞧那最末的日子的时候,不要说一个凡人是幸福的,在他还没有跨过生命的界限,还没有得到痛苦的解脱之前。"但是,无法逃避的命运不是这部戏震撼人心的真正原因。俄狄浦斯直面命运,不屈服,充满对自由意志的探询精神,这才是一个高大的悲剧形象千古传颂的原因。

作为主人公,俄狄浦斯可谓命运悲惨;作为剧本,《俄狄浦斯王》却很幸运。索福克勒斯写过120多个剧本,只有7个流传下来,《俄狄浦斯王》就是其中之一。这也是一种命运吧!命运如同黑色的云,俄狄浦斯说:"黑暗的云啊,你真可怕,你来势凶猛,无法抵抗,是太顺的风把你吹来的。"

## "心理戏剧鼻祖"欧里庇得斯的《美狄亚》

希腊神话中,有一个著名的"金羊毛"的故事:伊俄尔科斯城的国王埃宋,被他的兄弟珀利阿斯篡了位。篡位者假意要把王位还给埃宋的儿子伊阿宋——只要他能够到遥远的科尔喀斯城取回金羊毛。这是一条必死之路。想不到科尔喀斯城美丽又精通法术的公主美狄亚爱上了伊阿宋。为了爱情,她帮助伊阿宋取到了金羊毛,又杀死前来追赶他们的自己的亲兄弟。回到伊俄尔科斯城后,美狄亚又设计杀死了珀利阿斯。他们被珀利阿斯的儿子追杀,逃到了希腊的科林斯城,国王克瑞翁收留了他们。他们过了几年安定、恩爱的生活,还生下两个儿子……

**欧里庇得斯雕像**

要是故事就此结束,真算得上一段苦尽甘来的幸福人生。可惜,在欧里庇得斯笔下,"悲剧"才刚刚开始:

不曾料想,伊阿宋竟是个"陈世美"。喜新厌旧、贪图富贵,竟然要跟科林斯的公主结婚。丈夫的背叛使美狄亚"全身都浸在悲哀中"。紧接着,又一个打击向她袭来:克瑞翁下令驱逐美狄亚和她的两个儿子。美狄亚走投无路,她可不是那种逆来顺受的弱女子。悲痛变成了仇恨,她要报复!她假意请伊阿宋找公主向克瑞翁求情,希望让儿子留下来。为了表明心迹,她给公主送去了漂亮的长袍和金冠。公主穿上长袍、戴上金冠,中了美狄亚施展的法术,被毒火烧死。克瑞翁抱着公主的遗体,也一同遭殃。不过,复仇还没有完!美狄亚为了让伊阿宋品尝更深的痛苦,竟然亲手把两个儿子杀死,并且连尸体都不让他碰一下。伊阿宋悲痛万分,美狄亚乘坐龙车安全逃走。

美狄亚说:"在一切有理智、有灵性的生物当中,我们女人算是最不幸的。"《美狄亚》正是一部关于女人不幸命运的悲剧。根据当时流传的说法,两个儿子是被愤怒的科林斯人杀害的。剧作家为了突出美狄亚在妒忌和愤怒中的疯狂行为,安排她亲手杀死自己的儿子,以突出她那复仇的狠心,把她作为一个慈爱的母亲和一个被仇恨逼到绝路上的女人之间的复杂心理表现得淋漓尽致,令人惊心动魄。

这正是欧里庇得斯的过人之处。他是第一个发现女性的剧作家,也是第一个深入刻画人物心理的剧作家,因此被看作是"心理戏剧鼻祖"。《美狄亚》是他的代表作。从这部戏来看,他是当之无愧的"心理戏剧鼻祖"。虽然,古希腊人不喜欢他塑造的女性,认为他是一个仇恨女人的人。但这部戏对后世影响非常大,据说古罗马的著名演说家西塞罗被砍头的时候,还在读它;而古罗马剧作家塞内加和法国剧作家高乃依都改编过这部悲剧。

欧里庇得斯另外一部著名的戏剧《阿尔刻提斯》,表现人与神搏斗而取得胜利的英雄气概。国王年纪轻轻面临死期,死神答应如有人自愿代替,可以免他一死。国王寻遍全国,只有王后阿尔刻提斯愿意代夫君去死。妻离子别的场面,令人唏嘘不已。国王答应不会另娶女子。王后死去,国王悲伤不已,想与妻子共赴黄泉。国王的好友,著名的英雄赫拉克勒斯前来做客,获悉真相,他被王后和国王的深情打动,也对死神充满愤怒。他下到阴间,把王后带回,让这对恩爱的夫妻在人间再度团聚。

欧里庇得斯(约前 480 前 406)是古希腊三大悲剧家之一。关于三大悲剧家,有这样一个传说:埃斯库罗斯参加马拉松战役时,索福克勒斯担任欢庆希腊联军凯旋的歌队领唱,而打仗那天欧里庇得斯正好出生。可以说,三大悲剧家几乎是同时代的人,但是他们在艺术创作方面各有特色。索福克勒斯说过一句著名的话:"我写的是理想中的人,欧里庇得斯写的是现实中的人。"的确,古希腊悲剧艺术发展到欧里庇得斯,达到巅峰,此后,就是下坡路。取而代之的,是喜剧的兴起。

欧里庇得斯的生平资料很少。我们只知道他参加过多次戏剧比赛,得奖不多,他那显赫的名声是身后建立的。他学过哲学,是著名哲学家阿那克萨戈拉的学生,也是苏格拉底的朋友,所以他喜欢在戏剧中进行大段哲理讨论,被称作是"戏剧家中的哲学家,哲学家中的戏剧家"。他大约创作过 92 部戏,只有 18 部流传下来,虽然已经损失了相当多的作品,但是考虑到埃斯库罗斯和索福克勒斯各只有 7 部作品传世。我们更加为这些作品感到庆幸了。

剧作家死在马其顿,有人说是被国王的猎犬咬死的。死讯传到雅典,索福克勒斯组织起歌队,穿上孝服为他吊丧。希腊人给他立了一块碑,古代最著名的历史学家修昔底德撰写了如下碑文:全希腊世界是欧里庇得斯的纪念碑。诗人的遗骨在客死之地马其顿永埋,诗人的故乡本是雅典——希腊的希腊,这里万人称赞他,欣赏他的诗才。

## "喜剧之父"阿里斯托芬的《阿卡奈人》

公元前 431~公元前 404 年,发生了一次古代的"世界大战"——伯罗奔尼撒战争。作战的双方是以雅典为首的提洛同盟和以斯巴达为首的伯罗奔尼撒联盟,整个希腊世界都卷入其中,最后雅典战败。记录了这场战争的古希腊历史学家修昔底德说:"这场战争深刻地影响了希腊和一部分野蛮人,可以说这场战争影响了整个人类社会。"

不过,这场战争又是希腊城邦间的内战。"兄弟阋于墙",战火烧过农田和城邦,饥饿和瘟疫到处蔓延。内战引起了二十出头的年轻喜剧家阿里斯托芬(约前 450~前 380)的反对,为此,他写出了著名的《阿卡奈人》一剧:

农民狄开俄波利斯参加公民大会,提出议和的要求,遭到反对,就派仆人私下和敌人达成30年的和约。深受战乱之苦的阿卡奈人得知消息，群情激愤，前来讨伐他。这些阿卡奈人只知道斯巴达人给他们带来的痛苦，报仇心切，却是非不分，不明白雅典人也该对战争负责。狄开俄波利斯机智勇敢，一番唇枪舌剑，动之以情、晓之以理，把他们说服。他又开放个人市场，和来自敌邦的人做生意。正当狄开俄波利斯兴高采烈，准备好各种食物去参加象征着和平的"大酒盅节"宴会，主战派的将领。傲慢无能的拉马克斯也披盔戴甲前去出战。戏剧的结局是生动的对比：拉马克斯身负重伤，失魂落魄，逃回家来；狄开俄波利斯酩酊大醉，左拥右抱，高呼"胜利"。

阿里斯托芬雕像

这出戏表达了渴望和平、反对内战的希腊人的心声，为年轻的剧作家赢得了第一次喜剧奖。《阿卡奈人》主题严肃，但表现形式活泼、滑稽，如狄开俄波利斯和阿卡奈人的辩论，墨伽拉人把女儿装扮成小猪崽来卖，狄开俄波利斯把告密者打包成陶器卖掉。特别是把狄开俄波利斯的赴宴、醉酒与拉马克斯的参战、败归对照着来写，使这场戏妙趣横生，充分展现了喜剧大师的艺术魅力。更不用说那些对于时政、文艺、腐败官吏等寥寥数语却一针见血的精妙讽刺了。

本剧的作者阿里斯托芬是有作品传世的第一位喜剧作家。他被称为"喜剧之父"。喜剧同悲剧一样都起源于祭祀酒神的原始歌舞，人们化装成鸟兽，又唱又跳，游行狂欢。"喜剧"一词的希腊文原意就是"狂欢歌舞剧"。虽然喜剧的起源并不晚，但是成熟却要晚得多。到了公元前487年，雅典才正式上演喜剧。

阿里斯托芬的喜剧属于"旧喜剧"。那个时代，雅典经历了伯里克利执政时期，民主政治达到最成熟后走了下坡路，但是言论自由的空间非常大，剧作家们可以对政治、社会、宗教、道德、文艺、哲学等各方面进行批评，像《阿卡奈人》就是批评当时的政治状况和社会心理的。阿里斯托芬另一些喜剧作品如《和平》《吕西斯特剌忒》等也表现了倡导和平、反对内战的思想，而《云》则批评当时盛行一时的哲学上的"诡辩派"，《蛙》是批评前辈剧作家的，《公民大会妇女》和《财神》都反映了贫富悬殊的社会问题。可以说阿里斯托芬的创作涉及了雅典社会的各个方面，他曾写下44部喜剧，有11部历经岁月沧桑得以保存。

关于作家生平的资料非常少。哲学家柏拉图在《会饮篇》中提到过他，在一次聚会时，阿里斯托芬对爱神大加赞美："在一切神中，爱神是人类最好的朋友，他援助人类，他替人类医治一种病，医好了，就可以使人得到最高的幸福。"接着，他讲述了自己对于爱情的理解，这是一个非常浪漫而有名的故事：最初，人有两张面孔，两副手脚，后来被神劈成两半，一男一女，爱情激发着人要去寻找自己的另一半……

阿里斯托芬大概死于公元前385年，他的墓志铭是著名哲学家柏拉图撰写的：美乐女神在寻找一所不朽的神殿，她们终于发现了阿里斯托芬的灵府。

# 中世纪笑剧之冠《巴特兰律师》

在民间故事中，有一种人，他们有身份、有地位、衣着光鲜、大腹便便——但就是很愚蠢，好像生下来就是为了上当受骗的；又有一种人，可能个子挺高，身材干瘦，眼珠骨碌乱转，鬼点子贼多，尽占人家便宜，结果呢，总会应了那句老话——"聪明反被聪明误"；还有一种人，是个穷苦人家的小孩，机灵得不得了，但不表现出来。最后总能得到好处。

中国是这样，外国也是这样。欧洲历史上，有一部笑剧《巴特兰律师》，演的就是这样一台"三角戏"：

巴特兰就是那么个"聪明人"，家里穷，妻子逼他去赚钱。他花言巧语，骗了一个布店老板一块布，老板上门要钱，他装病否认，再装疯吓人。老板只有自认倒霉。不过他倒霉事还不少，小羊倌打死他好几只羊，却骗他是病死的。老板一气之下，把小羊倌告上法庭。小羊倌找巴特兰为他辩护，答应给他好处。巴特兰让小羊倌不要说话，只学羊叫。法庭上，老板和巴特兰仇人相见，先为布争执，又为羊吵闹。他哪里是巧舌如簧的巴特兰的对手，结果被法官赶出法庭。巴特兰回头跟小羊倌要钱，小羊倌只是"咩咩"叫，并不答话。巴特兰忙活半天，没捞到丁点儿好处。

"巴特兰"这个形象很有趣，类似阿凡提，作为民间故事的主角，托在他名下的故事传说真是不少。后来，又出了一些模仿作品，如《新巴特兰》《巴特兰的遗嘱》《真正的巴特兰律师》等等，都是一些笑剧。

笑剧是中世纪世俗戏剧的重要代表。主要流行于法国。它起源于中世纪早期职业演员的滑稽表演，常常使用民间俚语，运用各种滑稽、夸张的手法，甚至加入一些杂耍，表现一些民间人物形象，制造各种搞笑场面，充分体现了欧洲中世纪民间文化的"狂欢"色彩。俄罗斯理论家巴赫金曾经深入探讨过这种文化特征。笑剧对后来文艺复兴时期的戏剧发生过很大影响，就连法国著名戏剧家莫里哀在青年时期也当过笑剧演员。

以笑剧为代表的世俗戏剧，只是欧洲中世纪的民间戏剧，当时还有艺术成就并不高、却占据主流地位的宗教戏剧。我们知道，从公元476年西罗马帝国灭亡开始，到文艺复兴之后、资本主义抬头的时期为止，大约一千年时间，是欧洲历史上漫长的中世纪。宗教统治一切。戏剧也陷入了沉沉夜幕之中，由于很多古代文献湮没无闻，也由于教会钳制人们的思想，古希腊罗马戏剧艺术的成就没有流传下来。

教会对于戏剧的态度充满尴尬：一方面，教会宣扬禁欲主义，实行思想控制，一切非宗教的戏剧都受到迫害；另一方面，民众大多数是文盲，出于宣扬教义的需要，又要上演许多表现宗教内容的宗教剧。宗教剧宣扬信仰耶稣基督、侍奉圣母玛利亚、忏悔原罪、忍受苦难等教义，大多是表现《圣经》中的故事，如著名的亚当、夏娃的故事。或者耶稣出世和舍生取义的故事。

不过宗教剧后来也发生了变化，内容超出了《圣经》的范围，而产生了奇迹剧、神秘剧、道德剧等等。法国就有一部著名的奇迹剧《奥尔良之围》，讲述了"圣女贞德"的故事：在英法百年战争期间，农家少女贞德，听从上帝的召唤，起身反抗侵略，保卫祖国，最后被贵族出卖，死在英国人手里。

总的来说，中世纪的戏剧成就平平，如果说它有什么历史价值，就是为即将到来的文艺复兴时期做好了准备——大戏就要开幕了。

## "西班牙戏剧之父"维加和《羊泉村》

中世纪好似漫漫长夜,舞台已经暗淡得太久了。到了 15 世纪,西方戏剧终于迎来了一个辉煌的时代。恩格斯曾经这样评价文艺复兴时期:"这是一个需要巨人,也产生了巨人的时代。"这句话完全适用于这一时期的戏剧艺术。我们要认识的第一位"巨人"有着一长串的名字,他就是西班牙剧作家,洛佩·菲利克斯·德·维加·卡尔皮奥(1562~1635)。

维加有着传奇般跌宕起伏的一生。1562 年 11 月 25 日,他出生在马德里,父亲是个做生意发了财的农民,花钱买了个贵族头衔,使维加有机会受到良好教育。他是个神童,5 岁能读拉丁文,10 岁就把古罗马作家的作品翻译成西班牙文,11 岁创作了第一部喜剧《真正的情人》。他的命运,与"爱情"和"战争"紧密相连。21 岁时,他参加西班牙的远征队,两个月后回国,疯狂地爱上女演员埃伦娜。这是个有夫之妇,后来被一个红衣主教的有钱有势的侄子霸占,与作家断绝了关系。维加伤心欲绝,由爱生恨,写了一些讽刺埃伦娜的诗篇,结果被问成诽谤罪,先被关入大牢,后被逐出马德里。

不久,维加冒着生命危险,潜回马德里,跟一个大臣的女儿结了婚。婚后 3 周,即参加西班牙的"无敌舰队",跟英国海军作战。不料无敌舰队被英国打得落花流水,维加死里逃生,1588 年底逃回祖国,同妻子一起定居在巴伦西亚。他从事写作,也给贵族老爷做秘书。1594 年,妻子难产而死。4 年后,他另娶一个商人的女儿为妻,此后近 10 年时间,是维加创作的黄金时期。然而不幸接踵而至,1613 年,一个年幼的儿子死去,随后,第二个妻子也死了。1616 年,维加爱上了一个不幸的女人马尔塔,她受过良好的教育,却嫁做商人妇。虽然马尔塔在丈夫过世后,与维加同居,但是她先双目失明,后精神失常,于1632 年悲惨死去。两年后,维加又死了一个儿子,不久,一个女儿被人拐走。接二连三的打击使老人伤心过度,他于 1635 年 8 月 27 日与世长辞。

维加是位多产的作家,据说他写过 2 000 多部戏剧,完整传世的就有 426 部,如果考虑到关汉卿只写过 60 多部戏剧,莎士比亚只写过 30 多部戏剧,我们就不得不感到震惊了。数量固然可贵,但就艺术成就而言,质量更为重要。维加的优秀之作,使他完全无愧于世界级剧作家之称。

《羊泉村》是维加的代表作之一,这部戏是根据历史上一次农民暴动改编的。羊泉村是一个村子,原来属于科尔多瓦城管辖,1406 年。国王把它赏赐给了骑士团长,引起科尔多瓦城人的反对,到了 1463 年,国王被迫将它归还给科尔多瓦城。但是 1468 年,骑士团的一个队长戈麦斯突然武力占领了该村。戈麦斯在这里驻扎,横行霸道,强抢民女,无恶不作。村民们不堪暴政,进行武装斗争,杀死戈麦斯,拥戴国王和王后,羊泉村重归科尔多瓦城管辖。

在剧作家笔下,羊泉村农民淳朴、善良,希望过上安宁幸福的生活,他们甚至表现出逆来顺受的一面。但是戈麦斯这个贵族恶霸,却为所欲为,他看上村长的女儿劳伦夏,企图在田间强奸她,被青年弗隆多索赶走。戈麦斯对弗隆多索和劳伦夏怀恨在心,在他们大婚当天,把他们抓走。这是戏剧的主线,它好比一根导火索,引发了长期受到迫害的村民心中的怒火，人们团结一致，拿起武器，捣毁了戈麦斯的堡垒，将他和一群帮凶杀死。国王知道了暴动，派法官来调查，村民们不论男女老少，都口径一致，无论法官如何盘问杀人凶手是谁，答案都是"羊泉村"，国王最后只好不了了之。

这部戏取材于历史，歌颂了西班牙农民反抗暴政、团结一致的斗争精神。它把西班牙王室争夺的重大历史背景，隐含在一个小村落归属权的变迁上，又以青年男女的爱情故事作为主线，戏剧条理清晰。故事枝叶繁茂，表现了很高的艺术剪裁与组织能力。

维加也擅长创作社会题材的戏剧，最著名的是《园丁之犬》，该剧曾对许多戏剧家产生过影响，如西班牙的卡尔德隆、法国的莫里哀、丹麦的海堡等。

## 拉辛的古典主义悲剧代表作《费德拉》

在本章开始之前，让我们先来看古希腊的一个传说：雅典王忒修斯之子希波吕托斯崇拜狩猎女神阿耳忒弥斯，厌恶女人和爱情，招来爱神阿佛洛狄忒的愤怒。爱神使继母费德拉爱上他，被他拒绝。继母羞愧自杀，临死前向忒修斯诬告希波吕托斯企图玷污她。忒修斯大怒，请求海神波塞冬惩罚他。波塞冬派一头大公牛撞倒希波吕托斯的马车，希波吕托斯跌落马下，被惊马拖死。最后，阿耳忒弥斯把真情告诉忒修斯，安慰垂死的希波吕托斯。

希波吕托斯的不幸遭遇引起许多艺术家的遐思，欧里庇得斯就写过一出悲剧《希波吕托斯》。法国剧作家拉辛（Jearl Racine, 1639~1699）也创作了堪称古典主义悲剧代表作的《费德拉》，不过，他有所改编：

戏剧开场，忒修斯外出半载，杳无音信。希波吕托斯准备离开行宫，因为他爱上了家族仇敌——被忒修斯囚禁并不许结婚的阿丽丝公主；也因为继母费德拉总是虐待他。他怎能料到，继母的虐待，乃是出于乱伦的恋情。忽然传来消息，忒修斯已死。王位争夺分成三派：一派支持阿丽丝，一派支持希波吕托斯，一派支持费德拉的儿子。希波吕托斯宣布阿丽丝恢复自由，支持她继承王位。费德拉则取得民众支持，她为了获得希波吕托斯的欢心，要把王冠戴在他头上。此时，忒修斯突然归来。费德拉怕他知道自己的不伦恋情，六神无主，乳母厄诺娜出主意让她恶人先告状。忒修斯听信厄诺娜一面之词。希波吕托斯辩解无效，决意带阿丽丝远走高飞，阿丽丝坚持要他洗清冤情。忒修斯正好来找阿丽丝。希波吕托斯避开，并准备远行。费德拉终究不忍心希波吕托斯蒙冤，她怒斥厄诺娜，厄诺娜跳海自尽。忒修斯同阿丽丝交谈，心生疑问，要找厄诺娜质问。这时传来噩耗：希波吕托斯驾车遇海怪，被惊马拖死。费德拉也来向他倾吐真情，并服毒自尽。忒修斯痛悔万分，只能满足希波吕托斯的遗愿，认阿丽丝做女儿。

20世纪法国著名文艺理论家罗兰·巴特说过，拉辛戏剧有特定模式，就是建立在失意的爱情之上。此言不虚，个中原因，除了爱情是永恒的主题外，还有深刻的时代精神在起作用：拉辛毕竟是古典主义悲剧的集大成者，他的戏剧往往是对那种导致男女丧失理智、不顾羞耻、脱离道德、造成悲剧的情欲进行批判，从而宣扬应当以理智控制情欲。

在欧里庇得斯笔下，是神的意志掌控人的命运，人命运多舛；在拉辛笔下，"神的意志"被"人的情欲"替代了。正是"情欲"造成了悲剧，所以，欧里庇得斯的主人公是"英才神妒"的希波吕托斯，拉辛的主人公却是陷入"乱伦之恋"的费德拉。她对王子的情欲如熊熊烈火，为了抑制这情欲，她不惜想方设法折磨王子。她并非不知这是乱伦，"我对自己的罪孽怀着应有的恐怖，我憎恨生存，痛恶自己的欲火，我愿意用死来保全自己的名声，来窒息这可耻的邪恶感情。"然而，她最终也没有熄灭那燃烧的欲火。她的死，是赎罪，又何尝不是一种解脱？

剧作家拉辛堪称古典主义悲剧的最高峰，他本是一个自幼父母双亡的外省孤儿，靠外祖母和舅母抚养，在一家教规甚严的修道院长大，并接受了一些基本的教育。不过，小拉辛自幼天资过人，喜好文艺，对索福克勒斯和欧里庇得斯的戏剧爱不释手，能整篇背诵。他后来来到巴黎，结识了著名戏剧家莫里哀，还得到了"太阳王"路易十四的赏识。1667 年，《昂朵马格》在巴黎上演，这部根据古希腊传说改编的爱情悲剧，使得年仅 28 岁的作家一举成名。此后 10 年，拉辛进入创作高峰期，接连写出了《讼棍》《勃里塔尼古斯》《蓓蕾尼丝》《巴雅泽》《米特里达特》《伊菲日妮》《费德拉》等名剧。他还当选为法兰西学院的院士。

正当拉辛处于创作高峰之时，一个意外打断了作家的激情。1677 年，《费德拉》上演，全巴黎都被迷住了。但由于它描写的是宫廷丑闻，引起了嫉恨拉辛的保守贵族的攻击，虽然路易十四出面干预，风波平息，但这对作家是个巨大打击，此后 12 年，他再没有写过一个剧本。他与好友、著名的文艺理论家布瓦洛一起担任宫廷史官，随路易十四东征西战。后来，他应国王的情妇之邀，又写过两个剧本，都平淡无奇。晚年，拉辛失去恩宠。60 岁得肝癌而死。

拉辛并非多产的作家，在法兰西那个人才辈出的路易十四时代，他只是个晚辈。当他初出茅庐之时，高乃依已经确立了历史地位，莫里哀已经名动天下，拉·封丹凭借寓言而家喻户晓，他的同事布瓦洛也初具权威理论家的规模。但是，拉辛没有在这些人面前退缩。反而登上了巨人的肩膀，变得更加高大，是他把古典主义悲剧推向了高峰，其成就超过了前辈高乃依，以致有评论家这样说："唯有拉辛的作品才真正代表了法兰西的悲剧。"这是最高的赞誉，而拉辛当之无愧。

## 《吝啬鬼》及莫里哀的喜剧世界

在介绍古罗马戏剧家普劳图斯时，曾经提到西方文学史上第一个吝啬鬼欧克利奥。现在，莫里哀借鉴普劳图斯剧作的故事情节和人物形象，创作了一部更加出色的喜剧《吝啬鬼》，塑造了一个更加典型的吝啬鬼形象——阿尔巴贡。

60 多岁的阿尔巴贡，有一儿一女，靠放高利贷发财。女儿艾莉丝落水被年轻人法赖尔救起，两人一见钟情。法赖尔隐姓埋名，到她家当管家，为的是找个恰当时机跟阿尔巴贡提亲。儿子克莱昂特也陷入爱河，爱上了美丽的姑娘玛丽雅娜。玛丽雅娜与母亲相依为命，十分艰难，克莱昂特为了帮助她，到处借钱。因为阿尔巴贡是个一毛不拔的吝啬鬼，刚刚有人还了他一大笔钱，他就把钱埋在了花园里。

正当儿女们为如何向他禀明爱情而苦恼时，他却有一套自己的想法：他要把女儿许给有钱的老爵爷。又要儿子娶老富婆为妻，他自己则看上了玛丽雅娜，准备把她迎娶回家。经过媒婆撮合，玛丽雅娜来到阿尔巴贡家，父子二人为了争夺意中人，演出了一连串闹剧。这时，阿尔巴贡忽然发现埋在花园里的钱不翼而飞。他如丧考妣，赶紧报案。有人诬告说被管家法赖尔偷去。法赖尔以为自己和艾莉丝的情事败露,直认不讳,阿尔巴贡痛骂女儿。

正巧老爵爷来到阿尔巴贡家,商量如何迎娶艾莉丝。几个人的婚事纠缠在一起,加上窃贼下落不明。场面乱作一团。慌乱中,法赖尔说出自己身世。真相大白,他和玛丽雅娜分别是老爵爷失散多年的儿女。如今一家人团聚,老爵爷答应承担所有费用,阿尔巴贡才被迫同意儿女的婚事。顺便说一句,他也找回失窃的钱,原来是儿子的随从为了帮助自己的主人而偷去的。

如果说普劳图斯笔下的吝啬鬼,是一个突然暴富、不知所措的老头,所作所为虽然吝啬,却还有几分滑稽,不乏可爱之处。莫里哀笔下的吝啬鬼,则是个地地道道的守财奴,生性多疑,视钱如命,就连"赠"你一个早安也舍不得说,而说"借"你一个早安。他对家人苛刻成性,对自己也好不到哪儿去,半夜饿得不行了,只能上马厩里去偷吃马食,而那几匹马被他饿得皮包骨头,站都站不住了。在对待儿女的婚事上,他也唯利是图,全然不顾儿女的爱情和幸福。阿尔巴贡同欧克利奥的根本区别在于,他是一个靠剥削发财的人,越有钱,剥削别人越狠!而且伪装出一副慈善的面孔,打着济人危难的旗号,变出千百种花样来剥削人。亲情、爱情等温情脉脉的概念,对他是不存在的,在阿尔巴贡的心目中,一切都可以换算成金钱。

虽然,《吝啬鬼》第一次上演时间是1668年,迄今已经过去300多年了,可是,像阿尔巴贡这样做派的人在我们的社会中依然屡见不鲜,甚至有过之无不及。这不正是莫里哀的深刻之处吗?

深刻的莫里哀,不止刻画了阿尔巴贡这一类人物的丑恶嘴脸,在他的笔下,正如在许多杰出的艺术家笔下一样,各色嘴脸的人物都忍不住出来露面,这才有了喜剧舞台上千变万化、多姿多彩的形象,也才有了长演不衰,让全世界观众既捧腹大笑,又在笑过之后低头凝思,甚至因为想到身边的环境而洒下几滴辛酸的眼泪的保留剧目。我们再简单说说莫里哀其他几部特别受到观众喜爱的喜剧。

莫里哀笔下另一张著名的丑恶嘴脸是答尔丢夫,他是喜剧《伪君子》的主人公。答尔丢夫是外省的破落贵族,穷得连一双鞋都没有,流落巴黎。他装成一个虔诚的信士,骗取了奥尔恭的信任,到了奥尔恭家里,图谋勾引主人妻子并夺取家产,最后真相败露,锒铛入狱。答尔丢夫狠毒、荒淫、无耻与贪婪,他破坏别人家庭、满足自己兽欲、霸占别人财产的种种恶行,都是在"伪善"的面具下进行的。由于《伪君子》的锋芒指向了教会,1664年5月在凡尔赛宫第一次上演之后,就遭到宗教势力的阻挠,第二天就被禁演。在此后4年多时间里,莫里哀为演出这幕剧进行了长期斗争。他在多种场合朗读剧本,在私人宅第里演出,而且3次上书路易十四。1667年经过修改,《伪君子》再度上演,才演了一场,巴黎最高法院即下令禁演,巴黎大主教也在教区内张贴告示,严禁教民阅读或者听人朗读这出喜剧,否则就被取消教籍。直到1669年,莫里哀对作品进行了第三次修改,才被允许上演。此后,这部戏在世界各国的舞台上长演不衰。而答尔丢夫这个名字也成为"伪君子"的代名词。

莫里哀还有几部涉及爱情、家庭生活的喜剧也举世闻名,如《可笑的女才子》《太太学堂》等,他晚年的殒命之作《没病找病》也是一部有着特殊意义的喜剧。正是这些形式多样、雅俗共赏的杰出作品,奠定了莫里哀作为古典主义喜剧大师的地位,可以说他是自莎士比亚之后又一位世界戏剧大师,他的作品已被译成几乎所有的重要语言,是世界各国舞台上的常青树,极大地影响了世界戏剧的发展。

## 脍炙人口的"费加罗三部曲"

1775年2月23日,法兰西喜剧院上演了一部名为《塞维利亚的理发师》的喜剧,可惜观众反应冷淡。作家博马舍在最短的时间内,将其改为四幕喜剧,此前他已经修改过一次,第二次修改大获成功。这一成功,非同小可,从此世界戏剧舞台上,多了一个具有鲜明时代特色,又超越时代、脍炙人口的艺术形象——费加罗。

《塞维利亚的理发师》,正如它的另一个名字《防不胜防》一样,讲述了一个"斗智抢亲"的故事。阿拉玛卫华伯爵爱上了少女罗丝娜。罗丝娜的养父,医生巴尔多洛却要强迫养女和他成亲。伯爵原先的仆人,足智多谋的费加罗,现在正好是巴尔多洛的理发师。伯爵在费加罗的帮助下,几次乔装打扮,接近罗丝娜,两人秋波暗送,倾吐爱慕,将巴尔多洛骗得团团转,最后又冲破他的重重防线,喜结良缘。

剧中,巴尔多洛是一个压迫者、奴役者的形象,他憎恨"思想自由、万有引力、电气、信教自由、种牛痘、金鸡纳霜、《百科全书》、正剧"这类启蒙时期的新事物和新思想。而费加罗是个机智的仆人的形象。这样的形象在戏剧史上并不少见,如普劳图斯《凶宅》中的特拉尼奥,霍尔堡《贫穷与傲慢》中的列奥诺拉等。费加罗的独特之处,在于他身上体现出启蒙时代的精神内涵:反封建、反压迫、追求平等和解放。他虽是伯爵昔日的仆人,但在道德上、精神上、智慧上都比贵族优越,正是在他的帮助下,伯爵才得以击破巴尔多洛的严密防范,使得有情人终成眷属。

一炮走红之后,博马舍看到了费加罗这个民间人物形象大有可为,他再接再厉,写出了第二部,也是最著名的一部以费加罗为主角的喜剧《费加罗的婚礼》。这部戏剧的主要矛盾,集中在了费加罗和伯爵身上。费加罗顺利帮助伯爵娶到罗丝娜后,回到伯爵府上当差。他和伯爵夫人的使女,活泼可爱、笑口常开的苏珊娜相爱,准备结婚。当时有一种习俗,贵族在自己的女仆结婚的时候,享有"初夜权"。伯爵曾经当着夫人的面宣布放弃这个权利。现在,他看上了苏珊娜,试图在她身上恢复这个可耻的特权。这就掀起了一场激烈的斗争,斗争的一方,是以费加罗、苏珊娜为首,并得到了伯爵夫人等人支持的阻挠者,另一方则是以伯爵为首,并得到一些不明事理的人帮助的强迫者。这是戏剧的主要内容。

《费加罗的婚礼》中,还有两条辅线:其一,伯爵的老管家马斯琳痴心妄想,一心要嫁给费加罗,她以一张借据作为要挟,把费加罗告上法庭。给她出主意的巴尔多洛,正是罗丝娜的养父,他一直对费加罗破坏自己和罗丝娜的婚事怀恨在心。后来却发现,费加罗不是别人,却是这二位当年风流后遗弃的儿子。一家三口,得以团聚。其二,伯爵府上,还有一个翩翩的少年薛利伯,他年纪不大,却风流成性,在伯爵夫人、苏珊娜以及一个小女仆之间播撒情种,惹出不少麻烦。

除了上述人物外,还有稀里糊涂、说话结巴的法官,整天醉醺醺、弄巧成拙的老花匠及以散布谣言为己任的音乐教师巴斯拉等等。在费加罗和伯爵的较量大戏中,各色人等,一一上场。最后,属于第三阶级的聪明勇敢的费加罗获胜,伪善荒淫的伯爵当众出丑,全剧在费加罗的婚礼狂欢中结束。

博马舍于 1778 年完成这部举世闻名的喜剧,但是遭到国王路易十六的禁止。博马舍发动公众舆论,经过 6 年斗争,1784 年 4 月 27 日,《费加罗的婚礼》终于在巴黎公演,这是法国戏剧史上的一大盛事。这部戏的主旨,可以用博马舍自己的话说:"它全是讲述生存着的好心肠人民的生活。若谁欺压了他,他就咒骂,狂怒地去抗争,他会以各种各样的渠道采取行动。"当时,法国正处于大革命前夕,这部喜剧对揭露和讽刺封建贵族起了很大的作用。

就艺术水准而言,《费加罗的婚礼》更是当之无愧的艺术精品。它人物众多,个性鲜明,不但费加罗、苏珊娜、伯爵、伯爵夫人、薛利伯这几个主要人物栩栩如生,连女管家、医生、法官、园丁等次要人物也性格突出,如闻其声,如见其人。这些人物又各怀鬼胎、使得戏剧情节纵横交错,杂而不乱,既能齐头并进,又能融合到一个主线上去。在伯爵怀疑夫人偷情和自己想同苏珊娜幽会这种妒忌加龌龊的心理作用下,不断出现险象环生又化险为夷的戏剧性场面。使得这部戏煞是好看。

1792 年,博马舍又写出三部曲的第三部《有罪的母亲》。在这部戏中,伯爵被塑造成一个道德高尚的人,费加罗则是他忠心耿耿的仆人。这部戏的艺术成就赶不上前两部,作家的创作生命也就此终结了。

## 东西方文化的美丽结晶《图兰朵公主》

2003 年底,中国京剧院推出压轴大戏《图兰朵》,剧情大意如下:燕蓟王的女儿图兰朵公主国色天香,许多异国王子垂涎她的美貌,又觊觎王位,纷纷前来求婚。图兰朵出三则谜语,谁能全部猜中,就嫁给谁,如若猜不中就将被处死。不少纨绔王孙成了刀下之鬼。一天,外乡小伙子卡拉夫猜出三则谜语,赢得公主芳心,他也给公主出了一道难题,要公主猜他的来历。假如公主猜中,他甘愿被处死。卡拉夫的父亲铁木尔乃是流亡的国王,他被抓住,说出卡拉夫是王子。图兰朵非常不悦。铁木尔为搭救儿子卡拉夫拔剑自刎,临死前发现图兰朵的乳母正是自己从前的恋人陆玲公主。老一代情人双双殉情,新一代情人冲出皇宫的樊篱。

京剧《图兰朵》是一部典型的中西合璧的戏剧。它的故事原型来自西方,是西方人最早虚构了这样一个人物,一个发生在遥远的东方神奇国度中的爱情故事。图兰朵的故事被中西方的艺术家们多次搬上舞台,而且是以多种表演形式,京剧、话剧、歌剧、音乐剧、电影等等。虽然这个故事最早出现在 17 世纪波斯国的一部民间故事集《一千零一日》中,但要探寻它之所以成为世界戏剧舞台上一出传奇般的戏剧的原因,则不能不追溯到 18 世纪意大利著名戏剧家卡洛·戈齐(Cado Gozzi,1720~1806),正是他,第一个把图兰朵公主搬上了戏剧舞台。

戈齐出生在威尼斯一个没落贵族家庭。他早年从军,后来从文,创作戏剧。当时,哥尔多尼正在进行改革意大利传统假面喜剧的努力,而他碰到的一个强劲的对手,就是戈齐。戈齐是个不折不扣的保守派,他反对启蒙思想,反对启蒙戏剧,反对戏剧改革。1761年,他专门创作了一部即兴喜剧《三个橙子的爱情》,把哥尔多尼等戏剧改革家大大讽刺一番,这部戏居然大获成功!他还成立了一个保守的学会,专门反对各种新思想,因此成为当时意大利文艺界的领袖人物。

虽然思想保守，但是作为剧作家，戈齐又表现出很高的艺术才能，就连歌德、席勒等人也对他推崇备至，甚至把他和莎士比亚并列。他的创作脱离社会现实，超越时空，充满了神奇、瑰丽、怪诞的内容和风格，因此被称作是"童话剧"。《图兰朵公主》堪称是戈齐戏剧的扛鼎之作。

戈齐笔下的故事，和我们刚才看到的京剧故事有些不同：图兰朵被刻画成一个美丽而冷酷的公主，卡拉夫连猜中她的三则谜语，她本是中意这位聪明的外邦人的，但是这又让她在大臣面前丢了颜面。王子建议她猜自己的身份，若第二天还猜不中，再履行诺言。图兰朵有个侍女，是外邦流亡公主，她看上了王子，约他私奔，王子不肯，却不小心泄露自己的身份。侍女向图兰朵告密，以为公主一旦猜中王子身份，必然不能嫁给他。不想公主既然猜中，又觉得自己占了上风，反而同王子结为夫妇。

自从戈齐创作了这部戏剧之后，许多名家都改编过它。德国著名剧作家席勒改编过这部戏；20世纪意大利著名歌剧家普契尼，在临终前把它改写成歌剧；德国现代著名戏剧家布莱希特则根据它创作了一部政治讽刺剧。在中国，有当代"鬼才"之称的川剧作家魏明伦、著名导演张艺谋，都曾改编过这部戏。

在众多版本中，最为著名的，还是普契尼于1924年作曲的同名歌剧，普契尼在世时未能完成全剧的创作。他去世后，法兰高·阿法奴根据草稿将全剧完成。该剧于1926年4月25日在米兰斯卡拉歌剧院首演。普契尼的戏中，有一个出彩的角色丫鬟柳儿，她是王子的丫鬟。因为王子温柔的微笑而爱上了他。她被图兰朵公主捉到，却誓死不肯吐露王子的身份。

除了影响深远的《图兰朵公主》之外，戈齐的著名戏剧还有《变成了牡鹿的国王》《蛇美人》《美丽的小青鸟》等。他的作品歌颂友谊、爱情，风格豪迈，情致动人，在世界戏剧史上占据一席之地。

## 德国民族戏剧开山鼻祖莱辛

18世纪的德国四分五裂，落后保守，在欧洲根本没有地位。一批先进知识分子，生活在这样一个苦闷彷徨的国度中，他们在社会生活和政治生活中看不到光明，转而投身哲学、文学、艺术等领域，居然创造出一个人类历史上罕见的大家辈出、光辉闪耀的时代。

虽然早在17世纪，已经出现过格吕菲乌斯这样的民族剧作家，但是直到18世纪初，外国戏剧，尤其是法国戏剧霸占着德国戏剧舞台。第一个有意识地提倡民族戏剧的作家是戈特舍德，他受启蒙思想的熏陶，提出了一些改革戏剧的想法，可是这个莱比锡大学的教授太古板了，他不识时务，居然举起过时了的"三一律"招牌，加上他的戏剧创作建树不多，所以，真正创立德国民族戏剧的重担落在了一个穷牧师的儿子身上，他就是德国民族文学的奠基人莱辛（Lessing，1729~1781）。

莱辛虽然出身贫苦，但学习用功，精通希腊文、拉丁文、希伯来文，他进入戈特舍德任教的莱比锡大学，虽然学的是神学和医学，却钟情于文学和哲学。莱辛课余喜欢去剧院看戏，这个勤奋、腼腆、聪明的大学生引起了一位杰出女演员的注意。这位女演员甚至排演了19岁的莱辛创作的第一部喜剧《年轻的学者》。有人赏识，对莱辛是一大鼓舞，他又连续创作了好几个剧本。23岁时,他来到柏林,生活窘迫,先后做过秘书和图书管理员,并写出了美学名著《拉奥孔》。

莱辛是个多面手,他对戏剧的贡献也是多方面的。1767年,汉堡建立了一座民族剧院,莱辛应邀为该剧院上演的戏剧写评论。剧院开办一年后倒闭,在此期间,莱辛共写下了104篇剧评,汇集成《汉堡剧评》出版。在这些文章中,莱辛对戏剧方面的各种问题发表了大量真知灼见。他反对唯法国是从的民族自卑心理,大力倡导写德国人自己的戏剧;他还为德国民族戏剧的发展指出了方向,认为应该创作那些描写现实,表现市民百姓生活的戏剧。在他看来,普通人的命运也不平凡,也能够吸引观众的兴趣,引发人们的同情。

如果说《汉堡剧评》提出了一种建立民族戏剧的理想,那么莱辛的丰富的戏剧创作。则是德国民族戏剧建立过程中最重要的基石。他创作的《萨拉·萨姆逊小姐》被看作是德国市民悲剧的真正开端,而悲剧《爱米丽雅·迦洛蒂》则是一部感人至深、催人泪下的杰作。

这是一出震撼心灵的悲剧:意大利亲王看上了破落贵族奥多雅多的女儿爱米丽雅。爱米丽雅美丽纯真,已经和阿皮阿尼订婚,而且当天就要举行婚礼。亲王的侍卫长,阴险狡诈又心狠手辣,他先是设计派阿皮阿尼出差,试图阻止婚礼,遭到阿皮阿尼的拒绝。他一计不成,又生一计,居然买通强盗,埋伏在新人的必经之路。将新郎杀死,又安排亲王演出一场"英雄救美"的好戏。爱米丽雅被救回亲王行宫,她的父亲闻讯赶来,正好遇到亲王的旧日情妇,这个情妇正醋意大发,她把真相告诉了奥多雅多。奥多雅多要将女儿带走,反而双双被亲王关押。爱米丽雅怒斥亲王的荒淫无耻,却又无法逃离魔掌。为了保住节操,爱米丽雅请求父亲将她杀死。老父亲无奈,只能答应,亲手将自己的女儿杀死。

纯真的爱米丽雅,残暴的亲王,奸诈的侍卫长,善良而软弱的父亲,这一个个形象深深印刻在德国观众的心里,激发着他们对于德国封建统治者的愤怒。这出戏,堪称德国资产阶级的抗议先声。

除了悲剧之外,莱辛还创作过喜剧和诗剧,都有不小影响。比如,喜剧《明娜·冯·巴尔赫姆》,讲述了一个普鲁士军官和敌国的一位贵族小姐相爱,历经种种艰险,有情人终成眷属的故事。诗剧《智者纳旦》则倡导宗教宽容的进步思想,寄托着人类应当互爱互信的愿望。莱辛以自己的创作实践和理论贡献,为德国戏剧开辟了道路,沿着他的方向,一批文坛巨子齐心协力,将德国戏剧推向了一个巅峰。我们即将看到,在这批人当中,有两个身影格外高大。

## 歌德和不朽名著《浮士德》

没有歌德(Goethe,1749~1832)的浮士德,只不过是民间故事中的一个江湖术士,绝不可能成为世界文学史上一个不朽的伟大形象;而没有《浮士德》的歌德,也会像一条没有眼睛的巨龙,纵然绝非凡俗,终究难免黯淡无神。庆幸的是,历史没有给他们留下遗憾,歌德完成了《浮士德》,《浮士德》也为歌德激情燃烧的一生谱写了最美的篇章。

诗人海涅称歌德是"世界的一面镜子",歌德也视自己为一个时代的"见证人"。他说："我出生的时代对我是个大便利。当时发生了一系列震撼世界的大事……对于七年战争、美国脱离英国独立、法国革命、整个拿破仑时代、拿破仑的覆灭以及后来的一些事件，我都是一个活着的见证人。"的确，歌德生逢其时，在这样一个动荡不安的年代，他时刻注目着世界的风云变幻，并用他的笔记录着时代，把时代赋予他的激情化作文学艺术作品，同时也创造着时代。他的一生，孜孜以求、奋斗不息。

歌德

18 世纪 70 年代，年轻的歌德投身于德国"狂飙突进"运动，他激情洋溢，渴望自由和解放。这种革命精神的果实——歌德的成名剧作《葛兹·冯-伯里欣根》——轰动了整个德国文坛，他甚至被称为"德国的莎士比亚"。而随后的《少年维特之烦恼》，更使穿着维特服装(蓝上衣、黄背心)的歌德成为"狂飙突进"时代中最耀眼的叛逆天才。从此，他在奋笔疾书中度过一生，写了数以千计的诗歌，数以百计的小说、戏剧等文学作品，成为德国乃至世界文学史上最伟大的文学家之一。

如今人尽皆知他的文学成就，事实上，除了文学创作之外，他还是一个科学家：他研究植物学、地质学、解剖学……不仅出于爱好，更以严谨的治学精神留下了 13 卷科学著作。

比起科学家的身份，歌德作为一个政治家或许更为人所知。他曾经位极人臣，当过魏玛公国的内阁大臣，还被维也纳皇帝赐予贵族封号，在名字之前加了一个贵族标志"冯"字。作为政治家的歌德既不是热衷于功名利禄的政客，也不是空谈误国之辈。他有着宏伟的政治抱负，也曾经付诸实践。

不得不说的还有歌德的爱情。他一生中爱慕、追求过很多女子，饱尝过爱情的欢乐和痛苦。有意义的是，这些欢乐和痛苦大部分都化作了诗人创作的灵感和激情。歌德从未停止过对爱情的渴望和追求，事实上，不仅是爱情，对知识，对事业，更重要的是对自由，他都以毕生之力孜孜以求。俗世凡尘中的一切永远不能让他满足，他从不为任何人和事停下自己追求生命意义的脚步。

这样的歌德实际上就是他笔下的浮士德。浮士德的原型是一个民间人物，名叫约翰·乔治·浮士德，是个以占卜、变魔术和吹牛为生的江湖术士。他把自己的灵魂卖给魔鬼，换来了荣华富贵和为所欲为，但最终惨死在魔鬼手中。在歌德的笔下，浮士德这一形象发生了质的变化，在亨利·浮士德博士身上，我们看到了人性中最高贵的智慧和品德。

浮士德博士是一个年过半百的饱学之士，但知识已不能使他满足，他越来越厌倦书斋生活，产生了强烈的精神危机。他对生命有着更多的渴望，想逃出书斋，入世拼搏，体验和探索生命的真谛。于是，他以灵魂为赌注与魔鬼靡菲斯特签订契约：靡菲斯特带他去体验世上的一切苦乐，并满足他提出的任何要求，而浮士德一旦说出："你真美呀，请停留一下!"那他就将失败而死,灵魂输给魔鬼。于是,在靡菲斯特的带领下,浮士德经历了知识的悲剧、爱的悲剧、政治的悲剧、古典的美的悲剧,经历了一次又一次苦闷、彷徨、探索和追求,但他仍然不满足,内心燃起了更高的追求,他要探索"最高的存在"的真谛。

在靡菲斯特的帮助下,浮士德得到了一块海滨封地,成为一名统治者。他率领子民与大海搏斗,使得这里变成一个人民安居乐业的天国。他感到无比骄傲和巨大的满足:"我为几百万人开拓出疆土……在自由的土地上住着自由的国民。"就在这一刻,他喊出了:"你真美呀,请停留一下!"浮士德倒下了,但他完成了伟大的事业,并在这里得到了"最高的一刹那享受"。他的灵魂最终也没有被魔鬼拿走,而是在天使的引领下升入了天国。

歌德曾经说:"浮士德身上有一种活力,使他日益高尚和纯洁化。"这种活力就是对人生真谛的锲而不舍的探索和追求。事实上,歌德的一生也是这样充满活力,《浮士德》正是他一生精神历程的缩影。他称这部诗剧是他毕生的"主要事业",当 1831 年 7 月 22 日,他写完《浮士德》时,离他逝世只有 8 个月的时间,而距离他开始写作已近 60 年了。一个月后,歌德登上伊尔美瑙山区基克汉山峰,在一间猎屋的墙壁上,他找到 50 年前自己题刻的诗句:"且等候,你也快要去休息。"1832 年 3 月 22 日,他得到了安息和后世永久的怀念。

## 狂飙突进运动的代表作《阴谋与爱情》

在完成《阴谋与爱情》之前,席勒已经名声大振了。这个二十出头的小伙子注定是不平凡的人,用德国哲学家海德格尔的话说:"伟大事物的开端往往也是伟大的。"作为剧作家,席勒的开端是悲剧《强盗》。

主人公卡尔·穆尔是伯爵长子,放荡不羁,他写信请求父亲的宽恕。不料弟弟弗朗茨从中作梗,修改书信。父子生隙,断绝关系。卡尔走投无路,做了绿林好汉,啸聚山林,杀富济贫。弗朗茨把父亲关入高塔,又企图霸占卡尔的未婚妻。卡尔得知真相,救出父亲,弗朗茨畏罪自杀。未婚妻要求卡尔放弃游侠生涯,手下的兄弟都不答应,他被迫杀死未婚妻,决定向官府自首。

席勒是在很艰苦的条件下创作《强盗》的。当时他还是军事院校的学生,不得不偷偷摸摸、断断续续地写,所以前后处理上有些不匀称之感。但无论如何,这部戏火一样的激情和愤怒足以打动人,它所引入的新形象——"强盗"卡尔和歌德笔下那个伤感、阴郁的维特不同,卡尔知道面对可耻的社会,自怨自艾并不是出路,反抗才是希望所在。

《强盗》不仅代表了"狂飙突进"第二轮高潮的开始,也为席勒在德国文学史的出场奠定了一个位置。在这部戏上演的第二年,席勒完成了他的代表作之一,也是这一时期戏剧史上不可多得的名剧之一——《阴谋与爱情》。同莱辛的《爱米丽雅·迦洛蒂》以 15 世纪的意大利为背景不同,《阴谋与爱情》直接以作家生活的 18 世纪德国为背景,讲述了一对门第悬殊的情侣的遭遇:

费尔迪南是宰相瓦尔特的儿子,他爱上了平民乐师米勒的女儿露伊斯。门不当户不对,他们的爱情遭到了双方家长的反对。乐师反对,是因为门第观念,他怕这场爱情没有结果,女儿反而被毁了。宰相反对,则另有图谋,他急着要儿子娶公爵的情妇为妻。原来公爵要缔结一场政治婚姻,不能再和昔日的情妇生活,忙着为她找个丈夫。宰相为了巩固自己的权势,希望通过婚姻,将自己和公爵捆绑在一起。相对于飞黄腾达来说,儿子的爱情和幸福不算什么。不过,宰相为拆散这对恋人的种种威逼利诱都没有成功。

宰相的秘书乌尔姆也曾向露伊斯求爱,遭到拒绝,他对这对恋人正恨之入骨,趁此机会设下毒计:将乐师夫妇投入监狱,逼迫露伊斯给宫廷总管写情书,并让露伊斯守口如瓶。又故意让情书落入费尔迪南之手,引起他的猜疑。费尔迪南看到情书,露伊斯又提出要离他而去。他中计,认为露伊斯以前对他是虚情假意,而露伊斯又立下了誓言,不能道破真情。费尔迪南在绝望中决定殉情,他往果汁中下了毒药,和露伊斯双双喝下。露伊斯临终前说出真相,但为时已晚,一对真心相爱的年轻人成了阴谋的牺牲品。

一场门第悬殊但真心相待的恋爱,把两个阶级的人物纠葛在一起,乐师善良软弱,宰相专横残酷,秘书阴险毒辣,公爵虽然没有出场,但他的淫威无处不在。费尔迪南在爱情、父亲的威权、对露伊斯的怀疑中煎熬。而露伊斯则是那么纯真,席勒以绝妙的语言让她道出爱情的感觉:"那时,我的灵魂里升起了第一道曙光,千万种青春的感情从我心中涌了起来,就像到了春天,地面上百花齐放一样。我再也看不到世界,可是我觉得世界从来不曾像现在这样美丽;我再也不知道有上帝,可是我从来没有像现在这样爱过他。"或许,正是这样美丽爱情的破灭,才让德国人看清了自己生活在什么样的世界里。

这出戏原名《露伊斯·米勒》,为了突出主题,席勒接受朋友的建议,改名为《阴谋与爱情》。席勒写这部戏,刻画宰相、秘书、情妇等人物时,他的头脑中反复出现自己出生和成长的符腾堡那些奢华凶残的统治者的身影,他目睹和感受过他们的暴行,了解他们也憎恨他们,他毫不畏惧,将这种专制的暴行搬到舞台。恩格斯说这是"德国第一部有政治倾向的戏剧"。

戏剧《阴谋与爱情》是席勒在狂飙突进时期的代表作。此后又一个阶段,他转而沉溺在哲学家康德的抽象世界里,认识了歌德之后,才又进入文学创作的第二个高峰期。这是世界戏剧史的幸运,因为他的主要创作集中在戏剧方面,并取得了累累硕果。席勒曾在大学讲授德国 17 世纪的 30 年战争史。《华伦斯坦》的主人公取材于这一时期的真实历史人物,席勒把他塑造成一个企图篡位的阴谋家,最后因为不愿意实现共和,被部下杀死。《威廉·退尔》是席勒的绝笔,也足以担当殿军的重任。退尔是瑞典民间传说中的人物,一个神箭手,歌德最早对他感兴趣,并收集了材料。他把这个题材贡献给席勒。席勒没有辜负歌德的期望,塑造了一个追求自由和独立的民族英雄形象。据说他从未到过瑞士,但瑞士人为了对作家表达谢意和敬意,把退尔传说地的一块巨岩命名为"席勒石"。

## 冯维辛的《纨绔少年》倾唱民族之声

当"启蒙主义"思想照亮了西欧的戏剧舞台,博马舍、歌德、席勒等人正在创造着世界戏剧史的一座高峰之时,远在欧洲大陆东方的俄罗斯刚刚在戏剧舞台上起步。俄罗斯戏剧从诞生之日起就是西欧戏剧的模仿者:18 世纪,在经历了罗蒙诺索夫、苏马罗科夫对法国古典主义戏剧的模仿和德、法、意等国启蒙主义剧作在俄罗斯的风靡之后,直到 18 世纪下半叶,喜剧作家冯维辛(Fonvizin,1744 ~ 1792)终于开创了俄罗斯民族自己的戏剧事业。

杰尼斯·伊凡诺维奇·冯维辛出身于贵族家庭，幼年就表现出文学天赋，他与戏剧艺术结缘则是发生在俄罗斯宫廷中。1762年，不到20岁的冯维辛，受到刚刚发动政变、当上女皇的叶卡捷琳娜二世的赏识，得以在御前大臣叶拉根手下供职。叶拉根是主管戏剧的官员，与戏剧界有很多交往，而且他本人也是一位戏剧作者。当时的俄罗斯剧坛是外国戏的天下，即使像叶拉根、卢金（当时很有名的戏剧家）这样致力于本民族戏剧的作家，写出的剧本也都是对西欧戏剧的模仿和改写。冯维辛就是在他们的影响下走上了戏剧创作的道路。

在经过最初的翻译改编外国戏剧的磨刀练笔阶段之后，1767年，冯维辛写出了日后被公认为"俄罗斯第一部喜剧"的成名作《旅长》。这是一部以俄罗斯本国现实为题材的辛辣的讽刺剧。尽管这部剧把当时沙皇俄国的文臣武将全都得罪了，却得到了叶卡捷琳娜二世的赞扬，冯维辛一时成为宫廷中的红人。当时，沙皇俄国的宫廷正在承受着西欧启蒙运动的冲击，以太子师帕宁伯爵为首的自由派贵族主张限制女皇权力，实行立宪制。冯维辛应邀成为帕宁的秘书，追随他参与了18世纪70年代一系列重大政治事件，并受到启蒙思想的深刻影响。

冯维辛长期在宫廷供职，慢慢看清了黑暗的政治内幕和贵族虚伪贪婪的嘴脸，与此形成鲜明对比的是底层社会中农奴的悲惨境遇。冯维辛因此感到愤怒和痛苦，却无能为力，他只能把自己的爱憎和愿望诉诸笔端。1781年，他完成了代表作《纨绔少年》。这部喜剧日后赢得了俄罗斯伟大诗人普希金"人民的戏剧"的高度评价，在当时却受到了宫廷的查禁。由于在剧作和其他文章中越来越尖锐地批判贵族和专制政体，冯维辛失去了女皇的信任，随着帕宁的去世，他失去依傍。1782年3月，冯维辛提出辞呈，这个出身贵族的戏剧家最后以一个贵族叛逆者的形象离开了宫廷。他像《纨绔少年》中那个对贵族宫廷彻底失望的斯塔洛东所说的那样："我离开皇宫时，没有带田产，没有绶带，没有官衔，但我带回来的是完好无缺的自己，带回的是我的灵魂、我的荣誉、我的信条。"此后，冯维辛贫病交加，年仅47岁就不幸病逝。

《纨绔少年》是冯维辛这个贵族叛逆者最具代表性的作品。这里写的是一个地主婆和她的纨绔子的故事，揭露和讽刺的却是整个贵族阶级残暴、贪婪、愚蠢的本质。地主婆普罗斯塔科娃出身贵族，她不仅继承了父亲搜刮于农奴的不义之财，还继承了不要知识、只知贪财的蠢货皮囊；并且，她正在努力地把这些"家产"灌输给她的纨绔子米特罗凡。她为儿子请了三个家庭教师，想让他学点儿文化，实际上她对知识和智慧不屑一顾。对米特罗凡的愚蠢和任性不以为耻反以为荣。只要生在贵族之家，"躺在家里睡大觉，爵位自己就飞来了"，聪明的头脑没有任何作用，反而应该努力学习的是贪婪的本事和守财之道。这个地主婆近乎无耻地搜刮着农奴，却仍然不能满足："自从我们把农民所有都给收来以后，再也没有什么油水可刮了，真糟糕！"而跟在她身边十几年的仆人叶列梅耶夫娜得到的报酬就是"一年五个卢布，一天五个嘴巴"。

剧中的米特罗凡只有16岁，其母的守财经还没有学会，却得到了其愚蠢、懒惰、自私、冷酷的真传。他"不想学习，只想娶媳妇"，跟着三个老师学了两年，连数到"三"都不会，连"门"是名词还是形容词都弄不清楚，实在蠢得像猪。在这个贵族之家，不止这一头"猪"。值得一提的是地主婆的弟弟斯科季宁，这个人物是剧中最富喜剧色彩的形象，他名字的意思是"畜牲"。比起人，他更喜欢猪。他想娶姐姐的养女索菲亚，不是因为喜欢她，也不是因为喜欢她生父遗留给她的庄园。而是喜欢那庄园里饲养的猪。在这里，我们看到剧作家炉火纯青的讽刺笔法，通过喜剧效果达到了对贵族阶级无情而尖刻的批判。

《纨绔少年》的主要戏剧冲突是地主婆为了儿子跟自己的弟弟抢媳妇——更确切地说，是抢媳妇的钱。地主婆一家当初收养孤女索菲亚本就是看中了其生父留下的遗产，虽然不多，但不要白不要。并且，地主婆也早就打算好了，把索菲亚嫁给自己的弟弟，这样肥水不流外人田，皆大欢喜。谁知就在斯科季宁来提亲的那天，索菲亚收到了失散多年的舅舅的来信。原来她的舅舅斯塔洛东在外拼搏数年现已家财万贯，并想让索菲亚做自己的继承人。真是一石激起千层浪，原来寄人篱下的小孤儿瞬间变成了令人羡慕的大财神！此情此景，可想而知，贪婪的地主婆、无知的纨绔子、作为"畜牲"的斯科季宁将会上演一场怎样可耻而又可笑的闹剧⋯⋯

## 雨果的浪漫主义杰作《欧纳尼》

1827 年底，才华横溢的法国文学家雨果（Victor Hugo，1802～1885）出版了一部戏剧《克伦威尔》。这位年仅 25 岁的年轻人，只用了一年时间，就写出了长达 6 729 行的诗剧。他也认识到这部戏写得太长了，不适合拿到舞台上演出。确实，迟至 1956 年，它才经过节选首次出现在观众面前。不过，这并不妨碍它在世界戏剧史上占据显要位置，因为雨果为此剧撰写的长篇序言太有名了。

在这篇序言中，雨果向统治了法国近两百年的古典主义戏剧规范发起了进攻，装腔作势的语言，森严壁垒的悲、喜剧划分，食古不化的"三一律"，统统遭到无情批判。雨果呼唤戏剧界的新风格：滑稽丑怪和崇高优美、可怕和可笑、悲和喜应该放在一起加以对照；剧作家要学会和心灵、自然打交道；戏剧应当集中起生活中的光和热，爆发出火花来；语言应当如散文一样明快、流畅⋯⋯是的，敏感的诗人听到了时代的要求，热切呼唤一种崭新的戏剧风格，浪漫主义戏剧呼之欲出。

雨果

《〈克伦威尔〉序》打响了第一枪，而浪漫主义戏剧的真正进攻还要等上 3 年。1830 年 2 月 25 日，雨果最优秀的戏剧，也是浪漫主义杰作《欧纳尼》在巴黎国家剧院首次亮相。这是一部围绕着三个男人和一个姑娘展开的爱情悲剧。主人公欧纳尼出身贵族，父亲被国王所杀，沦为强盗。他和姑娘莎尔偷偷相爱。莎尔是一位老公爵的侄女兼未婚妻，而国王也悄悄爱上了她。一天夜里，公爵外出，国王和欧纳尼同时来看望莎尔，他们展开决斗，公爵突然归来，国王亮出身份，三人不欢而散。欧纳尼为父报仇，刺杀国王失败，遭到通缉。公爵帮他逃脱，欧纳尼许诺公爵可以支配他的生命。后来，国王受封为日耳曼皇帝，退出这场混乱的恋爱，为了表示大度，他也赦免了欧纳尼,并准许他和莎尔成亲。就在他们的结婚大典上,心怀妒忌的公爵蒙面而来,吹响了号角,这是催命的号声。欧纳尼自愿死去,莎尔也随之殉情。公爵见此情景,自杀身亡。

《欧纳尼》一反古典主义风格,情节大起大落,紧张刺激:国王躲进壁橱、仇人意外相见、情敌施以援手、仇人忽发慈悲、救命恩人又来索命、婚礼成了葬身之地。再加上乔装打扮、秘密幽会、偷听、替代、面具、毒药等等因素的运用,无不显示出浪漫主义戏剧的特色。这部戏剧上演前,新旧两派都得到了消息,旧派人物严阵以待、新派人物摩拳擦掌——在当时的文坛乃是一次重大事件,新旧两派爆发了一场"欧纳尼之战"。司汤达记录了这幕场景:"古典派不甘坐视这一班蛮人来侵占他们的大本营,收拾全院的垃圾和污秽,从屋顶上,向下面包围着戏院的人们兜头倒下来,巴尔扎克吃着一个白菜根……此后的斗争一步紧似一步。每晚的戏都变成一场震耳欲聋的喧哗。包厢里的人只管笑,正厅里的人只管叫。"

不过,从戏剧发展史的角度看,新派胜利了,苟延残喘多年的新古典主义被从剧院里扫地出门。当时年迈的浪漫主义文学先驱,法国著名文学家夏多布里昂,在演出第二天,给雨果写信说:"先生,我看了《欧纳尼》的首场演出。我对您的钦佩之情,您是知道的。我希望借着您的诗琴留名于世,您明白其中的道理。我将去矣,而先生,您今方来。"这一年,老作家年过六十,雨果还不到 30 岁。不过,雨果以夏多布里昂为偶像,立志做一个和他一样伟大的作家已经有 15 年了。

维克多·雨果出生于巴黎附近的小镇贝桑松,父亲是拿破仑手下一员战将,东征西讨,很少跟家人生活在一起。后来,父母关系恶化,雨果同保皇派的母亲一道生活,在巴黎一家修道院长大。母亲遗传给他的,除了文学天才之外,还有保皇立场。年轻的雨果是个思想保守的人,虽然他精力旺盛,创作能力惊人。随着母亲的去世,以及同父亲关系的和解,他对拿破仑有了新的认识,思想逐渐转变,到后来竟成为一名坚定的共和派,为此被法兰西第二帝国流放长达 18 年。在长期的流放生涯中,雨果除保持着对法兰西的热爱和对共和的忠诚外,还保持了一颗人道主义的良心。他自己生活在困顿中,却接济同样的流亡者和周围的穷人,关心世界各地发生的非正义之事,从美国黑奴的命运,直到中国被洗劫的圆明园。

作为文学家,雨果更大的成就在诗歌和小说创作方面,尤其是小说《巴黎圣母院》《悲惨世界》《九三年》《笑面人》等等,都是响当当的世界级名作。但是,雨果的戏剧成就也不容忽视,除了打响浪漫主义戏剧第一枪的《(克伦威尔)序》和发动第一次有力进攻的《欧纳尼》外,他有名的戏剧还有《吕伊·布拉斯》和《城堡戍卫官》。后来在流亡中,他还创作了将近 10 部"自由戏剧",不过这些戏要等到 20 世纪才得到应有的重视。

纵观雨果戏剧创作,他的成就在前期,他不愧为浪漫主义戏剧之翘楚。

# 电影艺术

## 电影流派

### 艺术电影

艺术电影作为术语是 1908 年由法国人首先开始使用的。法国银行家皮埃尔和保尔·拉菲特兄弟出于对当时电影品质低劣的不满,于 1908 年创建了一个被称为"艺术电影"的制片公司。这在当时是个大胆的行为,因为早期电影的放映都是在集市的木棚里,甚至在卖酒商的后店铺中进行,看电影的都是贩夫走卒、下里巴人。电影的内容也多是生活即景、魔术把戏、民俗表演之类难登大雅之堂的东西。

皮埃尔和保尔·拉菲特兄弟聘请法兰西学院的院士、著名戏剧家亨利·拉夫编写剧本,雇用法国第一流的剧团——法兰西喜剧院的演员担任角色,还请了当时第一流的作曲家专门为影片作曲并在放映时演奏。于是,一部由法兰西学院、法兰西喜剧院、法兰西美术学院共同合作的影片《吉斯公爵遇刺》诞生了。

### 新现实主义电影

新现实主义电影是 1945 年到 1951 年间出现于意大利的电影流派。新现实主义的信条是:描写普通人的日常生活,展现人与真实环境之间的关系,有一定的政治观点,非职业演员,实景拍摄,自然光效。在战后物质条件极其匮乏的条件下,具有社会主义观点的意大利电影工作者拿起摄影机走上街头,走进农村。开创了一种剧情电影拍摄的独特风格和方式。

意大利导演维斯康蒂(《沉沦》,1942)、罗西里尼(《罗马,不设防的城市》,1945)和德·西卡(《偷自行车的人》,1949)被誉为新现实主义的三驾马车,新现实主义电影找到了一种摆脱摄影棚和大明星的新的叙事方式,甚至有评论认为。新现实主义倡导的写实主义美学导致了古典好莱坞电影模式的没落。

## 法国新浪潮

法国新浪潮产生于 1958 年的法国。当时安德烈·巴赞（Andre Bazin）主编的《电影手册》聚集了一批青年编辑人员，如克洛德·夏布罗尔、特吕弗、戈达尔等 50 余人。他们深受萨特的存在主义哲学思潮影响，提出"主观的现实主义"口号，反对过去影片中的"僵化状态"，强调拍摄具有导演"个人风格"的影片，又被称为"电影手册派"或"作者电影"。

他们所拍的影片刻意描绘现代都市人的处境、心理、爱情与性关系。与传统影片不同之处在于充满了主观性与抒情性。这类影片较强调生活气息，采用实景拍摄，主张即兴创作；影片大多没有完整的故事情节；表现手法上也比较多变。

代表人物和作品有戈达尔的《筋疲力尽》、夏布罗尔的《漂亮的塞尔其》、特吕弗的《四百击》、布列松的《扒手》等。

## 德国新电影

20 世纪 60 年代初在西德出现了一次旨在振兴德国电影的运动，源于 1962 年的奥伯豪森第八届西德短片电影节。当时有 26 位青年电影导演、编剧和演员联名发表了一篇《奥伯豪森宣言》，宣称要"与传统电影决裂，要运用新的电影语言"并"从陈规陋习、商业伙伴和某些利益集团的羁绊中解脱出来"，以创立德国新电影。

代表人物法斯宾德、文德斯、施隆多夫、赫尔佐格四位导演被称为"德国新电影四杰"。施隆多夫运用新浪潮派虚构与纪实相结合的手法表现"二战"后的德国现实，他导演的《铁皮鼓》以独特的视角与夸张、怪诞、变形的手法暴露德国社会众生相，被称为"冲击纳粹德国要害的政治电影"。文德斯借流浪和疏离两个元素在银幕上创造出一个个充满诗意与虚空感的世界，赢得了评论家和观众们的喜爱。

## 意识流电影

意识流电影指受意识流小说影响，要求在银幕上着重表现人的非理性的、潜意识的、直觉活动的电影，出现于 20 世纪的五六十年代之交。在世界电影史上被最早视为意识流电影的是瑞典著名导演英格玛·伯格曼的《野草莓》。

意大利著名电影导演费里尼也以运用意识流著称，其特点是强调直觉。他受存在主义、弗洛伊德学说及客观唯心主义哲学影响，认为在人的意识中直觉最重要，所以他极端强调直觉，反对任何理性加工，鼓励创作"内省作品"。费里尼于 1962 年拍摄的《八部半》正是强调直觉的"内省影片"的典型。法国导演阿仑·雷乃在 20 世纪 50 年代末期也创作了震撼世界的意识流电影《广岛之恋》和《去年在马里昂巴德》，尤其是《广岛之恋》在当时被认为是世界影坛上的"一颗精神原子弹"。

## 独立制片

20 世纪 60 年代美国出现的独立制片电影被看作是最早具有"后现代主义"征兆的电影。这些电影受当时欧洲艺术电影浪潮的影响,但又表现出与"作者电影"的精英派头不同的美学追求。

独立制片电影完全抛弃了好莱坞电影的类型经验和制片方式。这股被称为"地下电影"的新势力的代表人物和作品有:安迪·沃霍尔的《水》《帝国大厦》,肯尼斯-安格的《天蝎星升起》、布拉哈格的《狗·星·人》、麦克·史诺的《波长》、约翰·沃特斯的《粉红色的火烈鸟》等。这些艺术家创造了一种与当时"波普艺术"相呼应的美学风格——通俗的、性感的、刺激的、冒险的。这些电影以反文化的立场彻底颠覆了传统艺术电影对深度思考的追求,技巧上以消费主义的姿态把既有的表现手段和 MTV 等时尚拼贴在一起。

## 西部片

西部片,也叫牛仔片,它的画面特征十分明显——可以看得到地平线的蛮荒的原野,具有传奇色彩的牛仔形象和跃马驰骋持枪格斗的激烈场面等。西部片作为好莱坞电影特殊的类型片。是关于美国人开发西部的史诗般的神化,影片多取材于西部文学和民间传说。并将文学语言的想象幅度与电影画面的幻觉幅度结合起来。

西部片的剧情大多是善良的白人移民受到暴力的威胁,英勇的牛仔以及执法者除暴安良,结果几乎总是群敌尽歼。而那个牛仔大多是外省人,他见义勇为,并在做完好事之后就走掉。《关山飞渡》是最具有代表意义的西部片之一,这部影片既表现了个人的风度、道德规范,又充分表现了一种社团的价值。影片的全部冲突在动作中表现出来,而开阔的荒野、封闭的驿车和黑暗的小镇,都为冲突提供了吸引人的环境。

## 公路片

公路电影最初出现在美国。按照美国的电影类型细分法,其中有一种 Road-movie,即公路电影,主要是以路途反映人生,在公路上旅行几乎贯穿全片。

公路电影的时代背景则设定在 20 世纪,车辆成为冒险探索的工具,这种电影受到现代主义的影响,主人翁在沿途所遇到的事件与景观,多半是在为本身的孤独疏离作注脚。公路电影里的旅程,则多半是主角为了寻找自我所做的逃离,旅程本身即是目的,而通常的结果是这条路把他们带到空无一物之处,他们的自我也在寻找的过程中逐渐消失了。《末路狂花》《逍遥骑士》《杯酒人生》等是公路片的代表作,尤其是文德斯的《德州·巴黎》和大卫·林奇的《我心狂野》分别获得过夏纳电影节的金棕榈奖,是公路片中的精品。

## DOGME95

DOGME95 是拉斯·冯·提尔等四位丹麦导演 1995 年起草的一份电影宣言,它所针对的是在高科技包装下的好莱坞技术主义。核心是为演员创造一个发现、塑造角色，捕捉人物真实动作的最适宜的环境。完全的现实主义风格，摄影机本身不参与事件，而只是事件忠实的记录者。

他们还为拍摄制定了几条规则：①实景拍摄；②同期录音；③肩扛摄影机；④自然光效；⑤不要光学镜头和滤色镜；⑥不要缺乏深度的动作；⑦不要世俗的或地理意义上的联系；⑧不要类型电影；⑨不署名。DOGME 电影通过最大限度地抑制技术和美学层面的表现，把电影与观众接受之间的障碍降到最低限度。代表作《家庭聚会》《白痴》《黑暗中的舞者》等获得了极大成功。

## 真实电影

真实电影从 20 世纪 50 年代末开始，是一种以直接记录手法为特征的电影创作潮流，代表人物有法国的尚·胡许与美国的大卫·梅索。制作方式上，以直接拍摄真实生活，不事先写剧本与用非职业演员，影片只由固定的导演、摄影师与录音师三人完成为其特点。

法国与美国的真实电影最大不同在于法国可让导演介入，如尚·胡许的《夏日记事》（1961）。而美国的真实电影则强调导演置身事外，不干涉事件进行，这样电影拍摄手法要求导演能准确地发现事件与预见戏剧性过程，摄制动作要敏捷与当机立断，而这种方法必然限制了题材的选择方向，因此纯粹意义上的真实电影的作品很少。而真实电影的最大意义在于它给一般剧情片的创作提供一个保证最大限度上的写实性。戈达尔在他很多电影里面进行主观介入是直接搬用真实电影的方法。

## 电影眼

电影眼是苏联电影导演吉加·维尔托夫于 1923 年首创的电影理论、创作方法和审美体系，亦是苏联纪录电影的先锋流派。维尔托夫在 1923 年 6 月《列夫》第三期发表了宣言性文章《电影眼睛一人一革命》，提出"电影眼睛"就是"眼睛加电影家""我观察"加"我思考"的创作观念，主张电影摄影机是"出其不意地捕捉生活"的"眼睛"，反对叙事性电影，反对人为扮演，排斥演员、化装、布景、照明和摄影棚中的艺术加工，认为可以通过蒙太奇技巧重新组织自然形态的实拍镜头，从而在意识形态的高度上表现"客观世界的实质"。

电影眼流派摄制团体拍摄了新闻简报式的《电影真理报》（1922~1924）以及《带电影摄影机的人》（1929）、《在世界六分之一的土地上》（1926）和《关于列宁的三支歌曲》（1934）等成功的影片。

# 电影人物

## 导演

### 米埃尔兄弟

1895 年,法国的奥古斯特·卢米埃尔(Auguste Ixtmiere)和路易·卢米埃尔(Louis Iawaiere)兄弟,在爱迪生的电影视镜和他们自己研制的连续摄影机的基础上,研制成功了活动电影机。活动电影机有摄影、放映和洗印三种主要功能,它以每秒 16 画格的速度拍摄和放映影片,图像清晰稳定。

1895 年 3 月 22 日,他们在法国科技大会上首放影片《卢米埃尔工厂的大门》获得成功。同年 12 月 28 日,他们在巴黎的卡普辛路 14 号大咖啡馆里,正式向社会公映了他们自己摄制的一批纪实短片,有《火车到站》《水浇园丁》《婴儿的午餐》《工厂的大门》等 12 部影片。

卢米埃尔兄弟是第一个利用银幕进行投射式放映电影的人。因此,电影史学家把 1895 年 12 月 28 日世界电影首次公映之日即定为电影诞生之时,卢米埃尔兄弟自然当之无愧地成为电影之父。

### 爱森斯坦

谢尔盖·爱森斯坦(Sergey Eisenstein),苏联电影导演,电影艺术理论家、教育家。1922 年,他在《左翼艺术战线》杂志上发表了第一篇纲领性的美学宣言《杂耍蒙太奇》,引起了长期的争论,并对整个电影艺术的发展产生了深远的影响。

爱森斯坦在 1924 年转入电影界,导演的第一部影片《罢工》被《真理报》看作是"第一部真正无产阶级的影片"。1925 年导演的《战舰波将金号》在 1958 年布鲁塞尔国际电影节上被评为电影问世以来 12 部最佳影片之首。

《伊凡雷帝》是他导演的最后一部影片,它成为世界电影的高峰之一,并对电影艺术的发展做出了巨大贡献。爱森斯坦的电影理论,在影片的总体结构、蒙太奇、声画框架、单镜头画面的结构、色彩以及电影史等领域,都进行了多方面的开创性的研究。

### 戈达尔

让-吕克·戈达尔(Jean-Luc Godard)是法国新浪潮电影最负盛名的代表人物,生于 1930 年。1960 年,戈达尔发表了第一部长篇电影作品《筋疲力尽》,轰动了法国影坛。戈达尔在电影语言上的"离经叛道"令人侧目,他大胆地破坏传统电影的规范,采用了灵活的叙事方法、画面格式以及跳接等划时代的剪辑技巧,影响了后、来的 MTV 和广告片。他的代表作还有《狂人比埃罗》《周末》《美国制造》等。

1968 年法国国家电影资料馆创始人朗格洛瓦的解任,戛纳电影节的终止事件,五月风暴等一连串的动荡使戈达尔又转入对反映时政的艺术作品的探讨和研究。他组织了基卡·维尔托夫小组。专门制作革命题材的影片。

戈达尔目前定居瑞士,再次开始了新的冒险。他运用手提摄像机和电影摄影机交替或同时拍摄,力图展现全新的视听世界,至今仍活跃在世界影坛。

### 侯麦

埃里克·侯麦(fEric Rohmer)是新浪潮电影的主将之一,也是有着独特艺术风格的电影大师。他的电影与其他大师最不同之处在于他几乎永远在描写普通青年人的心理状态,而这些看似平常的情节就是影片的全部。我们想要看个故事,但其实其中并没有什么故事,像我们每天的生活,娓娓道来的是我们的生活点滴,平淡中却意味深长。

从 20 世纪六七十年代的六个道德故事开始,到 80 年代的喜剧与格言系列,再到 90 年代的四季故事,侯麦一直孜孜不倦地阐述着他所感兴趣的命题,不厌其烦地纠缠于让人捉摸不定的情感世界。

侯麦的电影讲究对白,看似普通,但其实是非常简练与生动的,观者看片时仿佛身临其境,体会剧中人物的心路,等影片结束,你好像已认识主人公很久了,重看时恍如老友重逢。

### 法斯宾德

赖纳·维尔纳·法斯宾德(Rainer Wemei·Fassbinder)恐怕是当代德国最有影响力的导演之一,他身兼编导、演员、制片于一身,被称为"新德国电影运动的心脏""新德国电影最有成果的天才""德国电影的神童""德国的巴尔扎克"。

法斯宾德出生于 1945 年,短短的一生拍摄了 41 部影片,编导、演出了 27 部舞台剧。1982 年 6 月 10 日。法斯宾德死于他长时间的慢性自杀。他的生活就是一个慢性自杀的过程:长时间毫无节制的工作、暴饮暴食、大量吸烟、过度酗酒、靡乱的双性生活,超量毒品、安眠药、兴奋剂。法斯宾德一生保持着对自己身体持续的摧残。

女性三部曲《玛丽·布朗的婚姻》《萝拉》《维洛尼卡·福斯的欲望》是他的代表作,描写战后德国女性的生活,揭示了整个社会的腐朽与战后德国经济复苏时期资本主义无处不在剥削的罪恶本质。

### 东尼奥尼

米开朗琪罗·安东尼奥尼(Michelangelo Antonioni)生于 1912 年的意大利。1960 年他执导的《奇遇》在戛纳国际电影节上,以新颖独特的风格和极富现代感的思想内涵,轰动国际影坛,获得评委会特别奖。影片中,安东尼奥尼把中产阶级普通人物的心理作为关注对象,甚至是唯一的对象。《奇遇》和随后的两部影片《夜》《蚀》并称为"人类感情三部曲"。和《奇遇》一样,《夜》和《蚀》都细腻地描绘了中产阶级空虚的感情世界。

1964 年他的第一部彩色片《红色沙漠》获得威尼斯金狮奖,安东尼奥尼创造性地运用色彩作为影片的一个元素,用色彩和调子来传达人物情绪,营造影片氛围。有评论称《红色沙漠》是电影史上第一部真正意义的彩色片。晚年的安东尼奥尼不幸中风,甚至丧失了发声的能力,只能靠妻子领会他的意图,再传达给别人,但他仍坚持为观众奉献了《云上的日子》和《爱神》。

### 奥逊·威尔斯

奥逊·威尔斯(Orsen Welles)是美国历史上一位具有重要文化意义的电影家,是好莱坞电影史上空前绝后的"巨人"。有趣的是,奥逊·威尔斯身材高大,晚年体重达到400磅,有一次他的整个身体被车座卡住,不得不请机械师把车拆了。

1938年,奥逊·威尔斯创作了广播剧《火星人入侵》。威尔斯对全美千百万听众宣布:"已经发现火星人入侵地球,正在新泽西登陆。"伴随着令人身临其境的背景声效,好多听众吓得拔腿就跑,这次广播在美国各城市造成多处恐慌。威尔斯创造了美国广播史上一次经典时刻。

1941年,奥逊·威尔斯自编、自导、自演了成名代表作《公民凯恩》。这部电影在内容和形式上都体现了独特的新颖性,因而被看成是世界电影史上的一次重要实验和创新之作,被认为是电影史卜的单稗碑之作,电影艺术的"开山之作",现代电影与传统电影的历史转折点。

### 布努埃尔

路易斯·布努埃尔(Luis Bunuel),西班牙超现实主义电影大师。超现实主义者认为,在现实世界之外,还有一个无意识或潜意识的世界。他们还致力于突破合乎逻辑与实际的现实观,尝试将现实观念与本能,潜意识与梦的经验相糅合,从而达到一种绝对的真实,超越的真实。

1928年。路易斯·布努埃尔与萨尔瓦多-达利合作导演了超现实主义杰作《一条安达鲁狗》,其中最为称道的云遮月即刀子割破眼皮和爬满蚂蚁的手两个场景就是他和达利的两个梦。1930年拍摄了他的第一部长故事片《黄金时代》。这两部作品因为率先运用了象征、省略的影像和印象主义的剪辑技巧,而归于人类电影史最有影响的作品之列。

为了表彰布努埃尔为电影艺术的发展所做出的杰出贡献,戛纳国际电影节专门设立了路易斯·布努埃尔特别奖。

### 伯格曼

英格玛·伯格曼(Ingmm Bergman),瑞典电影大师。他导演的影片绝大多数是自己编剧,因此影片带有强烈的个人色彩。他是用电影手段反映心理世界、探索人生哲理的代表人物。他的影片的主题大多是在探讨生命的价值和意义、生的痛苦、死的恐惧、社会与人的矛盾、人与人的隔阂等。

伯格曼创造了一系列的影史经典,比如《夏夜的微笑》《第七封印》《野草莓》《魔术师》等。《芳妮和亚历山大》是他的一部巨作,这部影片有60个有台词的角色,1200个群众演员,是一部把喜剧、悲剧、滑稽剧和恐怖片熔于一炉的家庭纪事。伯格曼过去影片中的主题和人物,以及一切他所迷恋的事物都重复出现在这部影片里,他自称这部影片是他"作为导演一生的总结",是"一曲热爱生活的轻松的赞美诗"。

### 安德烈·塔可夫斯基

安德烈·塔可夫斯基（Andrei Tarkovsky）1932 年生于俄罗斯。他的第一部长故事片《伊万的童年》于 1962 年获得威尼斯影展金狮奖。其最后一部作品《牺牲》荣获 1986 年戛纳影展评审团特别奖。同年 12 月，塔可夫斯基因肺癌病逝于巴黎，享年 54 岁。

塔可夫斯基可以说是继埃森斯坦后苏联声名最为卓著的电影人。他对电影时空的梦幻般探索以及将电影当作诗歌的手法，使得他全部的作品都成为现代艺术电影发展中具有决定意义的瞬间。他的电影也因此被誉为"诗意电影"。

虽然他从未直接挑战过政治，但是如《安德烈·卢布耶夫》（1966）、《镜子》（1974）以及《潜行者》（1979）等专注于形而上学的影片，仍然触怒了苏维埃的权威们。虽然在作为导演的 27 年里面，他仅仅完成了七部长片，但每一部都主题野心勃勃，形式大胆，毫不妥协。

### 黑泽明

黑泽明（Akira Kurosawa），日本知名导演，1910 年 3 月 23 日出生于东京一个武士阶级家庭。黑泽明 33 岁拍摄生平第一部电影《姿三四郎》。而真正打开国外知名度的作品则是 1950 年的《罗生门》，此片荣获 1951 年威尼斯影展金狮奖，后再勇夺奥斯卡最佳外语片。

黑泽明的作品对于许多日本和美国的后辈导演多有启发，由于他的作品力求完美而且场面浩大，因此有"天皇"的尊称。他曾撰文指出："如果把电影从我的身上抽离，剩下只有零。"他的电影主题一向强调武士道精

黑泽明

神、人道主义者的理想，以及自我牺牲的重要，细节的考究和横向运镜则是他的独创风格。他的代表作品为《罗生门》《七武士》《梦》等影片。他是日本电影走向国际化的重要导演，也是日本近代电影史的重要人物。

### 看区柯克

阿尔弗莱德·希区柯克（Alfred Hitchcoek）1899 年生于伦敦的一个普通人家。1940 年，他的第一部好莱坞作品《蝴蝶梦》便勇夺奥斯卡最佳作品奖。从《后窗》开始，20 世纪 50 年代后期，希区柯克在艺术性和娱乐性上同时高要求，拍出了《捉贼记》《知道太多的人》《眩晕》《西北偏北》等一系列优秀作品。1960 年，希区柯克向新的恐怖挑战，拍出了一部让全世界惊悚的《精神病患者》。诡异的题材，意外的故事发展，低预算的黑白制作，让这部电影成为他电影生涯的一个里程碑。

希区柯克所贡献给电影艺术的，绝对不仅仅是纯电影的技巧。就像他的电影中的人物往往有多重人格一样，希区柯克的电影人格也是多重的。他是悬念大师，也是心理大师，更是电影中的哲学大师，很少有人能像他那样如此深刻地洞察到人生的荒谬和人性的脆弱。

## 波兰斯基

罗曼·波兰斯基(Roman Polanski)出生于一个侨居巴黎的波兰籍犹太人家庭里,出生后不久全家就遇到反犹排犹浪潮迫害。1969年他又遭受毁灭性的打击——已怀孕八个月的妻子莎朗·塔特被杀害。

或许正因如此,他的作品中大多体现了他独特的世界观、人生观。他对黑暗人性的深刻洞察,使他的影片大多涉及暴力、死亡和孤独,恐怖、悬念片是他拿手好戏,使他成为电影史上的"罪恶大师"。

1974年,罗曼推出了《唐人街》,成为20世纪70年代美国黑色电影的代表作品之一。1994年执导惊悚片《不道德的审判》,成为他最为黑暗压抑的一部电影。2002年的《钢琴家》赢得了全球评论界、观众的认可,获得第55届戛纳电影节金棕榈大奖,法国恺撒奖、波士顿影评人协会、美国影评人协会的最佳导演,以及第75届奥斯卡奖最佳导演奖。

## 斯皮尔伯格

称斯蒂芬-斯皮尔伯格(Steven Spielberg)为"电影奇才"一点儿也不为过。这位以史诗片《辛德勒名单》而荣获奥斯卡金像奖的大导演,其知名度却以《大白鲨》《E. T.》、《侏罗纪公园》等著名的商业娱乐片为更多的电影迷们所知。

1994年3月2日,第66届奥斯卡颁奖晚会上,影片《侏罗纪公园》和《辛德勒名单》共囊括了九项奖项。当这两部杰作的共同导演斯皮尔伯格登上领奖台时,全场起立,掌声不息。在这个属于斯皮尔伯格的夜晚,一向镇定含蓄的他也不禁潜然泪下。

多年来,斯皮尔伯格没有放弃他娱乐大众的喜好和企图,他之前的Amblin制片公司,以及与别人合组的"梦工厂"都曾制作过许多其他导演的卖座影片,如《回到未来》系列及动画片。斯皮尔伯格已经毋庸置疑地成为当今好莱坞电影的标志性人物。

## 丁度·巴拉斯

意大利导演丁度·巴拉斯(TintoBrass)被誉为是情色电影皇帝。他在自己的每部影片中都着重强调了女人的性感魅力,并且在片中经常运用多边的摄影技术,将片中美女和美景拍得浑然天成、美轮美奂。而且他在影片中时常表现女性对情欲的渴望,以及对女性身体的赞美、对男性身体的丑化和讽刺。

在巴拉斯导演的情色作品中,《罗马帝国艳情史》一片占有相当重要的地位。影片根据卡利古拉国王的一生为线索,令人震惊地展现了他的一生,从更深的层次揭露了权力给他带来的欲望的放纵直接导致了他的覆灭。片中充斥着大量的性爱描写,以揭露卡利古拉的荒淫无道。这部电影完成于西方性解放的高峰时期,正是由于该电影的上映,许多国家开始施行更为严格的电影审查和分级制度。

## 伍迪·艾伦

伍迪·艾伦(WoodyrAllen),美国电影导演,戏剧和电影剧作家,电影演员,爵士乐单簧管演奏家。1977年,他自编自导自演的《安尼·霍尔》是他的最佳作品,获得了奥斯卡最佳导演、最佳影片、最佳女主角、最佳编剧四项金像奖。

伍迪·艾伦写作的主题包括死亡、性和不道德行为。他善于吸取无声片喜剧的优点,配合自己一套带有浓厚地方色彩的机智对白,尤其是纽约知识分子式的机智。其讽刺对象上至政治、文化、宗教、性,下至电影、电视、犹太人习俗等,如果不懂得、不理解影片中的人物和环境,他的那种"内行人笑话"的幽默感,将无法理解,所以他的作品很受美国本国观众(特别是知识分子)的欢迎,在非英语国家则有所隔阂。挑剔的法国人称他为"美国电影界唯一的知识分子"。

### 北野武

北野武(Kitano Takeshi)1947年生于东京,艺名彼得武(Beat Takeshi),是20世纪80年代日本著名相声演员。他还在电视和广播中出演搞笑节目、短剧和猜谜活动,甚至当广告片模特。1983年,北野武第一次作为电影演员出演著名导演大岛渚执导的影片《圣诞节快乐,劳伦斯先生!》,1989年导演处女作《凶暴的男人》,其后相继导演了《3-4×10月》《那个夏季,最宁静的海》《小奏鸣曲》《大家都在干什么?》、《坏孩子的天空》《花火》《菊次郎的夏天》等作品。他是20世纪90年代以来日本电影导演的代表人物之一。

北野武完全按照自己的想法,在感觉上完全自由奔放地制作电影。打破了旧日本电影界固守的传统的基本导演技巧、摄影方式及剪辑方法。旧日本电影界那种固守的起、承、转、结的传统剧作方式的做法与北野武的影片毫无关系。

### 大卫·林奇

大卫·林奇(David Lynch)是当代美国电影界的一个多面手,既是著名的编剧、导演,又是优秀的电视制作、摄影师、漫画家、作曲家和书画刻印艺术家。他在主流派和超现实主义之间保持着一种游刃有余的平衡,在银幕上无情地揭露了现实生活中黑暗和极端暴力的一面,使作品散发出独特的个人魅力。与同时代的电影制作者相比,他得到了广泛的认同。

从《蓝丝绒》的诡谲到《我心狂野》的极端暴力,从《迷失的高速公路》的混乱到《穆赫兰道》的梦魇,他的电影获奖无数。大卫·林奇成为当代美国非主流电影的代表人物,他的作品无不透射出诡异、阴郁、迷惘及黑色幽默,极具视觉冲击力的超现实效果往往令人产生心灵的震撼,因此人们为他专门发明了"林奇主义"(Lynchian)一词。

### 马丁·斯科西斯

马丁·斯科西斯(Martin Scorsese),美国的现实主义电影导演。一个真正多产的导演。马丁·斯科西斯有"电影社会学家"的美称。他在好莱坞这个充满艺术泡沫的圈子里工作近30年,却从未因商业目的而拍摄一部"大片"。在斯皮尔伯格、卢卡斯等人依靠上亿美元和电脑特技吸引观众的同时,斯科西斯却始终以自己独特的视角,以电影冷静地剖析着社会和人类的种种顽症;在好莱坞只崇尚商业结果的环境下,却一直坚持自己的意愿,不遗余力地追求电影语言的探索。

其代表作《出租汽车司机》曾经获得1976年戛纳国际电影节的金棕榈奖,另外他的《愤怒的公牛》《盗亦有道》《恐怖角》等作品都是好评如潮。但直到2007年,他导演的《无间行者》才使他第一次拿到了奥斯卡最佳导演奖。

### 约翰·福特

约翰·福特(John Ford)是美国最伟大和最多产的导演之一,一生出品(导演)过130余部长片,其中绝大多数是西部片。约翰·福特还保持着一个纪录,他是获得过奥斯卡最佳导演奖次数最多的人,一共四次得到这个奖项。不过有趣的是,虽然他以西部片著称于世,但那四次获奖中没有一部是因为他的西部片。

1935年,福特把小说《告密者》拍摄成电影,一部伟大的美国电影就这样诞生了,该片一举夺得包括最佳导演在内的多项奥斯卡奖。"二战"时期,福特继续佳作连篇,例如《关山飞渡》《愤怒的葡萄》《青山翠谷》都得到了奥斯卡最佳导演奖,并与其中几个演员结下深厚的友情。这些演员成为福特旗下的得力干将,如约翰·韦恩、亨利·方达、维克托·麦克拉格伦、巴里·菲茨杰提德以及沃德·邦德。

### 克日什托夫·基耶斯洛夫斯基

1996年3月13日,法籍波兰电影大师克日什托夫·基耶斯洛夫斯基(Krzysztof Kieslowski)于巴黎病逝。他的死讯迅速在世界范围内传开,各个角落的电影工作者和影迷同为之哭泣。尤其是在他的祖国,这条消息占据了大小报刊的头版,波兰电视台决定于次日播放《维罗尼卡的双重生命》和部分《十诫》。当人们重温《蓝》《白》《红》三部曲的时候,也许才会明白,我们失去的不只是一位电影大师,更是一位精神上的引领者。

基耶斯洛夫斯基并不是一个编故事的好手,他的大多数作品没有紧凑的情节,以娱乐为目的的观众面对他的影片肯定会失望至极,甚至昏昏欲睡。而他所关注并终生探讨的是个体的精神世界。可以说,他是更接近于运用电影语言讲述个人存在状态的哲人,因而被哲学家刘小枫称为"深紫色的叙事思想家"。

## 演员

### 查理·卓别林

1889年,查理·卓别林(Charlie Chaplin)在伦敦出生。他在简陋的出租房间、国立贫民院及一所孤儿院中度过了辛酸的童年。早年的贫困生活启发了他后来创造流浪汉的灵感。小胡须、细手杖、大号裤子及皮鞋,以及歪歪扭扭的正式晚礼服,暗示了在儿童天真的想象中的威严的成人,意在用一个天真无邪的形象重新塑造一个下层阶级的代表。

1914年流浪汉夏尔洛的形象首次出现在影片《阵雨之间》中。这一形象成为卓别林喜剧片的标志,风靡欧美20余年。从1919年开始,卓别林独立制片,此后一生共拍摄80余部喜剧片,其中在电影史上著名的影片有《淘金记》《城市之光》《摩登时代》《大独裁者》《凡尔杜先生》《舞台生涯》等。这些影片反映了卓别林从一个普通的人道主义者到一位伟大的批判现实主义艺术大师的过程。

### 马龙·白兰度

马龙·白兰度(Marion Brando)1924年出生,自小顽皮好动,性格倔强,从不好好学习,但戏剧学校的老师看出白兰度是块演戏的材料,并预言他不出几年定会成为美国最优秀的演员。

1954 年,白兰度出演影片《码头风云》,扮演了一位码头搬运工。他将这个角色饰演得有血有肉,使之成为美国中下层工人的光辉代表。这一次他赢得了第一个奥斯卡金像奖。1970 年,白兰度出演影片《教父》,这部反映美国黑手党家族事业的影片一经上映,立刻引起社会的巨大轰动。白兰度把教父唐·维克托演得出神入化,入木三分,充分展现了他惊人的才华。为此他再次获得奥斯卡最佳男主角的"小金人"。

但是,与其他银屏偶像不同的是,马龙·白兰度不喜欢成为传统的被崇拜者。他倾向于走极端,行动也总是保持着一种神秘感,以尽量远离公众的视线。

### 阿兰·德龙

阿兰·德龙(Alain Delon)主演的《佐罗》绝对是广大中国观众心目中最具有代表性的。阿兰·德龙电影 1978 年被引进到中国,并曾一度引起全国观众的追捧。

作为法国影坛不朽巨星之一,阿兰·德龙来自一个破碎的家庭,童年在几间天主教学校度过,因实在长得太英俊,不久就被影界发掘演出电影。1959 年起他借着克莱曼执导的《阳光普照》及维斯康提的《洛可兄弟》而名噪一时,成为法国影坛巨星。1965 年又以《野战雄狮》打进好莱坞,同时走红于大西洋两岸。20 世纪 80 年代中期以后淡出幕前,将重心放在发展以他的名字为品牌的化妆品等商品上。

阿兰·德龙

### 丽泰·嘉宝

1909 年,葛丽泰·洛维萨·格斯塔夫森,也就是后来的葛丽泰·嘉宝(CretaGarbo)。出生于瑞典一个贫困的工人家庭。一次偶然的机会,嘉宝在大街上被当时瑞典一位著名喜剧片导演看中,于是投身电影界。1923 年初,她在影片《古斯塔柏林传奇》中担任女主角,就在这个时候,她将原来的名字改为嘉宝。

来到好莱坞后,嘉宝给美国电影带来了异国情调。开始,嘉宝被当作一个荡妇的化身出现在银幕上。在拍摄了《肉体与魔鬼》后,嘉宝不再满足于这种角色,之后她拍摄了一系列优秀影片,如《安娜·卡列尼娜》《安娜·克里斯蒂》《大饭店》《瑞典女王》《茶花女》等,从无声片到有声片、从悲剧片到喜剧片,都获得了成功。人们评价嘉宝说,她有一种绝妙的希腊古典美的侧影。蓝色的眼睛洋溢着一种浪漫的情调。

### 奥黛丽·赫本

身为好莱坞最著名的女星之一,奥黛丽·赫本(Audrey Hepburn)以高雅的气质与有品位的穿着著称。她生前主演的多部电影如《罗马假日》《蒂凡尼早餐》和《窈窕淑女》等至今仍为多数人眼中的经典巨作。

奥黛丽·赫本是 20 世纪最受到崇拜与争相模仿的女性之一。她鼓励女性去发掘与强调自己的优点，不仅改变了女性的穿着方式，也改变了女性对自我的看法。赫本了解自己的缺点与优点，她发展了属于她自己的风格。她引领的风潮，几十年来风行不坠，历久弥新。可能她唯一的规则就是不要盲目地跟着流行走，趋之若鹜。事实上，她总是遵循着自己的趣味，坚持着自己的步调。任何衣服穿在她的身上，绝对不会显得喧宾夺主，这就是时尚界所说的"是奥黛丽穿衣服，而不是衣服穿在奥黛丽身上"。

### 妮可·基德曼

妮可·基德曼（Nicole Kidman）1967 年出生于夏威夷的火努鲁鲁。尽管她从一开始就以她一头红发和修长的双腿在一群好莱坞的金发长腿女郎中脱颖而出，可是这位澳洲美女却是作为好莱坞的钻石王老五汤姆–克鲁斯的妻子而大放光彩的。

1995 年，她在《不惜一切》中扮演一个不择手段往上爬的美丽坏女人角色，精湛的演技震撼了整个影坛，受到了观众和影评界的一致好评，此片成了她演艺生涯的转折点，并荣获当年金球奖音乐喜剧类最佳女演员奖。接着她在众星云集的卖座巨片《永远的蝙蝠侠》中扮演了一个美丽的女心理医生，在剧中妮可充分展示了她娇嫩的肌肤、优美的曲线和修长的双腿，魅力十足。近年来，基德曼的演技日趋成熟，她不仅被美国《人物》杂志评选为世界 50 位美人之一，还赢得了奥斯卡奖。

### 罗伯特·德尼罗

罗伯特·德尼罗（Robert De Niro）从 60 年代中期开始在一些小型的独立制片中亮相，直至 1973 年《战鼓轻敲》才崭露头角。同年由于拍摄斯科西斯的《穷街陋巷》，开始了两人长达 20 多年的合作关系。1974 年他在《教父续集》中饰演年轻时代的教父，获奥斯卡最佳男配角奖，1976 年以《出租车司机》获戛纳影帝奖，1980 年以《愤怒的公牛》夺得奥斯卡影帝，被誉为 20 世纪 70 和 80 年代美国最优秀的演员。

1976 年，罗伯特·德尼罗主演了美国影史上最具有影响力的影片之一《出租汽车司机》。德尼罗饰演的一位刚退伍的美国大兵为了拯救一个雏妓大开杀戒。影片大受欢迎，德尼罗在其中的朋克发型也引得当时的美国年轻人纷纷仿效，但更为重要的则是德尼罗出演的这一司机形象被后人看作是 20 世纪 70 年代"迷惘的一代"的代表形象，是一个时代的象征。

### 克林特·伊斯特伍德

克林特·伊斯特伍德（Clint Eastwood）被称为"城市牛仔"，是美国影坛最受欢迎的硬汉明星。同时他又是一位多才多艺的导演和制片人。1986 年他当选为卡梅尔市市长，成为继里根之后又一位电影明星出身的政客。

1964 年他出演影片《为了几块钱》中一个无名枪手。影片一经公映，这个身材高大，穿着斗篷，戴着平顶黑帽，嘴上总有一根雪茄，沉默不言，动作神速，到处追杀歹徒的英雄形象立刻风靡欧洲。1995 他再次自导自演了影片《廊桥遗梦》，轰动美国。银幕上的枪手硬汉一下变成了一个温情脉脉的中年男子,一段浪漫的黄昏恋情让美国人回味无穷。克林特用实际行动证明他不仅仅是个动作英雄,他还是个柔情男子汉。

多才多艺的伊斯特伍德除了担任制片人、导演和演员外,还经常为自己的影片谱写电影配乐,包括影片《廊桥遗梦》《神秘之河》以及《百万宝贝》。

### 费雯·丽

费雯·丽(Vivien Leigh),英国的世界级影后。她成功扮演了《乱世佳人》中的郝思嘉。她以对人物的深刻理解,赋予角色鲜明的个性。影片上映后,在全美和整个大洋彼岸引起了轰动,费雯·丽所扮演的郝思嘉为美国电影史增添了灿烂的光彩。为此,她登上了该年度奥斯卡最佳女演员的宝座。

紧接着,费雯·丽又以真挚自然和富有魅力的表演,主演了影片《魂断蓝桥》,为美国电影史添上了绚丽的一笔。20世纪50年代初,已届中年的费雯·丽以深刻的内心体验和完美的表演技巧,在影片《欲望号街车》中,将一个昔日美丽富贵、现已破落早衰的可怜女人,表现得惟妙惟肖,从而第二次摘取奥斯卡最佳女演员的桂冠。不幸的是,自拍完《乱世佳人》后,她就患上了"狂郁型精神病"。1967年7月8日,年仅54岁的她终因心力交瘁而猝然身亡。

### 杰克·尼科尔森

杰克·尼科尔森(Jack Nicholson)是美国影坛上最富有个性的演员之一,他饰演的角色总显得那么疲倦、邪恶,甚至叛逆不羁,但又是那么凝重、丰满和耐人寻味。在他1980年拍摄的恐怖片《闪灵》中,他饰演的鬼魂缠身的作家杰克·多伦斯那张阴森恐怖的脸是如此传神,以至于让人觉得那股森森的鬼气是他与生俱来的。而在1997年的影片《尽善尽美》中,他又惟妙惟肖地饰演了一位从性格孤僻、乖张到仁慈善良的老头。

尼科尔森这个实力派巨星凭着其老辣的演技,在好莱坞引领风骚近30年。自1969年因影片《逍遥骑士》获奥斯卡最佳男配角提名至今,他已先后12次获奥斯卡奖提名(七次男主角,四次男配角),三次捧得金像奖(1976年和1998年两次获得奥斯卡奖最佳男演员,1984年获奥斯卡奖最佳男配角),是奥斯卡奖历史上获提名最多的男演员,堪称"奥斯卡之王"。

### 汤姆·汉克斯

汤姆·汉克斯(Tbm Hanks)天生一张娃娃脸,相貌平平,但极具喜感的脸加上逗趣生动的演技,无论什么角色,一经他的表演,就变得有血有肉,令人难以忘怀。他曾于1994年、1995年连续两年获得奥斯卡最佳男主角奖。他仍是当今好莱坞最具影响力的电影明星之一,"好莱坞黄金时代领头雁的再生"。

《费城故事》把汉克斯的演艺生涯推上了第一个高峰。在该片中,身为喜剧演员的汉克斯通过塑造一个被艾滋病折磨而遭歧视的同性恋律师的形象征服了评论界和广大的观众,并获得这一年的奥斯卡最佳男主角奖。

春风得意的汉克斯在1994年迎来了前所未有的荣誉,由于在影片《阿甘正传》中的成功演绎,汉克斯又一次赢得了奥斯卡奖,并成为有史以来第一位连续两届获得奥斯卡最佳男主角奖的演员。

### 阿诺德·施瓦辛格

阿诺德·施瓦辛格(Amold Schwarzen—egger·)1947年7月30日出生在一个鲜为人知的村落——奥地利的特尔村。年幼时的施瓦辛格有三个梦想:世界上最强壮的人;电影明星;成功的商人。

1966年,19岁的施瓦辛格获得了"欧洲先生"的称号。此后,他几乎包揽了所有的世界级健美冠军,包括五次"宇宙先生",一次"世界先生",七次"奥林匹亚先生",当之无愧地成为"王中之王"。1997年,国际健美联合会授予施瓦辛格"20世纪最优秀的健美运动员"金质勋章。

1979年,施瓦辛格放弃了健美事业,全身心地投入到表演中。施瓦辛格的成名作是影片《终结者》。这部电影被《时代》周刊评为1984年十部最佳影片之一,此后的两部续集更是再创辉煌。施瓦辛格歇影后开始参与政治,并且参加了州长竞选,最终于2003年11月16日起成为美国加利福尼亚州州长。至此,他将在政坛上继续谱写他的另一个神话。

### 西恩·潘

西恩·潘(Sear Penn)的成名是从20世纪80年代开始的。那时的西恩·潘可以说是娱乐界无可争议的风云人物,不过他的名气可不能全部归功于他迷人的演技,他的坏脾气和与麦当娜的短暂婚姻也是使他家喻户晓的主要原因。影评界对西恩·潘总是褒过于贬,因为他在《油脂妹》和《孽战》中的表演简直无懈可击,不过他的电影却很少打榜。尽管如此,他却没少打人,特别是那些挂着相机、如影随形般到处堵截他的长鼻子记者们。

西恩·潘1996年因《死囚漫步》获第46届柏林电影节最佳男演员奖,1997年因《她是如此可爱》获第50届戛纳电影节最佳男演员奖,1998年因《喧嚣》获第55届威尼斯国际电影节最佳男主角奖,2004年因《神秘河流》获第76届奥斯卡奖最佳男主角奖,此外还获得过三次奥斯卡影帝提名,是一个荣誉等身的演员。

### 凯瑟琳·德纳芙

凯瑟琳·德纳芙(Catherine Deneuve)是法国影坛的常青树,有"冰美人"之称。1964年,她在歌舞片《瑟堡的雨伞》中扮演女主角。她发自内心的激情和令人抑郁的幽默使她获戛纳国际电影节大奖,从此确立了明星的地位。她一生中最被影迷津津乐道的就是她与导演布努艾尔合作的《白昼美人》。这是一部改编自三流情色小说的电影,但布努艾尔成功地利用现实与幻想交错的情境,深入探讨了女人的压抑与寂寞。凯瑟琳·德纳芙因此片获得1968年英国学院奖最佳女主角提名。

德纳芙能扮演地位、身份、经历极不相同的各类女性,更善于塑造心理十分复杂的人物,最为成功的作品有《厌恶》《白昼美人》《特里丝塔娜》等。在面临自身年华老去的事实与新起女星的追赶之下,凯瑟琳·德纳芙利用丰富的人生历练与独特的优雅气质征服了一代又一代电影观众。

# 作品

## 《一个国家的诞生》

《一个国家的诞生》是电影史上第一部真正意义的商业片。此前的电影,其长度基本上限于一卷胶片,即 10 分钟左右。而《一个国家的诞生》的长度却达到了近三个小时,从而彻底改变了电影作为一门艺术的样式和面貌。

导演格里菲斯在影片中开创性使用了许多表现手法,极大地丰富了电影语言,如遮光片的使用、垂直 90 度拍摄镜头、夜景布光等,都可以在《一个国家的诞生》发现它们的踪影。这部电影让电影艺术突破了剧场式"幕"的限制,真正进入以镜头叙事的阶段。

《一个国家的诞生》中最著名、也是所有电影系学生必看须知的,就是片尾平行剪接的最后救援场面,格里菲斯以两个实时救援的情节,让镜头在两组受害者与救援者之间来回交错跳接,用镜头跨越了时空,也将戏剧情感推向了最高潮。

## 《战舰波将金》

《战舰波将金》是苏联影片,1925 年出品,S. 爱森斯坦编剧、导演。该片是向俄国 1905 年革命 20 周年的献礼影片,表现敖德萨海军波将金号战舰起义的历史事件。影片具有史诗般的规模,主题重大,冲突鲜明,既有宏伟的群像,又有细节的描写。丰富的蒙太奇手法和准确恰当的节奏使这部史诗片充满激情。

敖德萨阶梯大屠杀一段不仅气势磅礴,而且蒙太奇切换充分体现了惊心动魄的场面和感情的起伏。有人说,如果这部影片是电影史上的经典之作,那么敖德萨阶梯则是经典中的经典。随着这部影片的诞生,爱森斯坦的蒙太奇理论向前发展了一大步,对世界电影的影响也更明显了。1958 年,在布鲁塞尔国际博览会上,该片被评为电影史上 12 部最佳影片之首。

## 《偷自行车的人》

《偷自行车的人》是意大利新现实主义电影的经典代表作,也是导演德·西卡享誉最隆的一部电影。故事背景是二次世界大战前后的罗马。在百废待兴之际,男主角好不容易才找到一份张贴海报的工作,不料第一天上班便被人偷了他工作时必须用的脚踏车,于是跟他的小孩子踏破铁鞋到处找车,最后无可奈何地下手偷别人的车,却被逮个正着。

全片故事简单,但拍得有笑有泪,将战后罗马的社会面貌鲜活地反映出来。它通过第二次世界大战后意大利工人的悲凉遭遇,反映了当时意大利的社会状况。影片情节简练,笔触细腻,无论是思想内容还是艺术形式,都对当时及后世的电影艺术产生了深远影响。非职业演员的两父子演得十分生活化,好多场面令人感动得无话可说。

## 《四百击》

《四百击》是法国新浪潮著名导演弗朗科依斯·特吕弗 1959 年拍摄的,这部作品给他带来了国际声誉。这是一部反映青少年问题的影片,主人公——小男孩安托万因无法忍受学校、家庭、社会的重压而走上叛逆的道路,寻找自己的自由。《四百击》中安托万的童年几乎就是特吕弗本人经历的重现。特吕弗也曾经像安托万一样逃学,并一度进入少管所。

《四百击》译自英文 The Four Hundred Blows,而后者又译自法文 Les Quake Cents Coups,该俚语的意思是"青春期的强烈叛逆"。

特吕弗的这部电影揭开法国电影新浪潮的序幕,也倾泻了他青春年少时的怒火与喟叹,即使现在看来,这部影片对儿童心理与教育制度的针砭依然铿锵有力,让人热血澎湃。影片结尾主人公跑向大海的长镜头已经被写入教科书,成了影史中永恒的经典。

## 《东京物语》

《东京物语》描述了平山周吉老夫妇欲前往东京与其他子女相聚,在长男幸一家中居住两三天后,老夫妻因无聊而移往经营美容院的长女志子家中,但志子十分吝啬,只有已故二儿子的媳妇纪子给予了二老热情的接待。由于与老友喝酒受到女儿责难,周吉一气之下回乡。周吉老太太不久即因脑溢血病逝,最后与纪子语重心长的话别……

《东京物语》是一个大家庭中两代人的故事。亲情与疏离,挚爱与义务,死亡与孤独,在一桩桩观众再也熟悉不过的平常小事中缓缓铺展开来。这是一个普通日本家庭的故事,但也是所有家庭的故事,无论你我他,都有可能在片中找到自己的位置。在这部电影中,导演小津安二郎简约的影像风格近乎完美,一切都是那么自然,电影的制作者既不需要煽情,也无须告诉观众谁对谁错,因为生活本来就是这个样子。

## 《魂断威尼斯》

《魂断威尼斯》由意大利导演维斯康蒂执导,改编自德国作家托马斯·曼的同名小说。故事发生在第一次世界大战之前几年,德国作曲家奥森巴赫带着丧女之痛来到了威尼斯,希望得到休养生息的心情。到了威尼斯后,奥森巴赫与美少年塔奇奥邂逅,少年塔奇奥宛如希腊雕像般的容颜令奥森巴赫浑然忘我地沉醉在激动的热情中。但之后威尼斯被霍乱所笼罩,奥森巴赫为了多看塔奇奥一眼,一直尾随着他的足迹,甚至不顾自身安危,不想离开被瘟疫所笼罩的威尼斯,最终丧身在威尼斯。

这是一部唯美的电影,剧中影像像一张张的彩色明信片一般,创造出对"美"的作品一种纯粹的终极意念。这种对于"美"的追寻,随着配乐上使用马勒第五交响曲的慢板乐章,一直不停地演奏到剧情的最高潮。

## 《柏林苍穹下》

《柏林苍穹下》是西德导演维姆·文德斯闯荡美国多年后重回家乡开拍的幻想式文艺片。描述两个天使丹密尔和卡西尔守护着西柏林，穿梭在城中每一个角落，倾听人们的梦想和忧虑。一天，丹密尔在马戏团中看到女空中飞人玛丽昂，她穿着翅膀打扮有如天使，丹密尔被她吸引，在倾听了她的内心秘密之后更爱上了她，于是毅然下凡来追求可触可感的真正爱情。

黑白画面、意识流独白、非线性故事情节、长镜头……文德斯在《柏林苍穹下》这部电影中，为我们谱写了一首关于生命的哲理诗。从某种意义上说，这是一部教人接受现实、接受死亡、把握现在的电影。因为天使虽然拥有永恒，却没有分分秒秒的实在；凡人虽然要面对很多苦难，但是生命的短暂却加重了它本身的厚度和质量。

## 《邦尼和克莱德》

影片《邦尼和克莱德》表现的是一个英俊潇洒的青年和一个美貌风流的姑娘的爱情故事，但是他们西装革履的外表掩饰不住他们的真实身份——两个手持枪弹、抢劫银行的江洋大盗。这是美国电影银幕上首次出现的与传统好莱坞电影人物形象截然不同的新人物，他们是十足的无政府主义者，是社会秩序的破坏者和颠覆者。

影片片头所采用的字幕形式资料照片强调了人物的历史传记色彩，强调了叙事的真实性和纪录性。而现实社会的问题、越南战争的失败和阴暗的社会前景也在影片结尾的改写上体现出来。这部影片的成功在于人们接受了对美国正面形象的巨大否定，颠覆了美国电影的强盗片和警匪片的类型模式。而类型模式的破产之日便是作者电影的生成之时，影片《邦尼和克莱德》标志着美国新好莱坞电影的诞生。

## 《地下》

电影《地下》描写了一个革命成功之后充满肮脏与被蒙蔽的"地下"世界。革命者黑仔介绍他的朋友马克加入了地下党，并在马克家的地下室中避难和制造武器。战争结束。马克在地上的革命政权中慢慢成为英雄。但他却蒙骗仍躲在地下的黑仔和他的朋友们：希特勒已经大获全胜，伟大领袖铁托指示要继续潜伏，等待反攻。

这是一场荒诞、滑稽的政治史诗，电影面世就震惊了世界，并夺得了金棕榈奖。导演库斯图里卡用让观众捧腹大笑的故事展示了他对国家、民族命运的深刻思考。影片结尾人们脚下的大地开始断裂，离开大陆渐行渐远，成为漂流的孤岛。在荒诞和心酸中让你又想起电影序幕的题词，"从前有个国家叫南斯拉夫，它的首都叫贝尔格莱德"。

## 《俄罗斯方舟》

影片《俄罗斯方舟》讲述一位当代电影人突然发现自己置身于 1700 年前圣彼得堡的

一座古老宫殿里,而周围的人都无法看到他。和他有同样经历的是一位来自19世纪的法国外交官,这一奇遇使两个人开始了一场历史的漫游,目睹了俄罗斯千年来的风云变幻。

影片连续不断地在圣彼得堡的一座著名宫殿里一次性拍摄90分钟,从而使拍摄时间与电影时间完全重合。整部影片由一个镜头完成,导演索科洛夫反复强调了他的这部作品中没有一次切换。另外,这是第一部直接拍摄在硬盘上的故事片,并使用高清晰度数码摄影机。这是一项浩大而复杂的工程,摄制场地包括35个宫殿房间,850多名演员参加演出。影片横跨四个世纪,扫视了俄罗斯历史的动荡风云。对于导演来说完成拍摄无疑是一次巨大的挑战,甚至可以说是奇迹。

## 《低俗小说》

《低俗小说》在当年的戛纳电影节上技惊四座,打败了大师基耶斯洛夫斯基的《红》一举夺得了金棕榈奖,导演昆汀·塔伦蒂诺也因此成名。本片由"文森特和马沙的妻子""金表""邦妮的处境"三个故事以及影片首尾的序幕和尾声五个部分组成,看似故事独立,却又互相连贯,这一巧妙的叙事结构至今影响深远。

《低俗小说》融会了黑色电影、黑帮电影等多种电影流派,导演昆汀·塔伦蒂诺根据自己的喜好,把自己喜欢的人物、情节、对白、道具、歌曲等通俗文化共冶一炉,炮制了这部充满了种种奇观的怪电影。从这部电影开始,独立电影开始获得主流电影的全面认可,《低俗小说》以800万美金成本博得全球2亿美金的票房神话,塔伦蒂诺的"暴力美学"也开始扬名世界。

## 《华氏911》

《华氏911》是迈克尔·摩尔在"9·11"后拍摄的一部纪录片,反映了美国政府的某些侧面,试图说明为什么美国会成为恐怖活动的目标,为什么美国总是很容易就卷入到战争中,指出了"9·11"后对石油的贪婪在疯狂的反恐战争中起着绝对的作用,也分析了布什家族与本·拉登之间所谓的关系是如何导致他们成为势不两立的敌人。

在这部影片中,迈克尔·摩尔"以其人之道,还治其人之身",多用总统布什自己的言语和表情来传达信息。比如发生"9·11"事件时,布什总统正在美国一所小学中视察。当他的助手轻声告诉他飞机撞击了五角大楼和世贸大厦的消息时,布什先是一脸受到惊吓的表情,而后时间虽然在一分一秒地过去,布什总统却好像永远不会从凳子上站起来一样的呆坐着,盯着他手中那孩子们的写着"我的宠物山羊"的教材。

## 《星球大战》系列

在电影《星球大战》出现以前的世界,是一个根本没有手机和个人台式电脑的世界,也没有人听说过"国际互联网"这个名词。

在这样的一个历史背景下,《星球大战》系列电影的出现,不仅深刻影响了后来拍摄的一系列科幻电影,而且对整个美国和世界流行文化都产生了极其巨大的影响。它的出现标志着好莱坞改变了 20 世纪 70 年代以来拍摄表现复杂的精神状态和政治上愤世嫉俗的影片为主的倾向,转而拍摄更脱离现实、更讲究特技效果的影片。

影片中现代尖端科技的运用对未来世界做了神奇的展示,片中的科技效果达到了一个前所未有的高度,其制作过程有不少至今仍是不解之谜。甚至有传言说,是外星人帮助完成了这部影片。影片对青少年起到了重要的启发作用,以"影响了整整一代人"来评价这部影片是丝毫也不为过的。

## 《玩具总动员》

《玩具总动员》在 1995 年重炮出击,这是一部前所未有的影片,因为这是世界上第一部 3D 动画。影片巨大的成本曾令人惊叹不已,但票房的巨大成功则更上一层楼。而影评家对于该片的褒奖也是前所未见的统一,但该片最有分量的成就当属获得了奥斯卡特殊成就奖,以及获得奥斯卡最佳原著剧本、最佳音乐或喜剧片配乐、最佳歌曲等提名。奥斯卡奖对《玩具总动员》的肯定,使得它确立了自己的经典地位。

影片以玩具的视角反映现实生活之中可能蕴藏的无限乐趣,不仅妙趣横生,而且深化了人与玩具的感情,玩具们的相处也像是一个微缩的社会,有深厚的现实意义。温馨的情感自始至终贯穿全片,可以说是迪斯尼风格的又一次发扬光大。

## 《音乐之声》

《音乐之声》是一部十分适合亲子同乐的影片。有趣的故事、悦耳的歌曲、温馨的情感、天真无邪的笑料,构成了这部曾打破影史上最高卖座纪录的歌舞片,并曾获最佳影片等五项奥斯卡金像奖。茱丽安·德鲁丝扮演真有其人的奥国修女玛莉亚,她到鳏居军官家中照顾他的七个孩子,后来还成为他们的继母。

影片中流传最广的几首经典音乐,如表达玛莉亚对大自然热爱的主题曲《音乐之声》,轻松愉快的《孤独的牧羊人》,特拉普上校演唱的深情无限的《雪绒花》,欢乐大方的《哆来咪》,以及可爱的孩子们演唱的《晚安,再见!》等,都成为人们记忆中最值得珍惜和细细回味的艺术佳作,被视作人类最珍贵的永恒佳品。

## 《教父》系列

《教父》系列使当时默默无闻的导演科波拉与还算影坛新秀的帕西诺一举闻名世界。看《教父》应该三集一起看,这样你不仅可以看清科里昂家族完整的兴衰史,更将了解美国黑社会的阴暗内幕。《教父》中的人物为了金钱、权力与地位杀人如麻,他们冷酷无情,使用各种阴谋达到目的,但影片又在一定程度上反映了人物本身所具有的优秀品质,突破了以往暴力片单一性格模式。

这部跨度长达 20 年的黑帮系列电影对电影史的影响至深至远，它的出现促使世界上掀起一股专门以拍摄社会肌瘤题材为主的影片趋势。1990 年《教父》被定为美国在文化历史和艺术上有保留价值的 25 部经典影片之一。至今，《教父》三部曲已构成一个独立的电影神话，它那隽永的隐喻、丰富多彩的人物令人百看不厌，华彩的视觉形象和匠心独运的蒙太奇段落堪称经典，它被影评家评为"讽喻美国腐败的视觉史诗"。

## 《007》系列

007 是英国皇家特工詹姆斯·邦德的代号，而以他为主角的电影至今已经拍摄了 21 部。根据非正式统计，看过 007 电影的观众总数起码有 20 亿人次，亦即地球上每三人就有一个曾经看过 007 电影。

前任"邦德"皮尔斯·布鲁斯南这样总结"007"电影长盛不衰的原因，"是美艳的邦德女郎，是新奇的道具、是性、是罗曼蒂克、是幻想、是最终的英雄，赋予了这部电影长久的生命力"。英国文化评论家康拉德则对人们崇拜 007 现象做如下解释："如果你向往成为一名重要的人物，你可以把自己想象成 007。"

甚至连一些 007 常用语言也成为流行的日常用语。比如 007 的自我介绍："我叫邦德，詹姆斯·邦德。"（My name is Bond，James Bond.）。他喜欢喝马天尼（martini），他老是说："摇匀，不要搅拌。"（Shaken，Not stirred）。

## 《指环王》系列

《指环王》创造的视听效果可谓电影史的又一个巅峰作品。导演彼得·杰克逊结合最新电影科技，用三亿美元的惊人预算，把《指环王》拍摄得精彩魔幻到了极致。电影中的特效已经近乎完美，就现代电影科技来说，已经毫无瑕疵了。博大的场面，诗一般的景色，美轮美奂的乡村风光，阴郁沉闷的工业蛮荒，加上高超的电脑特技，让人充分领略奇妙的视觉旅行。电影中虚幻的声音就如同从遥远的天上飘荡而来，电影音乐更如同天籁，音效震撼人心。

这部电影改编自影响了世界范围内的几代读者的托尔金的文学巨著《指环王》，恢宏的气势和奇异的想象开创了一个全新的电影类型——魔幻电影，《指环王 3》更是勇夺 11 座奥斯卡奖。

## 《泰坦尼克号》

《泰坦尼克号》在全球的票房累计收入为 18.45 亿美元，其中北美地区收入为 6 亿美元，位居全球及北美地区历史最高卖座片的第一名，其纪录迄今仍无影片能超越。

第 70 届奥斯卡金像奖上，故事影片《泰坦尼克号》共获 11 项奥斯卡金像奖：最佳影片奖、最佳导演奖、最佳编辑奖、最佳插曲奖、最佳音乐奖、最佳艺术指导奖、最佳摄影奖、最佳视觉效果奖、最佳音响奖、最佳音响编辑奖和最佳服装奖。这同样是奥斯卡历史上

《泰坦尼克号》剧照

的最高纪录。

《泰坦尼克号》是警世箴言,是一面人类时时审视自己劣根性的明镜,它还是一则包融信念、勇气、牺牲,当然还有爱的不朽传奇。在接受最佳导演奖时,卡梅隆还提议为泰坦尼克号沉船事件中的死难者默哀,而故事中惊天动地的爱情故事则让无数少女落泪。

## 《老友记》

《老友记》是美国 NBC 电视台从 1994 年开播、连续播出了 10 年的一部幽默情景喜剧。全剧共 230 多集,每集大约 20 分钟左右。曾在 1996 年创下 5300 万的收视纪录。故事主要描述了住在纽约的六个好朋友从相识到后来一起经历了 10 年的生活中发生的一系列的故事,朋友间的生活、友谊、麻烦、欢笑、矛盾、爱情、工作等表现得淋漓尽致。

《老友记》之所以受人欢迎,其一是因为它完全具备消费良品的素质,而更重要的是,在不断的笑声中。它让我们看到了另一种和我们一样普通的生活。形形色色的人因为情感、原则、利益、地位等问题产生矛盾、闹出笑话,同时,亲情、友情、爱情也在这里升华。《老友记》无形中成为人们日常生活的一面镜子,可以让我们学习生活,并去欣赏生活中的那些真善美。

## 《美国偶像》

《美国偶像》是美国福克斯公司在英国系列电视节目《流行偶像》的基础上经过改编推出的真人秀电视节目。该节目的参赛者必须是美国公民,年龄必须在 16 岁到 24 岁。到了第四季,参赛年龄限制才被放宽到 28 岁。这个节目一直是福克斯公司的收视法宝,其冠军获得者的奖品就是一纸演唱合约。节目播出四年来,虽然舆论也是褒贬不一,但无疑受到了很高的关注。2003 年五音不全的孔庆祥极具喜剧感的表现被评委嘲笑并被当场淘汰,他却以一句"我已经尽力了,因此我不会有丝毫遗憾"一夜成名,不但赢得了美国观众的支持,还成功签约发行了第一张专辑,引发了世界各地关于偶像的讨论。

# 趣话

## 戛纳国际电影节

戛纳国际电影节是世界最大、最重要的电影节之一。1939年,法国为了对抗当时受意大利法西斯政权控制的威尼斯国际电影节,决定创办法国自己的国际电影节。第二次世界大战爆发使筹备工作停顿下来。大战结束后,于1946年9月20日在法国南部旅游胜地戛纳举办了首届电影。1956年最高奖为"金鸭奖",1957年起改为"金棕榈奖"。

电影节的活动分为六个项目:"正式竞赛""导演双周""一种注视""影评人周""法国电影新貌""会外市场展"。有两组评审委员分别评审长片和短片,"正式竞赛"的部分由各国电影文化界人士组成,其人选都是颇有声望的导演、演员、编剧、影评人、配乐作曲家等,而其中一名担任主席。中国只有陈凯歌的《霸王别姬》获得过最高奖"金棕榈奖"。

## 威尼斯国际电影节

威尼斯国际电影节是世界上第一个国际电影节,号称"国际电影节之父",1932年8月6日在意大利的名城威尼斯创办。1934年举办第二届后每年8月底至9月初举行一次,为期两周。1943~1945年因第二次世界大战一度停办。大战结束后于1946年恢复举行。威尼斯电影节设立的奖项很多,有"圣马克金狮奖""圣马克银狮奖""圣马克铜狮奖"、意大利电影评论家奖、国际电影评论家奖、国际天主教组织奖、国际电影新闻协会奖、纪录片奖,等等。

威尼斯电影节逐渐形成了自己独特的传统:它聚焦于各国的电影实验者,鼓励他们拍摄形式新颖、手法独特的影片,哪怕有一些缺陷,只要是有创新,就能够被电影节所接纳。该电影节的宗旨是"电影为严肃的艺术服务",每年都提出不同的口号,而评判标准很纯粹——艺术性。

## 柏林国际电影节

柏林国际电影节原名西柏林国际电影节,欧洲第一流的国际电影节之一。20世纪50年代初由阿尔弗莱德·鲍尔发起筹划,1951年6月底至7月初在西柏林举行第一届。

主奖有"金熊奖"和"银熊奖"。"金熊奖"授予最佳故事片、纪录片、科教片、美术片;"银熊奖"授予最佳导演、男女演员、编剧、音乐、摄影、美工、青年作品或有特别成就的故事片等。此外,还有国际评论奖、评委会特别奖等。电影节每年举行一次。1978年起,为了和法国的戛纳国际电影节竞争,提前至2月底到3月初举行,为期两周。

柏林电影节"发现"了一大批电影导演,如今他们的地位已经写进了电影史。柏林国际电影节的获奖者包括法斯宾德、安东尼奥尼、戈达尔、伯格曼、夏布罗尔、波兰斯基、雷伊、李安、张艺谋等。

## 奥斯卡奖

奥斯卡奖亦称"金像奖""学院奖",是当前世界上影响最大、历史最悠久的电影奖,由美国电影艺术与科学学院颁发。

1927 年 5 月,美国电影界知名人士在好莱坞发起组织一个"非营利组织",定名为电影艺术与科学学院,它的宗旨是促进电影艺术和技术的进步。学院决定对优秀电影工作者的显著成就给予表彰,设立了"电影艺术与科学学院奖"。1931 年后"学院奖"逐渐被其通俗叫法"奥斯卡金像奖"所代替,现在其正式名称已鲜为人知。

奥斯卡奖可分成就奖、特别奖和科学技术奖三大类。成就奖主要包括最佳影片、最佳剧本、最佳导演、最佳表演(男女主、配角)、最佳摄影、最佳美工、最佳音乐、最佳剪辑、最佳服装设计、最佳化妆、最佳短片、最佳纪录片、最佳外国语影片等。特别奖则有荣誉奖、欧文·撒尔伯格纪念奖、琼·赫肖尔特人道主义奖、科技成果奖和特别成就奖。

## 欧洲电影奖

欧洲电影奖于 1988 年在瑞典电影大师伯格曼倡议下设立,该奖的宗旨是永久树立欧洲各国都遵循的电影的艺术精神,意在唤醒全球观众对欧洲艺术人文电影的信心及支持。原来欧洲电影奖总部一直设在德国柏林,进入 20 世纪 90 年代后期,欧洲电影奖打破了地域限制,把十年庆典移师伦敦。2000 年欧洲电影奖在法国的巴黎举行。最初的奖座——持葡萄的男子,由柏林艺术家 Markus Lupertz 设计,1997 年原奖座被一位身着欧洲星长裙的长发美女取代,由英国设计家 Theo Fennell 设计。很凑巧,此美女身高和美国奥斯卡完全一样,一对儿般配的"骄傲冤家"。

## 英国电影学院奖

英国电影学院奖创建于 1947 年,原主要表彰对象是英国电影及由英国籍演员演出的外国影片。相当于英国的奥斯卡奖,但近年来提名较开放,只要在英国正式上映的影片都可获提名,奖项改为面向世界各国的影片进行评奖,使之产生了更大的影响。现在的奖项设置已与奥斯卡奖类似。1959 年英国电影学院与电影制片人和导演公会合并,改名为电影和电视学会,1975 年又改名为英国电影与电视艺术学院。1947 年开始评奖,每年一次,2 月 25 日开奖。首届设最佳影片、最佳英国片、最佳纪录片奖。第二届增设最佳专题片奖。第三届增设联合国奖。第六届增设最佳英国女演员、最佳英国男演员、最佳外国女演员、最佳外国男演员、最有前途的新人五项奖。以后几乎过几届就有新的奖项产生。

## 美国电影金球奖

金球奖始终笼罩在奥斯卡的阴影之下,更像是奥斯卡前的一次预演。金球奖始自1943年。由好莱坞外国记者协会主办,是美国影视界最重要的奖项之一,金球奖共设有24个奖项,同奥斯卡不同,参加金球奖的影片分为剧情类和喜剧/音乐类。金球奖的被提名者名单通常是在圣诞节前公布,颁奖晚会则选在一月中旬举行。金球奖颁奖晚会的举办地点曾多次变动,不过近几年似乎已经固定在贝弗利山的希尔顿饭店。作为每年第一个颁发的影视奖项,金球奖被许多人看作是奥斯卡奖的风向标。近十几年来,二者结果的对比似乎也能很好地证明这一点。

## 美国洛杉矶影评人协会奖

洛杉矶影评人协会奖始自1975年,与纽约影评人协会奖、芝加哥影评人协会奖并称为美国三大影评人奖。创始人是当时任洛杉矶时报影评人的查理·卓别林和自由撰稿人鲁斯·巴切勒。

目前,该协会拥有53名会员,涵盖洛城当地报纸、杂志、电台、电视频道的有名影评人,是所有影评人协会中会员成分最广泛的。洛杉矶影评人协会奖从来不像纽约同行们一样标榜品位,该奖根本无惧于选择那些票房巨片,同时也愿意肯定那些艺术性高的小成本影片。除了评奖外,洛杉矶影评人协会成员还积极参与到电影相关事物当中。在过去30多年来,该协会曾资助和举办了很多电影界的盛事,并捐赠了不少基金给洛城的电影机构,特别是那些涉及电影资料保护的项目。

## 金酸莓奖

金酸莓奖英文为 Razzie Award, Razzie 在一般字典上查不到,它来自 razz 一词,是"嘲笑"的意思。所以,顾名思义,金酸莓奖不重在褒奖,而在于嘲讽。

金酸莓奖是由好莱坞的失意电影人约翰·威尔逊于1981年创立的另类评奖活动,评选结果每年都在奥斯卡颁奖典礼举行的前一天公布,专门开奥斯卡奖的玩笑,评前一年最烂的片子,经常在奥斯卡前夜抢尽风头。仿照奥斯卡设立了"最烂女演员""最烂男演员""最烂续集""最烂导演""最烂影片""最烂重拍片"等,但每年都会随当年具体情况有所变动。其实这些片子称不上是"最烂"的,而是以"亏"为主旨。片子的票房、演职人员的声名、片子的投资等与片子的质量相去甚远,所以才被评上"最烂"。因此一些大成本电影或大牌歌手跨界演出,往往会因树大招风而中奖!

## 日本《电影旬报》奖

创刊于1919年的《电影旬报》奖于1924年开始进行年度佳片评选,最初只选出最佳外国电影。1925年起对外国片分艺术片、娱乐片两类开展评选。1930年起又分"日本现代电影""日本古装电影""外国无声电影""外国有声电影"进行评选。之后,固定为年度十部最佳日本电影、十部最佳外国电影、最佳日本影片导演、最佳外国影片导演四个项目的评选。

"年度十佳"是战前最权威的电影奖项。随着战后电影繁荣时期的到来,《电影旬报》年度评选项目越来越多,渐趋"奥斯卡化",奖项分为最佳日本影片、最佳外国影片,最佳导演、编剧、男女主演、男女配角、新秀男女演员等,并扩大了读者参与程度。上述奖项,由读者同样选出一遍。

## 艾美奖

艾美奖其实是由两个奖构成的。我们通常说的艾美奖是指黄金时段节目艾美奖,由总部位于洛杉矶的电视艺术与科学学院颁发。此外还有一个日间节目艾美奖,由总部位于纽约的国家电视艺术与科学学院颁发。

电视艺术与科学学院于1946年成立,并在1949年首次颁发艾美奖。路易斯·迈克马努斯以自己的妻子为模特设计了艾美奖座。最初的时候这个奖的名字叫"伊米奖"(Immy),是早期摄像机的重要部件的绰号。在第一届颁奖礼开始之前,由于奖座充满女性色彩,学院决定改名为"艾美奖",这个名字一直沿用至今。

国际艾美奖的宗旨是:不管在什么地方制作或播映,高质量电视节目都应该得到全行业认可。每年都有包括中国在内的不少亚洲国家节目入选。被提名国际艾美奖的电视节目长度不得少于30分钟,分为电视剧、纪录片、艺术纪录片、流行艺术、艺术演出、儿童和青少年节目六大类。

## 迪士尼动画片

迪士尼的动画电影可以划分为迪士尼经典动画(Classics)、迪士尼真人动画(Live Action with Animation)、迪士尼计算机动画(3D Computer Animation´)、迪士尼模型动画(Claymation Animation)、迪士尼电影版卡通(Movietoons Animation)和迪士尼录像带首映(Video Premiere)等类型,其中的经典动画成为迪士尼最主要的象征。开创这种局面的第一部经典动画就是1937年发行的动画长片——著名的《白雪公主和七个小矮人》。

迪士尼公司从此成为动画电影的龙头大哥,领导了动画电影的潮流。经过数十年的发展,迪士尼也由原来的小小动画工作室迅速膨胀成为国际娱乐界的巨子和拥有全球知名度的跨国大公司,除了电影,势力范围扩张到主题公园、玩具、服装和书刊出版等行业。

## 派拉蒙电影公司

1912年的7月14日,一个名叫阿道夫·楚克的年轻人,在好莱坞附近租下了一个简陋的马棚,开始电影拍摄工作。这里就是后来的派拉蒙电影公司。

20 世纪 40 年代到 50 年代初,派拉蒙出品了一系列经典佳作,包括《公民凯恩》《龙凤配》《与我同行》等,以及与希区柯克合作的《精神病患者》《后窗》《眩晕》等。60 年代末,派拉蒙以一部真实感人的《爱情故事》告别了好莱坞华丽轻浮的歌舞片时代,也为美国电影创作开辟了一片"新天地"。

从 20 世纪 70 年代到 80 年代中期,派拉蒙电影公司进入其电影拍摄的黄金时期,不仅推出了青春歌舞片《油脂》和《周末狂欢夜》,战争片《壮志凌云》,还有《星际旅行》《印第安纳·琼斯》和《教父》等经典系列。90 年代以来派拉蒙仍然保持了很高的产量。从《人鬼情未了》到《勇敢的心》,从《碟中谍》到《泰坦尼克号》等。

## 米高梅电影制作公司

一个电影制作公司拍摄了电影史上最出色的影片之一——《乱世佳人》,创造出历久不衰的银幕经典——007,塑造了不朽的卡通形象——猫和老鼠,发起成立了美国电影艺术与科学学院,并推出了奥斯卡奖……要知道,上面几个成就中的任何一个,都可以让这个公司不朽,何况几个神话集于一身。这个公司的雄狮标志一度被当成了美国的象征,它旗下巨星云集,曾创造每周推出一部电影的神话。这个公司的大号叫米高梅。

但如今的米高梅公司连连受到打击,多次易主。2005 年,索尼公司以近 50 亿美元的价格将米高梅买下,从此,好莱坞八大公司中的最后一个独立制片公司消失了。如今,米高梅与哥伦比亚公司同属索尼旗下,开始了新的征程。然而,它拥有的 170 座奥斯卡金像(数量为好莱坞八大制片公司之首)却仍在诉说着它曾经的辉煌。

## MK2 电影公司

MK2 电影公司于 1974 年由法国导演兼制片人 Marin Karmitz 在巴黎创立,是一家从事电影(尤其是艺术电影)制作与发行的集团,它在巴黎地区还开设了多家影院,直接面向观众,推广自己出品或购买版权的电影。

MK2 的创始人 Marin Karmitz 原本是电影导演,但因其作品带有左翼色彩,而逐渐陷入无人问津的地步。他作为导演前后拍摄了七部影片,20 世纪 60 年代末至 70 年代初已经在电影界小有名气,但最后一部电影《以牙还牙》面临没有片商愿意发行的困境,这使他决心跨足制片与发行业,并成立自己的电影院。"这是一个了不起的成就,而且还是完全改造大众口味(意即将观众的兴趣从低俗电影转向完全相反的艺术电影)的典范……"多少年后,这位毫不妥协的艺术电影的拥趸功成名就时如是说。

## BBC

BBC 指英国广播公司,是英国的一家政府资助但却独立运作的媒体,长久以来一直被认为是全球最受尊敬的媒体之一。在相当长的一段时间内,BBC 一直垄断着英国的电视、电台。在 1955 年独立电视台和 1973 年独立电台成立之前,BBC 一直是全英国唯一的电视、电台广播公司。今天 BBC 除了是一家在全球拥有高知名度的媒体，还提供其他各种服务，包括书籍出版、报刊、英语教学、交响乐队和互联网新闻服务。

1936 年 11 月 2 日，BBC 开始了全球第一个电视播送服务。电视广播在"二战"中曾经中断，但是在 1946 年重新开播。1953 年 6 月 2 日，BBC 现场直播英国伊丽莎白二世在西敏寺的登基大典，估计全英国约有 2000 万人直接目睹了女王登基的现场实况。

## 蒙太奇

蒙太奇是法语 Montage 的译音，原是法语建筑学上的一个术语，意为构成和装配。后被借用过来，引申用在电影上就是剪辑和组合，表示镜头的组接。

简要地说，蒙太奇就是根据影片所要表达的内容和观众的心理顺序，将一部影片分别拍摄成许多镜头，然后再按照原定的构思组接起来。一言以蔽之，蒙太奇就是把分切的镜头组接起来的手段。由此可知，蒙太奇就是将摄影机拍摄下来的镜头，按照生活逻辑、推理顺序、作者的观点倾向及其美学原则联结起来的手段。首先，它是使用摄影机的手段，然后是使用剪刀的手段。

综上所述，可见电影的基本元素是镜头。而连接镜头的主要方式、手段是蒙太奇，而且可以说，蒙太奇是电影艺术的独特的表现手段。

## 电影分级

分级制度指的是某一组织根据一定的原则把片厂的产品按其内容划分成若干级，给每一级规定好允许面对的观众群。它没有国家法律支持，但在行业内部具有约束力。它只对观众起提示的作用，而把选择权交给了观众，由观众实行自我保护。比较有代表性的是美国和中国香港的分级制度。

美国：

G 级：大众级，适合所有年龄段的人观看。

PG 级：普通级，建议在父母的陪伴下观看，有些镜头可能让人产生不适感。

PG-13 级：普通级，但不适于 13 岁以下儿童，13 岁以下儿童尤其要有父母陪同观看。

R 级：限制级，17 岁以下观众要求有父母或成人陪同观看——该级别的影片包含成人内容，里面有较多的性爱、暴力、吸毒等场面和脏话。

NC-17 级：17 岁或者以下不可观看——该级别的影片被定为成人影片，未成年人坚决被禁止观看。影片中有清楚的性爱场面、大量的吸毒或暴力镜头以及脏话等。

中国香港：

第 1 级：适合任何年龄的人观看。

第 II 级：儿童不宜观看。

第 IIA 级：儿童不宜——在内容和处理手法上不适合儿童观看；影片可能使用轻微不良用语和少量裸体、性暴力及恐怖内容，建议有家长指导。

第 IIB 级：青少年及儿童不宜——观众应预期影片内容不适合成分的程度较第 IIA 级强烈；强烈建议家长给予指导；影片可能有一些粗鄙用语及性相关的主语词；可含蓄地

描述性行为及在情欲场面中出现裸体;影片可能有中度的暴力及恐怖内容;

第Ⅲ级:只准 18 岁(含)以上年龄的人观看。

## DV

DV 是英语 Digital Video 的缩写,数码摄像机的意思。在摄像时,使用者通过 DV 的液晶显示屏观看要拍摄的活动影像,拍摄后可以马上看到拍好的活动影像。通过 DV 能够把拍摄到的活动影像转换为数字信号,连同麦克风记录的声音信号一起存放在 DV 带中。与传统的光学摄像机相比,DV 的图像分辨率高,画质清晰,色彩逼真,失真极小,而且小巧轻便,功能强大,使用起来非常灵活、方便。DV 以其卓越的性能及相对低廉的价格受到了广大用户的青睐。

DV 手持摄影充分发挥了摄影机的灵活性,中国第六代导演娄烨的《苏州河》就大量使用了手持拍摄的方法。而瑞典 DOGMA 小组制作的电影,更是不允许使用脚架拍摄。越来越多的世界性的电影节都开始为 DV 电影颁发特别奖项,DV 电影已经开始成为全球观众和电影厂商瞩目的项目。

## COSPLAY

COSPIAY 是英文 Costume Play 的简略写法,其动词为 COS,而玩 COSPIAY 的人则一般被称为 COSPLAYER。从一般意义上来说的 COSPIAY 最早的中文译名是出自台湾,意思是指角色扮演。以现今的 COSPIAY 而言,其形式及内容一般是指利用服装、小饰品、道具以及化装来扮演 ACG(Anime、Comic、Game)中的角色或是一些日本视觉系乐队以及电影中的某些人物,从这里可以看出在定位上 COSPIAY 包含了相当广阔的发挥空间,甚至可以说只要是有 COSPLAYER 在的地方,这一领域便绝对就是当今青少年流行文化的主流。

经过长时间的发展与探究,如今的 COSPIAY 已经是变得相当完善,不仅可以扮人,而且更加可以扮漫画和游戏中任何的东西,例如动物、机器人,只要想得到又扮得到的就可以,没有任何限制。

# 建筑艺术

## 金字塔——人间的奇迹

"西方史学之父"希罗多德说过：埃及是尼罗河的馈赠。而金字塔则是"四大文明古国"之首的古埃及给予世界的赠礼。它被誉为古代世界的七大奇观之首。金字塔集中体现了古埃及人的文化智慧，成了该民族灵魂的载体。它们独有的特色风采也成了埃及的符号和品牌。

埃及的金字塔建于 4500 年前，是古埃及法老（即国王）和王后的陵墓。陵墓是用巨大石块修砌成的方锥形建筑，因形似汉字"金"字，故译作"金字塔"。到目前为止，堪称亡灵之城的金字塔群，大大小小共有 96 座，散布在尼罗河下游吉萨及其以南的广大地区。

金字塔

法老为什么要建造金字塔？巨大的金字塔是怎样建成的？有人说金字塔是外星人造出来的，事实究竟怎样？

古代埃及盛行这样一种说法：人死后灵魂只是暂时离开尸体，经过一段时间后灵魂又会返回尸体，在阴间复活，并继续在来世生活，直到永远。这种信仰使古埃及人对墓葬尤其重视，他们对死后生活的安排高于现世。法老作为古代埃及的最高统治者，幻想死后做阴间的主宰，同时庇佑世上的子子孙孙，代代为主。法老死后被制成不腐的"木乃伊"，放置于墓中，金字塔就是法老为自己准备的"永久"宫殿。所以，每位法老即位后就着手为自己建造金字塔。古代埃及所有的金字塔都建在尼罗河的西岸，这是因为古埃及人对死后的生活有着独特的看法。他们看到太阳升起在东方，而降落在尼罗河的西边，便认为尼罗河的东岸是活人的世界，西岸是死人的世界。于是，就把日出比作生命的开始，把日落比作生命的结束，所以总是把死者埋葬在尼罗河的西岸。

相传，古埃及第三王朝之前，无论王公大臣还是老百姓死后，都被葬入一种用泥砖建成的长方形的坟墓，古代埃及人叫它"马斯塔巴"。后来，有个聪明的年轻人叫伊姆荷太普，在给埃及法老左塞王设计坟墓时，发明了一种新的建筑方法。他用山上采下的呈方形的石块来代替泥砖，并不断修改修建陵墓的设计方案，最终建成一个六级的梯形金字塔——这就是我们现在所看到的金字塔的雏形。在古代埃及文中，金字塔是梯形分层的，因此又称作层级金字塔。这是一种高大的角锥体建筑物，底座四方形，每个侧面是三角形，样子就像汉字"金"字，伊姆荷太普设计的塔式陵墓是埃及历史上的第一座石质陵墓。左塞王之后的埃及法老纷纷效仿他，在生前就大肆为自己修建坟墓，从此在古埃及掀起一股营造金字塔之风。由于金字塔起源于古王国时期，而且最大的金字塔也建在此时期内，因此，埃及的古王国时期又被称为金字塔时代。古代埃及的法老们为什么要将坟墓修成角锥体的形式，即修成汉字中的金字形呢？原来，在最早的时候，埃及的法老是准备将马斯塔巴作为死后的永久性住所的。后来，大约在第二至第三王朝的时候，埃及人产生了国王死后要成为神、他的灵魂要升天的观念。在后来发现的《金字塔铭文》中有这样的话："为他（法老）建造起上天的天梯，以便他可由此上到天上。"金字塔就是这样的天梯。同时，角锥体金字塔形式又表示对太阳神的崇拜，因为古代埃及太阳神"拉"的标志是太阳光芒。金字塔象征的就是刺向青天的太阳光芒。因为，当你站在通往基泽的路上，在金字塔棱线的角度上向西方看去，可以看到金字塔像洒向大地的太阳光芒。《金字塔铭文》中有这样的话："天空把自己的光芒伸向你，以便你可以去到天上，犹如拉的眼睛一样。"后来古代埃及人对方尖碑的崇拜也有这样的意义，因为方尖碑也表示太阳的光芒。

古埃及所有金字塔中最大的一座，是第四王朝法老胡夫的金字塔。这座大金字塔原高 146.59 米。经过几千年来的风吹雨打，顶端已经剥蚀了将近十米。但在 1888 年巴黎建筑起埃菲尔铁塔以前，它一直是世界上最高的建筑物。这座金字塔的四个斜面正对东南西北四个方向，塔基呈正方形，每边长约 230 多米，占地面积 5.29 万平方米。塔身由 230 万块巨石组成，它们大小不一，分别重达 1.5 吨至 160 吨，平均重约 2.5 吨。每块石头全经细工磨平，石块之间没有施泥灰之类的黏着物，完全靠着石块本身的重量紧紧压在一起，以致连一片小刀都插不进去。据考证，为建成大金字塔，一共动用了 10 万人，花了 20 年时间。胡夫大金字塔至今已历时近 5000 年，塔基还十分牢固，其外形并没有发生明显倾斜，棱角的线条仍然清晰可见。胡夫大金字塔不仅外观雄伟，而且塔内结构复杂，有甬道、石阶、墓室和附属庙堂，墓室的四壁还饰有雕刻绘画等艺术珍品。

与胡夫大金字塔相邻的是他的儿子哈夫拉（希腊人称齐夫林）的金字塔，再向西南，是胡夫的孙子孟考拉（希腊人称米克林）的金字塔。胡夫祖孙三代的金字塔大小各异，工程设计精确，艺术风格庄严，构成了吉萨金字塔群的核心。吉萨这三座金字塔排成一线，蔚为壮观，其中最负盛名的胡夫大金字塔，被列为古代七大奇观之首，始终为世人所瞩目，已成为古埃及文明的伟大象征。

科学家们根据文献资料中提供的数据对大金字塔进行了研究。经过计算，发现胡夫大金字塔令人难以置信地包含着许多数学上的原理。

胡夫大金字塔底角不是 60°，而是 51°51′，从而发现每壁三角形的面积等于其高度的平方；塔高与塔基周长的比就是地球半径与周长之比，因而，用塔高来除底边的 2 倍，即可求得圆周率。科学家认为这个比例绝不是偶然的，它证明了古埃及人已经知道地球是圆形的；塔高乘以 10 亿就等于地球与太阳之间的距离；穿过此塔的子午线，把地球上的陆地与海洋分成相等的两部分；塔基的周长按照某种单位计算的数据恰为一年的天数；金字塔在线条、角度等方面的误差几乎等于零，在 350 英尺的长度中，偏差不到 0.25 英寸。

人们知道：在金字塔建成1000多年以后，才发现毕达哥拉斯定律；3000年后，才有祖冲之把圆周率算到如此精确的程度，而西方直到16世纪，才有比较精确的计算；在金字塔建成4000年后，哥伦布才发现"美洲"，人们对世界的海陆分布才有了初步的了解；在金字塔建成近5000年后的今天，我们才能测算出地球的重量、地球和太阳的距离……距今近5000年的古埃及建筑者和设计者如何能达到这样的精度？越来越多的发现使科学家们很难用巧合来解释，人们心中产生了许多关于金字塔的难以破解的谜团。也正是这些伟大与神奇，增加了它的神秘感，使它成了世界七大奇观之首。

阿拉伯人有句谚语：世人怕时间，时间怕金字塔。多少荣华富贵、将相英雄，都被时间的洪流无情地卷走了，唯独不朽的金字塔却能屹立其中，亘古长存。埃及金字塔，充分显示了古代埃及劳动人民的聪明才智、精湛的艺术技巧和高超的建筑才能，在世界建筑史上写下了光辉的一页。

## 狮身人面像——千年的凝视

一提到埃及，人们首先想到的就是金字塔，然后就是狮身人面像，因为关于它存在着太多的传奇与猜测。狮身人面像，又译"斯芬克斯"，坐落在开罗西南的吉萨大金字塔近旁，是埃及著名古迹，与金字塔同为古埃及文明最有代表性的遗迹。

狮身人面像

斯芬克斯是埃及和希腊的艺术作品与神话中的狮身人面怪物。传说，狮身人面兽是远古时代的巨人与妖蛇所生的怪物：人的头、狮子的躯体，带着翅膀，名字叫斯芬克斯。她生性残暴，从智慧女神那里学到了许多谜语，常常守在大路口，每一个行人要想通过，必须猜谜，猜错了，统统吃掉。有一次，一位国王的儿子被斯芬克斯吃掉了，国王愤怒极了，发出悬赏："谁能把她制服，就给他王位！"勇敢的青年俄狄浦斯应召前去报仇。他走呀走，来到了斯芬克斯把守的路口。"小伙子，猜出谜才让通过。"斯芬克斯拿出一个最难的谜给他猜："有一种动物，早上用四只脚走路，中午用两只脚走路，晚上用三只脚走路，这是什么动物？"俄狄浦斯不慌不忙地回答："你所说的动物就是人。因为人在婴儿时用四足爬行，长大后用两足行走，等到老年时就得借助于拐杖了。"聪明的俄狄浦斯胜利了，他揭开了谜底，斯芬克斯羞愧难当，便用自杀去赎回自己的罪孽。国王就把王位传给了年轻人，并命令工匠在怪兽出没的地方，用石头雕刻了斯芬克斯像，以铭记她的残暴。这个传说暗示了斯芬克斯是先知先觉者，长久以来斯芬克斯一直是智慧的象征。

作为艺术雕像，最古老最著名的斯芬克斯雕像是埃及吉萨地区的巨大狮身人面卧像。吉萨的狮身人面像是尼罗河河谷中发现的最大的一座，狮身人面像坐落在距哈夫拉金字塔东北372米的一块洼地的中央。其造型表示以狮子的力量配合人的智慧，象征着古代法老的智慧和权利，并永远面向东方太阳升起之处。

相传大约4500年前，古埃及第四王朝法老（即国王）哈夫拉来到现开罗以西、当时金字塔建筑工地,巡视自己将要竣工的陵墓——哈夫拉金字塔时,觉得美中不足的是自己虽然死后能升入天堂,但是人们却不能永远见到自己的面容,于是指着采石厂的一块巨石说:把我的像完整地雕刻在岩石上。一位工匠投其所好,别出心裁地雕凿了一个狮身,头部换成哈夫拉像,以象征法老的尊严。就这样,狮身人面像矗立在金字塔旁边了。整座雕像高21米,长57米,耳朵就有2米长。除了前伸达15米的狮爪是用大石块镶砌外,整座像是在一块含有贝壳之类杂质的巨石上雕成的,全长72米。原来的狮身人面像头戴皇冠,两耳侧有扇状的"奈姆斯"头巾下垂,前额装饰着据说能喷射毒液的"库伯拉"圣蛇浮雕,下颌挂着标志国王威仪的长须,脖子上围着项圈,鹰的羽毛图案打扮着狮身。石像面貌慈祥,微露一丝神秘的笑容。狮身人面像实际上是古埃及法老的写照。雕像坐西向东,蹲伏在哈夫拉的陵墓旁。挺立在人们面前的这座开罗狮身人面像确实气宇不凡。

在历史上,巨大的狮身人面像曾被黄沙掩埋至颈部,甚至到头部,直到公元前1400年左右,十二王朝的图特摩斯四世才把它清理出来。当图特摩斯四世还是王子时,有一天他在沙漠上狩猎累了,便在被黄沙掩埋的狮身人面像头上睡觉,在睡梦中他梦见狮身人面像向他承诺,说他若能将它由黄沙中拯救出来,它就让他成为法老王。他醒来后立刻着手,当然,后来他真的成了法老王,这件事便被记载在狮身人面像巨大前掌间的石碑即梦碑上了。

经过几千年来风吹雨打和沙土掩埋,皇冠、项圈不见了踪影。圣蛇浮雕于1818年被英籍意大利人卡菲里亚在雕像下掘出,献给了英国大不列颠博物馆。胡子脱落得四分五裂,埃及博物馆存有两块,大不列颠博物馆存有一块(现已归还埃及)。像的鼻部已缺损了一大块,据说是拿破仑士兵侵略埃及时打掉的,也有的说它是被朝圣游客砸掉的。狮身人面像现已痼疾缠身,千疮百孔,颈部、胸部腐蚀得尤其厉害。1981年10月,石像左后腿塌方,形成一个两米宽、三米长的大窟窿。1988年2月,石像右肩上掉下两块巨石,其中一块重达2000千克。如果按腐蚀程度和速度计算起来,再过500~1000年,斯芬克斯像将化为灰烬。科学家们正在试图拿出更好的方案来修复狮身人面像,保护人类文明的遗产。

狮身人面像和金字塔一样,它们身上都有着人类未解之谜,狮身人面像位于地球北纬30°,这条纬度线上有神秘的北非撒哈拉沙漠、死海、玛雅文明遗址以及令人惊恐万状的"百慕大三角区",这本身也增添了狮身人面像的神秘色彩。

狮身人面像到底存在了多少年?人面是谁?它的存在到底有什么样的含义呢?几千年来,它像一个忠实的守护神,守护着金字塔的秘密,也坚守着自己的身世之谜。形形色色的传说,给狮身人面像蒙上了一层又一层神秘的色彩。

人们一般认为古埃及的狮身人面像是用来镇守法老墓地用的,它是智慧与勇猛的结合。它是在公元前2500年左右,古埃及的哈夫拉法老根据自己的头像建造的。但是有人有不同的理解:有人用计算机对比分析了哈夫拉法老与狮身人面像的人面,人们发现哈夫拉的哥哥詹德夫瑞的头像与狮身人面像的人面更加相像;法国考古学家多布雷夫通过20年的研究证明,人面是哈夫拉的父亲胡夫的头像。于是人们对狮身人面像更加好奇。而美国的大预言家埃德加·凯西,从1933年开始,一次次地预测狮身人面像不是古埃及人建造的。他说在一万多年以前,我们人类曾经有一个非常辉煌灿烂的文明,那就是亚特兰提斯。而狮身人面像就是一万多年以前的人类留给后人的标志性建筑。

不管是自然的造化，还是人间的奇迹，埃及的狮身人面像都是世界上最古老的雕像之一，人类文明宝库中的一颗闪亮的明珠。四千多年来，它忠诚地守卫着金字塔，千年的凝视，笑看历史风云变幻，狮身人面像本身就是一部人类凝聚的历史。

## 雅典卫城——雅典的明珠希腊的眼睛

在《世界遗产名录》中，与古代希腊有关的一历史文化遗迹共有 14 处，其中最重要、最著名的是雅典卫城，它同中国的长城、埃及的金字塔一样，是人类文明历史的纪念碑。作为古希腊文明的标志，雅典卫城是欧洲最古老且保存最完整的古典文明遗迹，被认为是欧洲文明诞生地之一。

雅典卫城

根据古希腊神话传说，智慧女神雅典娜与海神为争夺雅典的保护神地位而相持不下，后来，主神宙斯决定：谁能给人类一件有用的东西，城就归谁。海神波塞冬赐给人类一匹象征战争的壮马，而智慧女神雅典娜献给人类一棵枝叶繁茂、果实累累、象征和平的橄榄树。人们渴望和平，不要战争，结果这座城归了女神雅典娜。从此，她成了雅典的保护神，雅典因其得名。后来人们就把雅典视为"酷爱和平之城"。

雅典卫城位于雅典市中心的卫城山丘上，始建于公元前 580 年。卫城是祭祀雅典守护神雅典娜的神圣地，同时又是城市防卫要塞。古城遗址则在卫城山丘南侧。卫城中最早的建筑是雅典娜神庙和其他宗教建筑。目前可看到的建筑群建于雅典最强盛的公元前 5 世纪，著名政治家伯利克里执政时期，希腊人以高昂的斗志打败了波斯的侵略者。由雕刻家菲迪亚斯负责，对雅典进行了大规模的建设，其重点就是卫城。用白色的大理石重建了卫城的全部建筑。

卫城原意是"最高城市"，位于耸立在雅典城中央一个不大的、孤立的岩丘上。高出平地 70~80 米，其东西长约 300 米，南北最宽处约 130 米，西南角为登山入口，登上岩丘上的卫城即可俯视全雅典。设计者巧妙地利用小山的地形，以及小山与周围环境的关系进行建筑布局。整个卫城由著名的帕特农神庙、厄瑞克赛翁神庙、雅典娜胜利神庙和卫城山门等古建筑组成一个建筑群。中心建筑是帕特农神庙，整个布局是非对称性的，没有轴线，呈自然状态，与风景一起嵌入和谐的画框里。

卫城山门是卫城的入口，在卫城的西端，是多立克式建筑。山门东西两面是六根柱子撑起的柱廊，柱高 8.81 米，中央开间净空 3.85 米，以强调大门的特征。整座建筑没有任何雕饰，非常朴素，共有五个门洞，设有坡道和踏步。山门以西坡道两侧各有三根秀拔的爱奥尼立柱，这两排装饰华丽的列柱作为山门的衬托，背后又是湛蓝的天空，更烘托出没有装饰的山门的庄重和动人的效果。门廊的两翼不对称，北翼过去曾是绘画陈列馆，南翼是敞廊。土耳其人占领时期，曾将山门作为火药库，土耳其总督也曾在此居住。1640 年，山门因遭雷击而受到严重破坏。

雅典娜胜利神庙也称为雅典娜胜利女神庙、尼基神庙、无翼胜利女神庙,位于卫城山上。建于公元前449~前421年,采用爱奥尼柱式,台基长8.15米,宽5.38米,前后柱廊雕饰精美,是居住在雅典的多利亚人与爱奥尼亚人共同创造的建筑艺术结晶。在希腊人心目中,雅典娜是代表着智慧、技艺与胜利的女神。雅典人建起这座神庙,以求给国家带来胜利。但这座神庙在公元前480年的一次战争洗劫中荡然无存。雅典娜胜利女神庙,前后有着四根爱奥尼式列柱,内有一尊没有翅膀的雅典娜神像。据说在征战中力求胜利的雅典人,故意将胜利女神翅膀切下,以求胜利长留。雅典娜胜利女神庙位于山门右侧。

卫城建筑群的中心是帕特农神庙,在希腊语里意为"处女神庙",是为了供奉雅典城邦的保护神雅典娜而建。完工于公元前438年,历时9年。人们从入口处看不见它的正面,只能在一旁的角落发现它。神庙主体建筑是长方形的白色大理石殿宇,全长69.5米,宽30.8米,46根环列圆柱构成的柱廊直挺向天,昭示着希腊文明的蓬勃向上、永不凋谢。内分前殿、正殿和后殿,神殿外观整体协调、气势宏伟,给人以稳定坚实、典雅庄重的感觉。通过两道柱廊,人们进入神庙内的"百步大厅",这里曾经坐落着12.8米高的雅典娜神像,她全副武装,头戴饰有战车飞鹰的头盔,左手持盾,右手托胜利女神。通体使用金片包裹,面部、手臂和脚趾用象牙装饰,双眼则以宝石镶嵌。为了紧急情况下便于转移运输,神像主体用香木制作。她是菲迪亚斯的得意之作,是古希腊雕刻艺术"黄金时代"的代表作品。遗憾的是在146年被罗马帝国的皇帝强行劫走了。后来,许多大理石和青铜的雅典娜塑像都是仿照它制作的。庙墙上端石柱之间用92块大理石浮雕板连接,每块上都是一幅神话传说中的战争场景。庙顶东西两侧的人字墙上饰有描述雅典娜的诞生以及她同波塞冬争夺雅典城的浮雕。大家熟知的《命运三女神》就是帕特农神庙人字墙上东侧的组雕之一。人物的衣褶有很强的质感,透过衣褶还会使你感到人的生命的运动。《命运三女神》以其高超的技艺成为世界雕塑史上的杰作。帕特农神庙位于卫城的最高处,简洁、庄重、华丽、鲜艳,成为雅典卫城建筑群中统率全局的视觉中心。它是雅典最著名的古迹之一,有"希腊国宝"之誉。

厄瑞克赛翁神庙的面积只有帕特农神庙的1/3,位于帕特农的北部,建成于公元前421年,它同样负有盛名。其构思之奇特、建筑之精美,在古希腊建筑中是不多见的,特别与众不同的是其女雕像柱廊和窗户,在古典建筑中是罕见的,据记载,该神庙是为纪念雅典娜之子、雅典王厄瑞克阿斯而建。它顺应山势,坐落在三层不同高度的基础上,平面为多种矩形的不规则组合,近似于克里特岛上著名的米诺斯迷宫。女雕像柱廊在神庙的北部,共有六尊,各高2.3米,体态丰满,仪表端庄,朝向北面,头顶平面大理石花边屋檐和天花板。雕刻栩栩如生,衣着服饰逼真。它们像神圣的女神,无言地注视着几千年来的人世间的风云变幻、沧海横流。传说这里是雅典娜女神和海神波塞冬争做雅典保护神而进行斗智的地方。厄瑞克赛翁神庙是古希腊建筑的又一个杰作。

雅典卫城堪称文化荟萃、名人云集的地方,柏拉图、亚里士多德等哲学家著书立说、教书育人,埃斯库罗斯、阿里斯托芬等艺术家上演其千古不朽的悲剧和喜剧,伯里克利等政治家发表滔滔宏论,而菲迪亚斯、伊克蒂诺斯和卡利克拉特等才华出众的艺术家、建筑师充分地施展自己巧夺天工的技艺,为后人留下传世之作。

遗憾的是,雅典卫城毁于1687年意大利人和土耳其人的战争。现在只能看到神庙大部分石柱、部分殿堂和城堡的雄伟山门。但是仅从这些残迹也不难看出2000多年前雅典的繁荣昌盛、人杰地灵。

恩格斯曾赞美："希腊的建筑如灿烂的阳光照耀着白昼。"而雅典卫城更是浓缩了古代希腊文明中的精华，它是公元前5世纪中期古代希腊文明辉煌的象征，也是希腊民族抵抗斗争的象征。不仅希腊人民珍惜这块圣地，而且世界各国人民也热爱它。每年，雅典卫城都吸引着超过300万游客。

## 罗马露天竞技场——野蛮与文明的见证罗马帝国的象征

被誉为世界八大奇迹之一的古罗马竞技场位于罗马市中心的威尼斯广场南面、古罗马市场附近。这座巍峨壮观的巨大建筑可以说是古罗马帝国宏基伟业的缩影。它是迄今遗留下来的古罗马建筑中最卓越的代表，也是古罗马帝国永恒的象征。

这座巨大的露天剧场叫作弗拉维奥剧场，人们又称之为科洛塞、哥罗塞姆竞技场（又译罗马斗兽场）。罗马圆形竞技场的开工兴建，是在帝国政治风雨飘摇中开始的。68年，当一代暴君尼禄在众叛亲离后自杀身亡，紧接着就是长达一年的内讧，直到维斯帕西安当上皇帝，罗马才稳定下来。当时，人与人、人与动物的竞技在民间已经风行多时，却始终没有一个给观众提供安全保障的大竞技场来显示帝国的强盛。于是，他想建造四层高的圆形竞技场，用来容纳五万名以上观众的激情。

72年，维斯帕西安皇帝开始兴建竞技场，由其子提图斯皇帝于80年完工。史料上记载，建造这座建筑物使用了四万奴隶，这是提图斯皇帝在摧毁耶路撒冷后带回罗马的十万俘虏中的一部分。圆形竞技场的地基原是尼禄皇帝的金宫中的一个小湖。由于修建竞技场的两个皇帝以及后来完成竞技场最后一层建筑的皇帝都属于弗拉维奥家族，故称"弗拉维奥露天剧场"。

古罗马大竞技场外观呈正圆形，像是一座庞大的碉堡，俯瞰实为椭圆形。整个建筑物占地面积二万平方米，大直径为188米，小直径为156米，圆周长527米，围墙高57米，相当于一座19层楼的高度，均用淡黄色大理石砌成。竞技场上下共分四层，一、二、三层均有半露圆柱装饰。第一层的圆柱为粗犷质朴的多立克柱式，第二层圆柱为优美雅致的爱奥尼柱式，第三层圆柱为雕饰华丽的科林斯式。每两根半露圆柱之间为一长方形拱门，第四层外层表面装饰较简单，由长方形窗户和长方形半露方柱构成。该层的2/3高处，设有等距离的支架，供举行盛会时固定圆顶上方的天篷，为观众遮阳。据说，在古代的时候，第二、三层每个拱门洞中有一尊大理石人物雕像作为装饰，其姿态各异，英武豪俊，使建筑显得既宏伟又不失灵秀，既凝重又空灵。整体建筑看上去颇像一座现代化的圆形运动场。

从观众的看台分布来看，仍让人感到古罗马社会的森严等级。看台约有60排，分为四个区，前面是贵宾席（皇帝和元老、长官、祭司等），中间是骑士席（贵族和富人），后面是平民席（普通公民），最后一区则是站席，给底层妇女、奴隶和穷人使用。看台逐层向后退，形成阶梯式坡度。为了安全，看台前专门建有高高的栏杆护墙，与表演区相隔。对于竞技场可容纳的人数，有资料说是五万人，也有说是七万的，无论人数多少，如何使观众迅速有序地进出场是需要解决的大问题。在竞技场每层的80个拱门形成了80个开口，观众们从第一层的80个拱门入口处进入场内，入场时就按照自己座位的编号，首先找到自己应从哪个底层拱门入场，然后再沿着楼梯找到自己所在的区域，最后找到自己的位子。

另外每一层的各级座位都有出口，观众可以通过它们涌进和涌出，混乱和失控的人群因此能够被快速地疏散（据说这里只需 10 分钟就可以被清空）。这种入场的设计即使是今天的大型体育场依然沿用。

提起古罗马竞技场，人们总是很容易联想到角斗士以命相搏的血溅飞刀和人兽相斗的惨烈无情，它因此也有了"斗兽场"等别称。竞技场中央是一个椭圆形的角斗场，长约 86 米，最宽处为 63 米，地面铺上地板，是斗兽、竞技、赛马、歌舞、阅兵和进行模拟战争的场所。竞技场表演区地底下隐藏着很多洞口和管道，这里可以储存道具和牲畜以及角斗士，表演开始时再将它们吊起到地面上。竞技场甚至可以利用输水道引水，248 年在竞技场就曾这样将水引入表演区形成一个湖，表演海战的场面，来庆祝罗马建成 1000 年。

竞技场是古罗马举行人兽表演的地方，参加的角斗士要与一只牲畜搏斗，直到一方死亡为止，也有人与人之间的搏斗。最先被用来演出的是犀牛和公牛，但是它们很快就被那些带有异国情调的野兽取代了，骆驼、斑马、老虎、狮子、豹被从世界各地运送到意大利。虐待是大竞技场惯用的手段，野兽们被挨饿、往伤口撒盐、被投以稻草人激起它们疯狂的争斗，然后再被释放出来。在众多的表演中，首先值得回忆的是庆祝竞技场竣工的表演，庆祝活动延续了 100 天，杀死 5000 头猛兽。有上百名角斗士丧生。在普罗博在位期间，仅在一次斗兽时就同时放入场内 100 头幼狮，其吼声震动了整个竞技场。然而，更多的则是角斗士的角斗。而五万罗马人在圆形竞技场看一对对角斗士同时上场进行生死搏斗，又该是怎样的场面？人们对这种残忍的角斗如此着迷，真令人难以相信，特别是妇女们竟然也对此极为着迷。在这种残忍的角斗中，只有胜够一定次数的角斗士才能获得自由。

因为那段鲜为人知的血腥残酷史，使本作为娱乐的角斗在我们心中蒙上一层神秘的色彩。历史学家常常对其做出如下结论：娱乐平民阶级，取悦王侯贵族。角斗日程一般安排有三项内容：上午进行斗兽表演，中午举行公开处决罪犯，下午开始正式的角斗表演。角斗士们列队进场，首先面向赛会的出资人，举起武器宣誓并口称："我们这些将死之人祝您健康。"然后分组格斗。起初他们相互挑衅，咒骂和取笑对方。当主持人发出角斗开始的信号时，厮杀开始。当一方受伤倒下时，观众就狂呼："打呀，打！"失败者用垂下盾牌、举起左手的一根手指的方式，请求饶命。这时，进攻者停手，等待观众的判决。观众用呼声或者用一种手势表示"干掉他"或"饶了他"。好莱坞电影把握拳、竖起大拇指的手势理解为"宽恕"，大拇指向下按则是"杀"的意思。对此，历史学家解释说，没有证据表明大拇指的方向究竟有何含义，这是个有争议的手势，许多学者恰恰认为大拇指向下反而是"饶恕"之意，意思是要求获胜者放下武器，相反的手势则要求他用剑刺穿对手的喉咙。最后，有两名收尸者进场，先要用铁锤击打其头部，用烙铁烧灼其身体，看他是否假死，然后才将尸体拖出场外，角斗至此结束。有学者认为，一场真实的角斗更多的是展示各自的战斗技能，而并非你死我活的决斗。两个勇敢的角斗士如果上演了一场精彩的角斗，他们通常都会活着走出竞技场。

在 100 多年的岁月里，圆形竞技场总是挤满了如痴如醉的看客，他们目睹一批批的动物和角斗士在极限挑战中死去。在腥风血雨已经远去的废墟上，怜悯与感叹已经不重要,唯一值得庆幸的是,人类发展进程中文明总是不断地战胜野蛮。

近2000年的历史中,这座竞技场饱经沧桑,据史书记载,古罗马人最后一次在竞技场内举行活动的时间是523年。中世纪时改成一个城堡。此后部分被毁,成了挖取建筑材料用以建造教堂和宫殿的场地。这样的破坏一直持续了好几个世纪,到了19世纪才被制止,那时,几届教皇开始对之进行修复,这座宏伟的建筑才得以保留至今。最近,一个德国考古小组计划用8年的时间重建古罗马大圆形竞技场。今天古罗马竞技场被再次启用,作为大型歌剧的演出场所,这一创举颇有些匠心独具。这种既利用和保护古迹,又提高了文化活动品位的做法颇值得借鉴。

## 圣彼得大教堂——神圣的宗教殿堂顶级的艺术博物馆

圣彼得大教堂,又名圣百多禄大教堂,坐落于意大利首都罗马城西北部、台伯河西岸的梵蒂冈城国之内。教堂因建在耶稣的十二门徒之一、最年长的彼得墓地上而得名。这座意大利文艺复兴和巴洛克艺术的殿堂号称世界最大的天主教教堂。

彼得是耶稣的大圣徒,他是第一个承认耶稣为基督的人,所以耶稣赐予他"彼得"之名,意为"磐石"。耶稣遇难后,基督教由巴勒斯坦逐步传播到罗马,引起了罗马统治者的极大恐慌。为了巩固政权,尼禄皇帝从64年开始镇压基督教传教士。彼得被尼禄皇帝钉死于十字架上。死刑就是在现在的教堂所在地执行的,当时那里还是尼禄的跑马场,他的遗体就地埋葬。然而,随着基督教被越来越多的人所接受,影响越来越

**圣彼得大教堂**

大,罗马君士坦丁大帝只好宣告承认基督教的合法地位。4世纪初,在彼得的墓地上正式兴建了该教堂,彼得得以平反昭雪。君士坦丁的儿子孔斯继位后,将基督教确定为帝国的国教,孔斯及随后的罗马皇帝开始对教堂加以拓建,史称旧彼得教堂。1506年,教皇朱利奥二世重建圣彼得教堂。重建过程长达120年,直到1626年才正式宣告落成,称新圣彼得大教堂。圣彼得大教堂凝聚了意大利文艺复兴时期伟大的艺术家和建筑师米开朗基罗、拉斐尔、布拉曼特、桑加洛和贝尔尼尼等的才华和智慧,为世界极富艺术价值的大教堂。每经历一次大的扩建或重建,圣彼得大教堂的风格都会经历一次变化。君士坦丁第一次修建的教堂是希腊神庙式的,后来又转化成了古罗马式,其平面的十字结构也从希腊式改为横短纵长的拉丁式。但不管风格和结构如何变化,彼得墓一直处于大教堂的中心位置。

圣彼得大教堂全部用石料建造,教堂总面积为2.2万多平方米,长213.4米,室内纵深183米,宽137米。长方形、十字结构的教堂正面是一个平台,这个门庭出自马德尔诺大师之手,左右宽114.69米,高45.44米。门庭进口过厅为一长廊,20米高,71米宽,前后长13.4米,长廊内的白色大理石柱子上雕有精美的花纹,长廊拱顶上有很多人物雕像,天花板上有文艺复兴初期著名画家乔托的镶嵌画《小帆》。圣彼得大教堂共有5扇大门,中间的一扇雕有关于耶稣、圣母、圣彼得、圣保罗以及古希腊和古罗马神话,两边为福

门和灾门,最外边两扇分别称为死门和圣门。

二层楼上有三个阳台,中间的一个叫祝福阳台,平日里阳台的门关着,重大的宗教节日时教皇会在祝福阳台上露面,为前来的教徒祝福。教堂的平顶上正中间站立着耶稣的雕像,两边是他的 12 个门徒的雕像一字排开。两侧各有一座钟,右边是格林威治标准时间,左边是罗马时间。

经过这个长长的走廊,再通过一道门,便进入教堂的大殿堂。殿堂长 186 米,总面积15000 平方米,能容纳 6 万人。教堂内有被四方巨柱隔开的 5 个长廊大厅,中央大厅宽 25米,是两侧厅堂的 1 倍。大厅地面均用名贵的斑岩铺就,天花板上装饰得金碧辉煌。在大厅右侧最后一个巨柱附近,有一尊圣彼得青铜像,其右足被信徒们长期摩摸和亲吻,已显得异常光亮。

整个教堂的中心是教皇祭坛。祭坛为四方形,上有一巨大的铜质壁龛,由高达 29 米的盘旋弯曲的柱子支撑着,如同华盖似的覆盖在教皇的圣坛上面。这个建筑是巴洛克艺术之父——贝尔尼尼耗费了 9 年心血才建成的。教皇祭坛的四角上,还有 4 根 45 米高的高大壁柱,每根柱脚下部均有一座巨大的雕像。华盖前面的半圆形栏杆上永远点燃着 99盏长明灯,祭坛前面有一地窖,即是圣彼得的陵墓所在地。只有教皇才可以在这座祭坛上,面对东升的旭日,当着朝圣者做弥撒。

教堂的尽头是圣彼得祭坛,它也是出自大雕刻家贝尔尼尼之手。坛上有一把巨大的椅子,椅背上有两个小天使,手持开启天国的钥匙和教皇三重冠,宝座上方是光芒四射的荣耀龛。大殿的左右两边是一个接一个的小殿堂,大约 44 座,每个小殿内都装饰着壁画、浮雕和雕像。正殿尽头的彩色玻璃大窗上有一只圣灵信鸽,翼展达 1.5 米之长。

教堂中央著名大拱形屋顶历经大师之手。最先是布拉曼特于 1506 年设计,1514 年布拉曼特去世后拉斐尔接替了他。六年后,拉斐尔也去世了。现在的教堂大穹顶是米开朗基罗的杰作,他接手这项工作时已经 71 岁高龄。浩大的工程又持续了十多年。在这个过程中米开朗基罗对原来的设计进行了局部调整,将教堂的罗马式的半圆形拱顶改成了拱肋式的大穹隆,双重构造,外暗内明,使教堂的视觉效果更加宏伟。由于工程的浩大,米开朗基罗最终也没看到他设计出的圣彼得大教堂建成后的样子。不过,米开朗基罗去世后的继任者都忠实地执行他的设计方案。教堂大穹顶内径 41.9 米,内部顶点高123.4 米,穹顶的十字架顶尖距地面 137.8 米。

在圆穹内的环形平台上,可俯视教堂内部,欣赏圆穹内壁的大型镶嵌画。绘画、雕塑多以《圣经》为题材。其中,米开朗基罗的傲世之作——大理石雕塑《母爱》,为大教堂的"镇堂之宝",它是米开朗基罗一生唯一的题名作品。

圣彼得大教堂前面是能容纳 30 万人的圣彼得广场,由贝尔尼尼设计,1667 年建成。广场略呈椭圆形,长 340 米,宽 240 米,四周有柱廊围绕,柱高 18 米,廊顶有平台和石栏杆,内侧的石柱上矗立着 140 余尊人物雕像。广场中间耸立着一座 41 米高的埃及方尖碑,重 327 吨,当时动用 800 名工人和 14 匹马才将碑移至现今的位置。方尖碑两旁各有一座美丽的喷泉。

圣彼得大教堂不仅是一座神圣的宗教殿堂,亦堪称一座世界顶级的艺术博物馆。

## 新天鹅堡——美丽的城堡童话的王国

德国是个城堡王国,在众多的城堡中,最为著名的要数位于巴伐利亚州的新天鹅堡了。在好莱坞的动画片中,有不少以新天鹅堡为原型的作品,譬如《睡美人》《灰姑娘》、《白雪公主》等,加之这座城堡梦幻般的造型和氛围,被世人公认为是离童话世界最近的地方。

新天鹅堡

新天鹅堡位于巴伐利亚州南部小城菲森近郊群峰中的一个小山峰上,是根据巴伐利亚国王路德维希二世的梦想所设计。当时,这里还是一片荒野,半山腰是一幢黄色城堡,山脚下是水域广阔的天鹅湖。路德维希二世,历史上这是一位在政治上无所作为的君主,但在艺术上却是一名才华横溢的国王,他对艺术的追求可以用狂热来形容。这位统治者一生崇拜著名作曲家理查德·瓦格纳,幻想着能生活在他的音乐世界中,他于1869年以瓦格纳创作的音乐剧《天鹅骑士》为灵感,开始修建新天鹅堡。路德维希二世就是国人熟知的茜茜公主的表弟。据说,他一直暗恋着茜茜公主,在他入住尚未完工的新城堡时,茜茜公主送了一只瓷制的天鹅祝贺,于是路德维希二世就将此城堡命名为"新天鹅堡"。他构想了那传说中曾是白雪公主居住的地方。他邀请剧院画家和舞台布置者绘制了建筑草图,梦幻的气氛、无数的天鹅图画,加上围绕城堡四周的湖泊,沉沉的湖水,确实如人间仙境。但是因为修建奢华的新天鹅堡,几乎掏空了国库,1886年6月,他被告知退位,在医药委员会宣布路德维希二世患有精神病的五天后,路德维希二世被人发现死在湖边,当时他只有41岁。新天鹅堡是路德维希二世一个未完成的梦,路德维希二世死后工程随之停止。直到20世纪60年代,人们还是将建造新天鹅堡斥为愚蠢行为。如今德国人把路德维希二世的梦想变成了现实。耗费巨资建造了新天鹅堡,使其成为德国最热门的旅游景点之一。同时这经典的造型也为迪士尼乐园的设计者所采用,他们仿此建造了灰姑娘和白雪公主的城堡。

新天鹅堡是一座全部由石头修建的城堡,坐落在天鹅湖边大约300米高的山上。城堡建于三面绝壁的山峰上,背靠阿尔卑斯山脉,下临一片广阔的大湖,显得尤为神圣而庄严,高约70米。城堡四角为圆柱形尖顶,上面设有瞭望塔,可及时发现敌情。城堡虽建于19世纪,但完全是以15、16世纪哥特式式样建造的,带有中古时代的堡垒风范。城堡建筑宏伟,位置险要,居高临下,耸立在郁郁葱葱的山林间,就仿如仙宫一样。室内装饰也完全按照中世纪风格进行,配合以大理石的外墙,让人自始至终感觉这一切恍如隔世。

新天鹅堡共7层,游客可随旋梯拾级而上,走廊全部由石拱顶支撑,因势利导。拱顶有各种造型装饰,地面是拼花的石材,艺术气息扑面而来。整座城堡完全以瓦格纳的歌剧内容进行装饰,歌剧中的人物和场景,都被绘成壁画作为装饰。在新天鹅堡中,宗教大厅、主人卧室和音乐厅被认为是最能表达出主人艺术主题的,令人难以忘怀。宗教大厅实际是设在新天鹅堡里面的教堂,既然是教堂,其设计和装饰风格就像天堂。金黄色和乳白色的基调,在自然光的照射下,将大厅衬得庄严肃穆。

城堡充满了路德维希二世策划与设计的思想:铺张与绚丽。单是他那张后哥特式的木雕床,14名木匠就花了两年的时间才完成。它如同所有的皇家城堡一样,装饰得富丽堂皇,有彩色大理石地面的舞厅、金碧辉煌的大殿,有名贵的古董、珠宝和艺术品,展示了国王的奢华和富有。考究气派的墙上挂满精美的绘画作品,大多是宗教题材、圣经故事以及城堡历代主人的肖像画。这些作品无不生动细腻,笔法精妙。

最辉煌的是音乐大厅,它位于城堡最顶层,可同时容纳300人。罗马式廊柱将大厅穹顶引向天空,巨大的天花板上,蓝色苍穹点缀着灿烂的星辰,象征无穷无际、浩瀚无边的天宇,而地板上是各色马赛克铺就的植物、动物,象征广袤无垠的大地,高耸的大厅中悬挂着金灿灿巨大的皇冠,上有96根蜡烛,据说它们象征着至高无上的皇权。当乐曲奏起,那种空灵和虔诚的感觉令人终生难忘。这里是新天鹅堡距离天堂最近的地方。

城堡内不乏以天鹅为主题的装饰。对路德维希二世而言,天鹅象征着纯洁,因为主人对天鹅情有独钟,主人的卧室房间陈设处处体现着天鹅的身影:门把手是天鹅头和脖子的造型,卧室里有水从天鹅口中流出,最显著的位置放着一尊用白色大理石雕刻的天鹅,栩栩如生。足见主人对天鹅的崇拜已经达到痴迷的程度。也许是天鹅占据了主人的心,所以他拒绝了所有求婚,包括沙皇一对美丽的公主。

在新天鹅堡的山脚下有一座黄色的城堡,它就是路德维希二世父亲修建的老人鹅堡。

远眺新天鹅堡,令人有一种梦境般的感觉,高低错落的尖顶在风动的树林中时隐时现,坐落在群山环抱之中,立在石山高原上,背对清澈透明的湖水,鸟瞰四周缓缓起伏的树林。幽静的自然景色与新天鹅堡梦境般的外观相互辉映。置身于这座古典而浪漫的城堡中,犹如置身于动荡的历史。可以想象,窗外的良辰美景并不属于这位孤独而自恋的国王,陶醉在自己编织的、由瓦格纳伴奏的乐曲里,陶醉在这座童话般的行宫,仿佛政事、国策,这一切的一切都可以在这空灵幽谷之中被遗忘了……

新天鹅堡是由石头堆砌的文化,由于它壮观、美丽及高贵的气质,它被称为是"最接近童话的地方"。路德维希二世也因为他的城堡,而被后人们称作是"童话国王"。新天鹅堡一直是这位童话国王心中浪漫典雅的中世纪的化身。城堡本身所具有的魅力以及国王具有传奇色彩的故事,更为这座精美绝伦的城堡增添了几分感伤而又浪漫的气氛,也吸引着无数世界游客的目光。

## 米兰大教堂——大理石写成的诗歌

米兰大教堂亦称圣母降生教堂、多摩大教堂,位于意大利米兰市中心——杜奥莫广场之上,北邻维多利奥·埃玛努埃尔二世回廊,南面为米兰当代艺术博物馆。尽管它在规模上与梵蒂冈圣彼得大教堂、西班牙的塞维尔大教堂、意大利佛罗伦萨大教堂互争雄长,但米兰大教堂作为最富特色的哥特式教堂的地位却从未被撼动。

米兰大教堂的建筑耗时漫长。1386年由第一任米兰大公威斯康提下令开始兴建,1418年主祭坛完工启用,1500年完成拱顶,1617年教堂正面工程展开,1774年主尖塔镀金圣母玛丽亚像建成,1805年拿破仑在米兰大教堂举行加冕仪式,1813年拿破仑下令建成正墙面及所有尖塔,一直到 20 世纪初今日所见的正墙面五扇铜门才装置完成,历时 500 余年,为世界建筑史所罕见。

教堂全部用砖建造,外表覆盖着洁白的大理石,马克·吐温称赞它为"一首用大理石写成的诗歌"。教堂正面以三角形状构建而成,主塔高 108 米,出自 15 世纪意大利建筑巨匠伯鲁诺列斯基之手,四周 135 个石柱尖塔成林,直刺苍穹,展现哥特式建筑的特色。尖塔上面细细密密布满了精细的雕刻,每一个塔顶都伫立着一个真人大小的雕像。教堂东端的三个环形花格窗,宽约 8.5 米,高约 21 米,是意大利花格窗中的精品。教堂西端是仿罗马式的大山墙,众多的垂直线条

米兰大教堂

和扶壁将墙面分成五个部分,扶壁上布满神龛雕像。远远观之,狭窄的窗户、柱子、拱顶都无止境地伸向高空。

教堂长 158 米,最宽处 93 米,总面积 11700 平方米,可容纳约 4 万人。教堂内外共有人物雕像 3159 尊,其中 2245 尊是外侧雕刻,堪称世界上雕像最多的哥特式教堂。全教堂最高的石塔于 1774 年完工,代表着爱,是所有米兰人的共同标记。教堂有 96 个巨大的妖魔和怪兽形的排水口。经过 919 级阶梯可到达教堂的顶层。顶层有百余个大理石精雕细刻而成的尖塔,英国小说家劳伦斯称大教堂"活像一只刺猬",中央塔顶是圣母玛丽亚镀金雕像,高 4.2 米,重 700 多千克,由 3900 多片黄金包成,在阳光下显得光辉夺目,神奇壮丽。尖塔下面则是支撑教堂拱顶的 52 根多面体梁柱。站在顶层,可以欣赏到教堂的外部装饰,包括一些令人叹为观止的山形墙、小尖塔和怪兽状滴水嘴;在晴朗的日子里,还可以看到远处绵延到马特峰的阿尔卑斯山脉风光。

教堂共有五扇铜门,左边第一个铜门于 1948 年完成,展示的是君士坦丁皇帝的法令,即"米兰诏书";第二个铜门是 1950 年所建,展示的是圣·安布罗吉奥的生平;第三个最大的铜门是 1906 年完成,重 37 吨,展示的是圣母玛丽亚的一生;第四个铜门是在 1950 年完成的,展示的是从德国皇帝腓特烈二世灭亡到莱尼亚诺战役期间米兰的历史;第五个铜门是 1965 年完成的,展示的是从圣·卡罗·波罗梅奥时代以来大教堂的历史。门上方的山墙内有一幅巨大的卡拉拉大理石浮雕,门框镶以多重壁柱,做装饰的是些花卉、水果和动物形象之类的题材。

教堂内宏伟的大厅被四排柱子分开,每根高 40 米,直径达 10 米,由大块花岗岩砌叠而成,外包大理石。在所有柱子的柱头上都有小龛,内置雕像。教堂内天花板很高,顶部最高处距地面 45 米,并镶有 20 多扇世界上最大的彩绘玻璃,窗画以耶稣故事为主题,窗棂高达 20 多米。巨大的尺度感和错落的空间感让人立刻有自上而下的压力,更显宽广肃穆。教堂祭坛上供奉着的一根钉子,据说是取自耶稣被钉死的十字架上。大厅内供奉着 15 世纪时米兰大主教的遗体,头部是白银铸就,躯体是主教真身。教堂屋顶有一小孔,正午时分,阳光正射在地板南北向的金属条上,古人以此计时,称为"太阳钟",建于 1786 年。随着地球的旋转和阳光的移动,一年四季均可准确指出每天的中午时刻。

教堂的地下是砖造的深度为四至八米的空间,可看到宝物库和圣特库拉教堂的遗址。教堂北耳堂中有由七个部分组成的 14 世纪青铜蜡扦,这种模式最早是在法国、德国出现。南耳堂中耸立着一尊圣巴塞洛缪的大理石雕塑。

米兰大教堂前面是建于 1862 年的杜奥莫广场。广场中央是意大利王国第一个国王维多利奥·埃玛努埃尔二世的骑马铜像,广场右侧是 1778 年建成的新古典主义建筑风格的王宫,现在已辟为当代艺术博物馆。广场左侧有拱式建筑物维多利奥·埃玛努埃尔二世长廊,建于 1865~1877 年。长廊呈十字形,长 196 米,宽 47 米,高 47 米,廊顶呈拱圆形,顶上装有彩色玻璃棚,地面是用大理石铺成的马赛克图案。这里是米兰最繁华的地区,第一流的商店、名牌服饰集中于此。华灯初上,最为热闹,故又称埃玛努埃尔夜廊。由此向北是意大利最大的歌剧院斯卡拉歌剧院,它是世界名演员心驰神往之地,有"歌剧的麦加"之称。在斯卡拉歌剧院前面的斯卡拉广场正中,矗立着文艺复兴时期大艺术家达·芬奇的雕像。

米兰大教堂在二战时期遭到轰炸,加之建筑时间久远,支撑中央塔楼的四根巨柱不堪矗立千年尖塔的重负,柱身倾斜破损。早在达·芬奇在世之时,就已经设法加固维修。1968 年,在巨柱之外浇筑了混凝土。1981 年,意大利政府再次对米兰大教堂进行了一次彻底的修缮。至今,米兰大教堂这朵哥特式建筑的奇葩,依然绽放在阿尔卑斯山下。

## 比萨斜塔——斜而不倒世界奇迹

比萨斜塔是意大利比萨城大教堂的独立式钟楼,长时期斜而不倒,被认为是世界建筑史上的奇迹和不朽之作。比萨斜塔是比萨城的标志。是意大利优秀的古代文化遗产,被誉为中世纪七大建筑奇迹之一,被联合国教科文组织评选为世界遗产。

比萨斜塔位于意大利中部比萨古城内的教堂广场上。是一组古罗马建筑群中的钟楼,是奇迹广场的三大建筑之一。比萨斜塔离大教堂二十多米,外观呈圆柱形,是由白色大理石砌成。在塔基上用拉丁文刻的始建年为 1174 年,但实际上比萨古时所使用的历法比公历早一年,所以比萨斜塔的始建年为 1173 年。第一位设计师是博纳诺·皮萨诺。据说比萨斜塔是用比萨舰队运来的六艘战利品建成的。由于塔身压力过重和地质松软,南面的地基比北面约低两米。在施工期间塔身即出现轻微倾斜,随着工程的进展,倾斜度不断增加。到塔身建到第三层时,可明显看出倾斜,曾一度停工。100 多年以后,经工程师托马索精心测量和计算,证明比萨斜塔虽倾斜,但不会倒塌。使工程继续按原设计施工,直

比萨斜塔

到 1372 年摆放钟的顶层完工。八层钟楼共有七口钟,但是由于钟楼时刻都有倒塌的危险而没有撞响过。这座堪称世界建筑史奇迹的斜塔,不仅以它"斜而不倒"闻名天下,还因为 1590 年,意大利的伟大科学家伽利略曾在斜塔的顶层做过自由落体运动的实验,让两个重量相差 10 倍的铁球,同时从塔顶落下,结果,两球同时着地,就是这"嘭"的一声敲开了物理学的大门,击破了一个曾经被视为亘古不变的真理:物体从空中落下时,一定是重物比轻物快。从此诞生了"自由落体定律"。在人们的欢呼声中,禁锢人们思想近 2000 年的亚里士多德学说彻底被否定了。之后,人们运用这一"加速度"新概念开始了对运动的研究,于是才有了以后的火车、汽车、登月飞船等等。伽利略被人们称为"近代科学之父",他开创了实验物理的新时代,而他用来做实验的斜塔也因此更加闻名遐迩。

比萨斜塔高 54.5 米,直径 16 米,为大理石用料,重达 1.42 万吨。斜塔共有 8 层,除底层和顶层有所不同外,其余 6 层结构完全一样。斜塔底层有 15 根圆柱,中间 6 层各有 31 根,顶层 12 根。沿石柱有宽 4 米的环行走道。斜塔每层都有拱门,总共有 213 个,斜塔底层墙壁上刻有浮雕,顶层有钟亭。塔内有螺旋台阶 294 级,沿梯而上至塔顶,比萨城秀丽风光可尽收眼底。人们还可以从塔中间的楼梯走到任何一层的围廊上向外眺望。

虽然俗话说:"比萨斜塔像比萨人一样结实健壮,永远不会倒下。"事实却是,经过几百年的风雨沧桑,塔身倾斜度不断加大,到了 1838 年,比萨斜塔底层雕饰华丽的支柱根部已隐入地下,一个名叫克拉德斯卡的建筑师为了让埋入土中的那部分柱子重见天日,竟愚蠢地挖运河地基座边的土,结果发生了更大的不幸,短短几天时间里塔身就倾斜了 0.75 度,塔顶向南倾斜了 0.6 米。1980 年地震时,斜塔曾摇晃了 22 分钟之久,真是岌岌可危。自从比萨斜塔面临倒塌的危机以来,为了挽救这座著名建筑,意大利政府采取了种种措施。上世纪 30 年代,墨索里尼下令把比萨斜塔矫正。工程师们在地基上钻了好几百个洞眼,灌注了 80 多吨水泥浆,但这并未能解决问题,反而使塔身进一步倾斜。自 1911 年开始测量活动以来,比萨斜塔以每年 1 毫米的速度不断倾斜。1990 年,出于安全考虑,比萨斜塔不再对外开放,意大利政府成立了"比萨斜塔拯救委员会",并向全世界征集"扶正"和延缓比萨斜塔倾斜速度的办法。经过反复论证后,拯救委员会选择了一个非常简单的纠偏办法,那就是从比萨斜塔的北侧地基下抽出部分渣土使斜塔的倾斜自然北移,而这一办法却是一位意大利人 1961 年提出的,比萨斜塔重修工程充满了挑战性,然而从目前情况看,挖土拯救实验的早期成果是令人满意的,4 个月的挖土工作使塔身校正了 3.3 厘米,最终目标是减少 10% 的倾斜度,也就是相当于约 0.5 度。尽管很少有人会注意到这个 0.5 度,但后人也许会感谢为这 0.5 度所付出的努力。如无意外,斜塔还可能保持 250 年之久,并确保未来 250~300 年都不会有倒塌的危机。目前斜塔偏离垂直中心线 5.2 米,斜塔已于 2001 年重新对外开放。

到意大利去旅行的人,几乎没有不到比萨去的,因为比萨斜塔的名气太大了,而这名气并不是由于建筑艺术上的高超与辉煌,而是因为它的"歪斜"成了世界建筑史上的"绝笔",以及发生在这个斜塔上、被记入了初中物理课本的一个科学故事。比萨斜塔为典型的罗马式建筑范本,塔身洁白,雕刻精美,雄伟壮观。今天比萨斜塔作为钟楼之外,还有与其配套的大教堂和洗教堂,以及后来开辟的圣·玛特奥国立美术馆,吸引了世界游人来此观光古罗马的神奇建筑和绘画艺术。

## 巴黎圣母院——石头组成的交响乐

看过法国大作家雨果的小说《巴黎圣母院》或者同名电影的人,无不知道巴黎圣母院这个名字。巴黎圣母院是一座著名的天主教教堂,它是巴黎第一座哥特式建筑,开欧洲建筑史先河,因而具有划时代的意义。如果说埃菲尔铁塔是现代巴黎的标志,那么巴黎圣母院无疑是古老巴黎的象征。它凝聚着法国人民的智慧,反映了人们对美好生活的追求与向往。巴黎圣母院被誉为"中世纪最美丽的花"。

巴黎圣母院坐落在法国巴黎市中心塞纳河的西岱岛上。岛很小,面积仅 0.25 平方千米,但它却是巴黎的摇篮。圣母院的院址蕴含着丰富的历史,这里曾经是一座罗马时代的丘比特神殿,是古代罗马人祭祀诸神的祭坛。

巴黎圣母院始建于 1163 年,是巴黎大主教莫里斯·德·苏利决定兴建的,历时 180 多年。据记载,共动用民工数十万,木工、石工、金工和玻璃工等技术工人共 1500 人。建院用的巨石是从数十里外的山上采来、用牛车拉到工地上的,工程之艰巨可想而知,巴黎圣母院在 1345 年才全部建成。到了 19 世纪,又在上面加建了个尖塔。巴黎圣母院是一座典型的哥特式教堂,之所

巴黎圣母院

以闻名于世,主要因为它是欧洲建筑史上一个划时代的标志,它开始了一种全新的建筑面貌。哥特式建筑的最重要特征就在高直二字,所以也有人称这种建筑为高直式。哥特式教堂的平面形状好像一个拉丁十字。十字的顶部是祭坛,前面的十字长翼是一个长方形的大厅,供众多的信徒做礼拜用。教堂的顶部采用一排连续的尖拱,显得细瘦而空透。教堂的正面往往放一对钟塔。哥特式教堂的造型既空灵轻巧,又符合变化与统一、比例与尺度、节奏与韵律等建筑美法则,具有很强的美感。在巴黎圣母院建成之前,教堂建筑大多数笨重粗俗,沉重的拱顶、粗矮的柱子、厚实的墙壁、阴暗的空间,使人感到压抑。巴黎圣母院这种高直式建筑,冲破了旧的束缚,创造了一种全新的轻巧骨架,这种结构使拱顶变轻了,空间升高了,光线充足了。这种建筑的独特风格很快在欧洲传播开来。

巴黎圣母院的平面呈横翼较短的十字形,东西长 125 米,南北宽 47 米。东端是圣坛,后面是半圆形的外墙。西端是一对高 60 米的方塔楼,构成教堂的正面。圣母院的正立面风格独特,结构严谨,看上去十分雄伟庄严。粗壮的墩子把立面纵分为三段,每段各有一门,当中是被称作"最后的审判"的主门,右边是"圣安娜"门,左边是著名的"圣母门"。进门后大厅中端坐着怀抱婴儿的圣母玛利亚玉石雕刻,慈祥而端庄。这种门一个套一个,层层后退,形成哥特式教堂的典型特征——尖圆拱券。两条水平的雕饰把三个门联系起来,下层的装饰有分别代表以色列和犹太国历代国王的 28 尊雕塑,1793 年,大革命

中的巴黎人民将其误认作他们痛恨的法国国王的形象而将它们捣毁,后来,雕像又重新被复原并放回原位。巴黎圣母院内部装潢严谨肃穆,以彩色玻璃窗的设计最吸引人,其中有长有圆有长方,但以其中一个圆形为最,它的直径有 9 米,俗称"玫瑰玻璃窗",第二次世界大战期间,巴黎人很怕德国人把它抢走,所以拆下来藏起来了。

巴黎圣母院的内部并排着两列长柱子,柱子高达 24 米,直通屋顶。两列柱子距离不到 16 米,而屋顶却高 35 米,从而形成狭窄而高耸的空间,在尖峭的屋顶正中,一个高达 90 余米的尖塔,直刺天穹,好像要把人们连同这教堂一起送上天国。教堂正厅顶部有一口重达 13 吨的大钟,敲击时钟声洪亮,全城可闻。巴黎圣母院的正立面是世界上哥特式建筑中最美妙、最和谐的,它是用 9 块大小和比例相同的长方形块构成的,其中上部的中间一块是缺的,两边为一对钟塔,所以其实是由 8 块长方形块组合而成。这些长方形,据分析其比例是最美的,即黄金比,长方形两边的长度之比为 1：0.618(或 0,618：1),所以看上去形态十分和谐。相传法国古代有这么一个说法:若要造教堂,应当用阿美安教堂的大厅,夏尔特教堂的塔楼,兰斯教堂的雕像,以及巴黎圣母院的立面,因为这是法国古代教堂建筑中的"四杰"。后世的许多基督教堂都模仿了它的样子。

教堂内部极为朴素,几乎没有什么装饰。大厅可容纳 9000 人,其中 1500 人可坐在讲台上。厅内的大管风琴也很有名,共有 6000 根音管,音色浑厚响亮,特别适合奏圣歌和悲壮的乐曲。

巴黎圣母院目睹了几个世纪法国的沧桑巨变,在这里上演了一幕幕悲喜剧。巴黎人民在此庆祝英法百年战争的胜利;1804 年一个大雪天,拿破仑夫妇乘马车驶入巴黎圣母院后门,当犹豫不决的教皇祝辞刚刚结束,拿破仑做出了惊人之举,自己取过皇冠戴上了;参加十字军东征胜利归来的路易九世,曾在这里高举着战利品,夸耀自己的战功;民族女英雄贞德平反昭雪的仪式在这里举行,并在院内竖立贞德的雕像,被称为"圣女贞德";在这里庆祝二战的胜利,宣读 1945 年第二次世界大战胜利的赞美诗;1970 年法国总统戴高乐将军的葬礼在这里举行。

巴黎圣母院饱经风霜、战争与破坏,曾被整修了许多次。1843 年,开始了巴黎圣母院最重要的一次整修工程,整修过程中,为教堂装备了具有排水用途的雕塑品。

巴黎圣母院从建筑造型上看,是鬼斧神工;从环境设计上看,是天、地、水融为一体。在世界建筑史上,巴黎圣母院被誉为由巨大的石头组成的交响乐。巴黎许多著名历史遗迹都是以巴黎圣母院为中心的。作为建筑的巴黎圣母院,是法兰西民族精神的象征、历史传承的标志,是建筑风格的典范、时代技术的聚合,也是城市美景的所在与民族风情的展现。而 170 多年前雨果的文艺作品《巴黎圣母院》则艺术地展现了一个民族中几个典型人物的假、恶、丑与真、善、美,是一段浓缩的艺术化历史。这部同样不朽的著作给巴黎圣母院涂抹上了更神秘的色彩,从此,巴黎圣母院就与卡西莫多和爱斯美拉达的故事一起驻留于人们的脑海,成为人们永久的向往。

## 枫丹白露宫——森林里的美丽宫殿

在法国北部法兰西岛地区广袤的森林中心,巴黎东南,坐落着一座庞大的建筑群,这里是法国最大的王宫之一,枫丹白露宫。

"枫丹白露"的法文原意为"蓝色的泉水"，因这里的一眼清泉而来。我国著名散文家朱自清将其译为这个极富诗意的名字。

早在 1137 年，路易六世被此地的美丽所吸引，于是下令修建豪华城堡，后经历代君王的改建、扩建、装饰和修缮，逐渐使枫丹白露宫成为一座富丽堂皇的行宫。这些建筑大多是由法国建筑师完成建筑工程，后由包括达·芬奇在内的一批意大利建筑师、画家参与建设和修饰，因此，枫

枫丹白露宫

丹白露宫融法意两国艺术风格于一体，将雕刻与油画艺术相结合，形成了法国文艺复兴时期著名的"枫丹白露派"。许多艺术巨匠的灵感早已凝固于此。宫内五十多幅油画和八组壁画，大多出自名家手笔，如巴蒂斯特·皮埃尔、加布里埃尔、维安、布赫耐、马丹雷来、热拉尔等。达·芬奇在这里度过了他生命的最后四年，骨灰和艺术永远地留在了枫丹白露宫。宫内的许多油画和雕塑，反映了在这里留居过的帝王后妃的生活场景。如《埃克托尔让巴蒂斯拿起武器》《罗马妇女向元老院贡献珠宝首饰》《拿破仑和玛利·路易斯的婚宴》等。

枫丹白露宫由五座形状各异的庭院、一座封建古堡主塔以及若干座不同时代特色的花园连贯而成。主塔是钟塔庭，也称椭圆形庭，是枫丹白露宫殿群中最庄严的部分。尽管枫丹白露宫屡经重建，但都保留了古老凝重的钟塔。

白马庭是枫丹白露宫的主要入口之一，它的名字源于凯瑟琳·冯·梅迪奇时期铸造的一匹白马。以前这里是一所由圣路易修建的古老寺院，庭院的正面屡经改建，其中最重要的一次是由建筑师塞尔梭完成的，其代表作品即是这座著名的马蹄铁形台阶。白马庭又称诀别院，这起因于拿破仑与枫丹白露的渊源。拿破仑一世为表示革故鼎新，正式将第一皇宫迁至枫丹白露。1804 年拿破仑称帝时，曾站在枫丹白露宫正门前的马蹄形高台上发表就职演讲。1812 年拿破仑将西方神权最高领袖罗马教皇囚禁于此。1814 年拿破仑又在这里颁布退位诏书。他的私人客厅被称为"让位客厅"，墙壁上挂着阿龙所创作的拿破仑的一幅水彩画。至今，枫丹白露建有拿破仑一世纪念馆。厅堂奢华，绘画雕塑精美。厅内陈设着拿破仑的遗物：绣着红白徽章的军帽，银灰色战袍，镶着水晶的宝剑，闪着寒光的手枪，军事地图和行军床。

将钟塔庭和白马庭连成一体的是弗兰西斯一世画廊。弗兰西斯一世被誉为最富有"骑士精神"的国王。他在位期间，决定用意大利文艺复兴风格重饰枫丹白露宫。他召集起当时法国、意大利的名家巨擘，建起弗兰西斯一世画廊、金门、舞会厅、圣萨蒂南小教堂、白马庭的部分建筑。弗兰西斯一世画廊长 60 米，宽 6 米，高 6 米，它是枫丹白露乃至整个文艺复兴时期最著名和最完美的艺术品之一，上半部分是以明快的仿大理石人物雕刻烘托得色彩暗淡的壁画，下半部是用细木雕刻的护壁。画廊内陈列、装饰着精美的壁画、绘画、石膏雕塑。装饰工作由来自佛罗伦萨的画家和装饰家乔瓦尼·罗索率领几位助手于 1534~1537 年间完成。

走出弗兰西斯一世画廊便是狄安娜花园。狄安娜花园又称皇后花园或橙园，花园内散布着从 16 世纪到 18 世纪的花坛和雕塑。园内有狄安娜喷泉，它是亨利四世时代于

1602 年在著名的狄安娜雕塑位置修筑而成的。

城堡的南部是方形的英国花园,占地约三公顷。花园的风格因其主人的变化而变化。直到马克西米兰·约瑟夫·赫托特把它建成 18 世纪初传统英国花园的式样,体现了回归自然的思潮。在花园的尽头有一处美泉。

枫丹白露宫还有一处公认为欧洲面积最大的花圃——大花圃。大花圃建于亨利四世时期,当初是供狩猎之用。

宫内的御座厅原为历代国王的卧室,1808 年拿破仑将它改为金碧辉煌的御座厅,厅内墙壁和天花板用黄、红、绿三种颜色的金叶粉饰,地板用整铺画毯覆盖,一盏镀金水晶大吊灯晶莹夺目。房间里混合着几个朝代的不同装饰,拿破仑时期的宝座包括一个顶饰、两面旗帜、一个台子、一个扶手椅和一个雅各布·代司马特制作的喷水池。金色是枫丹白露城堡中运用最频繁的装饰色彩,无论在墙壁镶板上还是家具配饰上,无论是日用器皿上还是灯具钟表上,无论是画框雕像上还是服饰织物上,金色成了最多见也最有力的装饰手段。

舞厅最初的设计为意大利式柱廊,向外敞开,作为教堂和国王房间之间的通道。在原设计中舞厅呈穹形,以使窗户之间的柱廊的存在更为合理。直至弗兰西斯一世辞世,舞厅也未完工。菲利贝·德洛尔姆接过前人的设计又加以修改,他最终完成了塞利奥设计的分格镶板的天花板以及壁炉,壁炉上饰有两个萨蒂尔神青铜雕像,但在法国大革命时期被溶化掉了,现在摆放在那里的是德洛尔姆根据普里马蒂斯从罗马带来的塑像仿制的。而普里马蒂斯本人则负责绘画和壁画,这些未完成的作品由阿巴特及其助手创作于 16 世纪中期。

枫丹白露宫不仅具有欧洲文艺复兴的艺术风格,而且汇聚了东方的元素。在枫丹白露宫里还有一座“中国馆”,专门用来收藏东方的艺术品。中国馆是拿破仑三世的皇后欧仁妮在太后宫里布置的四间大厅中的一个,墙壁装饰用的是中国传统的涂漆屏风纸,壁上的浮雕亦为中国传统的漆雕,其工艺精美绝伦。馆里陈列着中国和其他东方国家的香炉、绘画、金玉首饰、景泰蓝、牙雕、玉雕等艺术珍品,显示了与西欧风格迥然不同的东方文化艺术。

枫丹白露宫的周围是面积达 1.7 万公顷的森林。森林中有栗树、橡树、柏树、白桦、山毛榉,种类繁多,密密层层,宛若一片硕大无比的绿色地毯。每当秋季来临,树叶渐渐变换了颜色,红白相间,令人赞叹。森林内有许多圆形空地,呈星形的林间小路向四面八方散开,纵横交错。圆形空地往往建有十字架,其中最著名的是圣·埃朗十字架。这里过去是王家打猎、野餐和娱乐的场所,王室的婚丧大典也常在这里举行,历史上有许多重大事件就发生在这里,而现在此处是游人最喜爱驻足的地方。

枫丹白露宫是一个集中了建筑艺术与园林艺术的庞大建筑群体。1981 年,枫丹白露宫被列入世界遗产名录。

## 凡尔赛宫——理性美的代表艺术宝库的明珠

凡尔赛宫位于巴黎西南的凡尔赛,它曾是法国历代国王的王宫,是举世闻名的西方古典主义建筑的杰出代表,被联合国教科文组织列为世界文化遗产的重点文物,是人类艺术宝库中的一颗绚丽灿烂的明珠。

凡尔赛宫原是距巴黎 20 千米的一个小村落，是路易十三 1624 年在凡尔赛树林中造的狩猎宫。1661 年，由路易十四改造成一座豪华的王宫。它是由著名建筑师勒·沃·哈尔都安和勒·诺特尔精心设计而成的，共动用了三万多名工人和建筑师、工程师、技师，该宫于 1689 年全部竣工。1682 年宫殿尚未完工时，路易十四宣布将法兰西宫廷从巴黎迁往凡尔赛，凡尔赛宫从此就成为法国的皇家宫苑和权力中心。法国大革命期间，凡尔赛宫被冷落起来，并数遭劫难。1837 年，路易·菲利浦决定重修凡尔赛宫，并将

凡尔赛宫

这座帝王的宫殿改为法兰西历史博物馆，收藏着大量珍贵的肖像画、雕塑、巨幅历史画以及其他艺术珍品，其中有远涉重洋而来的中国古代的精美瓷器。19 世纪下半叶，凡尔赛宫又成为全世界瞩目的政治中心。1870 年，普鲁士军队占领凡尔赛，第二年德皇在此举行加冕典礼，同年，梯也尔政府盘踞在凡尔赛宫，策划了镇压巴黎公社的血腥计划。1871～1878 年法国国民议会设在这里。1875 年在凡尔赛宫宣告成立法兰西共和国。1919 年 6 月 28 日，法国及英国等国同德国签订了《凡尔赛和约》，第一次世界大战宣告结束。今天凡尔赛宫除供参观游览之外，法国总统和其他领导人也常在此会见或宴请各国首脑和外交使节。

凡尔赛宫由宏伟华丽的王宫和优美恬静的花园两部分组成。以奢华富丽和充满想象力而闻名于世。

凡尔赛宫殿气势磅礴，全宫占地 111 万平方米。其中建筑面积为 11 万平方米，园林面积为 100 万平方米。布局严密、协调。这座以香槟酒和奶油色砖石砌成的庞大宫殿，以东西为轴，南北对称。正宫朝东西走向，两端与南宫和北宫相衔接。宫顶建筑采用了平顶形式，显得端庄而雄浑。凡尔赛宫的外观宏伟、壮观，内部陈设和装潢更富于艺术魅力。凡尔赛宫内有 500 多间殿厅，大殿小厅处处金碧辉煌，大厅的墙壁和柱子多用大理石砌就，加之金漆彩绘的天花板，豪华非凡。内壁装饰以雕刻、巨幅油画及挂毯为主，配有 17、18 世纪造型超绝、工艺精湛的家具，以及装饰用的贝壳、花饰及错综复杂的曲线等，无不充满艺术魅力，处处显得金碧辉煌、豪华非凡。但是，凡尔赛宫过度追求宏大、奢华，居住功能却不方便。宫中没有一处厕所或盥洗设备，连王太子都不得不在卧室的壁炉内便溺。路易十五极端厌恶寝宫，认为它虽然宽敞、豪华，却不保暖。

宫中最为富丽堂皇的殿堂要算著名的镜厅了。这里也是签署《凡尔赛和约》的地方。镜厅长 73 米，宽 10.5 米，高 12.3 米。左边与和平厅相连，右边与战争厅相接。拱顶上布满了描绘路易十四最初 18 年征战功绩的彩色绘画。吊灯、烛台与彩色大理石壁柱及镀金盔甲交相辉映；排列两旁的 8 座罗马皇帝雕像、8 座古代天神雕像及 24 支光芒闪烁的火炬，令人眼花缭乱。最为吸引人的，还是与长廊左侧面对花园而开的 17 扇巨大拱形窗门相对应的 17 面巨型镜子，这 17 面大镜子，每面均由 483 块镜片组成。

正宫前面是一座风格独特的法兰西式大花园。这座御花园，既是世界上最大的花园

之一,也是世界上最漂亮的花园之一。由大运河、瑞士湖和大小特里亚农宫组成。大特里亚农宫是 1687 年由路易十四为其情妇曼特侬夫人建造的,只有一层,室内装潢相比之下比较朴素。路易十四时期,国王有时厌倦豪华的凡尔赛宫,也会到这里居住。1805～1815 年,拿破仑经常居住于此。小特里亚农宫是路易十五为其王后建造的,为典型的古典主义风格建筑,主要的房间有大沙龙、小沙龙、画室、卧室、化妆室等。附近有路易十六为玛丽·安托瓦内特王后修建的瑞士农庄,有茅屋、磨坊、羊圈,王后常化装为乡间牧羊女在此游玩。大花园完全是人工雕琢的,极其讲究对称和几何图形化。以海神喷泉为中心,主楼北部有拉冬娜喷泉,主楼南部有橘园和温室。花园内有 1400 个喷泉以及一条长 1.6 千米的十字形人工大运河。园内有草地、花坛、喷泉和雕像等,松柏苍翠,景色绚丽多姿;那条人工河波光粼粼,岸边倒影变幻莫测,给人以梦幻般的遐想;绿茵茵的草丛中,神女雕像亭亭玉立,幽静雅致的环境,令人心旷神怡。在花园游览时,充满了轻松愉快和亲情般的温暖,风景如画,十分迷人,堪称法国式园林的典范。几百年来欧洲皇家园林几乎都遵循了它的设计思想。

凡尔赛宫为典型的古典主义风格,整个建筑显得雄伟、辉煌、庄重,被认为是理性美的代表。它与卢浮宫和埃菲尔铁塔一样,是各国访问者及旅游者必到之处。今日的凡尔赛宫已是举世闻名的游览胜地,各国游人络绎不绝,参观人数每年达 200 多万。可以说凡尔赛宫是法国封建统治时期的一座纪念碑,也是当时法国经济、技术进步和劳动人民智慧的硕果。

## 卢浮宫——万宝之宫艺术圣殿

卢浮宫又译罗浮宫,与列宁格勒博物馆、梵蒂冈博物馆并称为"世博三雄",而且还是三雄中的龙头老大和艺术藏品最为珍贵和丰富的博物馆,也是法国历史上最悠久的王宫。它虽然地处巴黎,却让全世界为之瞩目,特别是其所拥有的 40 万件珍品,已使其成为世界著名的艺术殿堂。它既是一件伟大的艺术杰作,也是法国近千年来历史的见证。

卢浮宫位于法国巴黎市中心的塞纳河北岸,始建于 12 世纪末,当时是用作防御目的,真正让卢浮宫成为王宫的时代是从查理五世开始的。随着法国王权的日益集中,卢浮宫逐渐成为王权的荣耀之地,因此华丽的塔楼、别致的房间、动人的花园景观不断被增加。这里曾经居住过 50 位法国国王和王后,还有许多著名艺术家在这里生活。从 16 世纪起,弗朗西斯一世开始大

**卢浮宫**

规模地收藏各种艺术品,以后各代皇帝延续了这个传统,充实了卢浮宫的收藏。弗朗西斯一世下令由建筑师皮尔莱斯科在原来城堡的基础上重新建筑一座宫殿,从而使这个宫殿具有了文艺复兴时期的风格。到路易十三和路易十四时期,卢浮宫的收藏已十分充实。至路易十四去世前夕,卢浮宫已经成为经常展出各种绘画和雕塑作品的一个场所。法国大革命时期,这里是法国国民议会、救国委员会和参议院的办公处所。到拿破仑三

世时，历时 600 年，卢浮宫的整体建设才算完成。1793 年成为国家博物馆。卢浮宫占地约为 45 公顷，建筑物占地面积为 4.8 公顷，全长 680 米，成为拥有数百个富丽堂皇的大厅的宏伟宫殿建筑群。它的整体建筑呈"U"形，分为新老两部分。

走近卢浮宫，只见它有一座高大方形的正殿。正殿两侧伸展出两个侧厅，巴卡鲁塞广场被围抱在当中。东面有长柱廊，远远望去极为壮观；南侧紧贴塞纳河；北侧是带有阁楼屋顶和长廊的四层古建筑群，一字排开，整齐美观；面向中心广场的两排建筑上，共有86 尊名人塑像；广场中央的小凯旋门是为纪念拿破仑在奥斯特里茨战役中的军功而建。

走进卢浮宫内部，我们见到有精心布置的六个陈列馆，即希腊和罗马艺术馆、埃及艺术馆、东方艺术馆、绘画艺术馆、雕塑艺术馆、服饰艺术馆。其中绘画馆展品最多，占地面积最大。卢浮宫区有 198 个展览大厅，最大的大厅长 205 米。显然，用一天两天的时间根本无法欣赏到全部的稀世珍品。各个陈列馆既是博物馆的一部分，又是各自独立的整体布局。卢浮宫展馆共有 225 个展室，展出面积 773 多平方米，若从南到北参观两个馆需要步行 1700 多米。展馆内有从中世纪到现代的雕塑作品，还有数量惊人的王室珍玩以及绘画精品。卢浮宫收藏的艺术品已达 40 万件，包括雕塑、绘画、美术工艺及古代东方、古埃及和古希腊罗马的艺术珍品，相当一部分来自王室珍藏。其艺术藏品种类之丰富、档次之高，堪称世界一流。其中最重要的镇宫三宝是世人皆知的《蒙娜丽莎》《米洛的维纳斯》和《萨莫特拉斯的胜利女神》。

这第一宝是油画《蒙娜丽莎》，是著名油画大师达·芬奇 16 世纪的作品。在这幅充满神奇魅力的杰作前，无论你站在任何角度看去，似乎都能感觉到蒙娜丽莎这位佛罗伦萨富有的女市民凝眸看向你的神秘浅笑。这份征服世人的自然之美令后世的法国国王都下令，自己的公主必须每日面对画作学习那种"贵族微笑"，所以《蒙娜丽莎》在卢浮宫40 万件珍贵藏品中赢得了它的超然地位。

第二宝是《米洛的维纳斯》雕像，米洛的维纳斯，其实就是在中国家喻户晓的断臂维纳斯。米洛的维纳斯女神雕像，高约 2.04 米，是两块半透明的白云石拼合雕就。维纳斯女神站在鸡血白纹的云石底座上，上半身裸露，下半身裹着围毯，神情端庄，肌理丰润，窈窕曲立，仪态万方，造型典雅至极，集女性美之大成，为美术史上女性裸体形象之典范。这尊女神雕像发现于 1820 年春，是一个名叫岳尔戈斯的希腊农民在爱琴海的米洛岛上一个山洞里的小庙废墟中发掘出土的，因此被叫作米洛的维纳斯。几经周折，运抵巴黎卢浮宫收藏。这尊女神雕像出土时就已失去双臂，因为断臂反而留给世人无限的遐想，她一直是世界上最负盛名的雕像，残缺的美胜过了完整的美，有人试图将残肢复原，但无论多高水平的艺术大家，都无法办到，没有一个人能拿出让人满意的构思。

第三宝是《萨莫特拉斯的胜利女神》，这是一尊无头无手的女性塑像，构思十分新颖，底座被设计成战船的船头，胜利女神犹如从天而降，在船头引导着舰队乘风破浪冲向前方，既表现了海战的背景，又传达了胜利的主题。据说卢浮宫金字塔大厅里的旋梯就是模仿了她的造型。

其他著名作品还有：《狄安娜出浴图》《丑角演员》《拿破仑一世加冕礼》《自由之神引导人民》《编花带的姑娘》等。

除了人们平时能看到的展品，卢浮宫还藏有大量从未陈列过的艺术品。在卢浮宫里参观仿佛是在琳琅满目的珍宝中穿行，任何一件艺术品都是价值连城的珍品，妥善保管这些艺术品是项费钱又费力的工作。举世闻名的艺术宫殿卢浮宫面临新的难题，这个号称世界最大的博物馆，由于收藏的艺术品太多，已"物满为患"，并且决定建立分馆。

这座王宫不仅经历了 800 多年来法国历史上的各种风云变幻，也记录下了不同时期的建筑和装潢设计师们的才思，尤其值得一提的是。卢浮宫正门入口处有一个透明的金字塔建筑，它的设计者就是著名的美籍华人建筑师贝聿铭。该建筑由 660 块钢架玻璃组成，塔高 20 米，底宽 30 米，晶莹剔透，分外壮观，堪称巴黎又一新的靓丽景观。这一构思新颖、形状奇特、水晶宫殿般的建筑于 1989 年 3 月 29 日正式对外开放，为这座古老宫殿建筑群增添了新时代的形象。

## 巴黎歌剧院——皇家歌剧院音乐的殿堂

巴黎歌剧院是欧洲最大、最豪华的歌剧院，是世界上最大的抒情剧场。总面积 11237 平方米，可容纳 2000 多位观众，每年都会上演许多经典名著。在建筑史上，这座建筑也是一个比较著名的折中主义艺术风格的代表作。由法国记者写下的惊险小说，后又被演绎成众多电影、音乐剧的《歌剧魅影》，正是发生在眼前这座金光灿灿的建筑里。

**巴黎歌剧院**

早在 17 世纪时，意大利歌剧风靡整个欧洲，称霸着歌剧舞台。欧洲各国的作曲家就致力于发展本国的歌剧艺术，与意大利歌剧抗衡。就是在这一时期，法国吸取了意大利歌剧的经验，创造出具有本国特点的歌剧艺术，法国歌剧也由此发展起来。法国歌剧艺术风格的形成，决定了法国将建立自己的歌剧院。1667 年，由法国国王路易十四批准，1671 年 3 月，由佩兰、康贝尔和戴苏德克负责建造了法国第一座歌剧院"皇家歌剧院"，它就是巴黎歌剧院的前身。后于 1763 年被毁于大火。1861 年重新修建，夏尔·加尼埃的竞标方案得到专家们最终认可。巴黎歌剧院建于法兰西第二帝国时期，当时的花费是天文数字 3300 万法郎，是当时世界上最为昂贵的歌剧院。法兰西第二帝国 9 年后解体，巴黎歌剧院还没有建完，第三帝国时期继续建设，于 1875 年完工，附设有一个举世闻名的芭蕾舞团和一个管弦乐团。巴黎歌剧院的设计、装潢堪称典范，在当时豪华奢侈的欧洲社交界引起巨大的轰动。巴黎歌剧院是拿破仑三世统治法国时期在欧洲修建的一个规模最大、设计最周到、室内装修最豪华的歌剧院。

巴黎歌剧院奢华精美，气派非凡。绿色的圆屋顶高高耸立，分置在歌剧院顶端左右两侧的两座巨型雕塑，在阳光下耀眼夺目，流金溢彩。歌剧院的门檐分别装饰着 39 个巨型金色兽头，兽头与兽头之间的巨瓦也为镶金，共有 100 多米长，与雕塑相映生辉。中间门楣为 4 个巨大雕塑，庄重肃穆地俯望着人间。歌剧院中部的 16 根青石立柱，两两分排，共为 8 对，青石立柱靠里边，还有 16 根罕有的比利时国王红大理石壁柱，在石壁柱的上方，有 7 人的金色雕像，他们分别是贝多芬、莫扎特、罗西尼、欧拜耳、斯伯蒂尼、梅耶贝尔和阿列维，突显法国既注重欧洲音乐的流派，又张扬法兰西民族乐派的风情特点。巴黎歌剧院建筑的底部有 7 个门洞，门洞两旁各有两组青石浮雕，浮雕人物有的手拿欧洲最古老的弦乐器。有的人物手中握有西方最早的打击乐器。剧院的外饰面是花岗岩的，歌剧院大门为乌色镶金栏杆，挺拔俊秀。剧院大门平台处立有 4 座天使浮雕，浮雕的上面刻有音乐家巴赫、海顿等一代音乐大家的名字。

从剧院正面的柱廊和两侧的入口进入门厅，左侧是拿破仑的专用入口，旁边有他的半身塑像，中央的大楼梯可通向观众厅的池座，两侧的大楼梯通往各层包厢，建筑形式保持着 15~16 世纪的原状，四壁和廊柱布满巴洛克式的雕塑、挂灯、绘画，有人说这儿豪华得像一个首饰盒，装满了金银珠宝。从前厅往上走，便是巴黎歌剧院最为著名的所在——中央回廊。据说建造巴黎歌剧院的中央回廊，共使用了 6 吨的彩色大理石。回廊的地面和台阶、石柱华丽纷繁、色彩斑斓。中央回廊的台阶共 40 级，为白色大理石铺成，台阶两旁的扶梯为黑色大理石做底，红色大理石为栏，这些大理石来自世界各地，都是极为稀有的石种。中央烛台的上方是气势恢宏的壁柱，壁柱巍然屹立，从容威严地支撑起整个大厅。中央回廊的各个方位皆安排巧妙，有石类、铜类和镀金类的雕塑，各式人物姿态万千，神情各异，栩栩如生。塑像本身又是烛台，上面装有林林总总的上百个烛展，将大厅照耀得华丽辉煌。

剧场地面铺设大红地毯，座位为黑色，椅背儿和椅垫儿皆为红色织绒，四周包厢皆为红色：红墙、红门、红椅、红房，整体红彩照耀，富贵堂皇。巴黎歌剧院剧场的穹顶是法兰西民族绘画艺术中的瑰宝，上面绘有著名的《天使之舞》的图案。巴黎歌剧院有着全世界最大的舞台，可同时容纳 450 名演员，舞台台口宽 16 米，高 13.75 米，主台宽 32 米，深 27 米，台上高 34 米，台面向观众方向倾斜。舞台后部有一个小厅，称之为舞蹈演员之家，在谢幕时，把通向舞台的门打开，全体演员一起走到台口，场面十分壮观。观众厅共有 2131 个座席，但有 400 个座席看不到舞台表演。歌剧院观众厅的平面是一个马蹄形，这种马蹄形不论是从室内音响效果还是从视线条件上来说都是最好的一种平面形状，观众厅的池座宽 20 米，深 28.5 米，楼座三面是四层重叠的包厢，在侧面的各层包厢有小型扬声器，使池座和包厢声音柔和适度，清晰度和均衡感俱佳。名观众池座的地面是有坡度的，越到后面越高。包厢很深，有里外两间，里间是看歌剧的，外间是休息室兼社交待客用。包厢的产生也鲜明地反映了严格的封建等级制度，普通的百姓则根本没有进入这座剧院的机会。那些上层人物上歌剧院并非完全为了听歌剧，而是为了显示自己的身份，炫耀自己高贵的夫人或美貌的情妇，进行各式各样的社交活动。

走出观众厅，下楼从旁边转过去，便到了后台。这里最为引人注目的是一间宽大的陈列馆，靠墙两边排列着方格柜，每格柜里都是个舞台演出的实景模型，人物和布景一应俱全，制作精巧，形态逼真，旁边还有说明：某年、某月、某个艺术家表演了某个节目。它详细记录了百年剧院辉煌的艺术轨迹。

巴黎歌剧院是欧洲最著名的古典式剧院之一。这座凝集着法兰西人气质、历时数百年之久的皇家歌剧院，至今仍保持着法兰西歌剧的顶峰位置。

## 凯旋门——胜利的标志巴黎的象征

巴黎凯旋门坐落在巴黎市中心夏尔·戴高乐广场(又称星形广场)中央,它是欧洲100多座凯旋门中最大的一座,亦是世界上最早建设的凯旋门式建筑物。它和埃菲尔铁塔一样成为现代巴黎的象征,是法国政府重点保护的名胜古迹。

凯旋门

凯旋门是欧洲一种纪念战争胜利的建筑,始建于古罗马时期,当时统治者以此炫耀自己的功绩。后为欧洲其他国家所沿用,常建在城市主要街道中或广场上。用石块砌筑,形似门楼,有一个或三个拱券门洞,上面刻有宣扬统治者战绩的浮雕。1805年12月,拿破仑·波拿巴在奥斯特里茨战役中大败俄奥联军,法国的国威达到史无前例的顶峰。为庆祝战争的胜利,拿破仑宣布在星形广场(今戴高乐广场)兴建"一座伟大的雕塑",以此象征拿破仑军队的战无不胜、坚不可摧,并迎接日后凯旋的法军将士。按照著名建筑师夏尔格兰的设计,巴黎凯旋门在1806年开始破土动工,在建造过程中工程曾一度受拿破仑帝国的灭亡及旧君主制恢复的影响而暂时停工,工程在1825年重新开工,最后由路易·菲利浦(路易十八)于1836年7月30日为凯旋门举行了落成典礼。

巴黎凯旋门高约50米,宽约45米,厚约22米。凯旋门四面有门,门内刻有跟随拿破仑远征的将军的名字,另外还有四块记载重大战役的浮雕。外墙上刻有取材于1792～1815年间法国战史的巨幅雕像,所有雕像各具特色,同门楣上花饰浮雕构成一个有机的整体,俨然是一件精美动人的艺术品。这其中最吸引人的是刻在右侧(面向田园大街)石柱上的"1792年义勇军出征",即著名的《马赛曲》的浮雕,是雕刻大师弗朗索瓦·吕德的不朽杰作。修建凯旋门时,原计划门面前后的四块巨石浮雕全由吕德设计,但是大臣梯也尔改变了主意,只让吕德完成其中一件。吕德在反复思考之后,决定采用《1792年义勇军出征》的内容。浮雕《马赛曲》分两部分:上部以一个象征自由、正义、胜利的带翼女神为中心,她右手执剑,左手高举,在号召人民向着她指引的方向冲去。她的一对翅膀张开着,两腿大步迈进,她勇往直前的激情,体现了那个时代的法国人民的革命热情。下半部是一群义勇军战士,中间那个长着络腮胡子的壮年战士,表情高亢激昂,右手高举着从头上摘下来的钢盔,正转过头来向左侧的人群喊话;左边紧挨着他的是他的儿子,少年依傍着父亲,走得更加坚定有力;其余人物,有持盾牌和宝剑的年迈战士,有吹进军号的青年,有弯腰的弓箭手。所有这些人物被组成一个整体,显出一种剑拔弩张的声势,一场激烈的战斗即将开始了。后面是飘扬着的旗帜和林立的弓矛枪箭,这些细节与前面的人物融汇成千军万马的气势。艺术家在这里广泛运用了浪漫主义的象征手法,显示了人民气势磅礴的反抗力量。其他三块浮雕是:考尔托维的《凯旋》和艾尔克斯维的《抵抗》以及《和平》。凯旋门上的四块浮雕成了四种不同风格的东西,显得支离破碎。而《马赛曲》这块浮雕问世之后,在思想和艺术上压倒了其他的三块。《马赛曲》浮雕是世界美术史上占有重要一席之地的艺术杰作。《马赛曲》使吕德一举成名。当完成它时,作者已经52岁了。1855年吕德又因这尊《马赛曲》浮雕而荣获万国博览会的雕刻金牌奖,并享受了终身的荣誉。

凯旋门的拱门上可以乘电梯或登石梯上去,石梯共273级,上去后第一站有一个小型的历史博物馆,馆内陈列着许多有关凯旋门建筑史的图片和历史文件,有介绍法国历史上伟大人物拿破仑生平事迹的图片,在那里,游人可以看到558位随拿破仑征战的将军的名字,其中一些人的名字下面画着线,那是因为这些人都是在战斗中阵亡的。另外设有两间配有英法两种语言解说的电影放映室,专门放映一些反映巴黎历史变迁的资料片。在博物馆的顶部是一个平台,游人们从这里可以远眺巴黎,鸟瞰巴黎圣母院、协和广场的卢克索方尖碑、雄伟的埃菲尔铁塔等巴黎名胜,俯视凯旋门下由环形大街向四面八方伸展出的12条放射状的林荫大道。这些大道就像一颗明星放射出的灿烂光芒,因而凯旋门又称"星门"。12条大道中,最著名的为香榭丽舍大道、格兰德大道、阿尔美大道、福熙大道等,使凯旋门更加雄伟壮观。

在凯旋门的正下方,是1920年11月11日建造的无名烈士墓,墓是平的,地上嵌着红色的墓志:"这里安息的是为国牺牲的法国军人"。据说,墓中睡着的是在第一次世界大战中牺牲的一位无名战士,他代表着在大战中死难的150万法国官兵。墓前有一长明灯,每天晚上都准时举行一项拨旺火焰的仪式。

现在,每年的7月14日,法国欢庆国庆节时,法国总统都要从凯旋门通过;每当法国总统卸职的最后一天也要来此,向无名烈士墓献上一束鲜花。据说这座凯旋门还有一个奇特的地方,就是每当拿破仑·波拿巴周年忌日的黄昏,从香榭丽舍田园大街向西望去,一团落日恰好映在凯旋门的拱形门券里。使人感觉它不仅是一个古老的建筑,更是一件精美动人的艺术品。

这座法国历史的见证者曾经亲历了许多重要事件:1840年12月15日,法国人民将拿破仑的遗体接回祖国,拿破仑的遗体由仪仗队护送,穿过这个他生前曾经无数次经过的凯旋门,最后被重新安葬在巴黎老残军人退休院的圆顶大堂;1885年,法国著名作家雨果逝世,法国人民为了缅怀这位伟大的作家,决定为他举行隆重的国葬,他的遗体于5月22日在凯旋门下停灵一夜,随后被安葬在专门安葬伟人的先贤祠:凯旋门同时也是每年国庆游行队伍的出发点。

随着岁月的流逝,凯旋门,这个曾经拿破仑帝国军队的标志已成为现今法国爱国主义的标志,同时也身兼纪念性建筑的职责。如果您想更多地了解凯旋门,您可以登临它的顶部观景平台:千年的巴黎历史就这么在您眼前静静流淌……

## 埃菲尔铁塔——会当凌绝顶一览众山小

埃菲尔铁塔(又译"艾菲尔铁塔")是法国巴黎著名铁塔,坐落在塞纳河南岸马尔斯广场的北端。如果说巴黎圣母院是古代巴黎的象征,那么,埃菲尔铁塔就是现代巴黎的标志。素有"云中牧女"之称的埃菲尔铁塔,有世界第八大奇迹的美誉,是世界建筑史上的技术杰作。

埃菲尔铁塔得名于它的设计师桥梁工程师居斯塔夫·埃菲尔。这位现代钢铁建筑之父以大胆的设计建造了世界上许多巨大的桥梁，开创了从木石建筑时代向现代的钢筋混凝土建筑时代的过渡。他的设计既结构简便，又造价低廉。整个欧洲的工程师们都竞相模仿。埃菲尔的一位助手曾反对他把那些应该在本公司内保密的数据和资料无偿地送给别人，但埃菲尔却耐心地对这位助手说："我亲爱的孩子，既然我能享受我发明的乐趣，为什么别人就不能分享和使用我的成果呢？此外，我还可以不断地有新的发明。"埃菲尔80岁的时候风趣地说："一个人的青年时代只有一次，因此，一定要有所作为，有所成

埃菲尔铁塔

就。"使他名扬四海的还是这座以他名字命名的铁塔。用他自己的话说：埃菲尔铁塔"把我淹没了，好像我一生只是建造了她"。事实上铁塔的设计在当时遭到很多人的竭力反对，虽然铁塔的设计者埃菲尔宣称"法兰西将是全世界唯一将国旗悬挂在300米高空中的国家"，但一时也无法说服各阶层反铁塔人士，其中包括法国著名作家小仲马、莫泊桑等人的异议。然而，埃菲尔并没有灰心，他依然执着地追求者，仅设计施工图就画了23000张。他表示："为了法兰西工业的最高荣誉，像父辈们战胜侵略者后建造凯旋门一样，建造一座同样激动人心的凯旋门。"建成后，300名作家和艺术家联名签署了一个宣言，要求拆毁这个"丑陋的畸形怪物"。就连埃菲尔建塔所用的技术，都是在铁塔竣工后的几年时间里才得到了建筑界承认的。1900年，埃菲尔写了一本书，名字叫《我的300米高的铁塔》，书中称自己为兴建铁塔经历了一生中最大的冒险。

埃菲尔铁塔始建于1887年1月28日，是为庆祝法国大革命100周年在巴黎举行的万国博览会而建的标志性建筑。1889年5月15日，为给世界博览会开幕式剪彩，铁塔的设计师居斯塔夫·埃菲尔亲手将法国国旗升上了铁塔的300米高空。浪漫的巴黎人给铁塔取了一个美丽的名字——"云中牧女"。人们为了纪念他对法国和巴黎的这一贡献，特别还在塔下为他塑造了一座半身铜像，距今已有100多年的历史了，如今已成为巴黎的象征和骄傲。

埃菲尔铁塔占地一公顷，在整个设计、分解、生产零件、组装到修整过程中，都显示出法国人异想天开式的浪漫情趣、艺术品位、创新魄力和幽默感。塔高300米，重9000吨，塔底占地约一万平方米，塔身全部是钢架镂空结构，造价740万法郎。埃菲尔铁塔分为三层，第一层高57米，第二层高115米，第三层高276米（皆为离地面距离）。每层皆设计有平台高栏，从塔座到塔顶共有1711级阶梯，据说，该塔共用去钢铁7000吨，1.2万多个金属部件，共钻孔700万个，用250万只铆钉相连起来，塔的四脚有步梯和电梯到达塔上的观景平台。建筑底宽上窄，成尖细金字塔形状。造型奇特，构思新颖，高耸入云，蔚为壮观。法国人说，埃菲尔铁塔是"首都的瞭望台"，事实的确如此。它设有上、中、下三个瞭望台，可同时容纳上万人，三个瞭望台各有不同的视野，也带来不同的情趣。站在塔顶举目瞭望，巴黎全城尽收眼底，尽享中国古诗中"会当凌绝顶，一览众山小"的奇特感受。每逢晴空万里，这里可以看到远达70千米之内的景色。一个世纪以来，每年大约有300万人登临塔顶，俯瞰巴黎市容，叹为观止。

建成后的埃菲尔铁塔高 300 米,在 1930,年纽约市的莱斯勒大厦建成前,埃菲尔铁塔是世界上最高的建筑。如今,铁塔上增设了广播和电视天线,它的总高已达 320 米。它除了具有一些商业和生活设施外,还有国际报时作用、海洋无线通信作用、广播电视中心作用等。后来随着现代科技的发展,不断进行入时的装饰,埃菲尔铁塔成了巴黎时尚的象征。

1989 年 3 月 31 日,埃菲尔铁塔迎来它的 100 岁生日,为此巴黎举行隆重的纪念活动,重现了当年埃菲尔率众登顶的历史场景:身着黑色礼服、头戴宽边礼帽、手持国旗的"埃菲尔",在鼓乐声中拾级而上。当他把三色旗插上塔顶时,礼炮齐鸣,彩色气球飘上蓝天。在铁塔 2 层平台的围栏上悬挂着用世界各国文字书写的"庆祝铁塔 100 岁"的彩色条幅。无数游客翘首目睹了这一壮观场面。

埃菲尔铁塔是巴黎的标志之一,在经过上世纪 80 年代初大修之后的埃菲尔铁塔,风姿绰约,巍然屹立,它是全体法国人民的骄傲,是法兰西民族的象征。

## 爱丽舍宫——法兰西第一宫殿高卢雄鸡的王冠

爱丽舍宫在世界上与美国的白宫、英国的白金汉宫以及俄罗斯的克里姆林宫同样闻名遐迩。它是法兰西共和国的总统府,也是法国最高权力的象征。爱丽舍宫就是法兰西精英演绎的舞台,它见证了众多名人、伟人的光荣与梦想,也看到了法兰西帝国从王朝走向共和的整个过程。

爱丽舍宫始建于 1718 年,戴佛尔的伯爵亨利在巴黎市中心盖起了这座宫殿,取名戴佛尔大厦。实际上,当时这一带还是一片人口稀少的荒野。此后的半个多世纪,戴佛尔大厦在名门望族之间几易其主,路易十五和路易十六都先后入住过,并将此处改名为波旁大厦。一直到法国大革命爆发后,这座大厦才改名为爱丽舍宫。("爱丽舍"一词源于希腊语,意为"乐土、福地"。)拿破仑也曾经把它当作寓所。奥地利战役爆发前,拿破仑和约瑟芬就住在宫内。1848 年路易·波拿巴(拿破仑三世)当选总统后,住进此宫,拿破仑三世称帝后,把爱丽舍宫改为皇宫,当时曾经接待过大批外国元首。自 1873 年法兰西第三共和国建立以后,爱丽舍宫改为总统府,此后的百余年,历届法兰西共和国的总统几乎都在此工作和生活。从 1989 年开始,在每年 9 月份的法国古堡节,爱丽舍宫便向公众开放参观了。

爱丽舍宫坐落在巴黎市中心爱丽舍田园大街的北侧,福布·圣奥洛勒街 55 号。与周围的建筑相比,它并不显得格外突出,只是戒备森严的大门和宫顶上的法国国旗,为这座建筑物平添了几分神秘色彩。地处热闹的市中心的爱丽舍宫,面积 1.1 万平方米,它的主楼是一座二层高的欧洲古典式石建筑,典雅庄重,两翼为对称的两座二层高的石建筑,中间是一个宽敞的矩形庭院,外形朴素庄重。宫殿后部是一座幽静、秀丽的两万多平方米的大花园。宫内共有 369 间大小不等的厅室。二楼是总统办公室和生活区,底层各客厅用作会议厅、会客厅或宴会厅。

爱丽舍宫的迎宾厅在主楼,中央是宫殿入口,穿过院落,首先来到的是 1 楼的前厅荣誉厅,荣誉厅门口是镁光灯闪烁最多的地方。法国总统接见各国元首时,都是在这里握手留影。据说按礼宾规则,法国总统接见外宾时下不下台阶是有说法的。如果接见外国元首,总统要走下台阶与其握手合影。如果不是同级别贵宾,总统只需站在台阶上方迎候。不过前任总统希拉克经常破例,碰到他欣赏的来宾就会兴奋地走下台阶,伸出手臂迎接客人。这些常作为外交场所的大厅都布置得庄严肃穆、富丽堂皇,流露出几分昔日法兰西帝国的威严和今日法兰西共和国的气派。

节庆厅和冬园是举行新任国家元首就职仪式和设国宴招待外国宾客的场所。其中最富丽堂皇的节庆厅则是第三共和国时代好大喜功的总统加诺改建的。为了接待外国元首,1889 年,由建筑师欧仁·德布雷桑设计、阿德里安·尚赛尔装饰的节庆厅建成,从此,这里就成为爱丽舍宫举办国宴的场所。墙壁、天花板、地毯都是丝绒。单是天花板上的 12 个水晶大吊灯,就华丽异常。国宴台面呈"U"形,四周装饰得金碧辉煌,极尽奢华。爱丽舍宫历来十分重视其国宴的餐桌艺术,历任主人对接待外国元首和宾客的国宴礼节都极为讲究。国宴的餐桌上展示了法国王国时期、帝国时期以及共和国时期这些不同历史阶段的风俗习惯和文化艺术。自 1873 年麦克马洪元帅宴请波斯国王开始,爱丽舍宫内共举行了 280 场国宴。130 多年来,爱丽舍宫盛大国宴的豪华程度与繁复礼节几乎没有改变过。国宴差不多可以同时接待 200~250 位宾客。餐桌上,除了久负盛名的各式法国大菜之外,所用的餐具、餐巾也都是来自法国著名制造商,其中大部分是专门为爱丽舍宫设计制作的,在市场上是买不到的。

总统办公室是爱丽舍宫最核心的神秘区域。在法兰西第五共和国之前,第三、第四共和国的总统多为象征意义和外交礼仪上的总统,并不掌握实权,因此总统办公室的重要性并不显得十分突出。1958 年,戴高乐将军上台,建立法兰西第五共和国,亦即现时的法国政府。第五共和国削弱了议会的力量,增加了总统的权力。总统办公室也从此时开始彰显其重要性,爱丽舍宫自然也为此进行了全面改造。戴高乐将总统办公室安置在二楼中心位置的金厅。注重传统的戴高乐在金厅的内部布局和装饰风格上并未做太多改动,基本上保持了第二帝国时期的风貌。吊顶用的是拿破仑三世的水晶分枝吊灯,座椅基本上也都是由米歇尔维克多·克律谢设计的帝国时期的椅子。办公室墙面以灰色为底色,点缀着金黄色,挂着法国著名的博韦挂毯。他用的办公桌是前总统福尔带到爱丽舍宫的。这个桌子由著名木器制作者克里桑设计,用红色和紫色的桃花心木制成。办公桌上,戴高乐用的是比昂内设计的桌灯,这盏桌灯是拿破仑一世时期留下的,前任总统福尔、奥里奥尔、科蒂,以及戴高乐之后的蓬皮杜、密特朗和希拉克总统也都沿用了这盏台灯。戴高乐还在办公室内摆放了一张由瓦斯米斯于 1856 年设计的大圆桌。整个办公室充满了典雅庄重的传统文化气息。

从戴高乐总统以后,据说每一位新总统上任时,都会根据自己的偏好对总统办公室的位置和装饰风格做出精心的选择和更新,从而形成了风格各异的总统办公室,其中也流露出他们的性格上、甚至政治路线上的一些特征。有的总统为表明自己会继承前任总统的路线,就会将家具摆设和装饰保持不变;反之,当继任总统希望开创新时代,或者彰显现代风格时,则会对家具和摆设作较大的变动,宫内的装饰风格也会随之发生一些变化。当然,改动爱丽舍宫内的布置可不是件轻而易举的事。总统府的装修工程必须由国家家具管理委员会和文化部的专家一起来共同商量决定,这又显出了这座宫殿的不一般。

今天的爱丽舍宫的内部装饰和家具基本上保持了旧时风貌。宫中的家具大都还是路易十五(1730~1760)和路易十六(1760~1789)时期的,装饰风格上则留下了不少帝国时期(1804~1815)的痕迹。爱丽舍宫内部金碧辉煌,每间客厅的面壁都用镀金钿木装饰,墙上悬挂着著名油画或精致挂毯,四周陈设着17、18世纪的镀金雕刻家具,厅内陈列着珍贵艺术品以及金光闪烁的座钟和大吊灯,宛如一座博物馆。

近300年来,这里是法兰西民族政治权利的中心、国家的象征,许多历史在这里上演,许多大事在这里发生。这里的风吹草动都足以引发世界政治格局、经济格局的迁移和变动。爱丽舍宫见证了法兰西的光荣、法兰西的衰落和法兰西民族的大国梦。

## 白金汉宫——尽显维多利亚时代的辉煌

英国女王的官邸,久负盛名的白金汉宫,坐落于英国首都伦敦市圣詹姆斯公园和海德公园之间,泰晤士河从其东侧缓缓流过。白金汉宫是由一个四栋三层高大楼为主体组成的"口"字形建筑群,虽外表古老却难掩贵气。

白金汉宫初建于1633年,几易其主。后白金汉公爵出资扩建,白金汉宫由此得名。1761年,乔治三世为他妻子买下此地,随后这里一度被称为王后宫,曾做过帝国纪念堂、美术陈列馆、办公厅和藏金库。1825年,乔治四世聘请著名的约翰·纳什为建筑师,又花了10年的时间进行重建。1837年,维多利亚女王执政后,这里被正式定为英国王室成员居住和办公的主要场所。

白金汉宫的正门悬挂着的英国王室徽章,富丽堂皇;铁栏杆绕宫四周,外栅栏的金色装饰威严庄重。正门前面是一个宽阔的广场,广场上点

白金汉宫

缀着许多雕像,中央竖立的是爱德华七世扩建完成的维多利亚女王纪念堂,维多利亚女王像上的金色天使,代表王室希望能再创造维多利亚时代的辉煌。广场远处,依稀可见圣保罗大教堂巨大的绿色拱顶。白金汉宫正前面是两侧插着英国国旗的摩尔大街,伊丽莎白二世女王会议中心便伫立在大街的尽头。白金汉宫东侧是鸟笼步行街,沿阶而行,可直达唐宁街10号的首相府和泰晤士河边的议会大厦。

白金汉宫的西侧为宫内正房,也是这座建筑最为古老的部分。这里有19个国事厅。带有绿色真丝墙布装饰的绿色会客室与皇宫会客厅相邻。皇宫会客厅内的三层台阶上,摆放着两把绣有伊丽莎白二世和菲利普亲王名字缩写的红色座椅。椅子后面衬有巨大的红色落地帷幕,帷幕上是镀金的英国国徽,再上面建有一个巴洛克风格的拱门,拱门两侧雕有长着翅膀的天使像,天使像两边拉起两串镀金花环。皇宫会客室原是维多利亚女王的舞厅,现在用来举行女王执政周年的庆祝活动。

国宴厅、蓝色客厅、音乐厅和白色客厅相邻。蓝色客厅被视为宫内最雅致的房间,摆有为拿破仑一世制作的"指挥桌"。拿破仑失败后,法国路易十八将桌子赠送给当时英摄政王乔治四世。音乐厅的房顶呈圆形,用象牙和黄金装饰而成,维多利亚女王和王夫艾尔伯特亲王曾常在此举办音乐晚会。白色客厅是用白、金两色装饰而成,室内有精致的

家具和豪华的地毯,大多是英、法工匠的艺术品。白金汉宫内设有专门的东画廊和西画廊,收藏有大量价值连城的稀世珍品,例如世界顶级的油画大师伦布兰特、鲁宾斯、佛梅尔、普珊、卡纳莱托的油画。

著名的大舞厅位于白金汉宫西侧二楼。宽敞华丽的大舞厅,于 1856 年 5 月 8 日建成。面积达 600 多平方米。这里主要用来举行大型宫廷舞会、音乐会、国宴和授勋仪式。厅东面靠墙摆放的玻璃柜里陈列着女王授勋时使用的宝剑和为受勋者佩戴的各种徽章。西面靠墙处设有金色的王座,后面衬着绣有英国国徽的红色帷幕。王位正上方的拱门正中间是镀金镶圈的维多利亚和阿尔伯特侧面头像。左右有两个象征着音乐的天使像和著名英国作曲家汉德尔的头像。

由于宫殿是由四幢相连的大楼围成,因此,白金汉宫建筑群中间有一个正方形的空间,这个楼中正方形的庭院是国王或女王接见外宾或接受国书的地方。

王宫的西侧是御花园,约占地 18 公顷,为英王乔治四世所设计。园内有湖泊、草地、小径,并有各种花草树木。每年夏天,百花盛开的时节,女王在园内举行花园招待会,邀请全国各界代表、知名人士及各国驻伦敦的外交官参加。

白金汉宫北翼有英国女王的私人套房。女王的个人套房分两个部分:一部分是其日常工作区域,包括她的接见厅和办公室,这一房间最易从外边认出,因为只有那里的窗户是圆拱形的。另一部分包括她的私人餐厅、卧室、浴室和藏衣室。在此生活最久的女王是伊丽莎白二世。

白金汉宫作为英国王权的象征、日不落帝国的心脏,伴随着跌宕起伏的历史,见证着"日不落"的升起和落下。与白金汉宫有着千丝万缕联系的宫闱之变、自由大宪章、产业革命、遥远海岛的争夺、南非的战争、远东的危机,以及两次世界大战的炮火,都已逐渐附着于低垂的幔布之上,凝固在古老的墙壁之中。如今,维多利亚时代样式的卫队依旧矗立宫门,悠扬的风笛依然响彻空际。

## 克里姆林宫——俄罗斯的政治心脏

俄罗斯有这样一句谚语:"莫斯科大地上,唯见克里姆林宫高耸;克里姆林宫上,唯见遥遥苍穹。"莫斯科的克里姆林宫是俄罗斯历代沙皇的宫殿,后来是苏联党政最高领导机关的办公地点,现为俄罗斯总统府的所在地。

"克里姆林宫"的俄语意思是"内城""堡垒"或"要塞"。12 世纪上叶,尤里·多尔戈鲁基大公在涅格林纳河和莫斯科河汇合处的波罗维茨丘陵上修筑了一个木结构的城堡,这就是克里姆林宫的前身。1367 年在城堡原址上修建白石墙。伊凡三世和伊凡四世时期,克里姆林宫得到空前发展,宫墙改为红砖,并修建塔楼、教堂、宫殿。16 世纪,克里姆林宫成为欧洲最坚固的城堡之一,后几经修建和扩建,始成今日之规模。克里姆林宫不仅是俄罗斯的总统府,俄罗斯历代艺术珍品的储藏宫,也因其融合了拜占庭、俄罗斯、巴洛克和希腊罗马等不同风格的建筑形式,成为世界建筑中难得一见的典范之作。

克里姆林宫是由宫殿、教堂和钟楼组成的雄伟建筑群,它的平面为不等边三角形,面积 27.5 万平方米,周围为红色宫墙和护城河,宫墙长 2250 米,厚 3.5~6.5 米,高 5~19 米,沿墙筑有 20 座塔楼,共 4 座城门。

克里姆林宫的中央大门是斯巴斯克塔楼，建于1625年。"克里姆林宫的钟声"，即源于斯巴斯克塔楼上的自鸣钟。斯巴斯克塔楼高67.3米，下面的大门是进入克里姆林宫的主要通道。

克里姆林宫最高的建筑，首推白色金顶伊凡大帝钟楼。整个钟楼呈八面棱柱型，每一面都有拱形的窗户。伊凡大帝钟楼高81米，是古时的信号台和瞭望台。建于16世纪初叶，原为3层，1600年增至5层。从第3层往上逐渐变小。每一楼面的拱形窗口，均置有自鸣钟。所有钟塔楼共有21座大钟，30多座小钟。钟楼的左侧有重达40吨的大炮，这门大炮从1540年开始造起，

克里姆林宫

一直到1586年完工。大炮炮口的直径达0.92米，可容下3人同时爬进。炮前陈列有4个堆在一起的炮弹，每个重为2吨。炮架上也有精美的浮雕。伊凡大帝钟楼右侧是著名的钟王，大钟高5.87米，直径5.9米，重约200吨，1735年11月20日铸成，号称世界第一大钟。钟壁上铸有精美的塑像和图饰，被称为"世界上从未敲响的钟"。站在伊凡大帝钟楼之巅，莫斯科全景尽收眼底。

大教堂广场是克里姆林宫的中心。在克里姆林宫里的教堂群中，有不少知名教堂，如圣母升天教堂、报喜教堂、天使教堂等。

圣母升天教堂又称乌斯平斯基教堂，建于1475~1479年，是专门用来举行隆重的礼拜、皇帝加冕大典和莫斯科公国国王的接见仪式。入口门洞饰有柱子，顶上有五个俄罗斯的葱头形穹隆，反映了西方罗马帝国拜占庭风格。这种五葱球顶的教堂在俄罗斯屡见不鲜，在用红砖砌成的差不多四方形的墙身上，纹饰图案十分匀称和谐，墙的上部四面八方用天蓝色、绿色、白色、黄色和褐色釉彩装饰的半圆形，像宝石一样在闪光，四角四个"小葱头"护卫着中间一个大的葱头顶，五根金光闪烁的十字架笔直地指向云际。走入教堂，即可强烈地感受出特有的俄罗斯宗教艺术。教堂内看不到雕像，四面墙壁及天花板上都画着圣母像，这种贴有金箔的宗教画，已成为俄罗斯的重要文化遗产。

报喜教堂位于圣母升天教堂的南边，是一座多圆顶、带拱廊、十分严整的建筑物。报喜教堂主要是皇室成员受洗礼及结婚大典的圣地。其后为天使教堂，它是彼得大帝以前莫斯科各代帝王的陵墓，教堂沿袭了俄罗斯传统的具有五个圆顶的建筑形式。

坐落在克里姆林宫西南部、圣母升天教堂和报喜教堂之间，有一组面向莫斯科河、带有三列高窗的仿古典俄罗斯式建筑物，这就是克里姆林宫的主体宫殿大克里姆林宫。大克里姆林宫整个外表呈乳黄色，占地约五公顷，为二层楼建筑，楼上有露台环绕。1839~1849年在旧宫原址上建造，由古老的安德烈夫斯基大厅和阿列克山德洛夫斯基大厅联结而成。厅室建筑式样多样，配合协调，装潢华丽。宫殿的正中是饰有各种花纹图案的阁楼，上有高出主建筑物的紫铜圆顶，达13米，圆顶上竖立着旗杆，节假日则升国旗。大克里姆林宫内部呈长方形，楼上有露台环绕的总面积达两万平方米的700个厅室。这里有格奥尔基耶夫大厅、弗拉基米尔大厅和叶卡捷琳娜大厅，从前还有安德烈耶夫大厅，曾是沙皇接见使臣的地方。其中，格奥尔基耶夫大厅是大克里姆林宫中最为著名的殿厅。大

厅呈椭圆形,圆顶上挂着6个镀金两枝形吊灯。每个吊灯重1300千克,圆顶和四周墙上绘有15~19世纪俄罗斯军队赢得胜利的各场战役的巨型壁画。大厅正面有18根圆柱,柱顶均塑有象征胜利的雕像。如今,格奥尔基耶夫大厅是政府举行欢迎仪式的传统地点。

克里姆林宫大礼堂处在呈三角形的克里姆林宫建筑群的中心位置,是克里姆林宫的较新建筑物。克里姆林宫大礼堂1961年10月投入使用,总建筑面积60万平方米,是莫斯科乃至俄罗斯最壮观的大礼堂。这座白色乌拉尔大理石和玻璃结构的恢宏建筑,凝聚了现代建筑的特点和俄罗斯传统建筑风格。整个建筑的1/3建在地下,主要是办公用房,共有800间办公室。克里姆林宫大礼堂是俄罗斯举行重要会议、节日庆典和颁奖授勋的地方,也是普通民众欣赏芭蕾舞、聆听音乐会和观看时装表演的场所。

克里姆林宫建有博物馆。彼得大帝时期,鉴于珍宝越来越多,便在东宫建起了"钻石室"。第一次世界大战时,末代沙皇出于安全考虑,把这些价值连城的珍宝运至莫斯科的克里姆林宫。1720年,彼得大帝在克里姆林宫过去制造和存放兵器的地方建起博物馆。馆内收藏着许多珍贵文物,包括历代沙皇用过的物品、美术工艺品、战利品以及无数的宝石。这里的皇冠、神像、十字架、盔甲、马鞍、马刀、礼服和餐具无不镶满宝石,仅福音书封面就嵌有26千克黄金,一本17世纪的《圣经》银制封皮上镶有3017颗宝石,哥登诺大帝的金御座上则镶有2000颗宝石,叶卡特琳娜二世加冕用的大皇冠镶有4936颗钻石,皇冠顶端缀有189克拉重的鲜红水晶石。

1937年,在斯巴斯克塔楼、尼古拉塔楼、特罗依茨克塔楼、保罗维茨塔楼和沃多夫塔楼的塔尖顶上安装了红水晶五星,同时安装了3.7~5.4千瓦的大光源灯泡和旋转轴承,所以它们能随风转动。无论白天黑夜,远远观之,红光闪闪,熠熠生辉。

二战期间,克里姆林宫成为德军的轰炸目标之一。但是,在执行轰炸任务时,即便是在晴朗无云的日子,大部分法西斯王牌飞行员都无法找到攻击目标。对德军飞行员来说,克里姆林宫突然从莫斯科神秘消失了。原来,根据斯大林的命令,在战争开始后30天内,克里姆林宫大变魔术,在莫斯科市整体背景基础上进行伪装,增大敌机抵近空袭时寻找克里姆林宫的难度,减小对宫内个别楼房俯冲瞄准轰炸的可能性。主要措施是借助颜料和粉末,消除宫内各教堂金顶的闪光,在宫内及附近广场上,布设各种各样的模拟物,迷惑敌人。因此,在德军飞机的狂轰滥炸之下,竟然未受任何大的损失,不能不说是个奇迹。

任历史风云变幻,岁月沧桑,辉煌雄伟的克里姆林宫,依然静静地矗立在莫斯科河畔,以其特有的神韵被称为世界第八奇景,被联合国教科文组织列为世界文化和自然保护遗产。

## 红场——美丽的广场 莫斯科历史的见证

红场是俄罗斯最著名的广场,位于莫斯科市中心,与克里姆林宫比邻而居。它是仅次于北京天安门、巴西圣保罗广场的世界第三大广场。红场是莫斯科历史的见证,也是俄罗斯人的骄傲。

红场原名"托尔格",意为"集市"。1517年,莫斯科发生大火灾,火灾后的托尔格化为灰烬，人们因地制宜，在一片空旷之地建成了广场。因此这里也曾一度被称为"火烧场"。自17世纪中叶，逐渐被称为"红场"。在俄语中，"红色"含有"美丽"之意，红场的意思就是"美丽的广场"。红场被多次改建和修建，其中大规模建设是在1812年以后。拿破仑军队纵火焚烧莫斯科，战后莫斯科人民重建家园，继续拓建并加宽了红场。到20世纪20年代，红场又与邻近的瓦西列夫斯基广场合二为一，最终形成现在的规模。

红场总面积9万多平方米，呈长方形，南北长，东西窄。其中南北长695米，东西宽130米。广场由赭红色条石块铺就，显得古老而神圣。从远处观看，广场两边呈斜坡状，整个红场似乎有点微微隆起，犹如一个坚实而宽阔的胸膛，笑看纵横历史，拥抱八方来客。

红场

红场上的建筑群是在数百年的时间里逐渐形成的。红场的历史与俄国的历史有着密不可分的联系。红场上的每一座建筑物都与某个重大历史事件有联系。

红场南面，矗立着圣瓦西里大教堂，又名波克罗夫大教堂。瓦西里是一个教士的名字。在这个大教堂的原址上有一个小教堂，瓦西里曾隐修其中。圣瓦西里大教堂被喻为"用石头描绘的童话"，是红场上仅存的16世纪建筑物，以其独特和华美著称于世。伊凡四世为了纪念俄国沙皇占领喀山公国和阿斯特拉罕，在1555~1561年之间修建而成。

圣瓦西里大教堂是由大小九座教堂巧妙地结合起来的。中央主塔底座坚固而高大，从地基到塔尖高47.5米，主塔的圆顶为金黄色。周围是八座高低、形状、色彩、图案、装饰各不相同的葱头式穹隆教堂，按照伊凡四世建教堂的旨意，这八个教堂的每一个都代表着他在远征喀山期间度过的一个宗教节日。其中，东南西北各为较大的塔楼，八角楼柱体塔身。四个塔楼之间的斜对角线则是四个小塔楼，建筑婆饰简洁紧凑，借助斗拱与大塔楼相连。这八个教堂团团围住中间稍大的教堂，高低起伏，错落有致，构成了一组精美的建筑群体。教堂用红砖砌成，白色石构件装饰，穹隆顶金光闪烁，配以鲜艳的红、黄、绿之色，四周绕有回廊和阶梯。

教堂内的过道和各殿堂墙壁上绘有16~17世纪的宗教题材的壁画。殿堂分上下两层，下层现在主要作为展览厅使用。其中几个展厅以图片和模型介绍教堂建筑历史。

圣瓦西里大教堂与克里姆林宫的大小宫殿、教堂交相辉映，搭配出一种特别的情调，使红场和克里姆林宫浑然一体。据说此教堂落成时，伊凡四世在惊叹之余，为防止设计者设计出更好、更完美的建筑，竟下令挖掉他的眼睛。圣瓦西里大教堂是古代俄罗斯建筑艺术的卓越代表。

圣瓦西里大教堂前面是1818年建成的雄米宁和波扎尔斯基的雕像。1611~1612年，他们打败了波兰侵略军，解放了莫斯科。圣瓦西里大教堂南侧有一个向下延伸到莫斯科河的斜坡,称瓦两里低地。斜坡上有一个圆形的平台,俗称断头台。在当年此地既向群众说教和宣读沙皇命令,也执行极刑。行刑是在台下进行。在台上宣读处死令和犯人罪状。17世纪末,彼得大帝的近卫军就是在这个地方被执行极刑的。

红场北面是一座三层红砖白顶楼房,建于1873年,其式样仿照古代俄罗斯建筑。这是建于1872~1883年的历史博物馆,里面收藏有450万件展品。

红场东侧是莫斯科最大的国营百货商店建筑群,为世界知名十家百货商店之一。建成于1893年,由波梅兰兹夫设计,楼高33米,玻璃屋顶,营业面积近8万平方米。

红场的西侧是列宁墓和克里姆林宫的红墙及三座高塔。列宁墓在克里姆林宫墙正中的前面。1924年1月27日建成,最初是木结构的,1930年改用花岗岩和大理石建造。

列宁墓上为检阅台,两旁为观礼台。每当重要仪式,领导人就站在列宁墓上观礼指挥。1941年9月,德军兵临莫斯科城下,投入兵力74.5个师,180万人。苏军投入95个师,125万人,展开第二次世界大战中著名的莫斯科保卫战。1941年11月7日,十月革命24周年之际,硝烟炮火中的莫斯科红场照例举行阅兵式。参加检阅的士兵头也不回,义无反顾地从这里开赴战场,参加莫斯科会战。

站在红场正中,克里姆林宫东墙赫然进入眼帘。宫墙左右两边对称耸立着斯巴斯基塔楼和尼古拉塔楼,双塔凌空,异常壮观。

克里姆林宫红墙之外,矗立着无名烈士墓。红色的大理石上面有铜铸的旗帜和钢盔。碑石下面有一个灰色大理石方池,中间镶有一颗铜制五角星。五角星中间燃着永不熄灭的火焰,一缕缕灰色的烟缓缓升腾。卫兵每次换岗,其仪式都庄严肃穆,这已经成为莫斯科一道著名的风景线。

## 空中花园——巧夺天工的梦幻为爱悬挂的天堂

流经伊拉克的底格里斯河和幼发拉底河的两河流域,产生过饮誉世界的两河文明,大约在公元前19世纪(中国夏朝的时候)就孕育了璀璨夺目的巴比伦文化。作为人类古代文明的重要分支,西亚地区的两河文明曾与古代中华文明和埃及文明比肩齐辉。这片土地是脍炙人口的阿拉伯名著《一千零一夜》的诞生地,是《圣经》中伊甸园的原型地。还有被列为世界奇观的巴比伦古城废墟和巴比伦"空中花园"遗迹。当然提到巴比伦文明,令人津津乐道、浮想联翩的首先是"空中花园"。它被誉为世界七大奇观之一。

空中花园

新巴比伦王国尼布甲尼撒二世(前605~前562)时期,新巴比伦城进入鼎盛时期。当时,史无前例的扩建工程使巴比伦以宏伟的城市和豪华的宫殿闻名于天下。据史书记载,尼布甲尼撒二世扩建的新巴比伦城呈正方形,每边长约20千米。外面有护城河和高大的城墙,主墙每隔44米有一座塔楼,全城有300多座塔楼,100个青铜大门。城内有石板铺筑的宽阔通衢，还有 90 多米高的马都克神庙，兼有幼发拉底河穿过城区，上有石墩架设的桥梁，两边有道路和码头，其恢宏壮阔可见一斑。国王的宫殿奢华至极，宫墙都用彩色瓷砖和精美的狮像装饰，宫中还以"空中花园"装点，古称"悬苑"。

关于"空中花园"有这样一个美丽的传说，据说国王娶了米底的公主米梯斯为王后。公主美丽可人，深得国王的宠爱。可是时间一长，公主愁容渐生。尼布甲尼撒不知何故。公主说："我的家乡山峦叠翠，花草丛生。而这里却是一望无际的巴比伦平原，连个小山丘都找不到，我多么渴望能再见到我们家乡的山岭和盘山小道啊！"原来公主害了思乡病。于是，尼布甲尼撒二世令工匠按照米底山区的景色，在他的宫殿里建造了层层叠叠的阶梯形花园，上面栽满了奇花异草。并在园中开辟了幽静的山间小道，小道旁是潺潺流水。工匠们还在花园中央修建了一座城楼，矗立在空中。巧夺天工的园林景色终于博得了公主的欢心。由于花园比宫墙还要高，给人感觉像是整个御花园悬挂在空中，因此又叫"悬苑"。这，就是他们的爱情堡垒、流传至今的"空中花园"。当年到巴比伦城朝拜、经商或旅游的人们老远就可以看到空中城楼上的金色屋顶在阳光下熠熠生辉。所以，到 2 世纪，希腊学者在品评世界各地著名建筑和雕塑时，把"空中花园"列为"世界七大奇观"之一。从此以后，"空中花园"更是闻名遐迩。

几千年来，无数文人墨客挥舞手中出神入化之笔，将古巴比伦的"空中花园"描绘得美轮美奂。有很多的传闻说，"空中花园"是一座多层塔式建筑，有 100 多米高，每层内部都有砖拱、石板做成的斜坡式阶梯通向上一层。平台分成 4 层。层层相叠，每一层都用大理石筑成小径，上面栽植着各类世间罕见的奇花异草。建筑物内部以芦苇为中心，外部堆积厚厚的泥土，上面长满美丽的花草树木。整座花园树木掩映，鲜花锦簇，远看犹如悬在半空之中。从幼发拉底河引导出来的水流在花园内化成汹涌的喷泉，直射蓝天，形成一道道绚丽的彩虹。幽静的园区小道曲折蜿蜒地延伸着，小径旁的溪流汩汩流淌……令人叹为观止的是，古巴比伦人在 2500 年前就成功地采用了高层建筑防渗漏技术。

然而从公元前 539 年起，巴比伦城曾先后被波斯人、马其顿国王亚历山大和帕提亚人占领。自公元前 4 世纪末逐渐衰落，到 2 世纪则沦为一片废墟，"空中花园"和巴比伦其他的著名建筑一样，早已湮没在滚滚黄沙之中。我们要了解"空中花园"，只能通过后世的历史记载和近代的考古发掘。

历史学家笔下这样写道："从壮大与宽广这一点看，空中花园显然远不及尼布甲尼撒二世宫殿，或巴别塔，但是它的美丽、优雅，以及难以抗拒的魅力，则是其他建筑所望尘莫及的。"这就是后人对空中花园的评价。

## 吴哥窟——柬埔寨的标志东方建筑奇迹

吴哥窟又称吴哥寺，是柬埔寨古迹中保存得最完好的庙宇，以建筑宏伟与浮雕细致闻名于世。占地约 208 公顷的吴哥窟是世界上最大的宗教建筑物，与其他世界奇观如泰姬陵或金字塔等齐名。1992 年，联合国将吴哥古迹列入世界文化遗产。吴哥窟的造型，已经成为柬埔寨国家的标志，展现在柬埔寨的国旗上，是柬埔寨人最大的骄傲，有东方四大奇迹之一的美誉。

吴哥窟位于柬埔寨北部暹粒省境内，距首都金边约 240 千米。中国和印度影响了高棉，因而吴哥庙宇的建筑也类似于在印度北方及尼泊尔所发现的佛教和印度庙宇。其实吴哥窟只是整个吴哥古迹其中一座建筑而已。吴哥一般分小吴哥和大吴哥，柬埔寨人都把吴哥窟昵称为"小吴哥"，意为"寺之都"，是吴哥建筑群的最精华部分。大吴哥一般是吴哥城及其外围的寺庙，包括：巴戎寺、迈布笼神庙、圣剑寺、斗象台、蟠龙水池等。吴哥建筑群占地面积400多平方千米，包括林地、吴哥窟遗址公园。这个公园有从9世纪到15世纪高棉王国各个首都的辉煌遗迹，东南亚主要的考古学遗址之一。

吴哥窟

在9世纪至15世纪时，吴哥窟曾是柬埔寨的王都，最盛时人口达数十万。吴哥窟距大吴哥3.3千米。它建筑面积达195万平方米，是世界上最大的寺庙。它使用的石块与埃及卓甫斯金字塔一样多，总共使用了30亿吨石头，有一块重达8吨。其建造者为苏利亚华尔曼二世，这位高棉国王神勇善战。他于1113年即位后便积极开拓疆土，兴兵占领邻国国土，领地跨越马来半岛东海岸等地。他希望在平地兴建一座规模宏伟的石窟寺庙，作为吴哥王朝的国都和国寺。因此举全国之力，出动了全国最好的工匠、彩绘师、建筑师及雕刻家，据介绍，吴哥王朝前后动用了1500多万人及数不清的大象，历时37年才完工，处处凸显着印度佛教艺术的风华。他为了供奉自己的守护神、印度教三大天神之一毗湿奴而建造此庙，吴哥窟原始的名字意思为"毗湿奴的神殿"。中国古籍称为"桑香佛舍"。吴哥窟既是国王生前的寝宫，又是国王死后的寝陵。既是王室的宫廷，又是王国的首都。中国元朝大臣周达观曾在700年前目睹了吴哥王朝之强盛与吴哥窟之雄奇，在其著作《真腊风土记》中，他形容其为"鲁班墓"——的确，只有鲁班之名，才能形容其鬼斧神工的营造，才能概括其神秘莫测的气韵。苏利亚瓦尔曼二世建立吴哥窟是为了供奉兴都教的维希奴神。由于维希奴神的代表方向是西方，所以吴哥窟是吴哥古迹里少数大门朝西的建筑。由于西面亦代表死亡，高棉人也把吴哥窟称为葬庙。

吴哥窟是高棉建筑中最高级的成就，也是最好的庙宇。它结合了高棉寺庙建筑学的两个基本的布局：祭坛和回廊。入塔门后，必须先经过一条跨越护城河的石砌长道，吴哥窟的190米宽的护城河，如一道屏障，阻挡森林的围困，因此吴哥窟比其他吴哥古迹保存得更完整。河两侧各有一条七头蛇作为护栏。该蛇形图绘象征着生生不息的力量。穿过塔门步入内过道，映入眼帘的是出水莲花似的五座圣塔，过道两边各有一方水池，点缀着圣塔莲花蓓蕾般的倒影。注视着前方的花蕾，再通过近500米的山道，才能抵达祭坛（中央神殿）。中心建筑由三层长方形有回廊环绕的须弥台组成，一层比一层高，中心塔由第三层向上伸展达31米，距地面55米，是整体建筑的综合点，象征印度神话中位于世界中心的须弥山。在祭坛顶部矗立着按梅花式排列的五座宝塔，象征须弥山的五座山峰，是印度教诸神的居所，也是整个宇宙的中心。柬埔寨王国国旗上的三塔徽记就是这五座宝塔的正面图案，只因其余两座宝塔被遮挡住，看上去便成了三塔。

吴哥窟的建筑可分东西南北四廊，每廊都各有城门。每层的走廊设计错综复杂并全部相交，走廊环绕着四周，显露出中间的可使用空间。从西参道进去，经一段长达约600

米的石板路后，方是正门。伫立在吴哥窟的外墙往里头看，有一种因为震撼所带来的木然的感觉，虽然已成废墟，但是这座建筑还是很壮观的，很难想象在它全盛的时候的磅礴气势。这里的建筑据说全部用石头堆砌，每一块石头从 100 到 1000 千克不等，没用上石灰水泥，更没用上钉子梁柱，石头之间竟没有明显的缝隙，甚至不能放进一片刀片，令人难以置信，充分展示出古人的建筑巧思。

墙壁上覆盖以图像描绘有关印度神话和重要事物的雕刻，吴哥窟大部分的雕刻都是最好也是最精美的艺术品。吴哥窟的装饰浮雕丰富多彩，它刻于回廊的墙壁及廊柱、窗楣、基石、栏杆之上，令人目不暇接。在塔四周的墙壁上布满如真人大小的 2000 尊舞蹈仙女阿卜萨拉的浮雕像。仙女舞姿纷繁，十指柔美，栩栩如生，使人叹为观止。第一层回廊浮雕题材主要取自印度的两大史诗《罗摩衍那》和《摩诃婆罗多》。从第二层回廊走向第三层回廊的中庭，吴哥寺丰富多彩的雕塑装饰与它严谨的匀称设计形成对比。不管有无屋顶的建筑物都有许多神祇的雕像，优雅、华丽又柔和，非常令人神往。在长达数百英尺的络绎不绝的长廊的浮雕上展现了高棉历史上的人物。最受喜爱和反复出现的形象是高棉舞蹈女神受斯帕拉斯。无论从建筑技术，还是艺术成就方面，吴哥窟都堪称奇绝。

吴哥城有五个城门。历史上曾有的宫殿已经坍塌，但是中心寺庙贝雍寺上的 54 个佛塔却依然完好，每座塔的四面都雕琢着巨大的微笑着的脸庞，那是闻名于世的"吴哥微笑"。据说，那个迷人笑脸是神的脸庞，而更多的高棉人却愿意相信那是建造了吴哥城的国王苏利亚华尔曼二世的微笑。古老相传，佛像的眼睛虽然闭着，但他既能看到从王都到边境每个人的活动，又能看到天堂和地狱中的一切情况。他时刻在监督着众人的一言一行，因此，谁也不敢越雷池一步。

除大吴哥、小吴哥及三个王都中心外，女王宫和空中宫殿也是吴哥古迹中著名的景点。空中宫殿是一座全石结构建筑，据说建于 11 世纪。宫殿建在一座高 12 米的高台上，成金字塔形，分三层。台中心建有一塔，塔上涂金，光芒四射。高台四周有石砌回廊环绕。由于台高，给人一种悬在空中的感觉，因而得名。而远离尘世的女王宫是吴哥窟最古老、最美丽、最具有印度风格的建筑，它精致如丝的雕刻被最早发现它的法国人称为是柬埔寨人的瑰丽珠宝，在 1000 年之后似乎依然有着古老的魔幻力量。

吴哥寺在 14 世纪中叶成为大乘佛教寺，因 13 世纪时真腊国王阇耶跋摩七世奉大乘佛教为国教。15 世纪初叶暹罗入侵吴哥之后，因暹罗人信奉上座部小乘佛教，吴哥寺变为上座部佛寺。此后吴哥寺一直是上座部小乘佛寺，延续至今。吴哥文明的建筑之精美令人望之兴叹，吴哥曾先后两次遭洗劫和破坏。在 1431 年，吴哥王朝却随着泰国人的入侵而画上句号。弃城而逃的高棉人在金边建立了新的首都。在此后的几个世纪里，吴哥地区又变成了树木和杂草丛生的林莽与荒原，只有一座曾经辉煌的古城隐藏在其中。那些俯瞰历史尘烟的神的宫殿、佛的寺庙，成为被弃置的过往，被湮没的辉煌，开始了沉默而漫长的守候，直到 19 世纪穆奥发现这个遗迹以前，连柬埔寨当地的居民对此都一无所知。

1861 年 1 月，法国生物学家亨利·穆奥为寻找热带动物，无意中在原始森林中发现了宏伟惊人的古庙遗迹，他说"此地庙宇之宏伟，远胜古希腊、罗马遗留给我们的一切，走出森森吴哥庙宇，重返人间，刹那间犹如从灿烂的文明堕入蛮荒"，这才使世人对吴哥刮目相看。1908 年起，法国远东学院开始对包括吴哥窟在内的大批吴哥古迹进行为期数十年的精心细致的修复工程。

吴哥建筑群是世界建筑史上的瑰宝，见证了柬埔寨文化最辉煌时期的历史。它不仅在浮雕艺术和建筑等方面，甚至在水利方面均反映了高超的水平，也因此为后人留下了不解之谜，甚至民间传闻吴哥窟是由上帝所建造的。今天，热带雨林丛中参天的无花果树、木棉树与佛塔建筑生长成为一体，穿梭其间，仿佛穿越过时光隧道，倒转回千年前的神秘世界。

## 泰姬陵——绝代佳人在水一方

泰姬陵是世界闻名的印度伊斯兰建筑的代表作。在世人眼中，泰姬陵就是印度的代名词。它被列入 2007 年评选的世界新七大奇迹之中。这座印度王后的陵墓，正如中国的万里长城一样，浓缩着一个伟大民族和文明古国数千年的灿烂文化。

泰姬陵

泰戈尔说，泰姬陵是"永恒面颊上的一滴眼泪"。一个如此凄美的比喻，必然血肉相连着一个凄美的故事。

泰姬陵是印度莫卧儿王朝第五代皇帝沙贾汗为其爱妻泰姬·玛哈尔修建的陵墓。沙贾汗于 1628 年 1 月即位于阿格拉。他的王后穆姆塔兹·玛哈尔，原名姬曼，这个来自波斯的女子，美丽聪慧，性情温和，长于音乐，能诗善画。沙贾汗非常钟爱她，无论是出游还是出征都带着她同行。形影不离，对她百依百顺。在沙贾汗继承王位以前，因为和父王发生矛盾面遭放逐 7 年，在这期间，她也一直伴随左右，为他分忧，患难与共。沙贾汗为了表示感激与爱意，赐给她一个封号"穆姆塔兹·玛哈尔"，意为"宫廷的王冠"，印度人把她称为"泰姬·玛哈尔"，简称泰姬。她入宫 19 年，用自己的生命见证了沙贾汗的荣辱征战。泰姬在生下第 14 个孩子后死去，死时才 38 岁。这个悲痛的丈夫，这位对建筑本来就痴迷的皇帝，荒废国事，在随后两年中沉迷于陵墓每个细节的设计，头发全白了，凝结着来自欧洲、伊朗、中国和印度等艺术家心血和两万工匠的辛苦，终于成就了这座人世间美丽无双的陵墓。痴情的沙贾汗本想在河对面再为自己造一个一模一样的黑色陵墓，中间用半黑半白的大理石桥连接，穿越阴阳两界，与爱妃相对而眠。可惜梦想在皇室的纷争中戛然断裂。泰姬陵完工不久，他的儿子弑兄杀弟篡位，沙贾汗也被囚禁在阿格拉堡中。在他死后，由他的小女儿把他安葬在泰姬的墓旁。

泰姬陵始建于 1631 年，每天动用两万名工匠，历时 22 年才完成，是世界建筑奇迹之一。这个陵墓由土耳其建筑乌丁塔德、伊萨等人设计，耗资 6500 万卢比建成，以泰姬的名字命名。

泰姬陵位于印度阿格拉市郊，伫立于亚穆纳河畔，占地甚广，由前庭、正门、莫卧儿花园、陵墓主体以及两座清真寺所组成。陵墓的四周砌有长 576 米、宽 293 米的红砂石围墙，花园是一个典型的波斯式花园，位于主体前方，中央有一水道喷泉，而且有两行并排的树木把花园划分成四个同样大小的长方形，因为"四"字在伊斯兰教中有着神圣与平和的意思。陵园占地17万平方米，从陵园大门到陵墓，有一条用红石铺成的直长甬道，甬道尽头就是全部用白大理石砌成的陵墓。陵墓建筑在一座7米高、95米长的正方形大理石基座上，寝宫居中，四周各有一座40米圆柱形高塔，塔内有50层阶梯。特别的地方是每座塔均向外倾斜12度，若遇上地震只会向四方倒下，而不会影响主殿。寝宫高74米，上部为一高大的圆穹形的屋顶，下部为八角形陵壁。寝宫分五间宫室，中央宫室里置放着泰姬和沙贾汗的大理石石棺。寝宫门窗及围屏都用白色大理石镂雕成菱形带花边的小格，墙上用翡翠、水晶、玛瑙、红绿宝石镶嵌着色彩艳丽的藤蔓花朵，光线所至，光华夺目，璀璨有如天上的星辉。陵墓的东西两侧屹立着两座形式相同的清真寺翼殿，用红砂石筑成。无论在任何角度望去，纯白色的泰姬陵均壮丽无比，造型完美，加上陵前水池中的倒影，就像有两座泰姬陵互相辉映，难怪被誉为世界奇观之一。

不到泰姬陵，等于没到过印度。因此只要到印度来，人们都要挤出时间去瞻仰一下这座举世闻名的爱情丰碑。对于许多醉心于这段故事的旅游者来说，看泰姬陵可不能去一趟就回，早中晚不同时间去看泰姬陵，总能有一番别样的感受。

朝霞升起时去，一轮红日伴着亚穆纳河袅袅的晨雾，仿佛要将泰姬陵从睡梦中唤醒，她处变不惊，泰然自若地梳洗打扮。中午时分前往，泰姬陵头顶蓝天白云，脚踏碧水绿树，在阳光映衬下，更是玲珑剔透，光彩夺目。到了傍晚时分，泰姬陵迎来了一天中最妩媚的时候。斜阳西下，白色的泰姬陵从灰黄、金黄，逐渐变成粉红、暗红、淡青色，随着月亮的冉冉升起，最终回归成银白色。在月光的轻拂下，即将安寝的泰姬陵显得格外高雅别致和皎洁迷人，美得仿佛是下凡的仙女。正因为景色的差别，泰姬陵恐怕也是世界上唯一一个早中晚游览票价不一样的景点。

令人遗憾的是，泰姬陵这座著名的白色大理石建筑正逐渐变黄，严重破坏了泰姬陵的美感。专家们认为泰姬陵由白变黄，主要是由于空气里长期存在大量的"悬浮颗粒"所致。印度当局报告中说："为了恢复泰姬陵质朴的光彩，作为一种安全稳妥的修复手段，建议使用敷泥浆的方法，去除泰姬陵表面的污迹。这种方法不会对泰姬陵表面造成腐蚀或者磨损。"为使其恢复原来洁白的自然美态，每隔两三年就要敷一次。目前为了减少空气污染，印度当局禁止小汽车和公共汽车驶入泰姬陵附近一带，汽车必须停放在距离泰姬陵大约2千米的范围之外。游客可以改乘使用电池作为动力的环保汽车或者马车进入泰姬陵参观。

瑕不掩瑜，泰姬陵——这座爱情誓言的建筑已经超越了简单的建筑学意义，几百年来，洁白晶莹、玲珑剔透、美轮美奂的泰姬陵一直伫立在亚穆纳河畔，默默地美丽着，引无数文人墨客竞相吟诵。

泰姬陵建筑集中了印度、中东、波斯的建筑艺术特点，整个布局完美、和谐，是建筑史上不可多得的杰作。

## 仰光大金塔——佛光普照金碧辉煌

缅甸素有"佛塔之国"的美誉，无论是名城故都还是穷乡僻壤，佛塔随处可见。如果把缅甸的诸多名胜古迹比喻成皇冠的话，那么仰光大金塔就是这皇冠上最璀璨的明珠。

相传公元前 585 年,印度发生饥荒,缅甸人乖斗迦达普陀两兄弟载着一船大米去救济灾民,在印度的那棵神圣的菩提树下他们遇到了佛祖释迦牟尼,佛祖赐给了他们 8 根头发,并告诉两兄弟佛发要和原先埋在丁固达拉山的三佛舍利埋在一起。那三佛舍利是指拘留孙佛的法杖、拘那含佛的滤水器和迦叶佛的袈裟。科迦达普陀两兄弟在神的帮助下找到了三佛舍利,把三佛舍利和佛祖的 8 根头发盛于红宝石盒中埋于一处,并在上面修建佛塔供人瞻仰,这就是仰光大金塔的前身。因此大金塔又称"四佛舍利塔",四佛

仰光大金塔

舍利同葬一处的传说使得大金塔成为佛教徒的一个朝拜圣地,2000 多年来香火不断,盛名远播。

大金塔初建时高 8.3 米,以后历朝都有修筑。15 世纪时,德彬瑞蒂王曾用相当于他和王后体重 4 倍的金子和大量宝石加以修饰。1774 年,阿瑙帕雅王的儿子辛漂信把塔身修至现在的高度 99.8 米,塔座周长 407 米,塔为砖砌,呈覆钟形,表面抹灰后贴满金箔,共用金箔 1000 多张,所用黄金有 7 吨多重,使塔显得金碧辉煌,灿烂夺目。塔顶有一颗非常珍贵的大钻石,下面是一把重约 12.5 吨的金属宝伞,宝伞下是镶有 7000 颗各种罕见的红蓝宝石的巨大钻球,宝伞上还挂有 1065 个金铃和 420 个银铃,风吹铃动,悦耳动听。大金塔四面有门,门前各有一对石狮镇守。塔内摆置一尊玉石雕刻的佛像,围以精致栏杆。整个建筑布局气势雄伟。

金碧辉煌的缅甸仰光大金塔,与印度尼西亚的婆罗浮屠塔和柬埔寨的吴哥寺一起被称为东方艺术的瑰宝,是驰名世界的佛塔,也是缅甸国家的象征。缅甸人称大金塔为"瑞大光塔","瑞"在缅语中是"金"的意思,"大光"是仰光的古称,缅甸人把大金塔视为自己的骄傲。

整座金塔宝光闪烁,雍容华贵,雄伟壮观。门内有长廊式的石阶可登至塔顶,阶梯两旁摆满商摊,有用木、竹、骨、象牙等雕刻的佛像和人像,有供佛用的香、烛、鲜花,还有各种缅甸的风味小吃。阶梯上面是用大理石铺成的平台,平台中央是主塔。塔内供奉着一尊玉石雕刻的坐卧佛像和罗刹像,刻工细腻,端庄秀美。塔的四周有 64 座形状各异的小塔环绕,有的像钟,有的似帆,有石砌的,也有木制的。这些小塔的壁龛里都有形态各异、大小不同的玉佛。塔上的四角都有一个较大的牌坊和一座较大的佛殿;塔下的四角都有缅式狮身人面像。在大金塔的东北角和西北角,各有一口古钟,一口重约 40 吨,一口重约 16 吨。古钟色彩斑斓,是 1741 年和 1778 年由两个在位缅王捐建的。缅甸人视西北角的古钟为吉祥、幸福的象征,认为连击三下,就会心想事成,如愿以偿。大金塔的东南角有一棵菩提古树,相传是从印度释迦牟尼金刚宝座的圣树圃中移植而来的。塔的左方有一座清光绪年间由华侨捐款建造的名为"福惠宫"的中国庙宇,在塔的南侧,还有一个专门陈列佛教信徒和香客们捐赠物品的陈列馆。

气势宏伟、建筑精湛的仰光大金塔,不仅是世界建筑艺术的杰作,也是世界上历史最悠久、价值最昂贵的佛塔。每逢节日,很多人都到这里拜佛。人们进入佛塔时必须赤脚

而行，就连国家元首也不例外，否则就会被视为对佛的最大不敬。

1989年9月，缅甸政府对大金塔又进行了一次大规模的修缮，拓宽了四条走廊式的入口通道，在塔的四面安装了有玻璃窗的电梯，使大金塔更加宏伟壮观和富丽堂皇。因为此塔建在仰光市北茵雅湖畔的圣山上，所以不管人们站在市内的哪一个位置，都能看见金光灿灿的塔顶。如果站在塔顶上，仰光市全貌便可一览无余。

## 白宫——美国历史的缩影世界政治的橱窗

在美国华盛顿市宾夕法尼亚大街1600号一片花木繁茂、绿草如茵的场地上，矗立着一座带有圆柱门廊、洁白如雪的欧风建筑，这就是白宫，美国的总统官邸。岁月流转，它已经成为美国历史的缩影，世界政治的橱窗。

白宫

白宫始建于1792年10月13日，设计者是一位爱尔兰裔建筑师詹姆斯－赫本，用弗吉尼亚州所产的一种白色石灰石建造。虽然它是由乔治·华盛顿总统亲自破土安放基石，但到华盛顿总统离任时，白宫只建好了墙壁和屋架。因此，华盛顿是唯一没有在那里住过的美国总统。1800年11月1日，约翰·亚当斯成为第一位入住白宫的美国总统。第二次英美战争时期，1814年8月24日，英军攻占华盛顿。作为对美国军队在加拿大毁坏一些公共建筑的报复，将白宫付之一炬。1815年美国再次修建这座建筑。白宫浴火重生。1901年，西奥多·罗斯福总统建议国会正式将其命名为白宫。

白宫共占地7.3万多平方米，正面中央是一个由粗大的乳白色石柱支撑的宽大门廊，正面四根，旁边各两根。主要楼体由主楼和东、西两翼三部分组成。主楼宽51.51米，进深25.75米，共有底层、一楼和二楼三层。

底层有外交接待大厅、图书馆、地图室、瓷器室、金银器室和白宫管理人员办公室等。

外交接待大厅呈椭圆形，是总统接待外国元首和使节的地方，铺着蓝底花纹地毯，墙上挂有描绘美国风景的巨幅环形油画。二战时期富兰克林·罗斯福著名的"炉边谈话"，就是在此广播出去的。

图书馆约60多平方米，1877年海斯总统入住白宫后建立。室内的桌、椅、书橱和灯具等，均为古典式。藏书不乏美国历史、各个时期著名作家的代表作以及美国历届总统的有关资料传记。藏书壁柜旁的墙上，悬挂着五幅印第安人的画像，他们是当年美国总统在白宫会见过的印第安部落代表团的成员。

地图室珍藏着各种版本的近现代地图。墙壁上挂着本杰明·富兰克林的画像和美国19世纪哈得逊河画派的风景画。二战期间，这里曾是罗斯福总统研究战争形势的密室。从1970年起，此处已改为接待室。

金银器陈列室藏有各种精致的英、法式镀金银制餐具和镶金银器。瓷器室收藏有历届总统用过的瓷制餐具，专门有一个"中国厅"，内存中国进口的名瓷。

从白宫正门拾级而上，便是白宫的主楼。首先映入眼帘的是气魄宏大、宽敞明亮的大理石结构门厅,地板、墙壁、柱子均为大理石材质,尽显气派与凝重。环顾四周,20世纪美国总统的肖像挂满墙壁,仿佛使人坠入美国历史的河流。

从大厅正门由东向西,依次是东大厅、绿厅、蓝厅、红厅和宴会厅。东大厅是白宫中最大、最豪华的厅堂,长约24米,宽约11米,高约2.5米,可容纳200多人。这里有宽敞的落地窗,光洁的橡木地板,巨型的水晶吊灯和烛台。雕有四只金鹰的桃木心木钢琴,18世纪名画家吉尔伯特·斯图亚特的传世巨幅油画——华盛顿及其夫人的全身像悬挂其间。在这个奢华的大厅内,上演了一幕幕家国天下事:亚当斯夫人在此晾晒过衣服;表演过日本相扑;驻扎过军队;有4位总统的女儿在此举行过婚礼;7位总统在这里举办过丧事。1945年,美国第三十二届总统富兰克林·罗斯福逝世后就停灵于此。1974年,理查德·尼克松因"水门事件"离职前夕,在此与他的助手们挥泪告别。现在,此厅供美国总统举行宣誓就职仪式、记者招待会、酒会、圣诞舞会等。

国宴厅是白宫第二大厅,是举行国宴的地方。整个大厅都漆上古象牙色,桌椅家具全为橡木所制,厅中的设计与装饰均采取19世纪初叶英国摄政时期的风格。墙中间悬挂着林肯的肖像。在大理石壁炉上方,镌刻着这样一句话:"我祈祷上苍赐福于这座宅邸以及所有来日居于此间的人。愿白宫主宰者皆为诚实、明智之人。"这是1800年11月2日,第一位入住白宫的美国第二任总统约翰·亚当斯在迁居白宫后的第二个夜晚写给夫人的书信中的话语。以华丽装饰和精致餐具著称的国宴厅,可同时宴请140位宾客,厨房在地下室,可用升降机将食品送到宴会厅。

绿厅曾是第三任总统杰斐逊的私人餐厅,因以绿色基调装饰而得名。四壁有绿绸装饰的水彩画,地上是19世纪苏格兰画家大卫·马丁画的富兰克林肖像。内战时林肯爱子病死绿室,这里成为林肯夫人的伤心之地,从此再不肯踏入。门罗总统常在这里打牌消遣。现在,它是美国总统的客厅,总统常常在此举行正式酒会。

红厅是美国第一夫人们招待来宾的地方。因厅内四壁上的红绸水彩画的红色基调而得名。红色掩映之下,彰显的是19世纪初法国资产阶级革命时期的风格:麦迪逊总统夫人朵拉的红色肖像,它出自著名画家斯图亚特之手;1805年的法国枝形吊灯;1850年英国制作的红、米、蓝、金4色地毯;在大理石壁炉上,摆放的是一座18世纪法式音乐钟,这是法国总统在1952年赠送给美国第一夫人的礼物。

蓝厅因为肯尼迪总统夫人把白色墙壁改饰成蓝色而得名。窗帏是蓝色的,座椅靠背和坐垫是蓝色的。以蓝色为主色调的蓝厅,颇有法国皇家气派。厅内有一块19世纪的中国地毯,7把法国镀金椅子,一对19世纪路易十六时代的镀金桌子等名贵之物。还陈列有几幅美国早期总统及其夫人的画像。这间蓝厅是多位总统喜欢的地方,以前经常用来招待贵宾。克利夫兰总统的婚礼便在此举行,每年白宫圣诞树也固定放置在这里。

主楼二层是总统全家居住的地方。主要有林肯卧室、皇后卧室、条约厅和总统夫人起居室、黄色椭圆形厅等。皇后卧室曾接待过英国伊丽莎白女王、荷兰女王等贵宾,以玫瑰色和白色为主调加以装饰。林肯卧室是白宫内唯一一个以前任总统名字命名的房间,它是从杜鲁门总统时期命名的。而事实上林肯从未将此屋做过卧室,而是当作私人办公室和召开内阁会议的地方。1863年1月1日2. 林肯就在这里签署了著名的《解放宣言》,宣布解放黑人奴隶。屋内墙壁上挂着林肯的肖像,桌上摆放着林肯于1863年11月19日在葛底斯堡发表的意义非凡的演讲手稿。

白宫主楼两侧分别向东西展开。1902 年,西奥多·罗斯福总统下令修建白宫西翼。将办公区与生活区分开。西翼是总统办公室区,东翼是生活区。西翼由西奥多·罗斯福总统主持,于 1902 年建成;东翼由富兰克林·罗斯福总统主持,于 1941 年建成。椭圆形总统办公室就位于西翼中央的内侧。它也是白宫最重要和最吸引人的地方。总统办公室宽敞明亮。地上铺着一块巨大的蓝色地毯。地毯正中织有象征美国总统的金徽图案。象征美国各州的 50 颗星排列成圆形,环绕着一只鹰。办公室后部两侧分别竖立着美国国旗和总统旗帜。正面墙上是身着戎装威容凛然的华盛顿油画像。总统的大办公桌上放置着这样一条座右铭:"这里要负最后责任。"随着白宫主人的更替,椭圆形总统办公室的装饰也变化无常。

白宫西翼外面与总统办公室相对的是玫瑰园,白宫东翼外面的是以肯尼迪夫人之名命名的杰奎琳花园。杰奎琳在第一夫人中对白宫的贡献可圈可点:她将白宫内部装饰成一座极有价值的博物馆,并成立了白宫历史学会。

白宫正门的南面正前方就是有名的南草坪。在白宫建造一个花园的计划始于华盛顿总统,约翰·亚当斯最早下令种植花园,就是现在的南草坪。由于白宫是坐南朝北,因此南草坪就成了白宫的后院,通称为总统花园。南草坪上的树木许多是总统或夫人亲手栽植的。18 英亩的园内,到处是草坪、树木、花丛和喷泉,景色幽雅。这里也是白宫举行各种盛大礼仪和重要活动的场所。

## 自由女神像——自由岛上的神像美国的象征

美国纽约港口入口的自由岛(又名贝多罗岛)上,高高地耸立着举世闻名的自由女神像。她作为法国赠送给美国独立 100 周年的礼物,自 19 世纪末期以来,沐浴风雨,迎送日月,早已成为美国的象征。

1865 年,拿破仑三世即位后,法国一批学者希望能够结束君主制,建立起新的法兰西共和国。出于对大西洋彼岸的合众国的赞许,也为了增进法国人民和美国人民相互间的感情,他们决定筹资设计并建造一座雕像,作为庆祝美国建国 100 周年的礼物。雕像由法国雕刻家维雷勃杜克·巴特尔迪设计。

维雷勃杜克是 19 世纪后期一位才华横溢的雕塑家,自由女神像的设计灵感来源于他的一段亲身经历。1851 年,路易拿破仑·波拿巴发动政变推翻第二共和国后的一天,一群共和党人在街头筑起防御工事,一个年轻姑娘手持熊熊燃烧的火炬,跃过障碍物,高呼"前进"的口号向敌人冲去,枪声响过,姑娘倒在血泊中。维雷勃杜克目睹了这一令他震撼的场景,从此那位高攀火炬的勇敢姑娘就成为他心中自由的象征。

1869 年,维雷勃杜克完成了自由女神像的草图设计。1874 年造像工程开工,中间经历了普法战争,前后历时 10 年,到 1884 年竣工。在设计过程中,考虑到远洋运输的方便,法国著名工程师和建筑师、埃菲尔铁塔的设计者居斯塔夫·埃菲尔制作了一个由中心支架支撑的精巧的铁框架。把仅 2.4 毫米厚的塑像外层按照化整为零、分块铸造安装的方法附着在架上。

自由女神像遵循古典的学院派创作法则,女神的脸反映了作者母亲严峻的面庞,而体态则融入了作者妻子的身姿。自由女神像由金属铸造,重 200 多吨,高 46 米,底座高

45 米，是当时世界上最高的纪念性建筑，其全称为"自由女神铜像国家纪念碑"，正式名称是"照耀世界的自由女神"。整座雕像以 120 吨巨钢铁为骨架，80 吨铜片为外皮，30 万只铆钉装配固定在支架上。女神像腰宽 10.6 米，嘴宽 91 厘米，食指就长达 2.44 米、直径 1 米多，指甲厚 25 厘米，高擎火炬的右臂长 12.8 米，每只眼睛就宽 1.2 米，双目间距达 3 米，鼻子长 1.4 米，火炬的边沿上可以站 12 个人。由于自由女神像过于庞大，神像的建造是将整体分解为一个个部件然后逐个建造的。如左手臂部建造时，维雷勃杜克指导工匠们先用木条做好左手握着独立宣言的形状，再用约 3/32 英寸厚的铜片钉成一体。

自由女神雕像

虽然自由女神像由金属铜铸造，但自由女神像看起来却是绿色的。因为铜暴露在空气之中，表层受到侵蚀后会产生化学效应，这个自然的保护过程，就称为"氯锈"。

女神像身着罗马古代长袍，右手高擎长达 12 米的火炬，左手紧抱一部象征《美国独立宣言》的书板，上面刻着《宣言》发表的日期：1776 年 7 月 4 日。脚上残留着被挣断了的锁链，象征着挣脱暴政的约束，右脚跟抬起呈行进状。她两眼凝视远方，双唇肃穆紧闭，头戴光芒四射的冠冕上放射着象征世界七大洲的 7 道尖芒。花岗岩构筑的神像基座上，镌刻着美国女诗人埃玛·拉扎勒斯十四行诗《新巨人》的诗句："将你疲倦的，可怜的，蜷缩着的，渴望自由呼吸的民众，将你海岸上被抛弃的不幸的人，交给我吧。将那些无家可归的，被暴风雨吹打得东摇西晃的人，送给我吧。我高举灯盏伫立金门！"

最初，美国人没有意识到这一礼品的珍贵。直到维雷勃杜克参加在费城举行的庆祝独立 100 周年博览会时，为了引起公众的注意，便把自由女神执火炬的手在会上展出，而女神像的头部和头冠部分则在 1878 年巴黎博览会上展出，引起大洋两岸的轰动。于是这件几天前还鲜为人知的雕塑品顿时身价百倍，成为美国人人渴望欣赏的艺术珍品。不久，美国国会便通过决议，正式批准总统提出接受女神像的请求，同时确定贝多罗岛为建立女神像的地点。维雷勃杜克由于卓越的成绩而当选为纽约市荣誉市民和法国荣誉勋团指挥级团员。

1884 年 7 月 6 日，自由女神像正式赠送给美国。8 月 5 日，由美国建筑师理查德·莫里斯·亨特设计，美国人开始了神像底座奠基工程。基座由花岗石混凝土制成，高约 27 米，总重 27000 吨，是当时最大的单体混凝土浇筑物。基座下面是打入弗特伍德古堡中心部位 6 米深处的混凝土巨柱。该古堡是一座军用炮台，呈八角星状，于 1808～1811 年为加强纽约港的防卫而建，1840 年翻新。现在的底座是一个美国移民史博物馆。1885 年 6 月，整个塑像被分成 200 多块装箱，用拖轮从法国里昂运到了纽约。1886 年 10 月中旬，75 名工人在脚手架上将 30 只铆钉和约 100 块零件组合到一处。28 日，美国总统克利夫兰亲自主持了万人参加的自由女神像的揭幕典礼。

1886 年,维雷勃杜克在女神像头部铜皮外膜周围设计了些孔洞,安装了灯光。到了 1892 年又做了些更换。1916 年,雕塑家戈特松·博格伦重新装置了发光设施,他将铜火炬的窗格放大并装以成百块玻璃,内部装上了强光电灯以后,自由女神像的火炬上的光芒在相当远的海上都可以看见。同年,威尔逊总统为安装昼夜不灭的照明系统主持了竣工仪式。每当夜幕降临时,神像基座的灯光向上照射,将女神映照得宛若一座淡青色的玉雕。而从女神冠冕的窗孔中射出的灯光,又好像在女神头上缀了一串闪着金黄色亮光的明珠,给热闹而喧嚣的大都会平添了一处颇为壮观的夜景。

全览自由女神像的最佳时机,是在渡轮将要驶抵自由岛的最后"魔鬼三分钟",因为在这三分钟内游人可以与自由女神像平行等高。渡轮驾驶也会非常默契地减缓速度,让游人尽情欣赏自由女神像 360 度立体的画面。观光的游人也可从铜像底部乘电梯直达基座顶端,然后沿着自由女神像内部的 171 级盘旋式阶梯登上顶部的冠冕处。为了方便游人,每隔三节旋梯就设置一些休息座,供不能一口气登顶的游客小憩。冠冕处可同时容纳 40 人观览,四周开有 25 个小铁窗,每个窗口高约一米,通过窗口可向外远眺纽约及海景。

1942 年美国政府做出决定,将自由女神像列为美国国家级文物。1984 年,自由女神像被列为世界文化遗产。

## 悉尼歌剧院——悉尼的灵魂澳大利亚的标志

悉尼歌剧院位于澳大利亚的悉尼,又称海中歌剧院,是 20 世纪最具特色的建筑之一,也是世界著名的表演艺术中心,它已成为澳大利亚的标志和悉尼的灵魂,是公认的 20 世纪世界七大建筑奇迹之一。

悉尼歌剧院耸立在悉尼市贝尼朗岬角上,紧靠在世界著名的海港大桥的一块小半岛上,三面环海,南端与市内植物园和政府大厦遥遥相望。建筑造型新颖奇特,雄伟瑰丽,从远处望去,它宛如从蔚蓝海面上缓缓飘来的一簇白帆;而在近处看,它又像被海浪涌上岸的一只只贝壳斜竖在海边,故有"船帆屋顶剧院"之称。

悉尼歌剧院

悉尼歌剧院被誉为一件杰出的艺术品,也是许多来澳洲的外国游客的首选目的地。但是它的诞生,却是一波三折,充满坎坷。悉尼歌剧院是从 20 世纪 50 年代开始构思兴建的,1955 年起公开搜集世界各地的设计作品,至 1956 年共有 32 个国家 233 个作品参选。设计方案的产生很有戏剧性,恰恰是这个曾被扔进垃圾桶的设计成就了后来令世人震惊的建筑,它的作者是年仅 35 岁的丹麦建筑师约翰·乌特松。1959 年,歌剧院正式破土动工。然而建筑设计和现实毕竟有很大的距离,约翰·乌特松的梦太美,太奇特,特别是那帆船般的屋顶结构,被称为"在技术可行性的边缘上冒险"。这个设计表现出了巨大的反潮流勇气,对传统的建筑施工提出了尖锐的挑战:如何支撑这个不规则的屋顶?如何才能保证其坚固耐久性……此外,工程陷入了一系列的技术及经费大超预算的难题之中，并成为当时朝野两党政治权力斗争的焦点和砝码，1966年约翰·乌特松愤然辞职回国，当时工程才完成不到1/4。澳大利亚政府不得不继续委任三名本国建筑师来完成余下的工程。直到1973年，经过15年的艰难曲折，悉尼歌剧院终于在几度搁浅后，最后在1973年10月20日正式开幕。工程总花费超过1.2亿澳元，竣工后的悉尼歌剧院立即引来世人的好评，成为世界各地旅游者和艺术家们向往的地方。每年都有数百万人出席这里举行的各种活动，参观者更是络绎不绝，它已经成了悉尼的骄傲、澳大利亚的象征。

悉尼歌剧院由一个大基座和三个拱顶组成，占地近两万平方米，建筑的最高点距海面60多米，相当于20层高的大楼，门前大台阶宽90米，桃红色花岗岩铺面，据说是当今世界上最大的室外台阶。悉尼歌剧院的主体建筑采用贝壳结构，由2194块每块重15.3吨的弯曲形混凝土预制件拼成10块贝形尖顶壳，最高的那一块高达67米。外表覆盖着105块白色和奶油色的瓷砖。三组巨大的壳片耸立在一南北长186米、东西最宽处为97米的现浇钢筋混凝土结构的基座上。歌剧院整体分为三个部分：音乐厅、歌剧厅和贝尼朗餐厅。

音乐厅是悉尼歌剧院最大的厅堂，共可容纳2679名观众，通常用于举办交响乐、室内乐、歌剧、舞蹈、合唱、流行乐、爵士乐等多种表演。此音乐厅最特别之处，就是位于音乐厅正前方、由澳洲艺术家所设计建造的大管风琴，号称是全世界最大的机械木连杆风琴，由10500个风管组成，此外。整个音乐厅建材使用均为澳洲木材，忠实地呈现了澳洲自有的风格。

歌剧厅较音乐厅小，拥有1547个座位，主要用于歌剧、芭蕾舞和舞蹈表演。内部陈设新颖、华丽、考究，为了避免在演出时墙壁反光，墙壁一律用暗光的夹板镶成，地板和天花板用本地出产的黄杨木和桦木制成，弹簧椅蒙上红色光滑的皮套。采用这样的装置，演出时可以有圆润的音响效果。舞台面积440平方米，有转台和升降台。舞台配有两幅法国织造的毛料华丽幕布。一幅图案用红、黄、粉红三色构成，犹如道道霞光普照大地，叫"日幕"；另一幅用深蓝色、绿色、棕色组成，好像一弯新月隐挂云端，称"月幕"。舞台灯光有200回路，由计算机控制。还装有闭路电视，使舞台监督对台上、台下情况一目了然。

壳体开口处旁边另立的2块倾斜的小壳顶，形成一个大型的公共餐厅，名为贝尼朗餐厅，每天晚上接纳6000人以上。其他各种活动场所设在底层基座之上。剧院有话剧厅、电影厅、大型陈列厅和接待厅、5个排练厅、65个化妆室、图书馆、展览馆、演员食堂、咖啡馆、酒吧间等大小厅室900多间。

英国女皇伊丽莎白二世曾亲自为歌剧院落成剪彩揭幕。悉尼歌剧院的首场演出是根据著名俄国作家托尔斯泰小说《战争与和平》改编的歌剧。悉尼歌剧院还有一个独到之处，它不仅音响、舞台、灯光效果为世界最佳，而且如果需要，观众可以坐在剧场外面的休息室、餐厅等地听到剧场内演奏或演唱的声音，其效果如同在场内一样。

悉尼歌剧院自建成以来，迎接了许多当代的世界名人，除了英国女皇外，还有教皇保罗二世、曼德拉以及克林顿夫妇等，可惜它一直没有机会迎接自己的创造者约翰·乌特松。对于这座伟大建筑的设计师约翰·乌特松，虽然澳洲普通市民们都认为他应该获得英国女王或者国家元首级的待遇，但是他在愤然拂袖而去后却再也没有踏上澳大利亚的土地,即使在他设计的杰作从蓝图变成实物,乃至后来5周年、10周年、20周年隆重庆典时,他也不曾回来看上一眼。约翰·乌特松每次接到来自澳洲的请柬,他都婉言谢绝了。直到2003年10月20日,悉尼歌剧院举办30周年院庆,澳洲元首与悉尼市政府先后派出专机与3批特使专程邀请,这次终于感动了年事已高的乌特松夫妇!当他们的专机在悉尼降落之时,全澳洲一片欢腾,悉尼港簇拥着200万人,彩旗飞舞,世界上有哪一位发明家、设计师能有他这样的荣耀呢?当记者问及他的创作灵感时,建筑师抚摸着满头华发,微微而笑:那是橘子瓣啊……

　　约翰·乌特松曾经说过:"悉尼歌剧院已经成为我一生的情结,我虽然不生活在澳洲了,但是多少次它出现在了我的梦里。"建筑师因建筑而在,建筑因建筑师而在。如今悉尼歌剧院不仅成为悉尼的标志,也成为建筑史上建筑与环境和谐统一的典范。

世界大百科

# 科技百科

马博 ⊙ 主编

# 导 读

　　科学技术是一个不断更新、充满活力的知识信息系统，是一个门类众多、纵横交织的人类知识宝库。科学技术也是人类社会一种重要的文化现象，是精神文化的重要组成部分，同时它又可以通过技术的形式直接转化为生产力，创造出人类的物质文化。尤其是在科学技术飞速发展的当代，科技革命和科技进步深刻改变了人类的生产方式和生活方式，在经济社会发展中扮演着不可或缺的角色，对人类文明产生了巨大的影响。它不仅给我们带来了精神上的愉悦，还给我们带来了身体上的舒适。在这个高速发展的社会中，科技代表了一种精神，也代表了一种力量；代表了一种创新，也代表了一种文明。它是衡量一个国家综合国力水平的重要标志，不管在什么领域，科技都占有重要的地位。可以说，是人类造就了科技，同时，科技也成就了人类，人类和科技是相互依存的。在人类的衣、食、住、行各方面，科技都起到重要的作用，方便了人类，也造福了人类。

　　作为当今社会的一员，我们不仅应该认识到科技的重要性，还应该努力学习科学技术知识，用科学技术知识来武装我们的头脑，要热爱科学、尊重科学！

　　一个人要理解与掌握科学技术，就需要对科学技术知识体系有一定深度和广度的了解，即在对其总体有轮廓了解的基础上，对其本质有基本认识。同时，还需要形成与这个知识体系相匹配的知识结构，以便能够与时俱进地进行知识更新。这样，才会具备运用科学基本观点，理解自然界的各种现象和社会上有关科学技术的各种问题，并作出相应决定的能力，成为一个具有科学素养的人。

　　"寄蜉蝣于天地，渺沧海之一粟"，浩瀚宇宙，广袤星空，其中潜藏多少不为人知的秘密；无垠大地，茫茫沧海，历经了几番沧海桑田的变换，还有那深不见底的历史，千奇百怪的生物与令人惊叹的科学，其中蕴含着无穷的知识和魅力，等待我们去了解和探索。

　　这部分《科技百科》涵盖天文、地理、过去、将来，从宇宙奥秘到现代文明，从远古发现到未来探秘，包含着无穷的趣味和真知。书中精炼的文字、精美的配图，直观而富有感染力，将你迅速地带入多彩奇妙的知识世界，使你于不知不觉间变得博学而睿智。

# 科技常识

## 物理化学

### 光声科技

#### 光速测量

光速的测定在光学发展史上具有非常特殊的意义。它不仅推动了光学实验的进一步深入，也打破了光速无限的传统观念；在物理学理论研究的发展里程中，它不仅为粒子说和波动说的争论提供了判定的依据，而且最终推动了爱因斯坦相对论理论的发展。

在光速的问题上物理学界曾经产生过争执，开普勒和笛卡儿都认为光的传播不需要时间，是瞬时进行的。但伽利略认为光虽然传播得很快，但速度却是可以测定的。1607年，伽利略进行了最早的测量光速的实验。伽利略的方法是，让两个人各提一盏有盖的信号灯，分别站在相距4.8千米的两个山头上。接下来，让第一个人先打开灯盖，对方一看到灯光就立即打开灯盖，用光将信号传出来。伽利略本来想测出这段时间，便可以计算出光速了，可是两个人的动作衔接时间太长，因此测量时间不准确，再加上光速又太快，这一实验还是以失败而告终了。但伽利略的实验揭开了人类历史上对光速进行研究的序幕。

伽利略

1849年，刚满30岁的法国物理学家斐索对伽利略测光速的实验做了仔细研究，终于找到了这个实验失败的原因。大家对镜子的反光现象一定都很熟悉吧！光一照射到镜面上便会立即反射，因此一条光线从发射到反射回来是连续的。斐索从这一现象中得到启发，认为只要可以准确地测量出光从发射到返回的时间，就可以将光速准确地计算出来。

斐索对伽利略的实验装置做了改进。他用一面镜子代替第二个人,又用一只旋转的齿轮代替钟表计时。斐索选择了两个相距 8 千米的山头,将旋转的齿轮和一面镜子分别放在上面。实验开始后,斐索首先让光通过齿轮的两个齿之间,照到另一个山头的镜子上,光线经过镜子反射后,又从齿轮的另外两个齿之间传回来。这样便可以根据齿轮旋转的速度,计算出光往返所用的时间。斐索的实验结果是:光的速度为 313111 千米/秒。

1873 年,毕业于美国海军军官学校的麦克尔逊因为学习成绩优异而留校工作。由于理论研究和航海方面的实际需要,自 1878 年开始,麦克尔逊一直研究光速的测定。当时美国的航海历史局局长纽科姆对这项工作也很感兴趣,于是两人开始合作,并得到了政府的资助,进一步改进了光速测量装置。麦克尔逊和纽科姆整整用了 50 年的时间,不断地进行改进和测量。不幸的是,在一次真空光速测量中,麦克尔逊突发中风并因此去世,享年 79 岁。他对光速的测量结果是:光速为 $299764\pm4$ 千米/秒。

光波是电磁波谱中的一小部分,当代人们对电磁波谱中的每一种电磁波都进行了精密的测量。1950 年,艾森提出了用空腔共振法来测量光速。这种方法的原理是,微波通过空腔时当它的频率为某一值时发生共振。根据空腔的长度可以求出共振波的波长,再把共振波的波长换算成光在真空中的波长,由波长和频率计算出光速。

当代计算出的最精确的光速都是通过波长和频率求得的。1958 年,弗鲁姆求出光速的精确值:$299792.5\pm0.1$ 千米/秒。1972 年,埃文森测得了目前真空中光速的最佳数值:$299792457.4\pm0.1$ 米/秒。

光速的测定在光学的研究历程中有着重要的意义。虽然从人们设法测量光速到人们测量出较为精确的光速共经历了 300 多年的时间,但在这期间每一点进步都促进了几何光学和物理光学的发展,尤其是在微粒说与波动说的争论中,光速的测定曾给这一场著名的科学争辩提供了非常重要的依据。

### 光的压力

生活中,人们一般都认为太阳光是没有分量的,因此,也不会感到阳光对人有压力。实验证明,阳光是有压力的,只是这个压力的数值很小。若太阳垂直照射在没有大气的地面上,并被地面全部吸收,那么,每平方米的土地上受到的压力为 0.0000047 牛顿。光的压力如此微小,以至于我们无法察觉它。

1864 年,英国科学家麦克斯韦揭示了光是一种电磁波,是一种物质,并总结成为光的电磁波学说。麦克斯韦根据自己的理论进一步指出:当光线照射到物体表面时,物体必然要受到压力。1901 年俄国科学家列别捷夫用实验证实了上述理论。他在一个真空瓶里悬挂一种薄片,再将一束经过凸透镜聚焦的强光射向箔片,结果箔片受到光照后发生了偏转,显然这是光压所致。太阳光照在手掌上所产生的压力大约是一只蚊子重量的 1‰。可见光压产生的力确实是太微不足道了。

麦克斯韦

1959 年，美国发射了一个气球做的人造卫星——"回声号"，这颗卫星充满了气体，直径有 30 米，原拟借助它来反射超短波，但由于没有考虑到光的压力，发射后出现了意外情况：在太阳光压力下，这颗卫星每天竟被推向地球 5.5 米。这样，原来预计能在太空中存在 20 年的"回声号"，由于太阳光压的作用而被缩短为只有一年。原来，卫星受到的光压等于它受到的重力的 20 倍，光压在它身上起的作用就非同小可了。

在太空中，彗星的尾巴总是朝着太阳相反的方向延伸，这是为什么呢？按照"光压说"的解释，认为彗星的尾巴是由微粒、气云所组成的，在太阳光压作用下，当然被推向与太阳相反的方向了。

能否利用光压为人类服务呢？由于光线分散，光压微小，一般情况下，光压是无法直接利用的。但若将光通过专门工具予以集束，就能显出难以置信的巨大力量，激光器的应用便是一个很好的例子。近年来，科学家已经设计出了能利用太阳光压力推动飞行的宇宙飞船，此项发明标志着光压的应用有着广阔的发展前景。

### 光纤

在我们的观察中，光线总是沿直线传播的，没有人想到除了用镜子还有什么东西能让光线改变方向的。1870 年，英国物理学家丁铎尔在实验中发现光线可以沿着水流传播，如果这股水流弯曲了，水流中的光线也随着"弯曲"。20 世纪初，一位希腊的玻璃工人偶然发现，光可以从细玻璃棒的一端传到另一端而不跑出棒的外面，甚至当细棒弯曲时，光也会跟着"弯曲"地传播。这些发现为以后光纤的发明奠定了基础。事实上，光线并没有弯曲，它只是在水流或玻璃棒的内侧不停地反射前进，在光学上这叫作全反射。

1955 年，卡帕尼博士发明了具有实际意义的玻璃光纤，并由此产生了纤维光学这一新的学术领域。又过了几年，英国标准电信实验室的高锟和他的同事们提出可以利用光导纤维进行远距离光信息传输。从此，光通信事业开始了自己年轻而气势十足的发展历程。

1970 年，美国康宁公司研制出第一根符合实用技术要求的低损耗光导纤维。1977 年，美国铺设了世界上第一条光导纤维电话线路。1978 年，加拿大进行试验，为一个小镇的 150 个家庭铺设光纤线路以提供电话、电视、广播等服务。20 世纪 70 年代末我国开始生产光纤。1978 年，在上海铺设了长 1.8 千米可传送 120 路电话的我国第一条光纤通信线路。1993 年 12 月 15 日，中国第一条海底光缆——上海南汇至日本九州宫崎海底光缆系统正式开通。随着光纤技术的发展，目前光纤技术已经达到传输 15 千米光能量只损耗 50% 的水平，而光纤领域作为高新技术依然在快速发展之中

光导纤维技术是研究与应用光学纤维来传递光、信息和图像的一门科学。随着技术革命的发展，近年来许多国家已形成崭新的现代光学技术。当前光纤的主要研究方向主要集中在信息传输上。从 20 世纪 80 年代开始，光纤通信已在全世界范围进入大规模应用阶段。目前的技术已达到 1 根光缆中可容 4000 根光纤且光缆直径只有 85 毫米的水平，最大传输容量已相当于 23000 路电话，或每秒传递 2 亿个文字。今天的光纤信息传输形式基本上依赖于电子技术，随着信息社会的发展，实现大容量、长距离、双向通信的第二代、第三代光纤传输技术的不断问世。

光纤技术在其他领域也身手不凡。在医学上，光纤内窥镜可导入心脏和颅内；利用

光纤连接的激光手术刀已临床应用于切除肝、胃、肾等手术,这类手术不需要进行血管缝扎;用光纤制造的导航陀螺仪,体积小,重量轻,精度高,造价低;光纤与各种光源结合可用于铁路、公路、隧道、机场、商业广告、家庭装饰等;最近几年发展的光纤传感技术,改变了人们只能应用一般传感器靠变换各种物理量来传感的方法,从而提供了认识宏观和微观世界的新方法。

现代光学技术是以激光、全息光通信、光电子、光存储等先进技术密切结合的一个蓬勃发展的科技领域,而光导纤维技术则是其中的一支年轻的"生力军"。光导纤维技术从理论的提出到现在已有 50 多年,其发展速度是惊人的,但实际上目前它还处于初步发展阶段,其前景之广阔,可以说是不可限量的。然而,神奇的光纤的生产原料却是漫山遍野都可以找到的石英。生产 1 千米长的光纤,仅用 40 克的石英。

### 超光速粒子

超光速粒子

自 1905 年爱因斯坦提出相对论以来,人们普遍认为任何物体的运动速度都不会超过光速。因为以爱因斯坦的理论,当一个物体的运动速度与光速相等时,其质量便会变得无穷大。相对论还告诉我们,光速不受光源运动速度以及观测者运动速度的影响,即光速不变。

究竟有没有一种物体的运动速度比光速还快? 如果真的有,相对论就错了,就有必要予以修正,甚至还会被推翻。人们在日常生活当中肯定找不到超光速的现象,但是这种现象也许会出现在茫茫的宇宙深处,或者细微的基本粒子中。

1934 年,苏联科学家切伦科夫发现了一个现象:光在水中的传播速度要比在真空中传播的速度慢,然而高能粒子在水中的传播速度会超过光速。这时,粒子会拖着一条发着光的、淡蓝色的尾巴。切伦科夫观察到了这种现象,另外两名苏联物理学家弗兰克和塔姆则对这种现象进行了解释,由此也产生了用来观测粒子速度的仪器。

人们开始考虑,自然界是否存在超光速的粒子,并将这种粒子称作"快子"。一些科学家认为,自然界的粒子分为三类:慢子、光子和快子。美国科学家范伯格认为,快子确实存在,但是它具有负重力的性质,也就是说,它们之间是互相排斥的。以光速为界限,存在两个宇宙,一个是"慢宇宙",一个是"快宇宙"。在快宇宙中,粒子的运动都是超光速的。

### 声呐技术

声呐就是利用水中声波对水下目标进行探测、定位和通信的电子设备,是水声学中应用最广泛、最重要的一种装置。声呐技术至今已有百年历史,它是 1906 年由英国海军的刘易斯·尼克森发明的。他发明的第一部声呐仪是一种被动式的聆听装置,主要用来侦测冰山。这种技术,在第一次世界大战时被应用到战场上,用来侦测潜藏在水底的潜水艇。

目前,声呐是各国海军进行水下监视使用的主要技术,用于对水下目标进行探测、分类、定位和跟踪,进行水下通信和导航,保障舰艇、反潜飞机和反潜直升机的战术机动和水中武器的使用。此外,声呐技术还广泛用于鱼雷制导、水雷引信,以及鱼群探测、海洋石油勘探、船舶导航、水下作业、水文测量和海底地质地貌的勘测等。

在水中进行观察和测量,具得天独厚条件的只有声波。这是由于其他探测手段的作用距离都很短。光在水中的穿透能力很有限,即使在最清澈的海水中,人们也只能看到几十米内的物体;电磁波在水中也衰减太快,而且波长越短,损失越大,即使用大功率的低频电磁波,也只能传播几十米。然而,声波在水中传播的衰减就小得多,在深海中爆炸一个几千克的炸弹,在两万千米外还可以收到信号,低频的声波还可以穿透海底几千米的地层,并得到地层中的信息。在水中进行测量和观察,至今还没有发现比声波更有效的手段。

声呐装置一般由基阵、电子机柜和辅助设备三部分组成。基阵由水声换能器以一定几何图形排列组合而成,其外形通常为球形、柱形和平板形等,有接收基阵、发射机阵或收发合一基阵之分。电子机柜一般有发射、接收、显示和控制等分系统。辅助设备包括电源设备、连接电缆、水下接线箱、增音机以及与声呐基阵的传动控制相配套的升降、回转、俯仰、收放、拖曳、吊放、投放等装置,还有声呐导流罩等。

换能器是声呐中的重要器件,它是声能与其他形式的能如机械能、电能、磁能等相互转换的装置。它有两个用途:一是在水下发射声波,称为"发射换能器",相当于空气中的扬声器;二是在水下接收声波,称为"接收换能器",相当于空气中的传声器。换能器在实际使用时往往同时用于发射和接收声波,专门用于接收的换能器又称为"水听器"。换能器的工作原理是利用某些材料在电场或磁场的作用下发生伸缩的压电效应或磁致伸缩效应。

声呐的分类可按其工作方式分为主动声呐和被动声呐;按装备对象可分为水面舰艇声呐、潜艇声呐、航空声呐、便携式声呐和海岸声呐等。

主动声呐技术是指声呐主动发射声波"照射"目标,而后接收水中目标反射的回波以测定目标的参数。大多数采用脉冲体制,也有采用连续波体制的。它由简单的回声探测仪器演变而来,它主动地发射超声波,然后收测回波进行计算,适用于探测冰山、暗礁、沉船、海深、鱼群、水雷和关闭了发动机的隐蔽的潜艇等。

被动声呐技术是指声呐被动接收舰船等水中目标产生的辐射噪声和水声设备发射的信号,以测定目标的方位。它由简单的水听器演变而来,它收听目标发出的噪声,判断出目标的位置和某些特性,特别适用于不能发声暴露自己而又要探测敌舰活动的潜艇。

**声音"纯化"**

已故艺术大师梅兰芳的唱片,由于录制年代久远,杂音掩盖了梅兰芳那圆润、甜美的唱腔,能不能将混在唱片中的杂音清除去,让人们听清楚梅兰芳本来的唱腔呢?远距离电台广播也会产生广播声夹带杂音的现象,叫人心烦,这些杂音是否能清除掉呢?要解决这种问题,在以前似乎不可思议,今天人们有了办法。中国科学院东海研究站的科学家探索出了解决办法。他们研制出"纯化"声音的技术——自适应信号处理系统。

自适应信号处理系统纯化声音的原理是应用不同音频的规律进行纯化。如梅兰芳的唱片杂音和唱段一起发出,表面看来没有规律可循,但梅兰芳的声音是有规律的。装有该系统的计算机，经过每秒500万～5000万次的高速数字信号处理，很快地分析出梅兰芳声音的信号规律，包括周期、频率、振幅。处理系统再根据已测出的梅兰芳声音信号特征，经过高速信号处理，把混在唱片中的噪声清除掉，使唱片恢复"青春"，听起来就像新录制的唱片一样。

自适应信号处理系统为保存珍贵的音响档案提供了一种新的方法。这个系统采用的能清除人们不需要的声音的原理是根据低频噪声的参数，如振幅、频率基本一样，只要给它一个反方向的相同的声波，使两者相抵消，噪声就消失了。

该系统消除噪声的技术还可以用于飞机驾驶舱、坦克驾驶室、矿山等大噪声场所的消音上。它的应用将给人们带来一个安静的生活和工作环境。

### 透光铜镜

透光铜镜是我国工艺美术历史上久负盛名的古代艺术珍品，是我国青铜器中的一枝奇葩，其特别之处是在强光照射下，镜面能清晰反射背部的图案，这是古人利用镜体的不同厚度在铸造冷却过程中产生不同的应力，从而在镜面形成肉眼看不见的凹凸面，这能使镜面在太阳光下放大显现镜背面的花纹。

透光铜镜

1969年7月，周恩来同志到上海博物馆视察工作，看到透光铜镜，十分感兴趣，他问透光铜镜为什么会有透光现象，可是没有人知道所以然。于是，周恩来同志说："为什么会透光，要研究。"

1975年，上海交大盛宗毅教授等用现代科学方法，揭开了透光铜镜的奥秘。他们研究认为：铸镜时铜镜背面花纹凹凸处在凝固时会有不同程度的收缩，产生铸造应力，研磨时又产生压应力，因而产生弹性形变，研磨到一定程度时，这些因素叠加地发生作用，使镜面产生了与镜背花纹相应，但肉眼又不易察觉的曲率，由于有曲率处不能平行反射光线，形成了阴影，于是就产生了透光效果。在这一研究成果基础上，上海交大青铜公司经过反复试验，终于成功地复制出了透光铜镜，并能批量生产。他们不仅解开了铜镜透光之谜，同时也满足了古玩爱好者收藏的心愿。

透光镜的镜面有微微地起伏，造成反射光的散射程度不一致，从而形成明暗不同的光影，这是产生透光现象的主要原因。同时，磨镜也是关键。在研磨镜面时，用力要恰到好处。研磨时的压应力产生弹性形变，这种形变要恰好使整个镜面放射出与背面花纹、文字相对应的明暗图像，才能达到完美的透光效果。这对制作铜镜的工匠的经验和工艺水平都是一个绝大的考验。最后，铜镜的结构与能否透光也有很大关系，一定要具备以下条件才能出现透光现象：①镜体要薄，一般不超过1毫米；②铜镜周边要有一道比较阔的边缘；③镜面略要凸起；④背面铭文、花纹凸起的高度要比较显著，布局匀称，不能有垂直于圆周的辐射状凸起的线条。

### 全息摄影

全息摄影是指一种记录被摄物体反射波的振幅和位相等全部信息的摄影技术。普通摄影是记录物体面上的光强分布，它不能记录物体反射光的位相信息，因而失去了立体感。

全息摄影采用激光作为照明光源，并将光源发出的光分为两束，一束直接射向感光片，另一束经被摄物的反射后再射向感光片。两束光在感光片上叠加产生干涉，感光底片上各点的感光程度不仅随强度也随两束光的位相关系的不同而不同。所以全息摄影不仅记录了物体上的反光强度，也记录了位相信息。人眼直接去看这种感光的底片，只能看到像指纹一样的干涉条纹，但如果用激光去照射它，人眼透过底片就能看到与原来被拍摄物体完全相同的三维立体像。一张全息摄影图片即使只剩下一小部分，依然可以重现全部景物。

产生全息图的原理于 1947 年由匈牙利籍的英国物理学家丹尼斯·加博尔发现，之后有人用较差的相干光源做过实验，但直到 1960 年发明了激光器——这是最好的相干光源——全息摄影才得到较快的发展。

20 世纪 80 年代初，"法国全息摄影展"在世界各地展出，人们欣赏到了神奇莫测的全息摄影：墙头上，看到明明伸出了一只水龙头，举手前去拧一下，结果是抓了个空；一个镜框，里面没有什么图像，可是当一束光射过来，框里就出现一位美丽的姑娘，她缓慢地摘下眼镜，正向人微笑致意；一个玻璃罩，里面空无一物，可是，在光的照射下，罩里马上现出维纳斯像；在镜框上，玻璃罩内，图像还在不断地变换。

激光全息摄影被誉为 20 世纪的一个奇迹。

全息摄影可应用于工业上进行无损探伤、超声全息、全息显微镜、全息摄影存储器、全息电影等许多方面。公安机关还用它来鉴定指纹。有人甚至建议，将所有著名的艺术珍品都拍摄成全息图片，然后把这些全息图片放到展览会上去展出，而那些真正的艺术珍品就可以存放在安全的地方，再也不用担心丢失或损坏了。

### 液晶显示

20 世纪 60 年代，液晶物质才开始应用，那时人们发现了液晶动态散射现象，并用它制成钟表、电表、仪器及数字式电子屏等液晶产品。

液晶是处于兼有液体和晶体的中间状态的一种有机化合物。不同的液晶物质的温度范围不同，有的低端温度在 $-20℃$ 以下，有的高端温度则达到 $100℃$ 以上。在低端温度以下，液晶为普通晶体，没有流动性；在高端温度以上，液晶便成了透明的液体，失去了光学特性；只有在中间状态的温度范围内才显示出液晶的奇特性质。据目前所知，液晶物质已有 3000 多种，它们大多为有机化合物。

根据分子排列结构的不同，液晶可分为三种类型：层列型、向列型和胆甾型。层列型液晶分子以层状排列，每一层分子的长轴彼此平行且垂直于层面；向列型液晶的棒分子长轴彼此平行，但不分层；胆甾型液晶是胆甾醇衍生物，它的每层分子排列方向相同。

液晶体在外界场如温度、电场、机械等作用下，分子排列和光学特性会产生许多奇妙的变化。目前用液晶体作为显像器的成像材料，主要是应用它在电场作用下发生的光电效应。电子手表、袖珍计算机普遍用液晶制成 7 段"日"字形显像器件,每个器件可显示 10 个数码或任何一个字母,这种显像装置的物理基础就是液晶光电效应之一的动态散射效应。光电效应可用于数字或文字的显示,也可用于活动图像的显示。

近年来,液晶的彩色显像已实现,它利用电场引起液晶的双折射现象,按照外加电压的高低,显示出红色、绿色或黄色,这些颜色是由偏振光的相干而得到的,它不仅是液晶平面显像的彩色成像的基础,而且可用于工业上做温度、应力的测定。

## 材料科技

### 金属"记忆"

记忆历来被认为是生物,特别是高等生物所特有的功能。但是,材料科学家在研究中发现,某些金属也有记忆功能。

1963 年,美国海军军械实验室的科研人员需要一些镍钛合金丝,他们领到的镍钛合金丝是弯曲的,使用起来很不方便,他们就将合金丝拉直,使用中,当合金丝被加热到 95℃时,竟出现了不可思议的情景——合金丝自动卷曲成原来螺旋形线圈的形状。科研人员又一次把它冷却、拉直,谁知当加热到同样的温度时,它又恢复了原来的形状。反复实验,屡试不爽。

之后,科学家发现其他一些合金,如铜锌铝合金、铜镍铝合金、铁铂合金等,也具有这种记忆形状的功能。研究发现,这些合金之所以具有恢复原来形状的本领,是因为随着环境的变化,这些合金内部原子的排列会出现变化。如果温度回到原来的数值,合金内部原子的排列也会回到原来的排列方式,其晶体结构也会因之而出现相应的变化。人们把具有记忆形状能力的合金称作"形状记忆合金"。记忆合金的"记忆力"特别惊人,除了能恢复原态外,还能重复恢复原态达几百万次,而且不会产生疲劳断裂。

这种具有形状记忆功能的合金可以广泛应用于卫星天线、飞机液压系统、管道铆接、医疗器械等许多领域。例如,用它们制造的卫星天线,平时折叠起来很小,当飞船上天后,在太阳光的照射下,天线会展开成直径达好几米的半球形;用它们制造的人工骨骼拉杆,可以依靠人的体温将断骨拼合固定,大大加快了骨折愈合的速度。

阿波罗登月舱曾在月亮上设置过月面天线,宇航员的形象和声音就是通过无线电波从 38 万千米外的月球传送到地球上来的。月面天线的直径长达数米,科研人员就是利用记忆合金将其放进小巧的登月舱中的。他们先用记忆合金制成半球形天线,然后降低温度将其压成一小团装入登月舱。等天线随着登月舱到达月球表面时,温度由于太阳光的照射而升到转变温度,天线便恢复了本来的形状。

记忆合金还具有耐腐蚀性,因此牙医便利用镍钛合金制成矫齿丝,借助人的口腔温度,来为患者做牙齿矫正手术。医生在使用口腔矫齿丝之前,先为准备矫正的牙齿做一个石膏模型,然后根据模型把口腔矫齿丝弯成牙齿的形状,再将其固定在牙齿上,每过了一段时间就更换一次。每更换一次,矫齿丝都会更加趋向于其原来的形状。牙齿就是在这个变形过程中慢慢地得到了矫正。

### 金属"疲劳"

金属难道与人一样,也有疲劳的时候吗? 答案为肯定的。人们把金属长期处在循环载荷工作条件下引起的破坏叫作"金属疲劳"。金属疲劳是由"循环应力"引起的。什么叫循环应力呢? 如果我们手里拿着一块很薄很薄的铜片,要把它折断,可是又没有工具,怎么办呢? 最简单的方法便是把这片铜片向两个相反方向反复地折叠,这时对铜片施加的力就是循环应力。同样道理,在用金属制造的旋转轴和振动板等机械零件上,也存在着一种对称的循环应力。在某些严酷的工作条件下,这种循环应力在很短时间内可以达到甚至超过材料的疲劳极限,从而导致金属发生脆性断裂破坏。

金属疲劳破坏具有在时间上的突发性,在位置上的局部性及对环境和缺陷的敏感性等特点,故疲劳破坏常不易被及时发现且易于造成事故。应力幅值、平均应力大小和循环次数是影响金属疲劳的三个主要因素。

1995 年 12 月,日本福井县敦贺市有一台高速核反应堆正在运转,由于二次冷却系统热电偶装置的不锈钢板长期在高温下工作发生金属疲劳,导致核反应堆冷却剂的钠泄漏,并引发火灾,幸亏扑救及时,否则后果不堪设想。"金属疲劳"的破坏力是如此严重,所以人们应尽量避免材料产生金属疲劳。

如何避免金属疲劳现象呢? 在金属材料中添加各种"维生素"是增强金属抗疲劳的有效办法。例如,在钢铁和有色金属里,加入万分之几或千万分之几的稀土元素,就可以大大提高这些金属抗疲劳的本领,延长使用寿命。随着科学技术的发展,现已出现"金属免疫疗法"新技术,通过事先引入的办法来增强金属的疲劳强度,以抵抗疲劳损坏。此外,在金属构件上,应尽量减少薄弱环节,避免应力集中,还可以用一些辅助性工艺增加表面光洁度,以免发生锈蚀。对产生振动的机械设备要采取防振措施,以减少金属疲劳的可能性。在必要的时候,要对金属内部结构进行检测,对防止金属疲劳也很有好处。

金属疲劳会给人类带来灾难。然而,也有另外的妙用。现在,利用金属疲劳断裂特性制造的应力断料机已经诞生。可以对各种性能的金属和非金属在某一切口产生疲劳断裂进行加工。这个过程只需要 1~2 秒钟的时间,而且,越是难以切削的材料,越容易通过这种加工来满足人们的需要。

### 超导材料的发现

1911 年荷兰物理学家昂纳斯在研究水银低温电阻时发现:当温度降到 4.2K 时,水银的电阻急剧下降,以致完全消失(即零电阻)。1913 年他在一篇论文中首次以"超导电性"一词来表达这一现象,把某些物质在冷却到某一温度点以下电阻为零的现象称为超导电

超导材料

性,相应物质称为超导体。超导现象的发现,引起了各国科学家的高度重视,并寄予很大期望。但直到 1986 年以前,已知超导材料的最高临界温度只有 23.2K,大多数超导材料的临界温度还要低得多,这样低的温度基本上只有液氮才能达到。因此,尽管超导材料具有革命性的潜力,但由于很难制造工程用的材料,又难以保持很低的工作温度,所以几

十年来超导技术的实际应用一直受到严重限制。当前,氧化物高温超导体的发现与研究,为超导技术进一步走向实用化提供了前提条件。

1986年,年轻的物理学家贝特诺茨和缪勒在瑞士国际商用公司实验室工作,他们从奇妙的超导现象中获得启示,发现了一种镧铜钡氧陶瓷氧化物材料在比绝对零度高43度的较高温度下,即43K时,会出现超导现象。

此后,我国物理学家赵忠贤、美籍华人科学家朱经武,相继于1987年发现了钇钡铜氧系高温超导材料。不久,又发现了铋锶钙氧铜超导合金和铊钡钙铜氧合金,这种合金在110K和120K出现超导现象,使超导温度更接近于室温。接着,我国科学家又发现了一种高温超导的材料,这种超导材料在132K时电阻为零。

现在,科学家们正致力于使超导临界温度达到240K(干冰温度)和300K(室温),他们已经注意到这样一种现象,即利用氟、氮、碳部分代氧,或把钪、锶和某些金属元素加在钇钡铜氧化物中,这样就有可能制出室温超导体。科学家们对这一想法充满信心,认为一定能很快实现它。

超导材料有几个特点,首先,超导材料没有电阻,它输送电流时,不会造成电力损耗,用它可以制作出体积很小的发电机,送出的电流却很大。

除了没有电阻外,超导材料还有一个重要特性,就是完全抗磁性,也叫作迈斯纳效应。这种完全抗磁性是指把一个超导体放在一块永久磁铁上,由于这个超导体具有抗磁性,磁铁的磁力线不能穿过超导体,结果就会在磁铁和超导体之间产生排斥力,这种排斥力使超导体悬浮在磁铁的上方。

科学家们对超导材料的发展前景充满了信心,他们推测,如果利用超导材料的这两个特性制成各种输电、发电、储能设备,将会大大节约能源和提高效率。

国际上正在开发转子磁场线圈和定子电枢线圈均使用超导线材的发电机,这种发电机叫全超导发电机。同时也在研究使用高温超导线材的发电机,这种发电机叫作高温超导发电机。这两种发电机作为新型超导发电机,仍处在研制开发阶段。此外,科学家们还在进行试验,研究用超导材料制作的,能把电能几乎无损耗地高效地输送给用户的超导电线和超导变压器。同时,对核聚变发电,超导体也将产生重大影响。

超导材料在上述强电领域的用途极其广泛,其在弱电和抗磁性领域的应用也很充分。磁悬浮列车是利用超导材料的抗磁性(磁悬浮效应)生产的,它现在已进入实质性的运营阶段。超导材料将会引起人类陆地交通的变革。此外,超导体在许多科学仪器中也得到了运用,如粒子加速器,它是使如质子等带电粒子增加速度,获得高能的仪器。

超导技术使过去很难实现的10万高斯的强磁场在现在变得实现起来相当容易。强大的超导磁体可以使观察分子、原子行为的高分辨率电子显微镜轻松制成。采用超导磁体的磁共振、人体扫描技术在医学诊断中的重要作用日益凸显。总之,凡是需要强大均匀磁场之处,超导磁体都能成功地完成任务。

现在一门实用性很强的学科——超导电子学正在迅速发展。它的发展必将给电子工业带来革命性的冲击。

## 用冰取火

有这样一段记载,有一支探险队,在他们到达南极的途中,遇到了特大暴风雪。等到风停雪止天放晴时,饥肠辘辘使他们想起生火做饭的事儿。这时发现,由于全力以赴同暴风雪搏斗,存放火柴、望远镜等物品的袋子,不知什么时候弄丢了。这可怎么办呢?要知道这儿天寒地冻,遍地冰雪,在零下几十摄氏度的气温下,所有的食品都冻得像石头一样,没有火源加热,这种"石头"怎么吃呢?再说派人以最快的速度回去取火柴,来回也需十几天,怎么办呢?

正当大家万分焦急的时候,一位知识渊博的探险队员提出了"用冰取火"的建议。他们在附近寻找了一块直径约 1 米的透明大冰块,用斧头、小刀把冰块修凿磨光成一面凸透镜的形状,然后把这块凸透镜朝着太阳支起来,让阳光经过透镜聚成一点,在这一点处放些易燃物,一会儿,易燃物竟然燃烧起来了。

其实,在 1600 多年前,我国晋代学者张华在他写的一本书里就说,把冰块削成圆形,中间厚四周薄,向太阳举起来,在圆冰下边的光斑上,放上容易着火的东西,可以点起火来。

清朝的时候,有的人去问当时著名的科学家郑复光。郑复光不迷信书本,决定自己动手试一试。他的实验是这样做的:找一把壶底微微向里凹的锡壶,往壶里灌上热水,放在冰块上旋转,把大冰块烫出两个光滑的凸面,做成一个很大的冰凸透镜。在阳光灿烂的时候,把冰凸透镜靠在一个小桌上,让它对准太阳,又把一个纸捻放在透镜的焦点上,纸捻真的燃烧起来了。可是,冰并没有融化。

用冰取火的原理和用凸透镜取火的原理一样,都利用凸透镜的聚光本领。冰凸透镜也有这个本领,所以它也能取火。

### 热缩冷胀

在自然界,绝大多数物质是"热胀冷缩"的,但也有极少数物质,如锑、铋、镓、青铜等金属和在 0℃~4℃ 之间的水,具有遇热收缩、受冷膨胀的现象。

我们知道,在零摄氏度水凝结成冰时,它的体积会胀大 1/10,并且水结成冰体积膨胀时,会产生很大的力量。

水的反膨胀现象,给人们带来一些好处。江河湖海里的水在结冰时,因为冰的体积膨胀,比重比水小,总是浮在水面上;而水密度最大,总是沉在冰的下面。这样,冰层就成了一层天然的防寒屏障,使江河湖海不至于一冻到底,使大量的水下生物得以生存。

在生产和生活中,人们还巧用水结冰时体积膨胀的特性。例如,把需要加工成形的材料做成简单的容器,灌满 4℃ 的水,放在欲成型的模腔里,然后使它急剧冷却。当容器里的水受冷结冰时,体积膨胀,巨大的张力能把材料挤压到模型里去形成需要的形状。这被人们称之为"冷冻成型法"。

### 温度计原理

人们往往凭自己的感觉来判断物体的冷热程度,但这样的判断由于多种干扰因素的存在,通常是不准确的。要想准确了解物体的温度,就要借助于温度计。

最早发明温度计的是意大利科学家伽利略。伽利略当时设计了一根一端密封呈球形、中间充满空气的玻璃管,管的另一端开口朝下置于液体之中。当温度升高时,管内空气受热膨胀,由于在相同条件下,液体的热膨胀程度没有气体大,所以管中液面的高度会降低;同理,温度降低时,管中液面会升高。但这样的温度计由于受大气压变化的影响,精确度不高。

我们现在用的温度计则完全是利用液体的热胀冷缩原理来制作的:由于在相同条件下,液体的热膨胀程度要比固体大,所以当温度变化时,玻璃管中的液面便随之上升或下降;又因为温度计玻璃管内径很细,液体体积变化在细管中呈现出较明显的高度变化,所以从玻璃管上的刻度就可读出温度的具体数值。温度计内的液体一般采用水银、煤油或酒精。

## 力磁科技

### 磁单极

把一根磁棒截成两段,可以得到两根新磁棒,它们都有南极和北极。事实上,不管你怎样切割,新得到的每一段小磁铁总有两个磁极。因此,人们认为磁体的两极总是成对的出现,自然界中不会存在单个磁极。然而,磁和电有很多相似之处。例如,同种电荷互相排斥,异种电荷互相吸引;同名磁极也互相排斥,异名磁极也互相吸引。用摩擦的方法能使物体带上电;如果用磁铁的一极在一根钢棒上沿同一方向摩擦多次,也能使钢棒磁化。但是,为什么正、负电荷能够单独存在,而单个磁极却不能单独存在呢? 多年来,人们百思而不得其解。

1931 年,著名的英国物理学家狄拉克,从理论上预言磁单极是可以独立存在的。他认为:"既然电有基本电荷——电子存在,磁也应该有基本磁荷——磁单极子存在。"他的这一预见吸引了不少物理学家用各种方法去寻找磁单极子。人们在各种物质中,如矿物、火山灰、陨石、月球土壤中寻找磁单极子,也在加速器产生的粒子中寻找过磁单极子,使用了最先进的方法和最精密的仪器,但都一无所获。渐渐地,人们认为磁单极子可能根本不存在。

但是,在 1975 年,美国科学家在高空气球上探测宇宙射线时,在乳胶片上意外地发现了一条单轨迹。经分析,认为这条轨迹可能是磁单极子留下的痕迹。然而这并不能说明真正找到了磁单极子,因为来自宇宙线中的超重粒子也会在乳胶片上形成这种痕迹。1982 年 2 月 14 日,美国斯坦福大学的物理学家布拉斯·卡布雷拉宣布,他利用超导线圈发现了一个磁单极子,不过后来再没有找到新的磁单极子。科学实验必须能经得起多次的重复,所以,仅有这一事例还不能证实磁单极子的存在。

近年来,磁单极的工作主要集中在理论上,实验探测工作很少有新的报道。磁单极的实验研究虽然一再受到挫折,磁单极理论的研究却方兴未艾。目前,寻找磁单极子的工作仍在继续进行,科学家们不断改进实验方法,提高探测仪器的精度。实现理想也许要经过好几代人的努力,这是一项长期而艰巨的任务。

### 生物磁

磁场充满了生物生存的整个空间,许多生物现象都与磁场有关。科学家发现,鸽子的头颅骨和喙部,嵌有一些细微的天然磁铁,它们像指南针一样为鸽子导航。海豚、金枪鱼、海龟、候鸟、蝴蝶甚至某些海藻体内，都有微小磁体。科学家还发现有磁性的生物，它们体内有一个或几个质点，几乎完全是由纯磁物质构成的立方形磁性小体，使它们沿着与地磁场平行的方向运动。现已证实，人体也具有磁性。

对生物磁的研究，直接关系到人类生产、生活和健康。农业上，磁化后的水提高了水的渗透能力，经过磁化的某些种子改变了种子细胞膜的特性，从而提高农作物产量。在医学上，苏联科学家在人的头部周围安装特别的脉冲电磁场，可使失眠者连续睡眠 8～12 小时。科学家预言，可用类似的方法治疗精神分裂症，也可以用来增强记忆力和提高学习效率。对脑磁场的测定结果表明，睡觉时磁场最强。脑磁场图很有希望像脑电图一样成为临床诊断的重要手段，以得到更多的脑部信息。

生物与磁力的关系微妙，人类在这方面的探索刚起步，要确切清楚两者之间的关系还需要不断探索研究。

### 液体磁铁

呈固态的磁铁，人们并不陌生，然而，现代技术却创造了一种全新的材料——液体磁铁。

液体磁铁之所以成"液体"，是在一些普通液体中搅和上仅有 0.1 微米左右的铁磁微粒，并使其均匀地悬浮于液体之中而形成的。液体磁铁性能极其稳定，即使连续工作几千小时或在重负载的情况下，也不会分崩离析。

在传统机械制造中，轴与机体的密封通常采用橡皮或其他弹性材料的油封。这种结构寿命短，可靠性差，在具有放射性、腐蚀性、有毒和摩擦大的场合更不适用。可是，只要在轴和机体之间滴上几滴液体磁铁，使它们保持在那里，并再利用一个环形磁铁将其磁化，就成了一个液体磁铁的密封器。

液体磁铁密封器完全排除了轴与机体之间的接触，从而大大地减少了摩擦，同时，由于液体磁铁损耗甚少，所以能长期可靠地工作。如果用它进行真空器件的密封，可使真空度保持在百亿分之一毫米汞柱，真可以称得上是天衣无缝。

凡是机械装置，都要使用润滑剂来减少摩擦。如果采用液体磁铁润滑油，便可以避免通常由于润滑剂过多导致机械在油中"游泳"的情况。办法是将轴承的部分滚珠磁化，滚珠磁场的吸引作用，不但能保存住磁液，而且能使它总是在摩擦面上工作，这样既可减少摩擦，又可提高轴承的使用寿命，机械运动时产生的噪声也可以降低。

有人会问：在润滑油中掺进铁磁微粒，不会磨损机械零件吗？不会的，因为润滑油中铁磁微粒直径要比产生机械磨损的微粒小许多。

液体磁铁因为有其独立的特性，所以使用前景极为广泛。它可以制成理想的选矿机，这种选矿机不但可以从贫矿中取出所有有价值的物质，还能分出同一金属矿石的不同等级。用它制成的液体磁铁汽车自动调整机构，能使汽车根据道路的状况调整汽车的弹性。用它制成的机器人"手"更显得柔软灵活，能平稳地伸缩。

最为有趣的是，有一种液体磁铁在磁场作用下能改变黏度，并能一直到变硬为止。所以，用它来紧固机床加工复杂零件时，只要将零部件置于液体磁铁中，接通电源，在电磁场作用下，它将瞬时变浓直至凝固成硬石头一样，牢牢紧固住零部件；等加工完毕，只需断开电源，液体磁铁又恢复至常态，零部件又可自如地取下。

### 南北极磁场换位

地球有磁场,磁场有南北极,南北极的位置是固定不变的,这些似乎都成了定论。然而,地球南北极磁场是否会调换位置的问题,已使一些科学家困惑了很久。

早在 1906 年,法国的古地磁学家布容发现古老岩石的化石磁场(古地磁场造成的岩石的永久磁性)所指示的磁场方向和现代地磁场方向相反。后来,又有一系列的类似发现。这使得许多地磁学家大惑不解,但是,那时几乎没有人敢于设想地磁南北极会互换位置。多数科学家都把主要精力放在研究岩石冷却时是怎样获得磁性,以及在这个过程中是否有可能产生与外界磁性相反的磁场。到了 20 世纪 50 年代初,科学家们又发现了一些类似的特殊矿物,这就迫使古地磁学家寻求新的解释方法,于是,开始出现了地磁场南北极曾互易位置的大胆假设。

当循着这一似乎异想天开的假设去研究这个问题时,结果却出乎人们意料。20 世纪 60 年代初,科学家们对美国加利福尼亚州和夏威夷的火山岩同时进行了大量的古地磁和同位素年代的测定。其结果表明,如果地磁场方向有可能倒转的话,那么,这种现象在地质史上就一定发生过多次。当然,上述的地磁资料在整个浩如烟海的古地磁资料中,犹如凤毛麟角。要推翻人们几千年形成的对地磁场的见解,还显得过于薄弱。

1955~1965 年的 10 年间,科学家对大西洋和太平洋的洋底进行了较大面积的航磁测量,其结果更加明白无误地表明,地球磁场和南北极在地质时期曾多次互换位置。在最近的 400 多万年中,至少有两个时期与我们现今的磁场方向相反。

地磁极为什么会倒转,这个问题仍是对今天科学家们的挑战。

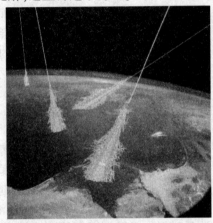

宇宙射线

### 宇宙射线

1901 年,英国几位物理学家同时发现,放在实验室里的几台带电的验电器,即使周围不存在任何放射性物质,时间一长,它们也会偷偷地放掉电荷,而且不管对仪器的绝缘性能作怎样的改善,这种漏电现象都始终消除不了。他们为了减少外界对验电器的干扰和影响,将它装入封闭的铅盒子里隐蔽起来,可放电现象还是不能从根本上消除。

物理学家们从这一现象中受到启发,认为肯定是某种穿透性极强的射线,穿过室内,引起空气电离,这才使验电器漏电,电荷从而消失。物理学家又从多方面做更进一步的观测,发现不光是在实验室中,就连靠近地面的整个大气层都处在微弱的电离状态之中。

物理学家赫斯为了搞清楚空气中来历不明的离子来源,视自己的个人安危于不顾,只身一人乘坐热气球进行高空探测。有一次,热气球出了故障,赫斯从高空中摔了下来,陷入昏迷。许多人都以为他不会再醒过来了,甚至还为他准备好了后事。奇迹发生了,他在医院的奋力抢救下,竟在昏迷了将近 20 个小时后醒了过来。他战胜了死神!

1911 年,赫斯前后做了 10 次大胆的热气球飞行,最高升至 5350 米。后来他还在高楼、高山和海洋上进行测量。通过分析他收集到的资料说明,这些引起空气电离的射线来自太空,而且,这种天外飞来的射线发源于整个宇宙空间,与太阳、月亮、行星或银河的位置没有关系。这种辐射线一开始被称作"赫斯辐射",1925 年被正式命名为"宇宙射线"。

宇宙射线便是从宇宙空间飞来的高速原子核。正因为赫斯在这一研究领域中做出了极大的贡献,他被授予了诺贝尔物理学奖。赫斯这种献身科学的精神值得每一位科学工作者学习。

### 等离子

等离子状态是指物质原子内的电子在高温下脱离原子核的吸引,使物质呈正、负带电粒子状态存在。

物质根据它们的状态,可以分为固体、液体和气体。任何一种物质,在一定条件下都能在这三种状态之间转变。以水为例,在一个标准大气压下,当温度降到 0℃以下时,水开始变成冰。而当温度升到 100℃时,水就会沸腾而变成水蒸气。

如果温度不断升高,气体又会怎样变化呢?科学家告诉我们,这时构成分子的原子发生分裂,成为独立的原子,如氮分子会分裂成两个氮原子,我们称这种过程为气体分子的离解。如果再进一步升高温度,原子中的电子就会从原子中剥离出来,成为带正电荷的原子核和带负电荷的电子,这个过程称为原子的电离。当这种电离过程频繁发生,使电子和离子的浓度达到一定的数值时,物质的状态也产生了根本的变化,它的性质也变得与气体完全不同。为区别于固体、液体和气体这三种状态,我们称物质的这种状态为物质的第四态,又起名叫等离子态。

就在我们周围,也经常看到等离子态的物质。在日光灯和霓虹灯的灯管里,在炫目的白炽电弧里,都能找到它的踪迹。另外,在地球周围的电离层里,在美丽的极光、大气中的闪电和流星的尾巴里,也能找到奇妙的等离子态。

等离子体的用途非常广泛,从我们的日常生活到工业、农业、环保、军事、宇航、能源、天体等方面,它都有非常重要的应用价值。

一个重要应用是一些特殊的化学元素形成一个低温等离子体,这时,物质间会发生特殊的化学反应,因此可用来研制新的材料。如在钻头等工具上涂上一层薄薄的钛来提高工具的强度、制造太阳能电池、在飞机的表面上涂一层专门吸收雷达波的材料可躲避雷达的跟踪(即隐形飞机)……这些被称为等离子体薄膜技术。

另外,还可用等离子体脱掉烟尘中的硫、用等离子体照射种子来提高农作物的产量、研制大屏幕的等离子体电视机、研制等离子体火箭发动机到火星等遥远的宇宙去旅行……

等离子体家族成员众多,关系复杂,对人类起着举足轻重的作用。然而人类对一些至关重要的等离子体却不够了解,需要今后不断地探索和研究。

### 万有斥力

2000 多年前亚里士多德提出"重体下落快,轻体下落慢"的理论。16 世纪末期,伽利略所做的著名比萨斜塔实验推翻了亚里士多德的理论。后来牛顿根据伽利略的实验提出了他的万有引力公式。

匈牙利科学家埃斯伏斯在20世纪初研究了惯性质量和引力质量之间的关系。他的实验结果表明,在万分之一的误差范围内,物体的惯性质量等于引力质量。

但是,美国科学家阿兰森和菲施巴赫重新研究了埃斯伏斯的数据,并发表文章认为惯性质量和引力质量不完全相等,宇宙中存在第五种作用力——超荷力。物质的超荷力与其原子核中的中子和质子总数相关。这两位科学家说:金币和羽毛由于组成成分不同,其超荷力也有差别。超荷力是一种微小的排斥力,它与两个物体之间的引力方向相反,因此可以称之为"万有斥力"。这种排斥力使不同结构和质量的物体产生稍微不同的加速度。在真空中,金币和羽毛从同样高度落下时,羽毛受的超荷力小,金币受到的超荷力大,因此羽毛比金币先落地,与我们的生活经验完全相反。

科学家认为:测量超荷力的距离不应超过几千米,因其相互作用的强度极小。尽管超荷力这样微弱,但如果这种力进一步得到证实,它将对物理学产生深远的影响。爱因斯坦、牛顿、伽利略的理论将势必面临挑战。

### 惯性改变

物体不但平动的时候有惯性,转动的时候也有惯性。比如,花样滑冰运动员在冰上做旋转动作,两腿停止用力以后,身子还能急速地转个不停。这就是转动惯性,芭蕾舞演员也常常利用转动惯性,使身体旋转起来。

进一步观察,我们还会发现,在运动的过程中,转动惯性的大小是可以改变的。花样滑冰运动员在旋转的过程中,速度可以加快,也可以放慢。运动员收拢双臂和悬着的那条腿,转动速度就加快;展开双臂,腿也伸开,转动速度明显慢了下来。

你知道这是什么原因吗?

平动物体惯性的大小仅与物体质量有关,质量大惯性也大,质量小惯性也小。转动物质的惯性,不但与质量的大小有关,而且与质量的分布有关,质量分布离转动轴远,惯性就大,质量分布离转动轴近,惯性就小。

花样滑冰运动员旋转的时候,两臂平伸,伸开一条腿的时候。身体的一部分质量在离转动轴比较远的地方,转动惯性增大,旋转速度就慢;收拢手臂和腿的时候,这部分质量就转移到离转动轴比较近的地方,转动惯性减小,旋转速度就明显地加快。

## 化学科技

### 人工降雨

1932年诺贝尔化学奖得主、美国化学家兼物理学家兰茂尔,一生进行过许多有益的研究,但他在科学上实现的最大突破还是人工降雨。在获得诺贝尔奖后,他就和化学家射弗等人共同进行了人工降雨的研究。在他的研究室里保存着小小的人工云,它就是充斥在电冰箱里的水蒸气。兰茂尔一边降低冰箱里的温度,一边加入各种尘埃微粒进行降雨实验。

1946年7月的一天,天气异常炎热,由于实验装置出了故障,装有人工云的电冰箱里的温度一直降不下来,兰茂尔只好临时用固态二氧化碳(干冰)来降温。当他刚把一块干冰放进冰箱里,这时奇迹出现了:水蒸气立即变成了许多小冰粒,在冰箱里盘旋飞舞,人工云化为了霏霏飘雪。这一奇特现象使他明白尘埃微粒对降雨并非绝对必要,只要将温度降到-40℃以下,水蒸气就会变成冰而降落下来。兰茂尔高兴地去找射弗,商量怎样把这一想法付诸现实。接着便出现了振奋人心的一幕。

人工降雨

1946年的一天,一架飞机在云海上飞行,兰茂尔和射弗将干冰撒播在云层里,30分钟后就开始了降雨。第一次真正的人工降雨获得了成功。后来,美国通用电气公司的本加特又对兰茂尔的人工降雨方法进行了改良,他用碘化银微粒取代干冰,使人工降雨更加简便易行。兰茂尔在1957年去世时,终于满意地看到人工降雨已发展成为一项大规模的事业。人工降雨的发明,标志着气象科学发展到了一个新的水平,

人工降水是要有充分的条件的。一般自然降水的产生,不仅需要一定的宏观天气条件,还需要满足云中的微物理条件,比如:0℃以上的暖云中要有大水滴,0℃以下的冷云中要有冰晶,没有这个条件,天气形势再好,云层条件再好,也不会下雨。然而,在自然的情况下,这种微物理条件有时就不具备;有时虽然具备但又不够充分。前者根本不会产生降水;后者则降水很少。此时,如果人工向云中播撒人工冰核,使云中产生凝结或凝华的冰水转化过程,再借助水滴的自然合并过程,就能使降水产生或使降水量加大。催化剂在云中起的作用,使本来不会产生的降水得以产生,已经产生的降水强度增大。

我国常用的催化剂有干冰、食盐、尿素、碘化银、介乙醛和四聚乙醛等。其中介乙醛价格便宜、原料来源容易、催化效果明显,是比较良好的催化剂。人工降水时,用运输机、轰炸机、歼击机等来播撒催化剂都是可行的。我国的人工降水工作是1958年开始的,实践证明效果是明显的。

### 橡胶的发明

最初,印第安人发现有一种树的树皮里会流出一种白色的树汁,当地人形象地称其为"树的眼泪"。1493年,哥伦布在第二次航行时,到达了美洲海地岛,他看见印第安人在唱歌时还玩一种球,而且他们一边唱一边拍,球弹得很高。当时,哥伦布十分惊讶。后来,他才知道在海地岛上生长着一种树,只要人们在树上切个口子,这种树就会流淌出一滴一滴的乳白色的胶汁。然后,人们用晒干的胶汁就做成了现代人称之为"橡胶"的物品。

橡胶

哥伦布结束航行,回到欧洲后,也把这些令人困惑的东西带到了欧洲。刚开始很多人都不知道橡胶有什么用,也不知道它叫什么,只知道这是个软绵绵的不怕

水的东西。

多年以后，一位英国商人，开发了橡胶的用途，世界上对于橡胶最早获得广泛应用的就是英国。首先，将橡胶压成薄片，然后，将这种薄片用两层布夹着缝合起来，就成为雨衣。尽管这种雨衣在雨天可以防水，但其使用寿命却极其短暂。天气酷热难耐的时候，它又黏黏糊糊地粘在一起无法使用；天气寒冷的时候，它又硬又脆，极易损坏、破裂。

之后，一位美国发明家查尔斯·固特异开始着手研究一种方法来改变橡胶这种缺陷。但一晃过去了好几年，古特异的研究仍然没有什么头绪，没有一点儿进展。在1839年夏天的一次实验中，由于他忙于做实验，一包硫磺被他一不小心碰到并直接掉进了正在熬制橡胶的锅中。一筹莫展之际，他无奈地刮下锅中的橡胶，以便重新开始新的实验，但令他惊奇和欣喜的是，橡胶再也不像刚开始那样黏了。

固特异锲而不舍，历经无数次的改进、实验，最后终于发明了橡胶硫化法。这种方法就是把数量相当的催化剂和硫黄放入刚采下来的橡胶中，通过高达130℃～150℃的高温处理，最后，就能生产出一种不同于以往的橡胶制品，这种新产品不但耐磨、耐用，而且极富弹性，和我们今天所使用的橡胶相差无几。从此，"树的眼泪"真正走进了人类的生产、生活中，发挥着巨大的作用。

### 铝的提炼

在19世纪，丹麦物理学家奥斯特将氯气通过烧红的木炭和三氧化二铝的混合物，得到氯化铝，然后与钾汞齐作用得铝汞齐，再将铝还原出来并隔绝空气蒸馏，除去汞，就得到纯铝。但他的这一实验成果却未引起人们的注意。

1827年，人类迎来了"铝的发现年"。这一年，德国化学家维勒曾就提炼铝的问题拜访了奥斯特。奥斯特对维勒提出的问题一一解答。维勒在返回德国后就立即投入实验，终于在年底制出了纯铝。不过，他是用钾还原无水氯化铝制得纯铝的。此外，他还弄清了铝的主要物理性质，并提炼出一些粉末状的铝。直到1845年，维勒才真正提炼出世界上第一块纯铝。

那时铝的价格仍然不菲，虽然生产铝的原料随处可见，但由于人们还没有找到一种更有效的提炼方法，致使铝无法成为大众产品。而"助熔剂"的发明却改变了这种局面。

在美国的化学家查尔斯·马丁·霍尔生活的年代，炼铝的方法已发展到电解氯化铝的时代，但这种方法却无法降低成本和提炼大量的铝。霍尔毕业后，开始研究制铝的新方法。他发现电解熔盐制铝法是将氧化铝熔化，经电解后在阴极上得到纯铝。所以成功的关键是想办法将高达2072℃的氧化铝的熔点降低。因此，霍尔开始试着寻找这样一种物质。经过多次实验之后，他终于找到了一种含铝的复盐——冰晶石作为电解时的助熔剂，使氧化铝在约1000℃的较低温度下就能在熔化的冰晶石中进行电解。这种助熔剂的发现使大规模提炼铝在设备、技术上都切实可行，而且大大降低了生产成本。

1886年，霍尔拿着自己用新技术提炼出来的铝块向美国铝业公司售出了这一方法的专利。同年，法国的一位大学生保尔·路易·托圣特·赫洛特也几乎同时独立发明了与霍尔相同的炼铝法，并也在这一年取得专利。

人们将霍尔和赫洛特所发明的提炼铝的方法叫"助熔剂"法。助熔剂的发明，不但降低了铝的生产成本，更重要的是使铝成为一种重要的原料，而且这一方法为人们更好地利用这种金属提供了更广阔的前景。如今,铝成为人们生活中不可或缺的金属。这一切都应感谢那些改变人类生活的伟大科学家。

### 元素周期表

元素周期表的发现,是近代化学史上的一个创举,对于促进化学的发展,起了巨大的作用。看到这张表,人们便会想到它的发明者——门捷列夫。1857 年,年仅 23 岁的门捷列夫成为俄国著名的彼得堡大学的副教授。4 年后,他又被任命为该校普通化学教授,讲授化学的基本教程。门捷列夫在上课之余,一直忙着整理他的著述《化学原理》。此时,《化学原理》的第一卷已经定稿,即将出版。就在门捷列夫写第二卷时,他遇到了困难。这一卷应该包括对化学元素的描述,可门捷列夫不知道该如何排列它们的顺序。他思考了很久,一直无法解决这个问题。

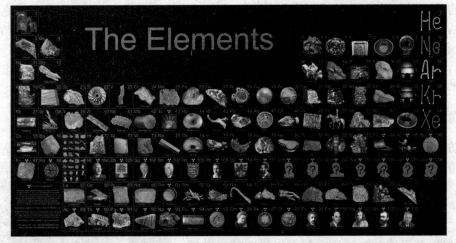

元素周期表

门捷列夫在笔记本上随手涂写,希望找到元素排列的某些规律。然后,他开始制作卡片。门捷列夫在每张卡片上面写上了元素的名称、原子量、化合物的化学式和主要性质。他把写好的卡片分组排列,或者这样排,或者那样排,希望排出一种能够使各种元素之间内在联系得以体现的次序来拟制一张表格,可是仍然一无所获。

有一次,门捷列夫连着干了两天三夜,他再也熬不住了,终于趴在桌子上睡着了。可在睡梦中,他仍然在思考,他的脑海中突然出现一张日夜思索的元素周期表,各种元素都排在它们应占的位置。门捷列夫一下子醒了过来,立即拿起笔,在纸上写下了刚才出现在脑海中的那张表,然后进行计算。他反复作了验算,发现需要修改的地方竟然只有一处。就这样,年仅 35 岁的门捷列夫发现了化学元素周期律。不过,有的元素还没有发现,但门捷列夫预先为它们在周期表中留下了空位。1869 年 3 月,试排的元素周期表发表了。

门捷列夫暂时放下了《化学原理》的著述工作,潜心研究表中的元素排列。次年,他发表了一篇重要论文,预言并详细描述了当时科学界还没有发现的三种元素——类硼、类铝和类硅。当时的一些科学家对门捷列夫的这些预言很不以为然,但门捷列夫相信,周期律是科学的,新元素迟早会被发现的。

1875 年 9 月 20 日,巴黎科学院院士、有机化学家伍尔兹的学生列科克,在比利牛斯山中皮埃耳菲特矿山新产的闪锌矿中发现了一种新元素。门捷列夫惊喜万分,因为他知道新元素的发现能够证明元素周期表的科学性。经过研究,门捷列夫证实列科克发现的新元素镓,其实就是 5 年前自己预言过的类铝。元素周期律取得了它的第一次胜利。门捷列夫也因此名扬天下,许多科学家都根据元素周期表去探索还没有被发现的元素。

早在 1870 年的时候,门捷列夫预言,碳和硅那一族里将会出现一种新元素,这种新元素肯定是一种深灰色的金属。1885 年,德国化学家温克勒又发现了一种新元素锗。这是一种有金属光泽的深灰色的物质,恰好可以填入周期表的第 32 格,取代暂住其中的类硅。预言中的类硅与真实中的锗非常相似。门捷列夫预言类硅的原子量约为 72,温克勒的实验证明锗原子量为 72~73;门捷列夫预言类硅的比重约为 5.5 克,温克勒的实验证实锗的比重为 5.47 克;门捷列夫预言新元素跟氯化合成的物质,比重约为 1.9,温克勒的实验结果是 1.887;门捷列夫预言新元素的氧化物不易熔化,其比重将为 4.7,温克勒证实这一预言又是正确的。这是门捷列夫最辉煌的胜利。

后来,门捷列夫预言过的其他一些元素的性质,也一一为实践所证明。从此,作为一个基本定律,元素周期律有力地促进了现代化学和物理学的发展。

### 防弹玻璃

防弹玻璃通常是透明的材料,比如聚碳酸酯纤维热塑性塑料,它具有普通玻璃的外观和传送光的特性,同时可以防止小型武器的射击破坏。

防弹玻璃是由坚韧的聚碳酸酯纤维层两片玻璃在一定温度和压力下粘贴而成,也称为夹层玻璃或胶合玻璃,其聚碳酸酯纤维内层可以吸收冲击和爆炸过程中所产生的部分能量和冲击波压力,并阻止子弹在穿过外层玻璃后再穿过内层玻璃,即使它被震碎也不会四散飞溅。夹层玻璃根据不同的需要可用普通玻璃、钢化玻璃、热增强玻璃来制成,也可制成中空玻璃。防弹玻璃具有良好的安全性,抗冲击性和抗穿透性,具有防盗、防弹、防爆功能。

**防弹玻璃**

历史上,防弹玻璃曾由液体橡胶粘在一起的玻璃板料制成。这些大块的防弹玻璃在第二次世界大战期间做了公共的用途,通常厚达 100~120 毫米,而且极端重。

### 制氢新途径

氢气不是一次能源,必须通过其他能源来转换。人们现在常用的制氢方法,主要是以煤、石油、天然气为原料,让其在高温下与水蒸气发生反应,从而得到氢气。可是这样做会消耗大量能源,也会污染环境,因此得不偿失。人们想寻找出新的制氢方法,使氢气成为方便燃料。

一些工业部门使用电解水的方法制氢气。然而,电解水要耗费大量电能,成本非常

高。如今已找到新的方法，可以使电解水降低电的消耗量。

随着探索制氢新途径的发展，目前出现了一支制氢生力军。科学家发现，可以通过模仿植物叶绿素的光合作用，从而得到氢气。植物的叶子中的叶绿素，能够吸收阳光把水分解成氢和氧。释放出来的氧气可以净化空气，而氢与二氧化碳作用可生成碳水化合物，这是植物生长所必需的养分。假如可以造出模仿植物光合作用的装置，同时使光合作用停留在分解水的阶段，这样便能利用太阳光和水产生氢气。英、美等国的科学家，已经研制出了用叶绿素体制造氢气的装置。利用这种装置，用 1 克叶绿素在 1 小时内就可产生 1 升氢气。

日本中央电力研究所近年发现，核设施产生的伽马射线能够把水分解为氢和氧，这一发现为制造氢能开辟了新途径。据报道，该研究所科学家使用从核电站的反应堆及使用过的核燃料储藏设施中产生的伽马射线开发出两种制氢技术。其一是使用伽马射线直接照射催化剂把水分解为氢和氧；其二是利用荧光物质把伽马射线转变为紫外线，然后照射光催化剂把水分解为氢和氧。使用伽马射线制氢的优点是，不排出二氧化碳等对环境有害的气体，只需要分解水和进行脱湿等工艺就能获得高纯度的氢气。目前，这种制氢方法的能源转换效率仅有百分之几，今后还有待于深入研究，以提高能源转换效率，实现该技术的实用化。

### 地球氧气的消耗

地球上的人、动物以及植物每时每刻都在吸收氧气，吐出二氧化碳，工厂更是吞食氧气、排放二氧化碳的大户。如此看来，长此以往地球的氧气会用完了吗？

当然，生物消耗氧气、排出二氧化碳的同时也会产生氧、消耗二氧化碳。浩瀚的林海、草原等各种植物在阳光下，绿叶会吸收空气中的二氧化碳，与从根部运来的水分、养料化合成淀粉、葡萄糖等，同时放出氧气，这就是"光合作用"的过程。据计算，三棵大桉树每天所吸收的二氧化碳，约等于一个人每天所吐出的二氧化碳。每年全世界的绿色植物，从空气中大约要吸收几百亿吨的二氧化碳！

目前，各国的科学家都在积极寻找能够使二氧化碳的排放量减少的有效途径，但是还没找到使空气中氧气增多的好方法。专家们指出，控制森林面积的流失、保护绿色植物是人类保护氧气的最好方法。因为正是这些绿色植物产生了人类赖以生存的氧气。

地球上的氧气会不会被消耗完，这有赖于全人类的努力。假如人类仍然无休无止地向大自然索取，人为地过度破坏生态平衡、乱砍滥伐森林，导致大量绿色植物锐减，说不定人类真会面临缺氧的危机。

### 海水中的盐

如果将海水中的盐分全部提炼出来铺在世界陆地上，将会有 40 层楼那么高；如果把这些总体积达 2.3 万立方千米的盐投入北冰洋，那么完全可以填平整个洋面。

海水中含有这么高的盐分是长期累积的结果，但各地海水的含盐量却是不相同的。人们为了便于研究和区别，规定了"盐度"的概念。所谓"盐度"，就是 1000 克海水晒干后剩下的白色固体盐的克数。科学家们经过研究发现，海洋表面的盐度具有大致的规律性：南北回归线附近洋面盐度最大，然后分别向高、低纬度依次递减。

至于海水中的盐究竟来自何方，科学家们争论不已。一些人认为，海盐主要是陆地上的河流在流向大海的途中，不断冲刷泥土和岩石，将溶解的盐分带入了大海中。据科学家统计，全世界每年都有十分可观的盐分被河流带入海洋。

这种解释当然有其不完善的地方。因为人们曾经对比分析、计算过海洋物质组成、化学性质和从江河输入的各种矿物质，发现两者的数值差很大。海洋中的盐类按含量多少排列是氯化物、硫酸盐、碳酸盐，与河流中上述物质的排列顺序刚好相反。在含盐的土壤中或咸水湖中，氯化镁比海洋少，而硫酸钙和硫酸镁则比海洋多。

20世纪70年代以后，新发现的海底大断裂带上的热液反应，使人们又找到了新的解释。科学家研究海底热液矿化学反应的过程后发现，虽然通过海底断裂带的水体流动速率只与河川径流的5‰差不多，但是，由断裂聚热所产生的化学变化，却比由径流河川携带溶盐解所引起的变化大数百倍。因此，许多海洋科学家认为，海底热液反应是海盐的重要补充，但这条途径绝不是海盐来源的唯一途径。看来，要想彻底解开这个谜，人类还得做出不少的努力。

### 点汞成金

黄金是一种昂贵的金属，更是财富的象征。因此，提炼黄金一直是人们梦寐以求的事情，"点"汞成金更是古往今来人们的追求。曾经有许多人幻想用朱砂（汞的氧化物）或汞之类的廉价金属为原料，通过炼金药的催化作用，使汞转变为珍贵的黄金。

黄金

我们知道，汞和金是两种原子结构不同的元素，用化学方法是根本不可能改变原子核结构的，因此，企图通过炼金药使汞变成黄金的梦想是注定不能实现的。可是，日本传来了令人惊奇的消息，有位科学家实现了"点"汞成金的梦想。他用伽马射线对准厚12厘米、半径50厘米、重1340千克的水银整整照射了70天，然后经过6天的自然冷却，终于获得了744克黄金。

射线为什么会使汞变成金呢？原来，当伽马射线射到某种元素的原子核时，这个原子核就可能失去一个质子，变成元素序号少一个的新元素。而汞的元素序号是80，金的元素序号是79，因此，汞在伽马射线的照射下会转变为金。它的制取过程是放射化学研究的内容，但是，"点"汞确实成了金，伽马射线就是当之无愧的"炼金药"。

人们了解了"点"汞成金的秘密，是不是很容易就得到黄金了呢？不是的。用这种方法制取1克黄金需要20万日元，成本极其昂贵。因此，科学家正在设计一种新的"炼金炉"，希望能生产出廉价的黄金，从而使这个过程更具实用价值。

# 人体

## 人体常识

### 大脑使用率

人脑可以说是世界上最复杂的组织之一。从新陈代谢的角度来看,由于大脑需要庞大的能量供应来保证其正常运行,所以大脑又是消耗能量最大的高级器官。虽然人脑只占了人体体重的 2%,但它却要耗费 20% 的血液供应量、能量和人体热能。

关于人脑有这样一个说法:我们人类仅仅使用了 10% 的脑容量,如果一个人可以充分使用剩下的 90%,那么我们有理由相信,他可以轻松地获得诺贝尔奖、奥运会的金牌,甚至可以解放人类的精神力量。

类似这样的说法已经有超过一个世纪的历史了,而且仍被许多人以不同的角度提出。戴尔·卡耐基称:如果我们可以更加努力地使用大脑,我们就可以掌控整个世界,大多数人都只用了大脑的 10%。

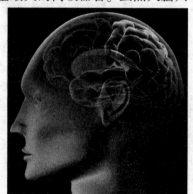

人脑

人们之所以会有这个说法,有可能是由于其错误理解了卡尔·拉什利在 20 世纪 20 年代所做的实验——找到大脑中存放记忆的区域。他先训练老鼠穿越迷宫,然后切除老鼠大脑皮层的不同部位,再测量老鼠穿越迷宫的完成度。拉什利发现:在一个特殊脑区和一种特殊记忆的保留之间并不存在一一对应的关系,记忆存在于所有的大脑皮层中,或者是其他不为人知的地方。事实是,这项实验的结果表明:去除任何一部分大脑皮层都会导致记忆问题。

拉什利的实验取得了非凡的成果,同时又被人们误解。拉什利的实验显示:当老鼠剩下的大脑小于 10% 时,老鼠完成记忆测试的情况很糟糕;而老鼠剩下的大脑大于 10% 时,老鼠仍旧有较好的记忆力。由此,产生了两种观点。第一种认为:拉什利没有提及是否我们只需要 10% 的大脑。第二种认为:拉什利始终没有否认大脑其余 90% 的功能。

关于这个理论的两种不同观点总被重申。其中一种观点据说被爱因斯坦(他被认为是众所周知的"强脑")引用,他说,我们人类只使用了大脑的 10%。另一种观点认为,脑容量中的 10% 是显意识的部分,而另外的 90% 则是潜意识的部分(事实是根本就没有这类区分)。

关于人类仅需使用 10% 的大脑的理论最终在扫描技术的验证下宣告不成立。利用正电子断层扫描仪和功能性磁共振成像技术可以显示大脑的新陈代谢情况。人类仅仅用一小部分大脑就能完成日常活动,如步行,交谈,大笑,吃饭,听声音等行为。但是,24小时后,当大脑的所有部分都清晰地呈现在扫描仪上时,我们就会发现这样一个事实:如果你在同一时间内使用全部大脑,你就会遭到癫痫症的攻击!

### 大脑如何处理信息

日本一科研小组已证实,猕猴的大脑在处理信息时,相邻的脑细胞以误差仅千分之几秒的精确度同时反应,从而保证大脑能够稳定地处理信息。

大脑内的神经细胞负责信息传递和信息处理。以往的研究发现,向单个脑神经细胞施加完全相同的刺激,细胞每次发出的电信号模式都不一样,活动极不稳定,而且细胞本身也会死亡或受损。不过,尽管脑神经细胞如此脆弱且活动不稳定,大脑却拥有稳定的信息处理能力,长久以来这是困扰科学家的问题。

日本科学技术振兴机构发布的新闻公报介绍说,该机构和京都大学的研究人员把特殊的记录电极埋入猕猴的前额叶皮质(大脑前额叶皮质具备感受视觉刺激的功能),同时记录相邻细胞的活动,再分别解析各个细胞的活动。

研究人员发现,大脑每0.1毫米间距内平均有6~7个脑细胞,这些互相邻近的细胞中有80%以误差仅0.001~0.005秒的精确度同时反应,发出相同模式的信号。但如果细胞间距超过0.5毫米,它们则不会同时反应。

研究人员认为,虽然单个细胞的活动并不稳定,但相邻的脑神经细胞能高精确度地统一行动,以相同的电信号互补,保证了大脑能够正确处理信息。这项成果将有助于开发模拟大脑信息处理方式的电子机械系统。

### 人体潜力

我们常常会听到这样一句话:"他是很有潜力的。"那么,什么是潜力?人体到底有多大潜力呢?

人体的潜力是指人体内暂时处于潜在状态还没有发挥出来的力量。科学家发现,人体的潜力相当惊人。

英国皇家学会的医学博士布勒登,为了证明正常人究竟能忍耐多高的温度,曾亲自进行了实验。他进入一个正在加热的密封房间内,温度逐渐升高,直至超过100℃,他在那里停留了7分钟,感觉呼吸尚正常。后来他感到肺部有"压迫感",心里感到很"焦虑"。当他走出热屋子后,他测了自己的脉搏,每分钟跳144次。若不是他进行了这次实验,谁会想到人体竟能承受这么高的外界温度?

在智力方面,人的大脑大约有1000亿个神经细胞。美国的一位科学家认为:一个健康人的大脑,如果一生中始终坚持学习,那么它所容纳的知识信息量可包括52亿册书的内容。

人的毛细血管很多,占全身血管总长度的90%,但一般只有1/5在发挥作用。人体肺脏中的肺泡,经常使用的也只是其中一小部分。不论是血液循环系统,还是呼吸系统,潜力都是很大的。通过锻炼身体可以发挥潜力,提高肺活量和增大血管容积。

人在遇到紧急情况时,会发挥出平时所没有的力量,这就是人体潜力在紧急关头发挥出来的结果。

科学家估计，目前世界上有 50% 以上的疾病不需要治疗就能自愈，这也被认为是人体潜力的作用。这种潜力包括人体免疫系统的防御作用和自身的稳定作用等。能不能让更多的疾病不经治疗而自愈呢？这是现代医学正在探讨解决的问题。比如癌症，现在被认为是"不治之症"，可是也有靠人体潜力使癌细胞消失的例子。

人体具有多方面的潜力，好多方面尚未被人们认识。进一步研究、挖掘这种人体潜力，是目前人体医学发展的方向。

### 长期昏睡

睡眠是人生活中的重要组成部分。人缺乏睡眠，久而久之，便会生病。但也有一些人嗜睡如命，长期昏睡，这到底是怎么一回事呢？

在挪威的一个渔村里，有位名叫兰加尔德的男人，在 1980 年 10 月 9 日生了一场病后便进入了梦乡，从此一直昏睡不醒。有趣的是，尽管他在睡觉，但却睁着双眼，而且对周围的一切会自动做出反应。如果有人跟他握手，他会伸出自己的手；给他喂饭，他会张口，但是对疼痛却没有反应。他的脉搏跳动正常，而且人也不见老。1996 年 11 月 23 日，他突然醒过来，并喊道："弗雷德娜！大概已经晚了，我已经饿了！"当长大成人的女儿和年老的妻子来到他面前时，兰加尔德已经不认识她们了。他的记忆还停留在 16 年前，而且还像 16 年前那样年轻。但令人难以理解的是，在醒后一年中，他开始迅速地衰老。过了 3 年，他完全变成了一个老头儿，2000 年 10 月初就去世了。

科学家们认为，长期昏睡是一种嗜睡病，它是由严重的心理创伤或大脑器官的疾病引起的，但这并不是引发昏睡的根本原因。至今由昏睡引起的各种生理变化也还没有得到充分合理的解释。

### 催眠术

催眠是以人为诱导引起的一种特殊的类似睡眠又非睡眠的意识恍惚的心理状态。其特点是被催眠者自主判断、自主意愿行动减弱或丧失，感觉、知觉发生歪曲或丧失。在催眠过程中，被催眠者遵从催眠师的暗示或指示，并做出反应。

催眠主要采用特殊的行为技术并结合言语暗示，使正常的人进入一种暂时的、类似睡眠的状态。催眠状态也可由药物诱发。催眠分为自我催眠与他人催眠，自我催眠由自我暗示引起；他人催眠在催眠师的影响和暗示下引起，可以使病人唤起被压抑和遗忘的事情，说出病历、病情、内心冲突和紧张。催眠还可以作为一种治疗方法，减轻或消除病人的紧张、焦虑、冲突、失眠以及其他的身心疾病。

俄罗斯的一家催眠术研究协会副会长伊戈尔·拉济格拉耶夫有一个女患者，她曾经患有严重的更年期综合征，由于内分泌紊乱，她的头部和心口都疼得很厉害。经过几次催眠治疗后，其更年期"推迟"了 7 年，不仅不再头疼和心口疼，身体也恢复了正常。

哈佛医学中心的吉南德斯和罗森塔尔教授还发现了催眠术的一个惊人的作用：病人处于恍惚状态时，骨折和外科手术的伤口能更快愈合。他们对 12 位踝骨断裂的病人进行了研究。让其中的 6 个人在 3 个月内每星期做一次催眠，而另外 6 人只接受一般治疗，由另外一批专家通过 X 光透视仪来观察病人的骨头愈合情况。结果表明，那些接受过催眠的患者要比接受一般治疗的患者提前两个星期下地行走。

催眠术是一项古老而又充满活力的心理调整技术。在中国,可以说"催眠"是历史悠久、源远流长的,在《内经》中也有提及。古代的"祝由术",宗教中的一些仪式,如"跳大神"等都含有催眠的成分,只不过当时多是用来行骗的,或是一种迷信活动。在欧美,很早就有人倾力研究催眠。较早的记录是18世纪在巴黎有一位喜欢心理治疗的奥地利医生名叫麦斯麦尔的"催眠术",他能够通过一套复杂的方法,应用"动物磁力"治疗病人,并用神秘的动物磁场说来解释催眠机理,按现在的理解那就是一种暗示力。据传法国政府准备出很多钱购买他的治疗方法,但他都不同意。后来,一位苏格兰医生布雷德对该现象产生了兴趣,利用它给手术病人进行麻醉,并于19世纪提出"催眠"一词,并对催眠现象做了科学的解释,认为是引起治疗者的一种被动的、类睡眠的状态,从而使催眠术有了广泛的传播。

后来,在苏联科学家巴甫洛夫带领的科研人员多年系统、深入的研究下,催眠技术有了长足的发展,催眠真正成为一门有科学依据有实用性的应用科学。现在,在很多知名大学、医院里,都设有催眠研究中心,积极开展着把催眠应用于医学、教学、产业等领域的可行性研究。

### 做梦的意义

人为什么会做梦,梦有什么意义,梦对人有什么影响,千百年来占梦学家、心理学家以及神经生物学家一直为此苦苦求索。关于做梦现象,古今中外也有很多的理论去解释。

阿德勒的理论:梦是一种消除我们的不安全感的方式。在梦中我们能够安然地面对在现实生活中会令我们害怕的事情。我们能够通过如愿以偿的方式尝试种种方法来战胜我们的弱点或者只是简单地对它们进行补偿。

弗洛伊德的理论:我们做梦主要是因为我们想要实现我们的愿望。换句话说,我们做梦主要是为了满足自己的欲望。

荣格的理论:梦是对清醒意识的片面态度的一种补偿。

哈特曼的理论:梦的功能类似于心理疗法。在现实生活中不能做的事情,他会在梦境中试着实现。

格里芬的理论:梦提供了一个满足情感期待的地方。这给做梦的人缓解了压力。

霍布森和麦卡利的理论:梦仅仅是随机发放的大脑电信号把过往的经历变成意象。我们的大脑试着弄清楚这些意象的含义和我们创造的故事。

霍尔的理论:梦仅仅是一种想法或一系列的想法。梦的意象是做梦者自己的创造。

凯西的理论更多地倾向于精神上的解释,他声称通过做梦,人们得到通向他们心灵的途径。

这些梦的理论指出梦是一件个人的事。每个人都有其他人没有的自己独一无二的梦。

### 神奇的预测之梦

我们经常会听见有人抱怨说:"昨天做了一个不好的梦,今天一定不顺。"或者高兴地说:"昨天我做了一个好梦。"那么,为什么梦与人的情绪紧密相连呢?从生理上讲,当大脑进入睡眠状态之后,此时大脑还会有少部分细胞处于兴奋状态,这种状态会使睡眠中的人出现一种无意识的思维活动,这就是梦。

既然梦只是人的一种单纯的生理行为,那它又怎么会与人的喜怒哀乐牵扯在一起呢?原因是许多人认为自己的梦,会暗示将要发生的一些事情,特别是一些给做梦人带来厄运的事情。于是,这种梦的暗示力量便引起了人们的极大关注,并且由此产生了一种行业——占梦师。

由于有的人在梦中见到的事不久之后会转变为现实,尽管这种情况是极少数的,但是,人们开始相信梦是一种信息,是神灵对人的点化。于是,占梦师便理所当然地成为神灵的使者,他们通过做梦人描绘的梦中景象,用水晶球、铜币等作为道具,给梦做了非常玄奥的解释。但随着社会的发展,梦的分析也渗透了科学的概念,学者们在今天可以利用许多先进的仪器,来分析人在做梦时大脑的电波及脑细胞的活动。

弗洛伊德是一位心理学家,在他的著作《梦的解析》一书中,他把梦解释为人类对现实生活中被压抑的欲望的一种宣泄,是人的潜意识的一种曝光。并且他通过梦可以得知做梦人的心理、生理疾患,进而采取干预手段为做梦者治疗,的确收益颇多。

尽管弗洛伊德的理论得到了许多人的认可,但梦作为一种生理活动,有的却能够预测未来的事情,这仍然令现代人困惑不已。

### 做梦产生灵感

古今中外,在梦中产生灵感、打开创作思路,给艺术家或科学家以新奇启迪的趣闻,屡见不鲜。

1792 年 4 月,法国炮兵军官鲁日·德·利耳为创作一首歌曲而苦苦思索着,不知不觉地在琴旁睡着了。梦中,他思如泉涌,醒来后,凭记忆写下了歌词和歌曲,这就是举世闻名的《马赛曲》。电影文学作家卡梅隆梦见一个红眼睛的机器人,因而创作了剧本《终结者》。凡尔纳的《环游世界 80 天》,他自称是根据梦中一个旅行而构思的。

更令人不解的是,不少重大的科学发明也来自科学家的梦境。1858 年,德国化学家凯库勒,提出了碳原子在有机分子中相连成长链的碳链学说,开创了有机结构理论;可是苯分子中 6 个碳原子的结构到底是什么样的,他殚精竭虑,百思不得其解。一天,他仍在思考这个问题,困倦意袭来而蒙眬入睡,梦中,他看见一条蛇咬住自己的尾巴。凯库勒终于悟出,苯是一种环状结构。俄国化学家门捷列夫在研究化学元素周期表时,朝思暮想、绞尽脑汁仍得不到合理的排列规律。然而,他却在梦中见到了各种元素井然有序的排列。这意外的收获,使他惊喜不已。据英国剑桥大学一位教授对大量有一定造诣的科学家的调查,有 70% 的人承认自己从梦中得到过启示。日内瓦大学的教授调查了 61 个数学家,其中有 51 个回答说梦能帮助解决问题。

这也许就是人们常说的"梦寐以求"吧。早些时候,美国女学者卡特莱特醉心于梦和智能活动相关联的实验,虽然结果并未表明导致梦中产生灵感的因素,但她指出,梦境大多是不愉快的,人在梦醒以后,更能轻松地去适应现实生活。

1983 年,美国心理学家伊凡斯则认为:日有所思,在梦中仍在继续。梦是睡眠时大脑皮质被普遍抑制的情况下所出现的兴奋活动,是将客观世界反映于脑中的信息进行分类和整理的过程。他也没有把梦中会产生灵感的原因说清楚。

1985 年，美国纽约洛克菲勒大学神经科专家温森，根据人脑内部结构，提出了如下设想：睡梦中，大脑可能一直都在从事某些层次上潜意识思维的处理，梦是在心无旁骛的境界中观察事物，不受无数的烦恼所干扰，松弛的神经往往有利于对信息的消化和改组，因此，思维摆脱了各种成见的束缚，显得特别敏捷。"一夜腊寒随漏尽，十分春色破朝来"。茅塞为之顿开，使长期思索的问题迎刃而解。当然，这种解释也只是一种推测而已。

不管怎样，做梦有益于身心健康的观点，已被人们接受。荣获 1962 年诺贝尔医学或生理学奖的英国科学家克里克说，睡眠时不必去接受外界信息，使脑力得以恢复，而做梦对日间的信息加以梳理，去伪存真，对大脑的记忆和温故知新大有裨益。

那么，在梦中为什么能够处理信息，并且只保留有价值的信息，而刷掉不必要的信息呢？这仍是一个值得探讨的谜。

### 梦游之谜

有的人睡觉睡到一半，迷迷糊糊的，会突然起来东走走西逛逛，过一会儿又躺到床上睡觉去了。第二天，要是有人问他，夜里起来干什么，他自己也会感到奇怪，回答不出来。这就是人们常说的梦游。

在美国马萨诸塞州的雷维亚市，曾经出动上百名警察，帮助寻找一个在梦游中失踪的儿童。当这个小男孩第二天醒来的时候，发现自己躺在别人家的沙发上，也大吃一惊，对自己梦中做的事一点也不知道。

在美国艾奥瓦州的艾奥瓦大学，曾有一个学生在半夜沉睡的时候突然起床，踉踉跄跄地走出宿舍，朝 1000 米远的艾奥瓦江走去，在江里游了一会儿泳以后，又回到学校宿舍里睡觉。

还有报道说，有位医学院的学生，常常深夜去解剖室啃咬尸体的鼻子，然后再回到宿舍睡觉。有一次"作案"的时候被人抓住，才知道他是一个梦游症患者。还有一位女生，半夜到解剖室的尸体旁复习功课，她自己却不知道这件事。

更加离奇的是，秘鲁有一个神秘的"梦游城"。这个名叫以他尼的小城，约有 1 万名居民。与众不同的是，这里夜深人不静，街上有许多人在游荡，有的还在跳舞、表演个人的小节目。他们当中的不少人是穿着睡衣的梦游者。秘鲁和许多国家的科学家经过考察和研究，也没能揭开"梦游城"的神秘面纱。他们推测：这可能跟当地的地理特点有关，也可能是遗传方面的原因。

最令人担忧的是，有些梦游症患者会在发作时做些非常危险的事或有极端的行为。有位 23 岁的青年患者半夜曾自信十足地宣称要从 3 楼的窗户跨出去，幸而被其同卧一室的哥哥及时抓住脚踝倒拖了回来。还有些梦游症患者会把电视机乱抛乱丢，殴打家人，或者用锐器猛击自己。

医学家们认为，梦游是一种神经系统的病，在医学上称为"梦游症"，大都是从儿童时代遗留下来的。科学家们推测：梦游症患者的行动，大概是由潜意识的"肌肉感觉"完成的。一般来说，梦游假若不是很严重的精神障碍，随年龄增长可以自愈，不必担忧。但成年的梦游患者如伴有其他精神障碍，应该去医院就诊。梦游患者对能加深睡眠的因素，如过度疲劳、熬夜、饮酒等，因这些有诱发梦游作用，均应避免，必要时可以服用一些药物，用以防止梦游症发作。

另外，对有可能发生意外的梦游患者，应先采取安全防范措施，如睡地铺、房间里不放置危险物品、不生火、门窗加锁等。如发现梦游患者已走出门，可将其牵回家中继续睡觉，不要去唤醒患者，强迫呼唤可能会使他转为更严重的意识模糊或惊慌失措的兴奋躁动状态。

### 人有没有"第六感"

通常来说，人有五种感觉：视觉、听觉、嗅觉、味觉和触觉。但是，许多人尤其是女性都相信还有"直觉"或者"第六感"的存在。"第六感"是否存在？如果存在的话，"第六感"又是怎样产生的？人的第六感究竟是怎么一回事呢？

"第六感"一直是人们争论的话题，有些人对"第六感"的存在深信不疑，而有些人却认为是无稽之谈。加拿大心理学家罗纳德·任辛科进行了一项实验来验证"第六感"是否存在。

在罗纳德·任辛科的实验中，实验对象被要求观看在计算机屏幕上闪现的一系列图像，每个图像在屏幕上停留大约 1/4 秒，接着被短暂的空白黑屏所取代。40 名实验对象被分成两组，其中"实验组"观看到的图像之间存在细微的差别，而"控制组"前后看到的图像则是完全相同的。结果显示，"实验组"中的 12 人在 504 次测试中有 82 次报告说，在他们能确认图像发生的是什么变化之前，他们已感觉到图像发生了变化。而在"控制组"中，同样的被测人员也确信没有发生什么变化。这说明人们对两种实验的反应确实是不同的。

任辛科分析说，我们的视觉系统能产生一种强烈的不明感觉，它能察觉到某物已经发生了的变化，即使我们的智力难以对该变化进行形象化处理，并且不能说出发生了什么变化，或哪里发生了变化。因此，任辛科提出，"相信第六感存在的人，可以从这一现象中找到很多解释"。尽管目前他还无法从物理学上解释"心智直观"是如何产生的，但是他认为可以使用脑扫描技术来验证它是否存在。

美国伊利诺伊大学的视觉研究员丹·西蒙斯认为，任辛科的发现"或许标志着一种前所未知的、有趣的'注意机制'的存在"，在区分精确感觉和盲目相信的工作上，任辛科的研究迈出了重要的第一步。另一位认知神经科学专家认为，任辛科的研究方法比较奇特，结果值得探讨。但是如果按平常心理学研究的方法去审验其结果，可以发现，任辛科得出的结果似乎并无太大的意义，因为按统计分析的一般规律，此结果没有普遍性，不足以成为一个科学的结论。

北京大学心理系韩世辉教授在谈到"变了，但不知道哪里变了"这一类的感觉时，认为可以从意识的角度来解释。人接收来自外部的信息后，大脑即对信息进行加工，有些信息可以到达意识层次，有些则不能达到，但有时往往是后者改变了人的行为方式。任辛科的研究结果，用认知心理学和认知神经科学的研究方式，也可以做出一些解释。但是，对心理学研究来说，"第六感"有点像外星人，没有直接的证据表明它确实存在。

### 孪生心心相通

孪生兄弟姐妹有异卵的和同卵的，异卵的通过长相或细节就可以辨认出他们之间的区别，而同卵的就长得很像了，有时连他们的父母都会认错。

一些书上说同卵的孪生子由于是同一个细胞出生的,所以精神力也有所相连,其中有如果有一个得了风寒,那么另一个就算在千里之外也会有同样的反应;如果其中有一个不幸死去,那么另一个也会很难生存;等等。

据说,美国俄亥俄州有一对从小就被分开的孪生子,分开 39 年后又相遇,两人发现彼此都受过法律教育,同样爱好机械制图和木工制作,更令人称奇的是,两人的前妻同名,儿子同名,甚至现在的妻子的名字也相同,除此之外,他们还都喜欢去佛罗里达州的彼得堡度假。

还有一对从小分开的孪生姐妹,十几年后两人相约回家,并约好在车站见面。其中一位临时决定去剪发,见面时,她吃了一惊,想不到姐姐也同样剪了短发。两人还穿着同样的上装、同样的裙子、同样的皮鞋,提着同样的手提包! 这使她俩惊愕不已。

近年来,我国在开展双胎或多胎的遗传研究中,也发现了不少这种神秘的同步信息。哈尔滨医科大学的研究人员在对 40 对孪生子的调查中,发现了一对孪生姐妹的情况:一次姐姐在校参加考试,因精神过度紧张而出现头痛并伴有恶心现象;当时孪生妹妹正在看电影,也突然感到头部胀痛,想呕吐,她只好中途退场。

从双胞胎身上的这些奇特现象中,人们发现了一系列新的问题。双胞胎在心灵上的沟通是怎样进行的? 是什么原因造成他们"同病相怜""心心相通"的呢? 有些人提出了所谓"超心理学"理论,但该理论并不可信,并没有充足的例证。而更多的人认为:这种现象的最重要原因是相同的内因和外因引发的一种巧合。

还有人认为,心灵相通是由于在一起生活久了知道对方的一举一动的含义,就是说他们要做到"心灵相通"就要靠眼神、动作或话语来示意对方。如有的夫妻生活在一起的时间长了,也会心灵相通,可能就是这个道理。这些都是一些人的看法而已,但真正的原因还未解开谜。

### 人体的生物钟

清晨早起,鸡啼鸟鸣,整个生物界似乎都在按着同一个时刻表在有规律地运转着。如果一个人每天必须在某一特定时刻内醒来,开始不可能不借助于闹钟之类的提醒,然而,天长日久就会惊奇地发现,当你不再借助闹钟时,同样也能在大约这个时刻里醒来,甚至相差不了几分钟。这就是通常人们说的人体生物钟现象。

另外,人们发现,一个人有时体力充沛、精神焕发、情绪高潮、才思敏捷、记忆力强,而有时却浑身困乏、情绪消沉、思维迟钝、记忆力差。这是什么原因呢? 人们百思不得其解,长期只知其然,而不知其所以然。

直到 20 世纪初,德国柏林的医生威廉·弗里斯和奥地利维也纳的心理学家赫乐曼·斯沃博达,这两位素不相识的科学家,各自通过长期的观察、研究,最早提出了人体生物钟理论。他们用统计学的方法对观察到的大量事实进行分析后惊奇地发现:人的体力存在着一个从出生之日算起以 23 天为一周期的"体力盛衰周期";人的感情和精神状况则存在着一个从出生之日算起以 28 天为一周期的"情绪波动周期"。经过 20 年后,奥地利的阿尔弗雷德·特尔切尔教授发现了人的智力存在着一个从出生之日算起以 33 天为一个周期的"智力强弱周期"。这些发现揭开了人的体力、情绪和智力存在着周期性变化的秘密。

后来，人们把这三位科学家发现的三个生物节奏总结为"人体生物三节律"，因为这三个节律像钟表一样循环往复，又被人们称作"人体生物钟"。

人体生物钟在运行中，呈正弦曲线变化，体力生物钟一周期是 23 天，情绪生物钟一周期是 28 天，智力生物钟一周期是 33 天。人体生物钟从零开始，进入高潮期，经过 1/4 周期时为高峰日，高峰日前后 2~3 天为"最高峰区"；高峰日后开始向低潮期过渡，到达 1/2 周期时，正是高潮期向低潮期过渡交替的日子，称为"下降临界日"；此后便进入低潮期，到达 3/4 周期时为低谷日，低谷日前后 2~3 天为"最低潮区"；低谷日过后开始上升，向高潮期过渡，到达整周期时，称为"上升临界日"，生物钟完成一个周期的运行，进入另一个周期运行。临界日前后 1~2 天称为临界期（"危险期"）。

智力钟影响着人们的记忆力、敏捷性以及对事物的接受能力、逻辑思维和分析能力等；体力钟影响着人们的体力状况，包括对疾病的抵抗能力、肌肉收缩能力、身体各部分的协调工作能力、动作速度、生理变化适应能力，以及其他一些基本的身体功能和健康状况等；情绪钟影响着人们的创造力，对事物的敏感性和理解力，情感与精神及心理方面的一些机能等。

在智力高潮期，大脑思维比较开阔，记忆力较强，归纳、推理、综合的能力也较强；在体力节律的高潮期，竞赛场上的运动员最有可能取得出人意料的好成绩；在情绪节律的高潮期人们往往表现出精神焕发，谈笑风生。一个人的三个周期正好都处在高潮期的时候，就有可能表现出超乎寻常的能力来。

生物钟原理在人们的生活及工作中有非常广泛的应用。除了在竞技和应考的应用外，还可以指导人们外出、交友、购物、商谈生意、文学创作甚至福利博彩等。

人的一切生命活动，都是在生物钟的支配下进行的，就如同植物到季节就开花，动物到了周期就要产卵一样。生物钟运转正常，身体就健康、抗衰、延寿，相反，生物钟乱了，运转不正常，就容易得病、早衰。因此，精心呵护和保护生物钟，使其不受干扰和磨损，就成为我们生活中至关重要的内容，也是自我保健的核心。

保护生物钟，最有效的方法，就是规律自己的生活，按时作息，平衡饮食，积极锻炼，并且形成"制度"，常年坚持，节假日也不例外。

### 人为何能自己醒来

睡眠是人体一项重要生理活动。入睡、醒来，人们每天都要经历这个过程，那到底人体是如何调控保证人到时候差不多能"睡醒"呢？

科学家找来老鼠和其他动物，把它们的脑子分别破坏不同部分，看看到底哪些部位，会改变动物的昼夜节律。结果是当动物的下丘脑受到伤害时，这个昼夜变化的节律就打乱了。平时该睡的时候，它们不睡；不该睡的时候，又偏偏呼呼大睡；而且睡的时间很短。一句话，平时的时间信息，全乱了套！

通过实验，科学家还发现，在下丘脑的下方，有一个管理视觉的中心，它和下丘脑有着千丝万缕的联系，似乎是它先感觉到昼夜光照的变化，然后把消息告诉给下丘脑，下丘脑得到消息，就发布命令：天亮了，该起床了！

另据美国科学家最新研究发现，大脑中含有化学物质"组胺"的脑细胞，可能对人从睡眠中自然醒来起关键作用。

据《神经元》杂志报道,主持这项研究的美国加利福尼亚大学洛杉矶分校神经精神医学研究所杰罗姆·西格尔博士说,研究人员此前对患发作性睡眠的狗进行实验时发现,狗在发病进入深度睡眠状态时,产生去甲肾上腺素及血管收缩素的脑细胞都中断了工作,但产生组胺的脑细胞却仍保持"正常工作"。研究认为:产生组胺的脑细胞活动可能与保持人的清醒有关。西格尔称,这一新发现可以帮助人们更好地理解,到底是大脑中哪部分负责控制清醒状态下保持人的知觉和肌肉进行正常伸缩活动。这将有助于研制新的催眠或者促进思维活跃的药物,帮助科学家研究嗜睡症等睡眠疾病,同时也有助于解释为什么人服用抗组胺类药物后会昏昏欲睡。

### 人体细胞的寿命

一个成年人体内有 50 万亿~75 万亿个细胞,这些细胞分布在身体的不同部位,有不同的形态,也有不同的功能,像血液中的红细胞呈扁圆形,而肌肉细胞和神经细胞常常又细又长。有趣的是,不同的细胞寿命长短也大不一样。

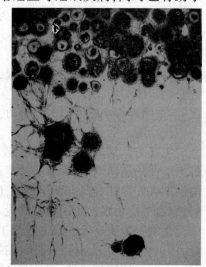

人体细胞

人体中寿命最长的细胞当数脑细胞,它的寿命可以和人的寿命一样长。脑细胞是一种最重要的神经细胞,它不具有修复能力,也不会产生新的神经细胞来替代。如果某个部位的脑细胞受到损伤或死亡,该部位的神经功能就会丧失。现代医学上所说的"脑死亡""植物人"等概念,就是指患者的脑神经细胞功能衰竭,而且无法恢复,尽管这时候人体还保持着呼吸和心跳功能。

骨骼细胞是人体中另一类"长寿"细胞,它们的平均寿命达 10 年。

血细胞是由骨骼中的红骨髓产生的,但它们的寿命却比骨骼细胞短得多。血细胞的种类很多,寿命也各不相同。红细胞的寿命大约为 120 天;白细胞中的记忆性淋巴细胞寿命最长,为 1 年左右,而有的白细胞的寿命却只有约 10 个小时;血液中的血小板细胞的寿命大约为 10 天。血细胞的寿命虽然不太长,但是新的血细胞会不断产生,由此血液进行了新陈代谢。

其他一些人体细胞的寿命为:胃细胞为 2 天;结肠细胞为 3~4 天;遍布全身的皮肤细胞,平均寿命为 19~34 天,也就是说,在这样一段时间里,人的皮肤已经"焕然一新"了。

### 眼珠不怕冷

在寒冷的冬季,行走在外面的人,常常会被冻得手脚麻木,鼻尖红紫,耳缘溃破。可是,无论寒风多么刺骨,暴露在外的眼珠却永远不会感觉冷。

为什么眼珠不会感到冷呢? 我们要知道,冷的感觉是通过感受冷刺激的感觉神经将信息传入大脑皮层产生的。因为眼珠上没有感受冷刺激的神经;而且眼珠上覆盖的角膜没有血管,热量的散失比较慢;前面还有既柔软又富含血管的眼睑保护,像两扇大门似的挡住了扑面的寒风,使眼珠的温度比完全暴露在外的鼻尖、耳缘等处要高,所以,不管外界温度多么低，眼球也不会觉得冷。

眼珠虽然没有冷的感觉，但对触觉和痛觉却非常敏感，只稍有针尖般大小的灰沙落到眼里就会引起很不舒服的感觉。

### 舌头如何辨别味道

任何食物都有味道，而味道的刺激主要是由舌感受的，因为舌黏膜上分布着大量的味觉感受器——味蕾，也有一些味蕾分布于口腔和咽部黏膜上。

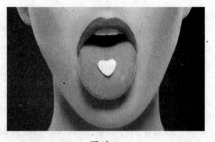
舌头

味蕾是一种椭圆形的结构，由外面的一层支持细胞和内里一些细长的味觉细胞组成，味觉细胞顶端有纤毛，称为味毛，由味蕾表面的味孔伸出。与味蕾联系的感觉神经末梢细支，包围在味觉细胞上。进食时，溶解在唾液中的味觉刺激物作用于味毛，刺激了味觉细胞，引起的神经冲动传到大脑皮层的味觉中枢，产生味觉。儿童的味蕾比成人的多，所以他们的味觉比成人灵敏得多。老年人的味蕾逐渐萎缩，所以味觉也逐渐迟钝。

这些味蕾，它们的工作任务还各不相同呢？舌尖的味蕾主要品尝甜味，酸味则通过舌两侧的味蕾来感受，咸味的感知由舌尖的侧缘的味蕾来完成。感受我们最不喜欢的苦味在舌根部。所以吃药的时候，千万不要把药片放在舌根，而要放在舌前部然后用水吞服，这样可减少对苦味的敏感。

### 人的嗅觉

警察追捕逃犯时，警犬是得力的助手，它依靠敏锐的嗅觉，可以发现逃犯留下的微弱气味，从而找到逃犯。其实，人的嗅觉也十分灵敏，虽然灵敏度不如狗鼻子，但在分辨气味方面却有自己的高明之处。无论是天然花香，还是各种香水，人用鼻子一闻就能闻出来。化学工程师在实验室里用实验的方法分析了1天的复杂的化合物，一般人用鼻子有时一嗅即可分辨出来。

气味分子都是挥发性的，它们飘浮在空气中。当吸气时，气体分子进入鼻道，经过鼻腔的加温和湿润之后，进入鼻梁后端两个狭长的腔室内，腔内有一对如纽扣般大小的皮肤突出物，表面覆盖有湿润的黏液状物质，气体分子以神秘的方式同这嗅觉神经元的神经末梢感受器结合，从而向大脑的嗅觉中枢发出信号。

人体有5种感觉：视觉、听觉、触觉、嗅觉、味觉。据统计，人们在生活中获得的信息主要来自视觉，其次是听觉和触觉，味觉在人们的生活中也显得很重要，独有嗅觉常常被人们忽视。传统的生理学常常把人类的嗅觉看作正趋向退化的原始感觉。如今，一系列新的研究使生理学家对嗅觉刮目相看。研究者认为，嗅觉可能是人类最重要的感觉，许多关于嗅觉的谜正等待人们去揭开。

据统计，大约每15个脑外伤病人中就会有1人丧失嗅觉。此外，流行性感冒、脑瘤、过敏性变态性反应、年老体衰等原因也会造成部分或全部、暂时或永久的嗅觉丧失。研究结果证明：人们享用各种食物时，至少有3/4的美味感觉来自嗅觉，只有1/4来自味觉。这是因为食物的各种香气通过口腔后面的鼻咽直接进入鼻腔，被大脑感知。一旦失去嗅觉,美味佳肴就会大为失色。

嗅觉是一种原始的感觉。人类不像一些野生动物,需要依靠嗅觉生存。按照进化的法则,人类的嗅觉应该逐渐退化,变得越来越不灵敏。然而事实并非如此。在美国科学家曾做过人类嗅觉灵敏度实验,其结果令人吃惊:人可以用嗅觉区分两只外貌完全一样的老鼠,这两只老鼠各方面的遗传特征几乎完全一样,只是染色体上有一组基因不同。这样细微的遗传差异,即使用最先进的分析仪器也难以鉴别,可是人却能用鼻子嗅出它们尿液气味的不同! 人类为什么会保持这样敏锐的嗅觉,这是一个谜。

在生活中,不论是什么气味,香的或臭的,甜的或酸的,都一股脑儿进入人的鼻子,我们无法选择。而气味总是与记忆相联系的,没有记忆,气味将变得毫无意义。嗅觉和记忆在大脑中是怎样联系的,科学家们至今仍不太清楚。研究者还发现,嗅觉和记忆的联系虽然紧密,但人们对嗅觉的记忆也不很精确,这一点不像视觉和听觉。我们看到一张陌生的脸,立刻可以断定这是从来没有看到的,而我们闻到一种从来没有闻过的气味时,却常常觉得似曾相识。为什么人对嗅觉的记忆不如对视觉的记忆精确? 这又是个有趣的谜。

### 人为什么会感到渴

我们都感觉过"渴"的滋味:口干唇焦,全身好像要燃烧一样。渴说明身体里缺了水,而且不是一般的缺水。医学科学家曾经测试过,人到了有渴的感觉的时候,身体里至少已经缺少水 2%,也就是说:假如一个体重 50 千克的人感到口渴,至少丢失了 50 千克 × 0.02 = 1 千克的水! 这么看来,渴也是一种信号,是身体在警告我们赶快喝水。没有渴,我们可能也想不起喝水。

翻开医学史看看前人对"渴"的说法,会看到:渴是人的一种感觉,是嘴里唾液太少时候的一种反应;渴也是人的一种本能,和饿了就想吃饭一样,没有什么特别的。

这样的说法,对现代医学科学家来说,不能不引起一连串的疑问:难道"渴"真是那么简单吗? 人体里面,谁在"管"着渴这种感觉? 渴又是怎么产生的呢? 带着这些疑问,许多科学家开始了研究。

让我们先来看个有意思的实验。

把老鼠体内的一根最大的静脉血管(称为下腔静脉),用丝线牢牢结扎。这样使所有从老鼠后腿和体内其他器官的血回不到心脏,心脏等于丢失了 40% 的血液,老鼠陷入了低血容量状态。等它从麻醉中醒来,第一件事就是喝水,且狂饮不止。这就说明血量不足是渴的一个原因。现在问题来了:血量少,为什么会引起口渴? 于是科学家进行了许多实验,其中一个实验最让科学家吃惊:切除了肾脏的老鼠,即使结扎了下腔静脉,也不会狂饮,似乎并没有口渴。这是为什么?

接着,科学家把摘下来的肾碾碎,滤掉碎屑,提取出汁液,再注入那些老鼠的血管里,你猜怎么着,那些老鼠开始拼命地喝起水来。科学家从肾脏的汁液里发现,有一种被称为"血管紧张素"的化学物质,正是这东西使缺少血液的老鼠发生口渴。这样,问题似乎就清楚了。在大热天,我们使劲地跑,满身大汗淋漓,血量就会减少。血量一少,肾脏就会产生这种血管紧张素,口渴由此而生。

然而,血管紧张素为什么会引起口渴? 除了这种血管紧张素,还有没有别的因素能引起渴感？

不少科学家想到，血管紧张素一定是从肾脏产生后，随血流进入大脑内，脑内可能存在着对这种化学物敏感的部位(科学家给它取名为"血管紧张素感受器")。科学家又在动物脑内寻找这种感受器。可是，寻找的结果，却引来了争论。不少科学家认为这个感受器在脑的第三脑室前面，一个名叫"穹窿下器官"的部位。可是，有好几位科学家把老鼠的这部分脑组织毁掉之后，再给老鼠注射血管紧张素，按说老鼠不该再渴了吧，可是过了一两个星期，只要再注入血管紧张素，老鼠立刻渴得要命。这些医学家认为，穹窿下感受器不是唯一能激发口渴的部位，脑内肯定还有别的部位也可以激发口渴，只是现在还无法确定！

另外一些科学家，把老鼠腹内靠近横膈下方的迷走神经一一切断。等老鼠恢复正常之后，再用各种办法(包括上面说的减低血容量的办法)引起老鼠的口渴，可是，老鼠竟然一点口渴的反应也没有。于是这几位科学家提出，口渴不光是脑所决定的，应该还有别的器官在参与渴感的产生。

血量不足可引起渴感，这一点已经得到广泛认可；可是，它是怎么引起渴感的，说法就多了，直到今天，还没有一个确定的结论。

### 人为什么会感到痛

很少有人没有受过疼痛的折磨。牙痛、头痛、胃痛以及外伤引起的疼痛，如此种种，五花八门。痛是人生的磨难之一，据医学科学家的调查和研究，痛有 1000 多种。有的痛，如牙痛、动手术引起的痛等，虽然当时很可怕，但病好了，痛也就过去了。然而有些痛却不会减轻，长时间地折磨人。

但疼痛却不一定是坏事，痛觉是人体自我保护性的防卫措施。痛本来是人体不适的一种警报系统，可以引起人们对自身疾病的注意。如果感觉不到疼痛，那才是灾难呢。

痛觉还是皮肤感觉的一种，是辨别各种刺激对机体伤害程度的感觉。这种感觉起到保护人体的作用，它可以防止机体受到进一步的伤害。比如，手被火灼伤，人马上就会把手缩回来；皮肤若被针刺扎了，人就会设法避开。而且，痛觉又是人体内部的报警系统。比如，肚子痛可以提醒人们可能是肠胃出了毛病，牙痛则预示牙出了毛病；嗓子痛则告知人们得了感冒或咽喉发炎，提醒人们及时去看病治疗，排除病情，保证了身体健康。

所以，痛觉对人体具有重要的生物学意义，是人体不可缺少的，起到自我保护作用的一种生理反应。

现代科学对痛的解释是：痛的信息是由一些原本贮存于或靠近神经末梢附近的某种化学物质放出的。在这些化学物质中，包含着痛的神经化学物质，它由于某种接触，能够将痛的信息传到大脑中。据一些专家研究，痛也是一种非常复杂的体验，痛在心理上，痛在身体上，有时很难分清。对于痛的治疗，一般都先用简单的镇痛剂。在医治一些特别痛的病时，许多麻醉剂可以起作用。物理疗法不仅可以缓和疼痛，而且也可以使疾病减缓。对于一些癌症病人，经常需要采取更大胆的治疗方法。另外，采用听音乐等办法调节身心，也会减轻患者的疼痛。

### 返老还童

我们经常会在一些报道中看到返老还童的事例:广西全州县一位年过九旬的老妇,丈夫、儿子、儿媳均已故去,她身边只有一个孙子和两个曾孙。老人平日清淡素食,很少生病,精神抖擞,耳聪目明,说话清楚。每次回娘家一口气走完五六千米的山路不用拄拐杖。有一天曾孙子的对象来家相亲,老人高兴就多吃了一点,晚上就病了,全身滚烫发烧,四肢酸胀,她拒绝吃药,只喝白糖水。过了十几天,病情慢慢好转,这时全身脱掉一层皮,又过几天,在她缺牙的下颚两旁,分别长出四颗白齿。

江西省宜春市有位百岁老汉,满口牙已经脱落,现在又重新长出新牙。他的下牙床长满16颗雪白、整齐的新牙,上牙床也有11颗新牙齿撑破了齿龈,正在生长。老人一直在家种田,身子骨硬朗,还能种菜拾柴。

人真的能够返老还童吗?有人认为,一切生物都会衰老和死亡,衰老乃是人类无法抗拒的规律,返老还童仅仅是人类的一种美好愿望,是不能实现的。但有人却以生活中发生的一些"返老还童"事例为证据,认为返老还童是人类有可能实现的一个梦想。还有人认为,人类虽无法抗拒衰老的规律,但或许能通过努力,来减慢衰老的进程。

英国科学家提出,人的衰老是由于血清中抑制物质的增加而导致的。还有科学家指出,随着人体内细胞增殖分裂机能的衰退,由这些细胞组成的组织和器官必将发生老化,生命功能就会逐渐衰退,人体也即出现衰老。这是较完整地提出衰老与细胞的老化有关的论点。

在人体中,细胞内的分子以及细胞与细胞之间在执行生命功能时,会产生紊乱现象。这就需要人体花费一定的能量来阻止并消除这些紊乱。而当心脏、大脑等重要器官中的大量细胞与分子发生紊乱并且又无法阻止时,这些器官就不能再发挥生命功能,人就会死去。法国生物学家海弗利克指出,人体的大部分细胞在进行了大约55次增殖分裂后,就会达到这一阶段。于是,问题的症结就在于如何减慢细胞分化,增强细胞增殖分裂的能力。

有的科学家认为,生物的一生在诞生之前就已被细胞核中遗传密码规定的程序所决定了。细胞钟是在化学变化的巧妙配合下行走的,但是,温度能够影响细胞钟的行走,随着温度的下降,这种行走将逐渐变慢,而在-196℃时,细胞钟即完全停止行走。这一现象其实是不足为奇的,因为对于各种化学反应来说,包括那些与衰老有关的化学反应在内,都会随温度的下降而变得缓慢。重要的是,这一现象启示人们探求与衰老有关的化学反应和反应程序,从而寻找出一种防止细胞老化的物质来。

近年来,人们发现,随着人体的衰老,在控制免疫防御系统中起重要作用的胸腺素α的生成也随之减少,机体的抵抗力也就降低。可是将胸腺内生的T—淋巴细胞注入衰老的细胞内,就能增强免疫功能,衰老细胞又变成了充满活力的细胞。在对小鼠进行的试验中,这种恢复了的功能持续6个月,这就相当于在人体内持续了15~20年。这是一个惊人的发现。如果这一技术能够付诸实现,这就意味着老年人都能得到一帖返老还童的"灵丹妙药"。

另外,还有人指出,前面所列举的那些返老还童事例,似乎与老人的生活规律、饮食、劳动不无关系,这方面的因素也还有待于探索。

### 人体能耐多热

死于中暑的人都属"热死"。"热死人"的事件几乎每年都有报道。虽然人体有良好的体温调节本领,但这种本能毕竟是有限的。所以,盛夏季节要防止阳光直射头顶,尽量做好防暑降温。与此同时,夏日也不能长时间待在空调房里,也要主动地去适应热,通过发汗来维护和强化机体的散热功能。

一般地说,人体的耐热本领还是相当强的。我国吐鲁番地区的最高气温曾超过49℃,有些国家的极端气温可达到60℃,然而那里的人们仍能活下来。英国的两位物理学家,为了实验,在面包房里短时忍受过160℃的高温,同时带进面包房里的牛肉和鸡蛋烧热了,物理学家却依旧好好的。

根据试验,一般人在71℃环境里能坚持1小时,82℃时为49分钟,93℃时为33分钟,104℃时仅能坚持26分钟。1764年法国科学家在巴黎科学院的报告中称,有个妇女在132℃的炉子里坚持了12分钟。1958年在比利时有个人曾在200℃的高温下待了5分钟。《轨道上的生活》一书中记述了苏联宇航员曾接受80℃的耐热实验,一次实验下来,加加林体重减轻了1380克,有的宇航员竟减重4千克。

按照美国航空医学专家的说法,如果穿上厚实的飞行服,人的耐热极限可达270℃!不过要注意,以上实验是在严密的医疗监护下进行的,一般人切记不宜轻易仿效。

相比之下,体内生热就受不了了。超过正常体温通常就是生病了。一般来说,体温若超过42℃,体内的某些蛋白质就可能凝固,生命自然难以维持,所以体温计的最高度数也只有42℃。1980年7月,51岁的美国亚特兰大居民琼斯,体温一度达到47.5℃,幸运的是,他活了下来。最惊人的是纽约的一位消防队员,他在救火时受了重伤,体温曾经高达64.4℃,也奇迹般地活了下来。

### 人类能耐多冷

人能适应环境,经过锻炼,耐寒的机能就会增强。比如接近南极的火地岛,空气中充满水分,水像冰一样寒冷,然而,当地人可以不穿多少衣服正常生活。曾有8名挪威大学生在一次耐寒实验中,赤身躺在布床上,只盖一层薄睡袋,而周围的温度接近冰点,第一周,他们的脚冻得剧痛,简直无法入睡,后来慢慢地就适应了。北极地区的因纽特人,也有较强的适应寒冷的生理功能,他们在屋内靠点燃动物油取暖的情况下,最冷的天气里也能光着上身酣睡。而像企鹅那样嬉戏于冰河中的冬泳爱好者,世界上又何止万千!1981年,由于工作人员的疏忽,一个15岁的英国男孩被反锁在一间冷冻仓库里,这个少年靠坚强的意志,在原地不断跑步,一直坚持到第二天库门被打开。

当然,任何事情都是有极限的。科学家认为,如在-40℃时赤身,即使身体最强壮的人,也活不到15分钟。

前些年,伦敦举行过一次科学讨论会,探讨因舰船失事落水的人能生存多久。研究表明:水温在0℃时,人可忍受15分钟;5℃时,为1小时;10℃时,为3小时;25℃时,为一昼夜多(读者朋友切记不可盲目仿效,以上数据都是在严密的医疗监护下测得的)。但有位叫弗里索辛的小伙子,遭海难后在冰海中漂游了5小时才被人救起,专家解释他能活下来的原因时说:他体重140千克,身体有厚厚一层得天独厚的脂肪来保护。

相比之下，体温降低一点，人体就很难受了。一般体温到36℃，人的反应和判断力都会削弱；降到35℃走路会觉得困难；降到33℃，人会失去理智；30℃时，人会失去知觉；而体温降到20℃，人的心脏将停止跳动。

2001年，人们发现一个刚学会走路的小女孩跌倒在雪地里，送往医院后一测量，她的体温只有16℃，可她竟被救活，而且日后生活正常。根据现有资料，她是世界上有过最低体温而活下来的人。

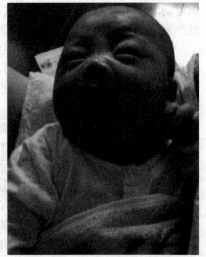

打哈欠

### 打哈欠

人为什么要打哈欠，这似乎是个十分简单的问题，可是要解释清楚并不容易。有人说，打哈欠是想睡觉的象征；有人说是由于无聊造成的；还有人说心情烦闷会打起哈欠……众说纷纭，莫衷一是。那么，到底是什么原因引起人打哈欠的呢？

科学家们对这种由缓慢深吸气和迅速呼气构成的无法抑制的呼吸运动进行了一系列的研究。现已证实：人在打盹、疲劳、寂寞等时候，大脑的抑制过程开始战胜兴奋过程，这时身体的某些部分进入抑制状态，而呼吸器官首当其冲，由于血管中积蓄了二氧化碳和新陈代谢的其他废物，呼吸也开始减慢并变得更加深沉了，这影响到大脑的呼吸中枢，便使得人打起哈欠来了。

在深沉而缓慢地吸气中，血液里氧的含量增加了。参与打哈欠动作的口腔、颜面、颈部肌肉呈现的紧张状态，促进了头部血管的血流速度。这就改善了大脑细胞的供血状况，并使细胞的代谢过程变得活跃。此外，人在打哈欠时往往要伴随着伸懒腰（除非环境不允许）。这一动作使手臂、大腿，特别是脊背的肌肉紧张起来，由此而产生的信号进入脑干网状结构，而脑干网状结构向上传导与睡眠和觉醒生理活动有很大关系。所以说，打哈欠确实会使大脑皮层短时间活跃。

科学家们还观察到更为有趣的现象：打哈欠并非一定在人们犯困、寂寞时发生。他们在机场对飞行员与跳伞员观察了很长时间，多次发现，这些精力充沛的小伙子偏偏在他们执行飞行任务之前，有不少人开始打哈欠，有些甚至颧骨部痉挛，原因何在呢？这时，他们之中有谁的精神状态能和睡眠、疲困沾边呢？

原来，当人处在情感强烈紧张的情势时，一种很古老的反射机制使人下意识地屏住了呼吸，同时，另一古老的机制——哈欠起了作用。此时，深吸气使血液中的氧饱和，血液充入大脑、肌肉，为决定性行为做好准备。打哈欠在某种程度上可以减少人的情感上的紧张。这也许恰好可以说明上面所提到的临执行任务时，飞行员会打哈欠的原因，这可能是他们以自然、简单的方法来减轻精神紧张程度的妙法。

当人晚上打哈欠时，借助打哈欠可以为入睡做准备，即可以清除消极情绪，为安眠创造放松、安宁的情绪。当然，这种说法尚待进一步研究和科学论证。但是，打哈欠与情绪无疑存在着一定的联系。当人情绪饱满、精力旺盛时，就不想打哈欠；当人心情忧郁、思想负担沉重的时候,情况恰好相反。因此,人们有时会突然发生"神经性"的哈欠,这也许就是心境不佳时产生的反射性解脱。不论怎么说,现已搞清楚:打哈欠对人体是有益的,且是必需的。

### 色盲的形成

在这五彩缤纷的世界里,我们常常会为绚丽的色彩而陶醉。然而有一些人,却因辨认不清颜色而处在"黑白"世界里,这就是色盲患者。据有关部门统计,世界上有大约8%的人患有色盲,其中大多数是男性,女性很少。中国科学院遗传研究所曾经进行过调查,我国男性色盲占5.5%,女性色盲占0.73%左右。

色盲是由英国化学家道尔顿首先发现并进行研究的。在他28岁那年,他给妈妈买了一双袜子,当作圣诞节的礼物。可妈妈却说:"我都这么大年纪了,怎么能穿一双大红色的袜子呢?太鲜艳,太不合适了。"道尔顿以为是妈妈弄错了,就争辩说:"明明是灰色的袜子嘛,怎么说是红色的呢?"但别人都说袜子是红色的,道尔顿这才相信了。

他感到很奇怪,为什么自己看到是灰色的,别人看却是红色的呢?道尔顿放下了手头的化学实验,仔细钻研起这种奇特的生理现象来。最后,他终于发现了色盲。

色盲的人不能分辨自然光谱中的各种颜色或某种颜色。而对颜色的辨别能力差的则称色弱,它与色盲的界限一般不易严格区分,只不过轻重程度不同。色盲又分为全色盲和部分色盲(红色盲、绿色盲、蓝黄色盲等)。色弱包括全色弱和部分色弱。

全色盲属于完全性视锥细胞功能障碍,与夜盲(视杆细胞功能障碍)恰好相反。七彩世界在其眼中是一片灰暗,如同看黑白影片一般,仅有明暗之分,而无颜色差别,而且所见红色发暗、蓝色光亮,此外还有视力差、弱视、中心性暗点、摆动性眼球震颤等症状。它是色觉障碍中最严重的一种,患者较少。

红色盲又称第一色盲。患者主要是不能分辨红色,对红色与深绿色、蓝色与紫红色以及紫色不能分辨。常把红色视为绿色,紫色看成蓝色,将绿色和蓝色相混为白色。

绿色盲又称第二色盲,患者不能分辨淡绿色与深红色、紫色与青蓝色、紫红色与灰色,把绿色视为灰色或暗黑色。

蓝黄色盲又称第三色盲。患者对蓝黄色混淆不清,对红、绿色可辨,这类患者也较少。

全色弱又称红绿蓝黄色弱。其色觉障碍比全色盲程度要低,视力无任何异常,也无全色盲的其他并发症。在物体颜色深且鲜明时,则能够分辨;若颜色浅而不饱和时,则分辨困难。

部分色弱分为红色弱(第一色弱)、绿色弱(第二色弱)和蓝黄色弱(第三色弱)等。其中红绿色弱较多见,患者对红、绿色感受力差,照明不良时,其辨色能力近于红绿色盲;但物质色深、鲜明且照明度佳时,其辨色能力接近正常。

色盲(弱)患者生来就没有正确的辨色能力,并且以为别人也和自己一样,故不能自觉有病,许多色盲患者眼部检查也无异常发现。当红、绿色彩特别明显或单一出现时,患者往往凭借独特的经验加以区分,因此色盲(弱)只有通过专门的色觉检查才能判定。色觉检查的方法一般有色盲检查镜、色盲检查灯、假同色表和彩色绒线束等。

由于红绿色盲患者不能辨别红色和绿色,因而不适宜从事美术、纺织、印染、化工等需色觉敏感的工作。如在交通运输中,若工作人员色盲,他们可能不能辨别颜色信号,就可能导致交通事故。

人眼之所以能够辨别颜色是依赖于人眼的视网膜上的 3 种视锥细胞,它们各自对 3 种波长的光最为敏感,分别是红光、绿光和蓝光。所以当控制其中某类细胞的基因出现异常,使该锥细胞失去正常的感受对应光刺激的功能时,人眼便无法正确辨别部分颜色了。

### 人的胖瘦

胖瘦是人体不同身高和体重的外形表现。人的身高和体重是有一定的正常范围的,超过了医学上规定的标准体重 20% 的为肥胖;低于标准体重 10% 的为消瘦。人体一般在正常范围内变动的胖瘦,与先天和环境两大因素有关。如果过胖或过瘦,那就得注意是否出于疾病的原因了。

有的科学家认为,人的胖瘦是由遗传决定的。丹麦科学家对 540 名被收养的儿童进行了长期研究,发现这些儿童长大以后的体型跟他们的亲生父母一样。这些科学家指出,在影响人的胖瘦的因素中,遗传基因的作用比饮食更重要。胖瘦与家族遗传是有一定关系的。人们想从小培养一名舞蹈演员时,总要看看其父母的身材。为了下一代,现在有不少年轻人在选择配偶时也十分讲究体型,这些不是没有一定道理的。

与胖瘦最有关系的环境因素莫过于营养了。有资料报道,一个孩子,每天只要多吃 200 焦耳的热量,每年可额外增加体重 0.9~2.3 千克,10 年后,就能额外增重 45.4 千克。人到中年,同样每天多吃 200 焦耳的热量,10 年之后,能额外增重 23 千克。

另一个重要的环境因素就是体育锻炼。消瘦者积极从事体育锻炼,使之精神愉快,食欲增加,则体重可以随之增加。如果原来就肥胖,运动可以产生减肥的效果,这已经被事实证明了。

当然,长期居住于炎热或寒冷的环境中,或长期处于宁静舒适的环境里,或长期处于嘈杂不安的条件下等等,也会直接或间接导致人的肥胖或消瘦。

疾病能使人消瘦,也可致肥胖。如患慢性消耗性疾病,食欲不好、发烧及代谢失常等等,可使人逐渐消瘦下去;而有些疾病,如脑垂体肿瘤、肾上腺皮质功能亢进、甲状腺功能低下、肥胖性生殖无能症等等,会使人的体重猛增而出现肥胖。

有的科学家认为,一个人的胖瘦,是受大脑中某些化学物质影响的。这类化学物质增多,人的食欲就大,由于吃得多,结果使人发胖。还有的科学家认为,精神因素与胖瘦的关系很大。忧愁的人会变瘦,乐观的人会胖起来。

### 人的衰老

衰老问题是医学界最重视的问题之一,也是一个还没有真正弄清楚的秘密。

有些医学家认为,人在 30 岁以后,身体里的有些细胞就开始出现衰退现象,这就是"老"的起点。但人们习惯上说的"老",一般是指 60 岁以后。不管是谁,都要一步步走向衰老。衰老是人生道路上的必经阶段。但对衰老原因的解释,科学家们却是众说纷纭。

人体衰老与细胞衰老虽然是两个不同的概念,但二者是密切相关的,人体衰老是以细胞衰老为基础的。数十年来,关于细胞衰老原因虽有各种假说,但均不能圆满解答各种因果问题,尚未被一致接受。如"内生因素"学说,认为细胞衰老是由于构成细胞本身的原生质的胶体状态发生不可逆的变化。"外生因素"学说,认为细胞衰老是细胞周围的介质或直接影响细胞介质的各种外界条件,如温度、食物、光线、宇宙射线等的影响。如"遗传因素"学说,认为细胞衰老是细胞本身所携带的遗传物质被扰乱所引起的。

还有人认为衰老是既定的遗传程序,不论是生长、发育或性成熟以及衰老至死亡都是遗传规定好的程序。近来较被人重视的是"细胞大分子合成错误成灾"学说,认为细胞里的核酶和蛋白质在生物合成过程中,如果由于某些原因而发生差错,如果这些差错累积而迅速扩大,引起代谢功能大幅度降低,就会造成衰老。使人感兴趣的是"免疫功能改变"学说,发现胸腺功能随年龄增长急剧下降,并与衰老有平行关系,故认为可能是衰老的主要因素,甚至有胸腺决定寿命的说法。还有"自由基"学说,认为生物机体在代谢过程中可以产生"自由基"并可随年龄增加而增加。自由基诱发细胞损伤的一个重要途径是使细胞膜中的不饱和脂类产生过氧化作用,从而使膜的结构发生变化,特别是线位体和线粒体的膜很脆弱,膜中的脂类过氧化作用可以产生脂褐素(即老年色素)。

目前许多研究工作认为衰老的基本原因是遗传,衰老的机理是代谢失调,因此欲推迟衰老就必须了解妨碍细胞代谢的各种因素,并设法减少或除去这些不利因素。妨碍细胞代谢的因素可概括为外因和内因。内因有:遗传缺陷,酶的生物合成和功能障碍,激素分泌失调,神经调节失常等。外因有:社会因素(经济、职业和意识形态),生活方式和生活条件(包括不良嗜好),环境因素(空气、水上、污染、放射性物质、噪声等),饮食和医药等。各种因素的性质和对细胞代谢影响的作用各不相同,但都是从不同程度使细胞的结构和功能发生衰退。

生活中有许多行之有效的推迟衰老的措施,主要是:性格开朗,情绪稳定,生活有规律,坚持体力劳动和体育锻炼,注意休息和睡眠,忌暴饮暴食,不吸烟,少喝酒等。另外,服用适当的抗衰老药物,可防止未老先衰,让人们能有充沛的精力工作。

### 害羞时为何会脸红

有时候,我们看到陌生人在注意自己、或做错事时,会感到难为情、羞耻或不好意思,跟着脸便红涨起来。但感到难为情、羞耻或不好意思的是精神层面的,这跟脸红有什么关系呢?

其实,脸红是受着大脑指挥的。原来我们的视觉和听觉神经,都集中在大脑里。当我们看到和听到使我们害羞的事情时,眼睛和耳朵就立即把信息传给了大脑皮质,而大脑皮质除向有关的部位联系外,同时刺激肾上腺,肾上腺一受刺激,立刻做出相应的反应,分泌出肾上腺素。肾上腺素有一个特点,它少量分泌的时候,能够使血管扩张,特别是脸部的皮下小血管;但是其大量分泌的时候,反会使血管收缩。

当我们感到难为情的时候,正是大脑皮质刺激着肾上腺,分泌出少量肾上腺素的时候,于是脸孔就发热发红。不光是害羞会脸红,高兴和愤怒的时候也会脸红。在极气愤的时候,脸部就不单是红,它红一阵、青一阵,有时转为苍白,这是肾上腺一阵阵地在大量分泌肾上腺素,使血管时而扩张时而收缩,交替充血、贫血的缘故。

### 睡着了流口水

一些人睡着了有流口水的现象。口水就是唾液,它是一天到晚都有的。为什么人醒着时唾液不会自己从口中流出,而偏偏在睡着后往外流呢?

其实,原因很简单,唾液是在不停地分泌的,只不过人在清醒的时候,能不断将唾液咽到胃里去。但是,晚上睡觉的时候就不同了。一睡着,全身肌肉放松,大脑也在休息,把口水咽到胃里这个有意识的吞咽动作不再继续,就有可能让口水自由自在地流到外面来。

但多数人睡觉的时候并不流口水,因为当我们睡着时,唾液腺的分泌活动大大减少,唾液也就减少,再加上有两片嘴唇作防线封住了出口,所以,一般不会流口水。但是,如果白天太累,晚上睡觉睡得太香太沉,以致嘴唇闭得不紧,或者由于鼻子通气不畅,用口进行呼吸的话,口水就会顺口角流出。

另外,还有的是以下几种因素引起的流口水。

口腔卫生不良:口腔里的温度和湿度最适合细菌的繁殖,牙缝和牙面上的食物残渣或糖类物质的积存,容易发生龋齿、牙周病,这些不良因素刺激口腔,可造成睡觉时流口水。

前牙畸形:这可能由于遗传因素造成,或者后天不良习惯,如啃指甲、吐舌、咬铅笔等,造成前牙畸形,睡觉流口水。

神经调节障碍:唾液分泌的调节完全是神经反射性的,所以神经调节发生障碍,也可产生睡觉时流口水的情况。

### 人的腿抽筋

腿抽筋大多数发生在小腿后面的腿部肌肉上,或者是足部。

腿抽筋往往是由于突然受凉,或突然的动作以及肌肉过度疲劳几种情况,使小腿后面的肌肉作强烈收缩的结果,比如在半夜里或脚刚刚浸入冷水时,由于突然受凉,脚肌就会发生强烈的挛缩反应。有时进行赛跑、跳远、爬山、游泳等运动时,也常常会发生脚抽筋。这是因为运动前的准备动作不充分,从静止状态突然转入剧烈运动,腿部肌肉一下子不能适应,因此发生痉挛性收缩。再则是运动过度,肌肉过度疲劳,一时不能放松也会引起挛缩状态。

腿抽筋不但会引起局部疼痛,还会影响行动,因此应注意预防。如睡觉时注意保暖;运动之前,做好的充分准备运动;运动时不要过量,感觉疲劳就休息一下。这样,腿抽筋是可以避免的。

平时一旦发生腿抽筋,可以马上用手抓住抽筋一侧的大脚趾,再慢慢伸直脚,然后用力伸腿,小腿肌肉就不抽筋了;或用双手使劲按摩小腿肚子,也能见效。如腿抽筋的情况多次频繁发生,则应就医治疗。

### 皮肤起"鸡皮疙瘩"

人在感到寒冷或者害怕时,皮肤的毛孔会很快紧缩,形成"鸡皮疙瘩"。有些动物也是如此,比如公鸡在打斗时会把皮上毛孔紧缩,从而使脖子部位的羽毛竖起,有示威的意味,也是由于紧张的缘故。

是什么原因导致这种现象的呢?日本皮肤学专家北岛康雄认为,起"鸡皮疙瘩"是恒温动物为保存一定体温而特有的生理现象。当大脑感知到寒冷、紧张或恐惧时,交感神经产生作用,牵动体毛的立毛肌收缩,从而导致"鸡皮疙瘩"出现。

立毛肌位于体毛根部附近,它一收缩,平时横着的体毛就竖立起来,毛发根部周边隆起,形成像鸟类皮肤一样疙疙瘩瘩的形状。起鸡皮疙瘩后,除了肌肉收缩产生热量外,关闭毛孔还有御寒的效果。这时,皮肤表面变得很紧密,形成一层保护墙,阻止体内热量的散失。体毛长的动物竖起体毛后,体毛之间产生的空隙有利于保温。人类的祖先类人猿也是满身长毛的,人在进化过程中体毛已逐渐退化,但是起鸡皮疙瘩以御寒这一生理功能还是延续保留下来了。

另外,人们有时听到刺耳的声音,看到恶心怕人的事物,毛发也会竖立起来,身上起一层鸡皮疙瘩。这也是一种自我保护。

### 人体为何不长长毛

人的身体平滑光洁,不像其他的哺乳动物那样长满长毛,但是人类的祖先——类人猿,却是全身长满浓密的长毛。曾经有人生过"毛孩",毛孩浑身长满浓密的长毛,智力却与常人无异。科学家将毛孩归于人类的返祖现象。

那么人的身上为什么不长满长毛呢?人又是在什么情况下褪去长毛的呢?对于这点,有很多种说法。

一种说法认为,人在狩猎的过程中需要长途奔跑,而在奔跑的途中人会出汗。全身长满长毛很不利于身体散热,并且还形成了一定的阻力,使人跑不快。褪去长毛,自然会顺畅出汗,更好地散热。失去了长毛的人在寒冷的夜晚无法抵御严寒,所以在皮肤下产生了厚厚的一层脂肪,用来抵御严寒。

不过近年来,在人类学家中又提出了一种新的说法,认为人类无长毛是因为在人类进化的过程中,曾经有很长的一段时间生活在海洋里,那时候的猿称为海猿。大约在400万年以前,海水上涨,淹没了大片土地,生活在那里的古猿在海水上涨的期间逐步适应了海中生活。它们生活在食物丰富的海洋里,海水使海猿褪去了浑身的长毛,古猿在长期的海洋生活中形成了流线型的体形,并且像海豹、海狮那样,有发达的皮下脂肪。而猩猩、大猩猩等动物却没有这样的脂肪层。海猿在海中生活时,头部露出海面,因而留有浓密的头发。另外一个证据是,人体背部的体毛朝里朝后一齐往脊梁一边长,这恰好是水流流过一个运动物体的方向。

从考古发现来看,科学家在埃塞俄比亚发现了一批300万年前的古人类化石,其中有一具叫露西的化石,露西有着灵活的肩关节,可是手臂和下肢相当细弱,手指骨也很短小,这一切都表明露西并不适宜在树上生活,而更适宜生活在海中。因为在水里前进,由于水的浮力,不需要粗壮的前肢就能很顺畅地前进。露西的骨盆又宽又短,脊柱和下肢处于同一个平面上。而四足着地的灵长类动物的骨盆又窄又长,适应树栖的生活。另外,露西的下肢很细,还不足以支持全身的重量。于是露西只能是一种海生动物。

但是以上种种仅是猜测,至于人类究竟为什么没有全身长满长毛,至今仍众说纷纭,还需进一步的探索、研究。

## 奇特的人

### 喜臭之人

一般人都是爱闻香味而伏恶臭味的,可某些人却偏偏喜臭。

史书记载,唐代一个名叫鲜于叔明的人,专喜闻臭虫的臭气,他捉了许多臭虫装进罐子里,不时地打开盖子去嗅吸着。还有一个叫贺兰进明的,则特别喜闻狗尿之味。

鲁迅先生曾经提到日本的谷崎润一郎"爱闻女人的体臭和尝女人的痰涕",并且指出:"日本现代文人所犯的恶癖,正和中国旧时文人辜鸿铭喜闻女人金莲同样的可厌……"

古今最有名的"逐臭之夫",恐怕要算《吕氏春秋》记载的那一位了:有一个人的体臭特重,亲友妻妾都不愿与他同住,他就跑到一个海岛上去独居,后来偶然遇到一位喜臭者,偏偏特别爱闻他的体臭,以至于与他左右不离。

如果说"逐臭之夫"极少见到的话,那"逐臭之禽"却并不少。1990 年,一位名叫赫尔曼·蔡斯克的德国青年在巴西海边浏览风景时,被一大群塘鹅活活啄死了。原来蔡斯克因为患病,身体散发出强烈的死鱼般的腐臭气味,这就招来了塘鹅的袭击。

对人而言,除了某些人的恶癖之外,喜臭者恐怕是患有某种嗅觉异常的疾病。例如,患"嗅觉倒错"的人,就会把正常人闻到的香气当作臭气,而把臭气视为香气。

### 具有神奇眼的人

眼睛是人身上最奇妙的器官,它能帮助我们知道万物之多、天地之大,是我们认识世界的"窗户"。还有一些人具有神奇特异功能的眼睛。

在意大利的一个小镇上,有一位叫比素娜的老妇人。她虽然没有接受过任何专门的训练,但她有一双比 X 光透视仪还厉害的透视眼,据说诊断病症的有效率几乎是 100%。任何病人只要坐在她的面前,根本不用说出自己的症状,老妇人只要稍微审视病人一下,便进入昏睡状态,等她恢复清醒以后,就能判断出病人得了什么病,她的诊断往往跟医生所做的诊断完全一致。

更让人惊奇的是,苏联还有一位女起重机司机,名叫朱莉娅。她因触电昏睡了两天,醒后就发现自己有了特异功能。她不但能透视人体的内脏,而且还能看到太阳的紫外线和柏油路下面的洞穴。她也帮助医生看病,还能预报风暴的来临。但她自己却患有严重的头痛病。

另外,在德国的路德维希堡市,有一位名叫韦罗尼卡的女牙医。她的眼睛就像显微镜一样,能把物体放大几百倍。她能把一部 32 万字的长篇巨著,抄录在一张普通的明信片大小的卡片上,由于她是用铅笔誊写的,所以每写几个字就得把铅笔精心修削一遍。韦罗尼卡这双得天独厚的眼睛,对她的医生职业大有好处,她可以轻而易举地发现病人口腔里的细微病变。但能放大物体的肉眼,也给她的生活带来很多不便:纸张上肉眼看不见的纤维会阻挡她的视线,妨碍她阅读书籍和报纸杂志;她也无法看彩色电视,因为她看到的并不是一幅幅美丽的画面,而是不计其数的、五颜六色的星星点点。光学专家们称这位女医生为"活的显微镜"。

早在 100 多年以前,法国的波旁岛曾经出现过一位传奇水兵,名叫耶帝安尼·伯提诺。他的视力超常,可以看到很远的地方。舰长看伯提诺有特殊的视力,就让他执行观察船只的任务。有时他发现远方的船只向指挥官报告,指挥官用望远镜也看不到船只的影子,但每次的结果都证明他的观察是正确的。他能看到几千米以外船只的动向,水兵和军官们都亲切地管他叫"军舰的望远镜"。有人好奇地问伯提诺,为什么有这样特殊的视力,他笑着回答说,只要把全身的神经集中在眼睛上就行了。他在军舰上服了 8 个月兵役,曾经预告过 62 次重要情况,发现过远处 150 艘舰船的动向,被人们称为"人体望远镜"。

世界上还有很多奇眼的人,这些人的奇眼确实让人惊叹,但其中的奥秘还没有彻底揭开。

### 不断变矮的人

通常,人在成年后的高度也不应该缩的,但由于种种原因,有的人竟真的由高变矮了。

太空人在刚回到地面时如果是 175.5 厘米的话,只要几小时后就会"变"为 170 厘米了——不过,这正是他原先的高度。因为在太空没有地心吸力,背部脊椎骨的椎间"松"开而使人暂时拉长了。

我们晚上的身高会比早晨矮 1~2 厘米,原因是一天活动下来,脊椎骨紧缩在一起,所以变矮了。但不必担心,一觉睡过,就能"高"起来的。

年纪大的人,身体也会略微缩短些。"老缩"是由于脊柱弯曲,软骨退化,主要是脊椎骨的椎间盘退化的结果。在广东,45~59 岁的男子平均身高是 169.9 厘米,但 90 岁以上的老人只有 151.2 厘米。

生了某些疾病的人,也会由高变矮的。

1993 年有报道,山东一青年农民患甲状腺瘤而使身高缩了 15 厘米,手术切除肿瘤后就逐渐恢复正常了。

据 1987 年报道,我国陕西有位 50 多岁的女病人,得了严重的氟骨症,她原先身高 168 厘米,现在只有 89 厘米,身高缩了 79 厘米。

美国也有个由高变矮的妇女。1982 年,她在 18 岁时高 151 厘米,30 岁时为 132 厘米,到 50 岁时已降到 116.8 厘米。造成这种现象的原因不明。

美国还有一位"缩水太太",名叫希瑟。她在 1987 年生第一个孩子前一切正常,后来开始矮缩,1991 年已跟 4 岁女儿一般大小,1992 年几乎只相当于两岁儿子的高度。医生对这一现象束手无策。

沈括的《梦溪笔谈》中有这样的记叙:颍州地方有一个名叫吕缙叔的官员,忽然得了一种怪病,他的身体越缩越短,临死的时候只有孩子那么大了。《太平广记》中记载:一位叫魏淑的武将,也得了这种怪病,身体一天天缩小,最后缩到孩子般大小,由母亲和妻子抱着过日子。

英国有位 7 岁儿童,1987 年还与其他小朋友一样活泼可爱,后来因患一种罕见的病,已不能说话和行走,甚至不知道上厕所,渐渐地成了"婴儿"。

据研究,上述身高变矮是由于人体合成的蛋白质逐渐减少,使身体慢慢缩短;也可能是控制蛋白质合成的酶突然失去活力引起的。但是,一个成年人的骨骼是怎么缩短到小孩的骨骼的,这还是个谜。

### 能够"喷火"的人

20世纪80年代,意大利有一个16岁的男孩,名叫苏比诺。他性格内向,跟别的孩子没有什么太大的不同,但他一连串的惊人表现,引起了医学家和心理学家们的注意。有一天,苏比诺到牙医那儿治牙病,在等候治疗的时候,他拿起一本杂志看起来,不料杂志竟然燃烧了起来,吓得他扔下杂志就跑。他回到家里想休息一会儿,没想到床又着火了。苏比诺到意大利各大医院检查,很多著名医生都无法圆满解释这一奇特现象。有的医学研究人员认为,苏比诺的身体可能会发出一种异常强大的磁力,他是个带体内能源的人。这跟他处于微妙的发育阶段有关。还有一位教授解释说,由于苏比诺的性格内向、孤僻,而且受过挫折,所以有了一种异常的发泄方式。这种解释也太离奇,太难让人信服了。

我国澳门也有一个能"喷火"的奇人。他是一位姓李的印刷工人。1983年11月24日上午,他去理发,不料围在他脖子上的毛巾突然冒出了一股黑烟,他的脖子也被烧伤了。他对采访的记者说,他身体"喷火"已经不止一次了,而且每到气候干燥的时候,他拉车门金属把手的时候,常会有强烈的刺痛和触电的感觉。

全世界的新闻媒介,每年都有人体"喷火"引起事故的报道。有人认为,人会"喷火",可能是由于这些人的体内带有强度很大的电能的原因。于是有人又问了,这种人并不经常"喷火",甚至很多年都不"喷"一次,这又怎么解释呢?看起来,人体为什么能"喷火"还是个不解之谜。

### 自我焚烧的人

美国加利福尼亚州曾经出现过一次人体焚毁事件。那是1951年7月里的一天早晨,邻居们发现一个叫玛丽的妇女坐在靠背椅上,接着就身体着火被烧成了灰烬。法医鉴定认为,着火面积的直径只有一米左右,形成一圆圈,起火原因无法查明。

1985年5月25日深夜,英国伦敦的街道上静极了,19岁的波利·列斯里正在街头散步。走着走着,他突然浑身一下子热了起来,他急忙环视四周,发现自己的身体正在燃烧,难以忍受的高热向他袭来,他感到自己的脸被火烫肿了,耳朵听不清了,胸、背、腕部都像被烙铁烫着那么疼,大脑有被煮开了的感觉。列斯里死里逃生之后说:"当时,我发狂似的哭着,大声祈祷上帝。我想活,我跑了起来,没想到越跑火势越旺,没跑出几处就摔倒了,连喊的力气都没有了。"正当他等待死亡的时候,身上的火焰却又一下子完全熄灭了。为了求生,他咬住牙,艰难地到了伦敦医院。多亏他年轻体壮,在医生的精心治疗下,只过了几个星期就伤愈出院了。

在英国还发生过一件这样的怪事,一个人在街上走,突然像自我爆炸似的,全身都被烈火裹住了,他的衣服在猛烈燃烧着,头发很快就被烧光了,连靴子的橡胶底都被熔化了。

更让人奇怪的是,1973年12月7日,美国威斯康星州一位叫塞匈拉的妇女,因煤气中毒而死亡,9日为她举行安葬仪式,当人们正在教堂为她祈祷的时候,金属棺里却突然起火,把她的尸体焚化了,这只能说是人体自焚现象。

300多年来,像这样的记载至少有200多起,自我焚烧的人男女比例差不多,年龄从4个月到114岁的都有。怎么解释这些怪现象呢?科学家说法不一。有的学者认为,人体自焚现象可能是"球状闪电"爆炸造成的。还有的科学家推测,人体自焚可能是因为人体内有一种比原子还小的"燃粒子",在某种条件下自燃引起的。

到现在为止,人体自焚现象仍然是个难解的医学之谜。

### 嗜吃玻璃的人

2006年,广州罗定出现一名吃玻璃如同吃冰块一样的奇人。他是一名年轻、瘦削的小伙子,名叫潘文海,当年23岁。据潘文海自己说,他是在高二时才发现自己能吃玻璃,第一次吃玻璃竟然是为了转移出智齿时引发的牙痛的注意力。在他发现自己嚼碎玻璃后吞掉并没有引起身体的不适后,便开始有时吃玻璃。吃得最多的一次是他与同学比试咬玻璃的比赛,他将两盒装葡萄糖的十几厘米长的玻璃瓶全部吃掉,令在场的同学大吃一惊。

潘文海的平常生活习惯与一般人无异,他喜欢运动,打乒乓球、羽毛球、游泳更是他的所爱。吃掉玻璃并没有让他感到不适,而且平常身体也非常健康,一年四季都用冷水洗澡,很少有感冒发生。只是吃完玻璃后这一段时间,他很容易感觉饿,而他平常的饭量也比别人多出一半。

潘文海这种行为与平常所说的"异食癖"不同的是,他吃玻璃没有瘾,只是别人要求表演时才会吃。而且他每次吃玻璃时,都会先很小心地把玻璃嚼碎,大小如平常米饭中的沙粒。他曾被玻璃刺伤过口腔、舌头很多次,都是因为心急,想尽快嚼烂玻璃导致的。

摩洛哥有个20岁的青年阿蒂·阿巴德拉,他每天要吃掉3个玻璃杯。他说,咀嚼玻璃杯就像咬脆苹果一样爽脆。从14岁起到现在,阿蒂已吃掉了8000个玻璃杯。好奇的人们都以观看他吃玻璃餐为乐事。吃玻璃杯并非这位摩洛哥青年与生俱来的能力。在他14岁时的一个午夜,从睡梦中醒来的阿蒂,突然有一股特别强烈的想咀嚼硬物的冲动,他随手抓起床边的玻璃杯便使劲地咬,并将玻璃嚼成碎片,从此玻璃杯成了阿蒂每日必备的特殊"食品"。摩洛哥健康中心的医生从阿蒂的X光片中检查不出任何结果,他的口腔、胃肠都没有损伤的痕迹,也找不到玻璃的碎片。医生说,这是医学常理无法解释的一种奇异现象。

据医生分析,吃玻璃是一种很危险的行为,因为咀嚼玻璃时容易导致口腔的破损,而且破碎的玻璃还很容易让胃黏膜损伤,甚至使之被刺穿,后果很严重,所以一般人切莫随意模仿。玻璃并不能被人体所消化,细小的玻璃粒块会随着排泄物排出体外。

### 神奇的带电人

在英国的利物浦,有一位名叫蒂娜的妙龄女郎,她找到了自己如意的男朋友。一天,在利物浦公园里,这对情侣愉快地谈情说爱,兴奋之际,蒂娜姑娘情不自禁去吻自己的男朋友。谁料,当姑娘的红唇一触到男朋友的脸颊时,那男士大叫一声!眼前金星乱舞,头发直立,一阵剧烈的疼痛,差点昏死过去。

从这一天起,这位美丽的蒂娜姑娘才发现自己有一种特异功能。她的舌吻竟然能发出一种电压极高的静电电流,可将她献吻的男朋友电得魂飞魄散,再也不敢对她有任何友好地表示了。自此,蒂娜姑娘终日烦恼,十分担心永生永世也难找到如意郎君。平日里,偶然有极少数敢于冒险的小伙子,也只能敬而远之地与蒂娜姑娘谈谈话,而不敢冒险斗胆接受她的香吻。

在马来西亚的一个垦殖区里,一家7个孩子的体内都带有超于常人的静电。当孩子们骑坐童车让身体离地时,头发就会竖起,其中6岁的女孩索英哈带电更强,人们触摸她时会有轻微的电击感。孩子们的父亲索嘉布拉说,索英哈是在一场小病之后身上才带电的,接着其他孩子也变得像她一样带电了。

还有一位自身能发电500伏的"电女",使科学家们感到惊奇。她在使用电炉时,只要用手抓着电线插头,就能将水很快烧开。这位"电女"名叫罗莎·莫斯科妮,是意大利南西西里人,家居西利修斯以南的邦塞拉村。意大利医学专家在对罗莎的奇异功能研究后表示,她的体内有一些与一般人不同的器官,而且与脊神经相连。西利修斯大学一位教授介绍说:罗莎体内可随时发出高达500伏的电,但一般情况下是120伏,她处于这种状态比较舒服。

罗莎的丈夫说:"幸好她能控制放电,不然我们的婚姻生活会触电。"罗莎在一般情况下能控制放电,但在发怒或特别兴奋时就难以控制。她曾发生过两次难忘的失控现象。一次是在8岁那年,警察发现罗莎在村庄附近的树林里哭泣,在她旁边躺着两名试图强奸她的男子,早已不省人事。从此,人们便发现她身体具有发电功能。另一次发生在新婚之夜,她发出的电流竟把新郎从床上打倒在地上。

### 雪人之谜

从公元前326年起,世间就开始流传关于雪人的种种传说。在人们的印象里,雪人时而仁慈、温柔,时而凶猛、剽悍。

一个雪人救人的故事发生在1938年。当时印度加尔各答维多利亚纪念馆的馆长奥维古上尉单独在喜马拉雅山旅行,突然遭遇了强劲的暴风雪,强烈的雪光刺得他睁不开眼睛,他怀疑自己患上了雪盲症。没有任何措施可以呼叫救援,奥维古只能等待着自己变成僵硬的尸体。就在他接近死亡时,觉得自己被一个近3米高的动物掩护住身体,保住了性命。慢慢地,自己意识清晰了,那个大体动物又神秘地消失了,走后还留下了像狐臭一样的味道。

1951年,英国珠穆朗玛峰登山队队长希昔顿拍摄到了世界上第一张雪人脚印的照片。脚印长31.3厘米,宽18.8厘米,大脚趾很大。1954年,一支英国探险队在尼泊尔潘布契寺院竟然发现了一张保存完好的雪人头皮,这张头皮长25厘米,宽17.5厘米,头皮上覆盖着红褐色的毛。

1968年底,美国动物学家桑德尔森和法国动物学家埃维利曼斯见到了一具"雪人尸体"。据说尸体是从香港运来的,那雪人身高1.80米,被封存在冰块中,它的外形酷似大猩猩,左臂被打断,头部周围留有血迹,遗憾的是,不久以后尸体竟离奇地失踪了。

1975年,一名尼泊尔夏尔巴姑娘像往常一样在山上砍柴,远处有一头凶狠的雪豹已经悄悄跟踪她十几分钟,姑娘却一点也没有意识到。雪豹突然发起猛攻,没想到,一个像雪人的红发白毛动物冲出来,和雪豹殊死搏斗。姑娘这才得以逃回村子。

1986 年 3 月,英国人托尔登上尼泊尔一处山地,发现了一个全身披毛的怪物。怪物身高一米左右,肌肉发达,臂长过膝。托尔从容地取出照相机,为怪物拍照,45 分钟以后,怪物便消失了。1988 年 5 月 8 日,德国 29 岁的登山家福尔马在攀登尼泊尔境内的索尔贡布山时,也发现了一个身高 2 米左右、全身长毛的怪物在行走。

诸如此类的报道引起了英国科学家希尔的重视。希尔作为一位灵长类专家,在研究了雪人的头皮以后,确信目前世界上还存在雪人。他认为,这是一种未知的类人猿。它们的毛发中有种特殊的色素颗粒,这种色素颗粒跟类人猿毛发中的色素颗粒极为相似。此外,希尔还在雪人头皮中找到了一种虱子,这种虱子从来不在斑羚、黑熊、雪豹身上寄生。英国的动物学家克罗宁认为雪人是巨猿的后代,是由生活在 700 万年前的巨猿进化而来的。

### 睡不着觉的人

20 世纪 40 年代,美国出现了一位著名的不眠者奥尔·赫金。这位居住在新泽西州的老人,家里从未放过床,甚至连吊床都见不到,在他的一生中,连小睡也不曾有过。许多医生轮班监视,竟发现缺乏正常睡眠的奥尔,其精神状态及生理状态反而超过一般人。每当晚上体力不佳时,他就坐在一张旧摇椅上读点什么,当他感到体力恢复时,又继续投入劳动。

医生对奥尔的不眠现象无法解释。奥尔的母亲则认为,这可能与自己在生下奥尔前几天受到了严重的伤害有关。多年不睡的状态,并未影响到奥尔的健康状况。他一直活到 90 多岁,比许多有着正常睡眠的人更长寿。

无法睡眠是否属于脑功能障碍呢?也不尽然,法国人列尔贝德 1791 年生于巴黎,至 1864 年逝世。在这 73 年的生涯中,他居然有 71 年没有睡过觉。但这并没有妨碍他读书与学习,后来还成了颇有名望的学者。

多年不眠是由于大脑疾病引起有关部位不再分泌"睡眠因子",还是由于其他什么原因?这一切现在仍是一个谜。

### 不知寒冷的人

研究表明:如果在 -40℃ 的时候不穿衣服,不管是身体多么强壮的人,也活不过 15 分钟。可让人惊奇的是,世界上有极少数生来就不怕冷的人。

在意大利海滨城市的里雅斯特的大街上曾发生过这样一件事:人们纷纷向巡逻的警察报告说,有一个只穿游泳短裤的小男孩,每天身背书包顶着刺骨的寒风去上学。人们都认为他肯定是受了家长的虐待。警察听了感到很气愤,就拦住了这个小男孩。经过一番询问之后,人们才知道这个小男孩从小就不怕冷,冬天只穿件短裤和拖鞋就可以了,而且还必须光着身子。他去过好多大医院,可医生们也弄不清楚到底是怎么回事。

其实,这种数九寒天不怕冷的孩子,在我国也有。在南京市郊有一个小男孩,一生下来就不怕寒冷。他一年四季不穿衣服,即使在大雪纷飞的大气里,也仍然光着身子在外面玩耍,从来没有伤风感冒过。

在江西安义县,也有一个不怕冷的女孩。她在 -3℃ 的时候,只穿一身单衣服、一双胶鞋,不穿袜子。她的父亲告诉来访的记者,他这个女儿一出生就不爱穿衣服,一给她穿就哭。两岁之前，只好不给她穿，后来她才勉强穿上单衣，但从此就不加衣服了。

为什么这些孩子抗寒能力会如此之强？难道他们体内有一种特殊元素使他们不畏严寒？这其中的奥秘至今无人能够解答。

### 磁铁人之谜

据中国国际广播电台报道，罗马尼亚男子奥勒尔·雷利纽被称为"人体磁铁"，因为他的皮肤能够吸附起任何东西，包括金属、木头、瓷盆、熨斗，甚至还能吸附起电视机。

奥勒尔是布加勒斯特一家医院的工人。几年前，他第一次发现自己拥有磁铁般的神奇功能。当时他戴的一个沉重的项链断了，但项链仍挂在他的脖子上。此后，他尝试用自己的皮肤吸附各种东西，几乎"百吸百中"。除了金属物品，他还能"吸"各种瓷器、木器，甚至还能吸附起电熨斗。更惊人的是，一次，当着一大群记者的面，他用自己的胸脯吸附起了一台重达23千克的电视机。奥勒尔说："我可以吸起许多东西，什么调羹、磁带、书本、打火机。不过，我并不是所有时候都具有'磁力'，有时必须先对某样东西集中注意力，然后才能将它吸附起来。"

另外还有，尤里·凯尔涅赛曾是苏联伏尔加城的一名铁矿矿工，但由于矿主害怕他身上那强大的磁力引起矿井的倒塌，给矿上作业带来灾难，所以强迫这位身强力壮的矿工离开他工作了39年的矿山。高级研究员瑟奇·弗鲁明医生对尤里的"病状"进行了研究，推断认为：这很可能是由于他几十年来在高磁力的铁矿上工作造成的。但在铁矿上与尤里具有同样工龄的人大有人在，为什么在那些人的身上没有这么强的磁力呢？可见，尤里的体内一定还隐藏着什么特殊的因素，也许这才是他身上产生强大磁力的奥秘。

### 赤足蹈火的人

脚底是人体穴位最集中的部位，神经异常丰富。普通人不要说赤足蹈火，就是不小心被烫了一下，也会疼痛难忍。可是在地中海伊奥尼亚群岛的希腊人居住的村子里，每年都要举行一次最奇特的舞会。歌舞者既不穿防护服，也不穿隔热靴，仅凭一双赤裸的双脚，就能在高达几百摄氏度的煤块上载歌载舞，据说这是为纪念古希腊国王君士坦丁而举行的庆祝晚会。长期以来，人们对此曾进行过种种猜测和解释，但都不能自圆其说。

一位德国物理学家决心解开这个谜团，于是他在1974年亲临该地，在非常近的距离内进行了仔细观察。然后他特别地设计了一个有趣的实验：仪式开始之前，他将一种在一定温度下能改变颜色且传热极敏感的特殊涂料抹在一位蹈火表演者的脚上，随后细致地拍摄了表演者在舞蹈过程中的一切变化。从他拍下的精彩影片中看到，这位表演者在一块烧红的煤块上行走4分钟之后，又站在另一块煤块上达7分钟之久，而那特殊涂料的颜色变化显示的温度高达316℃，这着实令人大吃一惊。最后这位著名的物理学家只能无可奈何地说："无论如何，这在现代的物理学领域中很难找到令人满意的答案。"

另一位人类学家史蒂凡·科恩曾于20世纪70年代花了整整16个月的时间进行了详细的研究，企图从心理学角度找到答案。他认为蹈火现象是人的意念支配物质的典型例子，指出这种意念可支配自身神经对周围环境的感觉。

## 吃煤的人

曾经,某电视新闻报道一妇女素有糖尿病,后引起眼睛方面的疾病,再后来又有了尿毒症。真是一个不幸的女人!其后,妇女有一天突然对她家的煤块发生了兴趣,后来竟然拿起煤块放进嘴里吃了起来。这一吃让她吃出了好味道。于是她就一发不可收拾了,每天偷偷地吃起煤块来了。但是几个月后,此事被家人知道了。家人于是送她到医院去治疗,医生也告诫说不能再吃煤块了,这样会对身体不好的。可意想不到的是:医生检查后发现病人的身体竟然比以前好得多。其家人也说她以前吃饭只能吃一点,现在能吃一碗了。医生连连称奇,却不知是什么原因。

而另一位吃煤奇人李淑霞,她吃煤始于1987年。当时在东北昌图农村时,用煤烤烟。头一次用上了煤,李淑霞却对煤烟子味"情有独钟",特别爱闻,怎么也闻不够。别人家生炉冒烟都要躲出去,她却能在烟中独自享受那股气味。有一天,她忽然想到,煤烟子味这么好闻,这煤是不是也能吃。她找了一块锃亮的煤用水洗洗,然后试着掰了一块放到嘴里,越嚼越香,从此吃上煤而不可止。后来到沈阳以后,找煤也困难,她曾尝试不吃了。但是不行,感觉上受不了,有瘾。每天早上出去卖豆包的时候,兜里都要带上一些碎煤块,隔一会就得吃点。她家人和她自己也感觉吃煤不是什么好事,但却没办法。她也曾到过医院,很多医生也解释不了这个现象,有的只是推测性地说是不是肚子里有虫子?但也无法确诊。问起李淑霞吃煤后的感受,她说也没什么特别的反应,就是有时候感觉鼻子发干发热,再就是吃上煤以后,把抽了四五年的烟给戒了。平日,李淑霞的饮食正常,而且她的家族也没有吃煤的人。

## "不死"人

如果人不吃不喝,生命只能维持一周。但若离开氧气,恐怕人在10分钟之内就会死亡。可在印度却有几位令人吃惊的人,他们不吃不喝,甚至把他们置入水中、埋在地下仍然可以平安无事。印度教授巴罗多·巴柏在修炼了10年瑜伽功后,随时可以保持不眠不休、不饮不呼吸的状态。有一次他被关在箱子里一个月,箱内除了一些生活必需的水和食物外空无一物,甚至没有空气。他以打坐姿势坐着,双眼紧闭,直至一个月后被人挖出来。1986年2月,他在印度希萨市做公开表演。与以往不同的是,这次他坐在一个装满水的大铁箱内。在许多国家采访队的监视下,工作人员把铁箱的盖盖上并焊紧。在断绝了空气和食物的一个星期后,大铁箱被打开,巴罗多从水中走出,神情肃穆,并无异样。

印度还有一位被称为"圣僧"的巴巴星·维达殊。1977年,巴巴星·维达殊命令他忠实的追随者将他活埋在地下,直到1997年年底,他的信徒们遵照他的嘱托,又将他从不见天日的棺材里挖了出来。令人震惊的是他依然活着而且面容跟20年前一模一样,没有一点衰老的迹象。一位在挖掘现场的目击者、科学家丹云戴·尼比西也博士说:"这真是一种令人无法想象的神奇现象。"一位追随巴巴星的忠实信徒对记者说:"他的复活,显示了人类确有某些神奇的力量。"

在巴西亚马孙的原始森林里,生活着一位名叫奥鲁·乌加欧的土著人,据说他被黑熊咬伤甚至被长钉穿心也不会丧命。来自瑞典的科学家安德烈和3位人类学家经过几星期的观察,发觉奥鲁的身体可以在一夜之间治疗好致命的刀伤,数分钟内就能退去高烧,于是,他被邀请到大城市去接受研究。当他们乘坐一架飞机升上万米高空,向里约热内卢出发之际,奥鲁在没有降落伞的情况下,猛然推开机舱门跳下。安德烈等人心惊胆战,心想他必死无疑了。岂料搜索队第二天在森林里找到他时,除了眼角受了点轻伤外,全身竟没有一点受伤痕迹。

更让人不可思议的是有人头部连中 6 枪居然安然无恙。一天,正在酣睡的詹姆斯突然被老朋友丹的叫喊声惊醒,他发现丹正拿着一柄锋利的刀子,抵着他的脖子,看来是想割开他的喉咙。詹姆斯绝望地对无故发狂的丹说:"丹,我是你的朋友,你到底想干什么?"突然丹一声不响地走了。事后,医生发现詹姆斯在近距离连中了 6 枪。经过治疗后,詹姆斯现在已完全恢复。从 X 光片里,人们可以清楚地看见留在他头颅里的 6 颗子弹。

这些"不死"人为什么能够显示出超人的生存能力,有的可以用科学来解释,有的却是一个永远的不解之谜。

### 有毒人

在大千世界里,有些人的体内有剧毒,可自己并不受毒素的伤害,却能毒害别的生物。他们是一些有毒的人。

美国匹兹堡有一个叫格兰的工人。一天,他去上夜班,在路过一片草地的时候,被草丛里的一条响尾蛇咬了一口。响尾蛇是一种毒性非常强的毒蛇,可格兰被咬之后,却跟没事儿一样,而那条咬人的响尾蛇,没爬多远就死了。消息传开之后,人们对格兰的血液进行了化验,发现血里含有氰化物,所以才把响尾蛇毒死的。学者们推测,由于格兰在工作中经常跟有剧毒的氰化物打交道,日久天长,他可能对氰化物产生了适应性,身体里也蓄积了大量有毒物质。任何动物咬了他,都有可能中毒而死。而如果格兰咬了别人或别的动物,挨咬的也可能性命难保。

另外,印度有个中年人不幸被一条毒蛇缠住,他怎么弄也甩不掉,还是让毒蛇咬伤了脚。当过路人帮他把蛇从腿上拉开的时候,这条毒蛇当场死了。原来,这个中年人经常服用大麻,这条蛇是被此人体内含有的大麻毒素毒死的。

更让人惊奇的是,现在还有些人专吃毒蛇。南非的一个耍蛇人,不但能生吞毒蛇,还能产生毒素。有一次跟人打架,他咬了人一口,使那人中毒身亡。

这些不怕毒蛇咬的人令人惊叹。但对其中的奥秘,到现在还没有彻底弄清楚。

### 长角生刺的人

皮肤的毛病很多,皮肤病是令医生感到"头痛"的毛病。人在头上长角,在身上长刺,更是医学界至今仍未弄清缘由的奇事。

长角之事,古今中外都有。

晋朝的《华阳国志》上说,四川涪陵有个妇女,"头上角,长三寸,凡三截之"。

明代的徐应秋在《玉芝堂谈荟》里,一口气记载了 9 个头上长角的人。

元代名医朱丹溪、清代名医陆定圃都曾遇到过头上长角的患者。

近些年来,山西、江苏、广东、河北、山东等地都有头上长角的病例。

美国的威尔逊在 1844 年首次公布了 90 例"长角"的人。

有的人长的角还很长，一位黑人妇女的角长 18 厘米。

长角的大多是古稀老人，也有从 3 岁起就开始长角的。但由于多数是老人才有，因而被认为是种寿兆。有人论证，《诗经》中的"黄发儿齿"，出土文物上的"万年羊角"，都指的是头上长角这种事。

医生认为，人体长角是一种皮肤高度角化症，但为什么有些人的皮肤会高度角化呢？原因仍不清楚。

不仅有头上长角的，还有身上生刺的。

20 世纪 70 年代末，丹麦的一个名叫尤克的 27 岁男子，野外旅行时摔倒在荆棘丛中，身上沾满了小刺。令人惊奇的是，这些小刺拔尽后又慢慢地长出了新的。此后的 8 年中，尤克已去医院 147 次，拔出了 3900 根小刺，然而小刺仍在长。

### 预知地震的人

在地震来临之前，很多动物都焦躁不安，行为异常，好像是知道大祸临头了。作为高级动物的人，能不能预先感知地震灾难的来临呢？回答是肯定的，确实有这样的奇人。

美国俄勒冈州有一个名叫荷洛塔·金的女子，就能"预感"地震和火山爆发。专家们对她进行了观察和研究，发现她的头痛差不多都跟这一地区的地震和火山活动加剧有关。1981 年 5 月 9 日，她准确预告了圣海伦斯的火山爆发；同年的 4 月 26 日和 7 月 17 日，她又准确预告了加利福尼亚州的两次地震。

加利福尼亚州的夏洛蒂更奇特，她可以根据声音的微弱变化和自己头痛、胸痛的部位，提前几天预测地震将在哪些地区发生。1984 年 5 月 5 日，她打电话给一家通讯社，说她预感在加拿大、阿拉斯加州、阿留申群岛或日本这一地带将有一次大地震。结果，两天之后在阿留申群岛果然发生了 7.9 级的大地震。

更让人惊奇的是，在意大利的西西里岛，有一个男子能用脚趾预报地震。这个叫卡达治的男子说，每逢发生地震的前几个小时，他的脚趾就感到疼痛。他第一次利用脚趾准确预报地震，是在 1951 年 11 月，当时他的脚趾疼痛难忍，不能站起来，他好像感到整个大地都在旋转。于是，他半夜叫醒了村长："地震来啦，快通知村民疏散！"村长接受了卡达治的警告，敲响了警钟。果然，没过多久，这个村落真的连续发生了三次地震，整个村子成了一片平地。由于卡达治的准时预报，才没有人伤亡。

1977 年，罗马尼亚曾发生过一次强烈地震，在震前的几小时，一些人就有一种异常的恐惧感，心脏跳动加快，身体变得特别虚弱。专家们解释说，动物能感知低音波，人类也或多或少保留着这种本能，地震前的这些感觉，可能是这种本能的表现。

### 发光人

谁都知道，萤火虫能发出点点闪光。在非洲西部某处的丛林中，还有一种奇异的、会发光的"萤鸟"，因为，它们身上有着发光素和发光酶。可是，你是否还听说过世界上甚至还有会发光的人呢。

在意大利就曾经发现过两个会发光的人：一个生于 1669 年，而另一个生在 20 世纪 30 年代后。英国著名的自然科学家浦利斯特里，在他的《光学历史》一书中也曾记述：有一个患甲状腺肿瘤的人，当他从事紧张的体力劳动以后，它流出的汗水就会闪闪发亮，而皮肤发出的光更加强烈,在暗处看,好像火焰从他的衬衣里喷吐出来。

那么,人体为什么会发光呢?意大利科学家浦洛齐对一位会发光的妇女进行了观察研究之后发现:她的血液里含有强烈的射线,当这类物质受到紫外线的照射时,便会产生荧光现象,而发出使人看得见的长波光。

还有科学家认为,有些虔诚的信徒,在神经系统处在高度兴奋,并且全神贯注于宗教信仰中的时候,皮肤也会发出光来。

# 医学

## 血液血压

### 血液从何而来

当我们不小心碰破了血管,血液会从我们身上慢慢流出。我们献血时,也会丧失一部分血液。每天,我们身体里还有部分血细胞死亡。这样,我们身体里的血液会不会越来越少呢?当然不会。失去的血液还会不断得到补充。那么,血液从何而来呢?

血液不像组织细胞那样能一个变成两个,两个变成四个,不断地繁殖下去,它是由骨髓产生的。

在我们骨的骨松质以及骨髓腔里存在着骨髓。在少年儿童时期,这两个结构中存在的都是红骨髓。红骨髓是重要的造血器官,能产生红细胞和白细胞。因此,当儿童、少年患有白血病时,可以通过移植骨髓来获得再造血液的功能,也有一些人因此而获得了新生。随着年龄的增长,长骨骨髓腔中的红骨髓逐渐被脂肪组织所替代,成为黄骨髓,从而失去造血功能。但当人大量失血或患贫血症时,黄骨髓又可以转变成红骨髓,恢复造血功能;而存在于骨松质中的红骨髓,终生都行使着造血的功能,真可谓鞠躬尽瘁了。

除此以外,人在胚胎时期,脾脏也是一个造血器官。不过,当人出生后,一般情况下它就不再造血了,只能产生淋巴细胞,具有免疫功能。

### 人的血液为什么是红色的

一提到血液,人们就联想到红色。人的血液呈红色,是因为血液里含有由红色蛋白质——血红蛋白构成的红血球。红血球,也叫红细胞,是血液的主要成分。在我们的身体里,每 1 立方毫米(约相当于一颗小米粒那么大)血液中,就有 400 万～500 万个红细胞。所以,血液看上去就成了红色的了。

其实血液不一定都是红色的,例如,章鱼和蜗牛的血液是蓝色的,海鞘类动物的血液是绿色的。为什么血液的颜色不同呢?

血液又叫天然氧载体,血液的一个重要功能就是输送氧气和二氧化碳(还有其他功能),所以动物体内凡是能输送氧气的体液都应该叫血液。血液的颜色不同是因为含有负责输送氧气的金属化合物不同,红色的血液是因为含有铁的化合物,蓝色的血液是因为含有铜的化合物,绿色的血液是因为含有钒的化合物。

血液的红色是有变化的,有时是鲜红色,有时又会变成暗红色。这又是为什么呢?

原来,红细胞在血液中的主要功能是运输氧气和二氧化碳。红细胞和氧结合的时候是鲜红色的,而和二氧化碳结合的时候是暗红色的。所以,血液从肺脏流过,装上氧气以后是鲜红色的;而从全身其他器官流过以后,由于放掉了氧气,装上了二氧化碳,又变成暗红色的了。

### 耳垂、手指采血

常用的采血方法有两种:静脉采血法和毛细血管采血法。检查不同的病,采用不同的方法。作肝功能、肾功能化验时,因所需血量较多,就要从静脉采血。检查血液中的红细胞和血色素,白细胞分类,鉴定血型等,因仅需少量血液,一般都从耳垂或手指采血(即毛细血管采血法)。

血管遍布全身,采血的部位很多,为什么取少量血液时,都从耳垂或手指采血呢?道理很简单,因为从这两个部位采血比较方便、安全,而且少痛苦。因耳垂仅有脂肪和结缔组织,手指掌面皮肤厚,富有弹性,针刺采血后伤口闭合较紧密,有利于止血和伤口愈合。

### 血压测定

几乎每个人都有过测量血压的经历。在医院里检查身体时,医生通常只需要很短的时间,就能量出血压,并飞快地写下一组数字:110/60,或140/90,等等。那么,血压究竟是如何测定的呢?

医生使用的血压计,通常有一个能充气的袖带,将它绑在病人的手臂上,袖带的一端连着带有水银柱刻度表的压力计,水银柱的高度用来表示压力的大小。医生通过一个橡皮气囊向袖带充气,这时动脉血管由于受到充气袖带的挤压而"堵塞",脉搏搏动的压力因此传到压力计,使水银柱上升到较高的高度。医生慢慢将袖带内的气体放出,并通过塞在袖带内的听诊器来听脉搏跳动的节奏和力量。在放气过程中听到的第一个脉搏搏动的声音时,压力计上所显示的刻度称为收缩压,也就是通常所说的"高压",它表示心脏收缩时血液所受的压力。在袖带中的气体放出过程中,脉搏搏动的声音越来越轻,当它变得模糊不清时,压力计上所显示的刻度称为舒张压,也就是通常所说的"低压",它表示心肌舒张时血液所受的压力。所以,血压通常用一组两个数字来表示。

### 白细胞

白细胞旧称白血球,是血液中的一类细胞。白细胞也通常被称为免疫细胞。白细胞的主要功能是通过吞噬、消化及免疫反应,抵御外来微生物对机体的损害,实现对机体的保护。

白细胞无色有核,可根据其形态差异和细胞质内有无特有的颗粒可分为两大类五种细胞。

第一类,细胞质内含特有颗粒的粒细胞,其又分为中性粒细胞、嗜酸性粒细胞、嗜碱性粒细胞。

第二类，细胞质内不含特有颗粒的无粒细胞，其又分为单核细胞和淋巴细胞。

中性粒细胞内的颗粒为溶酶体，内含多种水解酶，能消化其所摄取的病原体或其他异物。一般一个白细胞处理 5~25 个细菌后，本身也就死亡。死亡的白细胞集团和细菌分解产物构成脓液。中性粒细胞具有活跃的变形能力、敏锐的趋化性和很强的吞噬及消化致病微生物的能力，是吞噬微生物病原体的主要细胞。

单核细胞由骨髓生成，在血液内仅生活三四天，就进入肝、脾、肺和淋巴等组织转变为巨噬细胞。单核巨噬细胞的主要作用是吞噬消灭病毒、疟原虫和结核分支杆菌等致病物；识别和杀伤肿瘤细胞；识别和消除衰老受损的红细胞、血小板；吞噬逸出的血红蛋白，并参与体内铁和胆红素的代谢。巨噬细胞还能产生细胞团刺激因子，调节粒细胞等血细胞的造血过程。此外，巨噬细胞还参与激活淋巴细胞的特异免疫功能。

淋巴细胞是人体免疫功能的主力军。按发生、形态和功能等特点，又可分为 T 淋巴细胞和 B 淋巴细胞两种。T 淋巴细胞主要执行细胞免疫功能。异物抗原经巨噬细胞吞噬处理后，将异物特异性的抗原物质传送到 T 淋巴细胞，激活 T 淋巴细胞。T 淋巴细胞能破坏具有这种特异抗原的异物。B 淋巴细胞主要执行体液免疫功能，它可产生大量免疫球蛋白，能识别、凝集、溶解异物或中和毒素。

此外，还有嗜酸粒细胞，它参与对蠕虫的免疫反应。可见，白细胞是名副其实的人体"卫士"。

### 人体中的铁

我国的调查材料表明，7 岁以下的儿童贫血的平均发病率高达 40%，3 岁以下的孩子更达 50%。

我国儿童贫血，主要是因为饮食不当造成的缺铁性贫血，就是说，他们进食的或吸收的铁太少了。为了防止缺铁，医学家提倡婴儿时期用母乳喂养，长大后，主张让孩子多吃蛋黄、肝、豆类、水果和新鲜绿叶蔬菜等含铁较多的食物。

难道身体里会有铁这样的金属吗？答案是，有的。不仅有铁，还有金、银、铜、锌等许多种金属。成年人全身体里的铁合起来可以打成一枚结实的铁钉呢。

体内的铁基本上存在于血液中的红细胞里。红细胞的主要成分是血红蛋白，血红蛋白中就含有铁。血红蛋白里的铁在肺部遇到氧，就会发生复杂的反应，形成氧合血红蛋白，这就是血细胞在肺部"装"氧的秘密。要是体内缺铁，血红蛋白就不足，就会贫血，于是体内的氧也就有所减少，而缺氧是不利于身体健康的。

谁都知道，晒衣服的铁丝绳会慢慢生锈。生锈是因为铁与氧接触发生化学反应的缘故。所以，工厂里的许多机器总要用油漆保护起来。

然而，血红蛋白既然以铁为原料，而且又是装氧的工具，为什么它们不会生锈呢？

学者的解释是：血中的铁被"锁"在血红蛋白的复杂的结构里，可以吸取氧，却又无法与氧起化学反应，所以不会生锈。

那么，每天有大量红细胞死亡，死亡的红细胞又留下了铁，这些铁已被解"锁"，为何仍不会生锈呢？那是因为它们立即被某种蛋白球收集、储存起来了。这种蛋白球有防锈功能。待身体需要这些铁时，蛋白球可以把铁再释放出来，使之重新成为血红蛋白。

应该说，现在对"人体中的铁不生锈"的解释还是初步的，彻底弄清其中的奥妙，还得靠日后的科学研究。

## 医学现象

### 心理异常现象

所谓心理异常是指不同于一般人正常心理,表现为离奇古怪、不可理解的心理活动。比如我们所熟知的孤独症、抑郁症等等都属心理异常范畴,人的异常心理的表现是光怪陆离,无奇不有,它还包括千奇百怪的思维、感知、记忆、情感、意志、智力、人格和行为动作等方面的种种障碍表现等等。

所有这些异常的心理活动,又应如何解释呢?对此,自古以来就存在着激烈的争论。

在古代,人们认为心理异常是由于人的灵魂出了毛病。在欧洲的中世纪,则把心理异常看作是"在人的灵魂里有魔鬼在作祟",是"冤魂附体""罪孽上身"的结果;而心理异常的各种表现,则取决于附体的那个"魔鬼"的特性。

到了18世纪以后,由于社会思想的进步和科学的发展,对人的大脑结构、心理与脑的关系有了初步的了解,于是人们开始把心理异常看作人脑里有病变,或受到有害因素影响的结果。但是,他们简单地把每一种心理活动与大脑半球的某一区域机械地联系起来,而认为某种心理异常就是人脑相应区域病变的结果。

到了现代,对心理异常的解释,不同的学派仍有不同的观点和理论。

遗传决定论认为,一个人的心理会不会产生异常,是先天决定的。

环境决定论认为,心理异常是恶劣环境作用,以及人对环境适应不良的表现。

行为主义则认为,人的心理都属于行为的范畴,一种不正常的行为,在人的发育过程中如果得到反复强化,就可能固定下来,异常的心理便是这样通过"学习"而形成并发展的。

本能论认为,人的心理活动最基本的是本能,而人有多种本能,当某种本能畸形发展或发展过度时,就会出现心理异常。

弗洛伊德主义观点认为,一切心理异常的表现那是在下意识中被压抑的性欲本能冲动的一种伪装的显露。

还有一种观点认为,心理异常是人在大脑的功能障碍以及人与客观现实关系失调的基础上产生的对客观现实的歪曲反映。当这种歪曲的反映影响了人的行为,破坏了人适应社会生活以及认识世界的能力,而且不能简单地用一般常人的方法加以纠正,这就是心理异常。而心理异常的集中和持续的表现,便是精神病。尽管这种异常的心理是多么的离奇和不可理解,但它们和正常的心理一样,都是对客观现实的反映,只不过是歪曲的反映而已。

以上种种对异常心理的解释,都从某一侧面进行了阐述,尽管都很片面,但是为更全面更科学地解释各种异常心理提供和积累了某些有参考价值的材料。

### 打嗝之谜

在日常生活中,大家都打过嗝。吃东西吃得太快或哈哈大笑时呛入冷风,都会引起打嗝。打嗝是一种极为常见的现象,尤其多见于小孩。这是由于小孩神经系统发育不完善而致。

膈肌是人体中一块很薄的肌肉,它不仅分隔胸腔和腹腔,而且又是人体主要的呼吸肌。膈肌收缩时,扩大胸腔,引起吸气,膈肌松弛时,胸腔减少容积,产生呼气。小孩由于神经发育不完善,使控制膈肌运动的植物神经活动功能受到影响。当小孩受到轻微刺激,如冷空气吸入、进食太快等,就会发生膈肌突然收缩,从而迅速吸气,声带收紧,声门突然关闭,而发出"嗝"声。随着小孩的成长,神经系统发育逐渐完善,打嗝现象也会逐渐减少。因此,家长不必为小孩打嗝而惊恐。打嗝时可以给小孩喝些温开水,或者抱起轻轻拍背部,打嗝便可止住。

但无缘无故的打嗝也可能是某些病症的先兆,如胃炎、胃充气过多、支气管炎、食道癌等。如果某人脑部有病,再频繁地打嗝,那就危险了,应及时到医院治疗,不可掉以轻心。

### 人打喷嚏

在我国古代的《诗经》中曾有过"愿言则嚏"的记载,宋代诗人苏东坡也曾写过"白发苍颜谁肯记,晓来频嚏为何人"的诗句。其中的含义都是说打喷嚏与思念有关。其实,两者之间是风马牛不相及的。那么,人为什么会打喷嚏呢?

当某些气体或异物刺激了我们的鼻腔黏膜感受器后,这种刺激通过神经反射,促使人先深吸一口气,然后以一种急速而有力的呼气喷射出来,这就是喷嚏。

据测定:一个喷嚏中可以有近200万滴极细小的飞沫,如果一个感冒患者打喷嚏,他能一次性喷出几千万个病菌。因此,打喷嚏可以把体内有害物质"驱逐出境",是人体自卫的一种本能。当然,感冒流行时患者频频打喷嚏,空气中会弥漫大量的病菌,体质较弱、抵抗能力差的人呼吸了这样的空气,就难免会患感冒了。

### 流清水鼻涕

人在着凉后,往往会流清水鼻涕,这是怎么回事呢?

要想弄清这个问题,首先得了解人的鼻子的构造。鼻是呼吸道的开始部分,也是嗅觉器官,分外鼻、鼻腔和鼻旁窦3部分。鼻中的腔隙叫鼻腔,鼻腔内表面上有一层完整的黏膜,黏膜中有很多黏液腺和丰富的微血管网,平时不断地分泌一些黏液和水分,分泌数量的多少,与空气干、湿程度有关。在正常情况下,鼻黏膜分泌的液体,大致与空气进出鼻腔时的水分蒸发速度相当,换言之,空气进出鼻腔时带走多少水分,鼻黏膜就分泌多少液体。因此,一个健康人平时一般不会流清水鼻涕。

鼻黏膜分泌的液体具有多种功能。首先,它可以湿润进入肺部的空气,免得空气过于干燥伤害肺脏;其次,它含有很黏的液体,均匀分布在鼻黏膜的表面,使进入鼻腔的灰尘和微生物都被粘住,防止灰尘和微生物侵入肺部;最后,黏液中还含有溶菌酶,能将粘住的细菌溶解并杀死。

为什么有时鼻黏膜分泌的液体会多得流出来呢?有以下几种情况。

第一,当鼻黏膜不能战胜某些微生物或异物,导致呼吸系统发生感染的初期,如患感冒、麻疹、猩红热或急性鼻炎时,就会流清水鼻涕,借以冲走部分微生物。

第二，当天气寒冷，穿衣较少时，鼻黏膜丰富的微血管网无法使吸入的空气暖和到足够的程度，只能靠分泌大量液体来帮忙。这些液体刚分泌出来时是较暖的，而被吸入的冷空气吸收掉热量后就变凉了，所以流出的鼻涕是冷的。

第三，当身体抵抗力降低时，鼻腔对冷气流过敏，本能地做出反应，流出大量的清水鼻涕。

由此可见，流清水鼻涕是人体的一种防御性生理反应。只要积极锻炼身体，增强身体对冷的适应能力，就能减少或治愈流清水鼻涕的现象。

### 人体黑痣

新生儿通常没有黑痣，后来，逐渐长大，黑痣也慢慢显出来了。这是什么原因呢？

我们身上的皮肤由表皮、真皮、皮下组织所组成。黑痣是从表皮和真皮之间长出来的，是茶褐色的黑色素细胞大量集聚在一起形成的。这种黑色素的量，决定了人的肤色。东方人比西方人黑是因为东方人身上的黑色素多。

长黑痣的原因是：①长期过度的紫外线照射，使黑色素大量产生不易排除。②皮肤的老化使角质层异常堆积，黑色素不易分解代谢。③遗传体质，这也是一个重要因素，有些人终其一生脸庞都没有任何斑点，但有些人却容易长雀斑、肝斑等，这除了后天环境影响外，先天体质也是主因。

长黑痣，并不是什么病，不要担心。可是，黑痣长得很快，或者黑痣表面破了、出血，或者像长在脚底上那样容易受刺激的地方，那就需要去看医生了。

### 人体脉搏

当你把左手自然地平放在桌面上，掌心向上，用右手的食指、中指、无名指搭在左手腕靠近大拇指的一侧时，你会感到手指上有一跳一跳的感觉，这就是脉搏。这时你所搭的是桡动脉。此外，在头上、颈部、腹部、脚上都可以摸到脉搏。脉搏是怎么产生的呢？

脉搏是由心脏的收缩和舒张引起的。当心脏收缩时，心室里的血液猛地朝动脉血管里冲去，由于血管腔较小，大量血液冲进来使血管壁扩张；当心脏舒张时，血液进入血管的速度较为缓慢，这时血管壁借助于自身较好的弹性回缩。心脏有节律地收缩和舒张，血管壁也有节律地扩张、回缩，这就是血管的搏动。这种搏动能沿着血管壁不断地向前传播，因此，我们在身体的许多部位都能摸到脉搏。

一般情况下，摸静脉血管感觉不到脉搏，这是因为静脉血管管腔较大、血流速度慢、管壁较薄、弹性不足等。因此，准确地说：我们能摸到的是动脉脉搏。

正常人的脉搏和心跳是一致的。脉搏的频率受年龄和性别的影响，婴儿每分钟120~140 次，幼儿每分钟 90~100 次，学龄期儿童每分钟 80~90 次，成年人每分钟 70~80 次。另外，运动和情绪激动时可使脉搏增快，而休息、睡眠则使脉搏减慢。成人脉率每分钟超过 100 次，称为心动过速；每分钟低于 60 次，称为心动过缓。临床上有许多疾病，特别是心脏病可使脉搏发生变化。因此，测量脉搏对病人来讲是一个不可缺少的检查项目。中医更将诊脉作为诊治疾病的主要方法。

### 眼泪从哪儿来

人会哭,但哭不单纯是一种生理现象,它是人的一种情绪表露。人在悲痛时,生理上会产生一种条件反射,于是就抑制不住自己的情感,鼻子一酸,眼泪就流出来了。

眼泪是从哪里来的呢?在眼球外上方有泪腺,分泌出来的液体就是眼泪。眼泪是以血为原料,由泪腺加工而成,眼泪从泪腺中排出后,进入位于结膜内的泪囊,然后再排入泪管。眼泪中99%为水,还含有盐0.6%、能溶解细菌的溶菌酶、少量蛋白以及免疫球蛋白A等。在正常情况下,眼泪的分泌物量一般为足够湿润结膜与角膜表面,防止干燥为宜。如泪腺产生的眼泪过多,超过泪道正常排出量,跑出眼眶,流到面颊,就叫流泪。眼泪除湿润角膜和结膜防止干燥外,还有消毒和杀菌作用。另外,黑眼珠表面经常覆有薄薄的一层眼泪,能润湿角膜,使它不至于因直接暴露于空气中而干燥、混浊。

科学家经过多年研究后认为,哭泣有益于健康。流泪能使体内有害的毒素随着眼泪排出体外,防止积毒成疾。同时,哭泣也能使人心理得到平衡,消除心灵的创伤,有排忧解愁的功效。因此,不要总认为自己是个英雄好汉,有泪不轻流,这样反而会引起心血管病、胃溃疡、哮喘等各种疾病。

既然哭泣流泪不损害面子,而且还有益于健康,又何必强忍泪水呢?19世纪英国大作家狄更斯劝告人们:"扩张肺部,平息愤怒,增进眼部运动,请哭泣吧!"

### 晚上流盗汗

正常情况下,出汗是在高温下调节体温的重要措施。汗液是由汗腺分泌的。一般情况下,汗腺的分泌可能有两种情况:一种是由于热的刺激而引起,属全身性的,其意义为发散体热;另一种是由于精神紧张而引起,以手掌、脚底和腋窝为主,对体温调节意义不大。

至于盗汗(又称虚汗)则是一种病态反应。病人往往在半夜睡眠中出汗,醒来时才感觉浑身是汗。盗汗常见于比较严重的肺结核伴有血中毒的病人。在患有其他慢性长期消耗性疾病的人或因病导致体质虚弱的人身上,也可发生盗汗现象。

产生盗汗的基本原因,可能是一种细菌的毒素的刺激,引起汗腺分泌的异常,是汗孔开闭失常,使病人不能收敛汗液。至于为什么多半发生在晚上,主要的原因可能是病人在睡觉的时候循环、呼吸、排泄等新陈代谢速度比较低,但汗腺的分泌由于受着毒素或其他原因的刺激照常进行的缘故。

### 撞伤后为何会发青

我们走路不小心时往往会摔跤,不是头上起个包,就是膝盖上受点伤。虽然有时不流血,但过了一段时间后,这些被撞的地方会变得乌青,而且这块青淤在以后的很长一段日子里才能消失。这是什么原因呢?

皮肤出现乌青是由于撞压、细菌或病毒感染等原因导致皮下毛细血管受损或毛细血管通透性提高使血管内的红细胞渗出到皮下或组织间隙形成淤血,从皮肤表面看就是乌青的瘀斑。由于人体内有一套完整的免疫系统,淤血出现后,各种吞噬细胞渗出血管到达患处,如中性粒细胞、淋巴细胞、巨噬细胞等,通过吞噬患处的坏死细胞并将其水解消化,于是几天后乌青慢慢消失。

### 看舌苔能知健康

如果人们的身体稍有不适,舌苔会首先发出警报。舌苔的变化预示着人们的身体健康或生病。例如,要是发烧头痛,舌苔肯定明显变厚。舌头前端发红,舌苔很薄、白亮、湿润,说明身体健康。你可以经常观察一下自己的舌苔,有病早发现。

舌苔颜色灰白、干燥,表明胃口不好。

舌苔发褐色,可能是胆汁或者静脉系统出了问题。

舌尖上长了一层白色的舌苔通常意味着得了胃黏膜炎。

舌头右边肿胀、变红,说明胆有毛病。

舌头左边特别红,可能是胰腺炎的前兆。

舌头中间出现白色舌苔,预示着十二指肠系统出了问题。

舌头后1/3部分长了白色舌苔,说明小肠和大肠有炎症。

舌头后部舌苔发黏,可能是得了肠溃疡。

舌头出现一层平滑的发红或者发黄的厚厚的舌苔,表明肝有病。

舌头发干、皲裂是糖尿病人的典型症状。

如果舌头从深红色变成淡蓝色,表示血液里缺氧。

舌头发干,舌苔较平、光滑,说明缺铁和贫血。

舌下端发青,反映人的心脏或肺有危险致命的疾病。

舌头苍白,那应该去查一下血。

舌灼痛是由许多原因引起的,比如精神思想负担太重、抑郁、内心痛苦、缺乏维生素B、甲状腺机能亢进、代谢障碍、患口腔真菌病等。

### 人的牙齿

当你张开嘴照镜子时,会发现牙齿有很多样子,有的是扁的,有的是尖的,还有的是圆的。牙齿怎么会长成不同的形状呢?原来它们是有各自分工的。

首先来说门牙。门牙又可以叫作"切牙",一共有4对,主管切断食物的。例如在我们吃饼的时候,总是先把它咬下来一块再嚼烂。咬下一块饼,这就是门牙的工作,所以门牙就要长成又扁又宽的,就像菜刀一样,切断食物。

另外,在嘴角两边的附近各有一对尖尖的牙齿,叫作"尖牙",也可以叫作"犬齿"。尖牙有撕碎食物的功能。比如,你吃鸡腿的时候,肯定是拿起鸡腿放在嘴角,先用尖牙把鸡肉撕下来,再细细地嚼。人的尖牙比老虎、狮子的尖牙小得多。老虎、狮子有4颗又长又尖的牙齿露在嘴外,因为它们是野兽,吃的是生肉,就必须要有又长又尖的牙齿来把生肉撕碎。而人的尖牙就不用这么厉害了。

后牙在牙床的左、右、上、下,一共有20颗,是圆的,和盘子一样,所以我们把后牙叫作"盘牙",也可以叫作"臼齿"。事实上,把它们看成磨豆腐的磨盘更为恰当,因为它们长得很圆,上面还许多凹沟,上下牙一咬一磨,食物就会被嚼碎磨细,这不像磨盘吗?所以医学上也把它们叫作"磨牙"。

牙齿能把食物切断、撕碎和磨细。但如果用牙咬太硬的东西,比如咬核桃、开汽水瓶盖等,就会把牙齿碰掉一块甚至碎掉。但如果只吃很软的食物,又会让牙齿和颌骨发育不好。所以,我们不要用牙咬太硬的东西,但要常常吃一些比较粗糙耐嚼的东西,如软骨、锅巴、杂粮等,在吃的时候要细嚼慢咽,让牙齿、牙槽骨和颌骨等得到适当的刺激和必要的锻炼。

### "回光返照"

病人临终前常常有回光返照现象。中医学上把一个人走完人生旅程,于临终前出现的"回光返照"现象又称为"残灯复明"。

回光返照是一种较普遍的临终现象,尤其在一些生病时间较长的病人身上,更是常见。所以医生都有这方面的经验,当一些危重的病人突然一反常态,从昏迷中清醒过来,变得有精神时,往往就是生命活动即将停止的预兆。

人在临死前为什么会回光返照呢?现代医学理论认为,回光返照是人机体应激反应的一种表现。这主要是肾上腺分泌的激素所导致的。肾上腺是一对非常重要的内分泌腺体,按结构分为皮质和髓质。皮质分泌糖皮质激素和盐皮质激素。其中糖皮质激素主要用于"应急",它能通过抗炎症、抗毒素、抗休克、抗过敏等方式,迅速缓解症状,帮助病人度过危险期。肾上腺髓质则分泌肾上腺素和去甲肾上腺素,它们皆能兴奋心脏、收缩血管、升高血压,因此能够挽救休克。

人在濒临死亡的时候,在大脑皮质的控制下,迅速指示肾上腺皮质和髓质分泌以上诸多激素,这就调动了全身的一切积极因素,使病人由昏迷转为清醒,由不能说话转为能交谈数句,由不能进食转为要吃要喝,这些皆是在中枢神经指挥下的内分泌激素在起作用。但是,这种作用毕竟是短暂的,由于没有从根本上治愈疾病,所以还是免不了死亡。这可以看作是为延长生命,人体所做的最后努力。

有些学者还认为回光返照的原因之一是人在濒临死亡时,脑中会释放出一种称为内啡肽(内源性吗啡样物质与内源性鸦片样物质的总称)的活性物质。它会使临死的人神志特别清醒,产生复杂的心理反应,例如异常愉快、不自觉的回忆、豁然开朗的心境、脱壳而出般的飘飘感等。这些学者认为,"鸟之将亡,其鸣也哀;人之将死,其言也善",这句古话的科学根据可能也在这里。

回光返照在临床上有一定意义。如病人急于想见的人尚在路途中,可延长一段生命以实现病人的凤愿;病人尚有话没有交代完毕,也可延长一段时间让病人把话说完。如能争取更多的时间,使"治本"的药物生效,则将能从根本上挽救病人的生命,那么就会变"回光返照"为"起死回生",这是医生们孜孜以求的奋斗目标。

### 濒死体验

早在 20 世纪初,一个叫伯恩特的德国医生就曾下过决心,要弄明白人们死后的感觉是怎样的,详细对曾徘徊在生死边界的人们进行了调查后,他发现死而复生的人们在进入死亡世界后首先体验到的是一种强烈的欣喜之情。

一位名叫阿诺德的人曾掉落到阿尔卑斯山的峡谷中,在下跌了 300 米后,他的身体落在树枝上,并在生死边缘徘徊几天之久。他回忆说:"我觉得自己下坠的过程很长很长,我感到一阵强烈的欣喜,我一生中从来没有过那么好的感觉。"

据介绍，面对死亡的威胁时，一个人能够在一秒钟的时间内回忆起整个一生中发生的所有事情。一位司机回忆说，当他的卡车从桥上掉下去时，他"想起了一生中所有的事情，栩栩如生，和真的一样。我想起自己2岁时怎样跟在父亲身后走在河岸上；我想到5岁时我的玩具车怎样被弄坏了；我还想到第一次上学时我怎样号啕大哭；我记起上学时所在的每一个年级，教过我的每一个老帅，然后我的记忆进入了成年后的日子。我在一秒钟之内看到了所有这些景象，然后一切都结束了，我的卡车已经完全坠毁了，但我居然安然无恙，我从摔碎的挡风玻璃框中跳出来。"他还说："我能想起自己看到的所有景象，这要花15分钟，可是当时所有那一切都发生在短短的一秒钟之内。"

濒死体验在东、西方同样存在，而且具体内容惊人的一致。我国神经医学专家也曾对此进行深入研究。

天津安定医院的冯志颖和刘建勋教授曾随机选取100位唐山地震中濒临死亡，后经抢救脱险的截瘫病人进行调查，结果发现这些濒死体验有半数以上有意识脱离躯体感，思维特别清晰，身体陌生感，仿佛是梦幻，走向死亡感、平静和宽慰感、生活回顾或"全景回忆"及思维过程加快的体验。可见关于人的濒死体验，东西方体现出惊人的一致。

据报道，心理社会学家肯尼斯·赖因格将临床死亡后经过救生法抢救又死而复生的人叙述的这种奇特的濒死经验基本归纳为五大阶段。

第一阶段，安详和轻松。持这种说法的人约占57%，其中大多数人有较强的适应力，觉得自己在随风飘荡，当飘到一片黑暗中时，心里感到极度的平静、安详和轻松。

第二阶段，意识逸出体外。有这种意识的人占35%，他们大多数觉得自己的意识游离到了天花板上或半空中，许多人还觉得自己的身体形象脱离了自己的躯体，这种自身形象有时还会返回躯体。

第三阶段，通过黑洞。持这种说法的人占23%，他们觉得自己被一股旋风吸到了一个巨大的黑洞口，并且在黑洞中急速地向前冲去，感觉自己的身体被牵拉、挤压，这时他们的心情更加平静。

第四阶段，与亲朋好友欢聚。黑洞尽头隐隐约约闪烁着一束光线，当他们接近这束光线时，觉得它给予自己一种纯洁的感情。亲朋好友们都在洞口迎接自己，他们有的是活人，有的早已去世，唯一相同的是他们全都形象高大，绚丽多彩，光环萦绕。这时，自己的一生中的重大经历在眼前一幕一幕地飞逝而过，其中大多数是令人愉快的重要事件。

第五阶段，与宇宙合而为一。持这种说法的人占10%，刹那间，觉得自己犹如同宇宙融合在一起，同时得到了一种最完美的感情。

濒死体验出现的原因尚未查清，我国专家正拟从可预期死亡入手，继续研究濒死体验，并将成果用于精神疾病的治疗。

# 航天

## 火箭

### 火箭的发明

　　双耳失聪的齐奥尔科夫斯基是苏联一名科学家、科幻作家，他对火箭理论的研究和发展做出了巨大的贡献，被誉为"宇航天文学之父"。巨大的火箭动力应当是液体火箭发动机，这一在航天技术上有突破性的观点就是由他首先提出来的。他设计了用液体火箭发动机做动力的飞行器草图，并设想用煤油和液氧作为燃料来推进火箭飞行。

　　美国"火箭之父"戈达德设计了最早试验成功的火箭。他于 1920 年进行了煤油和液氧发动机的试验，1926 年，第一枚发射成功的火箭其射程达55 米。

火箭

　　1931 年，苏联成立了"反作用研究小组"，于1932 年开始研制火箭，并于 1933 年成功发射了苏联第一枚液体火箭。

　　1942 年 10 月，德国首次试验成功 V-2 火箭。V-2 火箭的成功在现代火箭史上有划时代的意义。现在，火箭和导弹的射程、推力、精度已远远超过了以往研制的火箭和导弹，但它们都源于 V-2 火箭，并处处留有 V-2 火箭的痕迹与特征。

### 火箭用的燃料

　　我们做饭、烧菜，要用木柴、煤等来做燃料。然而，发射人造卫星的火箭是不可能用普通燃料的。因为火箭必须具有很高的速度，它要求燃料体积小、重量轻，但发出的热量却要大，这样才能减轻火箭的质量，并产生很大的推力。同时，它还要求燃料具备容易控制、作用时间较长等条件。

　　那么，什么样的燃料才能满足这些要求呢？

　　固体燃料的燃烧很剧烈，能产生很大的推力，如无烟火药等。但固体燃料有不少缺点，主要是作用时间短，推力也不易控制。而液体燃料比固体的火药要在这方面优越得多。因为液体燃料，如煤油、酒精、液氧、液氢等物质燃烧时，所放出的能量较大，推动力也就大，并且，它的燃烧时间可长达几分钟或几十分钟，而且比较容易控制。所以，目前发射人造卫星的火箭大多数都采用高能液体燃料，如液氧和煤油、四氧化二氮和偏二甲

肼等组合起来使用。

近年来,由于新型固体燃料的出现,固体燃料又有了新的发展,可以逐步和液体燃料相媲美了。

除了燃料外,火箭还得带助燃物质。因为发射卫星和飞船的火箭,要飞到空气十分稀薄的高空,不可能像在地面上那样有氧气助燃,也不可能带一般所用的氧气瓶,因为太笨重。因此火箭上的助燃物质通常是采用经过压缩的氧气等,它的温度接近零下一二百摄氏度。在这样低温下,许多材料都变得很脆,平时很坚固的钢铁,这时脆得很容易破裂,根本经受不住火箭起飞时的震动,所以助燃物质的贮存和携带还是一个不太容易的事。

关于火箭的燃料问题,有人会部原子能的能量不是很大吗? 为什么不用来作为火箭的燃料呢? 用原子能做燃料的"原子火箭"确实是令人向往的。原子能有许多优点,如体积小、能量大,它比相同质量的化学燃料的能量要大几千万倍。但是,它也有难以控制和防护的一面。因此,目前原子火箭仅处于研究阶段,尚有许多技术问题有待今后解决。但毫无疑问,原子火箭将是今后火箭发展的方向。

### 火箭的飞行方向控制

在火箭的飞行过程中,怎样控制火箭的飞行方向呢?

开始有人这样设计,把定向舵安置在火箭的喷气口的尾部:当舵片转到与火箭前进方向成一个角度时,由于从喷气口高速喷出的燃料有一部分改变了方向,不与火箭前进的方向成一条直线,火箭就会转向。这样的定向舵最少要有两个,分别控制不同的方向。这种方案虽然解决了控制火箭的飞行方向,但有严重的缺点,就不管火箭需不需要转向,从火箭内部高速喷出的燃料一直都碰到舵片上,以致大大损失了火箭前进的能量。这种方案还要求舵片必须比外壳更能耐高温。

用什么方法既能控制火箭的飞行方向,又能克服上面方案的缺点呢? 有人提出新的方案,把发动机或者喷气口设计成可以绕轴转动的。控制火箭飞行方向的原理都是喷气方向。发动机或者喷气口只需转很小的角度,就可以使火箭飞行方向改变。这种方案推力损失很小,克服了在喷气口后部加舵片损失火箭能量的缺点。

现代的火箭实际上往往不止一个喷口。例如,底部中央有一个主喷气口是固定不转动的,在主喷气口的周围有几个辅助喷气口,辅助喷气口可以转动,改变喷气方向,控制火箭飞行方向。

在火箭飞行中,定基准方向是个重要问题。例如定不准基准方向,就不知道卫星是否偏离预定的飞行路线,也就不可能把卫星送入预定轨道。在地面上,定基准方向比较容易。例如,用铅垂线可以定出与地平面垂直的方向。可是,在发射卫星过程中,火箭发动时是"超重"状态,火箭停止发动时是"失重"状态,用铅垂线定垂直于地平面的方向就行不通。

那么发射卫星时又怎样定出基准方向呢? 通常采用的是陀螺仪,比如激光陀螺仪等。高速旋转的陀螺在摩擦力很小的情况下,它的旋转轴线方向十分稳定。火箭设计师把陀螺仪安置在"常平架"上,把陀螺仪转起来,不管火箭在空中指向何方,它的旋转轴始终指着一个固定的方向。因此用陀螺仪作为火箭基准方向,火箭飞行方向稍稍有了偏离,由于陀螺仪旋转轴不变,就可以通过机械或光把方向调整到所需要的方向上来。

### 火箭起飞后为何要转动

我们观察火箭发射的过程,往往看到火箭起飞后是要转动的,这是为什么呢？这是因为有时我们不需要它向东飞行。尽管这是可以利用地球旋转加速度的最佳方向,但因为航天器所要执行的任务有所不同,要飞达的目的地也有所不同,有时就用不上地球旋转加速度的帮助。

例如,想要借助航天飞机观测南极上空的臭氧洞,就应选择接近极地的那条轨道。如果要发射一颗间谍卫星,那么也应该选择靠近两极的轨道,因为在地球旋转的过程中,从这条轨道上可以看到地球的大部分,观察所有的潜在之敌。但如果通信服务对象都在赤道圈周围,当然会选择赤道上方的这条轨道。

运载火箭上的航天飞机所要执行的使命决定了它所要飞行的轨道。该轨道对赤道的倾斜程度称之为倾度,发射角度就取决于这个倾度。如果航天飞机所要执行的任务决定了它需要一条高倾度的轨道(朝两个极点倾斜),火箭就朝着东北方向发射。而如果需要的是一条小倾度的轨道,火箭的发射方向就将是正东。

正是出于不同的任务对于轨道倾度的不同需求,火箭在发射后会转动尾部以调整其飞行角度,从而沿正确的方向进入预定轨道。

### 火箭为何垂直发射

要把卫星和飞船送入太空,运载火箭可是头号大功臣。可是,为什么火箭都是采用垂直发射的方式呢？

第一,运载火箭的体型一般都很庞大,如果倾斜发射就得有一条比火箭体更长的滑行轨道。这种滑轨不仅相当笨重,稳定性差,而且发射时所产生的振动还会影响火箭的发射精度。更何况火箭点火后,尾部会喷射出高温、高速、高压燃气流,因此还需要有一个相当大的安全区。

第二,火箭绝大部分飞行时间是在大气层以外的空间,垂直发射有利于它迅速穿过大气层,减少因空气阻力造成的飞行速度的损失。

第三,采用垂直发射可以简化发射设备,而且能够很方便地使竖立在发射台上的火箭在360°范围内移动。从而满足改变射向的需要,并保证火箭系统的稳定性和隐蔽性。

第四,大型运载火箭一般采用液体推进剂,垂直状态发射便于推进剂的精确加注或泄出。

第五,火箭垂直放置在发射台上,发射时只要推力稍微超过起飞重量,火箭就可以腾空而起了。因此,垂直发射对于火箭的加速和能量的利用都是十分有利的。

### 航天运载火箭

根据物理学知识,要使卫星或飞船克服地球引力,进入环绕地球的轨道运行,需要达到7.9千米/秒的第一宇宙速度才行;要使飞船或星际探测器摆脱地球引力的束缚,实现太阳系内的星际航行,进行科学考察,需要达到11.2千米/秒的第二宇宙速度才行;要使星际探测器摆脱太阳的引力,到太阳系外去银河系探索宇宙的奥秘,则需要达到16.6千米/秒的第三宇宙速度。在目前技术条件下,要达到这么高的速度,只有利用火箭推动,而且单级火箭是无能为力的,要依靠多级火箭。所以,运载火箭都是多级的,又细分有两级的,三级的,也有四级的。

火箭实际上是一种无人驾驶的飞行器。火箭的原理就是动量守恒原理,作用力与反作用力成对出现便产生推力而运行。运载火箭又称空间运载工具,它的任务是把有效载荷(如人造地球卫星、宇宙飞船、星际探测器、太空轨道站等)送入空间轨道,去执行它们各自的使命。

### 运载火箭的结构

从 20 世纪 50 年代中期至今,世界各国研制的运载火箭不下数十种,它们大小不等,形状各异,但就结构形式来说都是多级组合。多级组合的运载火箭各级之间的连接方式有串联、并联和串并联三种。串联式火箭就是把几枚单级火箭进行首尾相接的组合。并联式火箭又叫捆绑式火箭,它是把较大的一枚单级火箭放置中央,称为芯级,在其周围再捆绑若干枚助推火箭或助推器(称之为助推级)。串并联式火箭与并联式火箭的区别在于它的芯级不是一枚单级火箭,而是用串联的多级火箭作为芯级。

整个运载火箭是安装有效载荷、飞行控制系统、动力装置等箭上设备,并将它们连成一个有机整体的框架系统。这个结构系统不仅肩负着火箭在运输、发射和飞行过程中承受各种外力,保护箭内仪器设备不受损害的任务,而且还要求具有流线型的光滑外壳,使其具有良好的空气动力外形和飞行性能。对一枚大型多级火箭而言,其箭体结构通常由有效载荷舱、整流罩仪器舱、氧化剂贮箱、燃料贮箱、级间段、发动机推力结构,尾舱和分离机构等组成。

有效载荷舱一般位于运载火箭的顶端,它是安放卫星、飞船等有效载荷的地方。整流罩是保护有效载荷的火箭外壳。在有效载荷与箭体分离前,整流罩将按照控制系统的命令在空中分开抛弃。仪器舱一般在有效载荷舱的下面,它是安装飞行控制系统主要仪器设备的专用舱段。氧化剂贮箱和燃料贮箱本身就是火箭外壳的一部分,是火箭的主要承力结构。而级间段则是多级火箭各级之间的连接构件。发动机推力结构除用于安装发动机外,还具有将发动机推力传给箭体的作用。尾舱在火箭的最下端,它既是发动机的保护罩,又是火箭竖立在发射台上的支撑构件。分离机构主要用于在火箭飞行过程中将已完成工作使命的助推火箭、整流罩等及时解锁和顺利地分离抛弃。

### 运载火箭的大小与重量

运载火箭的大小是由飞行任务要求的有效载荷和飞行轨道决定的。如果飞行轨道相同,则有效载荷越大,起飞重量就越大。如果有效载荷不变,则飞行轨道越高,起飞重量就越大。

由于卫星和飞船等空间飞行器的轨道都比较高,质量较大,所以运载火箭都是一些身高体重的庞然大物。它们的质量少则几十吨,一般为一百多吨到几百吨,重的可达两三千吨;高度一般在 30 米左右,大的有 40~50 米,有的可达 100 多米;粗直径在 1 米以上,一般为 3 米左右,最粗的可达 10 米。通常,有效载荷占运载火箭起飞重量的 1%~2%。就是说,发射一颗 1 吨重的人造卫星,运载火箭就得有 50~100 吨重。这与飞机等运输工具相比,其运输效率是不高的。

### 运载火箭入轨控制

运载火箭从地面发射起到把有效载荷送入预定轨道止,称为发射阶段。在这一阶段所飞经的路线就叫作发射轨道。发射轨道一般分为加速飞行段、惯性飞行段和最后加速段。

发射前,运载火箭最后检验合格、准备完毕,载着卫星耸立在发射台上,由地面控制中心倒计时数到零便下令使第一级火箭发动机点火。在震天动地的轰鸣声中,火箭拔地而起,冉冉上升,加速飞行段由此开始了。经过几十秒钟,运载火箭开始按预定程序缓慢地向预定方向转弯;100多秒钟后,在70千米左右高度,第一级火箭发动机关机、分离;第二级接着点火,继续加速飞行。这时火箭已飞出大气层,可按程序抛掉卫星的整流罩。在火箭达到预定速度和高度时,第二级火箭发动机关机、分离,至此加速飞行段结束。随后,运载火箭靠已获得的能量,在地球引力作用下开始惯性飞行段,一直到与卫星预定轨道相切的位置止。此时,第三级火箭发动机点火工作,开始了最后加速段飞行。当加速到预定速度时,第三级发动机关机,卫星与火箭分离,进入预定轨道。至此,运载火箭的运载使命就全部完成了。

与上述发射轨道相比,发射地球同步卫星、载人登月飞船及星际探测器等的轨道要复杂得多,但原理上相似。

### 发射卫星要用多级火箭

环绕地球飞行的人造卫星和飞船,都是用火箭把它们带到天空中去的。怎样才能使卫星和飞船达到需要的飞行速度呢?

火箭是靠往后喷出的气体产生的反作用力前进的。气体喷出得愈快,火箭的前进速度也就愈快。要达到很高的飞行速度,除了要求有很高的喷气速度,还需要携带大量的燃料。如果喷气速度是每秒4000米,可获得每秒7.9千米的脱离速度,那么,火箭里要装等于它本身重15倍的燃料。怎样造出这样轻而又结实的火箭呢?

妥善的办法是使火箭在飞行中,随着燃料的消耗,把空余下来的船舱逐渐丢掉,这样就可以减轻在继续飞行途中的质量,大大提高飞行速度。这就是采用多级火箭的方案。现在发射的人造卫星和宇宙飞船,就是用多级火箭将它们带到空中去的。火箭设计师把3个火箭叠起来,个子最大、装燃料最多的第一级火箭在最下边。第一级火箭最先点火,当第一级火箭燃料烧完时,第二级火箭开始点火,同时,第一级火箭的外壳自动脱落,火箭变得轻了许多,就跑得更快了。然后依次是第二级、第三级火箭,每一级火箭的燃料全部烧完后,外壳就脱落下来,火箭变得更轻,跑得也更快。当第三级火箭的燃料全部烧完后,火箭与卫星脱离,卫星刚好进入轨道。

发射卫星采用多级火箭,就是为了促进事物从量变到质变,逐渐地获得更大的加速度,最后取得第一宇宙速度,达到发射的成功。

### 一箭多星的发射

一箭多星指的是用一枚火箭将两颗以上的卫星送入太空。1960年,美国首次用一枚火箭发射了 2 颗卫星；1961 年，又实现了用一枚火箭发射 3 颗卫星。苏联曾多次用 1 枚火箭发射 8 颗卫星。欧洲空间局在我国成功发射一箭三星之前，把一颗气象卫星和一颗试验卫星用一枚火箭送到了太空。

我国首次成功地发射一箭多星是在 1981 年 9 月 20 日。我国成功地用一枚运载火箭把 3 颗卫星同时送入地球轨道，这标志着我国是世界上第四个掌握一箭多星技术的国家。一箭多星是比较先进的技术。因为准备一次火箭发射，需要消耗大量的资金和人力，一箭多星能够降低成本，节省人力物力，取得较多的收益。况且在近地的同一轨道上，需要 2 颗以上的卫星在绕地运行的过程中互相配合地进行探测，一箭多星就是比较好的方式了。

## 人造卫星

### 人造地球卫星的发明

V-2 火箭是现代火箭的鼻祖。美、苏在第二次世界大战后，从德国弄来 V-2 火箭的资料、图纸和技术人员，在 V-2 火箭基础上，两国科学家开始发展各自的运载火箭和航天器。1957 年 10 月 4 日，苏联利用当时世界上最大的运载火箭，发射了世界上第一颗人造地球卫星，这颗人造卫星被取名为"斯普特尼克"号。从而，开创了航天史的新纪元，为人类开辟了登天之路。

人造卫星

苏联发射人造地球卫星成功的消息使美国朝野一时手足无措。其实，美国早在 1946 年就开始进行人造卫星可行性的研究，但美国总统直到 1955 年 7 月，才批准"先锋"号卫星发射计划，并打算 1957 年 7 月 1 日发射卫星。1957 年 12 月 6 日第一次发射的"先锋"号卫星，由于技术上的原因，并未成功。苏联两次人造卫星发射的成功刺激了美国政府，于是，美国加紧运载火箭的研制。在匆忙而又艰辛的研制工作结束后，美国在 1958 年 2 月 1 日，用"丘比特"运载火箭把"探险者"1 号卫星送上太空。这次发射主要由著名火箭专家布劳恩指挥、领导。

法国是继苏联、美国之后，第三个独立自主发射人造卫星的国家。法国于 1965 年 11 月 26 日，在哈尔圭尔发射场，用自制的"钻石 A"运载火箭，成功地发射了它的第一颗人造卫星，这颗人造卫星被命名为"试验卫星"1 号（A-1）。

日本是第四个进入太空的国家。日本于 1970 年 2 月 11 日，成功地发射了第一颗人造卫星，取名为"大隅"号。始于 20 世纪 60 年代中期的日本航天计划几经周折终获成功。

中国于 1970 年 4 月 24 日，用自己研制的"长征"1 号运载火箭，把"东方红"1 号卫星送上太空。因此，中国成为世界上第五个能独立发射卫星的国家。中国在位于西北的酒泉卫星发射场发射了"东方红"1 号卫星,这颗卫星直径约 1 米,近似球形,为多面体,重 173 千克。

苏联和美国发射人造地球卫星的成功,引发了许多国家对航天活动的热衷和关注,他们一心想发射人造地球卫星,但其技术力量和财力薄弱,没有能力独立自主地研制运载火箭,只能依靠苏联和美国的力量,或者借助于苏联和美国的运载火箭来发射自己的人造卫星。

人造卫星的用途很广。勘探卫星能测量地形,调查地面资源,勘探地下矿藏;气象卫星能拍摄大气示图,观测风向和风速;间谍卫星能搜集军事情报;实验卫星能帮助科学家在太空中做许多地面不能做的实验;救援卫星能搜寻到遇难者发出的求救信号等。

随着世界航空航天技术的发展,今天的人造卫星已形成一个种类繁多、用途广泛的大家族了。

### 人造卫星的发射

地球是由西向东旋转的,将人造卫星向东发射,就可以利用地球的惯性,好像"顺水推舟"一样,节省推力,从而节省燃料。地球运动的速度,随着纬度的不同是不一样的。一般说来,地球的运动速度随着纬度的增加而减小,赤道上的速度最大,南北两极为零。所以发射地点的纬度越高,火箭需要的推力也就越大。当然,卫星发射最理想的效果,就是顺着地球自转的方向,在赤道附近以倾角为 0°发射。

由于各国的地理纬度不同以及需要不同,火箭不可能全在赤道附近发射,发射方向也不能全都正好由西向东。比如偏向东南或东北,但总不能离开这个"东"字,这都是为了要尽量利用地球的自转惯性,节省推力。

### 人造卫星的回收

人造卫星回收是载人航天的基础,往往只需回收一个舱段,这个舱段叫回收舱。卫星的回收要经历 4 个阶段。

制动飞行阶段。先使回收舱与卫星本体分离,卫星本体留在轨道上继续运行,点燃回收舱段上的制动火箭,向运动方向喷气,实现减速和脱离原来轨道。

大气层外自由下降阶段。卫星下降到离地面 100 千米时,在重力作用下开始进入大气层。

再入大气层阶段。回收舱做成钝头的,以克服"激波"冲击,前端有再入罩,当摩擦生热达 7000~8000℃时,再入罩燃蚀保护回收舱。进入大气层后,回收舱急剧减速到 60 千米/小时~70 千米/小时。当回收舱处于地面以上 20 千米~30 千米高空时,撒下金属丝;15 千米高时,打开减速伞;5 千米高时,打开主伞,速度降到 15 米/秒以下。

地面回收段。地面发现卫星后,赶紧回收。回收方式有三种,即海上回收、陆上回收和空中回收。海上安全,陆上危险,空中最好。目前世界上能实现回收卫星的国家还很少。

### 人造卫星的轨道

把物体大水平方向以 7.9 千米/秒的速度抛出去,就能够环绕地球运行了。这叫环绕速度(即第一宇宙速度)。但这还没有挣脱地球的引力范围,不能飞离地球。如果继续增加物体的速度,那么物体虽然还不能挣脱地球的引力作用,但是运行轨道就不是圆形,而是被拉成较扁的椭圆了。速度越快,椭圆轨道就更扁更长。由于发射人造卫星的速度一般总比环绕速度要大(在 8 千米/秒~11.2 千米/秒之间),因此卫星飞到地球的另一边,总要远一些,轨道就变成椭圆形的了。当然,最大限度不能超过 11.2 千米,秒(也就是脱离速度,即第二宇宙速度),否则就会摆脱地球的引力而飞出去,像地球一样围绕太阳运行,成为人造行星了。

人造卫星的轨道是要根据发射的目的来选择的。有的是比较接近圆形的轨道,有的是椭圆形的轨道。例如,为了军事目的而发射的卫星和通信卫星,在卫星上装上照相机或电视,不能飞得太远,也不能使近点和远点相差太大,所以往往选择高度为 300 千米~400 千米的比较接近圆形的轨道。

如果是为了科学研究(研究地球不同高度上磁场的强度、大气压力、温度、密度,宇宙空间辐射的强度分布……),为了使探测范围更大些,那么就要求选择扁的轨道。我国第一颗人造卫星"东方红"1 号就装了许多科学仪器,进行科学研究,它的近地点是 439 千米,远地点是 2384 千米,所以是一个扁的椭圆轨道。我国 1971 年 3 月 3 日成功地发射的科学实验人造地球卫星,是一颗进行多种科学研究的卫星,它的近地点是 266 千米,远地点是 1826 千米,轨道又比第一颗卫星更扁了些。

### 人造卫星为何不会掉下

人造卫星有很多是用肉眼完全能看到的。由于它们离地球只有数百或数千千米,地球的阴影很容易遮住它们,所以,肉眼只能在黄昏和黎明时看到它们。

人造卫星是不会掉下来的。因为如果物体运行速度达为 7.9 千米/秒以上,就不会被地球的引力拉回地面。成功发射的人造卫星进入轨道时的速度都在 7.9 千米/秒以上。

### 人造卫星为何按轨道运行

人造卫星不像飞机那样,它本身没有发动机,没有驾驶员,也不像飞机那样可以在任何时候操纵,因此也不能使它升降、转弯、飞快或飞慢。当火箭把卫星送上高空,火箭燃料用完后,就跟卫星分离,这时卫星由于惯性和地心引力作用,按一定轨道继续运行。

怎样使人造卫星按预定的轨道运行的呢?关键是要掌握好它和火箭脱离并开始进入轨道那一瞬时的速度和方向。一般进入轨道的速度应在 8 千米/秒~11 千米/秒之间。在这个范围内,速度越小轨道就越接近圆形,速度越大轨道就越长越扁。速度的大小,主要决定于运载火箭的推力和级数,推力越大,级数越多,速度也就越大。卫星进入轨道的方向,就是火箭与卫星脱离时的飞行方向,这方向是可以由地面通过无线电来控制的。这样,就完全有可能使人造地球卫星按预定的轨道运行了。

要使卫星在预定的轨道上运行,是一个十分复杂的问题。从火箭发射到进入预定轨道,要求都很严格。要使卫星在高度为 250 千米的轨道中运行,如果要求高度误差不超过 10 千米,那么卫星进入轨道时的速度误差就要小于 0.2‰,角度误差要求小于 2.3°。美国就曾在这方面屡遭失败。日本在发射卫星时也遭到多次失败,它的第一颗卫星发射了多次才勉强送上去,而这颗卫星控制系统中很主要的部件(陀螺仪)还是美国制造的,而且它的轨道与预定轨道相差很多。

我国第一颗人造卫星和第二颗人造卫星(科学实验人造地球卫星),都一举发射成功,非常准确地进入预定轨道。

### 人造卫星的飞行速度

在观测人造卫星的过程中,人们发现卫星刚从地平线上不远的地方出现时,它运行得比较慢,以后就越来越快,在头顶附近跑得最快了,然后又逐渐慢下去,好像它要给人们多欣赏一会似的,最后才消失在地平线附近。

这是人的视觉错觉,还是卫星飞行本来如此呢?

一列火车在原野上奔驰,从远处看来,它显得并不怎么快。然而当你站在铁路、公路交叉口的拦道木边,火车就从眼前呼啸而过,速度极快。这就表明,运行着的同一物体,离我们越近,看起来运动得越快。同理,虽然卫星在相同的时间内移动的距离相同,但由于卫星在地平线附近时,离开观察者比在头顶时来得远,因此人们就感到卫星在地平线附近移动的速度,要比在头顶附近移动的速度来得小。也就是说,卫星越近头顶,我们就会觉得它跑得越快。一架飞机从地平线那边向头顶飞来,我们也会感到它的速度像是逐渐快起来的,道理也完全一样。

这是人造卫星在空中的飞行速度有快有慢的一种现象。另外,同一颗卫星,在不同日期里进行观测时,我们也会发现它在空中的飞行速度是不同的,这是卫星处在近地点和远地点的不同所引起的。人造卫星在空中运行轨道的形状是一个椭圆,因此它离开地球有时近、有时远。离地球最近的一点叫近地点,最远的一点叫远地点。

人造卫星也有自己运动的客观规律性,这就是卫星和地球中心的连接线在同样的时间内扫过的面积相等。这样,卫星离开地球越近就运动得越快,反之,运动得越慢。经计算,我国第一颗人造卫星刚发射时,在近地点的速度约为 8.1 千米/秒,远地点的速度约为 6.3 千米/秒。卫星轨道在空间的位置又是在不断移动,因此当卫星处在近地点附近时,我们观察起来就觉得它移动得比较快,而在另一次观察时,如果卫星处在远地点附近,我们观察起来就觉得它移动得比较慢。

当然,观测不同的卫星时,因为它们离开地球的高度不同,本身的运动速度也不相同,因此运行速度的快慢就更有所不同了。

## 飞船与航天飞机

### 飞船有哪几大类

飞船,就其外形来看并不像船,有的是圆柱体外面长着"翅膀",有的像中国古代的大钟,还有的像小孩玩的大陀螺。那为什么叫它飞船呢? 这是因为它作为一个运输工具(就像船航行在大海之间一样)往返于陆地与茫茫太空之间,所以,科学家们给它起了一个"飞船"的名字。

飞船按其用途分成 3 大类,即:不载人试验飞船(如我国的"神舟"1 号～"神舟"4

号）、载人飞船（如苏联的"东方"号、"联盟"号）和货运飞船（如俄罗斯的"进步"号）。如果按其飞行轨道分，又可分为卫星式飞船、登月飞船和行星际飞船。

飞船

不载人试验飞船是为确保载人上天的安全而研制的一个过渡型飞船，它的技术状态也就是说它的结构形式、设备状况等与载人飞船基本上一致，其目的是探测太空环境，考核船内环境能否适应航天员的需要且是否安全可靠，考验飞船从发射、轨道运行和返回着陆整个过程中飞船的防护能力以及进行一系列有关技术试验等。

载人飞船是在不载人试验飞船多次实际发射的基础上，经过改进完善的最终产物，是真正的用于天地往返的载人运输工具。

货运飞船比较简单，主要是给空间站上的航天员运送补给物资，比如，燃料、水、食物、氧气以及仪器设备等，由于这种飞船上没有人，所以就没有返回着陆系统和生命保障系统，是一次性使用的飞船。

### 载人飞船的发射难题

发射载人飞船与发射一般卫星或其他无人航天器相比，其技术难度要大得多。摆在载人飞船面前有三大难题：一是上得去，二是待得住，三是回得来。这 3 个问题看似简单，实际上要完全达到这些要求，技术难度还是相当大的。

上得去，要保证把载人飞船连人带飞船一并安全可靠地并准确地送入预定轨道。为了达到这一要求，除了要有足够大运载能力的火箭外，更重要的是运载火箭包括飞船本身都要有极高的可靠性和安全性。运载火箭不像电视机、电冰箱，甚至不像汽车等，坏了送去修理一下还能正常使用，火箭点火升空后，不是成功就是失败。俗话说，开弓没有回头箭，而且失败造成的损失往往无法估量。因此，为了确保万无一失，对于运载火箭和飞船，从设计的源头要把可靠性和安全性设计放在第一位，比如运载火箭的级数尽量少，火箭和飞船的关键部件必须是双备份或三备份，当一套设备出了故障后，备份设备即自动代替，以防万一。就像我们参加一项重要的考试时，本来准备一支笔就够用了，往往同时准备两支或三支甚至更多支，一旦一支笔出了问题，马上拿第二支笔答题，以保证考试的正常进行。另外飞船上天前，必须经过一系列极为严格的地面试验和模拟飞行，把所有的故障隐患暴露在发射前，并加以解决。实际上不载人试验飞船的发射，就是为了全面检验运载火箭和飞船的发射可靠性和安全性。

待得住，就是说飞船在预定的轨道上运行时，保证飞船及飞船上的所有设备都能在太空环境下正常工作，飞船上的航天员能够正常地工作和生活。实施起来技术难度是相当大的。因为太空环境和地球表面环境有着天壤之别。太空中高度真空，没有空气，温差极大，白天航天器朝太阳一面温度达 100 多℃，而背阴一面温度则为 -100 多℃。温度急剧变化，人体本身是难以承受的。在太空中还充满了宇宙辐射，这对人体是极其有害的。另外飞船在上升和返回过程中要承受很大的加速度、减速度、振动、冲击、噪声以及飞船上的失重环境,这些也会对人体造成极大影响。在如此恶劣的环境下,要保证航天员正常的工作和生活,飞船必须具备相应防护措施,比如飞船上要有一整套环境控制和生命保障系统,提供与地面相同的气压、氧气、氮气等,提供航天员一切生活必需品。如水、食物、睡眠用装备,还要排除废物、废气,保持舱内温度、湿度和清洁。同时飞船还要具备防辐射、防御流星体撞击的能力,要保持飞船的密封性等。这些功能都要花费极大的代价才能实现的。

回得来,是指载人飞船在轨道运行完成任务后,航天员乘坐的返回舱(有的称回收舱)安全、准确返回地面。前面提到把飞船发射上去很困难,但要飞船安全可靠地返回地面,也并不容易,在某种程度上似乎返回的技术难度会更大些。因为飞船返回地面要通过四道难关——过载关、烧蚀关、撞击关和落点关。飞船的返回轨道一般都分成4段:离轨段、过渡段、再入段和着陆段。而离轨段对飞船的精确控制,是解决落点精确度的关键。因为要使飞船离开原来运行的绕地球飞行轨道,就要改变飞船的运行速度和方向。改变运行速度,就要用飞船上的变轨动力系统或制动火箭,而且要严格控制加给飞船上的制动力,也就是说要精确地控制飞船速度的改变量。仅控制速度改变量还不够,还必须在制动前精确调整飞船的姿态角度——返回制动角。再就是制动火箭的点火时间,如果在近地轨道上制动火箭点火时间差1秒,落点位置就要相差9千米。所以,精确控制制动速度、制动角和制动火箭点火时间,是保证落点精确度的基本要素。如果这些技术问题不解决,就难过落点关。

**载人飞船的结构形式**

载人飞船是根据飞船要执行或完成什么任务而定,当然,随着发射飞船技术水平的不同以及国家科技水平的不同而有所不同。

载人飞船都采用积木构件的形式,一般分为两舱结构形式和三舱结构形式。早期的飞船都采用两舱结构,比如苏联的“东方”号载人飞船。现在的飞船多采用三舱结构,比如苏联的“联盟”号载人飞船。

两舱结构的飞船一般由座舱和服务舱两部分组成。座舱是飞船的返回部分,所以有时也叫返回舱。航天员从飞船发射、轨道运行和返回地面整个飞行过程中,都在这个座舱里。座舱外形常采用最简单的无翼大钝头体形状,采用这种外形,一是工程容易实现,也就是比较容易制造;二是再入大气层后的飞行稳定性比较好,过载也比较小。服务舱也叫作设备舱或仪器舱,它是用于容纳变轨发动机及发动机工作时需要的推进剂贮罐、气瓶,以及飞船在轨道运行过程中所需要的仪器设备、电源和天线等。服务舱段在座舱返回时被抛掉或继续留在太空成为太空垃圾或坠入大气层被烧毁。

三舱结构的飞船一般由轨道舱、返回舱和服务舱组成。而美国的“阿波罗”登月飞船是由指令舱、服务舱和登月舱组成。

轨道舱是飞船在轨道运行过程中航天员工作和生活的场所,它又分为工作区和生活区两部分。飞船上的仪器设备大部分安装在轨道舱里,如航天员出舱活动设备、交会对接设备、航天员生活用品和食品、生命保障系统等。轨道舱设计有舷窗,用于航天员对外观测。轨道舱和返回舱之间有通道相连,航天员可以在两舱之间往返活动。轨道舱还设计有与空间站对接的舱口和对接机构,当它与空间站对接后,航天员可以通过对接舱口进出空间站。轨道舱还设计有航天员出舱活动舱口(有的飞船该舱口与对接舱口共用),当航天员要出舱活动(太空行走)时,先在轨道舱里穿好航天服,带上安全绳及供气、供电管路,关上通往返回舱的闸门,打开排气阀门排净轨道舱内的空气,然后打开出舱口,就可出舱外活动了。航天员返回时,须按相反程序操作。轨道舱完成任务后仍留在太空不返回地面。

返回舱是飞船在上升和返回过程中航天员坐的地方,因此也叫座舱。飞船进行轨道机动(变轨)交会对接时,航天员也在这个舱内进行操纵,返回舱前端有一舱门和轨道舱相连。在轨道运行时,舱门通常是打开的,在上升段和返回段运行时是关闭的。返回舱设有环境控制和生命保障系统、航天员座椅、操纵面板和显示仪、降落伞、着陆缓冲小火箭以及调姿动力装置等。返回舱是飞船完成任务后返回地面的部分,因此,表面有抗烧蚀防热材料和隔热材料。

服务舱是安装飞船轨道飞行中所需要的仪器、设备、能源等的舱段。服务舱一般又分为两段,靠近返回舱的一段是密封舱,里面装有测量、通信、电源系统及各种定向、调节设备。另一段为非密封舱,装有机动飞行和制动发动机系统、推进剂贮箱、气瓶及辅助电源等。服务舱外还装有通信天线、交会对接的雷达、散热器和太阳能电池帆板。服务舱在返回轨道的过渡段被返回舱甩掉,之后在进入大气层的过程中被烧毁。

### 航天飞机的升空和降落

航天飞机是垂直升空、水平降落的。航天飞机是世界上第一种也是目前唯一一种可重复利用的航天运载器。航天飞机一般由轨道飞行器、一个大型的外挂燃料箱和两台固体火箭助推器三大部分组成。外挂燃料箱和固体火箭助推器都是很重的,它们足足有十几层楼那么高。

航天飞机挂了那么重的负担,当然无法像普通飞机那样水平滑跑起飞。它受到的空气阻力远远超过大型飞机。况且它携带的火箭发动机只能短时间工作,因此,航天飞机必须在最初一两分钟内垂直上升,尽快冲出稠密的低层大气。航天飞机先靠火箭助推器上升到几十千米高空,扔下两枚耗尽燃料的助推火箭。这些火箭用降落伞回收后可以重复使用。航天飞机再靠外挂燃料上升到 100 多千米的高度时,庞大的外燃料箱里的燃料也用完了,燃料箱就会自动坠落。这

航天飞机

时航天飞机本身的发动机足以把它送上几百千米高的轨道。当航天飞机返航时,早已摆脱了累赘的外挂物,就能像普通飞机一样水平降落了。

### 航天飞机的发动机

设计航天飞机的发动机的关键是选择工作循环问题,这其中有两个关键参数。一是比冲,这是发动机推力与每秒消耗燃料量之比,这个比值越高,说明发动机效率越高。二是推重比,这是发动机推力与其本身重量之比,这个比值越高越好,说明很轻的发动机能

产生很大的推力。

在航天飞机的发动机设计中,新的理念是把飞机作为发动机的一个部件来设计。如美国的国家未来航天飞机计划方案,是前机身起到把气流压缩,使气流减速增压,尾部就变成了发动机喷管的一部分。而发动机本身不需要有完整的喷管,有一部分是利用机身。这样做的效果可以使100吨重的飞机前面的气流经压缩产生向上的45吨力量;后面的喷流产生向上的压力能达到47.5吨。这样,靠前面的压缩和后面的喷流,就能产生达到飞机重量92.5%的升力,所以飞机只要稍微抬头,升力就足够了,甚至机翼都可以不要,单靠机身就能飞行。这也预示着今后的高超音速飞机必然把飞机和发动机结合起来一起设计。

### 宇航员的衣、食、住

1981年4月12日,美国航天飞机"哥伦比亚"号,经过54个小时航行,绕地球36周后,安全着陆。从此以后,人类便开始了频繁的航天飞行。

航天飞机是一种往返于地球表面与近地轨道(高度为几百千米)之间,并能重复使用和载人的航天器。航天飞机内有可供3~17人使用的驾驶舱和生活舱。航天飞机在高于地球几百千米的宇宙飞行,人处于失重状态,所以在其中工作的宇航员的衣、食、住讲起来也饶有趣味。

宇航员穿的衣服称为"宇航服"。做宇航服用的衣料必须十分坚韧、结实,要耐高温,不怕燃料,又要耐低温。要符合这些条件,需要用一种叫作"芳纶"的特种合成纤维。用这种纤维做成的宇航服,连续屈挠弯折24小时,每平方厘米经受175千克的压力,强力仍能保持原有性能的90%。将此服投入烈火中或放置于-100℃的低温中,它仍然安全无恙。

在航行中,宇航员会受到宇宙射线的辐射,同时还会受到离子化气体,如臭氧层气体的侵蚀,因此,宇航服还需要经过防止辐射、防止透气和防止腐蚀的涂层处理。这些处理使织物表现特别平滑而又有强烈的反射功能。

此外,宇航服必须能够控制原有的服装形状,如果没有这种构形的控制力,在失重的状态下,宇航服就会产生上下、正反不分的情况,就会发生在地面上想象不到的各种奇怪变形,从而妨碍宇航员的操作活动。

宇航员的食品,都是在地面上加工好了的。早期升空的宇航员都食用一种像"牙膏"一样的袋装食品。近几年,宇航员食用方法有了改变,使用了刀叉进食,主菜包括一些美味食品,如水虾、火鸡、牛排、鸡肉面以及各种蔬菜。这些东西是脱水以后装在塑料袋中的,食用时,用一支专门的打水枪把水注入袋中,再把它放在一个轻便加热器上加热,然后便可食用。

宇航员是在睡袋中睡觉的。睡前宇航员必须将自己捆绑在小柜上或飞行甲板的弹射座椅上,还必须戴上特制的眼罩和耳塞,帮助入睡。万一失眠,可以服用镇静剂。

宇航员的这些奇特的生活方式,都是为了适应太空里的失重情况,是被逼出来的,而生活在地球上的人一般是无法体会到的。不过如果你有机会进入宇宙实验舱,倒也可以体验体验。

## 航天技术

### 航天器的发射

航天器包括宇宙飞船、各类用途人造卫星、可重复使用的航天飞机等。这些航天器之所以叫"航天"器，是因为它们都在大气层外太空环境飞行的。一般都是以第一宇宙速度或超过第一宇宙速度飞行的。

那么如何将这些航天器穿越地球大气层送入太空呢？这就需使用运载火箭将之运载到外太空，然后实现航天飞行。目前而言必须使用运载火箭，以后将研制新型的运载工具，其工作原理可能完全不同于火箭原理。那么运载火箭是如何将航天器送入太空呢？一般而言，航天器用运载火箭送入太

航天器

空，航天器一般是放在火箭顶端被"顶入"太空的，而像航天飞机之类的航天器是背驮在火箭身上的。一般讲，目前火箭发射方式有 4 种方式——地面发射、海上发射、空中发射、地下发射。

航天器的发射问题至关重要，为了探索宇宙，开发太空，就必须向外太空送去飞船、太空站、探测器、卫星等等。目前最常规使用的动力源就是运载火箭（不管是哪种发射方式）。以后为了更远的飞行，飞出太阳系，飞出银河系乃至更远的宇宙，只用目前的以化学能源为动力的火箭作运载工具是不够的，还必须开发新的能源形式的宇宙飞船运载工具，甚至核能源都不够用，必须开发光子火箭、离子火箭、反物质火箭或其他更新工作原理的火箭。

### 地面发射

火箭的地面发射主要是在地面发射中心进行的。地面发射中心选在合适的纬度和经度上，设有地面发射场和发射控制室。发射场上竖有高大的发射架，发射架上装有承载火箭的支架和固定火箭的机械手。火箭发射前先用运载车运抵发射场，然后竖立到发射架上，经检查一切顺当后，才进入发射程序。发射控制室经过计算机倒计时数秒控制，当数到"0"时便控制火箭起飞。一级火箭燃烧室燃烧喷出的烟雾、火舌如火山喷发，当推力达到一定时，火箭便启动缓缓上升，这时机械臂张开，火箭获得自由而直冲蓝天，接着第二级火箭点火，再后第三级火箭点火，将所带航天器送入太空，经过以后的地面站跟踪测试，火箭入轨和变轨，最终使航天器（飞船或卫星）进入原设计的轨道上。

### 地下发射

火箭地下发射方式有两种含义。一种是为了军事保密，将火箭发射场设于地下隐藏

起来,称"发射井",当要发射时,将井盖打开发射,实际与地面发射原理相同。而另一种地下发射是新概念——利用压缩空气从地下深处将运载火箭弹射出去。这一想法是日本在 20 世纪 90 年代提出来的。这一构思主要为:在地下挖一个 2000 米深、10 米直径的竖坑,从它的底部发射运载火箭。在发射之际,先使用预藏在地下的压缩空气急速地推出运载火箭。当运载火箭推出地表后,立即点火发射升空。这种发射方式的优越性在于,不用燃烧推进剂就可使运载火箭获得很高的初速度,从而可以克服一般运载火箭的推进剂占总重量的 80%~90% 这一很不利的因素,大大节省能源。

### 空中发射

空中发射的构思是先将带有航天器的火箭用载荷量极大的飞机载入空中,然后在空中将火箭释放,当火箭远离飞机后再将火箭点火进行空中发射,然后经一级级火箭燃烧,最后将航天器送入太空。

这种方式中的典型方案是美国的"飞马"方案。"飞马"方案是由美国轨道科学公司早在 1986~1987 年间提出来的。它是采用 B-52 轰炸机携带"飞马"运载火箭到空中进行发射。发射过程是这样的:三级"飞马"运载火箭箭长 15 米,自重 18 吨,并且带箭翼;箭翼可提高箭体升力,且可使火箭的飞行轨道比较平稳。把它装在改装的 B-52 轰炸机的机翼下。要发射的卫星置于火箭的前端。当飞机飞到预定高度且达到预定速度时,释放"飞马"运载火箭。"飞马"运载火箭自由下落至高度比 B-52 飞机低 100 米时火箭第一级开始点火,然后陆续进行第二级、第三级点火,最终卫星便被送入了高度为 450 千米的运行轨道中。

空中发射方案极具灵活性,是今后宇航开发中重要的一种发射方式。

### 海上发射

海上发射是一种新的发射构想。其运作是先建一海上移动运载型火箭发射场,也可利用浮动式石油钻井平台,在移动平台的甲板上安装发射台,并把运载火箭装在它的上面。接着升起海底支柱,使平台浮起来,用多只拖轮向海面拖航数千米。然后,放下海底支柱以固定发射平台,竖起运载火箭。经检查后,操作人员离开海上发射平台,最终发射工作是在陆地遥控进行的。

海上发射有何优点呢? 首先从海上发射运载火箭有助于保护陆地环境,再者不需占用大面积土地,并可根据具体要求将发射平台移到最佳地点发射,还容易确保设施的安全距离和增加许多发射场。由于海上发射所具有的灵活性,因此,发射同步卫星、近轨卫星就可移到赤道附近发射。

### 航天测控网

发射出去的航天器,只有处于掌握之中,才能为人类服务。对航天器进行监视,是航天测控网的任务之一。

航天器发射后,需要完成实时或程序控制,使它到达预定的轨道并保持正确的姿态。航天器入轨后,必须测量和计算出它的实际轨道,然后将其输入航天器,依此修正航天器的程序控制时间;航天器的飞行轨道及各部分系统的工作和环境状态,需要进行跟踪测量和监视;有的航天器还有交会、机动、变轨和返回控制;航天器内部的各种遥测数据、它探测到的各种数据,以及载人航天器上航天员的生理状况、话音和电视信息等需要进行接收、记录和处理;对导航卫星等定位精度要求高的航天器,需要向用户提供准确的位置数据等等。完成上述跟踪测量、监视控制和信息交换的专用地面系统,叫航天测控网,即航天测控和数据采集网。

按照测控功能,航天测控网可分为3类。一是卫星测控网,主要为各种应用卫星和科学实验卫星服务;二是载人飞船测控网,它除了一般的测量和遥控遥测设备外,还配备有与航天员通话和传送电视的设备;三是探空网,它是为月球、行星和彗星等探测器服务的,它有大口径天线和高灵敏度的地面接收设备。

航天测控网的任务主要包括:跟踪测量和监视航天器的飞行轨道和工作状态;实时完成对航天器轨道和姿态的控制;接收和处理航天器发送的各种信息;对出现故障并可能造成危害的航天器实施安全自毁控制;向航天器用户提供航天器的有关信息。

### 航天器在太空中的对接

太空对接是指两个或两个以上的航天器(包括载人和不载人的航天器)在太空飞行过程中在预定的时间和轨道位置相会,并在结构上连接成一个整体,形成更大的航天器复合体,去完成特定任务。它主要由航天器控制系统和对接机构完成。太空对接是实现航天站、航天飞机、太空平台和空间运输系统的太空装配、回收、补给、维修、航天员交换及营救等在轨道上服务的先决条件。两个航天器要实现对接不是一件易事。它涉及很多方面。

对接飞行操作,根据航天员介入的程度和智能控制水平,可分为手控、遥控和自主3种方式。1966年3月16日,美国"双子星座"8号和"阿吉纳"号飞船在航天员参与下,成功实现了人类第一次太空驾驶飞船对接。

### 航天器在火星的着陆

火星上的大气极为稀薄,仅相当于地球大气的1%。所以航天器要在火星上着陆,还需要配备巨大的降落伞。

1971年,苏联的"火星"3号探测器成功地在火星上着陆。这是人类发送的第一个在火星上着陆的航天器。只是它着陆后只向地球发送了不到一个小时的信息,就再也没有信息了。

"火星"3号探测器着陆时是它的轨道舱和着陆舱先分离。轨道舱进入绕火星轨道运行。而着陆舱则点燃离轨发动机下降,进入稀薄的火星大气层;然后利用制动火箭展开减速伞,拉出大面积主伞,稳定下降至一定高度;接着再点燃缓冲火箭使主伞脱开,着陆舱进一步减速;最后,着陆舱的缓冲装置触及火星表面,实现软着陆。之后美国发射的"海盗"1号、"海盗"2号成功在火星着陆的过程与"火星"3号大致相同。

### 航天器如何克服"热障"

航天飞船从太空返回地球时,其飞行速度很高,能以约为7.9千米/秒的第一宇宙速度冲入大气层。这时,飞船的巨大动能在空气阻力作用下,将转变成热能,并产生很高的温度。在离地面 40 千米～50 千米时，贴近飞船表面的一层空气温度很高，能达到约 10000℃的温度，使飞船很容易被烧毁。这种需要克服的高温障碍叫"热障"。

返回式飞船等航天器如何才能克服"热障"并安全返回地球呢？陨石穿越太空到达地球的神奇经历给了科学家们以特殊的启迪。分析陨石的成分和结构发现，陨石表面虽然已经熔融，但内部的化学成分没有发生变化。这说明陨石在下落过程中，表面因摩擦生热达到几千摄氏度高温而熔融，但由于穿过大气层的时间很短，热量来不及传到陨石内部，从而保护了陨石内部。给航天器戴一顶用烧蚀材料制成"盔甲"，把摩擦产生的热量消耗在烧蚀材料的熔融、汽化等一系列物理和化学变化中，"丢卒保车"达到保护航天器的目的。

一位宇航员描述了航天飞船闯过热障的壮观景象：飞船进入大气层，首先从舷窗中看到烟雾，然后出现五彩缤纷的火焰，同时发出噼噼啪啪的声音。这是飞船头部的烧蚀材料在燃烧，它们牺牲了自己，把飞船内的温度始终维持在常温范围，保护飞船平安返回地面。

作为烧蚀材料，要求汽化热大，热容量大，绝热性好，向外界辐射热量的本领强。烧蚀材料有多种，陶瓷是其中的佼佼者，而纤维补强陶瓷材料是最佳选择。近年来，研制成功了许多用它们制成的碳化物、氮化物复合陶瓷，这些优异的烧蚀材料成为航天飞行器的"不破盔甲"。

### 航天器的"软着陆"技术

1997 年 7 月 4 日，美国采用特别的防护技术——防碰撞气袋，使"火星探路者"号火星探测器在火星表面成功"软着陆"。探测器所携带的 6 轮火星车"火星漫游者"号在防碰撞气袋的保护下毫发无伤地登上了火星表面，充分发挥了它作为这次探测任务主角的作用。这是人类的车辆首次在火星上行驶。

人类进军火星的第一步是使探测器掠过火星，在掠过火星期间用仪器对火星进行考察。第二步是向火星轨道发射探测器，使探测器环绕火星做长期观察。第三步是向火星表面发射探测器，使探测器放出着陆器在火星"软着陆"。

这次以"火星探路者"号为代表的火星探测第四阶段，主要目的是通过 6 轮火星车"火星漫游者"实现对火星较大范围的移动考察。这辆火星探测车是在地面工作人员的遥控之下工作的。

其实，早在掌握"软着陆"技术之前，人类还使用过"硬着陆"方法，也就是不对着陆器装备任何减速装置的撞毁式方法，利用着陆器坠毁"以身殉职"前的短暂时机进行探测。例如，人类航天史上第一个到达行星表面的探测器就是在金星"硬着陆"成功的，该探测器就是苏联于 1966 年 3 月 1 日发射的"金星"3 号探测器。

在这次探索火星的过程中，如果着陆失败，耗资 2.63 亿美元的"火星探路者"就会毁于一旦。于是开创了航天器"软着陆"的设计先河，首次采用了防碰撞气袋防护着陆法来实现软着陆。这种方法，说"软"却"硬"，似"硬"实"软"。

何谓防碰撞气袋防护着陆法呢？科学家们给"火星探路者"号着陆器穿上了一件由可充气气袋组成的蓬松外衣。当着陆器飞行至距火星表面 160 千米的高度时，由于制动火箭和减速降落伞的作用，着陆器的速度已减至 20 多米/秒，然后不再减速，就像是"硬着陆"一样直接冲向火星表面。着陆器的质量达 570 千克，以这样的速度撞在火星表面上，所产生的冲击力是巨大的，着陆器一定会因受到巨大冲击力而摔得七零八落。但就在距撞上火星表面还剩 8 秒钟的时候，装在着陆器外表面上的几十个气袋(每块面板上 6 个)同时充起气来，瞬间充气形成了一个直径达 6 米多的球体，"砰"的一声震动，大球体落到火星表面上，立即又被弹起将尽 20 米高，之后弹跳了 3 次，又滚动了 1.5 分钟才稳定下来。着陆器及其内部所携带的仪器却都安然无恙。

这个大球体气袋中的气体在着陆后几小时内被放掉，着陆器的面板打开，造价为 2500 万美元的火星车"火星漫游者"号驶下着陆器的坡道，在地面工作人员的遥控下，开始了火星上的科学考察工作。

这次利用防碰撞气袋"软着陆"成功的经验，为以后航天器的"软着陆"开辟了一条更加安全、简便、省钱的道路。科学探索的道路是无止境的，人类在这条道上一定会越走越宽广，世界航天技术也一定会越来越发达。

### 漂浮的空间站

空间站就是能在太空长期停留的航天器，或称"轨道站"。从苏联把"礼炮"1 号送入绕地轨道后，世界上已发射了 3 种类型的空间站。另外两种是美国的"天空实验室"和欧洲空间局的"空间实验室"。这 3 种空间站中的后两种都没有自身动力系统，因此，不能很长期地停留太空。

目前已上天的空间站实质上都不是永久性的。所谓"永久性空间站"是指在长寿命基础上增加轨道上的替换、补给和维修能力，使空间站的寿命延长到不再需要时为止。

因此，空间站的概念也在不断变革，从"长寿命"(5~10 年)到"永久性"(无年限)是航天技术的一大飞跃和突破。有史以来，空间站上天的并不多，但空间站的重要性促使科学家们对"永久性"空间站的概念不断扩大，已突破了由单一密封舱段组成的整体，发展为一列"太空列车"的航天器群。

空间站的总体结构形式，开始是舱段式的，后来改为多对接口复合式，现已开始向桁架挂舱式发展。

空间站一般具有 7 大作用，主要包括：

一是进行科学实验，利用空间站上各种实验室和舱外平台等设施，进行包括生命科学、生物工程、天文观察、对地探测和空间环境考察等多种空间学科的研究实验。

二是开发空间资源，利用空间站得天独厚的有利位置，获得诸如超高空、超洁净、超真空、超无菌、超微重力以及超阳光辐射等地面所不可能具有的自然条件，进行多种生产、科研活动。

三是发展空间产业，利用空间站上所获得的空间资源，进行特种材料加工和医药生产以及种种新产品生产。

四是进行高新技术实验，利用空间站上的特殊环境条件，进行通信、太阳能、空间推进、对地遥感等多种技术领域的试验工作。

五是在轨服务，可在空间站上对本体维修，还可对其他航天器进行维修和设备的更新换代，以及建造大型空间设备等。

六是太空驿站，空间站可以作为飞往月球、火星等各大行星的过渡站、加油站、换乘站、供应站等。

七是军事作战，空间站可以成为外层空间的第四战场指挥中心，可从事各种军事活动，包括侦察、拍照、太空兵器发射和实验、指挥控制、协调联络等。

### 哈勃太空望远镜

以著名天文学家哈勃命名的哈勃太空望远镜于 1990 年发射入太空，是迄今发射上天直径最大的望远镜，它总长 12.8 米，镜筒直径 4.28 米，主镜直径 2.4 米（连外壳孔径为 3 米），总质量 11.5 吨。它是一座完整的"太空天文台"，包括全套自动化仪器设备，有口径 2.4 米的主镜、口径 0.3 米的副镜、成像系统、计算机处理系统、中心消光圈、主镜消光圈、副镜消光圈、控制操纵系统和图像发送系统，以及两个长 11.8 米、宽 2.3 米、能提供 2.4 千瓦功率的太阳能电池板等。

**哈勃太空望远镜**

它的主体部分是光学部分，除此之外，另一重要组成部分就是 8 台高精尖设施。这 8 台高精尖设施分为以下 6 种：

宽视场行星照相机。它灵敏度高，观测波段极宽，从紫外波段一直到近红外波段。它不仅可观测太阳系行星，还可对银河系和河外星系进行观测。它发回的行星照片，就像探测器飞到行星跟前所拍摄的一样清晰。

高级巡天照相仪。2002 年以前是暗弱天体照相机，它能探测到暗至 23~29 等的星体。现在的高级巡天照相仪的光学清晰度是暗弱天体照相机的 10 倍。

暗弱天体摄谱仪。它可对从紫外到近红外波段的辐射进行光谱分析，又可测算它们的偏振值。

高分辨率摄谱仪。它能对紫外波段进行分光观测，能观测到比暗弱天体照相机所探测的暗星还要暗弱、还要遥远得多的天体。

高速光度计。它可在可见光波段和紫外波段范围内，对天体作精确测量，既可确定恒星目标的光度标准，又可进一步识别过去人们已观测到的天体情况。

精密的制导遥感器。共有 3 台，其中两台用于望远镜定向系统，1 台用于天体位置精密测量定位。

哈勃太空望远镜可以独立完成许多天文研究工作。第一，它能够单个地观测星群中的任一颗星；第二，它能研究宇宙的大小和起源、宇宙的年龄、距离标度；第三，它能分析河外星系，确定行星部、星系间的距离；第四，它能对行星、黑洞、类星体和太阳系进行研究，并绘出宇宙图和太阳系内各行星的气象图。它使人类观测宇宙的视野扩大 350 倍，使人类得以看到宇宙中 140 亿年前发出的光。

### 太空旅游

在以前，到太空旅游还只是科幻小说中的情节，但是现在梦想很快就将成为现实。科学家甚至计划在月球上建造一个太空基地，欢迎地球人前去观光旅游。

在 2001 年和 2002 年,美国人丹尼斯·蒂托和南非人马克·沙特尔沃思分别作为"游客"造访太空之后,2005 年,60 岁的美国富翁格雷戈里·奥尔森成为地球上的第 3 位"太空游客"。目前,太空旅游并不是普通人能承受的,比如 15 天的绕月之旅报价就高达 1 亿美元。当然,旅客不仅要支付巨额的旅游费,而且为了适应太空环境,身体也要能接受严格考验。也就是说,仅仅有钱是不够的,还要有一个健康的身体才能享受太空旅游。

不过,相信随着科技的迅速发展,普通人的太空旅游并不只是空谈。到那时,普通人也可以到太空去度假了。

## 太空修复卫星

1992 年 5 月 7 日格林尼治时间 23 时 40 分,美国"奋进"号航天飞机发射升空,开始了它的首次飞行,这次飞行的主要任务是修复国际卫星组织停留在低轨道上的一颗卫星。

进入太空后,"奋进"号便开始追赶这颗命名为"国际通信卫星 6 号"的卫星,最初它们之间相隔 13575 千米。航天飞机和卫星同时绕地球旋转,每绕地球 1 周航天飞机便能与卫星接近 125 千米。3 天后,"奋进"号终于追上卫星,这时卫星恰好在地球背向太阳的一面,四周黑洞洞的,回收卫星的工作开始了。

宇航员皮埃尔·索特和理查德·希布慢慢地飘出航天飞机的小门,他们的脚被安全绳系住,以防在太空中飘走。索特手持一根长 4.5 米的捕获杆飞向卫星,他用这个杆卡在卫星底座上,然后航天飞机上的机械手将把卫星抓回到货舱。由于在太空中所有物体都处于失重状态,因而一切机械操作都变得很难控制,稍一不慎,手里的工具就会飞走,卫星也会激烈地摇动,何况这颗卫星是高 4.5 米、直径 3.6 米、重达 4070 千克的庞然大物。

索特试图将杆卡在卫星底座上,但没有成功,卫星摇动旋转起来。两位宇航员虽经过 4 个小时的努力,还是以失败告终。他们决定第二天在阳光下回收卫星。为避免与卫星相撞,航天飞机飞离了这颗卫星。11 日,"奋进"号再次飞近卫星,两位宇航员第二次进入开放空间,然而卫星如同一匹野马,就是不听话。他俩反复尝试,仍然未使卫星驯服。两次失败并没有使宇航员灰心,他们决定徒手捕获。

13 日,由 3 名宇航员组成的捕获队从货舱里飘出来,慢慢接近卫星。3 个人的脚系在货舱上,身体互成 120°角。他们接近卫星后几乎同时抓住了卫星,这时卫星正以每秒 0.2 周的速度旋转着。1 分钟后,他们设法使卫星停止转动。徒手抓住飞旋的卫星是人类有史以来的第一次,这项工作十分冒险,因为宇航服如被卫星划破一个大于 1 厘米的口子,那么宇航员就会来不及回到航天飞机内即丧命于太空。

经过 1 小时的努力,宇航员们终于稳住了卫星,并将身体调整到合适的位置。希布一只手托住卫星,另一只手举起捕获杆。索特抓住了这根杆,然后将它卡在卫星底座上。整个过程用了 1 小时 47 分钟。

25 分钟后,航天飞机内的布鲁斯·梅尔尼用安装在航天飞机左舷的长 15 米的遥控机械手,抓住捕获杆伸出卫星底座的一头,慢慢地将卫星拉至货舱。2 小时后,宇航员们将一个 11.2 吨重的固体燃料火箭发动机安装在卫星的底座上,然后松开发动机下的一个弹簧,弹簧将修复好的卫星慢慢地推离航天飞机。"奋进"号随后点火飞离卫星。

14日,卫星发动机点火,开始飞向距地面3.6万千米的预定轨道。这颗通信卫星将继续工作10年,它能同时传送12万路电话和3路电视信号。

"奋进"号航天飞机完成了修复卫星的任务后返回地球,于1992年5月16日安全着陆。

### 太空飞行的生命安全措施

为了保障航天员在太空飞行的生命安全,科学家们从多方面采取了很多措施。比如,为减轻运载火箭发射时的振动、噪声对航天员的影响,采取了许多减振和防噪声措施;为了把起飞、返回的超重和气动加热控制在可承受的范围内,采取了让航天员躺卧起降、给飞船加防热层等措施。下面详细介绍几项生命安全保障措施。

#### 密封座舱

密封座舱是载人航天器上最基本的也是最根本的生命保障设施。太空中的强辐射,就像原子弹爆炸时的辐射一样,能破坏人体细胞组织;高速飞行的微流星体撞击,能置人于死地;人体暴露在高度真空中,不仅仅是缺氧窒息的问题,而且会体液沸腾、汽化而迅速死亡。密封座舱的舱壁,可以防止辐射和微流星体对人的伤害,座舱中的空气可以使人不受真空的伤害。

密封座舱是人在太空的生活空间。为了使人舒适,舱内温度调节在18℃~25℃之间,湿度控制在30%~70%之间,空气成分和压力一般与地面差不多。座舱中虽然可以用纯氧(美国早期的载人密封座舱中为纯氧),但容易引起火灾(美国"阿波罗4A"上的3名航天员,就是因纯氧座舱起火,在地面上演练时被烧死的)。舱内还有补充氧和空气的设备,控制二氧化碳和其他有害气体的设备,空气流动设备,垃圾处理设备,以及吃、喝、排泄、睡觉需要的各种设备,当然还有食物和饮水供应。对长期载人飞行的密封座舱,还有水循环使用设备,文娱和体育锻炼设备。

#### 舱外活动航天服

人进入太空,免不了要走出密封座舱进行空间科研活动,这时的生命保障设施就是舱外活动航天服。不言而喻,舱外活动航天服应具备密封座舱的全部功能,而且还要增加太空行走和通信设备,那就是服装背部的喷气背包和通信背包。喷气背包可以向上、下、左、右、前后6个方向喷气,航天员靠喷气的反作用力移动位置。在太空真空中,没有空气传播声音,近在咫尺也要靠通信背包联系。

在没有大气的天体上,如月球上活动,也需要舱外活动航天服保护生命,但可以省去喷气背包。

#### 医疗保健措施和设备

在失重环境中,人体内的原有生理平衡被打破,导致头部充血、前庭器官功能紊乱,产生胸闷、头晕、呕吐的航天运动病症状;较长时间的太空飞行,由于"用进废退"规律的作用,肌肉会逐渐萎缩,骨骼中的钙质逐渐丧失。

对付以上变化,除了服用抗航天运动病的药物外,最主要的措施是加强太空体育锻炼。但太空体育锻炼受到场地和失重的限制。短期太空飞行,只有靠徒手操进行锻炼。较长时间的太空飞行,座舱中备有自行车练功器、弹簧拉力器和微型跑道等体育锻炼器材。还有一种叫"负压裤子"的准体育锻炼器材,它是密封的,穿上后将空气抽掉,造成人体下身负压,促使血液往下身流动,避免下身病变。

人在太空也可能会生病,密封座舱中备有常用的药物。对航天员自己无法判断的病症,可请地面医生遥测诊断。地面上不间断地对航天员的身体状况进行监测,对急症、重疾病人,或者终止飞行返回地面,或者派航天救护车将病人接回地面,或者送到有医生和医疗设备的大型航天器或空间站救治。

### 安全应急措施

运载火箭要求绝对可靠,但实际上不可避免地会有事故发生。因此,发射载人宇宙飞船的运载火箭,备有应急逃逸救生系统。航天飞机也有许多应付发射故障的安全救生措施。

如果飞船在运行轨道上密封座舱发生故障,而又不能排除时,舱外活动航天服可作为临时救生设备使用。还有一种救生球,可在一定时间内维持一名航天员的生命,在发生紧急情况时,航天员可进入球中,等待救援。

载人飞船返回时进入大气层后发生意外,弹射座椅可把航天员弹出飞船,然后用降落伞减速着陆。着陆后,航天员用无线电信号机、烟雾剂、海水染色剂等发出信号,指示着陆地点,以便地面人员前去救援。

# 科技发明

## 网络信息类发明

### 搜索引擎

提起布告栏,相信大家都不会陌生,它通常可以视为机构公布信息的一个"媒介"。随着信息经济和传媒理论的发展,"布告"一词的内涵进一步得到了深化。从某种意义上讲,我们每一个机关企事业单位、每一个职能部门、甚至每一个人都可以视为布告的发布者。互联网出现后,我们需要考虑将这种"布告"电子化;也正是基于此,才有了后来全球数千万网站,数亿博客的出现。

**搜索引擎**

在互联网领域,任何一个网站或博客都可以视为由形形色色"布告"构成的信息集成系统。在互联网信息海洋里找到我们要想要的那个"布告"就成了一个问题,于是,互联网搜索引擎应运而生。谈到互联网搜索引擎的发明,不能不先要提到三位年轻的大学生。1990 年,加拿大蒙特利尔麦吉尔大学的阿兰·英姆特吉、彼德·戴尔彻、比尔·威兰编写出了一种被称为"Archie"的档案检索系统。他们当初做梦也不会想到,这个创意后来被一家叫作"Google"的公司创造出了超过 1500 亿美元市值的经济体。当然,这是 1998 年以后发生的神话了。在"Archie"程序诞生后,世界上有更多的人认识到了这种检索系统的无穷魅力,于是纷纷展开此类研究。1993 年,美国内华达系统计算服务中心的研究人员开发出了"Gopher"搜索工具。美国麻省理工学院的研究人员后来开发出世界上第一个"Spider"程序,意即指这种程序能够像"蜘蛛"一样在互联网上攀爬并抓取信息。

20 世纪 90 年代是搜索引擎出现和迅速发展的时期。1994 年 4 月,美国斯坦福大学的两名博士生杨致远和大卫·费罗创立了 Yahoo 公司,利用数据库提供目录式检索服务;它在刚开始的时候还不是自动收录搜索引擎,数据库数据都是由人工输入的。就在这个月,美国华盛顿大学的电脑工程师布莱思·平克顿领导的研究小组创立了世界上第一个正式的互联网全文搜索引擎。1998 年 9 月 27 日,由软件工程师谢尔盖·布林和拉里·佩奇合伙创办的 Google 公司正式诞生;它后来在动态摘要、网页快照、多文档格式支持、多语言支持、地图股票词典、网页级别、用户界面等方面进行了创新,改写了人们对搜索引擎的观念。

21 世纪到来的第一年,中国人在搜索引擎的自主创新方面也迈出了一大步,电脑工程师李彦宏和徐勇创立了百度搜索引擎;如今,百度在中国搜索引擎市场占有率已达到 70% 左右,在美国纳斯达克上市后总市值一度超过 150 亿美元。2004 年 8 月,搜狐公司投资成立了"搜狗网";2005 年 12 月,腾讯公司的"搜搜网"正式上线;2007 年 7 月,网易公司推出了"有道"搜索引擎;2009 年 5 月,微软公司在中国推出"必应"搜索引擎。从各大公司争相觊觎搜索引擎这块市场来看,我们可以隐隐约约地感觉到,竞争才刚刚是一个开始。

在信息经济时代,信息其实已经成为我们政治经济文化生活的核心组成部分。如果我们以纯粹的计算主义眼光看待社会,我们将透过个人、家庭、企业、国家等存在的表象,发现其共同的本质,那便是"信息"。政令、商机、企业制度、个人诉求等都能够以"布告"的形式出现。我们每天工作的核心内容就是处理信息。在这样的时代里,我们需要知道以下两条基本事实:第一、无知是绝对的,有知是相对的;第二、信息搜寻是组织和个人生存发展的要义。作为互联网信息检索服务商的搜索引擎有点像"包打听",你需要获得什么信息,它就可以为你提供什么,而且通常在一眨眼时间。

互联网搜索引擎改写了人类信息时代的游戏规则,它使我们在网络时代获取信息更迅速、更丰富、更便捷;它在消灭着无知的同时,也使得很多经济体运行的效率有了显著的增强。搜索引擎创立至今只有短短的二十年时间,未来还会有很漫长的路要走。如今,已经有人对一些搜索引擎的服务质量提出了质疑,比如搜索结果过于"平板化";搜索结果的排序可能会由于商业利益的影响而有失公平;信息的无限制传播将导致一些版权纠纷……相信在"生存竞争、优胜劣汰"的法则支配下,未来更加优秀的搜索引擎会涌现出来。需求在塑造人才,需求也在创造市场。

## 威客技术

什么叫作"威客"？或许还有人对这样的概念陌生。其实,"威客"是英文 Witkey 的译音,是指那些通过互联网把自己的智慧、能力、知识经验转换成实际收益的人。大家都知道科学技术是第一生产力,那么如何才能将科学技术的力量转化为直接推动社会经济发展的动力？这是信息时代的重要命题。科学技术之所以能够像杠杆一样撬动社会经济呈指数级数增长,就在于它能够实现人类最优秀文明的"共享"。1995 年,美国程序员沃德·坎宁安创立了"维基"的概念。维基是英文 Wiki 的译音,来源于夏威夷语"wee kee wee kee",原意是"快点快点"。维基的内涵就是参与式共同编写文章。从其内涵中我们不难发现,人类的"概念知识元"可以在全体网民的参与下,以"互动式百科词典"的形式不断加以更新和发展。

人类的科学技术在被发现或发明后,是以概念知识元为基础形成的一种系统化知识体系。要进行快速的传播,我们便可以借助于互联网的力量。"维基"这一概念,使得人类科学技术的影响力能够借助数亿网民的力量发展,这有点类似"BT"下载中的共享的精神。2001 年,美国程序员吉米·威尔士、拉瑞·桑格和一群爱好英语的同伴共同创立了"维基百科"。截至 2008 年 4 月,维基百科已经收录了超过 230 万条概念知识元,它通过互联网使得维基的基本精神"快点快点"深入人心。在过去,你遇到不明白的概念和知识需要去求教于专家学者或去图书馆查阅资料;现在,你只需要在搜索引擎中输入关键词,一般均能借助维基找到答案。

"维基"其实是电子公告牌(BBS)概念的一种延伸。一般而言,BBS 是以"事件"或"话题"为中心,如果将其中存在"概念知识元"提取出来的话,便有利于人们在短时间内对事物的本质进行认知和了解。这是信息时代"知识经济"理念的重要基础,也是威客技术的基础。威客技术旨在通过互联网,使得科学技术以及人类解决问题的有效方案能够在最短的时间内传播开去,帮助人们解决问题;而科学技术拥有者,则能够利用头脑中的知识和掌握的技术为他人服务而创造价值。"维基"是威客技术的一种重要基础;在维基以"概念知识元"为中心的信息构建模式基础上,威客技术后来又发展出了更广泛的利用"一切有价值的科学技术以及生活经验中的问题解决方案",从而使得互联网和人脑之间形成了一种更有效的通路,这是一种具有深远影响力的重大突破。

2005 年,中国著名搜索引擎百度公司的首席产品设计师俞军领导的科研小组,创建出"百度知道"(zhidao. baidu. com)这一服务系统并正式上线。2006 年 12 月 4 日,百度知道收录的问题数突破 1000 万大关;到了 2009 年底,百度知道收录问题已超过 7000 万个。百度知道目前收录的问题,从科学技术、社会民生到婚恋烦恼等,几乎无所不包;而当你在社会生活中遇到形形色色的问题时,你都可以直接通过该系统在最短的时间内获得答案。假如你遇到该系统知识库中没有答案的问题时,你还可以发出悬赏提问;而你所付出的积分则可以通过回答别人的提问而获得。这就建立起一种有效的机制,调动了中国亿万网友参与互联网建设的热情,也使得团结互助的社会精神得以不断发扬光大。

随着概念知识元维基网站以及互动问答式威客网站的兴行,一种直接用现金购买技术的网站也开始风行,它们即指谓狭义上的威客网站。在中国目前比较有名的威客网站有"威客网""猪八戒威客网""雅士特外包网""任务中国网"等。这批网站的兴起,使得那些拥有艺术设计、程序设计、网站设计、文化创意等一技之长的专业人才能够很快地将其技术转化成金钱。从广义上讲,全球数千万网站站长、数亿博客主也属于"威客"的范畴。1996 年,亚马逊网创始人杰夫·贝佐斯创建出"Web 广告联盟"这一新生事物,通常简称"广告联盟"。它的兴起,使得网站和博客成了一种有效的赢利平台。目前,广告联盟除了 CPS(按购买金额付费)外,已经发展出了 CPC(按点击次数付费)、CPA(按下载注册人数付费)、CPM(按展示次数付费)等多种形式。2010 年 4 月 26 日,百度公司宣布其广告联盟在 2010 年度发放的奖金有望达 10 亿元。

## 点对点软件

作为新兴产业的互联网市场,风险投资家们总是觊觎但又谨慎的。互联网的高速成长,离不开一批热爱互联网事业并以此为乐的人。或许,他们当初建立某个网站或是编写某段程序仅仅是出于一种兴趣,别无经济目的。1998 年,年仅 19 岁的美国大学生肖

恩·范宁编写出了 NAPSTER 程序。通过这种程序，他后来在叔叔的帮助下建立了一个
NAPSTER 音乐网站。利用他编写出的程序，全球的音乐爱好者们可以共享硬盘中音乐。
NAPSTER 音乐网站于 1999 年推出后不久大获成功。随后，肖恩·范宁也成为美国《有线》杂志的封面人物。

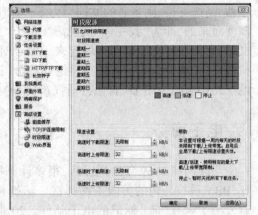

点对点软件

肖恩·范宁编写的 NAPSTER 程序被称为"P2P"软件，它的中文名称叫"点对点"软件。一般网站都是建立在服务器上，然后通过服务器进行访问；但"P2P"软件却可以实现无需服务器，使互联网前面的每台个人电脑都可以通过这种软件共享资源。"P2P"即"peer-to-peer"，译为"同伴"与"同伴"的关系。这种网络连接模式，彻底颠覆了过去以门户网站为中心的互联网模式；它其实也是真正意义上的"互联"网的内涵，即无边界的互联与共享。不过，2001 年 2 月 12 日，NAPSTER 被美国法院裁定侵权，因为它侵害了很多作品的版权。"P2P"技术发展给当代互联网版权保护带来了很大的挑战，德国互联网调研机构 Ipoque 发布的一份调查报告显示，P2P 目前已经彻底统治了当今的互联网，现在全球互联网 50%~90% 的流量都来自 P2P 程序。

目前，全球过半的互联网流量来自 P2P 软件；而在 P2P 软件中，过半的流量又来自于一个叫作"BT"的软件。"BT"的全称是"BitTorrent"，它是一种 P2P 软件，由美国纽约大学一位名叫布莱姆·科恩的程序员在 2001 年写出。布莱姆·科恩被誉为"天才程序员""BT 软件之父"。相传他在 5 岁时就开始学习 C 语言，高中毕业时数学和编程水平已和优秀工程师不相上下。在读大学时，有一次数学考试他只做完第一题就交卷了。老师问他为什么；他回答老师道，后面四十九道题太简单了，它们只是第一道题目的简单变形，根本不值得花时间去做。还有一次，算法课结束后，他找到自己的任课教授，说他所教授的算法太复杂，自己可以将其简单变革一下就能使计算速度增加百倍。布莱姆·科恩很快就觉得学校生活不适合自己，他辍学离开大学后开始了创业生涯。

2001 年 4 月，布莱姆·科恩推出了 BT 程序，此程序一经推出就在美国网民中迅速传播开来，不到两年其使用者就突破了 2000 万人。由于 BT 软件可以使得网友之间交换电影等资料不受任何限制，它给电影业带来了前所未有的压力。2005 年，美国《纽约时报》记者曾采访过美国电影协会主席丹·基利克曼，问及 BT 软件的出现会对电影业造成的影响，丹·基利克曼评论道："科恩是个绝顶聪明的家伙，好莱坞现在已经认识到是时候拥抱这些新技术了。"2006 年，美国华纳兄弟电影公司与 BT 软件创始人布莱姆·科恩签署了一项协议，通过 BitTorrent 网络发行自己的 200 余部正版电影、电视剧，这标志着 BitTorrent 成为世界上首个向用户提供正版下载内容的 P2P 技术平台。

随着互联网的深入发展，"P2P"概念已开始逐渐深入人心。除了很多常见的。P2P"下载软件"外，我们熟知的互联网"即时通讯系统"也是一种 P2P 软件，比如"ICQ""QQ""MSN""阿里旺旺"、"百度 Hi"等都属于此类软件。1996 年，以色列高科技企业投资家

科技百科

尤西·瓦迪投资成立了"紫茉莉"公司；在包括他儿子在内的四位以色列工程师瓦迪、维格西、高德芬格、阿米若的共同努力下，"ICQ"软件于当年诞生。"ICQ"是从"I Seek You"演变而来的，即为"我找你"的意思。由于"ICQ"支持互联网 PC 之间发送即时信息、传输文件，它很快便在互联网火爆起来。如今对于大多数网民而言，即时通讯软件号码和手机号一样，成为个人信息的重要组成部分，这也为互联网电子商务的发展做出了重要贡献。2010 年 3 月 5 日，腾讯公司宣布其 QQ 软件同时在线人数突破 1 亿。

## 电子商务

互联网在 1969 年出现以后，很多计算机专家都开始尝试用互联网发送信息。1971年，BBN 科技公司的美国工程师雷·汤姆林森发明了含有"@"标记的电子邮件。20 世纪 80 年代，美国工程师大卫·克罗克开始将电子邮件进行商业应用，他获得了两项国家电子邮件系统的专利。电子邮件的出现和运用，不但方便了人们在日常生活中的沟通和交流，也使得商业信函无纸化成为可能，这大大降低了人们进行沟通的成本。电子邮件和"P2P"即时通讯软件目前是电子商务的通讯基础，如今很多门户网站都提供此类服务。

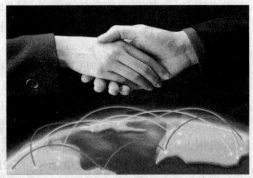

**电子商务**

熟悉传统商业流程的人，不难理解"发包"这个概念。在商品的生产和流通领域，如果我们有一项任务需要完成，可以将其转交给他人去解决；而收到此任务的人，未必会自己去独立解决，他可以将任务继续转交给另一人或另一个组织来完成。据此，便出现了我们俗称的"大包""二包""三包"……或许有人会觉得奇怪，为何任务最先接受者自己不去解决？又为何"大包"不直接发单给"三包"，要通过"二包"？

这两个问题其实反映出在传统商业运作流程中易出现的两种情况，其一是由社会分工所促成的"竞争门槛"，其二是营销渠道阻滞所促成的"佣金制度"。这两种现象都和信息不对称有关，而它们均在某种程度上增加了消费者消费某种商品的成本。曾被誉为"互联网革命中最伟大的思考者"的美国作家克莱·舍基在其《未来是湿的：无组织的组织力量》一书中提到，随着信息技术的发展，全球分享与合作的工具终于交到了个体公民的手中，每个人都有可能获得和别人一样多的信息。他提倡一种消除中间环节的商业模式，一种去除繁文缛节的生活方式，一种能够在未来像"流体"一样无拘无束、自由运行的社会新范式。

在互联网和电子商务的时代，我们完全有可能实现克莱·合基的这种梦想。在未来的信息社会，自由将无所不在，而"二包"和"三包"将有可能面临命运的终结；甚至在某些行业，传统商业发包模式都有可能彻底终结。经由网络这种媒介，看不见的可以变成看得见的，需要者可以直接找到供给者，外贸客户能够很快跳过中间商找到厂家……电子商务能够使得商务流程变成更加简单，商品的价格也因此变得更加低廉。1995 年 9 月

4 日,美国人皮埃尔·奥米迪亚在加州创建了一家拍卖式购物网站;1997 年 9 月,他将公司正式更名为"eBay",其口号是成为"世界的网上购物市场",它目前已发展成为世界上最大的网上拍卖市场。2002 年,eBay 网以 15 亿美元的价格并购了世界上最大的网上第三方支付公司"PayPal",业务获得长足的发展。2009 年,eBay 网实现净收入 87.27 亿美元,净利润达 23.89 亿美元。目前,eBay 网在全球电子商务领域主要竞争对手有亚马逊网、Marketplace 网、Yahoo 拍卖网,以及阿里巴巴网。

阿里巴巴网由原杭州电子工业学院的青年外语教师马云于 1999 年 3 月创立。马云在创立阿里巴巴网后,当年就引入了包括高盛在内的 500 万美元的风险投资;2000 年 1 月,日本软银又向阿里巴巴网注资 2000 万美元。此后阿里巴巴网不断获得风险投资基金的青睐,它后来获得过一笔高达 8200 万美元的注资。目前,阿里巴巴网已成为全世界最大的"B2B"电子商务网站。2003 年,阿里巴巴网又投资成立了淘宝网;2005 年底,美国雅虎公司以 10 亿美元外加中国雅虎换得阿里巴巴网 35%的股权。

互联网从万维网出现到今天,才不过二十年的时间。就在这二十年的时间里,已经出现了翻天覆地的变化;互联网及其相关技术创造出了一个又一个的奇迹,电子商务使得人们足不出户便可以选购精美商品。据中国国际电子商务中心主任刘俊生介绍,目前我国电子商务交易额年平均增长率逾 70%,是我国 GDP 平均增速的十倍左右。2002 年,中国电子商务交易总额为 1809 亿元,到了 2006 年首次突破万亿元大关,预计 2010 年我国的电子商务贸易总量将超过 15 万亿元。而在这种发展变化中,最重要的就是要实现模式创新、转型与升级。

## 互联网

前面我们介绍了信息经由"布告栏"可以组建出大大小小的信息系统。这些信息系统实现优胜劣汰就需要有一种"信誉甄别"机制,这种机制类似于选举中的"投票"。好的"布告"引用次数多、提及率高,其赢得的关注频率高,自然也就会获得更多的成长机会。这种投票机制是自发完成的,但实现这种投票过程的前提是把若干信息系统聚合在一起。1948 年,信息论创立人香农在《通信的数学原理》中指出:"信息即为消除不确定性的东西。"信息含有一种内在的"甄别"机制。我们能够联系起来的"备选信息"越多,可能消除不确定性的成功概率也就越大。

1990 年,英国物理学家蒂姆伯纳斯·李发明了世界范围的互联网——"万维网"(World Wide Web),将人类引入了一个前所未有的"信息高速公路"时代。蒂姆伯纳斯·李发明万维网历经了十年的艰苦努力,后来他主动放弃了这项发明的专利申请权。如果没有蒂姆伯纳斯·李的贡献,我们今天的互联网很可能仍然只是少数计算机专家在实验室进行科学研究的工具。万维网是一个巨大的"信息超级市场";这个超级市场是没有国界的,是电子化的,是高容量、高自由度、高效率的。万维网连接起来的,不仅仅是人脑,还有由人类行为衍生出来的一切社会活动。

在蒂姆伯纳斯·李发明万维网之前,美国麻省理工学院林肯实验室的电子工程师拉里·罗伯茨领导的科研小组于 1969 年 10 月发明了"APRANET"交互式计算机网络,即"阿帕网"。阿帕网是世界上第一个互联网系统,它的出现标志着互联网诞生。1969 年 9

月 2 日,阿帕网研究小组成员之一,美国加州大学洛杉矶分校的计算机系教授雷纳德·克兰罗克成功地用 5 米长的电缆接驳了两台电脑并交换了数据,为阿帕网奠定了基础。1969 年 10 月 29 日,阿帕网首次利用分组交换技术将加州大学洛杉矶分校的一台电脑与斯坦福大学的另一台电脑接驳并进行了通讯。罗伯茨和克兰罗克工作的机构名为"DARPA",系由美国第 34 任总统艾森豪威尔亲自督促建立的。美国建立这个科研机构的最主要动机,是因为受到 1957 年苏联第一颗人造卫星成功发射的刺激。"DARPA"研究中心最初的研究任务是发展美国的雷达系统,并且能够找出一种新的通讯方式解决美国军方日益增长的对信息通讯的巨大需求。

互联网

阿帕网于 1969 年 10 月试运行成功后,1972 年,美国电子工程师罗伯特·卡恩加入了"DARPA"信息技术处理中心。同年,美国加州大学洛杉矶分校计算机系博士毕业生温顿·瑟夫开始到斯坦福大学工作,他后来和罗伯特·卡恩一起开发出了互联网 TCP/IP 协议。温顿·瑟夫在加州大学的导师杰拉尔德·埃斯特林曾和雷纳德·克兰罗克共同参与过阿帕网的建设工作,他对互联网的未来充满了信心。温顿·瑟夫于 1976 年加入"DARPA"中心后一直工作到 1982 年;后来他加入 MCI 公司,担任负责技术研发的副总裁,领导设计了互联网先进的网络框架,包括为企业和消费者提供各种文本信息、语音、视频及其他网络服务的全面的互联网问题解决方案。温顿·瑟夫后来还担任过国际互联网名称与数字地址分配机构(ICANN)的理事长及互联网协会的创会主席。他为互联网的技术创新、应用推广做出了杰出贡献,后来被人们尊称为"互联网之父"。

互联网的出现,不仅加速了人类信息聚合、共享的进程,而且使得市场竞争更加透明化,让更多的优秀人才和企业脱颖而出,让更多的优秀科学技术和生活经验传播开去。1762 年,法国哲学家卢梭出版了《社会契约论》。在该书中卢梭指出,人为了实现共同的利益必须放弃"天然自由"而选择"契约自由"。他的这一思想用今天的眼光来看就是"自由体为实现更高的价值经由博弈而选择结盟",这其实就是"互联"一词的广义内涵。互联网的发展才刚刚是一个开始,它未来对促进人类文明的发展将会做出更大的贡献;而它的技术基础还将为揭示人脑运行的奥秘打开一扇窗户,这将会是"机器人"最引人入胜的一个环节。

## 磁存储技术

磁存储技术是信息存储的一项重要技术。它目前主要应用于电脑磁盘领域;除此以外,它在磁带及银行磁条卡中也有应用。1888 年,美国电子工程师奥伯林·史密斯发明了磁性材料声音存储技术。1898 年，丹麦电子工程师波尔森发明了磁性材料录音电话，这一发明在 1900 年巴黎世博会上展出，引进了各大电子厂商对磁存储技术的关注。此后科学家们发明出了利用三氧化二铁涂料作为存储介质的磁带，此发明后来被德国 AEG 公司成功地进行了商品化。

磁存储技术

最早的磁带只能用于存储音频信息，后来科学家们又发明出了视频信息存储磁带，这一发明为录像机的诞生奠定了基础。随着光盘技术和数字磁存储技术的出现，利用磁性介质存储数据的录音带和录像带逐渐退出了历史舞台；不过，磁带如今在一些大型计算机中仍作为"外存"使用。在早期计算机中，磁存储还曾作为"内存"使用过。1932 年奥地利电子工程师古斯塔夫·陶合克发明的"磁鼓"就曾作为计算机的内存被使用了数十年。后来，半导体内存出现后，磁介质内存才在计算机中逐渐消失。

20 世纪 50 年代，晶体管开始进入计算机领域。IBM 公司管理层做出了公司计算机更新换代的决定，他们宣布："从 1956 年 10 月 1 日起，不再设计使用电子管的机器，所有的计算机和打卡机都要实现晶体管化。"1957 年，IBM 公司开发出了世界上第一台配置了硬盘（Hard disk）的计算机，此硬盘由 IBM 公司的电子工程师雷诺·约翰逊领导的科研小组发明。雷诺·约翰逊是一名自学成才的电子工程师，他曾发明出一种学校自动阅卷机，后来在美国被普遍使用。雷诺·约翰逊在研制硬盘的过程中，先将磁性材料碾成粉末，使其扩散到直径 24 英寸的铝盘表面。然后，他再将 50 张这样的磁盘安装在一起，造出了世界上第一个硬盘。此硬盘的硬盘机采用了类似于电唱机那样的机械臂，可以沿磁盘表面移动并读取和存储数据。它的造价超过 100 万美元，其数据处理速度比传统的磁带机快了 200 多倍。雷诺·约翰逊被誉为"计算机硬盘之父"，他后来曾一直担任 IBM 公司的研究室主任。

1967 年，IBM 公司又推出了第一张计算机软盘（Floppy disk），开创了磁盘在计算机外存储器中应用的新的一页。1971 年，舒加特合伙人公司的创始人艾伦·舒加特发明了直径 8 英寸的表面涂有金属氧化物的塑料质磁盘，这一磁盘是后来的"标准软盘"的前身。1979 年，日本索尼公司推出了 3.5 英寸的标准软盘。艾伦·舒加特曾在 IBM 公司工作过，为 IBM 公司的第一个硬盘研制做出过贡献，他后来在 1969 年离开 IBM，创建了舒加特合伙人公司。1979 年，艾伦·舒加特和几位朋友共同创建了希捷技术公司，专门为 PC 机研制小型高性能的硬盘。1980 年，希捷技术公司研制出第一台 5.25 英寸温式硬盘，这种硬盘后来成为 IBM 公司的 PC/XT 个人电脑的标准配件。1988 年，法国电子工程师阿尔贝·费尔和德国电子工程师彼得·格林贝格发现了"巨磁电阻"效应，这使得硬盘制造技术有了重大突破。两人因此而获得 2007 年度的诺贝尔物理学奖。

20 世纪 90 年代初，英特尔公司的美籍印度裔电子工程师安杰·巴特领导的科研小组发明了 USB(通用串行总线)接口,它从 1994 年起开始出现在商业电脑上。1999 年,我国朗科科技公司电子工程师吕正彬领导的科研小组发明了 USB 闪存。吕正彬曾在日本一家银行担任软件工程师,经常要将资料从公司拷贝回住所,有时一些文件需要用数十张软盘。吕正彬觉得这样很不方便,便萌生了发明更优质活动存储盘替代软盘的念头。此后,他与电子工程师邓国顺、成晓华等人共同研发出可以直接通过计算机 USB 接口转移数据的"U 盘"并获得了国家专利。2006 年 2 月,朗科科技公司起诉美国 U 盘制造商 PNY 侵权。2008 年 3 月美国法院宣布朗科科技公司赢得诉讼,其对"U 盘"的一些技术享有专利权。据赛迪调查发布的数据显示,2008 年,我国 U 盘销售量达到 1800 万余片,比 2000 年增长了 1000 多倍,已经超过了光驱、移动硬盘等计算机外存储器产品的销售总量。目前我国 95% 的"U 盘"市场份额都掌握在国内企业手中。

## 电子公告牌

21 世纪最重要的资本就是人力资本,任何发明创造归根结底还在于人的需求和创造力的展现。在互联网时代,有一种很好的方式将人的需求和创造力展现出来,那便是"电子公告牌"。电子公告牌,简称"BBS",是一种由电子信息构成的公共文件张贴、显示系统。"BBS"使得我们可以将自己的需求和观点随时随地展现出来,我们也可以经常了解到各式各样的人的需求和观点。从电子公告牌的基本定义来看,证券公司的股票显示系统就属于一种电子公告牌,其实电视机本质上也是电子公告牌的一种形式。不过,我们一般俗称的"BBS",是专门针对互联网而言的。这种电子公告牌是伴随着互联网的发展而发展起来的,如今已经表现出了多种多样的形式。

人类历史上第一个拨号上网 BBS 由 IBM 公司的电子工程师沃德·克里斯腾森于 1978 年建立,那时万维网还没有出现;他建立的 BBS 可以算是第一个基于"Web"的 BBS。当然,早在 Web 出现以前,就诞生过基于"PC"的 BBS。很多人对基于 PC 的 BBS 不太理解,可以举这样一个很通俗的例子帮助大家领会这一点。从广义上来讲,电视机信息发布就属于 BBS,那你独自在家看的 DVD 呢?它其实也是一种 BBS。虽然,它并没有进入狭义的"公共"领域,但在你在看 DVD 的时候,其实已经在进行"人机对话"了。所以,只要有"对话"存在,就存在着"公共领域"的内涵,只不过有狭义的和广义的公共领域的区别。

1990 年万维网诞生后,BBS 进入了全球视野,这是一种革命性的变化。与此同时,各式各样的计算机语言编写的 BBS 程序也相继出现。我们今天大多数人熟悉的 BBS 已经和历史上最早出现的 BBS 大相径庭,不过它们本质上却是相同的。我们可以用"沟通的记忆"一词来加深对其理解,它就像你写过的一篇日记、张贴在学校海报栏的一则启事一样,这些都是人的思想情感诉求的表达和交流。BBS 发展至今,出现了丰富多彩的形式。我们今天常见的 BBS,除了综合性、专业性网站设立的固定版块论坛外,还有一种自由创建版块的论坛,比如像百度"贴吧"、天涯"来吧"、搜狗"说吧"等。除了这些论坛形式的 BBS 外,各种 Web2.0 网站、新闻组、博客、微博客也都附带了 BBS 元素,比如开放式注册或免注册式的回帖、评论等。世界上第一个博客社区由美国程序员布鲁斯·阿巴尔森于 1998 年 10 月创建。

据中国互联网络信息中心公布的一项调查数据显示,至 2007 年 11 月,我国博客数量就达到了约 4700 万。专门发布视频的博客又被称为"播客"。博客和播客因为是以个人为中心而不是以网站限定的主题为中心,所以它的自由度大大增强。网络不应只是对于传统纸质媒体进行电子化的"拷贝"和"张贴",它更应当是作为一种信息创造者的角色出现;而这种信息的创造,在很大程度上源自"全体网民的总动员"。孔子说,"三人行,必有我师"。在互联网的时代,只有调动全体网民的积极性和参与性,我们才能构建出一个任由我们思想驰骋的"信息的海洋"。虽然,大量 BBS 的出现,无论对于搜索引擎、新闻网站,还是对于政府而言都会带来监管上的困难;但面对这种困难,大家都应该承担起责任,争取让网络世界中那些诽谤、造谣、亵渎事件不要发生。

2006 年,美国程序员杰克·多西等人发明了 Twitter 软件;它和传统博客比,要求字数更短,还可以和手机、即时通讯软件相结合,从而使得博客发展从此进入"围脖"时代。围脖即"微博客"的昵称。苏轼有诗:"横看成岭侧成峰,远近高低各不同,不识庐山真面目,只缘身在此山中。"更多的个性化信息的出现,使得我们更加容易发现真理。2009 年 3 月,英国前小学总督察吉姆·罗斯向英国政府提交了一份议案,拟将"Twitter"和"Wikimedia"纳入英国小学必修课程。在 BBS 的帮助下,其实当代互联网上的文章、图片、视频中充满了创意和灵感。学艺术我们需要灵感,进行科学创造我们需要灵感,认识世界我们也需要灵感;有时,这种灵感就潜藏在 BBS 中一个看上去不起眼的角落。当我们从中受益时,最好不要忘了自己今后也去成为一个互联网世界 BBS 的积极回帖者和贡献者!

## 文字处理器

公元 1703 年,德国科学家莱布尼茨发表了《二进位算术的阐述——关于只用 0 与 1 兼论其用处及伏羲氏所用数字的意义》一文,标志着二进制数学正式问世。据悉,莱布尼茨早在此前二十多年就有了建立二进制数学的想法,但当时认为它没有什么用处而没有继续研究。后来他可能受到中国《易经》相关内容的启发,从而逐渐意识到了二进制数学可能潜藏着的巨大意义。虽然莱布尼茨是先看到《易经》还是先想到发明二进制数学很难考证;但毋庸置疑的是,二进制数学对于今天计算机的出现及其衍生出来的信息技术具有举足轻重的价值。

中央处理器

在美国信息互换标准代码( ASCII 码)中,键盘上的字符是同具体的二进制数字一一对应的,而对 0 和 1 计算机很容易识别,这便使得"人机对话"成为可能。当然,这也为后来的计算机文字处理器的诞生奠定了基础。文字处理器属于一种办公自动化软件,在计算机发明出来以前,较为先进的文字处理工作是通过打字机进行的;但打字机打错字以后,很难对其进行修正。而有了计算机和文字处理器后,不但修正输入的错字十分便捷,而且也为"无纸化"办公的实现创造出了条件。在今天的办公室里,有计算机和互联网,我们就可以很轻松地输入文字并交流思想。

在 Windows 等视窗软件出现以前，计算机普遍采用 DOS 操作系统。在 DOS 系统被使用的初级阶段，汉字输入的实现大多采用汉卡；通过硬件将文字叠加在英文操作系统上。随着软件技术的发展，后来出现了汉化 DOS 系统；也就是先建立一个点阵字库，再通过软件调用实现汉字输入功能。在汉字输入法中，除了传统的拼音输入法外，出现了很多字形输入法；这其中最具有代表性的是我国电子工程师王永民历时五年研发，于 1983 年推出的"五笔字型"输入法。它在世界上首破每分钟 100 汉字输入大关，在 20 世纪末已被全国 90% 以上的专业文字输入工作者采用。

1989 年，我国电子工程师求伯君领导的金山公司正式推出了我国第一套文字处理软件——WPS。20 世纪 90 年代初期，美国微软公司推出了集成办公软件系统——MicrosoftOffice，它包含文字处理、表格制作、幻灯制作、网页制作等多项办公室常用软件。1989~1994 年期间，WPS 曾一度垄断中国文字处理软件市场。1994 年起，微软公司为了迎合中国消费者的习惯，主动找到 WPS 公司要求收购金山公司遭到拒绝；1995 年，微软以高薪诱惑想把求伯君纳入旗下仍被拒绝。1996 年，微软想出了一个"折衷"的办法，找到金山公司要求双方将软件在"井水不犯河水"的前提下进行兼容，金山公司同意了。没想到，1996 年 8 月，微软公司推出了功能更强大的新版本视窗软件和办公系统，乃至国内用户纷纷从喜欢 WPS 产品转向了与其兼容的微软产品；到了后来，金山公司在微软公司强大的竞争面前几近倒闭。

求伯君此后不得不卧薪尝胆，卖房求生，公司以开发游戏、杀毒软件谋求生存。经过一番励精图治后，金山新版 WPS 文字处理系统卷土重来；后来在联想集团的帮助下，金山公司终于在与微软文字处理系统的竞争中重新获得了一席之地。然而，好景不长，金山公司的市场份额在微软强大的实力和用户长期养成的习惯下又再度失落下去。2008 年，金山公司将积累了 14 年经验的文字处理器软件代码全盘推倒重建，向微软"屈服"，彻底兼容微软制定的代码标准。然而，他们这样做的目的，正是为了不向微软屈服；或许只有这样才能迎合用户的使用习惯，有朝一日东山再起。金山人身上的这种不服输的竞争精神被业界视为楷模。

使用文字处理器对于绝大多数白领而言是不可或缺的，它正如使用搜索引擎一样。面对这一巨大市场，IT 巨头 Google 公司也不甘寂寞，他们于 2006 年推出了谷歌文档，一种基于 Web 的文字处理器。2010 年 1 月，Google 公司又联合 Memeo 公司推出了谷歌文档桌面客服端，用户可以方便地实现在线创建文档的离线修改工作；这种客服端还增加了谷歌文档和微软文档之间的格式转换，以实现文档彼此兼容的问题。作为对 Google 公司相关举措的回应，微软公司则推出了网络文档在线查看软件，可以在线免费查看 Microsoft Office 文档，双方竞争已进入白热化。

## 程序设计

世界上最有趣的现象莫过于人的智能，上千亿个神经元细胞形成人脑复杂的记忆、联想模式识别、逻辑推理等"网络计算"功能。在人工智能的秘密被我们彻底揭示出来之前，科学家们已经通过程序设计使得"人机对话"成为一种可能。1840 年，当英国著名诗人拜伦的女儿阿达·洛夫雷斯尝试通过某种方式进行人机对话时，她没有想到自己会成为人类有史以来的第一位程序员。

阿达·洛夫雷斯和她的父亲性格迥然不同。她的父亲热情奔放、多愁善感，而她却冷静睿智、豁达开朗。当穿孔卡计算机还未正式问世时，阿达·洛夫雷斯便开始思考将来能否利用这种工具去解决一些现实性的问题。她于 1840 年设计了利用计算机求解流体力学上著名的伯努利方程的程序，并创立了"循环"和"子程序"的概念。熟悉计算机语言的人都知道，这两个概念在程序设计中具有举足轻重的地位。1843 年，阿达·洛夫雷斯发表了一篇论文，提出计算机在未来具有不可限量的发展前途；可以应用于科学研究、工程制图，甚至是音乐创作中。她还绘出了一份"程序设计流程图"并拟定了一些未来计算机的可能算法。为了保证计算机语言的通用性和可靠性，美国军方曾经耗时 20 余年设计出了一套先进的计算机语言，后来他们将此语言命名为"阿达"语言，以纪念阿达·洛夫雷斯为人类程序设计所做出的贡献。

因为程序的指令运行是一个循环沟通，直至满足目的的过程，我们也可以把程序视为一种人为机器设计的"招标游戏"；结果分两种，一种是"中标"，一种是"不中标"，即布尔命题中的"是"与"否"。阿达·洛夫雷斯所言的"循环"，有点像"穷举试错"，也即尝试所有的选支是否满足既定条件；而阿达所言的"子程序"，即可以理解为"模块"。有了形形色色的模块，你便可以层层嵌套这种"招标游戏"的形式，使得整个"招标游戏"更加复杂也更具有现实意义。比如，你可以对诸备选支进行加权评分，然后选出一种最符合条件的"中标"答案。

阿达·洛夫雷斯之后，计算机编程界出现了另一位杰出的女性，她便是被誉为"COBOL 语言之母"的美国海军中尉（后升为少将）格蕾丝·霍波。格蕾丝·霍波曾在 1944 年为哈佛大学的一台大型计算机"Mark I"开发出了程序，她还开发出了第一个编译器"A-O"。"A-O"的下一代称为"FLOW-MATIC"的编译器导致了 1959 年 COBOL 语言（面向商业的通用语言）的诞生。格蕾丝·霍波一直致力于创建一种接近于自然语言的编程语言，以使那些非技术人员也可以轻易学习使用，这为程序设计语言的商业化应用奠定了基础。熟悉计算机编程的人都知道"bug"（漏洞）一词，这个词也是由格蕾丝·霍波第一个派生到计算机编程中的。她创立这个词还有一个小故事。一天，她发现 MarkII 计算机在运行中出现一些故障，她后来在计算机的继电器中发现了一只飞蛾；正是这只飞蛾影响了计算机的运行。于是，格蕾丝·霍波便将它小心地保存在笔记本里，并把程序故障诙谐地统称为"臭虫"（bug）。如今，这只"bug"被收藏在美国史密森研究院自然历史博物馆。

1967 年，挪威计算中心的计算机工程师克里斯汀·尼盖德和同事奥尔·约安·达尔开发出了"Simula67"语言，它是第一个"面向对象"的程序设计语言，被视为现代计算机语言富有革命性的开端。克里斯汀·尼盖德将阿达创意的子程序概念继续深化，提出了"按组件"编程的思想，它是计算机程序"模块化"和"结构化"的基础。与此同时，克里斯汀·尼盖德认为，程序应具有"抽象性"；也即其应具有能力忽略信息中的次要方面，而只关注其主要方面。除此之外，程序还应具有"封装性"；通过组件相关接口实现某部分信息被限制访问和修改。除此之外，程序还应具有"多态性"和"继承性"，前者使组件的分类更加详细，后者则体现出程序指令的通用性。这些思想都使得计算机程序在某种程度上更类似于人的思维模式。这些设计思想是后来的 C 语言以及 C++ 等多种计算机语言的重要基础。因此,克里斯汀·尼盖德也被尊称为"现代计算机语言之父"。

## 计算机

自然界存在因果关系就自然存在自变量和因变量,也即函数关系。数可以转换成形,但数要有理来制约。制约数的理即可称之为"算法"。人类自古以来就一直在试图制定算法以让机器参与计算过程。算盘可以视为一种古老而又简单的计算工具,我国汉代数学家徐岳在其名著《术数记遗》中曾记载了算盘的算法规则。在 1946 年世界上第一台全电子化计算机正式问世以前,人类曾利用机械装置发明出了可以进行数据处理的机械计算机,其中比较有代表性的有打孔卡片计算机和手摇计算机。

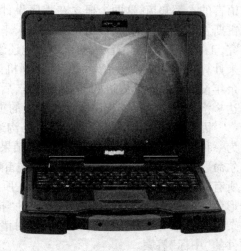

**计算机**

1834 年,英国数学家、哲学家查尔斯·巴贝奇构思出了可编程序的计算机蓝图,这也是人类第一次构想出可以通过程序运行的计算机模型,也是阿达·洛夫雷斯模拟进行程序设计的基础。1855 年,世界上第一台打孔卡片计算机"巴贝奇分析仪"正式诞生。1878 年,瑞典工程师奥涅尔发明了世界上第一台齿数可变的手摇齿轮计算机,它的操作过程十分烦琐。19 世纪 80 年代,美国人口调查局统计员赫尔曼·霍勒瑞斯为了适应人口统计工作的需要,在他女友的父亲,当时任美国军医署署长的约翰·比林斯的帮助下,将查尔斯·巴贝奇关于计算机的创意发扬光大,研制出了可以进行大规模自动数据处理的制表机。霍勒瑞斯的制表机的穿孔卡第一次把数据转变成二进制信息,所以在计算机发展史上具有十分重要的意义。此后数十年,霍勒瑞斯一直潜心于计算机领域的科研工作,获得了 50 多项技术专利;他后来被计算机科学界授予"数据处理之父"的荣誉称号。

20 世纪前三十年,穿孔卡片计算机开始逐渐进入商业领域。霍勒瑞斯于 19 世纪末创立了制表机公司,此公司后来被美国 CTR 公司收购。1924 年,CTR 公司更名为国际商业机器公司,即 IBM 公司。IBM 公司后来开始批量生产穿孔卡片计算机。20 世纪 30 年代后期开始,电子计算机的规划和发展更加明朗起来。1937 年,"图灵机"数学模型问世,这为电子计算机的诞生奠定了理论基础。1938 年,美国数学家克劳德·艾尔伍德·香农提出了继电器用作电子计算机的布尔逻辑开关的方法;1940 年,美国贝尔实验室尝试将继电器应用于计算机取得了成功。1944 年 1 月 10 日,英国工程师汤米·费劳尔斯领导的研究小组研制出了"科洛萨斯"计算机。

1945 年,美籍匈牙利裔数学家冯·诺依曼领导的研究小组创建了"存储程序通用电子计算机方案"(EDVAC),它明确规定了未来计算机的五个组成部分:运算器、逻辑控制器、信息存储器、信息输入和输出设备。他还创建了计算机存储数据的原则:指令和数据一起存储。这些规范的制定是计算机发展史上的一个重要里程碑。1946 年 2 月 14 日，世界上第一台全电子化计算机"ENIAC"在美国正式诞生，这是人类科技史上划时代的伟大事件。"ENIAC"计算机诞生后，冯·诺依曼又发表了著名的《电子计算机逻辑设计初探》一文，这标志着电子计算机从此进入了"冯·诺依曼机"时代。由于冯·诺依曼对电子计算机的发展做出过极其重要的铺垫工作，他后来被人们尊称为"电子计算机之父"。

第一代计算机是电子管计算机，在其诞生后又经历了第二代晶体管计算机和第三代集成电路计算机，目前已经是第四代超大规模集成电路计算机了。在这期间，很多计算机厂商都投入了大量人力物力进行研发。据悉，IBM 公司当初为研发首台第一代 360 系列计算机，投入研发的资金达 50 亿美元，是二战期间美国政府投入原子弹研究经费的 2 倍多。随着超大规模集成电路的应用，计算机信息处理能力越来越强，而体积却变得越来越小。1946 年诞生的"ENIAC"计算机重达 30 多吨，而现在的很多小型笔记本计算机只有不到 1kg 重。这不由得让人想到著名的"摩尔定律"："集成电路上可容纳的晶体管数目，约每隔 18 个月便会增加一倍，性能也将提升一倍。"目前，计算机领域的专家们除了力求使计算机向更小、更轻薄、运行速度更快、容量更大方向发展外，他们还在努力朝"第五代计算机"的方向发展，那便是"智能化计算机"。这种计算机要求能够实现推理过程，能够进行建模，还能够进行图像识别，本身具有一定的学习能力。

## 条形码

现代都市中很少有人没有接触过条形码。条形码作为一种商品信息识别的方法，使得物流系统运行更加快捷。条形码技术最早诞生于 20 世纪 20 年代。美国西屋电气公司一位名叫约翰·科芒德的工程师出于对邮政单据实现自动分拣的兴趣，发明出了一种简易的条形码识别技术。他用一个条表示"1"，用两个条表示"2"；以此类推，这样便可以实现十种代码。随后他制作出了一个简易的光电信号识别装置，通过这种装置，他便可以识别代码。此后，他的朋友道格拉斯·杨发明出了可以识别一百个代码的技术。约翰·科芒德和道格拉斯·杨的发明由于技术过于简单，不能在商业上被广泛应用。

条形码

1948 年，美国工程师伯尼·西尔沃根据食品连锁店提出的要求，开始研制商品信息自动识别系统。他刚开始利用的是紫外线油墨识别技术但最终没有成功。1949 年，伯尼·西尔沃将他面临的困难告诉他的朋友约瑟夫·伍德兰德。约瑟夫·伍德兰德根据莫尔斯电码的提示设计出了一种新型的代码识别系统，并通过光电倍增管（PMT）实现对信息的读取。1952 年，约瑟夫·伍德兰德和伯尼·西尔沃共同获得了世界上第一个条形码专利。因为他们设计的代码是由圆条和空白构成的靶状图案，所以俗称为"公牛眼"代码。这种靶式代码的原理和现代条形码已经比较接近。遗憾的是，由于当时相关技术还不够完善，所以未能进行商业化推广。10 年后，约瑟夫·伍德兰德在 IBM 公司领导了北美统一条形码 UPC 码的建设，为条形码的发展做出了重要贡献。

1959 年，美国麻省理工学院的研究生大卫·J·柯林斯应美国宾夕法尼亚铁路公司的要求开始研制商业化条形码的技术。他后来开发出了一个系统连接到车辆的蓝色和黄色反光条纹，据此编出了一个 6 位数字的公司代码和一个 4 位数字的车辆代码。1961 年开始，柯林斯开始进行系统测试。由于这是一项具有开创性的工作，测试工作一直持续了 6 年。1967 年，大卫·J·柯林斯的技术获得了专家的认可。1967 年 10 月 10 日，世界上第一套商业化条形码系统运行后取得了成功。美国铁路协会此后开始推荐此套系统作为铁路车辆的自动识别系统。到 1974 年，全美 95% 的铁路车辆已经安装了大卫·J·柯林斯发明的条形码系统。

铁路系统使用条形码的成功，大大激发了食品、邮政、出版等行业使用条形码的兴趣。20 世纪 60 年代，一些食品连锁店开始小范围地测试条形码商品识别系统。与此同时，条形码扫描识别技术也发展起来。1969 年，美国贝尔实验室的电子工程师韦拉德·博伊尔和乔治·史密斯发明了 CCD 传感器，使得光电识别技术有了重大突破。CCD 传感器不仅在早期的条形码识别技术中有着广泛应用，它也是数码传真机、扫描仪、数码相机等设备的基础元件。韦拉德·博伊尔和乔治·史密斯因发明了 CCD 传感器而获得了 2009 年度的诺贝尔物理学奖。随着 LED 发光二极管技术、微处理器技术和激光二极管技术的发展，条形码识别技术不断取得进步；条形码技术已经成为当代物流体系中极为重要的一个组成部分。

条形码技术的发展，除了条形码识别技术外，还有一个重要的工作，那便是条形码的标准化。从 1952 年条形码第一个专利颁发以来，世界上陆续出现了 UPC 条形码、EAN 条形码、39 条形码、库德巴条形码、25 条形码、49 条形码、11 条形码等条形码。1977 年，国际物品编码协会成立，负责开发出一套全球化跨行业的商品信息识别系统。由于条形码技术的不断成熟，加上条形码全球化标准规范的建立，从 20 世纪 70 年代起，条形码技术在各行各业迅速应用起来。20 世纪 80 年代，美国国防部规定其所有供货商都要在商品上附有条形码。目前条形码已经应用到了社会生活的很多方面，比如连锁超市各式各样的商品，企业货品的仓储物流，机票、戏票等各种票务领域，图书、证件、病历等。条形码技术使得各式各样的商品证件能够在瞬间被识别，从而大大加快了商品及人的流通速度，提高了人们的工作效率。条形码技术的发展，也为后来"物联网"技术的出现奠定了基础。

# 电子电气类发明

## 集成电路

在《第五项修炼》一书中，美国麻省理工学院斯隆管理学院教授彼得·圣吉提出了"杠杆解"的概念，用以指"小而专注的行动，如果用对了地方，能够产生重大、持久的改善"。人类新技术、新发明能够通过推广普及像杠杆一样撬动产业经济的发展。半导体发现并运用于电子技术可以视为电子工业一种的杠杆解，集成电路的发明亦可以视为一种新的杠杆解，这两项技术使得人类从此步入微电子时代。因为这两项技术都是建立在硅的基础上的，而硅又是沙粒的主要成分，所以，它们又可以被称为"点沙成金"的技术革命。

集成电路

19世纪40年代电子计算机问世后，由于电子元器件众多、体积庞大、造价昂贵，计算机的小型化被提上了日程。1952年，美国电子工程师杰弗里·达默在一次电子元件会议上指出："随着晶体管的发明和半导体研究的进展，可以期待着将电子设备制作在一个没有引线的固体半导体板块中，这种固体板块由若干个绝缘的、导电的、整流的以及放大的材料层构成，各层彼此分割的区域直接连接，可以实现某种功能。"杰弗里·达默提出的这种设想就是后来的集成电路的核心思想。时隔6年，他的这一设想被美国得克萨斯仪器公司36岁的工程师杰克·基尔比变成了现实。

杰克·基尔比意识到了：既然晶体管、电阻、电容等电子元器件都可以用同一种材料制造，为何不能先用一块材料把它们造出来，然后再使得这些元器件相互连接？于是他开始进行实验。等到初步实验取得成功后，他又将这种特殊的电子线路通过触点联结，这便形成了"集成电路"的雏形。1958年9月12日，请记住这个伟大的时刻，人类历史上第一块集成电路在工程师杰克·基尔比手下诞生。不过，直到2000年，诺贝尔奖评审委员会才决定将当年度的诺贝尔物理学奖颁发给杰克·基尔比，奖励他发明集成电路，并盛赞他"为现代信息技术奠定了基础"。其实，不用这句评论，从2000年全球集成电路产品出货量为865亿件这个数字上，我们就可以看出杰克·基尔比所发明的集成电路对全球经济和信息产业造成的影响有多么深远。

杰克·基尔比发明集成电路后不久，美国仙童公司的电子工程师罗伯特·诺伊斯在氧化膜上通过铝条连线使得各个元器件连为一体，为集成电路进入商业化生产奠定了基础。1968年，罗伯特·诺伊斯离开了仙童公司，与戈登·摩尔、安迪·葛洛夫同创建了英特尔公司。1971年，英特尔公司的研发人员成功地在一块仅12平方毫米的芯片上集成了2300个晶体管，制成了世界上第一款包括运算器、控制器在内的可编程序运算芯片，也就是现在所说的"CPU"（即"中央处理单元"，英文"central processing unit"），简称"微处理器"。这一发明目前每年为英特尔公司创造数百亿美元的销售额，当然它也在造福着数以亿计的人们的生产生活。20世纪70年代，英特尔公司创始人之一的摩尔做出了一个著名论断，这也就是我们前面提到过的"摩尔定律"："集成电路上可容纳的晶体管数目，约每隔18个月便会增加一倍，性能也将提升一倍。""摩尔定律"激励着美国硅谷乃至全球半导体行业的科研工作者们不断努力进行着技术创新。

集成电路作为微电子技术中的核心组成部分，它不仅对高科技产业的发展形成巨大的推动作用，它还可以和传统机械电子产业结合，促使传统技术产业向高科技产业转型。

在这个意义上讲，它是一支巨大的"杠杆"，能够撬动全球超过万亿美元产值的市场；同时它也是一个巨大的"赚钱机器"。2000年，我国集成电路产值约占全球集成电路市场的1%左右，近几年来有明显上升的趋势。我国集成电路产业发展起步比较晚，目前很多集成电路产品还依赖于进口，这就要求我国科学技术工作者能够努力奋斗，争取在集成电路产业方面多创立自主创新品牌。2002年8月10日，中国"龙芯"正式诞生，其结构采用MIPS授权，内核完全由中国人独立制造，其问世标志着我国在集成电路研发上迈出了重要一步。相信未来我国一定会涌现出更多民族知识产权的高科技产品，完全由中国人全面设计的CPU也会诞生。

## 激光器

20世纪初，丹麦物理学家尼尔斯·玻尔提出了著名的电子跃迁理论。此后，阿尔伯特·爱因斯坦在玻尔的电子跃迁理论基础上结合德国物理学家马克斯·普朗克推导出的黑体辐射公式提出了受激辐射理论。爱因斯坦认为，处于高能级的粒子在受到和其同频率光子激发的情况下可以从高能级跃迁到低能级并释放出光子。理论上讲，可以通过受激辐射来实现光的能量的"放大"。不过，当时人们发现，根据玻尔兹曼统计分布，一般平衡态系统中高能级粒子比例很低，靠受激辐射来实现光的放大在实验室里很难做到。

激光器

20世纪中叶，随着量子力学理论和实验技术的进一步发展，人们发现可以在实验室中创造出系统粒子数反转效应。这样，受激辐射就可以循环往复地进行下去，使得光的放大成为一种可能。1954年，美国贝尔实验室的工程师查尔斯·汤斯在实验室里成功地制造出了一台氨分子束微波激射器，这为后来的激光器的诞生奠定了技术基础。查尔斯·汤斯巧妙地运用了微波的相干作用使得微波纯化并受激放大；而在他之前，很少有人想到去利用这一点。1958年，查尔斯·汤斯和阿瑟·肖洛共同发表为名为《红外和光学激射器》的论文，从理论上系统地阐述了利用微波激射器和光谱学原理相结合，采用开式谐振腔的技术，可以制造出一种受激辐射光波放大的电子设备。这篇论文标志着激光器理论的成熟。有趣的是，查尔斯·汤斯曾先后与量子力学奠定人尼尔斯·玻尔和电子计算机之父冯·诺依曼谈及研制激光器的理论，但他们二人均不相信纯化光束频率可以完成。

可见，查尔斯·汤斯的成功和他丰富的电子工程学实践经验是分不开的，这使得他能够不被传统理论所形成的观念所束缚，大胆地进行开拓性实验并从中产生创意。1960年5月16日，美国休斯研究所的工程师西奥多·梅曼发明了世界上第一台红宝石激光器，令全世界的电子工程师们为之兴奋。很快，IBM实验室和贝尔实验室的工程师们也都研制出了不同种类的激光器。此后激光器的研制飞速发展起来。1960年，美国约有激光器研究单位30余家,到1962年已经超过500家。激光器位于多学科交叉研究领域,关联到大量的产业部门,它的发明可以视为一种"通用"发明。1958年,查尔斯·汤斯曾经预言过激光未来可以大量应用于通讯、医学等领域,事实上后来激光在工业上的应用要多得超乎想象。比如,激光加工工业,如激光切割、激光打孔、激光焊接、激光雕刻等;激光测绘工程,如激光测距、激光定位、激光校准等;激光医学,如激光去斑、激光除皱、激光解剖等;激光信息技术,如光盘技术、条形码扫描技术、激光通信等;激光军事武器,如激光瞄准仪、激光枪、激光炸弹等……

2009年,前香港中文大学校长、美籍和英籍华裔物理学家高锟因"有关光在纤维中传输及用于光学通信方面"为人类做出了开创性的工作而和CCD传感器的发明人博伊尔和史密斯分享了当年度的诺贝尔物理学奖。高锟教授在1966年发表了"光通讯"的相关论文,提出可以实现以一条比头发丝还要细的光纤代替体积庞大的千百万条铜线,传送容量几近无限的信息;当时他的想法还曾受到别人的嘲笑。如今高锟教授的理论已经被广泛应用,为人类互联网及通讯事业的发展做出了卓越的贡献;高锟教授也被人们尊称为"光纤之父"。

光纤即"光导纤维"的简称,光纤通信是利用LED光源或激光器作为信源,以透明导光材料作为信道,利用光的全反射原理传输信息的一种方式。光纤在通信领域具有损耗小、容量大、制作简单、成本低廉等特点,它可以取代传统的铜芯电缆。据悉,一对金属电话线一般最多只能传送1000多路电话,而一对细如蛛丝的光纤可以同时传送超过100亿路的电话;如果铺设1000公里长的铜轴电缆大约需要500吨铜,而改用光纤通信只需要几公斤石英材料就行了。光纤除了可以广泛应用于通信领域外,它还可以用于医学临床诊断上的内窥镜,制成各种各样的光学传感器,这些新的光纤应用也为激光器的工业应用拓宽了道路。

## 电子管

提起美国发明家托马斯·爱迪生,大家都会想到他发明了炭化竹丝电灯。其实爱迪生有一个发现的重要性不亚于电灯的发明,而且这个发现是他在灯泡研制失败的过程发现的,这就是著名的"爱迪生效应"。它是电子管诞生的基础,也是最早的收音机、电视机、电子计算机诞生的基础。1883年,爱迪生在研制电灯的过程中,苦于一直找不到灯丝的最佳材料,他一直为碳丝在高温下的蒸发而苦恼。后来,他想出了一个没有办法的办法,那便是在真空灯泡里安装一小段铜丝,他希望铜丝能够阻止碳丝的蒸发过程。当然,他的这种奇思异想最终以失败而告终。不过,在实验中他发现一个奇怪的现

电子管

象,他竟然检测到铜丝中产生了微弱的电流。实际上这就是热电子效应:在真空灯泡中的碳丝充当了阴极,铜丝充当了阳极。高温下阴极向阳极发射出了电子。爱迪生将这一发现记录在案,后来将其申请了专利。不过,遗憾的是,爱迪生后来并没有想到将此效应应用于无线电波检测继而发明出伟大的电子管。两年后,"爱迪生效应"惊动了大洋彼岸的英国诺丁汉大学 36 岁的电气工程学教授安布鲁斯·弗莱明。安布鲁斯·弗莱明认为,这种热电子真空发射效应应当大有用武之地。

1904 年,安布鲁斯·弗莱明经过长期努力终于成功地研制出一种能够充当交流电整流和无线电波检测的新型"灯泡",他称之为热离子管。这就是我们现在熟知的真空二极管,电子管的常见形式之一。安布鲁斯·弗莱明的真空二极管和原来发报机中的金属屑检波器比,确实有一个明显的进步。不过,他发明出的真空二极管只能用于检波,不能用于电信号的放大。就在安布鲁斯·弗莱明发明出真空二极管后,美国有位名叫李·德福雷斯特的电子工程师对真空二极管展开了进一步的研究。他首先按照安布鲁斯·弗莱明制作真空二极管的方法,在真空灯泡内以白金丝作第一个电极,在白金丝旁又装了个金属屏作为第二个电极,结果发现其果真可以替代金属屑检波器。随后,他又在两个电极之间加上第三个电极——一块锡箔。奇迹出现了,他发现在第三个电极上加上额外电信号,就可以改变第二极的电信号,而且信号出现等比例放大!

这无疑是一个重大发现。也就是说,只要在第三极施以弱电流,就能够在第二极出现等比例的强电流,这是电子工程师们梦寐以求的。李·德福雷斯特意识到,只要能够将无线电波检测出来并加以放大,无线电波的用途将开启一个崭新的时代。他随即改进实验装置,用金属丝代替锡箔充当第三极,结果效果要比前面的结果好得多。李·德福雷斯特在成功地研制出真空三极管后,由于他没有资金进行进一步实验或者推广,于是只好自己带着这一发明成果去主动寻求企业家们的帮助。由于李·德福雷斯特的样子长得不是很好看,而且去拜访企业家的时候常常衣衫不整,很多门卫都把他拦在了门外。由于李·德福雷斯特坚信自己的发明将会导致人类技术发展出现革命性的变化,很多门卫都认为他是"疯子"。最后,有一个企业的门卫怀疑他有某种行骗的目的,将其扭送到了警察局。

1906 年的春天,美国纽约地方法院审理了一桩离奇的案件。被告人李·德福雷斯特涉嫌用一个奇特的玻璃灯泡"公开行骗"。在法庭上,李·德福雷斯特公开辩解道:"这个玻璃泡是我的发明,它可以把远在大洋彼岸传来的微弱电波进行放大。历史必将证明,我发明了空中帝国的王冠。"对于李·德福雷斯特公开宣称自己发明"空中帝国的王冠",很多媒体都对其嗤之以鼻,但他们的报道却使得李·德福雷斯特的发明受到了很多企业家的关注。历史最终证明了李·德福雷斯特当初的预言是正确的。他后来不仅被无罪释放,其发明在 1906 年 6 月 26 日获得了美国专利并继而掀起了无线电和电子工程技术的一场伟大革命。20 世纪初以真空二极管、真空三极管为代表的电子管的发明,推动了无线电技术的迅猛发展,也为后来的电子计算机的诞生埋下了一个最重要的伏笔,是电子科技发展史上的划时代大事件。

## 晶体管

20世纪初,随着物理学研究的发展,人们发现了半导体这种特殊的物理材料。科学家们预言这种材料可以帮助人们制造出一种新的电子元器件,这种元器件比电子管体积更小、更结实、更省电。1929年,美国电子工程师朱利斯·李林费尔德获得了一项半导体专利。他提出利用硫化铜作为半导体材料,对其加以一个很强的电场,可以实现场效放大的功能。李林费尔德的这项专利技术被视为现代晶体管的最基本的原理。可惜由于当时实验室技术的限制,李林费尔德没有能够制造出现实的产品,他与后来表彰晶体管发明的诺贝尔物理学奖失之交臂。20世纪40年代,美国贝尔实验室的一些科研人员们想到了李林费尔德的理论,他们开始尝试研制晶体管。

晶体管

在20世纪初电子管发明后,曾掀起了无线电工程和电子工程相结合发展的浪潮。仅在一战期间,美国西电公司就为美国军方生产了超过500万只电子管。在电子管普遍应用的同时,人们也发现了电子管存在着诸多缺点。比如,电子管需要预热,不能一开启就立即工作,如电子管收音机打开后需要过一会儿才能收听到节目;电子管体积相对较大,这使得电子设备要容纳既定数量的电子管,不得不做得很大;此外,电子管还容易老化,这主要和电子管在灯丝加热时不断释放电子及真空慢性泄漏有关。李林费尔德的理论给了人们新思路,人们可以利用半导体制造出更稳定、更节能、更耐用的电流放大、控制元器件,来取代电子管。

1945年,美国贝尔实验室的电子工程师们在威廉·肖克莱的领导下从事利用半导体研制晶体三极管的工作。由于实验一直没有取得突破性进展,再加上当时科学界对这种新兴的三极管能否马上研制成功一直持怀疑态度,威廉·肖克莱退出了研制过程,此项目由他的两位同事约翰·巴丁和瓦尔特·布拉顿继续进行。后来,约翰·巴丁依靠其总结的电流通过半导体的表面特性理论,在瓦尔特·布拉顿搭建的实验装置的帮助下,于1947年12月23日成功研制出世界上第一只晶体管。当时,他们利用的是锗材料,制造出来的是"点接触式"晶体管。1950年10月3日,美国专利局批准了巴丁和布拉顿二人申请的晶体管专利。由于点接触式晶体管存在放大倍数有限、噪声较大等缺点,威廉·肖克莱后来对其进行了改造,他利用硅材料成功地研制出"面接触型"晶体管,后来肖克莱的发明也获得了专利。

1956年,诺贝尔奖评审委员会决定将当年度的诺贝尔物理学奖颁给约翰·巴丁、威廉·肖克莱、瓦尔特·布拉顿三人,以表彰他们共同发明了晶体管。晶体管的发明,使人们充分地认识到了半导体的巨大威力,使得电子工业从此步入了硅时代;它也为后来集成电路的发明并引领电子工业进入微电子时代奠定了基础。现在衡量一个国家进入信息技术社会的标准是,一个国家的半导体产业产值要占到工农业总产值的千分之五。晶体管诞生后,发展速度是惊人的。20世纪50年代初《纽约时报》对晶体管的评论是:"这东西除了做助听器,恐怕没有什么别的用途。"到了 20 世纪 50 年代末,如果一台收音机不是用晶体管做的,几乎出现无人购买的窘境。

晶体管发明后,不仅大量用于收音机、电视机等电子技术产品制造,还导致电子计算机掀起了一场革命,从此由"电子管"时代迈入"晶体管"时代。虽然现代计算机已经普遍采用超大规模集成电路,但晶体管仍是集成电路的重要组成部分;虽然现代电视机已大规模采用液晶(LCD)技术和等离子(PDP)电视技术取代显像管(CRT),但其集成电路中仍含有大量晶体管单体。利用光伏效应制成的晶体管又称为光敏晶体管。光伏效应由法国物理学家安东尼·E·贝可勒尔于 1839 年发现。光敏晶体管不仅有光电转换作用,而且还能对光信号进行放大,它在光探测器、光电编码译码器、特性识别、过程控制、激光接收、光电开关及遥控信号接收机等自动控制设备中都有应用。从今天电子、集成电路、计算机、自动控制等产业对国民经济和社会生活的巨大影响中,我们可以深切感受到晶体管对于人类文明发展起到了多么巨大的推动作用。

## 电视机

电视机的发明是一个典型的"艰苦创业"的故事。1901 年马可尼发明无线电报后,有人便想到了利用无线电进行视频信号传送。1897 年,德国物理学家卡尔·费迪南德·布劳恩发明了显像管。显像管学名"阴极射线管示波器",英文缩写 CRT。CRT 通过变化的电场控制阴极射线发射电子的运动,将其投射到荧光屏上形成明暗不同的光斑,这样便可以轻易地实现电信号向光信号的转化。不过,就电视机的基础技术而言,它只解决了二分之一的技术问题,即图像的接收。1911 年,苏格兰工程师坎贝尔·斯温顿提出,用光敏元器件制成显示屏,然后将需要转输的视频图像投射到此屏上;再用射线对存贮在这些元器件上的电荷强弱进行扫描,便可以将光信号转换成电信号。坎贝尔·斯温顿的创意,其实就是显像管的一个逆过程,即是我们现在俗称的"摄像管"。有了显像管和摄像管,剩下的工作基本就像发无线电报一样简单了。而在这整个过程中,最难研制的也就是"摄像管"。20 世纪 20 年代,一位来自苏格兰的名叫约翰·洛吉·贝尔德的小伙子决定致力于此项研究。

电视机

贝尔德在研究初期没有任何赞助,也没有一个助手,独自一人艰苦奋战着。他把自己所有的积蓄都投入到实验室中去了,然而他的实验一直没有出成果。最穷苦的时候,他不得不忍饥挨饿地超负荷工作着,他的衣服鞋子破了没有钱补,生病了也没有钱去买药,他唯一的伙伴就是一个被他称为"比尔"的木偶人,最终他连房租都快付不起了……就在山穷水尽的时候,他于 1924 年春天终于成功地发射出一朵十字花的图案。可就在这个时候,他因一次触电事故险些丧生。所幸的是,他后来遇到了一位杂货店老板,对他的发明很感兴趣;不过不是想对其投资,而是想利用这种少见现象为自己招揽顾客。他和贝尔德达成一项协议,每周去他的店里表演这种奇特技术三次,他付给贝尔德 25 英镑。

由于当时人们都从未见过这种技术,很多人都对贝尔德的表演产生了好奇心,但更多的人还是不理解,纷纷嘲笑他哗众取宠。贝尔德忍受不了这种嘲笑,于是又将仪器搬回了自己的实验室。后来他去找报社宣传;但人们对穿着破烂的他不屑一顾,有的门卫则称他是异想天开的人。贝尔德大失所望,无奈之下只好向亲朋好友借钱。就在这时,他的两位堂兄答应出资 500 英镑入股帮助他建立贝尔德电视公司。1925 年 10 月 2 日,贝尔德终于成功了,他改进后的设备成功地将他的伙伴"比尔"的脸的图像发射了出去。他随后又对技术进行了改进。1926 年 1 月 26 日,英国皇家科学院的专家们应邀到他的实验室参观,当场引起极大轰动。

1928 年,贝尔德成功地将英国的电影画面通过无线电波传送到了美国;很多人看到这一幕都惊呆了。此后,英国政府意识到了这种技术的巨大潜力,决定赞助贝尔德,BBC 也决定赞助。1929 年电视台播送了他的新发明:有声电视。1930 年,贝尔德提出了更大胆的目标,发明彩色电视系统。他的目标在 1941 年 12 月实现。此后,纳粹飞机的轰炸使得研究无法继续。二战结束后,1946 年 6 月 8 日,BBC 播出了贝尔德制作的《第二次世界大战胜利大游行》彩色电视节目,再次引起强烈的轰动。电视机的发明,改变了全球数十亿人的生活。

1968 年,美国工程师乔治·海尔曼发明了液晶显示器,英文缩写 LCD,由于这种显示器轻薄、纯平、无辐射、无闪烁、能耗相对较低,它很快就在电视机和计算机上广泛应用起来。据美国 DisplaySearch 市场调查公司一项研究数据,2009 年全球电视机出货量超过 2 亿台,总金额超过 1000 亿美元。其中第四季度出货比例为 CRT(显像管)电视 18.1%,PDP(等离子)电视 7%,RPTV(背投)电视 0.1%,LCD(液晶)电视 74.8%;液晶电视出货量超过显像管电视的四倍。随着通讯技术的发展,卫星有线电视和数字电视已进入了寻常百姓家庭,而"三网(电信网、互联网、电视网)合一"工程的推进,使得未来的电视机在我们的日常生活将扮演更重要的角色。当我们享受这一切时,请不要忘记贝尔德那段艰苦奋斗的创业史。

## 照相机

照相机的发明离不开光学成像技术,现实物体反射的光线变成缩小的实像后,使得观察并记录这些实像成为可能。照相机的发明,催生了现代胶片的产生;而后者又是电影技术的基础。1685 年,德国工程师约翰·赞恩发明了照相机的光学镜头;后来过了大约 150 年,由于显影技术的发展,照相机才得以诞生。世界上第一张永久性照片诞生于 1826 年,由法国工程师约瑟夫·尼埃普斯发明。1829 年,约瑟夫·尼埃普斯与法国画家路易斯·达盖尔共同改进显影技术。约瑟夫·尼埃普斯于 1833 年不幸去世后，路易斯·达盖尔独自一人对显影技术进行了改进并于 1839 年获得了专利。所以，人们通常将路易斯·达盖尔视为现代照相机的发明人，发明日期为 1839 年。

照相机

1841 年，英国工程师塔尔博特又对达盖尔的显影技术进行了改进并获得了专利。此后，塔尔博特公开宣布向所有的照相机使用者收费，业余摄影师收取 4 英镑，专业摄影师收取 300 英镑。塔尔博特的做法引起了很多摄影师的不满，他们认为其做法阻碍了摄影技术在英国的发展。早期的照相机都是采用湿版相片，这使得摄影过程十分不方便。1855 年，火煤胶干版相片获得了专利；1871 年，明胶干版相片获得了专利；1885 年，美国工程师乔治·伊斯曼发明了赛璐珞干版相片，他于 1888 年取得这项技术的专利。赛璐珞干版相片的出现，使得照相成了一种非常方便的事情，但赛璐珞的缺点便是它很容易燃烧。

1892 年，乔治·伊斯曼成立了柯达公司，开始生产家用相机和胶卷。1898 年柯达从 Nepera 公司购买了一种新型照相纸的专利权。这种照相纸由亨得里克·贝克兰发明，它的优点是可以在普通灯光下显影。早期的照相机多为双镜头反射相机，简称"双反相机"。由于这种相机的取景镜头和成像镜头不一致，所以在照相时通常会出现一定偏差。最早的单镜头反射相机即"单反相机"出现在 1861 年，由英国工程师托马斯·萨顿发明，那时赛璐珞干版相片还未出现，他的发明也没有推广开来。1928 年，德国工程师弗兰克和海德克发明出一种新型单反相机，使得单反相机开始受到人们的关注。单反相机真正取得突破性进展是在 20 世纪 30 年代，德国爱克山泰系列单反相机的推出，使得很多专业摄影师开始选用它作为摄影工具。不过，刚开始诞生的单反相机仍然沿袭了双反相机的特点——俯视拍照。

20 世纪 40 年代末，"五棱镜眼平取景器"被发明了出来，这使得单反相机出现了革命性的变化。从此，摄影师不用再弯着腰拍照了，这不但使得摄影师减轻了拍照负担，降低了患腰肌劳损病的风险，而且使得更多的人喜欢上了拍照。1948 年，美国宝丽来公司推出了一种"即时成像"照相机，使得照片可以实现即拍即得，受到了人们的广泛欢迎。1972 年，宝丽来公司又革新了这种照相机的技术，照片无须用手去拉出撕开，只需要一按快门它便会从相机里自动吐出来。不过由于后来数码相机技术的发展，宝丽来相机逐渐退出历史舞台；2008 年宝丽来公司宣布全面停产即拍即得相机。

1974 年，美国柯达公司开始进行不用胶片照相机的研发。柯达公司是现代胶片诞生之地，又率先开展不用胶片相机的研究，可见柯达公司的领导者具有远见卓识。该项目由年轻的工程师斯蒂文·赛尚负责。在数码相机发明过程中，关键是要处理好模拟电子摄像头、模拟数字转换器、存储介质及线路的结合；而在这其中，关键是对存储介质的选择。赛尚创造性地想到了利用卡式录音磁带作为存储介质。在经过差不多一年时间的艰苦研发过程后,斯蒂文·赛尚领导的科研小组,终于成功地用电视机回放出他所摄制的 23 秒长的他的助理的动态影像。由此,在柯达公司,世界上第一台不用任何胶片的数码相机诞生了。此后,柯达公司围绕数码相机进行了长达十余年的技术改进,申请了超过 1000 项和数码相机有关的技术专利。1989 年,柯达公司终于生产出了世界上第一台商品化的数码相机。2000 年,全球数码相机出货量达到 1082 万台,到了 2009 年,全球数码相机出货量更是上升到了 1.2 亿台;其间出货量的年增长率超过 30%。

## 电影

马在奔跑的时候,是否会出现四足腾空的一刹那?这个问题很多人感到困惑。而这是这种困惑,促成了电影的诞生。1872 年,美国一个商人和一位马场老板,就马在奔跑时是否会出现四蹄同时离地的问题求教于斯坦福大学的学者,这名学者观察了很多次也无法给出答案。最终,他找到了一位名叫埃德沃德·迈步里奇的朋友,请他帮忙解决这个问题。正好迈步里奇是一名摄影师,他后来想出了这样一个方法:在跑马场跑道的一侧固定 24 架照相机,镜头均正对着跑道;在跑道另一侧钉 24 根木桩,将照相机的快门和木桩之间用细

电影

线连接起来。这样,当马依次撞断这些线时,就会自动牵引照相机快门完成照片拍摄过程。

最终的结果出来了,答案是马在奔跑时不会出现四足腾空的一刹那。这个问题结束了,但电影的故事却从此开始了。后来,有人快速拉动那根被迈步里奇连在一起的照片,突然发现照片上的马"动"起来了!人们从这种发现中想到了发明出一种"更好看"的活动的影像。其实,早在 19 世纪 20 年代,比利时科学家约瑟夫·普拉东就曾发现过静止画面快速移动可以变成动态画面的现象。他在 1829 年提出了"视觉暂留"的理论,并于 1832 年制造出了一种可以实现动态画面的"诡盘"。迈步里奇的"动态照相术"传开后,引起了法国生物学家艾蒂安·马莱的兴趣。他于 1882 年发明了摄影枪,每秒可曝光 12 幅画面。1892 年柯达胶卷问世后,艾蒂安·马莱又用柯达胶卷进行了大量连续摄影研究。1899 年,他制造出了技术比较成熟的电影摄影机。在 1888 年,法国人埃米尔·雷诺曾经制成过"光学影戏机",他最早使用柔软有孔的带子进行画面放映,不过放映机播放的不是摄制出来的胶片。

1877 年,美国发明家托马斯·爱迪生发明了留声机。后来爱迪生在获知迈步里奇的

"动态照相术"后,对此也非常感兴趣,希望自己能够发明出"留影机",留住过去岁月的动态影像资料。20 世纪 80 年代末,爱迪生采用马莱的连续摄影法采用赛璐珞胶片进行试验,他在胶片画面中央打孔标记。这一做法后来由他的实验助手英国人威廉·狄克逊进行了改进,威廉·狄克逊把洞孔移到胶片两侧,在每幅画面两侧打四对孔;这样,他便发明了现代电影胶片。在爱迪生的指导下,威廉·狄克逊拍摄出世界上第一部影片。爱迪生和狄克逊此后又进行了放映机的研制工作。他们制作出一个柜子,前面安装了一个小放大镜,后面则通过滑车带动胶片以每秒 46 幅画面的速度移动。1894 年 4 月,爱迪生在美国纽约百老汇大街,用 10 台这样的机器组成了一家"电影院"。由于每台机器只能供一个人观看,所以每场也只能出售 10 张电影票。不少观众怀着好奇心来欣赏爱迪生的这项新的发明成果。结果,人们发现这种动态影像不仅内容十分有限,而且图像也很不清晰;在一组胶片很快就运动完毕后,片门还得关闭一小段时间,这让人觉得难以忍受。爱迪生对这项发明也不满意,但一时似乎难以改进。

就在爱迪生对改进放映机束手无策的那一年,法国有一对叫路易·卢米埃尔和奥古斯特·卢米埃尔的兄弟也在研究电影放映问题。有一天晚上,路易·卢米埃尔在设计放映机时,忽视联想到了缝纫机缝衣服时的情景。他想象着衣物是如何在缝纫机针头的往复运动中不断前进的……最终,他从这种联想中获得了灵感。他和他的哥哥于 1895 年 3 月研制出了集摄影、放映、洗印功能于一身的手摇摄影机和放映机。摄影时,遮光器反复开启,胶片在前进中曝光,即可得到负片。然后将负片与另一条新胶片贴在一起后再曝光,这样便可得到正片。放映时,将摄影镜头换成放映镜头,装上正片后即可放映。1895 年 12 月 28 日,卢米埃尔兄弟在巴黎卡普辛路 14 号大咖啡馆的地下室里,公映了几部他们拍摄的短片《工厂的大门》《火车到站》等,这标志着电影正式诞生。他们后来也被誉为"现代电影之父"。

随着电影技术的发展,有声电影、彩色电影、数字电影、三维电影等电影新形式不断被发明出来。蒙太奇手法的运用使得电影成为人类艺术宝库一个独特的艺术组成部分;而建立在卡通漫画基础上的动画片,则为那些充满童心的人们带来了数不尽的欢乐。

## 光电子技术

光电子技术的内涵极其丰富,它除了包括利用光电效应来制造设备外,还包括将光学和电学技术有机地结合起来的技术。现代数码传真机、扫描仪、数码相机、光电鼠标、光信息通讯、光数据存储、太阳能硅光电池等都和光电子技术有关。光电效应可以分为内光电效应和外光电效应这两种,内光电效应又可以分为光电导效应和光生伏特效应等。在光照的作用下,半导体材料中的电子在吸收光子能量后可以引起材料电导率的变化,这种现象被称为光电导效应,利用它可以制成光敏电阻。在光照的作用下,某些半导体材料内还能生成电动势,这种现象即称之为光生伏特效应,利用它可以制成光敏晶体管和硅光电池。外光电效应即指在光照作用下物体内电子逸出表面向外发射的现象,利用它可以制成光电管和光电倍增管。

1839 年,法国物理家安东尼·E·贝可勒尔发现了光伏效应;1907 年,英国电气工程师约瑟夫·瑞恩德发明了发光二极管(LED);1960 年,美国休斯研究所的工程师西奥多·梅曼发明了世界上第一台红宝石激光器;1966 年,华裔科学家高锟发表了"光通讯"的相关论文;1969 年,美国贝尔实验室的电子工程师韦拉德·博伊尔和乔治·史密斯共同发明了 CCD 传感器。这些都为光电子技术的发展,做出了重要的贡献。

20 世纪 70 年代,荷兰飞利浦公司由苏汉姆·伊明克领导的科研小组发明了光盘(Compact Disc),更是开创了光数据存储的崭新天地。到了 2007 年,全球累计销售的光盘总数已经超过了 2000 亿张。光数据存储技术是建立在光学技术、激光技术、微电子技术、材料科学、细微加工技术、计算机与自动控制等技术之上的,它具有价格低廉、安全可靠、方便传播等优点。相比而言,磁存储技术则易因长期使用磁粉脱落、磁面划伤、受外部环境影响而造成数据损失。一般硬盘的设计使用寿命为 10 年,但少数厂商的硬盘在五年内的返修率就高达 30%。而很多光盘厂商都声称其光盘寿命可以达到在 100 年以上。1997 年,日本先锋公司推出了第一台 DVD 刻录机,使得光盘受到了更多的人的喜爱。2008 年初,日本东芝公司宣布停产 DVD 光盘,推出蓝光光盘,这掀起光数据存储领域新的竞争。一般 CD 采用 780 纳米镭射波长,DVD 为 650 纳米,蓝光光盘则为 405 纳米,所以其储存的影像清晰度更高。

1887 年,德国物理学家鲁道夫·赫兹发现了外光电效应。1905 年,爱因斯坦提出了光量子假说,对外光电效应做出了解释。这为光电管和光电倍增管的诞生奠定了基础。光电管在光的照射下能够发射电子。后来为了增大信号,人们又发明出了光电倍增管(PMT)。1919 年,美国电气工程师约瑟夫·斯列宾获得了第一个光电倍增管的专利。此后,光电倍增管不断改进,如今它在基础核物理学、天文学、医学影像学、电影胶片扫描、计算机高端扫描仪中都有着广泛的应用。光电管和光电倍增管是光电传感器的重要组成部分。光电传感器通常包括光源、光学通路和光电元器件三个组成部分。其中的光源有发光二极管、钨丝灯泡、激光等。在光电传感器中还需具备一定测量电路,以便能够测量出光电元器件的电性能变化。在实际应用中可以采用光敏电阻测量电路或由光敏晶体管组成的测量电路。在光电转换过程中,根据需要还可以采用由硅光电池构成的集成放大电路。

1969 年,CCD 传感器出现后,由于其数字信号放大转换器需要串联,这使得其结构比较复杂。为了迎合图像处理设备小型化的需求,美国电气工程师埃里克·福苏姆于 20 世纪 90 年代初发明了 CMOS 有源像素传感器(APS-C)。APS-C 和 CCD 使用了相同的光敏材料,但它利用了 CMOS 集成电路技术,从而使得图像处理设备更加小巧。如今,APS-C 在手机摄像头、电脑网络摄影头、光电鼠标以及一些数码单反相机中都已经被广泛应用。随着技术发展,光传感、光通信、光存储等技术拥有极为广泛的发展前景。围绕光源、传输、转运、探测、成像、显示等过程,将会有更多更新的技术出现,并造福于我们的生活。

## 对撞机

公元前 4 世纪,古希腊哲学家德谟克利特提出了原子论的思想,他认为世间万物都是由原子构成的。由于他的学说在当时很难通过实验来进行验证,所以也难以取得人们的一致认同。19 世纪初,英国化学家道尔顿第一次将原子学说从一种哲学猜想转变为科学学说。到了19世纪末20世纪初，已经很少有人怀疑原子学说的科学性了。科学家们把工作重点放在了研究原子的内部结构上。

1911年，英籍新西兰裔物理学家欧内斯特·卢瑟福用带正电的α粒子轰击金箔，发现了原子核。原子核的发现是物理学史上划时代的重大事件，它标志着一门新的科学领域——原子物理学正式创立。1914年，卢瑟福用α粒子轰击氢原子，发现了质子。1919年，他继而用α粒子轰击氮原子，使得氮原子部分转化成了氧原子；这是人类有史以

对撞机

来的第一次人工核反应。卢瑟福一连串的发现震惊了物理学界；科学家们纷纷开始寻找更先进的原子"炮弹"来取代α粒子，以期获得更惊人的发现。从此，粒子"加速器"掀起了发明创造的热潮。1932年，美国科学家柯克罗夫特和爱尔兰科学家沃尔顿建成世界上第一台直流加速器，用高能质子束轰击锂靶获得了α粒子和氦；这是人类历史上第一次用人工加速的粒子实现核反应。同年，美国实验物理学家劳伦斯建成了回旋加速器，用它产生了人工放射性同位素；他因此获得了1939年的诺贝尔物理学奖，他是加速器发展史上获此殊荣的第一人。

1945年，苏联科学家维克斯列尔和美国科学家麦克米伦发现了"自动稳相"原理，这是提高粒子能量方面的一次重大突破，但它同时也使得加速器的建造成本变得越来越高。1952年，美国科学家柯隆、李温斯顿和史耐德发现了"强聚焦"原理；它使得加速器的建造成本大幅降低。随着加速器如火如荼地发展和技术革新，人们也开始发现，普通加速器只是用一束运动的高能粒子去撞击静止的靶粒子；如果能够利用两束运动的高能粒子沿相反的运动方向对撞，效果岂不更好？沿着这种新的思路，科学家们很快想到了发明粒子对撞机来取代普通加速器。1960年，意大利科学家布鲁诺·陶歇克在意大利佛那斯卡蒂实验室首次建成了粒子对撞机并取得实验成功。他在实验室中将产生高能反应的粒子有效能量提高了1000倍。此后，各个国家的加速器发展基本上都沿着这条思路，即采用对撞机的形式。

对撞机的发明是人类科技上的重大事件，它为人类最终揭开宇宙演化之谜奠定了基础。众所周知，物理学最微观的研究领域就是原子物理学，而最宏观的研究领域就是天体物理学。对撞机的发明使得天体物理学和原子物理学最终能够在同一框架中得以统一，这种统一不仅是人们一直憧憬的梦想，也是一百多年来物理学家们一直在兢兢业业奋斗的终极目标所在。对撞机不仅能够帮助我们最终彻底地揭开宇宙演化之谜，它还能间接造福以下研究及工业部门——核工业、航天工业、微电子工业、化学工业、凝聚态物

理研究、纳米技术研究等。

2008 年 9 月 10 日,由包括中国在内的 80 多个国家和地区共同投资兴建的位于瑞士日内瓦附近的大型强子对撞机(LHC)试运行,7000 多位科学家将共同开展一项史无前例的协作式研究。研究的课题包括:粒子是否有相对应的超对称粒子存在、为何物质与反物质是不对称的、标准模型中造成基本粒子质量的希格斯机制是正确的吗、物理界到底有没有更高维度的空间存在、能否发现一些和弦理论有关的现象、宇宙中 96% 的未知质量的本质到底是什么、为什么万有引力与其他三个基本作用力相比差那么多数量级……2002 年 8 月,早在 LHC 破土动工之际,英国著名物理学家斯蒂芬·霍金在访华演讲时讲道:"但愿 LHC 能够发现微小的黑洞,我将因此而获得诺贝尔奖。"斯蒂芬·霍金在 1974 年提出了黑洞辐射理论,他也是伟大的预言家,曾预言人类终将会发明出以反物质作为能量的宇宙飞船,然后大规模地迁离地球。或许未来对撞机真的能够帮助我们实现他的这一预言,毕竟人类现在利用阿波罗号中的燃料,飞抵最近的恒星也需要 5 万年。

## 核武器

作为光伏效应发现者、法国物理学家安东尼·E·贝可勒尔的儿子,法国物理学家安东尼·H·贝可勒尔成长在一个很好的家庭环境中。他的祖父安东尼·C·贝可勒尔也是一位著名的科学家,擅长矿物学和电化学研究。他的父亲安东尼·E·贝可勒尔发明的磷光计曾为验证 1852 年斯托克斯提出的荧光现象的本质做出过重要贡献。安东尼·H·贝可勒尔早年跟随父亲进行光学研究。在得知 1895 年德国物理学家伦琴发现了 X 射线后,他对 X 射线的本质进行了进一步研究。他推断 X 射线和荧光本质有可能相同,后来通过实验验证了这一点。1896 年的一天,他准备用铀盐进行实验,恰好遇到阴天不利于实验,便将铀盐和用黑纸包好的照相底版放入抽屉。他原以为不受日光照射的铀盐不可能使照相底版显影,可最终照相底版却显示出雾翳像。他感到十分奇怪,于是又进行了多次实验;发现只有铀盐能够出现这种情况,而其他盐类晶体均不出现;如果利用纯铀显影则比铀盐强得多。贝可勒尔通过进一步实验,证明这种射线与 X 射线不同,他将其命名为贝克勒尔射线。后来,在居里夫妇等人的帮助下,贝克勒尔了解到

核武器

钋、镭等物质也能够发出这种射线,这种射线是天然放射性导致。天然放射性的发现标志着核物理学的开始。1903 年,安东尼·H·贝可勒尔和居里夫妇共同获得诺贝尔物理学奖。

天然放射性的发现,激起了一位名叫奥托·哈恩的德国犹太化学家的兴趣,他毅然放弃了原先准备从事的化学工业研究,投身到放射性化学研究中来。他曾师从卢瑟福学

习放射实验技术,后来同奥地利女物理学家莉斯·梅特涅展开了合作研究。1914年卢瑟福发现质子后,粒子加速器的研制开始在世界各国兴起,高能粒子使得物质基础研究取得了进一步的发展。1932年,卢瑟福的学生查德威克在实验中发现了中子。1938年,奥托·哈恩利用中子对铀进行了轰击,结果发现在实验中释放出了非常强的能量。在经过多次实验及莉斯·梅特涅的帮助下,奥托·哈恩成功地验证了实验中铀核发生了裂变,而能量正是由铀核裂变所释放出来的。奥托·哈恩人工核裂变实验的成功,为后来原子弹的制造奠定了重要基础,也开创了人类利用原子能的新纪元。1944年,奥托·哈恩因此而获得诺贝尔物理学奖。

莉斯·梅特涅当初在帮助奥托·哈恩确认实验结果时,曾征求过丹麦著名物理学家尼尔斯·玻尔的意见。玻尔也认为这是核分裂产生的现象。此后,玻尔赴美国参加物理学会议,将这个消息传到了美国,这引起了美国物理学家的强烈震撼。大家心里很清楚这种现象意味着什么。1939年,第二次世界大战正式爆发,关于铀的研究立即转入"地下";此后数年,任何科学媒体均不发表铀的相关论文。1942年6月,美国陆军总部制定"曼哈顿计划",由物理学家罗伯特·奥本海默负责,投资数十亿美元,旨在抢在德国前面研制出原子弹。计划之初,只有数百名科学家参与,后来参与的科学家超过了6000人,而参与的总人数则超过10万人。美国人深信"曼哈顿计划"如果成功的话,可以改变二战的历史进程。

1945年7月16日,美国第一颗原子弹试爆成功。1945年8月6日和9日,两颗原子弹分别被投向日本广岛和长崎。日本在这种"新式武器"的致命性破坏力面前对战争彻底感到绝望,于当年8月15日宣布无条件投降。第二次世界大战结束后,不少国家都纷纷开始进行原子弹及氢弹的秘密研制工作。1949年8月29日,苏联第一颗原子弹试爆成功。1952年10月3日,英国第一颗原子弹试爆成功。1952年11月1日,美国第一颗利用核聚变释放能量的氢弹试爆成功。1953年8月,苏联第一颗氢弹试爆成功。1957年5月,英国第一颗氢弹试爆成功。1962年2月13日,法国第一颗原子弹试爆成功。1964年10月16日,中国第一颗原子弹试爆成功。1967年6月17日,中国第一颗氢弹试爆成功。1968年8月24日,法国第一颗氢弹试爆成功……核武器的发展使得核危机也在威胁着全球的安全,如何制衡核武器的使用对于全球的稳定与和平发展是一个非常现实的问题。

## 电动机

人类能够在19世纪进入电气时代,英国物理学家迈克尔·法拉第对此做出了卓越的贡献。1821年,法拉第发现了通电导线能绕磁铁旋转,从而奠定了电动机诞生的基础;1831年,他又发现了电磁感应现象,这又奠定了发电机诞生的基础。法拉第是历史上少见的依靠毛遂自荐而获得成功的科学家之一。他年轻时做过8年图书装订工,与此同时挤出时间来自学。此后,他写信给英国皇家科学院院长戴维毛遂自荐,戴维被他勤奋好学的精神打动,安排他做了一名助理实验员。此后,法拉第的才华如泉水般喷涌而出,不仅为人类电气时代的到来奠定了两项最重要的基础,而且发现了苯,开创了电化学研究,创造出"场"的概念。他的思想影响了后来的麦克斯韦和爱因斯坦等人;他不计名利,专注科学的精神也为世人所称颂。

在法拉第发现通电导线在磁场中运动的现象后，很多科学家都开始了电动机的研制工作，最初他们都是采用电池给电动机供电。由于当时的电池技术很不成熟，用电池供电的方式不仅动力不够大，而且成本也过高，所以缺乏商业实用价值。后来随着电气技术的发展，很多电动机相关技术问题都得以解决。世界上第一台具有商业实用价值的直流电动机由美国电气工程师弗兰克·朱利安·斯普拉格于 1886 年发明。斯普拉格不

电动机

仅发明了现代直流电动机，他也是电梯和电气化铁路的杰出贡献者。世界上第一台具有商业实用价值的交流电动机由美国电气工程师尼古拉·特斯拉于 1888 年发明，他也是交流发电机的奠基人。

在日常生活中，绝大多数家用电器都离不开电动机，比如空调、冰箱的压缩机，微波炉的转盘，电风扇，电吹风，吸尘器，电动剃须刀，家用排气扇，吸油烟机，波轮式、滚筒式洗衣机，洗碗机，榨汁机，电瓶车，电动按摩器，PC 机用风扇，硬盘、光驱、影碟机的驱动装置等，无一不用到电动机。电动机在工业上的用途就更加广泛了，比如通风机、鼓风机、压缩机、电钻、水泵、点钞机、碎纸机、搅拌机、卷扬机、减速机、自动卷帘门、舞台灯光设备、电梯、工业传输机的驱动装置等。电动机的发明，使得电能能够有效地转化成各式各样的机械能，人类的工业生产和家庭生活因此能够实现自动化，这就大大减轻了人们在工作和生活中的劳动负担。

目前，在世界各国的石油、电力、水利、建材、钢铁、有色、煤炭、化工、造纸、纺织、印染等工业部门，电动机都得到了广泛的应用。在当代社会，电能除了转化成热能、化学能和光等电磁波能量外，大多数都是转化成机械能服务社会。全世界发电量的一半以上，都是通过电动机来消耗的。电动机和内燃机、蒸汽机相比而言，具有高效易控、清洁无污染等特点，具有极其远大的发展空间。现在很多城市都在大力推广电动自行车和电动汽车以取代传统的机动车。法国巴黎 2009 年推出了一项新法案，巴黎市民每购买一辆 400 欧元以下的电动自行车，政府补贴 25% 的价格。在我国一些城市则已经开始兴建电动汽车充电站，未来在很多城市里我们将会看到各式各样的电动汽车行驶在城市的街头。其实，早在 19 世纪末，欧美国家就曾出现过电动汽车，当时的内燃机技术发展还不够成熟。20 世纪上半叶，由于福特等汽车公司改进了内燃机技术，而且使用了汽车大规模批量化生产流水线，便使得内燃机汽车取代了电动汽车。今天，我们回过头来再推广发展电动汽车技术，一方面是出于环境保护的需要；另一方面也是积极应对全球石油资源危机的一项重要举措。

由于电动机在世界各国都有着极为广泛的应用,电动机节能技术的发展将有助于大幅度地降低工业制造成本。2002 年,我国电力消耗约为 1.6 万亿千瓦时,其中约有60%~70%的电能被各种类型电动机所消耗。2002 年底我国各类工业电动机的装机容量约为 5 亿千瓦,总数在 1 亿台左右,其中85%是异步电动机;而且我国电动机每年保持10%以上的增长率。目前,我国大约只有 2000 万千瓦的电动机是带有节能装置的,占我国电动机装机总容量的 4%左右。如果我国 80%的电动机都能够采用节能技术,平均节能 4%的话,那么一年就能节省超过 400 亿千瓦时的电量,相当于我国三峡发电站 2008年发电总量的一半左右。

## 发电机

英国科学家迈克尔·法拉第于 1831 年发现电磁感应现象后,引起了人们研制发电机的兴趣。1832 年,法国工程师伊波利特·皮克西利用永磁体发明了可以简单工作的手摇式发电机,而且还发明了像电动机换向器一样的发电机整流子,这样便可以得到定向电流。皮克西发电机的不足之处在于他转动的是磁体而不是线圈,这使得发电机工作很不方便;其次,他发明的整流子虽然能够帮助获取定向电流,但这种电流十分不稳定。皮克西发电机诞生后的近三十年内,工程师们一直试图改进发电机,但都没有能够获得

发电机

至少像电池那样能够稳定供电的发电机。1860 年,意大利物理学家安东尼·帕奇诺蒂发明了铁环轴向线圈发电机,使得发电机的性能有了一定程度的提高。

第一台实用发电机由德国西门子公司的维尔纳·冯·西门子于 1867 年发明。1867年西门子所发明出来的发电机是直流发电机;它第一次采用电磁铁而非永磁铁,这使得发电机的功率显著增强。1871 年,比利时学者泽拉布·古拉姆在法国巴黎访问研究时,发现了意大利物理学家安东尼·帕奇诺蒂写的关于发电机的论文。他认为安东尼·帕奇诺蒂的设计具有优越性,于是便在其设计基础上将很多铁环组合成铁芯,其中用绝缘纸隔开,再在这种铁芯上绕上大量的线圈;与此同时,他还借鉴了西门子发电机的一些优点,最终于 1871 年发明了"古拉姆发电机"。

古拉姆发电机是有史以来第一个可以带动很多电力设备的发电机,具有优良的性能,发出的电流十分稳定。为了感谢古拉姆为电气事业做出的贡献,他被尊称为"现代发电机之父"。1873 年,西门子公司又在古拉姆发电机的基础上发明了交流发电机,这比美国物理学家尼古拉·特斯拉在 1883 年发明小型交流发电机要早出 10 年。1881 年,西门

子公司的交流发电机为英国小镇戈德尔明提供了照明。此后，西门子公司的交流发电机又在电动列车等方面得到应用。历史上与发电机技术一起发展的，还有变压器技术。1879 年爱迪生改进电灯技术后，电流采用的是直流电；由于直流电传输很容易耗损，这使得爱迪生不得不每约隔一公里就建造一座发电站。1882 年，法国工程师高兰德和英国工程师吉布斯发明了一种被称为"二次发电机"的变压器，它能够在一定程度上降低直流电传输中的耗损问题；但这种"二次发电机"作用是有限的。

就在爱迪生大力推广直流电的时候，美国物理学家尼古拉·特拉斯于 1883 年发明了小型交流电发电机，他认为采用交流电传输比直流电要好得多；但他的提议遭到了爱迪生的强烈反对。尼古拉·特拉斯原来是爱迪生公司的一名职员，在与爱迪生发生分歧后离开了爱迪生公司。他后来在美国西屋公司的赞助下继续对交流电的传输进行研究。1884 年，匈牙利岗茨工厂的三名年轻工程师米克什·德里、奥托·布拉什、卡罗里·齐伯诺夫斯基发明了高性能的交流电变压器，这使得交流电能够实现用很高的电压进行长距离低损耗传输。

1885 年 5 月 1 日，在布达佩斯国家工业博览会上，一台交流发电机成功地通过 75 台岗茨工厂生产的变压器，在远距离传输交流电后点亮了博览会现场的 1067 只爱迪生公司的灯泡；其光耀夺目的场面轰动了会场。从此，交流电开始广泛采用。可是，即便如此，爱迪生对他的直流电仍情有独钟，甚至用交流电故意电死一些小猫小狗警告美国公众，用交流电是十分危险的。他的这些过激举动据说后来还帮助美国军方发明了电椅。尼古拉·特斯拉坚信自己的目标是正确的，他于 1891 年发明了高频率交流发电机。1893 年，他发明的高频率交流发电机成功地点亮了芝加哥世博会 9 万多盏电灯，同时也宣告交流电在与直流电之争中取得了胜利。特斯拉的成功使得交流电发电机成为 1897 年美国尼亚加拉水电站的主要设备；后来在美国财团的威胁下，特斯拉放弃了交流电的专利权。此后他开始转向无线电发射器的研究。在无线电发射器研究中，他欠下美国财阀摩根一大笔债务，最终摩根通过向美国政府施压，删除了美国课本中所有关于他的记述。

## 电灯

电灯作为一种将电能转化成光能的电气设备，它的出现最早可以追溯到 1800 年。英国物理学家赫弗里·戴维用伏特电池组连接了一截细碳丝，使其发出了微弱的电弧光。1860 年，英国物理学家威尔逊·斯万利用碳纤维发明了世界上第一个真正意义上的电灯泡。1877 年，美国电气工程师查尔斯·弗朗西斯在美国最早发明了电灯并推广使用。此后，美国发明家托马斯·爱迪生于 1879 年改进了真空碳丝电灯；爱迪生后来经过反复试验，又用炭化竹丝制成了电灯丝，这种新型电灯能够使用半年以上。1880 年，托马斯·爱迪生成立了爱迪生照明公司，这家公司后来改组为通用电气（GE）公司。1910 年，GE 公司的电气工程师大卫·柯立芝发明了钨丝电灯，GE 公司从 1911 年开始批量生产钨丝电灯并取得了很好的经济效益。

电灯的发明，大大推进了人类电气化的进程，使得发电机和变压器技术迅速发展起来，也使得煤油灯、煤气灯逐渐退出了历史舞台。中国的第一盏电灯于 1882 年 7 月 26 日在上海点亮。电灯扩大了人们在夜晚的活动范围，为人们赢得了更多的时间创造财富和享受生活。就在白炽灯技术发展的同时，荧光灯技术也开始发展起来。1857年，德国物理学家海因里希·盖斯勒发明了能够实现辉光放电的"盖斯勒管"。此后，科学家们利用盖斯勒管研制出了一些简单的荧光灯。爱迪生于1896年也发明出了一种荧光灯，但由于那时他的公司白炽灯生产销售一片火红，他也就没有重视荧光灯技术的发展。尼古拉·特斯拉也曾经从事过荧光灯的研制工作，但他也没有能够使荧光灯实现商业化。

电灯

　　1898年，英国化学家威廉·拉姆齐和莫里斯·特拉维尔发明了霓虹灯。1901年，美国电气工程师库珀·休伊特发明了汞蒸汽灯，使得荧光灯的发光效率大大提高。最先应用于商业照明的荧光灯是霓虹灯。随着霓虹灯为越来越多的人所喜爱，汞蒸汽灯的商业化也逐渐被提上了日程。1934年，GE公司在其技术顾问阿瑟·康普顿的建议下开始了汞蒸汽荧光灯的商业化研发工作。此后，GE公司开发出了商业化荧光灯并获得了专利。但就在GE公司准备投产荧光灯的时候，却遇到了一系列的专利纠纷，因为荧光灯在数十年中陆续颁发过一些其他的专利。随着荧光灯专利纠纷事件的发展，越来越多的电灯生产企业开始关注这种新型的电灯产品。汞蒸汽荧光灯真正受到普通百姓的关注是在1939年的纽约世博会上。

　　由于荧光灯和普通白炽灯比具有发光效率高、光线柔和、保护视力等特点，很多家庭开始将白炽灯换成荧光灯；很多学校、图书馆、商场后来几乎全部采用荧光灯进行照明。到了1951年，美国的荧光灯的产量已经超过了白炽灯的产量。现代荧光灯技术和"LED"技术结合起来后，出现的"LED荧光灯"具有发光效率更高、更节能等特点，它已成为当今户外照明的首选光源。"LED"即为发光二极管，它系由无线电报发明人古列尔莫·马可尼的私人助理、英国电气工程师约瑟夫·瑞恩德在1907年发明。LED在被发明出来后主要用于照明光源、显示器制造、光电传感等领域。由于LED能耗很低，而且不含有汞蒸汽等可能对环境有害的成分，LED在照明光源中拥有"绿色光源"的美誉。

　　目前同LED光源一起被作为节能灯大力推广的还有节能荧光灯，它可以作为普通家用白炽灯的替代产品。由于它将镇流器做在了灯管后端，这样便可以轻松地实现用荧光灯取代白炽灯。据悉，从2009年9月1日起，欧盟开始禁止商店新进100w白炽灯的销售；普通40w和25w白炽灯则将于2012年停止新进货销售。欧盟预计，将节能灯全部替代白炽灯以后，即使算进购置节能灯的成本，每个家庭每年也能够节省出25~50欧元的电费。如果按照欧盟人口近5亿，约1亿以上家庭计算；欧盟推广节能灯每年将节省25亿至50亿欧元。为了应对全球气候变暖等问题，从2007年起，世界自然基金会在全球范围内推广一项名为"地球一小时"的活动，要求全球参与此项活动的机构和个人在每年3月的最后一个星期六的晚上8点30分至9点30分，熄灯一小时。这项活动已经受到了越来越多的人的关注。

## 电梯

现代电梯是在电气化技术发展的基础上建立起来的。在机械化升降梯出现以前，在古埃及已出现使用人力或畜力拉动的升降梯。1793 年，俄罗斯工程师伊万·库里宾发明了世界上第一台机械化升降机，当时他采用的是以蒸汽机运动产生的拉力。伊万·库里宾升降梯最早被安装在圣彼得堡的冬宫，1816 年它开始出现在莫斯科。为了向更多人推广这种新技术，从 1823 年起它开始在英国伦敦展示。不过，当时人们对这种机械化升降装置的安全性普遍持怀疑态度。1851 年，美国工程师以利沙·奥蒂斯开始着手研究安全升降机。他在 1852 年发明出安全升降梯，这一发明成果刚问世时未能引起人们的重视。

1853 年在纽约召开的世博会给以利沙·奥蒂斯带来了机遇。此次世博会共有来自 23 个国家的约 4000 个展位。以利沙·奥蒂斯在此次世博会上设立了一个安全升降梯展位，结果大出风头。他自己大胆地站在升降梯上，让工人们将升降梯缓缓地升起；随后，以利沙·奥蒂斯又令工人们将系住升降梯的绳子切断……奇迹发生了，升降梯安然无恙地悬挂在空中。原来，以利沙·奥蒂斯利用了一种三路蒸汽阀引擎设计，里面装有一种安全的自动制动设备。以利沙·奥蒂斯这种大胆的"活广告"使得他的升降机声名鹊起，在纽约世博会上他的产品即打开销路，此后每年销量翻着倍增长。当然，利沙·奥蒂斯发明的并不是"电梯"，而是以蒸汽机和液压机作为动力系统的。

电梯

世界上第一台电梯于 1880 年诞生在德国西门子公司。1886 年，美国电气工程师弗兰克·朱利安·斯普拉格发明了世界上第一台具有商业价值的直流电动机。他后来成立了一家电动机公司，并在经营数年后将其出售给了托马斯·爱迪生。此后，他在 1892 年创立了斯普拉格电气电梯公司，与查尔斯·普拉特合作，开始批量生产"普拉特"牌电动升降机，即"电梯"。斯普拉格电气电梯公司在 1895 年又出售给奥蒂斯电梯公司。由于普拉特电梯运行速度比传统蒸汽机或液压机驱动的升降梯更快，负载能力也更强，它在斯普拉格公司被奥蒂斯公司收购之前已售出了 584 台。奥蒂斯电梯公司在收购斯普拉格电气电梯公司后，即开始批量生产电梯产品并进行技术改进。中国第一台电梯就是由奥蒂斯电梯公司生产的，于 1907 年安装在上海外滩的汇中饭店。目前，奥蒂斯电梯公司是美国联合技术公司的一家子公司，它已成为世界上最大的电梯制造企业。而斯普拉格在出售了自己的电梯企业后，即转向从事电气化铁路的建设。

19世纪末电梯的出现,为后来高楼大厦的建造提供了交通方便。世界上绝大多数高楼大厦都是在20世纪这一百年内矗立起来的。随着电梯技术的发展,电梯的运行速度也变得越来越快。1897年由美国奥蒂斯电梯公司研制生产后来装备在纽约德玛利斯大厦的电梯,速度只有每秒0.17米左右;目前世界上最快的电梯速度已超过每秒17米,是前者的100倍。

世界上第一架电动扶梯于1897年由美国工程师杰斯·W·雷诺发明。它建在美国纽约康尼岛的游乐场,系利用电力驱动一组斜板运动。1898年,美国工程师查理斯·西伯格也获得了一项电动扶梯专利,他与奥蒂斯公司展开技术合作,于次年制造出了梳齿状的电动扶梯。1910年,奥蒂斯公司收购了查理斯·西伯格拥有的自动扶梯的专利,并于次年又收购了杰斯·W·雷诺的公司;此后,奥蒂斯公司的技术人员设计出了类似于今天电动扶梯式样的产品。中国第一架电动扶梯于1935年在上海大新百货公司出现,它亦由奥蒂斯公司负责生产安装。电梯可以视为楼宇内的一种交通工具,有了它,楼层的高度对于人们而言就不再是困难。这不但加速了高层建筑的诞生,而且节省了人们在高楼大厦内活动的时间。电梯上上下下的过程不仅是一种工作效率的表示,也是一种生活的愉悦享受。如今很多商场都安装了观光电梯,乘坐观光电梯不仅可以方便购物,而且也可以从高处俯瞰城市美丽的风光。建立在电梯牵引技术上的观光缆车,更是给予了人们一种无穷的视觉享受。

## 电池

"电池"这个概念最早系由本杰明·富兰克林于1748年提出,虽然此前已经有储存电荷的"莱顿瓶"诞生,但莱顿瓶由于不能持续供电,它只能被视为电容而非电池。最早的电池要追溯到"伏特"电池,它是由意大利科学家亚历山德罗·伏特于1799年发明的。1780年,意大利生物学家伽伐尼在做青蛙解剖实验时发现,当自己用两种金属手术刀触碰蛙腿时,蛙腿会发生抽搐。伽伐尼认为这是由于蛙体内部的"生物电"导致。由于当时人们

电池

都知道电鳗会发电,所以人们就误认为伽伐尼的推断是正确的。此后,意大利科学家亚历山德罗·伏特重复了伽伐尼的实验,经过反复思考后他推断,伽伐尼的结论可能是错误的,青蛙肌肉内能产生电流,可能存在其他的原因。

亚历山德罗·伏特曾受过英国科学家约瑟夫·普利斯特里的影响,他确信青蛙的体液能够充当导体的作用;可电流如果不是从青蛙体内来的话,它又是从哪里来的呢?此后,亚历山德罗·伏特发现,如果将不同的金属片浸泡在导电溶液中,由于发生化学反

应,在金属片之间能够产生出微弱的电流。1799年,伏特根据他的发现建立了一个能够产生明显电流的电池组,并在1800年公布了他的实验结果。伏特电池组是一堆用沾了导电溶液垫片隔开的锌和铜的圆板;当一根金属线连接上锌板和铜板时,电流就通过金属线流动。1802年,美国和俄罗斯的科学家研究发现,如果使用的伏特电池组超过一定的规模,其产生的电流强度可以使得金属丝融化;这可能是自本杰明·富兰克林引入闪电电火花以来,人类第一次发现在实验室中产生的电流也具有很大的威力。

伏特电池组在早期的电学实验中,成为有效的产生电流的装置;在早期的发报机研究中,伏特电池组也曾作为有效的供电装置。在1871年古拉姆发电机出现以前,化学电池都一直是最主要的电流提供者。1881年在巴黎召开的国际电气会议上,为了感谢亚历山德罗·伏特对电学事业做出的开创性工作,决定将"伏特"作为电压的基本单位。1836年,英国科学家丹尼尔对伏特电池进行了改进,解决了电池极化的问题,制造出第一个能够保持平衡电流的锌-铜电池,又称"丹尼尔电池"。此后又诞生了"本生电池""格罗夫电池"等多种多样的电池,但它们都存在老化的问题。

1859年,法国科学家加斯顿·普兰特发明出了铅蓄电池。他将两块卷成螺旋形的铅皮用橡皮隔开,然后将其浸泡在10%的硫酸溶液中。他发明出的这种电池比当时的其他电池都具有更高的电动势。普兰特发明的铅蓄电池后来在1881年经过法国化学家C·A·福尔改进后,进行了批量的生产,很快在无线电研究、电化学实验中得到了广泛的使用。世界上第一块碳锌电池由法国化学家乔治·勒克朗谢在1860年发明。他采用氯化铵溶液作为导电溶液,用锌和石墨作为电极,并使用二氧化锰作为去极性剂。不过,勒克朗谢发明的这种电池由于使用氯化铵溶液生产制造,故携带很不方便。1887年,英国化学家威廉·赫勒森对乔治·勒克朗谢所发明的碳锌电池进行了改进,他以糊糊状的氯化铵代替了氯化铵溶液,用锌皮充当电极兼电池外壳,发明了现代干电池,使得电池的制造的携带更加方便,获得广泛的应用。

1890年,美国发明家托马斯·爱迪生发明出了可充电的铁镍电池。1896年,美国开始批量生产于电池。随着电气化技术的发展,小型家电对干电池产生了巨大的需求;随着汽车、轮船等交通工具的发展,蓄电池的需求也出现了迅猛增长。随着卫星通信和微电子产业的发展,诸如太阳能电池、锂电池等新兴电池开始出现。电池作为一种电能的储存设备,可以十分方便地为低电压电子设备供电,在当今世界发挥着巨大的作用。我国于1911年成立了第一家电池厂,到了1998年,我国的干电池年产量已达140亿只,占全世界当年度干电池总产量的将近50%。随着干电池的大量运用,与其相关的一系列环境保护问题也引起了人们的重视。据悉,一节普通五号电池中释放出的废物能够损害约一平方米的耕种土地。旧电池的回收和合理处置问题亟待我们去认真面对。

## 避雷针

中国人很早就懂得了利用避雷针将雷电引至地下,避免建筑物受到雷电的袭击。在17世纪葡萄牙传教士安文思所著的《中国新史》一书中,记载了一种中国的"奇妙"装置。在中国某些屋脊的两头,各有一个仰起的龙头,龙口吐出金属舌头伸向空中,舌根连接一根细铁丝直通地下,这种装置在发生雷电的时候可以将电流引至地下从而避免建筑物被雷电击毁。安文思记载的这种中国的"奇妙"装置即可视为现代避雷针的前身。现代避雷针是由美国科学家本杰明·富兰克林发明的。本杰明·富兰克林发明出来的避雷针不仅为人类创造出了一种有效的避雷设备，而且为人类揭示电的奥秘打开了一扇窗户。

1750年，本杰明·富兰克林提出，闪电可能是一种"悬挂"在暴风雨中的电力，他试图通过某种装置将这种电力从空中引下来。1752年5月10日，本杰明·富兰克林在法国达利巴尔利用一根约12米高的铁棍从暴风雨中试图吸引闪电。1752年6月15日，本杰明·富兰克林和他的儿子威廉·富兰克林成功地进行了著名的费城实验。在这次实验中，他采用的吸引雷电的装置是一只风筝，他冒着生命危险成功地从闪电中吸引到了电火花。当年10月19日，富兰克林致信英国皇家科学会，表示可以利用像莱顿瓶之类的装置对暴风雨中的电力进行控制。1752年底，本杰明·富兰克林制作了避雷针，安装在当时的费城学院，也就是现在的宾夕法尼亚大学。这种装置不久后在费城开始兴起，此后又传入了欧洲。

本杰明·富兰克林对电力的研究工作，激起了约瑟夫·普利斯特里的关注。他是18世纪英国著名的哲学家、化学家、物理学家。

避雷针

他的哲学思想曾经影响了边沁、穆勒、斯宾塞等人；他在化学史上被认为是氧气的发现者之一，他的实验曾影响过拉瓦锡等人。1769年，约瑟夫·普利斯特里完成了《国家电力的历史和现状》一书。这是一本著名的电力学著作，系统地总结了本杰明·富兰克林和其他电学开拓者在电力研究方面所做的贡献及其意义。在书中，他还提出了电子力的平方反比法则。他的思想影响了后来很多著名的物理学家，包括库伦、伏特、法拉第、麦克斯韦等。从西方近代科学发明创造的成功中我们也不难看出，其成功的奥秘首先在于严格的实证主义作风，这和中国古代科学技术更多地依赖工匠们的个人经验形成了鲜明对比。因为科学只有通过实证进行重复推演，才可以有效地进行广泛传播和递进研究。其次，西方科学发明创造的成功还在于和商业化进程有机地结合在一起。在中国古代，虽然很多工匠做出过不少优秀的发明创造，但由于商业发展缺乏强有力的资本推动，所以很多发明创造成果都未能普及开来，这不能不说是个遗憾。

富兰克林的避雷针在得到推广之后，很多科学家都对电的原理进行了深入研究并试图改进富兰克林的避雷针。1830年，英国科学家威廉·哈里斯雪发明出了一种有效的船用避雷针。他的发明在1842年被商业运用并推广开来。1836年，英国科学家迈克尔·法拉第发明出了一种静电屏蔽装置，这为人们克服电场的负面影响提供了一种新选择。1916年，美国科学家尼古拉·特斯拉获得了一项改进富兰克林避雷针的专利，他的研究使得人们开始进一步研究避雷针对其附近空气的电离作用，这促使后来人们发明出新型的消雷器。

1992 年,俄罗斯科学家亚历山大·古列维奇提出了著名的闪电"逃逸击穿"理论。古列维奇认为,宇宙射线是引发闪电的因素。在闪电过程中,最关键的就是外界条件提供了一个高能量的电子源;在这种高能电子源的作用下,更多的空气分子能够在短时间内,实现一种几何级数的被击穿释放电子的效应。古列维奇提出的闪电"逃逸击穿"理论,为人们从本质上认识雷电的奥秘提供了一种新的视角;他的理论也为今后人们研制出更有效的防雷设备提供了新思路。由于雷电对很多电子设备的正常运行会造成巨大影响,传统避雷针和消雷器目前仍不能彻底解决这个问题。据悉,全球每年因为雷电造成的经济损失在 10 亿美元以上;开发出更新更有效的防雷设备就成了当代人们的迫切需求。

# 交通通讯类发明

## 手机

作为世界无线移动通信领域的先驱者,美国摩托罗拉公司的总裁办公室别具一格。一般的总裁办公室正中央端放着一张长长的办公桌,后面便是一把舒适的椅子;而在摩托罗拉公司的总裁办公室里,办公桌置放在了墙角,其余的地方则是一大圈沙发,随时准备召开小型会议。据悉,摩托罗拉创始人保罗·高尔文最喜爱的两个英文字母便是"P"和"L",它们不仅代表着"Profit"和"Loss",即利润和损失;更代表着"People"和"Love",即人和爱。只有把"人"和"爱"这两个问题解决好了,一个企业才能够获得长足的发展。

自从 1876 年贝尔成功地进行了商业电话推广以来,移动式无线通信就成了很多发明家的梦想。1942 年 8 月 11 日,美国专利局通过了一份专利申请,申请人是奥地利影视明星海蒂·拉玛和音乐家乔治·安塞尔,专利名称是"扩频通讯技术"。当时谁也不会想到,如果没有这项技术,CDMA 手机的诞生根本无法实现。海蒂·拉玛的故事说来话长,她颇有些像德国纳粹时期的地下工

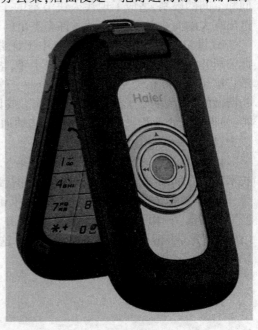

手机

作者。20 世纪 30 年代,海蒂·拉玛嫁给了奥地利一个著名的军火商;此军火商和希特勒的关系十分密切。由于相貌出众,海蒂·拉玛很快便成为纳粹军事首领中知名的"交际

花"。由于痛恨纳粹发动的战争,海蒂·拉玛便想到了学习纳粹的一些绝密的军事技术。1938 年,她带着一些技术资料带来了伦敦;此后又移居美国,在那儿认识了音乐家乔治·安塞尔。乔治也是一名反纳粹者,他们一拍即合,合作开发一种秘密无线通讯系统,最终发明出了"扩频通讯技术"。20 世纪 90 年代,美国通讯界授予海蒂·拉玛"CDMA 之母"的荣誉称号。

人类第一代手机利用是"模拟制式"通讯技术,世界上第一台模拟制式手机由摩托罗拉公司的工程师马丁·库帕于 1973 年 4 月发明。模拟制式移动网络正式出现是在 1978 年,手机正式进入商业运用是在 1983 年;当时的手机重达 3kg 左右。到了 1999 年,手机只有 60g 重了,只及 1983 年时手机重量的 2% 左右,这为实现真正意义上的"手机"奠定了基础。我国从 1987 年开始发展移动通信业务,于 2001 年 12 月 31 日关闭了模拟制式移动网络;现在普遍采用的是第二代手机通讯技术,主要是 GSM(全球通讯系统)和 CDMA(码分多址技术)。由于 CDMA 和 GSM 相比具有容量大、保密性能好等特点,现在很多国家都采用它作为第三代手机(3g)的基础。

20 世纪 80 年代,我国手机价格为数万元一台,当时权威专家们预测的 2000 年我国手机用户数,还不及今天我国一天新增的手机用户数;手机技术和业务的飞速发展,是当时的人们始料未及的。1997 年中国手机用户数就突破了 1000 万。从 0 到 1000 万,手机在我国只用了 10 年的时间;而固定电话则用了超过 100 年。手机这种看来不可思议的增长速度,正因为它可以"移动"着"联通"我们的生活,它使人与人之间的联络可以不受时间和空间的限制,适应了现代人快节奏的工作和生活方式。当然,它也在帮助着人们创造出巨大的商业财富,也造就了许多杰出的通讯公司。

20 世纪末,深圳华为申请加入中国证券市场"科技版",当时专家们的评审结果是:此公司并没有科技含量。可是,时隔十年,华为公司已成长为拥有 4 万多项专利技术,年销售额超过 300 亿美元的世界知名企业。管理界人士想必对华为总裁任正非在 21 世纪初所做的《华为的冬天》一文耳熟能详。或许正是这种危机意识和华为人的自主创新精神,使得这家企业积极把握住了全球移动通信市场迅猛发展的机会,铸就了令中国人引以为自豪的跨国企业。

目前,世界各国已经普遍开始发展第三代移动通信(3g)技术,它和第二代移动通信技术比,不仅可以有效地实现与互联网的接驳,传输多媒体文件,方便召开移动视频会议,而且其数据传输速度更快。从 2008 年 6 月起,中国通信领域开始进行了大规模的资产重组工作:中国联通和中国网通公司合并,中国电信以 1100 亿元并购中国联通公司的 CDMA 网络,中国移动并购中国铁通……这些并购表明,一场世界规模的移动通信和互联网业"战争"即将打响……

## 雷达

人类科技史是一个复杂而又玄妙的过程,从中国古代炼丹术士们发明火药,中国古代旅行家们将磁体制成的指南针应用于导航到今天林林总总的科技新发现、新发明的出现,科技在改善着我们的生活,也在成就着我们的德性。人类最原始的德性恐怕就在于一种征服的精神——把看不见的变成看得见的,把不可控的变成可控的。1864 年,英国物理学家麦克斯韦预言电磁波存在；1888年，德国物理学家鲁道夫·赫兹用实验证实了电磁波的存在。他们的成功为无线电新的发明创造奠定了基础。

1897年，俄国科学家亚历山大·波波夫在波罗的海海面上进行电磁波实验时，发现障碍物对电磁波的传播会造成影响，他在实验记录中提出了可以利用电磁波进行勘测导航的可能性。他的这种认识可以说是最早的雷达思想的萌芽。1901年，意大利工程师古列尔莫·马可尼发明了远距离电磁波信号传递接收技术；

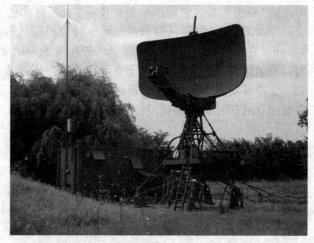

雷达

这为无线电广播和雷达技术的发展奠定了基础。1904年，德国工程师克里斯蒂安·许尔斯迈尔获得了第一个雷达专利，该专利的全称为"发射、接收赫兹波的装置，如在波的投射方向上存在金属物体如舰船、火车等，该装置可以示警。"许尔斯迈尔的这个发明的动机，源自他亲眼目睹了一位因轮船相撞事故而失去儿子的悲痛欲绝的母亲。雷达的基本原理和人看见物体的原理本质上是相同的；当物体对光线进行漫反射时，光子在我们的视网膜上被感应，我们就对物体进行了模式识别。光的本质就是一种电磁波。这种原理和蝙蝠利用耳朵接收超声波反射定位也十分相似，根据这种原理人们后来便发明出了声纳探测仪。

雷达是英文radar的音译，为Raio Datection And Ranging的缩写，中文全称是"无线电探测和测距"。它的原理即是通过固定或旋转的天线向特定方向或全方位发射无线电脉冲，经目标阻挡被反射、散射回来后，设备接收到回波信号再根据相应的公式计算出目标物的大小、远近、移动速度，最终通过成像技术转换为可视图像。1927年，德国工程师汉斯·霍尔曼发明了世界上第一台厘米波段的雷达，此系统经完善后，可以探测到8千米远的舰船和30千米处的飞机。1938年12月，美国研制出了可以探测到160千米远处飞机的雷达。1940年10月，美国麻省理工学院建立军方投资的辐射实验室，主要开展雷达研制工作，在六年内美国军方共投入21亿美元，投资规模堪于"曼哈顿计划"媲美。美国后来又建立DARPA中心，目的是在发展军用雷达的基础上寻找新的通讯方式，正是在这个研究中心后来诞生了互联网。雷达不仅可以应用于国防系统，它还被广泛地应用于遥感测绘等领域；通过飞机或卫星搭载天线，向地面发射无线电波，再通过信息接收装置和成像技术，便可以勘测出地理地貌。雷达技术还可以和激光技术、互联网技术、GPS全球卫星定位系统相结合，从而拓展出更广阔的发展空间。

2002年10月29日，一位名叫乔尔·约旦的英国科学家和他的美国同事通过遥感技术结合互联网和机器仿生技术，制造出了"超距离人体互感装置"。这是一种互动式"虚拟现实"技术。你无须和对方接触，便可以通过这种技术"真实地"感受到你在与对方接触。乔尔·约旦的这个发明不禁让人联想到美国著名哲学家希拉里·普特南提出的"瓶中大脑"假想实验。它通俗的表述便是,如果将你的大脑在你沉睡时悄悄移植到一个装满营养液的瓶中,再通过超级神经网络计算机输入你熟悉的信息;这时,你能否判断出你是一个"完整的人"还是仅仅是一个"装在瓶子中的大脑"? 随着形形色色遥感技术的出现以及通讯技术的发展,我们能观测到的世界也越来越广阔。虽然普特南的假想实验未必一定能够实现,但它从侧面反映出这样一个道理:要想在现实世界赢得胜利,我们就一定要拥有对信息的主动权。

## 无线电技术

无线电波发现以后,利用它进行无线通信就成了人们的梦想。我们前面介绍的利用手机进行的移动通信就是无线通信的一种形式;另外,无线互联网也是一种无线通信形式。最早的无线通信形式是无线电报,它是由意大利电气工程师古列尔莫·马可尼发明的。马可尼在 1896 年取得了无线电技术的专利,他于 1901 年 12 月成功地研制出了横越大西洋的无线电报,这标志着无线通信时代的到来。1901 年马可尼发明的无线电报虽然可以实现远距离通信,但它仍存在着很多缺点。比如,马可尼发报机的振荡线路和天线是结合在一起的,这使得发报机的功率很低;其次,马可尼使用的无线通信是不能够进行调谐的,这使得其发射出的无线电报彼此很容易出现干扰;再次,马可尼无线电报系统中缺乏性能可靠的电报接收装置。

德国物理学家卡尔·费迪南德·布劳恩对此进行了改进。他从 1902 年开始在英国工程师约瑟夫·洛奇的调谐粉末检波器的基础上发明出了新的调谐技术,这使得无线电报可以以不同频段定向发送和接收,降低了干扰;这种技术也是收音机的基础。他还发明出磁耦合天线,将振荡线路和天线独立设计并使之耦合在一起;这种崭新的设计使得无线电报的发射功率大大增强。此外,他还发明出晶体探测器电报接收机,在电子管出现以前这种晶体探测器曾被广泛使用;早期的雷达使用的就是布劳恩发明的晶体探测器。布劳恩除上述成就外,他还发明了显像管,这是早期电视机、雷达、计算机显示器的基础部件。1909 年,诺贝尔奖评审委员会将当年度的诺贝尔物理学奖颁发给马可尼和布劳恩,以感谢他们为人类无线电工程事业所做出的贡献。

马可尼发明无线电报和布劳恩改进其技术后,人们便开始尝试建立广播电台制作节目并将其传送到百姓家里去,这便是最早的无线电广播的构想。无线电报发明人马可尼以及雷达构想者波波夫都曾想过发明无线电广播,不过它最早诞生在了加拿大工程师奥布里·费森登手中。奥布里·费森登早年曾在发明家爱迪生创办的公司工作,后来由于爱迪生早期企业经营不善,奥布里·费森登等很多优秀工程师都被爱迪生裁员;此后,费森登曾任匹兹堡大学电气工程系主任,后来转到美国气象局工作;后来他被美国全国电力信号公司聘请为研究员,从事无线电技术的产业化工作。当时连续性无线电广播电台实现的一个主要难题,就是很难将声音转换成电流并进行有效的放大。1906 年 6 月美国工程师李·德福雷斯特发明了真空三极管后,费森登将真空三极管运用到了无线电技术中去。1906 年 12 月,费森登终于成功地进行了试验,他组建出世界上第一个广播电台。虽然首播的节目很简单,由小提琴曲和《圣经》精华片段朗诵组成,但这已经为无线电技术未来更广泛地商业应用奠定了基础。

1909 年,英国人将广播电台引入到中国,他们在上海兴中旅馆私自设立电台与黄浦江邮轮通信;此后,经中方与英方斡旋,此电台及技术被上海电信总局以 1 万大洋收购。1918 年,旧中国陆军向马可尼公司赊购了 200 部电台用于军事通信。1920 年,马可尼公司开始批量生产收音机并于当年 6 月转播了音乐会盛况;1920 年 11 月,英国 BBC 的前身伦敦广播站开始进行每日广播。1930 年,马可尼公司在中国上海设立办事处,开始在中国销售收音机和其他无线电通信产品;20 世纪 30 年代,仅中国上海一地,就有 30 万户家庭购买了收音机。

最早的收音机都是用电子管的,20 世纪 40 年代晶体管出现后,晶体管收音机开始逐渐进入百姓家庭。由于晶体管是用半导体材料制成的,所以晶体管收音机又叫半导体收音机;它与电子管收音机比,具有体积小、重量轻、用电省、经久耐用等优点,一上市就受到了人们的欢迎。20 世纪 20 年代收音机进入寻常百姓的家庭后,人们产生了这样的疑问,为什么无线电能够传送声音信号,它就不可以传送视频信号呢? 无线电工程奠基人布劳恩发明的显像管为电视机的出现奠定了基础。后来经过数年努力,英国发明家贝尔德发明了电视机,为无线电事业的发展做出了新的贡献。

## 声纳

人类研究声音的历史要比研究无线电的历史早得多。最早对声音在水中传播进行研究的科学家可以追溯到达·芬奇。1490 年,达·芬奇曾记载过这样话:"如果你把你的船在水中停下,并把一条长管子的一端放在水中,将另一端贴近你的耳朵,你会听到离你很远的船的声音。"1826 年,瑞典物理学家丹尼尔·克拉顿和法国数学家查尔斯·斯特姆在日内瓦湖上利用精密仪器进行实验,测量出声音在水中的传播速度为 1435 米/秒,约是在空气中传播速度的四倍。

虽然人类研究声音的历史很早,但利用水中的声音进行定位和勘测的技术即声纳技术的出现却要晚于雷达。世界上的第一个雷达专利是 1904 年颁发,而第一个声纳专利直到 1912 年才颁发,第一台利用压电效应制备的实用声纳的专利于 1914 年颁发。1912 年,著名的商船"泰坦尼克号"沉没后,英国工程师刘易斯·理查森先后申请了利用水中和空气中回声进行定位的技术专利,他是声纳的最早发明人。1913 年,德国工程师亚历山大·贝姆获得了利用水声进行地理勘测的专利。1914 年,加拿大电子工程师奥布里·费森登,也就是我们前面介绍过的世界上第一个无线广播电台的首创者,他利用压电效应制造出了世界上第一台实用的声纳。压电效应系由法国物理学家杰克斯·居里与皮埃尔·居里兄弟发现。皮埃尔·居里即是居里夫人的丈夫,他在和妻子结婚前从事晶体性质的研究,在结婚后转向放射性研究,于 1903 年与妻子和贝克勒尔共同获得了诺贝尔物理学奖。

所谓的压电效应,就是某些晶体在受到机械力作用的情况下,在晶体两端会产生电荷;而且这种电荷的强弱和受力的大小和方向有关。这样的晶体即称之为压电晶体。利用压电晶体可以实现机械振动产生的声波和电流的互换;这是一种十分有趣的现象。如果没有压电效应存在的话,水中的声波就很难被检测出来。利用压电效应可制成"电声换能振荡器",它在声纳技术中就像无线电技术中发射电磁波的振荡器一样重要。由于无线电波无法有效穿透海水，所以声纳具有雷达不可替代的巨大作用。

　　1919 年，德国科学家在研究声纳时发现，声波在水中遇到水温和水压变化时会发生折射现象；1937 年，南非工程师阿瑟斯坦·斯比尔霍斯根据这一原理发明了具有海水温度勘测功能的声纳。此后，科学家们开始利用这种声纳来绘制海洋温度变化的三维地图。科学家们还利用声纳来监视海洋动物的生活习性。海洋的地理信息和生物活动信息对于人类开发海洋资源无疑具有重大意义。声纳运用于军事领域最早由英国海军在1915 年装备，技术从加拿大引进。不过那时声波检测技术还很落后，无法适应战争的需要。一战中，由于声纳技术不发达，打击潜艇成为一件困难的事情。当初英国还为此运用了一种"钓鱼战术"：利用一艘拖网渔船放在海上作诱饵，诱骗德国潜艇出来攻击，然后事先潜伏在水下的英国潜艇趁机发射鱼雷将德国潜艇击沉。真正能够有效满足战争需要的声纳于 1920 年出现，由英国自行研发；工程代号为"ASDIC"。在二战中，"ASDIC"系统发挥出了巨大的作用。在二战中，英国将此技术免费转让给了美国。为了更好地打击纳粹潜艇，美国后来又请到了法国著名物理学家保罗·朗之万改进声纳技术。

　　早在 1915 年，朗之万就提出制造超声波声纳的设想。1916 年，他成功地利用无线电高频线路和压电晶体振荡器相结合，制造出了世界上第一台超声波声纳仪。在二战中，经过朗之万技术改进后的声纳为盟军做出巨大的贡献。二战后，声纳不断受到了各个国家的高度重视。声纳除了可以作为海底监控设备，它还可作为鱼雷的引信和导航系统。现代广泛使用的声纳的频率约在数千赫至数十千赫之间，既用到了普通声波也用到了超声波。美国从 20 世纪 50 年代开始，启动了一个名为"SOSUS"的声纳工程，将大量声纳仪安装在北美和英属西印度洋群岛附近海域中，织成了一个巨大的"监听网"，可以发现在此范围内出现的潜艇的式样、大小，甚至可以观察到这艘潜艇有几个螺旋桨。随着世界和平的发展，"SOSUS"工程目前日益开始转向民用，利用这个声纳网可以监视火山、水文等变化情况，造福于百姓。

## 电话

　　1844 年美国人塞缪尔·莫尔斯发明了有线电报。由于它信息传送速度快，很快就受到了各国的重视。但电报有个缺点，每次发报都要去电报局，而且还得事先拟定好电报稿，十分麻烦。后来人们便想，既然利用电流能够传递电报，为何不能用电流传递声音呢？1856 年，意大利舞美设计师安东尼奥·穆齐在美国发明了电话。他在自己的地下室里成功地通过电话与二楼卧室的妻子进行了声音交流。1856 年至 1870 年，穆齐在他的第一个电话的基础上发展出了 30 多种不同类型的电话。安东尼奥的电话在美国最早获得专利是在 1871 年，专利的名称叫"声音电讯报"。这个专利比贝尔的电话要早出 5 年。

　　在过去的一个世纪，大多数人一直都认为亚历山大·格雷厄姆·贝尔为电话的发明人，但到 2002 年 6 月 11 日美国国会通过的一项议案中，安东尼奥·穆齐被正式确认为电话的发明人。亚历山大·格雷厄姆·贝尔在 1876 年制造出了电话并在此后进行了大规模的商业推广。贝尔为了推广电话，曾举办过大量的演讲和宣传活动。他的推广甚至引起了维多利亚女士的兴趣。正是贝尔对电话事业的热忱影响了人们对于电话这种新生事物的态度。十年后，贝尔电话公司在美国成功地销售出了超过 15 万门电话。电话通讯网的建立,为后来传真和互联网的发展提供了方便。由于电话后来多采用双绞线设计,它能够有效地将电流转输过程的电磁波阻抗掉,所以电话线能够高效传递电信号。在电话发展史上,除了安东尼奥·穆齐和亚历山大·格雷厄姆·贝尔做出了重要的贡献外,还有两个人不得不提,那便是埃利萨·格雷和托马斯·爱迪生。

贝尔的电话专利是在1876年2月14日获得的。美国电子工程师埃利萨·格雷在他获得专利2小时后也获得了一项电话专利,他发明的电话的送话器是利用话筒内部"液体电阻"的变化。1877年,托马斯·爱迪生也获得了一项电话专利,他的技术是在送话器中用"碳粒的振动"来切换声波和电流。此后,美国西部联合电报公司购买了格雷和爱迪生的电话专利权,并与贝尔公司进行了旷日持久的诉讼战。1892年,贝尔公司和西部联合电报公司就此事达成了一项和解协议;西部联合电报公司在此后的17年内,分享贝尔公司20%的电话销售利润。安东尼奥·穆齐也曾经与贝尔公司进行过旷日持久的诉讼,但由于他势单力薄,终于没有敌得过贝尔的影响力。这也是我们很多老版本的教科书上,将亚历山大·格雷厄姆·贝尔视为电话发明人的原因。

电话的发明,除了可以通过经营电话本身的服务获取利润外,它还创造出了另外一个重要的利润来源——电话黄页。这种变化有点类似互联网搜索引擎在提供信息检索服务的同时,也创造出一个巨大的 Web 广告联盟。电话黄页是一个很好的广告平台,因为在固定电话占据通信市场主要江山的时候,几乎每个家庭和企业都需要一本电话黄页。电话黄页的发明人是美国商人鲁本·唐纳利,他在与贝尔公司合作推广电话时于1883年创造出这个新生的事物。由于电话黄页每年才更新一次,而且通常都是按照行业分类,所以电话黄页的广告效应在当时比报纸广告要好得多。鲁本·唐纳利藉电话黄页的发明,为电话事业的发展做出了重要的贡献,也为自己创造出了丰厚的收益。

在电话进行商业应用后的数十年内,大量新技术开始发明并应用于电话事业的发展,包括"自动拨号技术","电子管扩音器","电缆制造技术","光纤技术"等。20 世纪80 年代移动电话进入商业应用后,固定电话渐渐地退出了人们的家庭;但它对于工商企业仍是不可缺少的通讯工具。随着互联网技术的发展,"网络电话"这种新生事物也开始出现。随着通讯技术的发展,人们的通讯手段越来越多,成本也越来越低,这大大促进了社会经济的发展和人们工作效率的提高。我国第一部电话出现在1900 年,1949 年我国约有26 万门电话,到了1978 年我国电话发展到359 万门。2003 年,我国固定电话安装总数约为22562 万门,已经占到了我国人口总数的约18%。1844 年5 月24 日,当莫尔斯发出人类第一份有线电报"上帝创造了何等的奇迹!"的时候,他恐怕不会料想到人类通讯技术其后会发展得如此之快。

## 卫星飞船

1687 年,英国科学家牛顿在其《自然哲学的数学原理》一书中谈道:"有可能以极大的初速度抛出一颗不再落回地球的物体。"牛顿的这一梦想在270 年后,由苏联航天工程师们率先变成了现实。1957 年10 月4 日,苏联第一颗人造地球卫星成功发射,这一消息惊动了世界。很快,《纽约时报》等各大报刊头版头条都刊登了这条消息。当时,美国国务卿杜勒斯有点不悦地质问美国报界人士赫斯勒:"为什么你们媒体要围绕这个'铁块'

大做文章?"赫斯勒意味深长地说道："这个'铁块'使人类生活进步了几个世纪。"

赫斯勒这句评论，说得一点也不过分。如果离开了人造地球卫星这项伟大发明，我们今天应用全球卫星定位系统(GPS)的车辆导航、卫星电视、卫星通信、卫星遥感气象及测绘等都无法进行。再者，如果没有苏联当初第一颗人造地球卫星的成功发射给美国国民带来的"刺激"，互联网的发明也许要朝后推迟数十年。当我们在今天享受着这些人类发明创造的优秀成果时，我们也应当感激人类那种内在的不甘落后、勇攀高峰的竞争拼搏精神

卫星飞船

第一颗人造地球卫星的发明初衷并非用于民用，而是主要服务于军事及政治目的。20世纪50年代初，美国保持着领先的空中优势，每年侵犯苏联边境不下于1万次。苏联任命火箭专家谢尔盖·科罗廖夫成立了一个洲际导弹研发小组，旨在研制出能够把核弹头运往地球上任何一个地点的洲际导弹。1954年，科罗廖夫的一位朋友，苏联火箭专家吉洪拉沃夫向他递交了一份题为《关于人造地球卫星的报告》。在报告中，他指出了国家发展人造地球卫星技术的可行性和必要性。科罗廖夫看完这份报告后深为触动，他将此报告转交给国防工业部长乌斯季诺夫。由于一直担心洲际导弹的研制不能马上出成果，乌斯季诺夫和赫鲁晓夫商议后决定支持。虽然当时科罗廖夫的研发小组除他一人外，没人支持搞人造地球卫星，但在政治家们的支持下，人造地球卫星研制被提上了日程。1957年10月4日苏联在第一颗人造地球卫星发射成功后，又于1957年11月3日成功发射了第二颗人造地球卫星。第二颗人造卫星还搭载了一只名叫"莱卡"的小狗，它成为地球有史以来第一次进入太空的动物，这为后面的宇宙飞船技术打下了基础。

1961年4月12日，苏联东方1号宇宙飞船发射升空，宇航员尤里·阿列克谢耶维奇·加加林成为人类有史以来第一位"太空人"。在完成了1小时48分钟飞行后，加加林安全返回地球。不幸的是，七年后，加加林在一场空难中遇难，年仅34岁。苏联政府将其骨灰安葬在克里姆林宫墙壁龛内，以纪念这位伟大的英雄。加加林遇难次年，美国在航空史上迈出了更为卓越的一步。1969年7月16日，美国阿波罗11号宇宙飞船发射升空；7月20日，美国宇航员尼尔·奥尔登·阿姆斯特朗和巴兹·奥尔德林先后登上月球。阿姆斯特朗有幸成为第一位在地球外星体留下脚印的宇航员；他在月球上所说的那句"这是个人迈出的一小步，但却是人类迈出的一大步"，后来也成为一句脍炙人口的名言。

由卫星飞船推动的航天技术，导致了人类进入了"太空科技"时代。正如同大城市区别于小城市可以从错落有致的立体化交通网络上看出来一样，太空科技也是各个国家的

一种"立体化"发展战略。进军太空不仅可以满足一个国家彰显综合实力，成为超级大国的愿望，也能够满足现代军事技术发展的需要。据悉，美国在近二十年内进行的局部战争中，80%以上的军事信息都是通过太空获得的。除此之外，太空还含有极其丰富的矿物资源；它独特的微重力环境为生物育种、微电子技术、医药食品工业提供了广袤的发展空间。1974年4月24日，中国第一颗人造地球卫星"东方红一号"成功发射。2003年10月15日，中国首位"太空人"杨利伟搭乘神舟五号宇宙飞船成功进入太空，这标志着中国成为世界上第三个掌握载人航天技术的国家。2007年10月24日，中国"嫦娥一号"月球探测卫星成功地进行了首次发射。2009年3月1日，嫦娥一号首次撞月成功，这为不远的将来中国人登上月球，在月球上插上一面五星红旗奠定了基础。

## 火箭

人类在1961年首次通过火箭实现了载人航天之梦。早在数百年前，人们就通过各种各样的方式进行航空航天的尝试；世界公认的人类第一位尝试利用火箭飞行的人是中国明代的士大夫万户。14世纪末，中国这位名叫万户的官员把47个自制的火箭绑在椅子上发射，然后希望通过两个大风筝平稳着陆；不幸的是火箭发生爆炸，万户也因此献出了生命。为了纪念这位人类首次尝试利用火箭飞天的人，20世纪70年代，国际天文学联合会决定将月球表面的一座环形山命名为"万户(Wan Hoo)山"。

近代火箭作为一种有效的航天工具，是在20世纪初正式被科学家们提上议程的。19世纪末，英国著名科幻小说家赫伯特·乔治·威尔士出版了其一系列享誉世界的作品《星球大战》《时间机器》等，激发出了人们开拓未知世界的激情。1903年，俄国科学家康斯坦丁·齐奥尔科夫斯基在莫斯科《科学评论》杂志上发表了题为《利用喷气工具研究宇宙空间》的论文，文中他推导出一系列的火箭方程式。此后他一直潜心于火箭理论的研究，奠定了现代火箭的理论基础。齐奥尔科夫斯基在航天理论上的重要贡献有：首次明确地提出液体火箭是发展航天技术的基础，并提出液氢和液氧是最佳的火箭推进剂；计算出了火箭的质量比及其逃逸速度范围；首次提出多级火箭的设计理念，并提出了利用陀螺仪来实现对宇宙飞船的方向控制；他还提出建立外太空空间站的概念，并预言太空移民将来会变为现实。

20世纪，还有一位火箭研究人士为人类火箭史做出了卓越的贡献。与齐奥尔科夫斯基不同，他主要走的是一条实践的道路，他便是后来被人们尊称为"现代火箭技术之父"的美国科学家罗伯特·戈达德。罗伯特·戈达德原系美国克拉克大学的物理学教授，由于受科幻小说家赫伯特·乔治·威尔士的影响的太深了，一直醉心于火箭的研究。不过，当时人们普遍对这种将机器发射到太空的技术表示怀疑；有些美国报刊甚至讽刺罗伯特·戈达德是一个不切实际、爱好空想的"月亮人"。所幸的事，就在罗伯特·戈达德孤立无援的时候，美国史密森纳研究院决定从1917年起，每年对罗伯特·戈达德赞助5000美元进行研究，直到1929年结束，这在当时是一笔不小的数额。1926年，罗伯特·戈达德的研究取得了突破性进展，在马萨诸塞州冰雪覆盖的草原上，他成功地发射了第一枚液体火箭。成功后，戈达德兴奋地说道，"昨天的梦想的确是今天的希望，也将是明天的现实。"1929年，就在史密森纳研究院赞助结束的那一年，罗伯特·戈达德成功地发射了一枚装载有实验仪器的液体火箭。1935 年,罗伯特·戈达德又成功发射了一枚液体火箭,这枚火箭的飞行速度首次超过了音速。罗伯特·戈达德开创性的工作使人类第一次亲眼目睹了火箭的巨大威力。他后来还发明了一种小推力火箭发动机,这种发动机是后来登月用的小火箭的基础。罗伯特·戈达德于 1945 年 8 月去世。在他的墓碑上面,刻着他的名言:"昨天的梦想的确是今天的希望,也将是明天的现实。"

液体火箭试飞成功后,很快就有人提出了可将其运用于军事的目的。由于当时火箭飞行精确性非常低、可控性差,人们便想到了将电子技术与火箭技术结合起来,这样便可以发明出可以进行远程控制的导弹。1942 年,由德国火箭专家沃纳·冯·布劳恩主设计的 V-2 导弹发射成功。它在升空到 96 公里高度时与地平行飞行了 190 公里,最后在离预定目标 4 公里附近爆炸。V-2 导弹在二战中共制造了 6000 余枚,在战争中发挥出了重要作用。德国战败后,布劳恩开始服务于美军和美国政府。1954 年,他向美国政府建议利用火箭技术制造二级飞行的导航飞机的设想,这便是后来的航天飞机的雏形。他在 1961 年出任肯尼迪总统空间事务科学顾问,分管"阿波罗"登月工程,领导"土星"号运载火箭的研制工作,为 1969 年 7 月美国宇航员登月的成功做出了巨大的贡献。1981 年 4 月 12 号,在距苏联第一艘宇宙飞船发射成功 20 周年之际,美国"哥伦比亚"号航天飞机成功发射,又揭开了人类探索太空领域的新的一页。

## 坦克

坦克作为现代陆军必备的交通工具,它的发明是建立在履带式车辆的基础上的。20 世纪初,当英国霍尔斯比父子公司的总工程师理查德·霍尔斯比发明履带式拖拉机的时候,他绝不会想到自己的发明后来为机械化战争做出了贡献。1902 年,霍尔斯比为克服拖拉机在冰雪泥泞道路上行驶不便的问题,便想到了给拖拉机装上履带。1904 年,他发明了世界

坦克

上第一辆履带式拖拉机并申请了专利。此后不久,美国霍尔特公司发明了履带式推土机并于 1906 年批量生产。1913 年,霍尔特公司购买了霍尔斯比的履带式拖拉机发明专利权。履带式车辆被誉为"无休止的循环往返式轨道车",它也被戏称为"毛毛虫"。

1914 年 8 月,第一次世界大战爆发,约有 15 亿人卷入了这场战争。英国随军记者厄

内斯特·斯文顿发现,英军士兵被困在德军炮火前面;而前面地形十分恶劣,难以发起冲锋。于是他便想到了利用履带技术制造出一种钢铁外壳车辆的想法。斯文顿预感到自己的创意会在战场上具有重大的发展前途,后来就将自己的想法上报给了温斯顿·丘吉尔。温斯顿·丘吉尔听取了军事大臣们的意见后采纳了他的建议。随后,一种新式的军事车辆被制造出来了。英国人为了保密,称其为"坦克",意即"水箱"的意思。

1915 年 2 月,丘吉尔为这种新式军用车辆专门成立了一个"陆地战舰委员会",意即这种车辆像战舰一样将会具有强大的火力、坚固的装甲和良好的机动性。世界上第一辆坦克于 1915 年 8 月制成。1916 年索姆河会战中,英军第一批共出动了 49 辆坦克,遗憾的是,还没到达前线,已经有 17 辆坦克抛锚了;到达前线后不久,又有 14 辆坦克先后熄火。这样,正式投入战斗的坦克只有 18 辆。这 18 辆坦克,让从未见过坦克的德军们目瞪口呆。德军发现对这种"钢铁机器"开枪无效后纷纷逃跑。其中有一辆坦克一下子就帮助英军俘虏了 300 多名德军士兵,还有一辆坦克未开火就占领了一座村庄。不过,大约前进了 13 公里后,这 18 辆坦克又先后出现了问题,要不是出现了技术故障,要不就是燃油消耗殆尽。在后来的战斗中,英军又出动了几次坦克,取得了一定的战绩。索姆河会战是世界战争史上第一次使用坦克的战役。虽然最终英法联军未能完全突破德军的防线,但他们有效地扼制了德军的进攻。而坦克出现,使得各个国家开始充分意识到组建机械化陆军部队的重要性。

美国先锋拖拉机公司的机械工程师埃德温·米勒·惠洛克于 1918 年为美军制造了第一辆"斯凯尔顿"坦克,这辆坦克又被称为"骨骼坦克"。它的与众不同之处在于只有 9 吨重;它的设计在今天看来很前卫,很像美国在 2007 年设计的蜘蛛船。它的两侧履带动力系统通过数根巨大的钢管连接,驾驶室的空间很小,悬空架在履带中央的上方。据悉,1915 年 4 月,惠洛克曾派代表带着图纸去与英国军方联系过合作制造"履带式装甲车"的事宜,最终不了了之。至于英国后来的坦克是否借鉴了惠洛克的设计灵感,那就不得而知了。

在第二次世界大战中,各国坦克制造技术都有了长足的发展。如果说坦克在一战中只是一个配角的话,它在二战中已经成为主角;而且还因此发展出一个独立的战斗兵种——装甲兵,成为地面突击进攻的主体力量,颇有点像公元 12 世纪金兀术同南宋进行战争时装备出来的"马披铁鞍,人穿铁甲,刀枪不入"的"铁骑兵"。在二战中,各参战国前后投入使用的坦克数量总计超过 20 万辆。其中使用数量较大的坦克有美军的"谢尔曼"坦克、苏军的"T-34"坦克、德军的"PzKpfW Ⅲ"坦克。二战中最著名的坦克当数德军的"虎王"重型坦克,其装备的加农炮几乎能射穿任何一辆盟军的坦克。在二战初期,德军发动的闪电战之所以能够成功,坦克所起的作用是十分明显的。坦克在二战的战场上就像是一座座移动的堡垒,其能够迅速地将战线向前推进而使兵力损失降低到最低程度。二战后期,很多国家在生产的坦克上面都装备了红外夜视仪,这使得坦克夜间作战如同白昼一样方便。1943 年 7 月开始,苏军和德军在库尔斯克举行了人类有史以来最大规模的坦克战,双方出动的坦克总计超过 7000 辆,战斗场面之壮观令人叹为观止。

## 飞机

人类自古以来就一直怀有飞行的梦想。在阿拉伯神话故事《天方夜谭》中描述过一种神奇的飞毯。相传中国古代工匠鲁班曾利用竹木制作出一种奇特的飞鸟，能在空中飞行很长时间而不落。中国晋代道教学者葛洪是人类历史上第一个正确解释飞鸟滑翔原理的人，他提出鸟类不扑扇在空中滑翔是利用了上升气流的原理。文艺复兴时期，达·芬奇曾设计过一种"扑翼机"；他希望人能够利用机械装置飞上蓝天，但最终没有成功。18世纪末，英国机械工程师乔治·凯莱开始系统地研究飞行器的原理。1809年，乔治·凯莱发表《飞行导航》，提出推力、提升力、阻力和重力是影响飞行的四个重要条件。他还设计了"固定翼"飞行升降机，并提出"弧形"机翼的设计理念；为了保持飞机的稳定，还提出了横向稳定小尾翼和垂直尾翼的设想。乔治·凯莱后来被人们尊称为"航空动力学之父"。

19世纪下半叶，世界各国的机械工程师们都研制出了很多具有动力系统的飞行器，很多人甚至在试飞中献出了宝贵的生命。1903年12月17日，美国机械工程师奥维尔·莱特和维尔伯·莱特兄弟利用他们发明的莱特飞行器进行了试飞并取得了成功。当天他们共进行了四次飞行，最远一次飞出了279米的距离。由于莱特兄弟发明的飞机是第一次实现载人持续飞行，他们被公认为飞机的发明人。1905年10月5日，莱特兄弟用其改进后的飞行器，飞出了39公里远的距离。1909年9月21日，中国留美工程师冯如试飞了中国人研制的第一架飞机并取得了成功。此后，冯如充分意识到了飞机对于未来国家发展的重要性，就谢绝了美国一些大公司的邀请，将自己研制的两架飞机和科研设备带回了祖国，后来为中国航空工业的发展做出了出了杰出的贡献。

飞机发明出来后，很快就派上了军事用场。起初是用于军事侦察，后来人们又在飞机上面装了机枪使其作为攻击机，再后来又发展出安装了炸弹的各种类型的轰炸机。在第一次世界大战初期，在前线参与战斗的飞机超过1500架；在一战后期，前线作战的战斗机总数超过了8000架。随着飞机技术的发展，飞机的飞行速度也越来越快。此后，工程师又

飞机

发明出涡轮喷气式飞机。可是飞行员们发现，当飞机飞行速度很高时，经常会出现飞机控制不稳定的情况，有时甚至会因此酿成机毁人亡的惨剧。后来科学家们通过研究发

现,造成这种现象的是一种被称为"空气墙壁"的流体效应。当飞机高速飞行时,会对前方的空气造成压缩,形成一种压缩空气;飞机速度越大,这层压缩空气的密度也就变得越大,这种飞机前端的压缩空气即被俗称为"空气墙壁"。

要克服"空气墙壁"的影响,一种方法就是减小飞机在飞行时的阻力。工程师们据此后来改变了高速飞行的战斗机的造型,将机翼做成很薄的菱形或者三角形,同时将机身做成前端很尖的箭头型。还有一种方法就是提高飞机的飞行速度;随着"涡喷""涡桨""涡扇"等各种新型飞机动力引擎的出现,使得飞机的速度可以突破"空气墙壁"的束缚。通过这一系列的技术改进,飞机的性能和安全性大大提高了。

由于传统飞机在起飞和降落时都要依赖于跑道,使飞机在有限的空间内实现起飞、降落,甚至在空中盘旋就成了很多机械师的梦想。1907 年,法国的路易斯·布雷格特与雅克·布雷格特兄弟制造出了能够上升 1.5 米的直升机。世界上第一架实用的直升机是在 1939 年诞生的,由美籍俄罗斯裔军事专家伊戈尔·西科斯基负责设计制造。伊戈尔·西科斯基出生在俄罗斯,曾为苏联著名的军事专家,他设计的"格兰德""俄国勇士""伊里亚·穆罗梅茨"等战斗机曾为苏联做出过卓越的贡献。伊戈尔·西科斯基后来移民美国发展,在美国创办了一家航空工业公司,把主要方向放在了直升飞机的研制和生产上。1939 年,西科斯基的公司生产出了"VS-300"直升机,此机一问世就受了美国军方的关注。1940 年,美国陆军向西科斯基的公司定购了"VS-300"改进后的"VS-316",并将其更名为"R-4"直升机。这种直升机性能卓越,已具有现代直升机的众多功能,在二战中为盟军发挥了重要作用。西科斯基后来也被人们誉为"现代直升机之父"。

## 汽车

中国是世界上最早使用车的国家之一,相传中国人在 4600 多年前的黄帝时代就已经发明了车。车辆在古代不仅是重要的物资运输工具,而且是人们出行、士兵出征的重要交通工具。早期的车辆主要采用畜力驱动,随着工业革命的爆发,蒸汽机和内燃机先后被发明了出来,这为人们发明机械动力汽车创造了条件。世界上公认的第一辆汽车诞生于 1885 年,由德国工程师卡尔·奔驰发明,这比世界上第一架飞机的出现早 8 年。当然,因为我们今天的汽车普遍采用汽油内燃机作为动力引擎,所以我们通常也以是否采用汽油内燃机作为汽车诞生的标志。

汽车

早在 1769 年,法国机械工程师居里奥就制造出了世界上第一辆蒸汽汽车;不过这种蒸汽汽车的安全性很让人担心。因为汽车与火车的不同之处在与其没有固定的铁轨,这使得汽车载着燃煤锅炉四处颠簸是一件很危险的事情。1859 年,比利时机械工程师勒努瓦研制出了世界上第一台煤气内燃机。1883 年,德国工程师戴姆勒和迈巴赫研制出了世界上第一台汽油内燃机;汽油内燃机的出现,使得汽车具有了安全高效的动力引擎。1885 年,德国工程师卡尔·奔驰研制出世界上第一辆以汽油内燃机作为动力引擎的汽车。虽然卡尔·奔驰发明出来的汽车只有三个轮子。但它已经具备现代汽车的许多基本特点,比如火花点火、水冷循环、钢管车架、钢板弹簧悬架系统、后轮驱动、前轮转向等。

　　卡尔·奔驰发明出汽车后,便创建了奔驰汽车公司。1886 年,戴姆勒发明了四轮汽车。此后,他创建了戴姆勒汽车公司。后来,该公司生产以其公司一位重要投资人女儿的名字"梅赛德斯"命名的汽车。1926 年,奔驰汽车公司与戴姆勒汽车公司合并,成立了戴姆勒·奔驰汽车公司,将其生产的汽车命名为"梅赛德斯·奔驰"汽车。1998 年,戴姆勒·奔驰汽车公司更名为戴姆勒·梅赛德斯公司。2007 年,该公司以 74 亿美元将梅赛德斯公司出售给美国一家资产管理公司;此后,公司重新命名为戴姆勒汽车公司。2009 年,戴姆勒汽车公司在全球财富 500 强企业中排名第 23 位。1886 年戴姆勒发明出四轮汽车后,他在 1889 年给汽车安装了齿轮变速系统,但当时这种变速器还比较简单,不能实现倒车功能。

　　1894 年,法国工程师埃米尔·勒瓦索和路易斯·潘哈德发明了世界上第一台可以换挡并实现倒车的汽车手动变速器,使得汽车的控制更加灵活,驾驶汽车也成为一种自由愉悦的享受。1904 年,美国工程师斯特蒂文兄弟发明了世界上第一台实用的自动变速箱。此后,汽车工业开始飞速发展起来。汽车的发明使得马车逐渐退出了历史舞台;从此人类交通运输业出现了迅猛的发展。1896 年,美国爱迪生照明公司总工程师亨利·福利研制出了福特四轮汽车。1899 年,亨利·福特离开了爱迪生照明公司,在美国底特律"木材大王"威廉·墨菲的资助下创建了底特律汽车公司。由于当时的底特律汽车公司的制造质量不过关,此公司于 1901 年初解散。此后,亨利·福特潜心于汽车技术改进,他于 1901 年 10 月研制出了 26 马力的汽车。

　　1901 年 11 月,亨利·福特汽车公司成立。由于威廉·墨菲请来了亨利·利兰担任首席技术顾问,亨利·福特颇为不悦。他此后便离开了公司并在美国煤业老板亚历山大·马尔科的资助下于 1903 年重新创建福特汽车公司。原来的亨利·福特公司则由亨利·利兰改组成了凯迪拉克汽车公司。福特汽车公司成立后大获成功,于第一年就获得了超过 25 万美元的利润。此后亨利·福特与亚历山大·马尔科就企业发展问题产生矛盾,最终他以 17.5 万美元出售了自己的股份后创建了福特汽车制造公司,这已经是他第四次成立汽车公司了。亚历山大·马尔科的那家公司后来则被哈得逊汽车公司收购。1908 年,福特汽车制造公司开发出著名的 T 型车,受到了美国百姓的欢迎。后来,福特汽车制造公司于 1913 年开发出了世界上第一条汽车生产流水线,此举使 T 型车的产量达到 1500 万辆,创下了不朽的工业神话。1999 年美国《财富》杂志授予亨利·福特"二十世纪的商业世人"的美誉。

## 火车

火车的发明是人类交通史上的一次伟大革命。火车既是陆路工业物资和长途客运的主要交通工具，也是现代城市轨道交通系统的前身。火车的发明是建立在轨道的基础上的。16世纪德国出现了最早的木制轨道。1776年世界上第一条铁轨诞生，但在最初的轨道上运行的是马车。1789年，英国工程师威廉·杰瑟普设计了法兰轮，此后人们便开始思考如何将蒸汽机运用到铁轨车辆上来。1814年，英国工程师乔治·史蒂芬森发明了世界上第一个蒸汽火车头。这个火车头约有5吨重，可以牵引约30吨重的8节车厢。1825年9月27日，史蒂芬森改进后的火车在英国斯托克顿运行，4万多名英国市民沿途围观。当拉着12节煤车，20节客运车厢，装载有450名乘客的火车开动起来的时候，围观的人群沸腾了。这是一次伟大的行程。

火车的发明，使人类意识到了在陆地上也可以运送大批量的物资和乘客，这使得人类商业活动从此变得更加频繁起来。火车十分便于长距离交通运输，铁轨架设也很方便，这使得人类陆上交通在平原地带几乎不再受到任何限制。从此，人类工业文明就像呼啸而过的火车头一样，进入了一个"狂飙"的时代。1851年世界首届世博会在伦敦开幕，英国小说家查尔斯·金斯利在辉煌的水晶宫前面写下这样的文字："在我看来，纺纱机、铁路、轮船和电报，这在某种程度上标志着我们和宇宙是一致的；一定有一个伟大的神灵在我们中间工作，他就是创造万物和主宰一切的上帝。"从这段话中，我们可以看出由科学技术发展所引发的人类历史上第一次工业革命，在当时的人们的心灵中产生怎样一种震撼。

1857年，英国工程师乔治·普尔曼发明了卧铺车厢；卧铺车的发明，使得人们长距离或夜间乘坐火车不再有不舒适的感觉。乔治·普尔曼原先投资研发的是蒸汽机汽车，后来他意识到了蒸汽火车和蒸汽汽车相比具有更大的发展潜力，于是将公司改行从事蒸汽火车研究。1879年，德国西门子公司生产出了世界上第一辆电力火车。1893年在英国利物浦诞生了世界上一条电力火车铁路运输线，主设计师为英国工程师道格拉斯·福克斯。我们曾经在前面提到过1886年美国电气工程师弗兰克·朱利安·斯普拉格发明了人类历史上第一台有商业价值的直流电动机，他也是世界上第一位提出"动车组机车"概念的人。所谓的动车组机车，就是在一辆多节车厢的列车中，除了车头外，其他车厢也为整辆列车提供动力，这样便可以大大增强列车组的牵引力和行进速度。由于动车组机车具有动力强劲、清洁无污染等特点，它很快在世界各国迅速发展起来。

随着动车组列车技术的发展，为了增大列车运行速度，其头部通常被设计成了流线型，所以其又被俗称为"子弹头"列车。目前在世界各国的铁路系统中，使用动车组列车比例最高的国家为日本，约为87%；日本动车组铁路"新干线"工程始建于1967年，在1996年后发展成为国家常规铁路。目前在世界各个国家中使用动车组列车比例排名第二的国家为荷兰，约占83%；第三名为英国，约占61%。中国目前正在大力发展动车组列车技术，很多动车组列车的运行速度使得城市之间的交通时间比以往缩短了一半以上，而部分动车组列车的运行时速已接近每小时400公里。

世界上第一台汽油电机火车于1894年在德国诞生，但由于成本太高这种火车不具备商业价值。1895年，美国通用电气公司也研制出电机火车，他们认为电力驱动相对成本较高，如果能够运用柴油发电机提供火车的电能，便可以使火车运营成本降低下来；于是便产生了研制柴油电机火车的想法。1914年，通用电气公司的美籍瑞士裔电子工程师赫尔曼·伦普发明了一个可靠的直流电气控制系统，这个系统可以同时控制电动引擎和发电机以一种协调的方式工作，这个发明为后来柴油电机火车的诞生奠定了基础。柴油电机火车于20世纪20年代诞生，其后便成为大多数国家的主流列车类型。人类铁路系统由于是有轨交通，它的安全性和通畅性要强于汽车。如今，建立在火车技术基础上发展起来的城市轨道交通系统，为人们出行提供了便利。

## 内燃机

内燃机的发明是现代汽车诞生的重要基础。19世纪初，蒸汽机在工业生产和交通运输业中越来越显示出巨大的作用，但当时人们对蒸汽机的原理认识得还不是很透彻。1824年，法国科学家萨迪·卡诺出版了《关于火的动力的思考》一书，在书中他提出了著名的"卡诺循环"热机理论，为工程师们研制新的热机提供了思路，也加深了人们对蒸汽机的本质的理解。此后，机械工程师们不断尝试着能够发明出机械效率更高的动力引擎。1859年，比利时机械工程师艾蒂安·勒努瓦发明了世界上第一台内燃机。勒努瓦发明的内燃机以煤气作为燃料，采用的是单缸二冲程设计，用吕姆科夫线圈作为点火设备。

1860年，艾蒂安·勒努瓦的发明取得了专利。在当年度的《科学美国人》杂志上，编辑这样点评道："蒸汽时代宣告结束"。1863年以前，勒努瓦生产出了100多台内燃机，很快都销售一空。1863年，勒努瓦出售了自己的专利，转而从事摩托艇的研究。内燃机的出现，使得发动机引擎的小型化成为现实。内燃机后来采用燃油作燃料后安全性大大提高，为现代汽车的诞生奠定了基础。由于勒努瓦发动机的效率只有4%左右，工程师们后来设法提高内燃发动机的效率。1862年，法国工程师比奥·德·罗克斯提出了四冲程发动机的工作循环思路。1876年，德国工程师尼古拉·奥托利用罗克斯的原理发明了世界上第一台单缸往复式四冲程发动机，它的热效率达到了14%。

尼古拉·奥托发明的内燃机仍然是以煤气作为燃料，与艾蒂安·勒努瓦发明的内燃机不同之处在于，他将煤气进行了压缩。随着石油工业的发展，比压缩煤气更便于运输的汽油和柴油逐渐引起了人们的注意。1883年，德国工程师戴姆勒和迈巴赫研制出世界上第一台汽油内燃机。1885年，德国工程师卡尔·奔驰研制出了世界上第一辆以汽油内燃机作为动力系统的三轮汽车；1886年，戴姆勒发明了以汽油内燃机作为动力系统的四轮汽车。汽油内燃机作为汽车动力的成功，大大推进了汽车工业的发展；与此同时，汽车工业的发展又使内燃机的技术不断得以改进。1903年，内燃机开始取代蒸汽机成为很多舰船的动力设备。

1892年，德国工程师鲁道夫·狄塞尔受面粉厂粉尘爆炸的提示，设想将气缸的空气高度压缩，使其温度超过燃料的点燃温度，再用高压空气将燃料吹入气缸内将其点燃。基于这种设想，他于1897年发明了世界上第一台"压缩点火式"内燃机，它也是世界上第一台柴油内燃机。这种内燃机的热效率达到了26%。1898年，狄塞尔内燃机开始运用于固定式发电机组，1903年用于船舶动力设备。1913年世界上第一台以柴油机作为动力的内燃机车诞生;20 世纪 20 年代,柴油电机开始用作火车的动力设备。由于柴油比汽油价格便宜,至今很多大型运载汽车和舰船仍采用柴油机作为主要的动力设备。汽油机和柴油机的发明和大量运用,标志着人类第二次工业革命的兴起。它们不仅直接推动了人类交通运输事业的迅猛发展,还间接推动了人类迈入电气化时代。

在古代,人类主要通过水力机械和畜力获得动力;进入蒸汽时代后,煤炭中的化学能成了人类获得动力的主要来源;当人类进入第二次工业革命以后,汽油和柴油中的化学能就成了人类获得动力的主要来源。即使是今天,汽油和柴油发动机直接提供的动力仍然占人类机械动力来源的 50% 以上。内燃机的迅猛发展,也促进了石油工业的迅猛发展。1870 年,全球石油开采量只有约 80 万吨;到了 1900 年就增至 2000 多万吨。石油工业的发展,也促进了石化工业的发展;很多化学工业品都是从石油工业的迅猛发展中派生出来的。内燃机的发明也促进了汽车、飞机、船舶制造业的发展。而这些产业的发展,又推动了机械制造业、冶金业的发展。由于内燃机还可以和排灌机械结合起来,所以内燃机的出现还促进了水利事业的发展。在人类第二次工业革命中,诞生了大量的托拉斯经营巨头,比如"石油大王""钢铁大王""汽车大王"等。这些托拉斯经营巨头积累了大量的财富,而这些产业资本的发展,后来又促进了社会金融产业的发展。

## 舰船

地球陆地面积只占地球总表面积的 29%,地球上大部分区域是海洋。人类很早以来就有发展海上交通、开发海洋资源的梦想。公元 12 世纪,在丹麦和挪威一带,每年约有 4 万艘船只和 30 万渔民出海捕鱼。在蒸汽机出现以前,人类古老的船只大多是用人力桨、桨轮或风帆作为动力来源。公元 1405 年起,中国航海家郑和率领 200 多条海船,27000 余名船员七下西洋,开创了人类大航海时代。郑和宝船中最大的一艘为 7800 吨,已接近万吨级。1421 年 2 月 2 日中国农历春节,世界各国的参观者们在中国造出的巨型船只面前目瞪口呆。

西方著名史学家丹尼尔·布尔斯廷这样写道:"当欧洲在 1470 年开始大航海的时候,这离明朝结束国家主导的大航海,已经过去差不多半个世纪了。从这个意义上说,是中国开创了人类的大航海时代。"2009 年,美国海军学院和美国国会图书馆分别矗立起一座郑和雕像,以纪念这位开创人类大航海时代的英雄。郑和的伟大之处,不仅在于他开创了人类大航海时代,而且郑和下西洋的历史史实也告诉我们,尽管中国很早就发展起了航海技术,但中国并没有将其发展成为侵略和奴役他国的工具;而半个多世纪后,当欧洲大航海兴起时,欧洲很多国家却在舰船的帮助下以一种海盗式的行为展开了全球性的殖民主义掠夺。

人类第一艘以蒸汽机作为动力的有商业价值的汽船在距郑和第一次下西洋 402 年后变成了现实。尽管在蒸汽机出现以后,曾有很多人想到将蒸汽机搬到船上使用,但效果都不是十分理想。1807 年,在法国巴黎考察学习的美国工程师罗伯特·富尔敦在美国驻法国大使罗伯特·利文斯顿的资助下,发明了人类第一艘由明轮驱动的蒸汽机商业轮船"克莱蒙特"号。"明轮"是一种早期船只所用的动力机械。早在公元 418 年,中国人就发明出了具有明轮的船只,只不过当时它是由人力脚踏来推动的;这种船在中国古代又被称为"车船"。明轮船只的工作原理很像中国古代水轮舂米机的逆过程。水轮舂米机是通过水轮将圆周运动转化成直线运动提供机械力;而明轮船只则是将人力或蒸汽机活塞的直线运动转化成明轮的圆周运动,提供机械力推动轮船前进。1829 年,奥地利的机械工程师约瑟夫·莱塞尔发明出实用的船舶螺旋桨,它克服了明轮效率低、转向能力差、易受风浪损坏等缺点。此后,螺旋桨推进器逐渐取代了明轮。

汽船的发明,使得人类船只的运行进入机械化动力时代,极大地促进了人类水上贸易、旅游客运、海洋资源的开发,乃至海上军队的发展。后来船只也发展出了客轮、货轮、渡轮、游艇、渔船、军舰等多种形式。地球约 71% 表面积的海洋在舰船的帮助下,都具有了资源开发利用的可能性。蒸汽机汽船发明出来后被广泛使用了 100 年之久。1887 年,瑞典机械工程师卡尔·古斯塔夫·拉瓦尔发明了蒸汽轮机。1897 年,英国工程师帕森斯首次将 2000 马力的蒸汽轮机安装在他的小艇上,使他的小艇的行驶速度超过了当时采用蒸汽机推动的驱逐舰的速度,显示出蒸汽轮机在舰船上的优越性。从 1903 年起,柴油内燃机开始在船舶上使用,此后柴油机成为舰船的主要动力来源。至今约有 98% 的船舶都是采用了柴油机作为主动力设备,柴油机舰船功率占造船总功率的 90% 以上。在现代军舰中,大多数军舰都装备了复合动力系统,有柴油机、燃气轮机、蒸汽轮机等。有些超大规模的军舰甚至以核燃料提供能量,这种军舰即被称为"核动力"军舰。

1909 年,法国机械工程师克雷曼·阿德第一次提出了将飞机与军舰结合起来的伟大设想。他在当年出版的《军事飞行》一书中,史无前例地提出"航空母舰"的基本概念以及建造航空母舰的技术蓝图。1910 年,在美国海军的一艘巡洋舰上,飞机进行了第一次试起飞,结果取得了成功,这就证明了军舰甲板具有成为飞机跑道的可能性。1912 年,英国海军将"竞技神"号巡洋舰改装成了水上飞机航母。世界上第一艘非改装陆基飞机航母于 1922 年在日本出现。在第二次世界大战中,航空母舰获得了较大的发展。如今世界上拥有航空母舰的国家有美国、英国、意大利、俄罗斯、法国、印度、巴西、日本、泰国、韩国等。

## 蒸汽机

蒸汽机的发明在人类历史上具有极其重要的意义。美国历史学家斯塔夫里阿诺斯在其《全球通史》一书中这样写道:"蒸汽机的历史意义无论怎样夸大都不过分。它提供了开发和利用热能来驱动机械的手段……19 世纪欧洲对世界的支配其实就是以蒸汽机为基础的。"早期蒸汽机最主要的技术原理就是利用了封闭管腔压强的变化。这种思路在中国很早以前就出现过。在中国唐代著名宰相,晚唐诗人杜牧的爷爷杜佑所著的《通典》一书中,有这样的记述:"渴乌隔山取水,以大竹筒雌雄相接,勿令漏泄,以麻漆封裹,推过山外,就水置筒,入水五尺,即于筒尾,取松桦干草,当筒放火,火气潜通水所,即应而上。"这段话阐述了中国古代劳动人民利用火燃烧改变封闭管腔压强,使之产生负压,从而实现汲水的目的。

人类历史上第一台蒸汽机所实现的,也是汲水这种目的。只不过其实现管腔压强变化的方法,是利用水蒸气相变使得封闭管腔内分子间距缩小。1688 年,英国工程师托马斯·萨瓦瑞构思出蒸汽机雏形,后于 1698 年制造出第一台实用蒸汽机。其原理是先用水蒸汽将封闭管腔充满,再浇上冷水冷凝,即可利用负压将矿井水抽出。1705年,英国铁匠托马斯·纽科门发明出可以从矿井提水的蒸汽提水机。它的技术与萨瓦瑞的有所不同。萨瓦瑞利用的是矿井底部的大气压,而纽科门利用的是蒸汽机活塞外的大气压。不要小看这点改变,它大大提高了蒸汽机的运行效率。往复式活塞运动这种绝妙设计为后来蒸汽机自动化奠定了基础。这颇有些类似中国古代冷兵器中单发弩与"诸葛连弩"的区别。单发弩只能单发,"诸葛连弩"可以实现"连发"。

蒸汽机火车头

纽科门发明出来的蒸汽机效率比萨瓦瑞发明出来的蒸汽机工作效率大大提高,不过它和詹姆士·瓦特改良后的蒸汽机比又差远了;它当时最多一分钟只能做20来个冲程。不过,纽科门蒸汽提水机的"往复式活塞设计"为后来的瓦特改良蒸汽机奠定了最重要的技术基础。詹姆士·瓦特对纽科门蒸汽机进行的改良主要体现下以下几个方面:(一)1765年,瓦特想出了在汽缸之后直接加上一个冷凝器的办法。1769年瓦特造出了这种新型蒸汽机并获得了冷凝器的发明专利。(二)1781年,瓦特在纽科门蒸汽机上又加上一个传动曲柄,改变了纽科门蒸汽机只能直线做功的状态。(三)1782年,瓦特设计出了双汽缸蒸汽机,仅仅是这个改变就使得蒸汽机的热效率翻了一倍。(四)瓦特后来还发明了离心调节器,可以控制输入蒸汽气压,使得蒸汽机能够实现基本的自动控制。到了1790年,瓦特蒸汽机已基本全部取代纽科门的蒸汽机。瓦特改良后的蒸汽机,对英国第一次工业革命造成了极为深远的影响。马克思和恩格斯在考察英国经济发展后,曾在《共产党宣言》一书中提到蒸汽机的作用:"市场总是在扩大,需求总是在增加。甚至工场手工业也不再能满足需要了。于是蒸汽和机器引起了工业生产的革命。现代化大工业替代了工场手工业……"

瓦特蒸汽机的问世,促进了英国机械制造业的发展。为了制造出性能优良的蒸汽机,英国机械工程师不断设法发明新的机械制造设备。1795年,英国钳工约瑟夫·布拉马发明了液压机;1797年,英国工程师亨利·莫兹利发明了金属加工机床,使得蒸汽机加工制造变得更加容易。瓦特蒸汽机的出现,还催生了1807年和1814年汽船和蒸汽火车的诞生,这给人类交通事业带来了革命性的变化。除此之外,瓦特蒸汽机还为英国制造业,特别是英国的纺织业提供了一种机械化的、可以不受制于气候和水力资源条件的动力系统。瓦特蒸汽机的出现,还使得自动控制技术在英国得到了较快的发展。这些都为英国工业化在全球率先发展起来,后来成为经济强国做出了不可磨灭的贡献。蒸汽机的出现和不断改良,也为后来的蒸汽轮机、燃气轮机、内燃机的问世奠定了技术基础。而汽轮机、内燃机的出现又促进了人类发电技术的发展,最终将人类推向电气时代。此后,西方科学技术迅猛发展起来,一发而不可收,最终将人类推向信息时代。

## 涡轮机

中华民族是世上少有的奉行不侵略政策的民族，尽管在世界上首次开创了大航海时代，但从未利用巨大的舰船去推行殖民主义政策；尽管在世界上率先发明了火药，但火药的用途，主要还是用于制造烟花爆竹创造喜庆气氛；尽管在世界上最早发明了利用气体推动涡轮旋转的走马灯，但更多的还是把这种技术应用于节日猜谜赏灯活动。走马灯为公元10世纪我国杰出女性军事领袖惠利夫人所发明。李约瑟在《中国科学技术史》中曾高度评价了中国走马灯的发明。惠利夫人俗名莘七娘，她的精神曾经鼓舞过南宋抗金英雄文天祥。文天祥曾写过一首题为《吊惠利夫人》的诗："百万貔貅扫犬羊，家山万里受封疆。男儿若不平强寇，死愧明溪莘七娘。"意思就是说如果他此身不报国的话，愧对古代女中豪杰、自己的江西老乡莘七娘。

莘七娘发明的走马灯，和现代主要涡轮机的原理几乎完全一致：利用流体向一个涡轮运动，最终使得连接涡轮的主轴发生旋转。中国人后来没有在这种涡轮装置基础上继而发明出蒸汽轮机和燃汽轮机，这不得不说是一种遗憾。现代工业生产中常见的涡轮机有水轮机、风力涡轮机、蒸汽轮机、燃气轮机这四种类型。而燃气轮机后来又演变出了涡轮喷气发动机、涡轮风扇发动机、涡轮螺旋桨发动机等多种形式的发动机。人类历史上最早出现的涡轮机是水轮机，水轮机也是水力机械的主要形式；中国很早以前就出现了水轮机，它在灌溉、纺织、冶金等工农业生产中都有应用。

18世纪下半叶，瓦特改良蒸汽机后，活塞往复式蒸汽机曾一度在工业生产中占据了主导地位。1882年，瑞典工程师古斯塔夫·拉瓦尔提出了利用水蒸气制造汽轮机的想法，1887年，他制造出了世界上第一台可以为工业生产服务的蒸汽轮机，这在涡轮机发展史上是一次重大突破。由于此时活塞式蒸汽机技术已经发展了100多年，人类已经有足够的经验产生并控制蒸汽，这使得蒸汽轮机一经出现就很快被应用起来。1890年，古斯塔夫·拉瓦尔又制定出了蒸汽轮机喷管的技术标准，这一标准对后来的燃气轮机、超音速喷气机的发动机，乃至火箭发动机都起到了建设性作用。与活塞往复式蒸汽机比，由于蒸汽轮机可以采用持续不断的蒸汽去冲击涡轮旋转，所以蒸汽轮机的功率要比往复式蒸汽机要高很多，但也正因为如此，蒸汽轮机的蒸汽消耗量和运行成本也要比普通蒸汽机高。这一点正如同燃气轮机与内燃机的关系一样。不过，在一些需要驱动大功率机械设备运行的时候，有时采用涡轮机是必需的。

在拉瓦尔发明蒸汽轮机之前，内燃机已经问世了。在拉瓦尔提出冲动汽轮机的概念两年后，挪威工程师迪乌斯·埃灵于1884年提出了燃气轮机的设想并获得了专利。他于1903年制造出了第一台燃气轮机。1912年，埃灵提出了将气体分离装置和涡轮串联的压缩机设计；这种组合方式也是现代常用涡轮机的构造形式。1936年，德国工程师冯·奥海因发明出世界上第一台离心式喷气发动机；此后，海特尔·昆特在1939年对其进行了改进，使飞机的飞行速度达到700公里每小时。1942年，德国工程师海尔伯特·瓦格纳在他们的基础上发明了世界上第一台轴流燃气涡轮发动机，简称"涡喷"式发动机。这种发动机由压气机、燃烧室、涡轮、尾喷管等结构组成，通过尾喷管高速排出燃气产生反推力。其与传统飞机用内燃机的不同之处在于，传统飞机用内燃机本身不产生推力，要借助螺旋桨的帮助产生推力，而涡喷式发动机可以直接产生动力；由于其可以持续不断供能，所以输出功率更大；而且它是一种旋转式机械，其转速不会像往内燃机那样受到限制。

20 世纪 40 年代后期，在涡轮机家族中又出现了涡轮螺旋桨发动机，简称"涡桨"式发动机。它采用动力涡轮驱动螺旋桨提供主要动力，所以其输出功率比"涡喷"式发动机要略差些，不过其经济性较好。20 世纪 40 年代，在"涡桨"式发机动的基础上工程师们又发明出"涡轴"式发动机，它主要应用于直升机。1966 年，世界上第一台涡轮风扇发动机在英国诞生。它采用了风扇加力设备，所以输出功率更高些。由于装备了涡轮风扇发动机的飞机当其速度过高时会使得气道的气压影响发动机的性能，此后，没有风扇和压气机，靠连续吸气供能的"冲压"式发动机被创造了出来。

## 自行车

不要小看今天的一辆自行车，它的发明经历了数代人的努力。人类历史上最早发明两轮车的人是中国清朝康熙年间一位名叫黄履庄的人。《清朝野史大观》卷十一载："黄履庄所制双轮小车一辆，长三尺余，可坐一人，不需推挽，能自行。行时，以手挽轴旁曲拐，则复行如初，随住随挽日足行八十里。"黄履庄所发明的两轮车已经具备了车把，比欧洲两轮车出现要早数十年。1790 年，法国工程师西夫拉克制成木制两轮车，无车把、脚踏板、链条，只能用脚踩地推动。1817 年，德国工程师冯·德莱斯发明了具有车把能转向的两轮车，并于 1818 年在英国申请了专利，他发明的两轮车仍没有脚踏板。

我们今天俗称自行车为"脚踏"车，所以真正意义上的自行车应该是具有脚踏板的，它于 1839 年由英国工程师柯帕克·麦克米伦发明。麦克米伦发明的自行车脚踏板安装在后轮，使用起来很不方便。1861 年，法国工程师皮埃尔·米肖设计出前轮安装踏板的脚踏车，后来这种自行车开始批量生产。米肖自行车大量问世后，人们发现了新的问题。米肖自行车如果要提高速度，通常只有两种方法。要不就是通过提高车轮转速，这一点可以通过加快脚踏板的运动频率来实现；还有一种做法，那便是提高车轮每转经过的距离，这一点则不得不对车辆进行重新设计，将前轮增大。由于人骑车的频率不能无限度提高，所以人们就只好将自行车前轮不断增大。最终出现了非常尴尬的事情：由于自行车前轮做得非常大，这时如果升高自行车座垫人跨上去会很困难；而如果降低自行车座垫，人骑起来又会很费力，因为两只脚要向前伸缩才能骑车。

这种令人尴尬的情况后来被一位名叫亨利·约翰·劳森的英国工程师改变了。1879 年，亨利·约翰·劳森发明出自行车传动链条并将其安装在自行车上，人对自行车脚踏板的作用力可以通过链条传递给车轮。他发明出来的自行车从传动装置上已经和现代自行车十分类似。链条传动自行车的发明，不仅改变了自行车前轮越做越大的尴尬，而且使得自行车脚踏板可以直接安装在人脚的正下方，这使得人们骑车不再那么费力了；而很多身装制服长裙的绅士淑女们在骑自行车时，也变得姿势更加优雅了，这大大加快了自行车的普及。在亨利·约翰·劳森发明链条传动自行车的时候，自行车刹车装置已经被发明了出来。不过，亨利·约翰·劳森的自行车还存在另外一个缺点，那便是自行车在碰到崎岖不平的路时，震动得很厉害，这使得人们骑在上面很难受。

1887年，英国有一位名叫约翰·博德·邓洛普的兽医，一天他在单位上班时发现门外跌跌撞撞地冲进一个头破血流的年轻人，而此人正是他的儿子。于是邓洛普心疼地询问儿子是否跟人打架了。儿子解释道，那是因为刚才自己在路上骑自行车时颠簸得太厉害了，一不小心从自行车上摔了下来。邓洛普非常同情儿子的遭遇，此后他便开始思考如何解决自行车避震的问题。1888年的一天，邓洛普在花园浇花时，不经意间发现水管中水胀鼓鼓地在流动；他于是想，如果用橡胶水管制成轮胎，不就可以解决自行车避震的问题了吗？后来，他便用橡胶水管制成了自行车轮胎，此后他又发明出世界上第一条充气轮胎。

在19世纪90年代，自行车技术已经基本发展成熟，自行车开始大批量生产并涌入百姓家庭。有意思的是，自行车的流行后来还改变了人们的着装习惯。就在自行车开始流行起来的时候，一种叫作"灯笼裤"的宽裤角裤子开始流行起来。对于女士而言，穿"灯笼裤"比穿长裙更方便骑车。而西方女性惯常穿的紧身胸衣，也在自行车流行中逐渐被淘汰。此后，胸罩被发明了出来，这使得女性肢体的活动性大大增强。由于骑自行车可以使身体更加健美，很多国家开始推广自行车比赛，后来它又被列为奥运会的体育竞技项目。随着目前人们对能源造成的全球气候变暖问题的关注，很多国家都提倡以骑自行车上班替代开私家车上班，有的国家甚至还对骑自行车上班的员工予以补贴。中国是自行车使用大国，也是自行车生产大国，仅在2005年上半年，中国就向158个国家和地区出口了逾2800万辆自行车。

## 指南针

指南针的前身是司南，它是中国影响世界的古代"四大发明"之一。中国人发明的司南最早出现在战国时期，《韩非子》中记有"先王立司南以端朝夕"。这里的"端朝夕"就是"正四方、定方位"的意思。在《鬼谷子》一书中，则记述了中国人利用司南在采玉过程中进行定位，以不至于在茫茫深山中迷失方向。中国古人在长期的生产实践中最早接触了磁石，又发现了铁磁化的方法，制造出了实用的指南针，为世界早期交通的发展，特别是航海事业的发展做出了卓越的贡献。

中国古人还曾利用薄铁片磁化制成了浮在水盆中的指南鱼。中国宋朝军事家曾公亮在《武经总要》中写道："用薄铁叶剪裁，长二寸，阔五分，首尾锐如鱼型，置炭火中烧之，候通赤，以铁

指南针

钤钤鱼首出火，以尾正对子位，蘸水盆中，没尾数分则止，以密器收之。用时，置水碗于无风处平放，鱼在水面，令浮，其首常向午也。"这段话便是描述了中国古人利用铁片烧红后淬火进行磁化，然后制作出指南鱼的细节。此后，人们又利用天然磁条放置在小木鱼中制成了一种新型的指南鱼，这在宋代的《事林广记》一书中有记载。在指南鱼被发明出来以后，中国古人又发现铁针在天然磁石上摩擦后，也具有磁效应，这便使得真正意义上的"指南针"被发明了出来。指南针用于航海最早见述于 12 世纪初的《萍洲可谈》一书。后来，指南针经阿拉伯传到了欧洲，改变了人类交通发展乃至文明传播的进程。

中国宋朝著名学者沈括在其《梦溪笔谈》一书中，记述了四种常见的利用指南针的常用方法。其一是"水浮法"，即将指南针浮在水面上指示方向；其二是"缕悬法"，即在指南针中部涂上一些蜡，然后利用丝线将指南针悬挂起来后使用；其三是"指甲法"，即将指南针放在指甲中央轻轻转动后指示方向；其四是"碗唇法"，即指用碗的边沿作为指南针的支撑点。沈括通过观察发现指南针指示的方向并不是正南和正北，而是微偏东南和西北，这便是"磁偏角"。这一发现比西方早出约 400 年。和今天的指南针比较接近的"盒式"指南针于 13 世纪下半叶在欧洲出现，在 14 世纪初已经开始批量生产服务于各式各样的旅行者。这种指南针被西方学者称为"干指南针"。在西方航海历史上，曾广泛使用过中国人所发明的"水浮"式指南针。事实上，由于水浮式指南针实际使用效果要比"干指南针"好，它曾一度作为船舶最主要的导航设备。

中国指南针传入欧洲后，很多学者都对指南针为何指向南北这两个方向大惑不解。这个难题在 1600 年由英国科学家威廉·吉尔伯特在《论磁》一书中做出了回答。威廉·吉尔伯特指出，指南针之所以能够指向南北两个方向，是因为地球本身就是一个巨大的磁体。同时，他还指出了在地球的中心很可能存在着大量的铁。威廉·吉尔伯特除了发现了很多磁现象的规律外，还深入研究过静电现象，并发明出了验电器。1646 年首次由英国科学家托马斯·布朗提出的"电力"一词，就是借鉴了威廉·吉尔伯特的思想。

由于近代造船工业中开始大量使用钢铁，这使得磁式指南针的实际使用效果产生了偏差。因为钢铁本身对磁式指南针会产生一定的作用，使得指南针发生偏移。随着电气技术的发展，人们想到了发明无磁指南设备的念头。20 世纪初，德国科学家赫尔曼·卡普菲发明了陀螺罗盘，这使得指南针出现了革命性的变化。陀螺罗盘利用了陀螺仪旋转时旋转轴方向不变的原理。陀螺仪最早由德国科学家约翰·贝格尔发明，此后陀螺仪便用于导航机械设备的制造。由于早期陀螺仪阻力比较大，所以实际效果并不理想。随着技术水平的提高，陀螺仪的阻力也越来越小，其导航的精准度也越来越高。如今，陀螺仪已被广泛地应用在了宇宙飞船、洲际导弹、隧道挖掘、航海罗盘的制造中。利用陀螺仪制成的罗盘即为陀螺罗盘，它由于可以不受船体钢铁结构的影响，所以在航海导航中逐渐取代了磁式指南针。随着卫星技术的发展，GPS（全球卫星定位系统）也开始被广泛使用起来。

# 机械控制类发明

## 机器人

加拿大传播学家麦克卢汉在1969年发表的《媒介即信息》一文中,提出了"媒体即人体的延伸"这一重要思想。麦克卢汉的思想并不难理解,随着互联网和自动控制等技术的发展,"现代人"和"现代技术"已经成为一个有机的整体。除了想方设法通过媒体和信息技术来延伸人体外,人们也在不断设想利用自动控制技术制造出一些机器来分担人的体力乃至脑力劳动。于是,"机器人"这一想法应运而生。"机器人"这一名词,最早系出现于捷克著名作家卡雷尔·凯佩克于1920年出版的《洛桑的万能劳工》一书中。

20世纪50年代,美国科幻作家艾萨克·阿西莫夫在其代表作《我,机器人》一书中,提出了著名的机器人"三大定律"。其一,"机器人不可伤害人类或是因为疏忽而使人类受伤。"其二,"机器人必须服从人类的命令,除非与第一守则冲突。"其三,"机器人必须保护自己,只要不与第一或第二守则冲突。"阿西莫夫提出的机器人"三大定律"从一定程度上消除了人们对未来机器人出现的恐惧心理,更加激发出人们研制机器人的热情。现代机器人从梦想走向现实,离不开工业自动控制技术的发展。其实,早在工业革命发生以前,人们就一直致力于发明一些自动机械装置降低人类的劳动负担;工业革命发生后,随着蒸汽机、内燃机技术和电子电气技术的发展,人类自动控制技术也获得了长足的进步,这为后来的现代工业机器人的诞生创造了条件。

1954年,美国电气工程师乔治·德沃尔首次提出了工业机器人的概念,并为这一技术申请了专利。在一次鸡尾酒会上,他邂逅了美国哥伦比亚大学电气工程师约瑟夫·恩格尔伯格,两人均对研制工业机器人表示出了浓厚的兴趣。恩格尔伯格是一位科幻小说迷,他喜欢阅读阿西莫夫的科幻作品,非常希望机器人能够早日变成现实。德沃尔和恩格尔伯格一拍即合,他们后来经过数年不懈的努力,终于在1959年研制出了第一台可以重复编程和控制的工业机器人。不久后他们成立了一家名为"尤尼梅逊"的公司。1961年,美国通用汽车公司开始使用尤尼梅逊公司的产品。美国普尔门火车车厢公司后来非常看好这家公司的前景,以300万美元购进其

机器人

51%的股份。此后，尤尼梅逊公司以 1.07 亿美元被美国西屋电气公司并购。

20 世纪 60 年代，美国史丹佛研究所研制出了第一台可以自行行走的机器人"摇晃者"。20 世纪 70 年代，日本早稻田大学的工程师们研制出了第一台拥有视觉和听觉传感器的人形机器人。到了 20 世纪 80 年代，机器人研究和应用在世界各国如火如荼地开展起来，这对机器人发展的标准制订提出了要求。1990 年，在丹麦首都哥本哈根召开的机器人国际标准大会上，科学家正式将机器人分为以下四种基本类型：第一，顺序作业型，即其拥有规定的作业次序；第二，沿轨迹作业型，其能够沿一定轨迹运动并作业；第三，距作业型，即可通过遥控使其在一定距离外作业；第四，智能型，指具有感知、适应或学习能力的智能机器人。

近二十年以来，机器人无论在性能还是在外形方面都取得了巨大的进步。日本 Kokoro 公司研制的机器人在外形和基本性能上已经和人很接近。由于机器人能够部分甚至全部取代人类的手工劳动，机器人制造行业目前被公认为是最具发展潜力的新兴行业之一。据权威研究机构预计，2012 年全球机器人市场规模将达到 2500 亿美元。目前，在一些经济发达国家里，在医院里，有"机器人护士"为病人服务；在餐馆里，有"机器人厨师"负责烹饪；在公司里，有"机器人前台"接待客户；在家庭里，有"机器人保姆"打扫卫生；在农田里，有"机器人农民"照看庄稼；在宗教场所，甚至出现了"机器人牧师"主持宗教仪式……虽然目前真正意义上具有人工智能的机器人仍未诞生，不过已经有一些计算机程序开始接近图灵测试的标准。2008 年，图灵测试中著名的"勒布纳人工智能奖"颁给了一位名为"Elbot"的计算机程序的研制者。"Elbot"程序在长时间的文本对话测试中，竟然使 12 名计算机专家中的 4 人相信"它"真的是人。

## 自控技术

世界上有一种被称为博弈的力量无处不在，在序参量的役使下，系统能够从无序走向有序。协同论提出者赫尔曼·哈肯将规定能量从无序变化到有序的要素称之为序参量。在数学上，我们可以把它理解成一组约束条件的集合。如果世界上没有序参量，整个世界就会自发趋向混沌。混沌是一种完全随机的运动，在这种状态下系统的有序结构将不复存在。所谓的"自动控制"，就是为了使系统从无序到有序，给被控制对象输入一组可执行的序参量约束，从而使得其呈现出某种"自组织"运动状态。机器人是一种典型的自动控制，计算机微处理器也是，其实人类每一项发明创造中都蕴含着自动控制的理念，而这一切的目的都是为了节省人类劳动。

在工业革命以前，工程师们就一直在试图发明出可以进行有序运动、有效转化自然界能量为人类服务的机械。这其中比较具有代表性的是中世纪印度工程师艾尔·加扎里，他被誉为"人类工程之父"。他曾发明出性能优良的传动曲柄，当今世界上任何一辆汽车都离不开这项发明成果。在古老的各种机械传动装置里，都蕴含着丰富的自动控制理念。机械传动装置可以实现机械运动和能量的转换，而实现这种转换的目的，就是为了使得自然界的能量对于我们而言更加"有序"，发挥出更大的效用。自然科学家和工程师们的使命，就是发现自然界运动变化的本质规律，并据此找出一组特定的约束条件，创造出前所未有的装置，借此改变人的生产和生活方式，使人类迈向更高的文明。而在这其中，节省人的劳动时间、取消不必要的烦琐动作是关键。

有一种观点认为，人类发明创造的动机其实就是源自"懒惰"。其实，懒惰站在现代管理学的角度而言，它是一种智慧。凡事不必事必躬亲，你只需要安排好适当人做适当的事就行了；这种智慧类似于"无为而治"，也类似于"垂帘听政"。你只需要把握好大节，在幕后策划指挥好就行了，最主要的细节都会由相应的人来完成。如果你是一位自动控制工程师的话，那相应的细节则会由机器自控系统替你完成。比如，我们在夜晚经过楼道时，原先都需要用手去按楼道灯的开关，后来工程师发明出了声控开关，我们便省去了手的动作，电灯会自动根据楼道里的传来的脚步声控制开关。现代自动控制技术是建立在系统论、信息论、控制论等理论基础上发展起来的。作为机械电子电气工业的核心基础技术，自动控制技术如今已经被广泛地应用到了几乎所有的工业部门。

无论是宇宙飞船、导弹制导、雷达定位等尖端技术领域，还是机械制造、石油化工、仪器仪表、医药食品等传统工业部门，都需要用到自控技术。自控技术的主要环节有控制器、受控对象、控制参数。控制器则可分为传感器、信息处理器、效应器三个组成部分。就控制器而言，对信源信息的接收和处理是相当重要的；如果信息无法甄别处理，整个控制器就有可能陷入瘫痪。1960 年，美籍匈牙利裔数学家和电气工程师鲁道夫·卡尔曼发表了题为《线性滤波与预测问题的新方法》的论文，提出了最优化自回归数据处理算法。根据他提出的这种算法，原先看似无序的信息可以很快地求出可靠解。他提出的这种方法在卫星定位、导弹追踪、雷达传感，以及人脸识别、机器人控制、计算机图像处理等方面都有着广泛的用途。

随着互联网技术的发展，一种被称为"物联网"的技术也开始迅速发展起来。1999 年，麻省理工学院提出了"物联网"的概念。工程师们认为，每个人都在和周围的很多物体经常发生关系，如果能将这些物体均通过传感器进行计算机识别和控制并接入互联网，我们就可以通过手机"掌控"生活。比如，你可以在上下班的路上，就通过手机"指挥"洗衣机将衣服洗好，"指挥"电饭煲将饭煮好。在未来机器人大量进入人们的生产生活后，物联网的发展前景更为广阔。所谓的"智能家电"只是物联网的一个小小的开端。2008 年底，美国 IBM 公司提出了建立"智慧的地球"的口号。在未来社会，我们可以坐在家里上班，可以足不出户享受世界各地的精美产品，甚至可以进行"人物"交流。

## 触摸屏

作为一种新兴的人机对话方式，触摸屏受到了越来越多的人的喜爱。它是一种简单、自然、便捷的人机对话方式，目前应用非常广泛，比如银行的 ATM 机、图书馆及行政机关的公共信息查询系统、军队的电子化指挥系统、GPS 全球卫星定位系统等，很多掌上电脑（PDA）和手机上也都装备了触摸屏。1971 年，美国肯塔基大学的电子工程师塞缪尔·赫斯特发明了世界上第一个触摸式传感器，他当时发明这种传感器是为了节省工作的时间。1974 年，赫斯特又发明出了透明的触摸屏。触摸屏是一种非常有意思的设备，它把信息的输入和输出设备有机地结合在了一起，给使用者一种人在控制计算机的真切感受。虽然，键盘和鼠标也是控制计算机的外设，但其和计算机的输出设备——显示器隔着一段距离。即便是使用无线键盘和鼠标，也无法克服这段距离给人们的内心造成的影响。这就好比你骑在一匹马上驰骋,用手直接拍打马背和用一根木棒去拍打马背相比,自然是前者会让人感觉更加真切、舒坦。

不过,目前触摸屏的实际工作效率,往往不及使用传统的输入设备来得高;所以,触摸屏通常被使用在一些公共场合或是电子设备需要移动的场合。在这些情况下,让它们带着键盘和鼠标不仅不方便,而且也不便于维护。为了解决触摸屏信息输入效率低的问题,电子工程师们也在想着各种各样的办法。经常使用电脑的人,在从事一些工作量比较大的信息处理的时候想必有这样的经验,有时,键盘和鼠标要一起使用才来得快——你左手可以使用键盘快捷键或是翻页键,右手则可以用鼠标快速定位。1982 年,加拿大多伦多大学的电子工程师们开始研究"多点触摸屏",以使当人的两个或多个手指置放在同一个触摸屏上时,能够对计算机同时输入不同的信息。1985 年,多伦多大学的电子工程师比尔·巴克斯顿开发了一种电容式多点触摸屏,为多点触摸屏的发展做出了贡献。虽然,在此前一年,美国贝尔实验室的电子工程师们研制出了多点触摸屏,但他们使用了由笨重的相机和复杂的光学传感器组成的系统,所以使用起来不是那么方便。

1991 年,美国电子工程师皮尔埃·维尔纳开发出了一款被称为"数字桌面"的多点触摸屏,这一成果受到了众多 PC 和手机生产厂商的关注。多点触摸屏正式进入商业化生产是在 21 世纪初,苹果公司的 iPhone 以及 MacBook 笔记本都装备了多点触摸屏。其中,iPhone 手机可以用两个手指同时控制一幅图片的旋转、缩放。2007 年,微软公司展示了其研发的"表面计算(Surface Computing)"平台,在一个 30 英寸的工作平台上面,用户可以用多个手指直接在触摸屏上控制电脑,而且可以实现十多个人同时操作这个平台。多点触摸屏进入商业化生产至今,只有短短的几年时间,未来还有很漫长的路要走。随着"物联网"技术的发展,相信未来会有更多的家电产品会使用这项技术。这项技术也可以和机器人技术结合起来,并发展出一些更易于控制,更具有人性化的电子产品,从而使得我们的生活更加多姿多彩。电子游戏软件制造商和玩具制造商们在此方面也会大有发展空间。

触摸屏是采用了微电子、光电传感、液晶显示、新材料、程序设计等技术的集成触控系统,它和有线和无线遥控器一样,丰富了我们对机器设备的控制形式,使得我们的工作和生活更加便利,也更加充满情趣。从广义上讲,计算机手写输入系统也是利用了触摸屏技术。商品化的计算机手写输入系统出现在 20 世纪 80 年代初。1985 年,我国汉王科技公司创始人刘迎建领导的科研小组,发明了世界上第一台汉字联机手写输入系统。现在,一些比较高级的计算机手写输入系统已经能够实现直接在电脑屏幕上写字、绘画,这使得我们能够把电脑屏幕直接当成一种电子化的纸。与普通纸不同,这种"纸"还可以和各种各样的软件结合起来;这样,我们的一只写字的"笔",就可以在电脑软件的帮助下,摇身变成数不清的文具。非但于此,互联网还帮助我们消除了创作者之间的空间距离以及创作者与欣赏者之间的空间距离。我们在"触摸着"电脑的同时,其实我们也在触摸着整个世界。

## 遥控器

遥控是指人通过通信媒体对远距离的被控对象进行控制的技术。它由控制面板、编码器、信息发送装置、信道、信息接收装置、译码器和效应器等部分组成。按信道的介质,可以分有线遥控、无线遥控和光遥控等。19 世纪 30 年代,美国物理学家约瑟夫·亨利发明的继电器就可以作为一种有线遥控装置来控制高压电路。遥控技术在发电厂、卫星飞船、鱼雷导弹、无人驾驶飞机、机器人、汽车电子锁、家用电器、手机等领域都有着广泛的应用,世界上第一个无线遥控器由美国科学家尼古拉·特斯拉发明。他于 1898 年在美国麦迪逊广场花园的水池旁向公众展示了一种无线遥控船。

其实,电台、电视、互联网从广义上讲都属于遥控技术,只不过我们通常讲的"遥控器"只指可以一手掌控的遥控装置,它一般只针对家用电器、航模玩具、手机等中小型设备。20 世纪 50 年代,美国齐尼思电子公司开发出世界上第一台电视有线遥控器。1956年,美国电气工程师罗伯特·爱德勒发明了世界上第一款电视无线遥控器,不过他使用的是声波技术。20 世纪 60 年代,罗伯特·爱德勒将超声波用于电视机无线遥控。罗伯特·爱德勒一生热衷发明创造,退休后仍未放弃研究。2006 年,他在 93 岁高龄时还获得了一项触摸屏技术的专利。

20 世纪 80 年代初,红外线遥控器开始出现。红外线由英国科学家约翰·赫合尔在 1800 年发现。由于它不易发生衍射,穿透性比较好,而且制造起来比较方便,后来被大多数遥控器使用。由于地球上的物体夜晚也在发出红外线,故利用红外线还可以制成夜视仪。在红外线遥控器中,通过红外线 LED 可以发出红外线,然后再在红外线接收机中通过光敏晶体管等元件器进行信号的转换和放大,便可以达到遥

遥控器

控的目的。最早出现的电视红外线遥控器面板比较简单,只有三个键:开关键、上一个频道、下一个频道。后来逐渐发展出了能够对电视的音量、明暗、色彩、对比度进行调节的遥控功能。红外线电视遥控器的出现,对电视台的广告收益曾经造成过一定的影响。由于遥控器使得人们在遇到广告时可以很方便地切换频道,这使得广告节目的"收视率"大为下降。为此,广告制作商们不得不去压缩广告时间,将原来的一些 30 秒广告压缩成只有 8 秒,并将广告片拍摄得生动有趣。红外线电视遥控器的出现还促进了 MTV 的发展。MTV(音乐电视)由美国有线电视网在 1981 年 8 月 1 日正式推出。由于它融入了电影蒙太奇技术,所以更能够吸引人们的注意力。后来,很多电视广告纷纷借鉴 MTV 的风格,使得人们在观看它的时候乐此不疲。

随着各种家用电器红外线遥控器的出现,人们家庭中遥控器的数量也日见增多,这给人们控制家电产品带来了不便。相信很多人在现实生活中都遇到过需要使用家电的时候却找不到遥控器的情况。1985 年,荷兰飞利浦公司的电子工程师罗宾·瑞姆伯尔

特,威廉·麦金泰尔,拉克·古德森等人发明了"通用遥控器",我们俗称为"万能遥控器"。它是一个复杂的控制系统,后来获得了多项技术专利。它的问世使得人们在遥控家电产品时更加便捷。

随着互联网技术和移动通信技术的发展,越来越多的人在日常生活中离不开电脑和手机。如何使电脑和手机等电子产品具有短距离无线通信功能,就成了很多电子产品制造商关心的问题。1994年瑞典爱立信公司提出了"蓝牙(Bluetooth)"技术标准,旨在推进全球短距离无线通信技术的发展。此名称来自丹麦的一位国王的别名,相传他喜欢吃蓝莓,故牙齿经常是蓝色的;他曾将挪威,瑞典和丹麦统一起来。借用这个名称,寓示着蓝牙技术未来有着全球协作交流的作用。1998年,爱立信、东芝、IBM、英特尔、诺基亚五大公司联合成立蓝牙技术联盟(SIG)。如今,SIG全球会员单位已超过1.3万家,年会费收入超过1亿美元。SIG执行董事迈克尔·福利认为,借助蓝牙技术,未来我们通过手机不仅可以像使用电视遥控器一样操控电脑、打印机、传真机、空调、微波炉、洗衣机等家电,还能够操控车库门、车门,窗帘的自动开合。截至2009年底,全球采用蓝牙技术的电子产品已超过20亿件。

## 继电器

在18世纪的时候,科学家们还认为电和磁是风马牛不相及的两种物理现象。1820年丹麦物理学家奥斯特发现电流的磁效应后,1831年英国物理学家法拉第又发现了电磁感应现象。这些发现证实了电能和磁能可以相互转化,这也为后来的电动机和发电机的诞生奠定了基础;人类则因这些发明创造从此迈入电气时代。19世纪30年代,美国物理学家约瑟夫·亨利在研究电路控制时利用电磁感应现象发明了继电器。最早的继电器是电磁继电器,它利用电磁铁在通电和断电下磁力产生和消失的现象,来控制高电压高电流的另一电路的开合,它的出现使得电路的远程控制和保护等工作得以顺利进行。继电器是人类科技史上的一项伟大发明创造,它不仅是电气工程的基础,也是电子技术、微电子技术的重要基础。

约瑟夫·亨利原来是一名戏剧演员,后来他偶尔看到了一本英国科普作家乔治·格雷戈里编写的科普书籍,从此便迷上了科学研究。无独有偶,在约瑟夫·亨利发明的继电器基础上继而发明出有线电报的塞缪尔·莫尔斯也非科班出身,他原先是美国一名画家。他们的成功表明,科学的大门其实对任何有志青年都时刻敞开着;只要你痴迷于科学并做出切实的努力,你就有可能在未来某一天取得辉煌的成绩。塞缪尔·莫尔斯在发明有线电报的过程中曾遇到过电流衰减的问题,后来在约瑟夫·亨利的帮助下,他想到了用若干个继电器将电流不断放大,最终使得有线电报研制成功。

继电器的信号放大功能,就在于它能够用微小的控制量控制大功率的电路。除了以上提及的应用外,继电器的连通、断开机制也为早期的电子计算机提供了巨大的帮助。1938年,美国数学家克劳德·艾尔伍德·香农发表了题为《继电器和开关电路的符号分析》的论文。文中指出,可以通过继电器电路来实现布尔代数的逻辑运算,并给出了加、减、乘、除等常见数学运算的电子电路设计方法。这篇论文帮助电子计算机解决了逻辑开关的重大问题,也为继电器拓展出了一个新的用途。1943年,贝尔实验室把U型继电器装入计算机设备中,制成了 M-2 型机,这是最早的编程计算机之一。在第一代电子管计算机中,继电器是一个十分重要的组成部分;后来晶体管发明后,由于晶体管自身含有电路的开关控制功能,晶体管逐渐取代了传统继电器用于电路的开关控制;集成电路出现后,集成电路又取代了晶体管用于电路的开关控制。

除了远程控制、信号放大、计算机逻辑开关等功能外,继电器在自动控制领域还有着广泛的用途。继电器本质上就是将一组参数转换成另一组参数,它是和维纳的控制论和香农的信息论有机地结合在一起的。我们常说继电路由"控制线路"和"被控线路"组成,或者由"输入线路"和"输出线路"组成就是这个道理。"控制"和"被控制"是站在控制论的角度阐述的;而"输入"和"输出"是站在信息论的角度阐述的。在继电器参数转换中未必都需要电信号,像热信号、力信号、速度信号都可以在继电器中使用;换句话说,只要将继电器同传感器、处理器、效应器结合起来,便构成数据处理单元。集成电路广泛使用后,集成电路的微处理器可以同继电器有效结合起来,从而引发电气控制向自动化、微电子化方向发展。

微处理器和继电器的结合,加上计算机辅助设计,我们便可以在实验室中模拟出工业和社会控制的模型并寻找最佳解决问题的方案。在这其中,进行建模和确定算法是一项基础工作。1975 年,美国圣塔菲研究所研究员约翰·亨利·荷兰德出版了《自然和人工系统中的适应性》一书,标志着一种新兴的算法——基因算法正式诞生。基因算法将问题域中的可能解看作是一个个体,将每一个体编码成符号串形式模拟达尔文提出的遗传选择和自然淘汰生物进化过程,再根据预定目标适应度函数对其进行最终的评价。荷兰德在基因算法的帮助下,成功地搭建出了很多复杂工业控制的模型,使其比传统算法更便捷地找出了最优答案。由于基因算法和传统算法相比,有着更强的自组织学习功能,它在自动控制方面意义十分重大;这一新兴算法越来越受到人们的关注,它也为继电器控制和计算机仿真技术开辟了新天地。

## 空调

空调器的发明是基于蒸发制冷的原理。大家都知道,在夏天当我们洗完澡便吹电风扇时,会感到格外凉爽——这就是蒸发制冷现象。1756 年,英国化学家威廉·卡伦利用乙醚蒸发制冷原理发明了人工制冷技术。1842 年,美国医生约翰·戈里利用压缩技术发明了世界上第一台制冰机,美国佛罗里达州医院的病人们第一次通过这种机械在夏天享受到了凉爽的空气。此后不久,人们就在约翰·戈里的基础上研制出了冰库。从 19 世纪 50 年代开始,制冷技术被广泛应用到了食品酿造和肉类加工等行业。可惜在 19 世纪下半叶这五十年中,没有人能够发明出空调。空调制冷原理本质上与冰库非常类似,只不过空调的技术实现要比冰库技术更为复杂一些。

1902 年,美国康奈尔大学毕业的年轻工程师威利斯·开利发明了世界了第一台空调器。开利当时发明空调器的主要目的,是为了解决布法罗锻造公司在精密仪器控制中出现的温度和湿度变化问题。后来,一些公司的印刷设备在温度湿度反复变化下不能精确地打印出图像,开利发明的空调器帮助他们解决了这一难题。此后,空调器的商业化生产开始迅速发展起来,它的需求量实在太大了;纺织业、化工业、精密仪器制造业、制药业、食品业等都需要这种能够调节空气温度和湿度的机器。

1924 年夏天，美国底特律哈得逊百货公司由于天气闷热而有好几个人先后中暑晕倒，这促使哈得逊百货公司斥巨资购买了大量空调器并安装在所有楼层。此举大获成功，很快人们都知道哈得逊百货公司有一种奇特的设备能使室内空气变得十分凉爽，于是来此公司购物的人络绎不绝，哈得逊百货公司销售额很快便开始迅猛增长。哈得逊公司的成功使得电影院、室内运动场等其他公共场所也开始纷纷安装空调设备。空调设备后来逐渐小型化，并最终进入寻常百姓的家庭。1938 年，美国帕卡德汽车制造公司的创始人詹姆士·帕卡德发明了汽车空调，并于 1939 年生产出世界上第一批安装空调系统的汽车。

早期的空调器通常使用的是氨、甲基氯、丙烷等制冷剂，这些制冷剂存在有毒或易燃等缺点。20 世纪 20 年代，美国杜邦公司推出了氟利昂制冷剂。由于氟利昂安全性很高，很快就在空调及冰箱等制冷机械中得到了广泛应用。20 世纪 80 年代，由于人们发现氟利昂会对环境造成一定的破坏，各个国家的环保部门开始出台一系列措施严格限制含氟利昂制冷剂设备的生产销售。据悉，在氟利昂被限制使用前，人类向大气中排放的氟利昂已经超过 2000 万吨，对地球大气层造成了巨大的破坏。根据 1987 年世界各国在加拿大蒙特利尔签订的《蒙特利尔议定书》，我国从 2010 年 1 月 1 日起，全面禁止一切含有氟利昂设备的生产。

最早出现的空调器是单向制冷的，后来人们在此基础上研制出了制热空调。实现空调从"制冷"向"制热"转化的，主要是靠"四通换向阀"实现切换。在空调制冷过程中，制冷剂的低压蒸汽被压缩机吸入并压缩成高压蒸汽后，排至冷凝器继而凝结成高压液体；高压液体再经过毛细管喷入蒸发器，最终便吸收了室内热量将其排放到室外，从而实现了室内制冷的目的。在空调制热的时候，通过四通换向阀的作用，可以很轻易地实现一个逆向过程：原来的蒸发器变成了冷凝器，而原来的冷凝器则变成蒸发器，最终便可以吸收室外的热量将其排放至室内，从而达到室内制热的目的。

由于空调器通常都是由内机和外机组成的，外机通常固定在建筑外墙，这使得空调的移动十分不方便；后来，人们又在普通空调的基础上发明出了"移动空调"，这种空调又被称为"便携式空调"。移动空调具有普通空调的常见结构，如压缩机、冷凝器、排风机、蒸发器等；它在制冷时同普通空调相同，制热时则通常采用电热器来工作。与移动空调容易混淆的一种家用电器是"空调扇"。空调扇不属于空调，它是电风扇的一种技术革新。在制冷时，空调扇使用了水冷系统，一般空调扇在制冷时只能比环境温度降低 3~5度，而普通空调却能使环境温度降低 20 度甚至更多。不过空调扇的优点是对环境无污染，价格便宜，所以它也很受人们喜爱。

## 后装枪

枪械存在的价值就是消灭敌人。站在纯粹的技术角度而言，枪械不仅要提高精准度，而且需要提高单位时间的杀伤力。枪械的发展和其他机械一样，经历了机械化和自动化的发展历程。后装枪取代前装枪是一个巨大进步。后装枪的发明，使得子弹可以模块化、标准化生产出来；后装式步枪也是后来的重机枪和轻机枪诞生的基础。早在宋末元初，中国就出现了前装枪。中国火药传到欧洲以后，14世纪欧洲开始出现火门枪；这种枪最早系由中国人发明，精准度不高。15世纪和16世纪欧洲人发明了火绳枪和燧发枪；这些枪械大都是前装枪，虽然精准度比火门枪有所提高，但装填弹药还是十分不便。

18世纪后期，苦味酸和雷汞相继出现，这使得枪械进入了崭新的发展阶段。1807年，英国枪械工程师福赛斯发明了含有雷汞击发药的火帽；1812年，法国枪械工程师让·塞缪尔·保利发明了将火帽、发射药和弹壳连成一体的定装式子弹。这些技术的出现为现代后装枪的诞生奠定了基础。虽然在17世纪的时候曾经出现过燧石点火式的后装枪，这种后装枪设计出了可以打开装填火药的枪膛；但由于这种后装枪密封性能不佳，没有推广开来。19世纪初雷汞火帽和定装子弹出现后，大大简化了枪械的弹药装填过程，可以说是枪械史上的一次伟大革命。此后，针击式后装枪逐渐取代了燧石点火后装枪和各种类型的前装枪。1836年，德国枪械工程师兼军火制造商尼古拉·德莱赛将其设计的可装填定装子弹的针击式步枪进行批量生产，正式开启了后装枪时代。

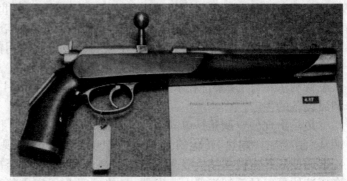

后装枪

19世纪下半叶，普鲁士军队大量装备了后装枪，取得了多次战役的胜利，这使得后装枪很快被各个国家重视并发展起来。此后，金属壳子弹的出现加速了针击式后装枪的发展。1884年，法国化学家保罗·维埃利将硝化纤维的制备工艺改进后研制出了无烟炸药，这是枪械发展史上的又一个重要里程碑。定装式金属壳子弹和无烟发射药用于枪械后，枪械的质量大大提高；枪械自动化发射技术也快速发展起来。其实，早在黑火药枪械时代，就有人开始研制自动式枪械。中国清代学者纪昀在其《阅微堂笔记》一书中记载，1673年镇守云南的吴三桂发动叛乱，当时参加镇压叛乱的军事专家戴梓发明出了"连珠火铳"。此火铳以机械轮轴控制，一次装填火药后可连续发射28枚子弹，这种枪可以视为近代自动化枪械的鼻祖。

近代自动化枪械的发展最早得益于美国医生理查德·加特林的贡献。1861年，加特林在后方医院看到美国南北战争中负伤的士兵太多，他就想，如果发明一种威力十分巨大的枪械，或许能够减少参加战争的士兵的数量，也就能够减少负伤的士兵。在这种比较单纯的动机驱使下，他于1861年完成了手摇转管机枪的设计；1862年，又制造出世界上第一挺手摇转管式机枪并获得了专利。加特林机枪采用的是多枪管设计，枪管在旋转的过程中完成退膛装弹等动作。这种机枪在最快时可以达到每分钟发射200多发子弹的速度。不过这种机枪由于需要多人操作，而且存在卡壳的问题，最终没有能够在南北战争中发挥作用。

1882年，美国枪械工程师海勒姆·马克沁移民到英国。他发现英军士兵常因为步枪的后坐力而使得肩膀变得青一块紫一块。于是，他后来发明了利用火药喷发时产生的后坐力使枪自动完成开锁、退壳、送弹、闭锁等一系列动作的装置。1884年，马克沁发明出自动机枪，射速超过每分钟 600 发子弹。马克沁在发明自动机枪后，曾向世界各国推销他的发明成果。当时的很多军事专家还没有充分意识到这种自动机枪的价值。有些人认为，通常只需要一发子弹就可以使人毙命，为何还需要这种枪械呢？而且这种机枪击发子弹速度太快，无疑是一种巨大浪费。后来，德国军方认为这种发明意义重大，于是率先大批量订购马克沁机枪。一战中，马克沁机枪成为德军的杀人武器；直到这时，其他国家方才意识到了马克沁机枪的意义。随着枪械技术的发展，更便于携带的轻型机枪、自动步枪、冲锋枪等枪械陆续被发明了出来。后装枪的出现及其技术革新，使得人类进入了轻武器时代；它无论对国防军事，还是对于公安防卫都是不可或缺的武器。

## 机床

机床是现代工业的核心基础设备，它是加工机械零件的必要工具。现代机床主要是指金属加工机床，谈起现代机床不能不首先谈及一下液压机的发明。在电动机诞生以前，液压机是一种方便的提供动力的设备。它利用的是帕斯卡尔定律，由于密闭液体可以传递恒定的压强，所以两个面积不等的活塞上可以出现大小不同的压力。液压机由英国钳工约瑟夫·布拉马于 1795 年发明并获得了专利。约瑟夫·布拉马是一位多产的发明家，他于 1778 年发明了厕所排水箱，这项技术使得"抽水马桶"后来进入了寻常百姓的家庭；除此之外，他在造纸机械、印刷机械、啤酒加工机械、钢笔中都有发明创造成果。

约瑟夫·布拉马发明液压机后，成立了一个工厂。液压机最初用于制造产品包装机。后来，布拉马工厂的一位名叫亨利·莫兹利的英国机械工程师对这种液压机进行了改进，将其拓展到了金属加工领域。亨利·莫兹利设计出一种装置，可以将刀具夹住，沿正反两个方向运动加工金属零部件。他于 1797 年获得了这种金属加工机械的专利。亨利·莫兹利的发明是机械制造史上的一次伟大革新，它彻底改变了传统金属加工过程对人力的依赖，大大提高了金属零部件的加工效率。1800 年，他又开发出标准螺纹生产车床，这是历史上首次进行螺纹尺寸标准化加工；此后，各种系列的螺栓和螺母被生产了出来，为各种工程机械提供了紧固件。

1805 年，亨利·莫兹利找到约瑟夫·布拉马，和他商议要给自己涨工资，结果遭到了拒绝。此后，亨利·莫兹利离开布拉马创办了自己的工厂。1810 年，亨利·莫兹利将其生产出来的机床装备在了英国朴茨茅斯工厂，结果大大提高了工厂的生产效率。原先需要 100 名工人完成的工作任务，现在只需要 10 名工人便能够完成。亨利·莫兹利的成功使得人们对金属加工机械化生产作业给予了高度的关注。19 世纪 20 年代，亨利·莫兹利开始转向船用蒸汽机的研发，为蒸汽机的商业运用做出了卓越的贡献。

19 世纪上半叶金属加工机床研制工作的迅速发展，和当时的工业革命背景是分不开的。蒸汽机的大量运用，火车等交通工具及机械化纺织机的出现，对各种机械零部件出现了大量的需求；而机床可以实现机械零部件的批量和标准化生产。自 1814 年起，英国机械工程师发明了各式各样的龙门刨床。1818 年，美国机械工程师惠特尼发明了卧式铣床。1876 年，外圆磨床在美国诞生。只要有机械零部件加工地方，工程师们都会想方设法发明出可以取代人力的机械设备。

早期的机床是通过液压机或是蒸汽机驱动的，后来电动机发明出来以后，机床进入电气化发展阶段。1913年,美国福特汽车制造公司开发出了世界上第一条汽车生产流水线,使得机械加工业从此进入了流水线操作时代。1947年,美国工程师约翰·T·帕森斯在为美国军方生产加工直升飞机的螺旋桨叶板时,创造性地利用一台IBM穿孔卡计算机辅助计算定点;此后,他又产生出一个创意,即不但利用计算机辅助定点,而且利用计算机下达指令进行整个加工过程的自动控制。约翰·T·帕森斯随后将他的创意提交给美国军方。美国军方认为他的创意具有很大的发展潜力,于是让麻省理工学院与帕森斯共同研发数字控制机床;1950年2月3日,世界上第一台数控机床在美国诞生。数控机床的问世,使得机床的发展出现了革命性的变化。数控机床不仅能够大量节省人力,而且可以实现零部件加工的精准化。

可以说,没有数控机床的诞生,就没有今天微电子产业和计算机产业的蓬勃发展。数控机床的问世是建立在微电子技术和计算机技术基础上的;而数控机床的出现,又大大地促进了后者的发展。有了计算机辅助设计和制造技术,有了数控机床,我们今天才可以十分精确地在极其微小的芯片上设计和制造电路;以往仅凭人力难以完成的工作任务,今天在计算机和数控机床的帮助下就可以轻松地完成。数控机床的发明,也促进了制造业"机电一体化"时代的到来。1979年,我国数控机床装备量不足700台,到了2007年,我国数控机床的装备量已经超过了70万台。1985年,约翰·T·帕森斯因其在工作中不经意产生的两个创意被美国国会授予"国家技术奖",后来他被誉为"数字控制之父"。

## 纺织机

作为纺织机械的主要设备,纺纱机具有重要的地位。历史学家认为工业革命是以"珍妮纺纱机"的出现作为开端的,纺织业也是英国工业革命中率先发展起来的工业部分。其实,早在13世纪末,我国元朝松江乌泥泾(今上海徐汇区东湾村)人黄道婆就发明了多锭纺纱机,比詹姆斯·哈格里夫斯发明出来的"珍妮纺纱机"要早出了350多年。可惜的是,黄道婆和哈格里夫斯所处的时代背景不同。哈格里夫斯所处的时代恰逢英国工业革命的前夜,蒸汽机等一系列机器相继问世,因而英国能在她所发明的多锭纺织机基础上经过技术发展,继而发明出利用蒸汽机驱动的机械化自动织布机,从而使得工业革命轰轰烈烈地开展起来。

詹姆斯·哈格里夫斯发明多锭纺纱机,其创意源自她的纺纱机的一次意外翻倒事故。哈格里夫斯发现,纺纱机倒地后主轴仍在旋转,因而想到了利用多个纱锭同时工作的设想。此后她于1764年发明了有8个纱锭的"珍妮纺纱机"。哈格里夫斯发明的多锭纺织机,仍是以人力作为主要动力,这与中国元代就已经出现的多锭纺纱机并无明显的不同。1769年,英国工程师阿克莱特发明了英国第一架水力纺纱机,使得纺纱机的工作效率大大提高。

世界上第一架水力纺纱机其实是由中国人发明的。中国元代学者王祯在其《农书》中记载了中国人发明的水力纺纱机并绘有详细的图示说明,这说明了水力纺纱机至迟在中国元代就已经出现了。更令人称奇的是,王祯所描述的水力纺纱机已经具有了同时纺32个纱锭的能力;而珍妮纺纱机后来经过技术改进后,只可以纺12～18个纱锭。可见,中国纺纱技术在元代时期，就已经远远超过了英国在 17 世纪中叶的水平。西方科学史学家在这一点上给予了高度的评价。李约瑟在其《中国科学技术史》第四卷中的《机械工程》分册中认为，这种水力纺纱机"足以使任何西方经济史学家叹为观止"。李约瑟同时指出："在 14 世纪早期，中国纺车上已有 3 个甚至 5 个锭子，全体由一根绳传动；这似乎是成熟的特征，意味着它们已有很长的发展历史了。"阿克莱特发明的英国第一架水力纺纱机，有史可考的证据是借鉴了意大利水力捻丝机的基本原理；而后者又是源自中国。

中国元代发明的水力纺纱机具有捻丝的功能，而史学家发现意大利的水力捻丝机和中国元代的水力纺纱机有着惊人的类似。在法国科学史学家保尔·芒图编著的《十八世纪的产业革命》一书中这样写道："阿克莱特之领悟纺纱机的原理，是由于他听到一个水手叙述中国人所用的机器。"从这些历史史料中我们不难看出，中国人的发明对推动英国第一次工业革命的到来，起到了一定的作用。无论是哈格里夫斯的纺纱机还是阿克莱特的水力纺纱机，就纯粹的技术创造的新颖性来看，和中国元代的相关发明比起来，并不具备明显的优势。

英国人在纺织技术上对人类做出的真正贡献，是英国工程师塞缪尔·克朗普顿在 1769 年发明的"缪尔"纺纱机和英国工程师爱德蒙·卡德莱特 1789 年发明的蒸汽织布机。"缪尔"纺纱机俗称为"骡机"，是一种走锭式纺纱机，可以将多锭纺纱机和水力纺纱机有效地结合起来，从而实现纺织生产过程机械化。而蒸汽织布机的意义便在于，由于水力机械必须沿河建在有流水落差的地方，并且水力还会受到气候和季节的条件限制，而蒸汽织布机的出现，可以使得纺织厂随时随地大规模兴建。

其实，不仅是中国错过了工业革命，而且在很多技术领域比英国率先发展起来的意大利等国家也错过了工业革命。究其原因，不容忽视的重要一点就在于英国对矿物能源的大量应用。一个新技术的产生也许并不难，但这个技术要对经济发展能够产生一种革命性的推动力量，就需要在能源等基础设施上提供支持和保障。这就好比发明了电灯，但却没有整个发电机系统提供电能保障；发明出了汽油内燃机，但却没有大量汽油提供能源保障的道理一样。社会经济发展是一个系统化的产业链，并非某一个新技术或某一种新能源就能够单独推动社会经济从根本上发生变革。所以，中国在纺织机械上曾经领先于英国超过 350 年，但最终却在工业革命的浪潮中输给了英国，这一历史事实值得我们反思。

## 拉链

拉链是人类历史上一个貌不惊人却不能被忽视的发明创造。早在 1851 年，美国发明家埃利斯·哈维就获得了一项服装开闭合条的专利。埃利斯·哈维是美国缝纫机的发明人。他在服装加工的过程中发现传统的服装的开闭方式非常烦琐，于是便想到了发明这种服装开闭合条。它和现代拉链相比，没有滑动条，所以也不能被称为"拉链"；但其主要结构，已经比较接近现代拉链的齿状互嵌结构。

1891 年，美国工程师惠特科姆·贾德森发明出一种滑动扣锁装置，这种装置已经比较接近现代拉链了。惠特科姆·贾德森发明这种滑动扣锁是因为当时美国贵族喜欢穿长筒靴，而这种靴子的缺点是铁钩式纽扣有 20 多个，所以长筒靴穿脱起来非常麻烦。有时人们为了避免这种麻烦,甚至索性穿着这种长筒靴就上床睡觉。惠特科姆·贾德森的发明系采用一种滑动装置,将一组对排的铁纽扣相互啮合锁紧。由于惠特科姆·贾德森发明的滑动扣锁经常会出现铁纽扣松开的情形,所以惠特科姆·贾德森的发明并没有得到广泛应用。但他在1893年的芝加哥世博会上推出他的发明时,还是引起了不小的轰动。毕竟这种滑动扣锁打破了人们传统观念中,衣物只能通过纽扣一粒粒扣上的做法。1914年,瑞典工程师吉迪恩·桑巴克在惠特科姆·贾德森发明的滑动扣锁基础上改进了他的设计,发明了现代意义上的拉链。

吉迪恩·桑巴克采用的方法是,将两排金属锁齿分别固定在两条带子上,然后通过一个滑动器控制这两排金属锁齿的开合。在两排锁齿上,每一个齿上都有一个小勾,与它紧挨着的另一条锁齿的孔眼相对;这样,当滑动器滑过时,两排锁齿的"小勾"与"孔眼"分别紧密啮合;除非通过滑动器将其打开,否则锁齿相互的结合很难被扯开。吉迪恩·桑巴克在1914年所申请专利的产品被称为"无勾紧固件二号"。在他申请这项专利前,曾经申请过"无勾紧固件一号"的专利,但这件产品质量不过关。吉迪恩·桑巴克曾经将"无勾紧固件一号"投产过但结果遭遇了巨大的失败,曾一度靠生产回形针勉强维持生计。"无勾紧固件二号"被发明出来后,由于其质量优良引起了很多知名人士的注意,包括美国著名的剧作家詹姆士·奥尼尔。后来,美国《科学》杂志还曾将吉迪恩·桑巴克的这项新发明成果刊登在了杂志的封面上。

吉迪恩·桑巴克刚开始生产"无勾紧固件二号"时订单并不多,后来匹兹堡的麦克瑞百货公司认为这种新产品非常适合用在女性裙子和套装上。麦克瑞百货公司在试销这种无勾紧固件裙和套装后获得了女性顾客们的好评,后来便向所有的女性服装制造商们都推荐这种无勾紧固件,这极大地促进了它的销售。第一次世界大战爆发后,美国很多军工企业也开始关注这种无勾紧固件。他们发现很多军服采用这种装置后,不仅可以节约军人们穿脱衣服的时间,提高军事行动的效率,而且这种服装在野外的防风性能也更好。后来,为了满足军事生产的需要,美国政府甚至专门拨款支持吉迪恩·桑巴克生产无勾紧固件。此后,"无勾紧固件二号"又获得了美国烟草公司的大笔订单。烟草公司发现在其烟草袋上使用无勾紧固件后,烟草的销售业绩和过去比有了显著增长。

1921年,美国俄亥俄州的豪富公司开始在他们的生产的橡胶靴上试用这种无勾紧固件,结果大获成功。该公司的市场营销人员起初将这种新式靴命名为"奇妙靴"。后来,他们觉得这种名称太土气,于是便商议对靴子重新起名。在该公司的一次头脑风暴会议上,公司的销售经理在灵感迸发时,突然想到了"Zip"这个拟声词,它是"快速移动"的意思。于是,他们最终商议决定将原来的"奇妙靴"更名为"Zipper靴",译成中文就是"拉链靴"。到了1923年,"拉链"在美国已经成为一个流行的词汇了。在那年冬天,美国豪富公司售出了逾50万双拉链靴,最终美国的服装设计师们也开始使用"拉链"这个流行词汇。可惜吉迪恩·桑巴克去世得比较早,至死都没有听过"拉链"这个词汇。他更不会想到,他当初的这个看起来微不足道的发明创造,在今天的中国,每年产量超过100亿米,产值超过250亿元。

## 显微镜

人类很早就掌握了玻璃制造技术,公元前3500年左右,古埃及人已学会制造玻璃;公元前1500年左右,古埃及出现了玻璃容器。公元前700年左右,古亚述人掌握了利用水晶磨制透镜的技术;到了公元10世纪,西方僧侣开始利用半球形透镜阅读经书。随着玻璃技术的发展,玻璃的透明度也越来越高。公元13世纪,英国学者罗杰·培根磨制出了边缘很薄的玻璃透镜,这为后来的显微镜和望远镜的诞生奠定了基础。罗杰·培根是一名预言家,相传他不但预言了显微镜和望远镜的诞生,还预言了蒸汽船、飞机,甚至坦克的诞生。

古罗马战败古埃及后,曾将古埃及的俘虏放在威尼斯岛上制作玻璃。后来,意大利威尼斯的工匠们对玻璃生产工艺进行技术革新,使得玻璃的透光性能大大增强。此后,人们开始利用玻璃来磨制眼镜片。1590年,荷兰的眼镜制造商扎卡里斯·杨森和他的父亲汉斯·利伯希发明了显微镜。1663年,英国科学家罗伯特·胡克利用其自制的显微镜对植物进行了观察研究;他于1665年创立了"细胞"这一词汇,用来指他看到的软木蜂窝状的小室,其实他看到的只是植物细胞死后所留下来的细胞壁。1673年,荷兰科学家安东尼·列文虎克利用自制的显微镜进行了大量观察研究。他于1674年发现了滴虫,1682年发现了肌纤维,1683年发现了细菌,1684年发现了红细胞。安东尼·列文虎克为显微镜的制造和微生物学、原生动物学、医学的发展做出了巨大的贡献,他一生共制造了超过400架各种类型的显微镜,遗留到今天的一些显微镜具有275倍左右的放大倍率。

随着技术的发展,现代光学显微镜已经能够实现1500倍的放大倍率;能够分辨的距离已经缩小到0.2微米,即200纳米。当放大倍数超过这个极限时,物体就不能够分辨清楚,这主要是受光波的波长的限制。更具体地说,光在通过显微镜时要发生衍射现象。我们通过目镜观察到的物体上的一个点实质是一个光的衍射光斑,如果两个光斑距离靠得太近,便无法将其分辨开来;即使提高透镜的放大倍数也是徒劳的。面对这种情况,人们便想到了发明电子显微镜。根据德布罗意提出的物质波理论,运动的电子都具有波动性;而且它的速度越快,它的"波长"就会越短。不难设想,如果能够把电子的速度加到足够高,并且设法汇聚它,便能够利用电子的波动效应来放大并观测到物体更微细的结构。

1931年,德国物理学家恩斯特·卢斯卡和德国电气工程师柯诺尔发明了电子显微镜,1938年,恩斯特·卢斯卡领导的科研小组制造出可以进行商业化生产的电子显微镜。现代电子显微镜放大倍率已经超过100万倍,在生物学、化学、物理学、电子工业中都有着广泛的用途。早期的电子显微镜是透射式电子显微镜,即通过电子枪发射一组高压电子束,将其穿过显微镜射向物体标本;在标本后面再通过传感器收集信息并最终将其在显示器上转化成可视图像。在透射式电子显微镜的基础上,后来又发展出了扫描电子显微镜和反射电子显微镜等多种形式的电子显微镜。不过,电子显微镜也有一个缺点,那便是它不能穿过水。所以,在面对一些含水量丰富的活体检测时,很多时候还得采用光学显微镜;有的时候则可以通过X光成像设备弥补这一缺憾。

1981年,美国IBM公司设在瑞士的宾尼西实验室的电子工程师格尔德·宾宁和海因里希·罗雷尔共同发明了扫描隧道显微镜(STM),这将显微镜的分辨率又提升到了一个新的高度,可以达到单个原子的级别。扫描隧道显微镜的问世,也为后来的纳米技术的诞生和发展奠定了重要的基础。1986 年,电子显微镜的发明人恩斯特·卢斯卡和扫描隧道显微镜的发明人格尔德·宾宁及海因里希·罗雷尔共同获得了当年度的诺贝尔物理学奖。显微镜作为人类了解微观世界奥秘的一种非常重要的仪器,它在很多自然科学基础研究和工程技术领域中都是必不可少的工具。已经很难确切统计出人类历史有多少项发明创造是在显微镜的帮助下获得的了,相信在未来的世界中显微镜将会发挥出更大的作用。

## 望远镜

光学望远镜的发明人和光学显微镜的发明人都是荷兰的扎卡里斯·杨森和他的父亲汉斯·利伯希。1608 年,汉斯·利伯希获得了望远镜的专利。意大利科学家伽利略在获知望远镜问世的消息后,便开始动手制作望远镜。1609 年 10 月他制造出了能够观察到月球环形山的望远镜。此后,他又继续制造出倍率更高的望远镜,观测到了木星的卫星以及太阳黑子的活动情况。伽利略和汉斯父子制造出来的望远镜都是折射式望远镜。世界上第一架反射式望远镜由英国物理学家艾萨克·牛顿于 1668 年发明。反射式望远镜和折射式望远镜相比少了一面透镜,而用一块平面镜取代它。这样,光就无须穿过密闭的镜筒,所以也就不易产生色差。反射式望远镜的缺点是移动后再校正比较麻烦,而且由于镜筒不能密封也就容易沾染灰尘。

望远镜

望远镜问世后,当时人们不知道把这种新型的仪器叫作什么才好。英国诗人弥尔顿在其代表作《失乐园》中将其称为"光镜",也有人建议把它叫作"透视镜",有人则提出叫它"窥器"。后来,数学家狄米西亚的提议占了上风。他提出这种新型仪器应当叫作"telescope(望远镜)",这是希腊语中"tele(遥远)"和"skopein(注视)"的组合,意即指它能够帮助人注视着遥远的物体并被其吸引。望远镜的发明,使得天文学研究迅速发展起来。德国物理学家约翰尼斯·开普勒曾利用自制的望远镜观察和研究星体的运动,为天文学的发展做出了巨大的贡献。

艾萨克·牛顿在发明反射式望远镜后,曾一度认为折射式望远镜的色差问题不可救药,后来事实证明了牛顿当时的推断过于悲观。1733 年,英国工程师哈尔制造出了消色差折射式望远镜。1758 年,英国工程师宝兰德制造出相仿的望远镜,他利用折光不同的玻璃分别制成目镜和物镜,然后使各自形成的有色边缘正好相互抵消,这样就不存在色差了。不过,要想磨制出很大的透镜并不容易。目前,世界上最大的一台折射式望远镜安装在雅弟斯天文台,透镜的直径超过 1 米。和折射式望远镜相比,反射式望远镜则在各地天文观测中发展得更快。1793 年,英国工程师赫瑟尔制成了直径约为 1.3 米的反射式望远镜,反射镜用铜锡合金制成,重达 1 吨;1913 年,在威尔逊山天文台出现了反射镜直径为 2.54 米的反射式望远镜;1950 年,在帕洛玛天文台安装了一台反射镜直径为 5.08 米的反射式望远镜。现在各地天文台都普遍使用反射式望远镜。

1931 年,美国贝尔电话实验室的无线电工程师卡尔·杨斯基在工作中偶尔发现一组来路不明的无线电噪音。他经过反复测量后发现其每隔 23 小时 56 分 04 秒出现一次峰值,据此他断定这组噪音来之于银河系。1932 年,卡尔·杨斯基发明了世界上第一台射电望远镜。射电望远镜利用的是宇宙中发出的电磁波,它的原理类似反射式光学望远镜。1946 年,美国无线电工程师格雷特雷伯制造出了反射面直径达 9 米的射电望远镜。目前世界上很多射电望远镜反射面都达到了数百米,这为收集宇宙中的信息提供了更精确的方法。

随着航天技术的发展,人们开始思考在太空中安装望远镜的可行性。1923 年,德国火箭专家赫尔曼·奥伯特率先提出了在太空中安装望远镜的设想。此后,美国火箭专家罗伯特·戈达德以及苏联火箭专家吉洪拉沃夫都认同了这种想法。1962 年,美国国家科学院正式批准了将发展太空望远镜作为空间计划的一个组成部分。1966 年,美国第一个太空望远镜升空,但其实际使用效果并不理想。后来经过大量技术改进后,美国国会于 1978 年拨款 3600 万美元发展新的太空望远镜计划。1983 年美国为纪念观测宇宙学的创始人哈勃,而以其名命名该太空望远镜。此计划由于技术问题及“挑战者”号航天飞机失事事件被推迟,其预算后来超过 1 亿美元。最终哈勃太空望远镜在 1990 年 4 月被“发现者”号航天飞机送入太空轨道。其长度超过 13 米,总重量超过 11 吨。经过反复维护后它成功地获取了大量宇宙照片。哈勃望远镜原计划服役到 2009 年,后因“哥伦比亚”号航天飞机失事,预计它在太空中至少要服役到 2014 年。

## 轮轴

提起轮轴,想必大家都不会陌生。中国古代从水井提水的辘轳就是一种简易的轮轴装置,由于辘轳的动力臂比阻力臂长,它便可以省力。很多轮轴都是为了省力而建立起来的,这种轮轴即可以视为杠杆的变形。古希腊科学家阿基米德曾经系统地总结过杠杆原理,他还曾说过一句脍炙人口的名言:“给我一个支点,我可以撬动地球!”相传阿基米德曾利用杠杆和滑轮成功地独自拖动一条大船,令在场的人目瞪口呆。国王亥洛沃更是把阿基米德当成一个无所不能的人,他对大臣们说道,“今后无论阿基米德说些什么,你们都要相信他……”

轮轴除了可以利用杠杆原理省力外,它还可以利用滚动摩擦促成物体快速运动;几乎所有的车辆都具有轮轴系统。滑轮也是轮轴的一种常见类型。通过定滑轮可以改变力的方向,通过动滑轮则可以达到省力的目的。滑轮最常见的用途就是安装在各式各样的升旗杆的顶端,用以改变力的方向。在家庭中,我们在一些自动拉合式窗帘上也可以发现滑轮。工厂中常用的“手拉葫芦”是一种常见的滑轮组,在它的帮助下,我们可以徒手拉动很重的机器设备。电动机发明出来后,轮轴和滑轮的用途越来越广泛。起重机、卷扬机、电动卷帘门、电梯里都离不开轮轴和滑轮装置。起重机通常是通过头部的定滑轮和勾部的动滑轮配合起来使用。

　　轮轴除了以上提及的用途外，它还有一个十分重要的作用，那便是传动。轮轴传动通常使用皮带。在古代我国就出现了皮带传动装置，这和当时纺织业的发展是分不开的。轮轴皮带传动也是汽车发动机的一个十分重要的传动方法。当链条传动和三角皮带被发明出来以后，轮轴上的轮子就更换成了各式各样的齿轮，最典型的链条传动的例子就是自行车。轮轴皮带传动装置如果将皮带和轮子的宽度大幅增大，那就变成了工业皮带传输机。世界上第一台工业传输机由瑞典商人亨里克·戈兰松于1901年发明。他采用薄钢片作为传输带为其工厂传送工业生产中所需要的原材料。1905年，英国工程师理查得·萨特克利夫发明出了世界上第一台工业皮带传输机。这种工业皮带传输机最早运用于煤矿采矿过程中的矿材运输，它使得煤矿的工作效率比以往大大提高。此后，皮带传输机被广泛运用到工业产品生产组装流水线。

　　1913年，亨利·福特首次将工业传输机大规模地应用到了汽车制造中。工业转输机为粮食、矿石、机械电子零配件等货物的运输提供了一种高效率途径，也是自动扶梯和自动人行道实现的技术基础。如今，在机场行李托运提取处，在邮局信件分拣中心，在日式寿司店，在跑步机上我们都可以看到传输带的影子。有些滑雪场还利用皮带传输机将滑雪者送到滑雪山坡上。世界上最长的单一皮带传输机架设在印度一个采石场和孟加拉国的一个水泥制造厂之间，全长约17公里，每小时可将约1000吨的石灰岩、页岩等建材从印度送至孟加拉国。

　　在轮轴的发展过程中，为了减小轴和基座之间的摩擦力，人们起初是利用润滑油进行润滑，后来又发明出滚动式轴承。滚动式轴承即是利用嵌在轮子之间的很多滚动的圆柱体或圆球来降低摩擦力。在古代，工匠们就懂得了利用滚动的圆木帮助搬运巨大的石块。现代不少家用橱柜上面都安装了有很多轮子的滑动条来减少摩擦。这种滑动条上的轮子通常称为滑轮，实际上它并不是物理学严格定义上的滑轮，而可以视为一种直线式轴承。早期轴承采用的是滚动的圆柱体，后来又出现了采用圆球的轴承。世界上第一个实用的球笼轴承由英国制表匠约翰·哈里森于1740年发明。1794年，英国工程师菲利浦·沃恩获得了有沟槽的球笼轴承的专利，这种轴承和现代轴承比较接近。1869年，法国工程师朱利斯·苏佩瑞发明了世界上第一辆安装了球笼轴承的自行车，这种自行车后来由英国自行车运动员詹姆士·摩尔驾驶，在1869年11月法国巴黎举办的世界上第一个自行车公路赛中夺得了冠军，这使得球笼轴承受到了人们的关注。1883年，德国工程师弗里德里希·费合尔制定了轴承的统一标准并进行批量化商业生产，从而使得轴承开始被工程机械大量运用。

## 钟表

　　在机械钟发明以前，人们通常通过沙漏、日晷等仪器来观测时间。这些仪器使用起来都不方便，也不够准确。1088年，中国学者苏颂发明了水运仪象台擒纵器——擒纵器是近代钟表的最关键设备。李约瑟对苏颂的发明曾做过这样的点评："苏颂把钟表机械和天文观察仪器结合以来，在钟表原理上已经完全成功，他比罗伯特·胡克先行了六个世纪。"苏颂发明的水运仪象台利用的是水力和机械相结合的原理。1336年，英国机械工程师沃灵福德·理查德利用擒纵器发明了机械钟；它通过一种齿轮控制系统，能够将钟内机械势能进行均匀的释放，也正是它能够使得机械钟发出"嘀答嘀答"的声音。

钟表

1430年左右，德国出现了由弹簧驱动的机械钟。早期的时钟没有分针和秒针，而且运行也不够准确。15世纪和16世纪，机械钟制造业在欧洲蓬勃发展起来。从机械钟问世到20世纪下半叶石英钟逐渐取代机械钟，机械钟在历史上共发展了300多种擒纵结构，流传下来的并不多。其中比较著名的有1584年瑞士的乔斯特·伯基发明的交叉打擒纵器；1660年英国的罗伯特·胡克发明的锚擒纵器；1675年英国的理查德·汤利和托巴斯·汤皮恩发明的死打擒纵器；1748年法国的皮埃尔·莱罗伊发明的棘爪擒纵器；1860年瑞士的乔治·弗雷德里克发明的脚托盘擒纵器等等。机械擒纵器最大的一个缺点便是容易老化。随着时间的推移，擒纵器的机械运动会变得越来越缓慢。在上个世纪有使用过机械表的人，一定会记得定期需要将手表送到钟表匠处加油清洗的经历；机械表要在清洗和加上润滑油后，才能变得运转如初。

虽然早期的机械钟不能和现代时钟的准确性相比拟，但它毕竟给了人们一种确定时间的方便方法。一方面，宗教信仰者需要在准确的时间进行宗教活动；另一方面，人们也需要确定时间以安排生产和生活。机械钟还有一个用途，恐怕大家都不容易想到，那便是用于航海定位。随着地理大发现及航海事业的发展，作为欧洲经济中心的英国一直想找到一种海上定位的方法；罗盘可以帮助海员们沿纬度直线航行，但不能帮他们确定经度。1675年，英国国王查理二世设立格林尼治天文台，并让人设法发明出一种星表，能够帮助海员们确定经度。后来在这项发明没有问世前，英国载有2000多人的舰船在海上不幸触礁沉没；英国政府发出巨额奖金，悬赏能够进行经度定位的仪器。英国皇家科学院的牛顿和哈雷都参加了此次研究；但最终赏金却被一个名叫哈里森的木匠获得。

这名木匠"发明"的仪器是什么？原来，哈里森"发明"的这个仪器就是机械钟。他的创意是，将机械钟配发在所有的船舶上，时间和格林尼治天文台时间保持一致。船员们在航海过程中，到了太阳升至头顶正中的时候，观察机械钟的时间。如果此时间比12时早了一个小时，那就说明船只处在伦敦以东约15°的位置；如果时间比12时恰好晚了一个小时，就说明船只处在伦敦以西约15°的位置。哈里森的创意即是巧妙地利用了地球自转一周差不多刚好等于24小时的基本常识。正是由于哈里森的这个创意，使得后来所有的英国舰船都开始装备机械钟；而且工匠们开始将发展机械钟制造技术上升到了关乎海员生死存亡的高度来认识。

1927年,在美国贝尔实验室工作的加拿大电子工程师沃伦·马里森根据压电晶体的原理发明了石英钟。石英钟的问世,是钟表史上的一次革命性的变化。由于石英钟的精准度要高于机械钟,在20世纪下半叶石英钟开始不断取代机械钟成为人们日常生活中的计时器。目前世界上性能最好的石英钟,每天计时的准确性能够达到十万分之一秒,也即要经过差不多270年才会相差1秒。1969年,日本精工公司的电子工程师山崎淑夫发明了以LC振荡器为动力的液晶电子手表;1973年,精工公司又推出了以石英振荡器为动力的石英表。由于石英表和传统机械表相比具有精度高、重量轻、价格低、易维护、寿命长等特点,它受到了人们的广泛欢迎。随着科学技术的发展,科学家们又利用原子的磁共振现象发明了原子钟,现代铯原子钟可以实现2000万年误差不超过1秒;而现代锶原子钟则可以实现3亿年误差不超过1秒。

## 印刷术

印刷术是中国伟大的发明创造,没有印刷术就没有图书文献,没有人类知识和文明的迅速积累和传播。印刷术传入欧洲后,欧洲出现了印刷机械,这加速了文艺复兴运动的历史进程。中国人对印刷术的贡献不仅在于雕版印刷术,更在于活字印刷术;而后者是印刷机械诞生的基础。雕版印刷术的起源可以追溯到印章。早在周朝时期我国就开始普遍使用印章;在公元105年蔡伦发明造纸术之前,印章多印在布帛、竹简上,也有印在泥土上作为封印的。造纸术也是印刷术的基础,没有纸张便不会有批量印刷。纸张在我国东汉时期出现,到南北朝时期盛行开来。有了纸张和印章为基础,再加上文化发展的需要,到了我国隋朝时期便出现了雕版印刷术。

印刷术发明出来后,大大促进了我国区域文化的传播。中国是世界上少有的文化传承性非常好的国家之一,雕版印刷术对此做出了重要的贡献。不过,雕版印刷术仍存在着很多缺点。比如,当雕版雕错字的时候,或是当雕版局部发生虫蛀现象的时候,工匠们往往只能丢弃此版,重新再雕刻出一个新版;而且,大量雕版堆放贮藏也很不方便。为了克服雕版印刷术存在的这些不便之处,我国北宋工匠毕昇于1045年发明了活字印刷术。欧洲公认的第一部活字印刷品诞生于1456年,比中国晚了400多年。

毕昇在印刷史上是一位极其伟大的革命家。毕昇发明的活字印刷术使用的是胶泥,将胶泥刻好字后再烧制使用。欧洲活字印刷术诞生于德国,此后又传入意大利、英国、法国等国家,推动了欧洲文艺复兴的进程。世界上最早的金属活字印刷术诞生在韩国,有史可考的第一份金属活字印刷品诞生在1377年。无论是德国还是韩国,第一份活字印刷品都是宗教经文,这从侧面也可以反映出宗教文化对印刷技术的推动作用。当初毕昇在发明活字印刷术后,我国佛教界也对其非常感兴趣。据悉,《大藏经》多达5000多卷,唐代为了传播《大藏经》,雕版超过了13万块;由此可见毕昇的发明能节省多少人力。如果当时中国拥有专利制度的话,相信毕昇凭活字印刷术这项发明就能富甲一方。

15世纪50年代,德国工匠约翰内斯·古登堡发明了印刷机。约翰内斯·古登堡当初发明印刷机的原因,据说是他在图书馆看到一本非常有价值的图书;而他想如果能够发明一种机械能够大批量复制这本书并将其售卖,一定能够产生大量的商业利润。古登堡发明的印刷机械在刚诞生时还比较简陋,后来经过不断技术改进,到了文艺复兴后期已达到每天能印刷 3600 页的水平，这在当时已经是一个奇迹了。据世界教科文组织的一项统计数据，在 15 世纪下半叶，仅仅半个世纪的时间，印刷机就为欧洲创造了 20 亿美元的产值；可见印刷机在当时是一种怎么样的推广速度。在 16 世纪一百年中，欧洲印刷机的普及率增长了十倍。英国工业革命爆发后，蒸汽动力加速了印刷机械的发展；此后，印刷机械又进入电气化时代。印刷技术的发展促进了社会新闻出版行业的迅速发展，促进了世界文明的传播。随着科学技术的发展，印机机械的工作效率越来越高。今天的一些高速印刷机已经能够实现每天印刷 200 万页的水平。

除了印刷厂的印刷机械外，打字机和打印机也属于一种广义的印刷机械。1714 年，英国工程师亨尔·米尔发明了世界上第一台打字机；1868 年，美国工程师拉森·肖尔斯发明了和我们现在电脑键盘布局一致的商业打字机。打字机的发明使得文字输入进入机械化时代。随时电子计算机的出现，各种打印机也被发明出来。世界上第一台针式打印机于 1953 年在美国雷明顿·兰德公司诞生；雷明顿·兰德公司曾经专业生产过打字机并购买过拉森·肖尔斯的键盘设计专利。世界上第一台商业化激光打印机于 1971 年在美国施乐公司诞生。世界上第一台商业化喷墨打印机于 1984 年在美国惠普公司诞生。2004 年，美国惠普公司总裁卡莉·费奥瑞纳女士访问中国，在清华大学演讲时她讲道，"我们惠普特别要感谢毕昇先生，他在 1045 年第一个发明了活字打印机（印刷术），比西方的发明早好几百年；所以我今天要特别感谢他，它的发明给惠普公司带来了 200 亿美元的生意。"

## 冶金术

卡尔·马克思告诉我们，生产力和生产关系的矛盾是推动社会发展的根本动力。生产力包括生产工具、劳动对象和劳动者，而在这其中，生产工具又是十分重要的因素。青铜器和铁器的大量运用，曾被视为奴隶社会和封建社会建立的重要推动力之一；而冶金技术则是其基础。中国是世界上最早发展起精湛冶金技术的国家。虽然，中国不是世界上最早发明冶铁技术的国家，但是世界上最早发明并使用生铁的国家。中国生铁冶炼早在春秋时期就出现了，而西方国家直到公元 14 世纪才出现生铁冶炼术。我国的生铁冶炼技术比西方国家早出现 1000 多年，这主要得益于我国在冶铜过程中就发展起了功能十分强大的水力鼓风设备，而且我国古代工匠们对冶铁原料进行了比较好的选择和处理并在世界上率先发展起了竖炉冶炼技术。

我国目前出土的确定属于春秋时期的铁器共有九件。1951 年在长沙识字岭楚墓出土铁锄一件；1952 年在长沙龙洞坡楚墓出土铁刀一件；1958 年在常德楚墓出土铁刀一件；1964 年在六合吴墓出土铁丸一件；1972 年在程桥吴墓出土铁条一件；1976 年在长沙杨家山楚墓出土铁剑、铁刀、铁制鼎形器各一件；1978 年在河南楚墓出土铁剑一件。经现代冶金专家研究鉴定：杨家山楚墓的铁剑系渗碳钢，六合吴墓的铁丸系白口生铁，杨家山楚墓的铁制鼎形器系白口铸铁，程桥吴墓的铁条系块炼锻件。

1722 年，法国人发明了白心可锻铸铁冶炼术，1826 年，美国人发明了黑心可锻铸铁冶炼术，而这些冶金术在我国战国以前就已经被工匠们掌握了，这不能不让人惊叹。我国钢铁冶炼技术在相当长一段时间内都领先于国外；在战国时期，我国冶金工匠们还掌握了炼钢工艺。1976 年,在我国长沙杨家山 65 号墓发掘出一把战国时期的钢剑。专家测定后发现,此钢剑经过锻打的层次有七至九层,系一种含有球状碳化物的碳钢,含碳量约为 0.5%;这是全世界迄今发现的最古老的一把钢剑。我国关于炼钢技术的记述最早现于东汉《太平经》第 72 卷。东汉时期,我国又出现了"百炼钢"技术,这在宋朝学者沈括所编著的《梦溪笔谈》一书中有详细的记述。公元 31 年,东汉南阳太守杜诗发明了水排;这是人类利用自然力的一次伟大胜利,为我国冶金技术的发展做出了重要的贡献。

16 世纪 30 年代,德国科学家耶奥尤斯·阿格里科拉在西方率先开始从事系统性矿物学研究,并于 1546 年出版了研究专著。阿格里科拉在他的著述中,详细地对地质勘测的方法、矿物的分类、采矿的方法、冶炼的技术做了系统的总结和归纳。阿格里科拉的工作为后来冶金发展成为大规模的工业奠定了基础,因此他也被尊称为"矿物学之父"。美国第 31 任总统赫伯特·胡佛对耶奥尤斯·阿格里科拉的工作尤其重视,曾经和自己的妻子卢亨利·胡佛共同将阿格里科拉的作品译成英文在美国出版。19 世纪 40 年代,随着工业革命的深入发展,传统的钢铁冶炼技术已经不能满足社会发展的需要。1851 年,英国冶金工程师威廉·凯利率先发明了利用空气吹入转炉进行炼钢的方法,这种方法是钢铁冶炼史上的一次重大突破。1856 年,英国工程师贝塞麦发明了用酸性空气吹入的转炉炼钢法。1879 年,英国工程师托马斯又发明了碱性空气吹入转炉炼钢法。20 世纪 40 年代,制氧技术得到了迅速发展,后来氧气被普遍应用于转炉炼钢过程。

我国第一台氧气炼钢转炉于 1964 年建立,此后我国钢厂开始飞速发展起来。我国不仅是世界精湛钢铁冶炼技术最早发展起来的国家,目前也是全球最大的钢铁生产国。到了 2009 年,我国钢产量已经达到约 5.6 亿吨,将近全世界该年度钢产量的一半。我国除了钢铁制造为世界做出了巨大贡献外,我国的有色金属冶炼也为世界做出了不菲的贡献。在我国汉代的《考工记》一书中曾系统地记载了著名的"六齐"说:"金有六齐:六分其金而锡居一,谓之钟鼎之齐;五分其金而锡居一,谓之斧斤之齐;四分其金而锡居一,谓之戈戟之齐;三分其金而锡居一,谓之大刃之齐;五分其金而锡居二,谓之削杀矢之齐;金锡半,谓之鉴燧之齐。""六齐说"是全世界最早的有色金属冶炼理论;而目前我国的有色金属产量,已经连续八年位居世界第一。

# 化学材料类发明

## 纳米技术

人类的科学技术大体上沿着理论和实验这两条道路发展,在理论上,我们可以依靠数学计算、逻辑推理、科学假设帮助科学发展;在实验室中我们可以利用新材料、新设备、新方法发展科学。20 世纪五六十年代以来,随着材料科学研究和微电子技术的发展,很多科学家都提出了可以在精微尺度制造新产品的思想。1959 年,美国物理学家理查德·费因曼在美国科学年会的一次演讲中指出,未来人们完全可以在分子和原子层次操纵和控制物质；1962年，日本东京大学的理论物理学教授久保亮五在研究电子能级和金属粒子大小后得出了著名的久保（Kubo）公式，这为纳米技术的诞生奠定了理论基础；1974年，日本东京理工大学的谷口纪男教授在国际生产技术会议中首次提出了"纳米技术"的概念。

　　1986年，美国麻省理工学院的埃里克·德雷克斯勒教授出版了《造物引擎：纳米技术新纪元》一书，在书中他指出纳米技术作为一种在纳米层次操控物质的技术，在不远的将来能够导致一场新兴的产业革命：这种新兴的技术可以被帮助我们消除贫困、根治疾病甚至有一天能够使我们长生不老。埃里克·德雷克斯勒不仅是一位科学家，更是一名非常具有想象力的科幻家。他在《造物引擎：纳米技术新纪元》一书中，还提出了这样有趣而又大胆的设想：人类未来有一天甚至能够造出一种"纳米机器人"，这种机器人可以随心所欲地按照既定程序制造出土豆、服装、计算机芯片，甚至造出它本身。埃里克·德雷克斯勒的著作使得"纳米技术"这一概念在世界广泛传播，激起了各国科学家和工程师们发展纳米技术的兴趣。后来，他被人们尊称为"现代纳米技术之父"。纳米技术在现代工程学上首先将造福于新材料技术，这种技术还能够推动化学能源、印染纺织、生物制药、环保工程、电子工业等经济支柱产业向前发展。

　　现代纳米技术的问世，离不开扫描隧道显微镜等现代显微技术设备的帮助。1981年，美国IBM公司设在瑞士的宾尼西实验室的工程师格尔德·宾宁和海因里希·罗雷尔共同发明了扫描隧道显微镜（STM）。它利用的是一种被称为"隧道效应"的原子物理学现象，即当两种金属距离近至数纳米时，彼此的电子云将互相渗透；此时，若给这两种金属施加电压，它们之间就能够产生隧道电流。利用金属探针测量金属表面的隧道电流变化，则可以辨别出其表面图像。根据隧道电流的基本规律，当样品表面起伏超过0.1纳米时，隧道电流就会产生一个数量级的变化。这使得扫描隧道显微镜可以方便地观测到样品的精细结构。基于扫描隧道显微镜的基本原理，科学家们后来又制造出各种扫描探针显微镜（SPM），如扫描力显微镜（SFM）、弹道电子发射显微镜（BEEM）、扫描近场光学显微镜（SNOM）等，在它们的帮助下，人们可以在纳米层次对物质进行"外科手术"，这是古代炼金术士们求之不得的。

　　1990年，IBM公司在现代显微设备的帮助下，移动氙原子写下了"IBM"三个字。1993年，中科院真空所的科学家们移动原子写出了"中国"字样。1997年，法国和美国的科学家联合制造出了世界上第一个分子级的放大器，将电子元器件的微型化系数扩大了约1万倍。1998年，被誉为"稻草变金条"的纳米金刚石粉在中国诞生。2001年，美国国情咨文对纳米技术做出了这样的评价："众所周知，集成电路的发明开创了硅时代和信息时代，而纳米技术在总体上对社会的冲击将远远比集成电路大得多；它不仅应用在电子学方面，还可以用到其他很多方面。有效的产品性能改进和制造业方面的发展将在新世纪引起许多领域的产业革命。因此，应把纳米科技放在科学技术的最优先地位。"2000年，中科院金属所所长卢柯在《科学》杂志上首次提出了纳米金属超塑性。国际纳米材料领域权威，纳米晶体固体块状材料发明人格莱特教授这样评论道，"这是一次重大突破，它第一次向人们展示了无空隙纳米材料是如何变形的。"据悉，卢柯在26岁时就发明了纳米晶体非晶化法制造工艺，这是目前纳米材料制造三大常用方法之一。

## 炸药

大凡名人都喜欢编写自传,而世界著名发明家,诺贝尔奖创立人贝恩哈德·诺贝尔却没有编写任何自传;他给自己一生的小结就是这样一段话:"本人生于 1833 年 10 月 21 日,学问从家庭教师处得来,从未进过高等学校。特别致力于应用化学方面的研究,生平所发明的炸药有:猛炸药、无烟火药'巴立斯梯'或称'C89'号,1884 年加入瑞典皇家科学会、伦敦的皇家学会和巴黎的土木工程师学会。1880 年获得瑞典国王颁发的科学勋章,又得到法国大勋章。"诺贝尔一生拥有近 400 项发明专利,积累了大量财富;但他终身未娶,去世前夕在遗嘱中将绝大部分遗产设立基金,以奖励人类拥有永不停息创新精神的杰出人物。

诺贝尔一生的财富主要是通过炸药获得。炸药是指在爆炸时能产生 1km/s 以上爆轰冲击波的化学剧烈燃烧过程的化学品;它和传统火药相比,威力更为巨大。一般传统火药只能产生低于声速的爆燃过程。18 世纪英国工业革命以来,随着筑路、采矿等工程的发展以及战争的需要,炸药的研究也随之发展起来。1771 年,英国化学家彼德·沃尔夫研制出苦味酸(学名三硝基苯酚),即"黄色炸药",它是一种能效较高的单质炸药;1779 年,英国化学家霍华德研制出雷酸汞,它是 1863 年诺贝尔发明的雷管的重要组成材料;1845 年,德国化学家克里斯蒂安·弗里德里希·舍恩拜发明了硝化纤维素。舍恩拜发明硝化纤维素源自一次偶然事件。一天,合恩拜在实验室里不小心将硝酸和硫酸的混合溶液弄翻在了桌子上,他随手用妻子的围裙将桌子擦干,随后将围裙放在壁炉前烘烤;结果意想不到的是,妻子的围裙发生了爆燃。合恩拜通过这起事件意识到了新型炸药即将出现。

硝化纤维素的发明,不仅是炸药发展史上的一次伟大事件,也是化纤发展史的一次伟大事件;只不过舍恩拜专注于炸药的研究,忽视了从硝化纤维素的研究过程中继续研究人造纤维。1884 年,法国化学家保罗·维埃利改进了硝化纤维素制造工艺后,研制出了无烟炸药;后来这种无烟炸药被广泛地运用了枪炮弹中。1846 年,意大利化学家阿斯卡尼欧·索布雷发明了硝化甘油,这是一种爆炸性很强的炸药,性质十分不稳定。1862 年,诺贝尔成功地利用"温热法"发明了新型硝化甘油制备工艺,这就暂时解决了硝化甘油性质不稳定的问题。1864 年,诺贝尔的工厂在制造硝化甘油的过程中发生了爆炸,他的弟弟和四名工人被当场炸死;此后,瑞典政府下令禁止硝化甘油生产制造。

诺贝尔不甘心失败,在马拉伦湖上租了一条驳船冒着生命危险继续实验。一天,他在实验中不小心将一只装有硝化甘油的烧瓶打碎,硝化甘油流到了烧瓶下用于减少震动的惰性粉尘硅土中。诺贝尔惊奇地发现,硝化甘油与硅土混合物仍然可以产生爆炸,但性质要比单纯的硝化甘油稳定得多。这样,他便成功地解决了硝化甘油性质不稳定的问题。诺贝尔将自己发明的这种新型炸药命名为"达纳"炸药,"达纳"为希腊文"威力"的意思。1872 年,诺贝尔又成功地将硝化纤维素加入硝化甘油中,制成胶质达纳炸药,这是世界上第一种双基炸药。1887 年,诺贝尔改进了保罗·维埃利的制造工艺,成功地研制出新型无烟炸药"C89"。他一生热衷于炸药研究,研制出了大量可用于工程爆破和军火制造的炸药。

1863 年,德国化学家约瑟夫·威尔勃兰德发明出了 TNT 炸药(学名三硝基甲苯),由于 TNT 炸药威力强大而安全性很高,它在战争中得到了普遍应用。TNT 混和硝酸铵即可制成阿马托炸药。1898 年,德国化学家弗里德里希·亨宁发明了黑索今炸药(学名环三亚甲基三硝胺),它的威力比 TNT 还要强大,俗称"旋风炸药"。从 19 世纪以来,一系列实用炸药的发明使得传统火药在工业和军事应用方面逐渐退出了历史舞台;随着飞机、舰艇、火箭、导航等技术的发展,炸药的杀伤力也变得越来越大。在伊拉克战争中,美军在伊拉克上空投放的钻地炸弹,利用了 GPS、激光制导、火箭推动等技术,能够"钻"入地下 300 米深处的钢筋混凝土掩体;每枚炸弹爆炸当量在 5000 吨 TNT 以上,对伊拉克战局产生了很大影响。

## 化纤

在人类发明化学纤维以前,只能通过棉、麻、丝、毛等天然纤维作为纺织品的原料。天然纤维的产量很低:一亩棉田一年只能产出约 60 千克的皮棉,10 棵亚麻只能获得约 5 千克的亚麻皮,一万个蚕茧只能抽出约 5 千克的丝,一只羊一年只能剪出约 10 千克的羊毛。随着社会的发展,人们越来越希望能够通过其他途径获得纺织原料。早在 1664 年,英国物理学家胡克在《显微绘图》一书就提到,"也许能找到某种方法来制造一种粘性的物质,然后把它通过网筛拉出后变成很像蚕吐出的丝,这种丝也许比蚕丝性能更好。"1666 年,法国科学家卜翁利用蜘蛛粘液压出了丝,并用这些丝织出了一副手套。

1845 年,德国化学家克里斯蒂安·弗里德里希·合恩拜发明了硝化纤维素,他离人造纤维的发明其实只有很近的距离。10 年后,瑞士化学家乔治·安德曼利用硝化桑叶发明了人造纤维。1884 年,法国著名生物学家巴斯德的学生海兰勒·夏尔多内取得了人造纤维布的专利;此后数年,夏尔多内成功地解决了人造纤维布防火的问题。1889 年,夏尔多内带着他的人造纤维布参加了巴黎世博会,当即引起轰动;1891 年,他开始将其发明的人造纤维布进行批量生产。由于夏尔多内是世界上第一个开始批量生产人造纤维布的人,他后来被尊称为"人造纤维之父"。就在夏尔多内开始生产人造纤维布的同年,英国化学家查尔斯·克罗斯、约翰·爱德华·贝文和克莱顿·比德尔也获得了一项人造纤维的专利。他们将这种人造纤维生成之前的溶液命名为"粘胶";这也是我们通常称人造纤维为粘胶纤维的原因。

化纤

严格意义上讲,粘胶纤维

只是人造纤维的一种。人造纤维主要包括人造棉、人造丝、人造毛。人造棉除了粘胶纤维外,还包括富强纤维;它是将粘胶纤维用合成树脂处理过的人造纤维,洗涤性能好、不易缩水。人造丝包括粘胶纤维长丝、铜氨纤维、乙酸纤维等。其中铜氨纤维的优点是不易缩水,乙酸纤维则是一种优质人造丝,不仅不易缩水,而且不易燃烧。人造毛包括人造羊毛和氰乙基纤维等。今天的人造纤维里已包含了很多合成纤维的技术,统称化学纤维。合成纤维技术是在 20 世纪 30 年代开始逐渐发展起来的,这其中最具代表性的便是尼龙的发明。1927 年,美国杜邦公司实施了一项基础化学研究计划,每年投资 25 万美元作为研发费用。1935 年 2 月 28 日,杜邦公司的化学研究员华莱士·卡罗瑟斯以己二酸与己二胺为原料研制出一种高分子化合物,它在熔融状态下可以拉伸成纤维。当时称这种化合物为"聚酰胺 66",后来实现工业化生产后定名为尼龙。

1939 年 10 月 24 日,杜邦公司在总部开始销售一种由尼龙制成的女性丝袜,引起美国女性的极大兴趣。这种丝袜和传统袜子相比,不仅透明度高而且不易扯坏,人们排起了长长的队伍争相购买这种丝袜。当时的媒体用"像蛛丝一样细,像钢丝一样强,像绢丝一样美"来形容这种奇特的纺织物。尼龙问世后,形形色色的合成纤维陆续被发明了出来,并发展出了三大类别:锦纶,即尼龙,优点是耐磨性好,缺点是不易透气;涤纶,即的确良,优点是质地柔软,缺点是不易吸水;腈纶,即为人造羊毛,优点是不霉不蛀,缺点是不及羊毛保暖。鉴别各种纺织纤维我们可以采用燃烧观察法。一般天然羊毛和丝燃烧有一点臭味,毛燃烧后马上缩成黑色易碎颗粒;粘胶纤维燃烧时有烧纸的气味,灰烬很少。尼龙燃烧时边熔融边缓慢燃烧,趁热可拉成丝,灰烬成灰褐色玻璃球状,不易压碎;的确良燃烧时有芳香气味,灰烬为黑褐色玻璃状小球,易用手压碎;人造羊毛燃烧时有闪光,有酸的气味,灰烬为发脆的黑色无光泽硬球。

2000 年,我国在化学纤维领域获得了技术自主创新重大突破。我国化学工程师李官奇历时十年研发,发明了从大豆豆粕中合成大豆纤维的技术;此技术很快获得了国家高科技成果奖。后来国际化纤业权威对其表示了认可,认为这是一项意义十分重大的发明创造;李官奇也被誉为"大豆纤维之父"。美国一家公司后来愿意出 21 亿元人民币来购买这项技术的专利;但李官奇表示,他不会出售这项技术,他会利用这项技术创造新的奇迹,让这种中国人自主创新的新型化纤制品从中国迈向全世界。

## 混凝土

中国唐代著名诗人杜甫曾作有诗云:"安得广厦千万间,大庇天下寒士俱欢颜。"杜甫住在漏雨的陋室中渴望高楼大厦的梦想在现代混凝土诞生后成为现实。正是有了现代混凝土的出现,才有了我们今天的高速公路,桥梁大坝,牢固民宅,现代化的摩天写字楼……人类最早的混凝土,可以追溯到古罗马时代。不过那时的混凝土需要加入火山灰的成分,也缺乏成熟的技术标准,所以很难在世界范围内推广。现代混凝土的出现则要从水泥的发明说起。近代水泥在 1796 年问世,硅酸盐水泥则在 1824 年出现。1755 年,英国工程师约翰·斯密顿发明的"液压石灰"对水泥的问世起到了推动作用。

1755 年,英国国会决定让工程师约翰·斯密顿修葺埃迪斯通灯塔。当时英国的灯塔主要由木材和"罗马砂浆"建造,这些材料都经不起海水的反复冲刷;而灯塔受损对海上交通会构成很大的威胁。约翰·斯密顿在修葺埃迪斯通灯塔的过程中,发明了"液压石灰"。他起初研究了"石灰+火山灰+沙子"组分的罗马砂浆中不同成分对砂浆性能的影响。后来他发现,含有部分黏土成分的石灰石在经过煅烧和细磨后,再加水制成的新型砂浆其硬化后强度要比罗马砂浆高出很多。约翰·斯密顿将这种新型的建筑材料称为"液压石灰",它是近代水泥的前身。

1796 年,英国化学工程师詹姆士·帕克在约翰·斯密顿所发明的液压石灰的基础上,采用黏土质的石灰岩磨细后制成料球,再将其高温煅烧后磨细制造出了最早的水泥。詹姆士·帕克将这种水泥称为"罗马水泥"。此后,"罗马水泥"开始在英国流行起来。它的成功使得更多的人投入到水泥的研究和技术改进中去。1822 年,英国化学工程师詹姆士·福斯特获得了一种被称为"英国水泥"的水泥专利。虽然"英国水泥"由于煅烧温度低,其质量比不上"罗马水泥",但它的制备方法已经比较接近现代水泥。詹姆士·福斯特的制法是将"白垩+黏土"湿磨成泥浆,送入料槽后沉淀;沉淀物经过干燥后再进行煅烧,冷却后细磨即成水泥。

人类历史上第一种硅酸盐水泥由英国化学工程师约瑟夫·阿斯普丁于 1824 年获得专利。阿斯普丁将其发明的水泥称为"波特兰水泥"。"波特兰水泥"一经问世,就受到了建筑商们的欢迎,它是当时能够生产出来的性能最好的水泥,用它配制出来的混凝土强度非常高。1838 年英国在重建泰晤士河隧道时,尽管"波特兰水泥"报价很高,但仍然最终赢得了胜利。约瑟夫·阿斯普丁的成功引起了很多水泥生产商的嫉妒,他们纷纷派商业间谍到阿斯普丁的水泥厂刺探水泥的配方和生产工艺。阿斯普丁为了垄断技术,不得不采取一些计谋,他经常会在工厂里放置一些跟水泥生产毫无关系的化学品,以转移人们的视线;他严格界定了工人们的活动范围,一般生产人员无法了解到"波特兰水泥"的全部配方。后来,他干脆在工厂四周用石块和混凝土筑起了很高的墙壁,阻止同行们前来参观。"波特兰水泥"在市场上的技术领先保持了相当长的一段时间,而阿斯普丁也因此积累了大量的财富。

近代水泥的发明者都具有一定的化学研究背景,但钢筋混凝土的发明者却是一位园艺师。1865 年,法国园艺师约瑟夫·莫里哀发明了钢筋混凝土技术,这一发明源自一次花盆落地事件。一天,约瑟夫·莫里哀在自家花园里用混凝土修砌花台,一不小心将一盆花碰落到了地上。约瑟夫·莫里哀惊奇地发现,花盆虽然砸碎了,但黏土却依然十分完整。他通过细心观察,很快就发现原来是花的根系将黏土紧紧地束缚在了一起。于是,约瑟夫·莫里哀便想,如果在砌花台的时候,在混凝土里面用铁丝做出一些类似植物根系的错综复杂的结构,应当也可以紧紧地束缚住混凝土,使得砌出的花台更加牢固。很快,他就根据这样的创意发明出了钢筋混凝土技术。钢筋混凝土是人类历史上相当伟大的发明。在 1902 年以前,全球最高的大楼只有 6 层;而通过"钢筋混凝土"建造起来的美国英格尔大厦,高达 16 层,这在当时引起了轰动。当时甚至有记者在英格尔大厦竣工后守在它下面,准备报道它倒塌的新闻。今天来看英格尔大厦的高度,早已没有什么了不起了。

## 化肥

化肥作为一种重要的植物营养元素来源,在当今世界,保证了全球约一半的粮食生产,帮助养活了全球至少百分之四十的人口。化肥不仅能够为农作物提供营养元素,从而提高农作物的产量,也是改善土壤环境的重要原料。在化肥发明以前,古代农民主要通过动物粪尿和草木灰来增加土壤养分,这不仅难以满足大规模生产的需要,也容易将一些有害物质传播到土壤中。现代化肥工业的诞生离不开合成氨技术。1774 年,英国科学家约瑟夫·普利斯特里首次分离出氨气,当时他还不知道它的具体结构,将其称为"碱性"气体;11 年后,氨气的结构才被法国化学家克劳德·贝托莱成功地测定出来。

1909 年,德国化学家弗里茨·哈伯发明了氨的化学合成工艺并取得了专利。弗里茨·哈伯因为合成氨的重要贡献,获得了 1918 年的诺贝尔化学奖。合成氨技术常被称为一项导向"天使"和"魔鬼"的技术。所谓的"天使",就是合成氨工艺为氮肥的生产创造了条件,目前全世界每年合成氨的产量超过 1 亿吨,其中约有 80% 都是用来制造氮肥;而所谓的"魔鬼",便是合成氨技术的出现,也是后来炸药制造的重要基础条件。氨在化学工业上具有广泛的用途,它可以制成纯碱、硝酸、铵盐,也是尿素、化纤、染料,某些塑料和制冷剂的重要原料。

西方近代化肥工业,在合成氨技术出现以前就开始发展了。1828 年,德国化学家弗里德里希·维勒人工合成尿素取得了成功,这标志着人类完全可以从实验室里制造出化学肥料取代天然肥料。从 1840 年开始,德国化学家贾斯特斯·李比希通过研究生物的代谢,发现了植物生长需要氨、磷、钾、碳酸等物质,这一发现为现代化肥工业的诞生奠定了重要的基础,他因此后来也被人们尊称为"化肥工业之父"。贾斯特斯·李比希一生热衷于化学研究,在近代化学史上做出过杰出的贡献,他不仅是化肥工业的奠基人,而且提出过化学反应的基团理论和多元酸理论;除此之外,他还在 1835 年发明了镀银技术,这为现代镜子的诞生奠定了基础。

1842 年,J·B·劳斯在英国建起了世界上第一个过磷酸钙生产厂;从此,化肥工业开始蓬勃发展起来。现代常见的无机化肥有"氮肥",如硫酸铵、碳酸氢铵、尿素等;"磷肥",如过磷酸钙、重过磷酸钙等;"钾肥",如氯化钾、硫酸钾等。除这三大主要化学肥料外,还有各种含有多种植物营养元素的无机"复合肥料",如磷酸铵、磷酸二氢铵、氮磷钾复合肥等。现在,很多城市有机物垃圾及食品加工厂的废料等经过处理后,也可以制成化肥。联合国粮农组织的一份统计数据表明,在人类农作物增产影响力中,化肥约占到50%,作物遗传改良约占到35%,可见化肥目前对于农业生产的重要作用。我国在 20 世纪 30 年代,曾针对土壤的营养成分进行过地力测定。测定结果表明,当时我国土壤中氮素的含量极为匮乏,磷素含量在长江以南各省份土壤中也相当匮乏,钾素含量则普遍比较丰富。新中国成立后,我国首先发展的是氮肥生产事业。在 1949 年时,我国氮肥产量只有约 0.6 万吨;到了 1998 年,我国化肥总产量已经达到 2956 万吨,约占当年全球化肥总产量的 20%,上升到了世界第一位。

随着科学技术的发展,一种新兴的生物化肥开始引起了人们的注意,那便是根瘤菌剂。大家都知道,豆科植物具有天然的"生物固氮"功能。科学家们发现,大豆的这种生物固氮本领是通过根瘤菌进行的。它可以将空气中的氮转化成氨,并合成酰胺类或酰尿类化合物,再输出到植物根部,最终由植物根部的传导组织将养分输送至植物体内供其使用。豆科根瘤菌固氮技术在澳大利亚、阿根廷、巴西等国的大豆生产中已被成功地大规模推广。这些国家的大豆单产量都超过我国,但他们基本不施氮肥,只用根瘤菌剂这种生物化肥和磷钾等无机肥料。1990 年,澳大利亚大豆氮肥施用量约 44 万吨,而根瘤菌剂固定的氮肥则超过 140 万吨,是氮肥施用量的 3 倍以上。在巴西,目前种植大豆则基本不施用氮肥,而其大豆产量排名世界第二;仅仅是这一项,每年节省出来的普通氮肥的价值就达 25 亿美元之多。

## 塑料

在前面的照相机技术发展史中,我们曾提及过赛璐珞底片。赛璐珞作为一种塑料,它是在 19 世纪下半叶出现的。1869 年,美国一家台球制造商以 1 万美元的赏金要求寻找一种制造台球的新材料;当时台球是用象牙制造的,成本过高。此后,一位名叫约翰·海厄特的美国工程师用硝化纤维、樟脑、乙醇等材料在高压下制成了一种坚韧材料并获得了赏金。这种材料后来被称为"赛璐珞"。此后,约翰·海厄特申请了专利。海厄特获得专利后,一位名叫亚历山大·帕克斯的英国工程师向美国法院提起了诉讼,称他拥有足够的证据证明他本人在 1855 年就发明了"赛璐珞"这种材料。后来,1884 年美国法院宣布亚历山大·帕克斯赢得诉讼,他才是赛璐珞真正的发明人。

赛璐珞是一种化学纤维塑料,也可以称得上是人类历史上第一种塑料,尽管它有着易燃烧等缺点。1888 年,乔治·伊斯曼获得了发明赛璐珞照相底片的专利权,他在四年后成立了柯达公司。赛璐珞不仅可以制作照相底片,由于它可以在较低的温度下模塑成型,比较容易进行切割、钻孔,并且还具有很强的硬度,所以它在合成塑料问世前用途相当广泛。我们在一些 19 世纪末的文学作品中,时常会看到关于赛璐珞制成的时尚生活用品的描述。赛璐珞开创了人类塑料制造的先河,促使人们从此开始研究性能更好的塑料;虽然后来合成塑料在大多数领域取代了赛璐珞,但直至今天赛璐珞在一些领域仍有广泛应用,最典型的如制作乒乓球。

人类历史上第一种合成塑料由美国工程师亨德里克·贝克兰于 1909 年发明。亨德里克·贝克兰创业的第一桶金来自和柯达公司创始人乔治·伊斯曼的一次交易。19 世纪 90 年代,亨德里克·贝克兰发明出了一种可以在灯光下显影的照相纸。后来这个技术被乔治·伊斯曼看中,遂在 1898 年以 75 万美元的高价收购,这笔金额相当于现在的 1500 万美元。贝克兰在 1909 年发明的合成塑料利用的主要原料是苯酚和甲醛,所制成的化学品学名为"酚醛树脂",这种塑料又被称为"贝克兰塑料"。其实,早在 1872 年,德国化学家阿道夫·冯·拜尔就发现,苯酚和甲醛在经过化学反应后,在玻璃管底部会有些糊状的黏性物存在,但他当时研究的主要目的是为了寻找新的染料而不是可塑性材料。贝克兰获得专利的第二天,一位名叫姆斯·斯温伯恩的英国工程师也递交了专利申请书,所申请的专利和贝克兰一模一样;可惜他慢了一天,否则酚醛树脂在今天很可能就叫"斯温伯恩塑料"了。

1912 年,贝克兰改进了酚醛树脂的制造技术,又发明出了胶木这种材料。胶木在电子电气工程中又被称为"电木"。1930 年,美国克林特公司收购了贝克兰的电木专利,大量生产电木产品。在今天的很多家用电器中,电木都是不可或缺的重要组成材料。而胶木后来也取代赛璐珞,成为很多台球的制造材料。1933 年,德国化学家奥托·卡尔·罗门获得了有机玻璃的专利。有机玻璃是一种透明材质的塑料,学名聚甲基丙烯酸甲酯。由于有机玻璃和普通玻璃比,具有机械强度高、安全性能好、重量轻等优点,因而从 20 世纪 40 年代起它得到了飞速的发展。它不仅用于飞机窗户制造,在建筑装潢、灯具、广告等行业中都有着广泛的应用。

20 世纪 40 年代,随着乙烯类单体合成技术的发展,人工合成高分子化合物进入蓬勃发展的时期。交通业、电子电气业、包装业等工业部门都急需大量塑料。进入 20 世纪 50 年代,在石油加工工业中又获得了大量乙烯与丙烯。后来,德国化学家齐格勒和意大利化学家纳塔分别发明出了利用金属络合物催化剂合成低压"聚乙烯"与"聚丙烯"的方法,两人于 1963 年共同获得了诺贝尔化学奖。大量新原料和新技术的出现,使得塑料制造业获得了飞速发展。2008 年,全世界塑料消费总量约为 2.45 亿吨,平均地球上一个人就消费了约 40 公斤。中国 2008 年的人均塑料消费量约为 48 公斤,超过了世界的平均水平。由于塑料这种材质难以在土壤中降解,所以,塑料行业的飞速发展也为环境保护带来了一系列的问题,这些问题亟须我们去认真面对。

## 玻璃

玻璃是地球上一种用途极广的材料,窗户、幕墙、饰品、器皿、眼镜、镜子、光学仪器等物体上都要用到玻璃。人类最早的玻璃是由古埃及人发明的。一种说法是古埃及人在制造陶器的过程中发明了玻璃的制造工艺,另一种说法是玻璃的制造工艺起源于古埃及人对一种火山石的发现。公元前 1500 年左右古埃及出现了玻璃容器。由于当时玻璃容器制作比较困难,所以玻璃主要还是用于制造一些工艺品。公元前 30 年左右,玻璃吹制工艺的发明使得玻璃容器制造业迅速发展起来。公元 4 世纪古罗马进入了玻璃制造的黄金时代,那时工匠们已经掌握了透明玻璃的制作方法。公元 10 世纪,苏打制造玻璃的技术开始发展起来,玻璃制造业进入第二个黄金时代。

玻璃

意大利威尼斯在中世纪逐渐发展成为世界玻璃制造业的中心。在文艺复兴时期,人们已经开始大量制作用以装饰建筑的艺术玻璃。玻璃技术的发展也为人们发明眼镜、显微镜和望远镜奠定了基础。1674年，英国工匠乔治·雷文斯克罗夫特发明了铅玻璃。在18世纪和19世纪，人们已经开始进行平板玻璃的商业化生产，但由于当时技术不成熟，平板玻璃的产量也很有限。平板玻璃工业的真正发展，是在20世纪初。1905年，比利时工程师埃米尔·弗卡尔特和埃米尔·古尔伯共同发明了工业平板玻璃生产制造工艺，这使得平板玻璃生产迅速发展起来。他们的工艺主要是利用玻璃在熔融状态下的重力，将其通过矩形截面的机器设备后形成长条状再进行冷却。经过十多年技术的发展，埃米尔·弗卡尔特和埃米尔·古尔伯的工业平板玻璃制造工艺在全球推广开来，直到后来"浮法玻璃"制备工艺的问世。

1959年，英国工程师阿拉斯泰尔·皮尔金顿发明了浮法玻璃制造工艺，它的主要原理是利用金属锡和玻璃在熔融状态时比重不同，当两者熔化后由于玻璃的比重比液态锡要轻，所以它就浮在了液态锡的表面。在适当降温后，将玻璃引上辊台从锡液上面拉出；再通过退火、剪裁等工序便可得到平板玻璃。浮法玻璃制造工艺主要具有两个优点，一是由于熔融的玻璃能够利用自重在液态锡表面自由平展开来，这样制作出来的玻璃表面非常平整，而传统工艺需要花较长的时间对玻璃进行平整化处理；二是浮法玻璃制备工艺可以非常方便地控制所制造的玻璃的厚度，而传统工艺要实现这一点上则非常困难。浮法玻璃制造工艺的问世，大大降低了玻璃生产制造过程中的工作量，后来它在很多国家得到了推广应用。

由于玻璃属于一种易碎物品，当玻璃破碎后很容易出现棱角划伤人，在20世纪，人们相继发明了夹层安全玻璃和钢化安全玻璃。夹层安全玻璃由法国艺术家和化学家爱德华·贝奈狄特斯于1903年发明。爱德华·贝奈狄特斯发明夹层玻璃是因为有一次他在实验室偶尔摔碎了一只残留有硝酸纤维素溶液的烧瓶，发现虽然瓶子裂开了但碎片并没有四处飞散。由此，他便想到了发明夹层安全玻璃。随着汽车工业的发展，夹层安全玻璃在汽车车窗上得到了广泛应用。此后，奥地利工程师鲁道夫·塞丹获得了第一个钢化安全玻璃的专利。这种玻璃强度要高于普通玻璃，而且其破碎后边缘不会出现棱角，这使得其安全性能得到了很大的提高。后来很多高层建筑门窗、写字楼玻璃幕墙、观光电梯护栏、采光顶棚都采用了钢化安全玻璃。

玻璃除了前面介绍过的用途外，它还可以制成玻璃纤维；而玻璃纤维又可以制成绝缘材料、保温材料、电路基板等，它还是制造玻璃钢的重要材料。玻璃钢是一种玻璃纤维增强塑料，被广泛应用于汽车和船舶外壳、公共场所座椅、影视道具制造中。现代玻璃纤维约有70%的产量都用于制造玻璃钢。玻璃纤维由美国工程师罗素·斯莱特于1938年发明。斯莱特当初创建的工厂现在仍在为世界各地供应着玻纤制品。我国的玻纤产业开始于1958年，目前我国玻纤产量已经位居世界第一位；而我国的平板玻璃产量目前也居于世界第一位。随着技术的发展，工艺水平的提高，相信在不远的将来玻璃这种工业原材料在我们的生产和生活中将扮演更重要的角色。

## 橡胶

橡胶最早产于南美洲印第安人种植的橡胶树。印第安人很早就懂得了从这种树木中取出汁液涂在衣服上面防雨，还曾用这种材料制成一种类似皮球的玩具玩耍。早在15

世纪末,西班牙人就在南美洲土地上认识了这种神奇的物质,但直到 1736 年橡胶树才由法国探险家查尔斯·康达敏引入欧洲种植。1751 年,查尔斯·康达敏在法国科学院宣读了自己的相关论文,但当时未引起人们的足够重视。1768 年,法国化学家皮埃尔·麦加发明了工业软化橡胶,这使得橡胶可以用于制造医疗软管等用品。1770 年,英国科学家约瑟夫·普利斯特里发现橡胶具有擦除铅笔字的功能,这使得人们发现了橡胶的另一种用途。到了 19 世纪,橡胶树开始在东南亚国家大量种植,这在很大程度上源自欧洲国家对于橡胶的工业需求。

随着 19 世纪欧洲橡胶工业的发展,人们对橡胶的研究也日趋深入;新技术、新产品的不断出现又使得橡胶工业更为迅猛地发展起来。1819 年,英国化学家马金托希利用橡胶能够被煤焦油、松节油等溶剂溶解这一特性发明了防水布的制造工艺,这为现代雨衣的诞生奠定了基础。1839 年,美国化学家查尔斯·顾特义发明了硫化橡胶,成功地解决了生胶变黏发脆的问题,从而使得橡胶成了一种用途更为广泛的工业原材料。此后,人们开始利用橡胶制作胶鞋等物品。胶鞋由于具有很好的耐磨性和防渗水功能,一上市就受到了人们的广泛欢迎。1845 年,英国化学家斯蒂芬佩里发明了橡皮筋,又开创了一种新的橡胶工业用途。

1888 年,英国兽医约翰·博德·邓洛普发明了自行车充气轮胎,使得橡胶成为制造充气轮胎的重要材料。19 世纪末汽车工业的发展,又对橡胶产生了巨大的需求。1904 年,我国云南德宏傣族景颇族自治州的土司从马来亚的新加坡州(今新加坡共和国)购入橡胶树苗 8000 余株,带回国后种植于云南盈江县新城凤凰山,从此开创了我国的橡胶树种植史。到了 2003 年,全世界天然橡胶产量已超过 750 万吨,产量排名前五名的国家分别是泰国、印度尼西亚、印度、马来西亚、中国,这五国的天然橡胶总产量约为 630 万吨,约占全球天然橡胶总产量的 84%。如今橡胶已被广泛地应用到了软管、皮带、电缆、轮胎、鞋底、防水布、避孕套、医用手套、玩具气球等工业生产部门。此外,橡胶还可以制造黏合剂,它被广泛地运用于纸业、地毯业等部门;橡胶还是一些化纤的工业原料。

由于天然橡胶的产量满足不了近代工业发展的需要,人们最初想到的办法是大量引种橡胶树。1876 年,英国探险家魏克汉冒着九死一生的危险,从亚马逊热带雨林中采集到了 7 万余粒橡胶树种子,后来送到英国伦敦皇家植物园精心培育;再将培育出来的橡胶树苗运送到东南亚地区广泛种植。魏克汉为人类早期橡胶工业的发展做出了卓越的贡献。1897 年,马来亚新加坡州的植物园主任黄德勒发明了橡胶树连续割胶法,使得橡胶生产效率大幅提高。1915 年,荷兰植物学家赫尔屯在印度尼西亚爪哇植物园发明橡胶芽接法,使得优良橡胶树种可以通过无性系繁殖大量推广。

在第二次世界大战中,由于远东地区受日本控制,这严重影响了东南亚天然橡胶向美国运输的通道,而这时美国的汽车工业又急需大量橡胶,于是美国工程师们开始尝试制备合成橡胶来满足工业需求。世界上第一个合成橡胶产品由德国工程师弗里茨·霍夫曼在 1909 年发明,他发明的合成橡胶是甲基橡胶。1937 年,德国开始大量生产乳聚丁苯橡胶(ESRB)来满足战争的需要。美国工程师们后来经过长期努力,终于在 20 世纪 50 年代研制出了溶聚丁苯橡胶(SSRB)。丁苯橡胶最广泛的用途就是制造汽车轮胎。现在在很多经济发达国家,用于制造轮胎的丁苯橡胶已经占到了丁苯橡胶总产量的 60% 以上,美国、日本等国家这一数字已超过 75%。丁苯橡胶除了制造轮胎外,还是电线电缆、胶鞋的重要工业原材料。我国的 SSRB 研究始于 20 世纪 80 年代,在 20 世纪 90 年代开始大批量生产。2003 年全球丁苯橡胶消耗量约为 340 万吨,大约接近当年度全球天然橡胶总产量的一半。

## 肥皂

在纯碱出现以前,古埃及人就发明了肥皂。古埃及人发明肥皂源自一种巧合,当油脂滴落在热的草木灰上时,会生成脂肪酸;脂肪酸有着特殊的分子特征,其分子一端具有亲水性,另一端则具有亲脂性,因而其水溶液能够使得油脂乳化,继而达到去污的目的。在公元 3 世纪左右,在欧洲一些国家已经出现了制皂作坊。古代制皂作坊中通常使用动物油和从草木灰中提取的碱液进行反应制造肥皂。16 世纪,欧洲人开始利用植物油来制造生产肥皂,但产量十分有限;所以,当时只有达官贵人们才用得起肥皂。肥皂的大工业化生产是在 1791 年法国化学家尼古拉·勒布兰发明工业纯碱的制备工艺后。

纯碱俗称苏拉,在公元 10 世纪就开始被运用于玻璃生产,但当时提取纯碱的技术非常落后。18 世纪 70 年代末,法国科学院发出一个悬赏公告,悬赏发明一种能够从食盐中提取纯碱的工艺。法国化学家尼古拉·勒布兰历经十多年研究,终于在 1791 年发明出了这种工艺。这种工艺并不复杂,首先将食盐与浓硫酸在 800 至 900 度的温度进行反应,生成硫酸钠;然后将硫酸钠粉碎后,混合木炭以及石灰石等成分后再进行熔炉加热反应,这样便可以得到碳酸钠。尼古拉·勒布兰发明纯碱制备工艺后不久,即设厂生产,曾达到年产 320 吨纯碱的水平。遗憾的是,后来他的工厂被法国革命政府没收,他也未能获得那笔赏金。

工业纯碱生产工艺的发明,不但促进了制皂工业的发展,而且也促进了玻璃工业的发展。18 世纪末制皂新工艺传到美国的时候,出现很多村子里家家户户都在制作肥皂的场面,因为这种东西人们太需要了。在肥皂工业发展起来之前,很多国家的人都懂得利用一种天然的皂角洗涤衣物,但那毕竟很不方便。尽管在 19 世纪初,肥皂已经开始在很多国家进行大批量生产;但肥皂制造过程的本质却直到 1823 年才被人们发现,而这在于一位名叫尤金·契伏尔的法国化学家的贡献。尤金·契伏尔发现,碱液与油脂反应后,会生成硬脂酸钠,这便是肥皂的主要成分。皂化反应的本质的发现,不仅更加有利于人们生产制造肥皂,而且有利于人们研制出一种更有效的无烟蜡烛来取代传统的蜡烛。此后人们利用皂化反应,还发明出了可以经久不坏的油画技术。人们还利用皂化反应发明出一种干式动物标本防腐技术,这种标本防腐技术不仅可以使得动物标本长期保存不坏,而且可以有效地保持动物的形态特征。

皂化反应本质的发现,还使得人们可以利用各种不同的化学反应生成不同的化学品。比如,利用椰子油和含钾的碱液进行反应,可以制造"洗发水",这是一种液体肥皂。在皂化反应中,如果用铵盐取代钠盐,则可以制备"雪花膏",它可以将皮肤与干燥的空气隔离,从而有效地保持人体皮肤的水分。在现代制皂工业中,我们还可以在皂化反应中加入一定的硅酸钠,它俗称为"水玻璃",这样我们便可以制造出具有较强硬度和去污性能的"洗衣皂"。我们还可以在皂化反应中加入各种各样的防腐剂、杀菌剂、香料、染料、精油、植物草本精华素、中草药提取液等,从而使得肥皂呈现出各种各样的形态和功能。

1837年，英国商人罗伯特·哈德森推出了洗衣粉，打出的广告语即是"哈德森肥皂，粉末化，方便和安全"。他生产的洗衣粉成为欧洲家喻户晓的品牌。

1892年，美国化学家汉密顿·卡斯特纳获得了以电气分解食盐水生成工业烧碱的专利，这一工艺是他在研究铝生产冶炼的过程中发明的。后来，汉密顿·卡斯特纳了解到奥地利化学家卡尔·凯尔纳也掌握了这种方法。为了避免可能产生的专利诉讼，他收购了卡尔·凯尔纳的公司，成立了卡斯特纳·凯尔纳公司，开始大批量生产工业烧碱。工业烧碱制造工艺的发明，使得肥皂的生产过程进一步简化了，而肥皂的价格也变得越来越低廉；一些贫寒家庭的人们，也可以消费得起肥皂。肥皂的普及使用，促进了人类卫生事业的发展。对于人们预防感染性疾病起到了很大的作用。尽管随着化工技术的不断发展，人们后来又发明出了形形色色的合成洗涤剂，但直到今天肥皂仍然是我们生活中最方便的去污产品。

## 火药

火药的发明起源于中国古代炼丹师的研究。公元682年，中国唐代著名医学家孙思邈首创硫磺"伏火法"，其配方可以视为火药的前身。孙思邈的方法是用硫磺、硝石各2两，碾成粉末，再加3个炭化了的皂角子，放在一起烧炼。公元808年，我国炼丹士清虚子又提出了"伏火矾法"，用硝石2两，硫磺2两，马兜铃3钱半进行烧炼。由于当时他们用的药料本是燃品，材料不够纯净，配比也不够标准，所以这种燃料的威力还是十分有限的。后来，经过我国炼丹士不断改进配比和纯化成分，到了公元9世纪末，黑色火药才正式在我国出现。

中国不仅是世界上最先发明火药的国家，也是最早发明枪炮的国家。火药在中国被用于枪炮发射药之前，曾被运用于制造花炮；中国也是世界上最早发明花炮的国家。花炮由唐代宗教人士李畋发明。我国古书《骇闻录》记载："李畋居山中邻人仲叟家，为山魈所祟，畋令旦夕于庭中用竹置火中，鬼乃惊避，至晓寂静安帖。"这便是描写了李畋为避邪发明花炮的过程。在英国2004年出版的《企鹅英语词典》的"火药"一栏中，记述了中国大约在公元900年有了枪，1042年有了火箭和榴弹，1259年出现了炮，而欧洲最早的火药应用则是在1325年。

据中国史料记载，唐朝末年，天下大乱，唐哀帝派了一个叫郑璠的人去平息内乱。郑璠率领军队对敌城久攻不下后，怒喝道："发机飞火！"他便是指用抛石机向城楼发射火药。最终城上火光一片，城楼不攻自破。早期的军用黑火药只具有燃烧功能，后来中国人又开发出了爆炸功能。最厉害的当属1232年元兵攻打京城时所使用的"震天雷"。这种震天雷爆炸力很强，传出的声音在数里之外人都能够听到。在我国宋末元初时期，出现了用铜和铁等金属制成的火铳和手铳。火药的发明改变了战争的方式，促进了很多国家资产阶级革命的胜利，改写了人类文明的进程。

卡尔·马克思曾做过这样一句著名的论断："火药把骑士阶层炸得粉碎。"这是对黑火药对人类所做的贡献的一句最为精辟的概括。比黑火药威力更强劲的苦味酸是在1771年由英国化学家彼德·沃尔夫研制出来的；1807年，英国枪械工程师福赛斯发明出了含有雷汞击发药的火帽；1812年，法国枪械工程师让·塞缪尔·保利发明出了定装式子弹。在 19 世纪上半叶,苦味酸作为一种炸药并没有被广泛运用到战争中去。战争史上最早被广泛使用的炸药是硝化甘油,它于 1846 年由意大利化学家阿斯卡尼欧·索布雷发明;但它在刚发明出来的时候性质非常不稳定,后来经过诺贝尔改进后才用于战争。而作为定装子弹发射药的无烟炸药是在 1884 年由法国化学家保罗·维埃利发明的。可见,在 19 世纪中叶以前数百年,黑火药武器在战争中占据了主要的地位。而在 19 世纪中叶以前,英国资产阶级革命、法国资产阶级革命、美国独立战争早已爆发,而当时革命者使用的武器大多数是枪炮。可以说,是枪炮帮助了很多国家的资产阶级率先推翻了封建及殖民统治,建立起了民主共和的新社会。由此可见,虽然黑火药在功能上和现代炸药相比并不算十分强大,但它却在很大程度上改写了人类历史和文明发展的进程。

19 世纪中叶以前的枪械大都属于前装枪,前装枪的发展经历了突火枪、火门枪、火绳枪、燧发枪等发展阶段。突火枪和火门枪都是由中国人发明的,火绳枪和燧发枪则是由欧洲人发明的。火绳枪出现在 15 世纪,枪上有一个可以转动的夹子,上面夹了一段用草木灰溶液浸泡过的点火绳;当枪械发射时,枪手将点火绳点燃后推入火药室即可引爆火药。由于火绳枪在发射时枪手们可以双手持枪,这就大大增强了发射时的精准度。20 世纪 80 年代,国外曾做过一项测试,用 16 世纪奥地利生产出来的火绳枪的复制品装填传统黑火药后,结果在 30 米内射穿了 2.7 毫米厚的钢板,100 米内射穿了 2 毫米厚的钢板,可见当时的火绳枪已经令骑士们胆战心惊了。燧发枪则出现在 16 世纪,最早可以追溯到 1508 年意大利科学家达·芬奇的一部设计手稿;燧发枪于 1515 年前后诞生。最早的燧发枪是转轮式的,后来又改进成弹簧式;燧发枪从 18 世纪下半叶起,逐渐被后装枪取代。

## 造纸术

我们通常指的"纸"是一种可以方便折叠、质地柔软的植物纤维制品。在纸发明出来以前,古人通常用甲骨、动物皮、丝绸、竹简等记录文字。这些材料由于成本相对较高,书写比较困难,所以很难普及。造纸术是由中国东汉时期主管宫廷御用器物制造的官员蔡伦发明的。虽然在中国人发明造纸术之前,在古埃及已经出现了纸莎草卷片,但这种卷片不易折叠,携带和阅读起来很不方便,和"纸"的概念存在着很大的差别。也正因为此,西方社会在造纸术传入以前,一直流行着用羊皮卷作为书写物。

美国历史学家麦克哈特在其《影响人类历史进程的 100 名人排行榜》中,将蔡伦排在了第 7 位。可见蔡伦对人类文明发展的重要性。蔡伦发明纸源自公元 92 年起对缫丝作坊的考察。他发现蚕妇在缫丝漂完絮后,竹箄上会留下一层短毛丝絮;将其揭下晒干可以用来书写。蔡伦获得了这种启发后,便开始研究一种成本低廉的书写物的制造方法。他后来收集了树皮、破布、旧麻、渔网等物品,经过十多年的反复实验,终于在公元 105 年总结出了纸的制造工艺。他将此工艺的流程记载下来后并附上样品,呈奏给汉和帝。汉和帝和群臣们看过后大加赞赏,很快这种造纸术在皇帝的支持下大力发展起来。

公元 2 世纪下半叶,中国的造纸业已经非常兴盛了。在中国南唐时期,徽州地区(今安徽歙县一带)所产的宣纸闻名全国。其制法是在寒冬水中浸泡楮树皮原料,用冰水扬帘、沥捞纸张,最后烘干而成。纸的长度可达 50 尺,从头到尾匀薄如一。南唐后主李煜对造纸术情有独钟,他在全国招募造纸精英在京城开办了造纸坊,甚至他自己还脱下龙袍,亲自参与造纸的过程。中国造纸术大约在公元8世纪传入阿拉伯国家,约在公元12世纪传入西方。纸在西方的出现,对推动文艺复兴运动和其政治改革起到了重要的作用。在中世纪时,中国文明的发展程度和西方不相上下,在政治统治方面中国则相对更开化;虽然都是封建社会,但中国推行的是科举制度。而科举制度得以顺利进行,中国的造纸术和印刷术起到了重要的作用。而西方中世纪却处在愚昧无知的宗教极权统治下,西方知识分子后来开始觉醒并掀起了一场伟大的文艺复兴运动。文艺复兴的成功,在很大程度上得益于中国人发明的造纸术经阿拉伯地区传入到了欧洲。约翰内斯·古登堡在15世纪发明了印刷机,则使得文艺复兴运动更加蓬勃地发展起来。

人类造纸历史上的另一次伟大突破发生在1844年,加拿大诗人查尔斯·费纳蒂发明了木浆造纸工艺。查尔斯·费纳蒂作为一名诗人,非常热爱文艺事业,酷爱读书。他预计随着社会的发展,纸张的需求量将会出现爆炸式的增长,于是便从1838年开始进行木浆造纸的研究并于6年后取得成功。利用木浆造纸的想法最早由法国生物学家勒内·安托万·雷奥米尔提出。后来,查尔斯·费纳蒂在雷奥米尔的提示下展开了研究。在费纳蒂发明出这种工艺后,德国一位名叫弗里德里希·凯勒的织布工人于1845年也成功地掌握了这种工艺流程。木浆造纸工艺的出现,极大地促进了新闻出版事业的发展。到了19世纪末,西方主要国家木浆造纸工艺都已经普及开来。纸是新闻出版、包装印刷等行业不可或缺的材料,2009年全球纸产量已经超过1900亿平方米。

除了我们日常生活中常见的用于书写、印刷的纸外,玻璃纸也是纸的一种类型。1900年,瑞士工程师雅克·布兰德伯格在法国一家餐馆吃饭时,发现葡萄酒洒在了桌布上,他便想到了去研制一种不会被弄湿的桌布;那时合成塑料还没有被发明出来。雅克·布兰德伯格于1908年发明出了玻璃纸。玻璃纸是木浆、棉浆等天然纤维材料在经过化学处理后生成的一种透明材料。这种材料不仅不吸水,而且无毒无害易分解。雅克·布兰德伯格的发明既是纸张的一种延伸,也是包装业的一次革命。玻璃纸的用途远远超过了雅克·布兰德伯格当初的预计。目前,在药品、食品、烟草、化妆品、纺织品包装中大量运用玻璃纸。虽然后来人工合成的高分子材料透明塑料布和塑料薄膜也被发明了出来,但玻璃纸在安全性和环保性等方面仍是其所无法替代的。

## 陶瓷

中国是世界上最早发明陶器和瓷器的国家。中国陶器的发明最早可以追溯到距今2万年之前。古人先要吃饱,而陶器的发明为古人提供了一种重要的炊具和储存食物的工具;古人在吃饱的前提下要追求美,创造美,而陶器的独特可塑性工艺,使得古人的艺术创造性发展起来。中国目前有史可考的最早陶器在湖南玉蟾岩遗址出土,距今约有1.4万~2.1万年的历史。江苏高邮龙虬庄曾出土过距今5500~6300年的陶器,其中一只猪形陶器的设计已经达到了惟妙惟肖的境地。

恩格斯在《家庭私有制和国家的起源》中精辟地指出,人类从蒙昧时代过渡到野蛮时代是从"学会制陶术开始的"。陶器的发明,是中国对全世界文明发展所做出的重要贡献。在陶器制作工艺的基础上,中国在商周时期出现了简单的瓷器;东汉时期瓷器制造业进入蓬勃发展的时期。西方人通过瓷器了解了中国,也用瓷器命名了中国,陶瓷可以说是中国的"第五大发明"。早在唐代,中国的瓷器就开始远销欧洲,受到了欧洲人的喜爱,他们把中国称为"陶瓷之国";后来,欧洲的皇室和贵族们把是否拥有中国瓷器看作是身份和地位的象征。法国、英国、西班牙、德国等国都建起了中国瓷宫,收藏这种旷世奇珍。在郑和七下西洋的过程中,中国瓷器更是借着这支船队传到了数十个国家和地区。外国人用它们来装饰宫殿、教堂,用贵金属和名贵木材的基座来陈列它们,并为这种洁白、明亮、精致、绚丽的艺术品所倾倒。

**陶瓷**

我国制瓷业的发展,经历了一个漫长的过程。在我国原始社会新石器时代末期,我们的祖先们就学会利用瓷土作为原料,烧制出胎质灰白的灰陶。大约在我国奴隶社会初期的夏朝,工匠们在瓷土中加入一定比例的长石、石英石等成分,烧制出了质地更加坚硬的器皿。在商周时期,我国古人们已经掌握了青釉器皿的制造技术。这种青釉器皿胎色灰白,表面附釉,叩起来能发出清脆的声音。到了东汉时期,我国则出现了青瓷器;在我国河南、河北、湖南、湖北、安徽、江苏、浙江、江西等地,都出土过东汉时期的瓷器。我国古代工匠在长期的制瓷实践中,对原料选择,坯泥淘洗,器皿成型,施釉烧制等都已积累了丰富的经验。到了唐代,我国出现了"三彩釉陶",很多工匠们已经将陶瓷视为一种艺术表达的形式,在作品中竭力表现出不同的艺术风格。2003年香港收藏家收藏的一对唐三彩陶马,在纽约苏比富拍卖会上竟拍出了157万美元的价格。

唐代陶瓷工艺的发展,为我国宋元明清很多名瓷的诞生奠定了技术基础。2006年,在北京春季文物艺术品拍卖会上,一件宋代汝窑观音瓷瓶更是拍出了1.6亿元人民币的天价。2010年5月,我国科考人员在广东南澳岛附近海域的一艘古沉船上打捞出了大量青花瓷器,有的瓷器上还绘制有外国民族人物的图案。在18世纪以前,西方国家根本造不出能够和中国精湛技术相媲美的瓷器;西方瓷器在近代数百年的时间内,都是从中国进口的。到了19世纪,由于西方一些无赖国家发动了对中国的侵略战争,将中国大量珍稀官窑瓷器劫走。后来,清朝政府为了解决财政困难问题,也曾将很多官窑瓷器抵押给银行,最后由银行进行拍卖,而这些瓷器也大多被西方人买走。西方人在获得了大量中国名品瓷器后,进行过仿制研究,这才使他们的制瓷工艺得以快速发展起来。

陶瓷不仅可以制成盛物器皿,工艺摆件等物品,在现代材料工程、电气工程、化学工程和建筑工程等领域也都有着十分广泛的用途。1893年,法国化学家亨利·莫瓦桑在外太空坠入地球的陨石中发现了天然的碳化硅;同年,美国化学家爱德华·艾奇逊发明出了碳化硅的人工制备工艺。碳化硅起初只是作为一种磨料,随着电气工程和电子工程技术的发展,人们发现了碳化硅更为广泛的用途。碳化硅目前不仅可以作为磨料和重要的冶金原料,它还具有制备功能陶瓷、高级耐火材料的作用。碳化硅制成的陶瓷不仅具有优良的力学性能,还具有很好的绝缘、耐高温、耐腐蚀性等性能。它是已知的工业陶瓷中最好的材料。目前碳化硅陶瓷在石油化工、机械采矿、航空航天、电子工业、激光工业、原子能工业中都有应用。

# 生物医学类发明

## 克隆技术

遗传和变异是生命进化的基础,如果没有遗传,生命的进化就会失去稳定性;如果没有变异,生命的进化就会失去创造性。自从1892年德国生物学家奥葛斯特·魏斯曼提出种质论后,科学家们便开始深入研究决定生物遗传特性的物质。20世纪初,人们发现核酸由碱基、核糖(脱氧核糖)和磷酸组成,可以分为核糖核酸(RNA)和脱氧核糖核酸(DNA)两类,碱基则有A、T、C、G四种。此后数十年,生物学家通过反复实验试图能够发现核酸的具体结构。

20世纪50年代,奥地利生物化学家查加夫发现了生物核酸中碱基数量"A=T、C=G"的奇怪现象。在这种提示下,英国科学家弗兰西斯·克里克和美国科学家詹姆士·沃森通过科学推理和X光衍射实验,终于成功地发现了DNA的双螺旋结构,将结果刊登在了1953年4月25日的《科学》杂志上。克里克和沃森的发现轰动了全球,这一发现对生物学和医学的影响绝不亚于门捷列夫发现元素周期表对化学的影响;其重大意义在于,人类只要发现了决定生物性状的基因的终极结构,将来在实验室里改造物种甚至创造生命就不再是一种梦想。DNA双螺旋结构被发现后,绘制基因图谱就成了生物学家和医学家关心的课题。2003年4月16日,中美英法日德六国首脑发表联合声明,宣告"人类基因图谱"绘制完成,这为将来彻底揭开人的生老病死之谜奠定了基础。

当然,弄清生物基因的终极结构只是"万里长征第一步"。对于基因的形成过程以及其对生物具体性状的影响我们仍有大量的工作要去做。一方面,我们将通过"基因工程"改良生物性状和品种;另一方面,我们则可以通过"克隆技术"进行生物数量"放大"。"基因工程"和"克隆技术"是相辅相成的。我们可以举一个计算机领域的例子来说明这一点。假定现在有一个商业程序开源了,你把源码拿来并不能直接应用;你需要对其进行修改,使其更符合客户需求或在同类产品中更具有竞争优势,这就类似于"基因工程"。在这个过程中,你可能会走很多弯路,但这同时也是你学习提高的机会;最终你的具有自主知识产权的程序诞生后,你便可以直接进行"克隆"了,也即批量复制。

"克隆"一词从狭义上讲,指"生命的复制"。复制生命很早就是人类的梦想,早在2000多年前,中国果农就学会利用植物枝条克隆植株。1958年,美国康奈尔大学的斯特沃教授将胡萝卜粉碎后获取了单个胡萝卜细胞;将其置于生长培养基里成功地培育出了胡萝卜植株。20世纪60年代,英国剑桥大学的约翰·戈登教授成功地完成了世界上首例动物体细胞克隆实验；他把蝌蚪肠壁细胞核移植到已经去了核的爪蟾卵细胞中，成功培育出正常的蝌蚪。他的成功具有极其重要的意义，第一次证明了动物的体细胞核具有遗传基因的全能性，也奠定了动物克隆技术的实验标准；这为后来英国克隆羊的诞生奠定了基础。1997 年，美国《科学》杂志公布了一条轰动世界的新闻，英国科学家于 1996 年7 月 5 日成功地利用体细胞克隆出"多利羊"。虽然多利不是世界上第一只克隆羊，此前诞生过克隆羊梅根和莫拉格，但它是世界上第一只由体细胞产生的克隆羊，而后者均由胚胎细胞克隆出来。多利羊系由基思·坎贝尔领导的科研小组创造。

"多利羊"的诞生，点燃了人们对克隆技术的热情。2003 年 2 月 14 日，多利因为肺部感染医治无效被执行"安乐死"，遗体被制成标本，陈列在苏格兰国家博物馆。目前对克隆技术感兴趣的有大型制药企业、人造器官研究者、遗传育种专家、濒危动物保护者；当然，还有狂热的科学幻想者，他们期待着有一天"克隆人"能够变成现实。对于人体克隆，由于它可能会引起社会伦理道德等诸多方面的问题，目前很多国家都已经立法禁止进行人体"生殖性克隆"研究。不过，由于人体克隆技术在医学治疗上拥有极为广阔的前景，很多国家又允许进行人体"治疗性克隆"，即人体胚胎克隆，这其中包括中国、英国等国。2005 年联合国曾举行过一次"全球禁止一切克隆人研究"的非正式法案表决，投票结果为：71 票赞成、35 票反对、43 票弃权。

## 基因工程

首届国际转基因动物学术研讨会秘书长、我国生物学家曾邦哲曾经说过，"系统生物科学与工程的发展已经席卷全球，将带来的不仅是生物医药的革命，而且将是制造工业的革命，从而推动第三次产业革命向纵深方向发展。"现代生物技术、信息技术、新材料技术并称为人工智能研究的三大基础技术。这三大技术不仅将为未来的人工智能的出现奠定科学基础，而且将创造出大量的新兴产业。

1974 年，波兰生物工程师沃克莱·谢尔宾斯基提出合成生物学概念，并预言基因工程将成为新兴支柱产业。1978 年的诺贝尔生理学医学奖颁给了限制性内切酶的发现者瑞士生物学家沃纳·阿尔伯；以及其在分子遗传学应用中的开拓者、美国微生物学家丹尼尔·内森斯和汉密尔顿·史密斯。沃克莱·谢尔宾斯基在《基因》杂志撰文评论道："限制性内切酶不仅使我们可以轻易地构建或重组 DNA 分子、分析单个基因，还让我们进入了合成生物学的新纪元——从此人们不仅可以对自然界的基因进行分析和描述，还可以构建出全新的基因排列，并对其进行评估。"20 世纪 80 年代，美国科罗拉多大学的生物化学教授马文·卡拉瑟斯发明出了被称为"固相亚磷酰胺法"的单链 DNA 合成法，这种方法目前被大多数 DNA 商业合成所采用。马文·卡拉瑟斯曾在 1980 年和七位合伙人共同创建了安进公司。1992 年，安进公司已经跻身《财富》全球 500 强企业。2007 年，美国总统布什授予马文·卡拉瑟斯美国当年度的"最高科学成就奖"。

2007 年，《自然》杂志曾经这样风趣地评论过合成生物学："很多科技都会在某种情况下被认为是对上帝的冒犯，但也许在这其中没有任何一个可以像合成生物学这样引发如此直接的控诉；因为开天辟地的第一次，上帝也有了竞争者。"倘使世界上真的存在万能的上帝，相信他一定会为人类当今科技的飞速发展感到目瞪口呆；大自然给予人类最原始的制造工具的材料是石头和树枝,然而人类凭借自己的聪明才智和锲而不舍的探索精神,目前已经能够利用基因工程改造物种,站在了几乎和"上帝"平起平坐的位置。其实,如果我们用信息论的眼光来看待基因工程,它实质上非常类似计算机编程;只不过在这种编程过程中,电脑程序员变成了生物工程师。

了解电脑编程的人想必都很熟悉模块这个概念。美国麻省理工学院于2003年成立了生物的"基因模块"登记处,至今已经收集了超过3000个标准生物基因模块;它为未来"基因工厂"的出现和发展奠定了基础。而在这其中,蕴藏的想象力、创造力、商业机会是无限的。这里举两个简单例子予以说明,第一个例子,生物工程师将红酒酿造中能使人健康长寿的微生物的基因移植到了啤酒中,这样便发明出了"长寿啤酒"。另外一个例子是,有一种微生物所含的蛋白质成分可以使人的牙齿变得更加洁白;于是,生物工程师们便将这种微生物的基因成功地嫁接到了酸奶中的乳酸菌中,据此便轻易地发明出了"洁牙酸奶"。

基因工程目前不仅可以应用于农业育种、食品工业、药品制造等领域,还可以运用于医学临床研究和诊断。这其中有两项重要的发明就是"聚合酶链式反应"技术和"生物芯片"技术。1985年,美国西特斯生物技术公司生物工程师卡瑞·穆利斯领导的科研小组发明了聚合酶链式反应(PCR)技术(又称"无细胞DNA克隆技术"),能够以几何级数增殖特定序列的DNA分子。穆利斯因此发明获得了1993年度的诺贝尔化学奖。西特斯公司将此技术申请了专利,这一专利在1991年以3亿美元转让给了霍夫曼·罗氏药厂。生物芯片技术的兴起,则是建立在PCR技术之上的;除此之外,还得益于英国生物学家埃德温·萨瑟恩提出的核酸杂交理论、英国生物学家弗雷德里克·桑格和美国生物学家沃尔特·吉尔伯特发明的DNA测序法,以及现代微电子技术的发展。生物芯片目前并不是某种机器的"芯片",而主要作为一种集成生物检测装置。就目前而言,是微电子技术帮助了生物技术发展;而随着生物芯片技术的发展,生物技术将逐渐回报微电子技术,进一步揭开"生物计算机"研发的伟大序幕。

## X光机

1895年11月8日,德国维尔茨堡大学的科学家威廉·康拉德·伦琴在实验中发现了一种穿透力很强的射线:如果把手掌放在发射装置和荧光屏之间,可以在荧光屏上显示出手掌的骨骼影像。当时伦琴也弄不明白这到底是怎样的一种射线,于是将其取名为"X射线"。1896年1月6日,伦琴在一次物理学会议上展示了这种X射线的奇特功能,引起物理学家们的强烈震撼。此后不久,普鲁士国王得知这一消息后专门请伦琴带着他的装置去王宫表演;他的表演让普鲁士国王啧啧称奇,国王当即授予他一枚"王冠勋章"。1901年,诺贝尔奖评审委员会决定将人类历史上首届诺贝尔物理学奖颁发给伦琴;以奖励他发现了X射线,为人类开创了一门崭新的科学研究领域。

X射线经伦琴发现后,被广泛地运用了医学临床诊断和工业无损检测等领域。由于X光具有很强的穿透性,可以在不拆开电子元器件的情况下通过影像技术呈现出其内部结构,这样,电子工程师们就很容易发现电子元器件内部的瑕疵。同样的道理,X光也可以大量运用于临床医学诊断。1895年伦琴发现X射线后,很多工程师都想到了发明X

光机。人类历史上第一台X光机由德国工程师拉塞尔·雷诺兹于1896年发明，如今雷诺兹发明的这台X光机陈列在伦敦科学博物馆。伦敦科学博物馆曾举办过一次公众投票，在博物馆的所有30万件展品中评选出对当今世界影响最大的发明，结果拉塞尔·雷诺兹发明的X光机荣获第一名。

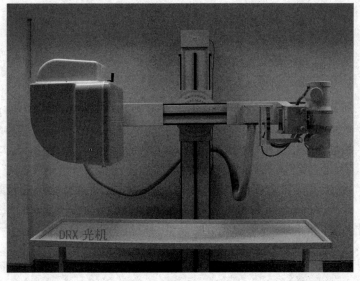

X光机

随着科学技术的发展，我们可以将更多过去存在于未知世界中的科学规律造福于人类。诚如居里夫人所言，"人类看不见的世界并不是空想的幻影，而是被科学的光辉照射的实际存在。"X光机在本质上其实和照相机的原理是一致的，只不过照相机成像使用的是普通光，而X光机使用的是"X光"；所以，X光机也可以形象地被理解成是一种"透视相机"。X光机的发明，彻底改变了人类的传统行医模式；当病人在医生面前成为一个"透明人"的时候，医生就能够在最短的时间内确诊病人身体内部出现的病变，从而采取及时有效的治疗措施。X光机的发明，也为交通安全检测做出了贡献，保障了人们出行时的安全。

20世纪中叶以后，随着电子计算机技术的发展，又有人想到了将X光机和计算机技术相结合，发明出功能更加强大的医学临床诊断设备。1972年，美国电子工程师阿兰·科马克和英国电子工程师戈弗雷·洪斯菲德将X光发射装置和计算机技术有机地结合起来，发明出了一种新型的计算机X射线断层摄影机，简称"CT"机。由于CT机可以利用X光传感器围绕人体特定部位按照一定轴线进行多角度扫描，这样就可以得到一组X光照片；再通过计算机软件进行合成，便能使得人体各组织区分度大大增强。一般情况下，传统的X光机只能区分大约20级的人体组织密度；而CT机却能够区分出约2000级的人体组织密度，是传统X光机的100倍。这对于科学诊断疾病而言，无疑是一种技术上的突破性进步。1979年，诺贝尔奖评审委员会决定将当年度的诺贝尔物理学奖授予阿兰·科马克和戈弗雷·洪斯菲德，以奖励他们发明CT机为人类做出的贡献。

随着医学影像学技术的发展，目前我们除了可以使用传统的X光机、CT机外，还可以使用DSA（计算机X线血管断层投影）机、3D-CT（三维计算机X线断层摄像）机、MRI（核磁共振）机，超声波医学诊断仪等现代化的医学诊断设备进行临床诊断。医学影像学目前已经发展成为医学的一门重要分支学科。在一些大型医院里，则已经开始采用PACS（医学影像的存储）系统、RIS（医学影像的转输）系统、EMR（电子病历）系统等新兴的电子影像技术实现医院临床诊断数据的电子化。它不仅能够节省胶片的制造成本，而且可以帮助医生们便捷地调用病人以往的诊断数据，还可以方便同一医院的不同科室或不同医院之间组成联合会诊小组对病人进行远程医疗。有关专家预计,在未来 5 年内全球 50%以上的医院将实现医学影像诊断无胶片化。

## 超声波技术

提起仿生学,不能忽略人类在发现利用超声波过程中两次对动物的学习过程;一次是对蝙蝠的学习,另一次是对海豚的学习。1793 年,意大利科学家拉扎罗·斯帕拉捷对蝙蝠在黑夜里飞行感到十分好奇,于是他便捉来一些蝙蝠实验。他先是蒙上蝙蝠的眼睛,再是堵住它的鼻子,结果发现蝙蝠还是能够自由地在黑夜中飞行;他塞上蝙蝠的耳朵后,则发现它从墙上摔落下来。于是他总结出蝙蝠是利用听觉飞行的。可在寂静的夜晚哪来的声音呢?最终他发现了超声波的存在。后来,人们根据机械振动波的频率将 20 千赫以上的称为超声波,低于 20 赫兹的则称为次声波,介于这两者之间的即为普通声波。

由于次生波穿透力强,常用于地质勘探;普通声波可以用于海底声纳定位和勘测;超声波除了用于声纳技术外,还可以运用在液体雾化、超声清洗、超声碎石、超声医学诊断等领域。生物学家们在研究海豚发声系统时发现过一种奇特的现象。海豚拥有变化的发声结构,当目标距离比较远时,它们可以发出低频声波勘测距离;当目标距离比较近时,它们可以发出高频超声波来提高分辨率。换句话说,海豚具有天然的“变频声纳”系统。在声纳的研究过程中,科学家们学习借鉴了海豚的发声原理。除此之外,海豚在高速行进中,声纳受水流噪声的干扰度很低;经过进一步研究,科学家们发现海豚的声纳具有一种“导流罩”的结构。这一发现又帮助他们发明出了声纳导流罩。有了这种装置,潜艇即使在前进中,也不用担心水流噪声对声纳的影响了。

超声波声纳除了用于海底勘测外,科学家们还想到了将其用于金属探伤领域。1928 年,苏联工程师谢尔盖·索科洛夫首次提出这种想法;1941 年,第一台商用超声波金属探伤仪由美国工程师费斯通发明并申请了专利。1949 年,有着电子工程硕士背景的美国医学博士约翰·朱利安·野生利用改进后的超声波金属探伤仪进行了病人肠道诊断,结果成功地获得了可供临床治疗参考的图像。1951 年,他发明出了第一台超声波医学诊断仪,标志了一个新的医学诊断学科的诞生——“超声诊断学”。他因此被人们誉为“超声医学之父”。此后,很多大公司都对医用超声仪进行了技术研究和产品开发,包括日本的阿洛卡公司,德国的西门子公司,荷兰的飞利浦公司,美国的通用电气公司等。

超声医学设备后来发展出很多种类型,包括以波形显示人体组织特征的“A 超”,以平面图形显示人体被探查组织的“B 超”,观察心脏结构层次的“M 超”,以及专门检查血液流动情况的“D 超”。“D 超”又称“多普勒”超声诊断仪,它利用的是多普勒效应。多普勒效应是由奥地利科学家约翰·多普勒于 1842 年发现的。他根据火车面向自己驶来汽笛声变响,背向自己驶去汽笛声变弱的现象,推而演之,总结出“多普勒效应”——物理辐射的频率会因为波源和观测者相对运动而产生变化。在波源面向观测者运动时,波频会变高,为“蓝移”;当波源背离观测者运动时,波频会变低,此为“红移”。根据多普勒效应,我们只要测出红移和蓝移的程度,就可以计算出波源的运动方向及运动速度。利用多普勒超声仪,即可诊断出人体的血管是否通畅,管腔是否狭窄,或是出现闭塞和病变等情况。天文学上,利用天体发出的光谱中谱线的移动,即频率的变更可以准确测定天体的视向速度。人造卫星的视向速度就是利用多普勒效应测定的。

超声波除了用于临床医学诊断等领域外,目前科学家们已经开发出了它的很多新的用途。德国一家公司开发出了"超声波助语器"。在人的舌头上面放置超声波传感器,可以对人的嘴形变化进行传感,这样,即使人嘴不发出声音,也可以在显示器上面显示出此人想要说的话。这种发明无疑给失语症患者带来了福音。美国一家公司研制出"超声波电冰箱",它的制冷系统由超声波辅助制冷。这种冰箱不仅对人体的辐射比普通冰箱小很多,而且耗电量只有普通冰箱的三分之一。日本一家公司则发明出了"超声波洗衣机",这种洗衣机无须任何化学洗涤剂,利用超声波就可以将衣服上的油脂等污垢轻松除去,而且对衣服纤维本身没有任何破坏。这些发明展现出超声波技术的无限前景。

## 杂交技术

从 17 世纪英国科学家胡克首次观察到细胞壁结构以来,人们就一直在思考生物的结构与功能的关系。19 世纪 30 年代,德国生物学家施莱登和施旺指出,一切植物和动物都是由细胞所构成的,细胞是一切动植物的基本组成部分;这一学说即为著名的"细胞学说"。1858 年 7 月 1 日,达尔文和华莱士在伦敦林奈学会共同宣读了物种起源的论文,标志着生物进化论正式诞生。1892 年,德国生物学家奥葛斯特·魏斯曼出版了《种质论》一书,提出了"种质"和"体质"的概念,他也是后来的以色列的第一任总统。魏斯曼认为,生物的遗传主要是由种质决定的,而体质的发展受到了后天环境的影响。后来,他又证实了细胞核是遗传的基础。种质论是对达尔文和华莱士学说的重要补充,它启迪着人们更深入地去了解生物遗传的奥秘,也为 1900 年孟德尔遗传规律的再发现起到了很好的推动作用。

早在达尔文和华莱士的学说诞生以前,奥地利神父格雷戈尔·孟德尔就开始了杂交育种的研究。当然,孟德尔起初研究的目的,并不是为了发现遗传学定律,而是为了通过杂交技术培育出具有杂种优势的作物品种。所谓的"杂种优势",通俗地说,就是父本和母本身上都有着很多"优点",但它们未必能够在子代身上表达出来;杂交技术可以使得集中父本和母本优点的子代诞生。众所周知,不同国籍和种族的人结婚,往往生出的"混血儿"既聪明又漂亮,这在某种程度上,就是在于杂种优势的体现。杂种优势在农业畜牧业生产实践中很早就被人们发现利用。在 1866 年孟德尔发表的《植物杂交试验》论文和 1876 年达尔文出版的《植物界异花授粉和自花授粉的效果》一书中,都对杂种优势的现象有所提及。不过值得注意的是,孟德尔的遗传学三大定律(分离定律、自由组合定律、连锁与交换定律)并不表明杂种优势的产生是一种"大概率"事件,而孟德尔杂交实验起初也只在于"随机"地产生并利用具有杂种优势的个体。

对于杂种优势出现的"大概率"现象,理论界就其本质仍没有确定的结论。目前最具代表性的有两种假说,其一是布鲁斯和琼斯提出的"显性假说"。他们认为,自交或近交会增加"纯合体"出现的概率,而纯合体容易出现不利于生长的"隐性基因"的表达;而杂交由于亲本基因型区别较大,其产生纯合体的概率要比前者小,所以杂交后代就更容易具有生长优势。另一种观点是由沙尔和伊斯特提出的"超显性假说",即杂交会对不同基因型配子结合后产生的等位基因具有刺激生长的作用。1998年,我国农业科学家蓝天柱出版了《作物杂交F1数量性状遗传》一书,在书中,他提出了"细胞质遗传变异显性力"和"细胞核激发变异力"这样一对概念。他认为是细胞核和细胞质共同作用导致了"杂种优势"的出现。蓝天柱的这种观点有助于我们进一步反思显性基因和隐性基因的本质,也有助于我们将生物的遗传性状放在整个细胞的宏观视野范围之内去思考杂种优势产生的本质原因。

虽然现在生物学家们尚未搞清楚杂种优势的本质原因所在,但农业科学家们已在利用杂种优势进行着大量的科学实验,以期培育出高产作物。1970年,诺贝尔奖评审委员会决定将当年度的诺贝尔和平奖颁发给美国农业科学家诺尔曼·布劳克,以感谢他发明出高产杂交小麦对人类和平发展所做出的贡献。据联合国粮农组织公布的数据,2008年全球小麦产量约为6.54亿吨,全球水稻产量约为6.66亿吨。培育出优质杂交水稻品种对于全球农业发展的重要性绝不亚于杂交小麦。目前全球水稻平均亩产200公斤左右。20世纪末,我国农业科学家袁隆平领导的科研攻关小组,进行了艰苦卓绝的杂交水稻研究工作。他们于2000年和2004年分别培育出了平均亩产达700公斤和800公斤的杂交水稻,有部分试验田亩产已突破1吨。20世纪70年代以来,袁隆平杂交水稻技术为中国水稻增产超过2.6亿吨;按照2008年我国粮食总产约5.28亿吨、水稻总产约1.9亿吨计算,袁隆平和他的科研攻关小组的努力相当于我国4亿农民1年的工作量,相当于我国所有水稻生产工作者1.4年的工作量总和!

## 抗生素

我们生活在一个充满细菌和病毒的环境中,之所以在大多数情况下都能够保持健康,就是因为人体内存在着一道"长城",它即是我们体内的免疫系统。当人处于外伤或营养不良等情况下,免疫系统功能就可能不足以抵御细菌和病毒的侵袭,从而罹患感染性疾病。流行性可传染的感染性疾病被称为"传染病"。有些病毒的变种具有强大的攻击力,哪怕是健康人有时也无法抵御其袭击。可见,发明抗菌和抗病毒药物是保证人体健康的重要手段。在抗生素药物出现以前,生物学家和医学家们已经开始通过一些科学实验来寻找治疗感染性疾病的方法。

早在1877年,微生物学家路易斯·巴斯德和罗伯特·科赫就指出,某种芽孢杆菌能抑制炭疽杆菌的生长。20世纪初,德国医学家保罗·埃尔利希在研究细胞染色的过程中,发明了人类历史上第一种抗病毒药物"洒尔佛散"。1908年,保罗·埃尔利希获得诺贝尔生理学医学奖。1915年英国微生物学家弗莱德瑞克·特沃特首先分离出噬菌体,1917年法国微生物学家费列迪·海瑞勒将其命名为噬菌体;此后,医学家们发明了治疗感染性疾病的"噬菌体疗法"。1925年,德国医学家格哈德·多马克发明出治疗感染性疾病的磺胺类药物"百浪多息",格哈德·多马克在亲自为自己的女儿治疗后获得成功。此后,伦敦一家医院使用"百浪多息"使得链球菌败血症死亡率降低了85%。当时美国总统的儿子由于病菌感染奄奄一息,在这种药物的帮助下获得了新生,这使得"百浪多息"名声大振。1939年,格哈德·多马克因为在抗感染领域做出的杰出贡献获得诺贝尔生理学医学奖。

人类抗感染性疾病治疗的历史,后来因青霉素药物的发明而从此掀开了新的一页。微生物体内存在青霉素是亚历山大·弗莱明在 1928 年发现的;但在 1940 年以前,由于青霉素无法进行有效纯化,所以"噬菌体疗法"和"磺胺类药物"仍然是治疗感染性疾病的首选方法。1928 年 9 月 28 日,英国医生亚历山大·弗莱明在一次休假归来的时候,偶尔在一只未及时洗刷的废弃培养皿中发现了一种神奇的霉菌。在这种霉菌生长的地方,葡萄球菌不能正常生长。于是,他猜测这种神奇的霉菌具有一定的杀菌效果,后来他经过实验发现了青霉素。然而,进一步实验后,弗莱明发现这种抗生素的作用十分缓慢;于是他的热情也开始冷了下来。1929 年他在一篇论文中提及了自己的发现,但他的这篇论文当时并没有受到人们的重视。

1935 年,在英国牛津大学工作的澳大利亚生物学家霍华德·弗洛里和英国生物学家厄恩斯特·钱恩开始开始对亚历山大·弗莱明发现的青霉素进行了提纯工作。1940 年,他们完成了第一份稳定的青霉素纯化样品,发现这种提纯后样品具有很强的杀菌效果,于是便想到了利用这种工艺生产青霉素药物。1841 年,他们对一位脸部感染浮肿的病人施以青霉素药物。奇迹出现了,仅仅用了一天的时间,这位病人的症状就明显减轻。在二战中,这种药物被大规模地生产了出来,挽救了数以百万计的人的生命。后来人们把"青霉素药物"和"原子弹""雷达"并称为二战历史进程中的"三大发明"。1999 年,美国《时代》周刊评选出 20 世纪人类历史上最重要的 100 位人物,亚历山大·弗莱明因发现青霉素名列其中。1945 年,诺贝尔奖评审委员会决定将当年度的诺贝尔生理学医学奖颁发给亚历山大·弗莱明、霍华德·弗洛里和厄恩斯特·钱恩,以感谢他们为人类健康事业做出的卓越贡献。

自从青霉素药物问世以来,人类已经发明出了成百上千种抗生素药物。抗生素药物目前已经成为抗感染治疗的首选药物。从针对单一致病微生物的抗生素药物,发展出了广谱抗生素药物。抗生素药物使得人类在同致病微生物做斗争的过程中,取得了巨大的胜利。人们在抗生素药物的帮助下,能够在短时间内战胜一般感染性疾病并恢复健康,也因此延长了寿命。在 19 世纪末,人类平均寿命只有 40 岁左右;到了 20 世纪末,人类平均寿命已经将近 70 岁。除了营养摄入等因素外,抗生素药物无疑对此做出了很重要的贡献。随着人类科技的进一步发展,医学家们相信到了下个世纪,人类的平均寿命将有望达到 100 岁。

## 阿司匹林

阿司匹林是一种用途十分广泛的化学药品,它的主要成分是乙酰水杨酸。直至今天,阿司匹林仍是世界上运用最广泛的解热止痛消炎药。人类止痛药的记载,最早可以追溯到公元前 1552 年前后在古埃及问世的《埃伯斯莎草古卷》,其中记载了 877 种药方。19 世纪初,德国学者在埃及街头把它买了下来,发现书中提到了服用桃金娘科植物干叶浸泡液可以治疗疼痛。在公元 5 世纪,古希腊医生希波克拉底曾将柳树皮制成一种药粉让病人服用以减轻疼痛。1828 年,德国药剂师约翰·毕希纳从治疗疼痛的植物叶片中分离出了水杨苷;1838 年,意大利化学家拉斐尔·皮尔以水杨苷为原料通过化学方法制造出水杨酸晶体。1853 年,法国化学家查尔斯·弗雷德里克·杰哈特第一次在实验室里合成了乙酰水杨酸。

在19世纪50年代和60年代，化学家们又提出了一些新的乙酰水杨酸的合成法，人们开始尝试通过服用这种化学品的溶液来治疗风湿头痛等病症。人们在服用了乙酰水杨酸溶液后发现，这种溶液虽然能够在一定程度上缓解风湿头痛等病症，但它的副作用也十分明显。粗制的乙酰水杨酸盐的溶液会给病人的咽喉、食管、胃等部位造成强烈的刺激，严重时会使人出现呕吐、腹泻、胃出血等副反应。19世纪90年代，德国拜耳公司的化学工程师费利克斯·霍夫曼发现他患有严重风湿病的父亲出现了这种副反应后，

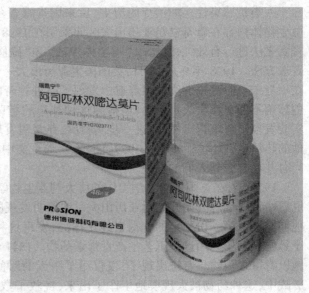

阿司匹林

便想到了在实验室里尝试发明乙酰水杨酸的提纯工艺。他后来在他的实验室主任阿图尔·艾兴格林的指导下，于1897年发明了纯化的乙酰水杨酸制造工艺。

1898年，拜耳公司开始将纯化的乙酰水杨酸作为药物进行试生产，并开始了一系列的临床实验。1899年，拜耳公司的临床实验取得了圆满成功，并获得此药物"阿司匹林"的注册商标。阿司匹林上市后，拜耳公司并没有做太多的广告，但它的治疗效果却迅速传播开来。各国医院的医生和病痛患者对于这种药物给予了很高的评价。仅仅在两年内，各专业期刊上发表的关于它的文章就达160余篇。20世纪初，意大利著名歌唱家恩里克·卡鲁索曾一度因头痛病烦恼不已，后来在服用阿司匹林后头痛减轻了很多；卡鲁索宣称，阿司匹林是"唯一能够减轻他病痛的药品"。捷克著名作家弗朗茨·卡夫卡则认为，阿司匹林是世界上少有的几种能减轻人生痛苦的药品之一。

阿司匹林的问世，是很多人共同努力的结果。诞生阿司匹林的拜耳公司的那个实验室主任阿图尔·艾兴格林曾经为阿司匹林的诞生做出过重要贡献；但由于是一名犹太人，在二战中受到了迫害，德国政府将他从阿司匹林药物的贡献者中抹去。阿图尔·艾兴格林不仅没有因其对阿司匹林的贡献而获得任何利益，而且后来被德军关押在了纳粹集中营，直到1945年才被苏联红军解救了出来。1971年，英国药理学家罗伯特·瓦勒通过研究发现，阿司匹林具有抑制前列腺素和血栓素生成的功能。这一发现为阿司匹林的应用拓展了更广泛的空间。罗伯特·瓦勒在1982年获得了诺贝尔生理学医学奖。

1988年，美国由2万多名男性医师共同参与的一项医学研究表明，阿司匹林能够使首次心肌梗死的发生率降低44%。这使得阿司匹林受到人们越来越多的关注。医学研究表明，阿司匹林能够有效地预防冠心病、脑梗死，而它的价格却十分低廉。在1985年，美国卫生和公共服务部部长玛格丽特·赫克勒曾向媒体宣传过这样一句口号："一天一片阿司匹林，可以提高美国人民的素质。"1997年，全球阿司匹林产量超过5万吨，如果算成500毫克片剂首尾连接起来，总长度超过100万公里，是地球和月球之间距离的2倍

多。2007年,美国预防医学会将阿司匹林、免疫接种和戒烟并列为世界上最有效的三种预防医学措施。1988年,澳大利亚医学家库勒曾提出阿司匹林还有预防癌症的效果。2007年,美国公布了一项由8万名注册女护士共同参与的医学研究的结果,阿司匹林能够有效地降低癌症发生的风险。

## 疫苗

在我国,每个公民都有接种很多疫苗的义务。疫苗即是为了提高人体特定免疫力,预防感染病而用于接种的生物制剂。疫苗包括口服类疫苗和注射类疫苗。注射类疫苗俗称"预防针"。提起疫苗,一般人不会立即联想到其重要性;但只要提起流感、霍乱、鼠疫、脊髓灰质炎、肝炎、狂犬病、白喉、麻疹、腮腺炎、天花、SARS、病牛病、口蹄疫之类的感染性疾病,想必大家就会意识到疫苗对于人类健康原来是那么重要。公元6世纪,地中海沿岸鼠疫大爆发,前后持续了约50多年,全球因此而死亡的人数总计超过1亿人。公元14世纪,俗称为"黑死病"的鼠疫大爆发,仅在欧洲死亡人数就超过2500万人。18世纪,天花在欧洲爆发,全球死亡人数超过1.5亿。20世纪初,流感夺去了全球超过5000万人的生命。

有人说,人类与感染性疾病之间展开的是一场永不停息的战争。在这场战争中,虽然我们目前已彻底消灭了天花,也让脊髓灰质炎、麻风病遭到了重创;但感染性疾病并没有被人类彻底消灭,2003年出现了"SARS"和2009年出现"甲型H1N1流感"就是最典型的例证。疫苗的发明,对人类抵御特定感染性疾病具有非常重要的意义,对于治疗那些具有很强传染性的感染性疾病更是功不可没。中国古代医学家对疫苗的发明做出了可贵的贡献。

公元3世纪,天花传入中国。此后,中国古代医学家在面对这一可怕传染病时发明了疫苗。据清代医学家朱纯嘏在1713年刊发的《痘疹定论》一书中记载,宋真宗时期,四川峨眉山有一神医能种痘,他被请到开封府为当时宰相王旦的儿子王素种痘后取得成功。清代医学家俞茂鲲在《痘科金镜赋集解》中则写道:"种痘法起于明隆庆年间,宁国府太平县,姓氏失考,得之异人丹徒之家,由此蔓延天下,至今种花者,宁国人居多。"清代医学家张琰在1741年刊发《种痘新书》中则详细介绍了痘疹发病规律及诊治方法,其中就有人痘接种法。

人痘接种法是世界上第一种人工免疫的方法。在我国宋朝和明朝就已经出现,自1681年起得到了康熙皇帝的大力推广。康熙在其《庭训格言》中写道:"国初,人多畏出痘,至朕得种痘方,诸子女、尔等子女,皆以种痘得无恙。今边外四十九旗及喀尔喀诸蕃,俱命种痘,凡所种皆得善愈。尝记初种痘时,年老人尚以为怪,朕坚意为之,遂全此千万人之生者,岂偶然耶。"康熙热爱医学事业,曾亲自调研寻找接种人痘的专业人才,并由朝廷设立了"种痘局",在民间张榜公布了《力劝普种痘花法》。这些措施为百姓所欢迎,也获得了其他国家的关注。1688年,俄罗斯率先派医师来中国学习种痘的技术。此后,土耳其也向中国学习了种痘的技术。当时英国驻土耳其公使玛丽·蒙塔古在获知这一方法后,于1717年请医师为自己的子女接种人痘预防天花。1721年,玛丽·蒙塔古将这一技术传到英国并推广,此后又传到欧洲其他国家。尽管这种方法起初在欧洲推广时,在一些国家遭到很多人的反对，但后来终于获得了当时欧洲学术界的一致认可。法国启蒙思想家伏尔泰曾在其《哲学通讯》中的《谈种痘》的一封信中写道："我听说一百年来，中国人一直就有这种习惯，这是被认为全世界最聪明最讲礼貌的一个民族的伟大先例和榜样。"德国科学史学家恩斯特·博伊姆勒在其《药物简史》一书，则高度评价了玛丽·蒙塔古对欧洲免疫学所做出的伟大贡献。

英国医生爱德华·詹纳是一位接受过人痘接种的医生，他在推广人痘接种时听一位牛奶场女工提及，牛奶场的女工从不得天花，爱德华·詹纳很快联想到牛痘也可能会成为一种疫苗。他经过反复实验，于1796年发明了世界上第一支牛痘疫苗。19世纪下半叶，路易斯·巴斯德在研究微生物和人体传染病的关系时，提出了将灭活微生物注射进人体内以进行人工免疫的方法。此后，形形色色的疫苗不断从实验室走向医院造福百姓。目前，世界上应用的疫苗有数百种，各种主要的感染性疾病都已经出现了相应的疫苗。为了预防"甲型H1Nl流感"，2009年全球共生产出了逾30亿支甲型H1N1流感疫苗，以保障人们的生命安全。

## 麻醉术

现代外科手术是建立在三大基石上的：麻醉术、人工输血术和抗感染术。麻醉术能够帮助病人基本感觉不到外科手术的痛苦。如果没有麻醉术的话，很难想象外科手术能够顺利进行下去。中国东汉末年的医师华佗曾发明过一种叫"麻沸散"的麻醉剂。《三国志·魏书·方技传》云："若病结积在内，针药所不能及，当须刳割者，便饮其麻沸散，须臾便如醉死，无所知，因破取。病若在肠中，便断肠湔洗，缝腹膏摩，四五日差，不痛，人亦不自寤，一月之间，即平复矣。"华佗发明麻沸散是因为在东汉末年战乱频繁，战争造成很多士兵受伤，需要进行外科手术。虽然当时没有人工输血术和抗感染术，但为了挽救伤者的生命，医生有时不得不进行手术并设法减轻病人的痛苦。

在无麻醉状态进行手术是一件非常痛苦的事情。古代有的医生便在手术前让病人服用一些药酒。在古罗马时期，为了让病人避免手术时的剧痛，有些医生甚至在手术前，通过压迫病人颈部血管使其进入昏迷的状态。1811年，拿破仑·波拿巴的首席医师多米尼克·拉莱为英国小说家范尼·伯尼在无麻醉的状态下进行了乳腺癌的切除手术，范尼·伯尼后来在文章中表述了自己在那种极端痛苦之下的心情。

18世纪下半叶，英国化学家约瑟夫·普利斯特里和约瑟夫·布莱克发明了能缓解疼痛的"笑气"，其主要成分是氧化亚氮。1799年，英国化学家弗莱·戴维曾亲自体验过"笑气"，后来他把自己的感受写进了《化学和哲学研究》一书中："我并非在可喜的梦幻中，却为狂喜所支配；我的胸膛并未燃烧可耻的烈火，两颊却泛起玫瑰色。我的双眸充涨闪耀的光辉，我的嘴唇喃喃自语，我的四肢不知所措，好像有新生的力量附上了我的身体。""笑气"虽然能够在一定程度上缓解疼痛，但由于它被当时的人们误认为能够传播瘟疫，所以遭到了很多人的抵制；它当时大多只出现在一些娱乐场所。19世纪初，美国一位名叫塞莫尔·柯尔特的商人认为"笑气"很值得商业推广，他在美国推广"笑气"后赚了一大笔钱；塞莫尔·柯尔特后来改行从事军火研究，发明了左轮手枪。19世纪30年代，英国医师辛普森率先使用氯仿进行全身麻醉并实施了产科手术，获得了成功；但后来由于氯仿在一些医院用作麻醉剂时引起了死亡事故,没有被进一步推广。

19世纪初"笑气"在美国的推广,使得很多美国牙医采用它作为麻醉剂,后来美国牙医霍勒斯·威尔士专门在哈佛大学进行过一次公开的"笑气"麻醉表演。不料,霍勒斯·威尔士的表演失败了,很多美国人开始反对这种麻醉剂的应用。此后,美国牙医们不得不去思考一些新的麻醉方法。1846年,霍勒斯·威尔士的一位名叫威廉·莫顿的学生首创乙醚医学麻醉术并取得了成功。乙醚是一种极易挥发的液体,于1275年就已经被西班牙化学家发现。1540年,普鲁士化学家科达斯发明出了乙醚的合成工艺;差不多在同一个时期,一名瑞士医生发现乙醚具有催眠的作用。但后来大约三百年的时间内,都没有人将乙醚正式作为一种医学麻醉剂使用。"笑气"的推广为乙醚吸入式麻醉奠定了技术基础。乙醚麻醉法在1846年出现后,在美国引起了一场旷日持久的专利权之争。美国纽约州法院在1862年宣布,由于乙醚及其麻醉效应在很早以前就出现了,因故不予批准专利。1847年,乙醚吸入式麻醉法由广州博济医院创始人彼得·帕克传入中国。

19世纪下半叶,可卡因作为一种麻醉剂开始流行。可卡因最早是在1855年由德国化学家从古柯叶中提取出来的,在1860年被命名为可卡因。可口可乐最初的产品里就含有可卡因的成分。由于可卡因可能使人情绪失去控制并具有很强的致瘾性,1906年,美国政府立法禁止可卡因在非医学领域内销售。1898年,德国化学家阿弗雷德·爱因霍恩合成了普鲁卡因,它后来在医学上发展成为局部麻醉剂。1943年,瑞典化学家尼尔斯·洛夫格伦又发明出利多卡因,它后来也发展成为一种重要麻醉剂。随着科学技术的发展,越来越多的麻醉剂开始出现。今天在医院进行手术时,很多新型麻醉剂已经让病人丝毫感觉不到痛苦。

## 避孕术

人口的无控制增长会对社会造成很大的压力。相信大家都熟悉英国人口学家马尔萨斯提出的以下结论:人口通常呈几何级数增长,而生活资料通常呈算术级数增长。其实,在马尔萨斯的《人口学原理》出版前5年,中国清代翰林院编修洪亮吉在1793年完成的《意言》一书中就提出了以上思想。在《意言》的《治平篇》中,洪亮吉指出,对地产和食物等有限资源"增三倍五倍而止矣",而人口的增长异常迅速。他这样写道:"然言其户口,则视三十年以前增五倍焉,视六十年以前增十倍焉,视百年、百数十年以前不啻增二十倍焉。"洪亮吉认为人口的过度增长不仅会造成生活资料的短缺,而且会对社会治安造成威胁,"况天下之广,其游惰不事者何能一一遵上之约束乎?"可见,洪亮吉对于人口发展有着前瞻性的眼光。

控制人口的增长,最基本的方法就是进行避孕。在避孕套和避孕药发明以前,人们避免怀孕的方法通常是男人进行体外射精。但这种体外射精法对于避孕的效果并不是十分理想。其一,这要求男人有很好的自我控制能力;其二,其实男人在射精前阴茎口就可能有部分精子溢出。人类最古老的避孕套的形式是采用哺乳动物的肠衣或者鱼鳔。在法国南部多尔多涅地区的康巴里勒斯洞窟中,考古学家们发现了一些创作于公元2世纪的壁画中就有避孕套,这说明欧洲人在很久以前就开始使用避孕套了。避孕药有史可考最早出自古埃及,古埃及人发明出了一种阴道栓剂,可以有效地杀灭精子。当然,古埃及人当时并不懂得精子,精子的发现是在显微镜发明出来后。古埃及人很可能从男女交合生成婴儿的过程中,感觉到了精液中存在着某种使女人受孕的成分。

15 世纪末,哥伦布发现了美洲新大陆。与此同时,他的水手们也将梅毒这种可怕的疾病从美洲带回了欧洲。西班牙医生法罗皮斯用一种化学溶液浸泡过的亚麻布制成阴茎套,后来他对 1000 多名使用这种阴茎套的男士进行了测试,结果发现他们中没有一人感染梅毒。这种阴茎套很快就成了预防性病传播的一种手段。17 世纪下半叶,英国医生约瑟夫·康德姆用小羊的盲肠制成了一种新型的阴茎套。他先是把羊肠剪成适当的长度,将其晒干后再用油脂和麦麸等对其进行柔化处理,直至肠衣变得很薄。这种阴茎套由于质地柔软,逐渐被男士们喜爱。起初男士使用它是为了预防性病,后来也作为避孕套。在 18 世纪时它开始发展成了一种商品,在欧洲很多国家都出现了这种避孕套的广告。

19 世纪 50 年代,随着橡胶制造技术的发展,橡胶避孕套开始出现并逐步取代了肠衣避孕套。1883 年,荷兰人雅各布发明了乳胶避孕套,使得避孕套更为男士们喜爱。19 世纪上半叶,医生们已经掌握了绝育手术,而乳胶避孕套的出现,使得成年男女在性生活时有了一种简便可靠的避孕措施,所以人们在一般情况下就不会选择去做绝育手术。19 世纪下半叶,女性节育器具开始出现,这对于那些已经分娩过的女性而言,是一种较好的避孕方法;但对于那些未曾生育过的女性,往往还是依赖于避孕套。1912 年,德国化学家朱利斯·弗洛姆发明出了一种新型的避孕套生产工艺,使得避孕套更加轻薄。在 20 世纪上半叶,弗洛姆公司生产的避孕套已经成为德国避孕套第一品牌。1928 年,弗洛姆公司又推出了避孕套自动贩售机,这大大方便了人们购买避孕套。

1921 年,美国医生路德维希·哈勃兰特发现了女性体内激素与女性排卵及月经生成的机制,从而揭开了激素类避孕药研制的序幕;路德维希·哈勃兰特也因此被誉为"激素避孕药之父"。20 世纪 30 年代,德国先灵公司的化学工程师们在实验室里合成了雌激素。20 世纪 40 年代,德国化学家比肯·巴赫和保利·科维奇开始研究用雌激素抑制女性排卵的方法。1950 年,美国计划生育联合会创始人玛格丽特·桑格拨款 5 万美元支持科学家们进行激素类避孕药的研究。1951 年,在美国化学家卡尔·德杰瑞斯,墨西哥化学家路易斯·米拉蒙特斯,匈牙利化学家乔治·罗斯克兰茨等人的共同努力下,世界上第一个激素类口服避孕药诞生。口服避孕药为未曾分娩过的女性提供了一个新的避孕途径。2009 年,全球销量最好的避孕药销售额已突破 100 亿元人民币。

## 发酵术

如果要确切地统计出全球"发酵业"的产值,那将是一件很困难的事情,因为采用到发酵技术的领域非常多,比如面包、包子、酒类、酱醋、酸奶、泡菜、火腿、抗生素、疫苗、维生素、味精等生产领域都要用到发酵。人类发酵的历史可谓源远流长。我国黄酒的生产在公元前 4000 年左右就出现了;在汉武帝时期,则出现了葡萄酒;在公元前 1000 年左右,我国出现了酱醋生产。在古代巴比伦,大约在公元前 3000 年就出现了酸奶;在古代埃及,大约在公元前 1500 年就出现了面包。古代世界各国的劳动人民,虽然在生产实践过程中掌握了形形色色的食品发酵技术,但他们对发酵的本质缺乏足够的认识和了解。

17世纪荷兰科学家安东尼·列文虎克首次观察到微生物,在随后的一百多年时间里,人们对微生物展开了持续的观察和研究。19世纪中叶,法国科学家路易斯·巴斯德首次提出,发酵是微生物作用的结果。其后不久,德国科学家罗伯特·科赫建立了单种微生物的分离和培养技术。单种微生物的分离和培养技术的建立,为现代发酵工业的发展奠定了基础。罗伯特·科赫还发现,动物的很多传染病都是由特定的细菌所引起的。他认为,微生物和其他生物一样,也可以根据它们的种属关系进行分类和研究。不过,在路易斯·巴斯德建立微生物学说和罗伯特·科赫建立细菌学说后,人们对发酵的化学本质过程仍未能够认识清楚。

1897年,德国生物化学家爱德华·布赫纳发现了发酵的化学本质,即它系由酶引起的化学反应。爱德华·布赫纳用石英砂和硅藻土磨碎酵母菌细胞制成酵母汁;为了防腐,他又在酵母汁中加入大量砂糖,结果他发现酵母汁也有发酵的作用,产生二氧化碳和乙醇。他使人们第一次认识到了利用无细胞成分也能够进行发酵。布赫纳还预言利用酵母菌发酵时发酵反应不是发生在细胞内,而是通过酵母菌向体外分泌化学物质,这一预言后来得到了证实。爱德华·布赫纳的研究促使发酵从微生物学和细菌学研究上升到了生物化学研究的阶段,为后来的发酵工业的发展做出了杰出贡献,他因此在1907年获得诺贝尔生理学医学奖。

1908年,日本学者池田菊苗发现海带中含有一种味道鲜美的成分,后来他经过研究后发明了味精。早期的味精是从面筋中提取的。1950年,人们发现了大肠杆菌能分泌出少量的丙氨酸、谷氨酸、天冬氨酸和苯丙氨酸,这为人们利用发酵制造味精带来了有益的启示。1957年,日本化学家木下祝郎发明了利用谷氨酸棒状杆菌发酵法制造味精的新工艺,这使得味精的生产变得更加容易,成本也更低。木下祝郎不仅改进了味精的生产工艺,而且还开创了利用发酵法制造氨基酸的先河。由于人体内很多氨基酸不能自行合成,需要通过外源食物补给,而利用发酵法可以大批量生产制造氨基酸,从而为人体营养保健事业开辟出一条崭新的途径。现代发酵工程不仅可以制造常见的22种氨基酸,而且可以制造抗生素、疫苗、维生素、核苷酸等药品或保健品。发酵工程为很多制药企业和保健品企业提供了重要的产品生产手段。在二战期间,抗生素的巨大需求促使发酵技术得到了飞速发展,包括菌种的分离和培养技术、发酵罐的建设、通风搅拌技术、培养物的供给等。

维生素的发现最早源自荷兰医生克里斯蒂安·艾克曼的贡献。1897年,克里斯蒂安·艾克曼发现糙米中含有一种能够避免使鸡患脚气病的营养成分,这一发现促使了后来维生素的发现。1898年,英国生物化学家弗雷德里克·霍普金斯研究出了维生素的化学成分。1929年,克里斯蒂安·艾克曼和弗雷德里克·霍普金斯由于发现维生素所对人类健康事业所做出的重大贡献,共同获得了当年度的诺贝尔生理学医学奖。在早期的维生素生产过程中,主要采用德国人所发明的"莱氏化学法",它需要经过五道工序:一步发酵、酮化、氧化、转化、精制;其连续操作比较困难,而且在生产过程中会有大量有害气体排出。20世纪六七十年代,中国科学院微生物研究所和北京制药厂的化学工程师们发明了维生素的"二步发酵法"并将其应用于工业生产。1986年,此新型发酵法专利被瑞士一家制药公司以550万美元购买。

# 经济文化类发明

## 信用卡

众所周知,某种商品的市场是由供给和需求双方共同构成的。要使市场经济繁荣,我们就必须保持商品的供给和需求始终处在旺盛的状态。但是,由于交易成本的存在,商品流和货币流的自由流转就出现了一个"瓶颈";而构成这种瓶颈的原因,本质上还是由于信息不对称的存在。为了解决这对矛盾,英国经济学家科斯在其著名的《企业的性质》一文中提出了"签订一个较长期的契约以替代若干个较短期的契约"的思路。在社会经济领域,无论是商贸、企业经营还是银行、保险、证券、期货乃至其他任何金融衍生工具中,我们都可以看出这种思路的影子。

信用卡的发明即是人类为消弭信息不对称所采取的大胆而又富有创意的行为。1950年2月,美国人弗兰克·麦克纳马拉在曼哈顿的梅杰·卡班烤肉店请朋友吃饭,结账时却尴尬地发现自己身上没有带钱,只好让朋友帮他付了账单。事后,他开始思考创立一种不需要现金就可以向陌生商户付账的方法。不久后,他在他的律师帮助下发明出一种名为"大莱卡"的就餐者俱乐部会员卡。首批印制的200张卡片一售而空。而紧接着美国人的反应则令麦克纳马拉始料未及:1年后,使用这种信用卡的美国人已超过4万人。1951年,美国富兰克林国民银行成为世界上第一家发行信用卡的银行,做了第一个"吃螃蟹"的人。

信用卡作为一种"支付手段",可以取代纸质货币的形式;作为一种"赊购手段",则使得陌生人可以通过信用直接加入到商品赊购行为中来。虽然赊购在古代就已经出现,但在信用卡诞生以前,商品赊购往往局限于商户所熟悉的顾客。信用卡的出现,就在于其剥除了商品供给者对商品需求者的信用进行甄别的成本,将其聚合到了第三方机构手中。"诚信"一词,在过去我们看来是一种道德命题,而现在它已作为一种经济命题出现。这其实也印证了在前面在介绍电子商务时我们所提及的美国作家克莱·舍基在《未来是湿的》一书中的观点。随着电子技术的发展和交易成本的降低,未来社会的经济行为将会像"自由流淌的液体"一样随心所欲地发展。当然,这种自由是建立在充分的技术和制度保障的前提下,与那种不受任何约束的自由不同;后者则会带来更多的商业欺诈行为,从而损害市场秩序。

在1951年美国富兰克林国民银行成功地发行了信用卡后,很多银行开始纷纷效仿,其中最成功的是美洲银行从1958年9月开始发行的信用卡。1965年,美国十四家银行在纽约水牛城成立银行卡协会,商讨如何进一步提高信用卡的影响力。后来,美国商业银行成立,设立专门的部门在世界其他国家推广美国银行信用卡。由于具有浓厚美国商业银行色彩的信用卡推广起来比较困难,1966年美国商业银行投资成立了BSC公司,专门负责信用卡相关业务。后来,此公司于1977年改组成VISA国际集团;原来的美国银行信用卡也更名为"VISA 卡"。1994 年,VISA 卡在全球范围内已经发展出了 2 万余家会员行,在全球 206 个国家和地区发展出了逾 1200 万家特约商户,发卡量超过 4 亿张,市场占有率已超过 50%。

现代信用卡的发展是建立在磁卡及 IC 卡等电子技术基础上的。1960 年,美国 IBM 公司的电子工程师福雷斯特·帕里发明了磁卡。福雷斯特·帕里在 IBM 公司开发打印机及光学电子扫描仪过程中,已经掌握了磁条信息存储和读取技术,但他对于将磁条粘在塑料卡片上一直缺乏有效的方法。后来,福雷斯特·帕里在妻子熨烫衣服的过程中获得了灵感,成功地解决了这个难题。磁卡诞生后,不仅被广泛地应用到银行信用卡中,而且在银行普通借记卡、超市购物卡、食堂消费卡等领域都有着广泛的应用。1974 年,法国电子工程师罗兰·莫雷诺发明了智能卡,俗称"IC 卡",它通过集成电路技术、计算机识别技术可以将卡内信息读取写入。由于 IC 卡比普通磁卡信息存储更安全,使用寿命也更长,它已经在很多国家的信用卡中得到了广泛应用。除了信用卡外,IC 卡还可以应用于公共交通等领域;在我国一些经济发达城市,已经用 IC 卡实现了"交通一卡通",方便了人们的出行。相信在不远的将来这种技术将获得更大的发展空间。

## 银行

银行最早起源于第三方委托管理货币的机构。在古巴比伦时代,商人们由于发现携带大量贵金属货币不方便,于是便委托当时的一些寺庙进行管理——据说委托寺庙管理货币可以借助于宗教的"神圣的"力量。其实,人类信贷的出现比货币要早,在货币诞生以前,就有了以一般等价物为主体的信贷;货币诞生后,货币信贷便开始发展起来。第三方货币管理机构的出现使得货币信贷更为频繁。欧洲在古代对于货币信贷合法性问题曾出现过很长时间的争论。支持方认为,收取利息是正当的;而反对方则认为利息是一种"不劳而获"所得,违背了基督教的基本精神。在欧洲十字军东征以前,很多国家曾停止过银行业务,这是由于反对银行的呼声占据了主导地位的缘故。

公元 11 世纪末,十字军东征战争开始。由于战争需要大量的金钱,这使得人们开始关注银行业的发展。具有讽刺意味的是,教皇是最早站出来反对银行的人;但在十字军东征战争后,却成为开办银行最成功的人。公元 13 世纪,由于国际贸易的发展,各个国家的生产和分工更加专业,大量同类型企业开始进行联合生产,从而促成了货币资金存储和信贷的发展。为了避免大规模资金存贷面临的金融诈骗的威胁,银行业开始接受政府监管。1397 年,意大利商人乔瓦尼·美第奇创办了美第奇银行,它在 15 世纪发展成为欧洲最大的银行。

我国是世界上最早使用纸币的国家,但纸币诞生后在我国并没有普及开来,直到清代商人们主要还是用金属货币进行交易。金属货币不仅携带起来不方便,而且携带大量货币还会存在着风险。由此,镖局应运而生。公元 17 世纪,我国出现了数万家经营货币抵押放贷业务的当铺,约有四分之一在山西;山西当时的商业活跃程度在我国处于领先水平。很多当铺在面临大宗典当业务的时候都要和镖局取得联系,以保证货币运输中的安全。清代学者铢庵云:"时各省贸易往来,皆系现银。运转之际,少数由商人自行携带,多数则由镖局保送。盖沿途不靖,各商转运现银,时被劫夺,而保镖者遇众寡不敌,亦束手无策,故为各商所深忧。"这段话反映出当时人们对货币安全问题普遍存在的担忧。为了更好地满足商业的需要,18世纪上半叶我国出现了钱庄;到19世纪初我国钱庄已有数百家。

1824年,我国出现了山西票号,它可以视为银行的前身。山西票号最早由商人雷履泰在山西平遥西大街创立。所谓的"票号",即是经营汇兑业务的商号。为了防止出现假票和冒领,山西票号施行了严格的汉字密码领兑制度。山西票号在我国清代后期影响力甚大,后来在辛亥革命后才逐渐衰落直至消亡。我国最早的外国银行分支机构在19世纪上半叶出现;1845年香港出现第一家外资银行,1848年上海出现第一家外资银行。我国最早的本土银行是在1897年由清政府批准成立的中国通商银行。

1936年,英国经济学家约翰·梅纳德·凯恩斯在《就业、利息和货币通论》一书中提出了系统的经济乘数理论,从而使得人们对货币和银行的功能有了更深入的认识。经济乘数理论最早由英国经济学家理查德·卡恩在1931年研究经济反馈系统时提出,凯恩斯对其进行了发展。凯恩斯认为,在一定边际消费倾向条件下,投资的增加或减少会导致国民收入和就业量多倍增加或减少;在此过程中,收入和就业量变量与投资变量的比值即为投资乘数,它表明国民经济具有一种内在的"扩张"力量。对于某确定投资而言,它可以直接推动该领域经济和就业的发展;与此同时,它也将派生出新的经济力量对相关的经济部门的发展进行推动。

就银行而言,银行可以通过数次存款和贷款,使得货币的力量在国民经济体系中加以扩张;这种货币的扩张力即可通过"货币乘数"来定量统计。一般而言,货币乘数取决于法定准备金率、超额准备金率、流通中的现金与银行活期存款的比率、定期存款与活期存款的比率等多种因素。货币乘数过小,会使得货币的经济影响力降低;货币乘数过大,则会对经济运行的安全性构成一定威胁。所以,政府有必要将货币乘数控制在一定范围之内。凯恩斯的经济理论为20世纪美国实施"罗斯福新政"奠定了基础。

## 纸币

中国是世界上最早出现纸币的国家。公元9世纪,在我国四川出现了"交子"。最早产生的"交子"不算真正的纸币。首先,那时交子是商人私下印制的,不属于国家法定货币;其次,交子需要在中介机构——交子铺进行兑换,只有兑换成金属货币后才能购买实物。早期在交子铺进行交子承兑时,一般要收取3%的服务费用。由于那时金属货币在四川携带不方便,而且很多大宗交易需要的货币量十分巨大,所以不少商人还是乐于使用交子进行交易。在承兑交子时,通常要求在交子上进行签字,这在现代纸币上国家则是明令禁止的;而当时这样做的目的,是为了防止交子被伪造。从这一点来看,最早的交子更像支票。

交子在四川出现后,北宋政府曾经想过禁止交子的流通,但后来发现对这种新生的事物与其进行禁止还不如进行更好地监管和利用。1023年,北宋政府设立"交子务",开始发行"官交子"。这可以视为人类最早的纸币形式,它比西方纸币的诞生早了六七百年。马可波罗曾将中国发明纸币的消息带到欧洲,当时的人们怎么也不相信纸也可以作为货币的形式。公元11世纪,北宋交子由于监管不便,后来又改成了印制更为精美的

"钱引";由于钱引没有设钞本,后来引起了滥发现象,最终逐渐退出了市场。

到了南宋时期,我国又出现"会子"这种纸币形式。1160年,中国浙江临安知府钱端礼开始发行"会子";后来钱端礼被提拔到户部工作,会子的影响力开始逐渐扩大。会子在中国的发行相对于交子而言更加成功,这主要得益于宋孝宗对会子制定了有效的管理措施。其一是对会子建立50%的纸币价值偿还制,这使得会子的公信力提高;其二是严格控制发行数量,当发现会子出现贬值趋势时就立即实行回笼政策,以保证其购买力。到了宋淳熙年间,民间有"军民不要见钱,却要会子"的说法,可见当时纸币已经培养起了很好的公信力。此后南宋时期会子一直被使用,直到宋朝的灭亡。在中国纸币问世后数百年,西方国家仍在使用金属货币,但他们也发现了这其中存在着一定的问题。

早期西方国家多使用贵金属货币,他们发现贵金属货币在使用过程中会出现"越用越小"的奇怪现象。调查后发现原来人们喜欢用锉刀将贵金属货币边缘挫下一些粉末来再利用;而挫小了的货币在既定市场内流通价值不变。为了避免这种现象出现,后来很多贵金属货币都采用了锯齿状边缘设计;这样,当有人将其锉小时,就很容易被发现。在16世纪的英国,贵金属货币逐渐退出了历史舞台,在各种材质合金货币的使用过程中,人们又发现,在法定价值相当时,含优质金属的货币总是被人们留下来;而人们习惯使用的,总是含劣质金属的货币。1580年,英国伊丽莎白铸币局局长格雷欣提出了著名的"劣币驱逐良币"法则。这一法则促使人们反思如何建立起更好的货币制度。与此同时,在国家强制力的帮助下,成本越来越低廉的货币形式开始取代成本高昂的货币,最终发展出了纸币。

西方国家在从金属货币向纸币转变的过程中,还曾尝试过多种形式的货币,比如瓷质货币、丝绸货币、皮革货币等;最终才确认了纸币作为最主要的货币形式。纸币是人类历史上一项重要发明,它不但节省了大量金属材料,而且使得货币更加容易发行和携带,残币的回收也比金属货币方便得多。1967年,英国德拉鲁仪器公司的电子工程师约翰·谢菲德·巴伦发明出了自动提款机(ATM),使得人们可以更方便地提取纸币。

不过,纸币的大量发行也带来了防伪和通货膨胀等问题。纸币相对于金属货币而言毕竟属于"劣币",它的材质本身基本上没有多少价值可言。一个十分明显的例子,就是在新中国成立前夕国民政府发行的纸币出现了惊人的贬值速度;最终导致银圆在某些地区重新流通,有些商家甚至以大米作为交易媒介,回复到了物物交换时代。纸币防伪也是纸币安全流通的前提。据悉,中国第五套人民币采用的主要防伪技术就多达18项,比如固定水印、安全线、红蓝彩色纤维、光变面额数字、荧光图案、变色荧光纤维、雕版印刷图案、磁性号码等。

## 保险

保险作为人们防御风险的重要手段,最早可以追溯到古巴比伦时代。公元前2000年左右,古巴比伦长老们向村民收取赋金,用来救济遭遇天灾人祸的村民。公元12世纪,在冰岛也曾出现过火灾救助的保险形式。公元14世纪,航运业在欧洲兴起。由于当时航运业充满风险,商人们便创造出了"风险式高利贷":若船只安全往返的话,船主将付出本金1/4~1/3的利息;若船只发生事故,则可以免除一部分债务甚至全部。由于这种高利贷的利息过高,后来被教会禁止。于是商人开始采用了一种新的方式,即将利息改成交付保险费的形式。

欧洲早期发展起来的保险形式主要是商业贸易保险。1347 年 10 月 23 日意大利商人签署的一份保险契约是迄今发现的最古老的保险契约。公元 1666 年,英国伦敦发生了一场特大火灾,火灾烧毁了大约 87 个教区的逾 1.3 万间官方建筑,超过 7 万间的民房。这场大火灾引起了人们恐慌,也引起了社会有识之士的深刻反思。1680 年,英国商人尼古拉斯·巴伯恩成立了世界上第一家提供火险服务的公司。美国的第一家火险公司则于 1752 年成立,它是在本杰明·富兰克林的倡议下成立的。在钢筋混凝土建筑出现以前,木制建筑在欧洲很多国家是普遍采用的建筑形式;由于木制建筑非常容易导致特大火灾的发生,所以尼古拉斯·巴伯恩公司的火险服务一经问世,就受了人们的欢迎。

世界上最早的保险交易中心由英国商人爱德华·劳伦德在 1688 年建立。当时劳伦德在伦敦的泰晤士河畔开设了一家咖啡馆,吸引海陆贸易商人、船主、航运经纪人、保险商惠顾;后来它逐渐发展成为开展保险业务活动的固定场所,继而成为伦敦海上保险业集中活动的总会所。劳伦德建立的这家保险交易中心在其发展的过程中制订了保险业活动的许多基础性规范,这些规范后来成为英国政府在 1871 年颁布的《劳合社法》的核心内容。《劳合社法》的通过,使得保险业务的发展有了国家法律保障,从而有效地避免了很多在投保和理赔过程中产生的利益冲突事件,同时也促进了英国乃至全球保险业务的规范发展。

人身意外保险的雏形最早在 15 世纪后期出现,当时欧洲的奴隶贩子将大量的非洲奴隶运往美洲。起初船主们将这些奴隶当成货物一样投保,后来船上的水手们也可以投保。由于这种险种是首次将保险的标的从货物及船只转到人身安全,所以它在保险业发展史上具有重要的意义。世界上医疗保险的概念最早由一位名叫休·张伯伦的英国助产士提出。休·张伯伦家族曾为丹麦女王的御用助产士,他的父亲彼德·张伯伦是妇科产钳的发明人。因为职业的缘故,休·张伯伦对人类生命的脆弱十分了解,他从 1694 年开始便率先倡导在原有的社会养老保险的基础上再发展出医疗保险。医疗保险公司正式出现是在 19 世纪中叶。由于医疗保险关系到一个国家的稳定和社会的可持续发展问题,所以它后来和国家的社会保障体系结合在了一起,成为一种强制性的社会保险形式。一些经济发达国家甚至推出了"从摇篮到坟墓"的终身医疗保险制度,从而使得百姓能够安居乐业,可以将更多的精力投入到社会财富的创造上。

随着保险业的发展,人们对保险的设计也更加具有科学性。17 世纪中叶,意大利银行家伦佐·佟蒂提出了一项联合寿险方案,这项方案从 1689 年起开始施行。它规定每人在一定的时期内定期交纳一定数额的保险金;在保险期满后,每年偿还保险金额的 10%,如果该人死亡,则停止给付。1693 年,英国著名科学家埃德蒙·哈雷以西里西亚的勃来斯洛市市民死亡的统计数据为基础,绘制成一张生命表,精确地计算出人在各个年龄的死亡比例,开创了寿险精算的先河。18 世纪中叶,保险经纪人辛普森根据哈雷的生命表计算保费,提出了均衡保险费理论,进一步促进了保险精算的发展。保险精算目前已经发展成为保险学的一门分支学科;在其指导下,保险业向量化方向深入发展。保险本质上可以视为一种不幸的"对冲",从这个意义上而言,它有点类似期货交易中的"套期保值"。换句话说,保险将个人风险从时间和空间上摊薄开去,使得社会发展更加稳定与和谐。

## 期货

期货的发展是建立在远期交易的基础上的。期货交易的成功在于对未来商品价格变动的成功预期。在古希腊时代，有一位名叫泰勒斯的哲学家，他擅长哲学思辨和数学计算。他的朋友笑话他说学哲学和数学对于赚钱毫无用处。泰勒斯反驳道，哲学家不是不能赚钱，而是不屑于赚钱。为了证明这一点，泰勒斯通过考察后发现，雅典橄榄会大获丰收，于是租下了雅典所有的橄榄榨油机；结果他的预测成功了，他因此也大赚一笔。从泰勒斯的这个故事中我们不难发现，脚踏实地的人懂得赚现在的钱，但聪明绝顶的人却懂得赚明天的钱。

1570 年，在英国伦敦出现了商品远期合用交易所——皇家交易所。期货的英文即是由"未来"一词演化而来，其含义就是交易双方不必在买卖发生的初期就交收实货，而是共同约定在未来的某一时间交收实货。由于期货交易存在着巨大的风险，因而在最初的期货交易中，就形成了签订书面契约的惯例并要求对期货合同予以一定的担保。18 世纪初，日本大阪的堂岛米期货交易市场成为当时世界上最大的期货交易市场。当时的日本处在德川幕府的统治时代，经济昌盛，商业活动十分频繁。当时大阪市民追逐财富的热情非常高，乃至于人们每天见面的第一句问候语就是"你今天赚了吗?"大阪堂岛米期货市场的兴起，培养出了一位富可敌国的期货交易人本间宗久。本间宗久家族在日本二战战败后国家进行土地改革以前，一直都是日本最大的地主。

本间宗久在期货市场投资的巨大成功，很重要的原因得益于他将军事战争的思想融入了期货市场的交易中，并创造性地发明了著名的 K 线图分析法。他发明的 K 线图俗称"蜡烛图"；即通过一根根的阴线和阳线的变化来考察市场的强弱以及未来的发展趋势。本间宗久对期货市场发展变化的预测出奇的准，因此而赚进了大量的财富；乃至于后来在日本的期货市场里一提起他，会有这样一句评论："你可以像大名（相当于中国的王侯）一样有钱，但你不可能像本间君那样富有。"本间宗久对期货交易技术分析的研究心得后来被编写成了两本书，一本叫作《酒田战法》，另一本叫作《风林火山》。据说后一本书的书名，就是来自中国的《孙子兵法》军争篇中"其疾如风，其徐如林，侵掠如火，不动如山……"一句，而这种思想，也正是中国太极思想的内涵所在。

当人类历史迈进 19 世纪以后，由于交通技术的迅猛发展，商品物流的成本也越来越低。这使得各个国家现货交易市场出现供给过剩的局面，这种现象在美国中西部尤其出现得频繁。过去，美国中西部的交通运输主要是通过马车，吨英里运价是 25 美分；而采用了铁路运输以后，吨英里运价只需要 4 美分；而如果走水运的话，只需 2 美分。为了避免现货交易市场商品大量集中造成的交易价格下跌现象，商人们开始逐渐采取先签订远期合约，届时再按合约送货的方法。在这种商品远期合约的基础之上，1848 年美国 82 名商人组织成立了芝加哥期货交易所（CBOT）；由交易所统一承担期货交易的中介和信用管理问题。经过数十年的发展，CBOT 已经制定出了完善的期货交易制度。商人们逐渐发现，除了需要实物交易的期货外，也可以发展出不需要实物交易的期货交易，俗称"买空卖空"；这种新的交易使得期货交易的内涵出现了本质性的变化，也使得期货市场激起了更多人的兴趣。

在芝加哥期货交易所成功发展的启迪下,1972 年芝加哥商业交易所(CME)的理事长利奥·梅拉梅德创造性地推出了世界上第一种金融期货交易服务——外汇期货交易。此后,债券期货交易、股指期货交易陆续被推了出来。到了 2008 年,全球金融期货交易总额已占到所有期货交易总额的 90%。利奥·梅拉梅德对全球金融期货事业的发展做出了开创性的贡献,被人们尊称为"金融期货之父"。2006 年 10 月 17 日,CME 宣布和 CBOT 合并,组建成芝加哥交易集团,它是目前全世界最大的金融衍生品交易所。由于期货投资不仅可以用于追逐利润,而且可以为现货厂商们提供"套期保值",以规避商品价格波动的风险,目前期货投资已成为社会经济生活中不可或缺的重要组成部分。

## 股票

随着产业经济的发展和社会化大生产的需要,产业投资的融资就成了一个很大的问题。一方面,民间有很多闲散资金在寻求更大的投资回报率;另一方面,产业投资公司为了扩大生产规模又急需大量资金注入。"股票"这一金融市场工具于是应运而生,它的诞生和发展可以视为人类金融市场的一次革命。股票的出现与信用卡的出现本质上利用的都是信用,其不同之处在于后者利用的信用的主体主要是"消费者",而前者利用的信用的主体则是"生产者"。

1602 年,荷兰的东印度公司成功地通过发行股票募集到了大量资金,这为其组建庞大的商队前往南洋进行瓷器、丝绸、香料等贸易奠定了基础。荷兰商人发行股票的成功与其在长期贸易生涯中积累起来的信用是分不开的。据说荷兰的贸易商们视客户的商品为生命,有时宁可自己饿死病死,也不擅自动用商船上客户的食品和药品。1609 年,阿姆斯特丹证券交易所正式成立,它是世界上第一个股票交易市场。1773 年,英国第一家证券市场在伦敦柴思胡同的乔纳森咖啡馆自发组织成立,于 1802 年获得了英国政府的营业批准。1792 年 5 月 17 日,美国 24 名股票经纪人在华尔街 68 号门前的一棵梧桐树下商订了证券交易的具体细节和条款,标志着纽约证券交易所正式发端,这就是金融史上著名的"梧桐树协定"。股票的出现对于人类经济发展的意义,不仅是经由信用机制扩大了企业的生产规模,也进一步使得企业的发展进入了科学管理的时代。股票虽然从表面形式上来看增加了股东,摊薄了经营的风险;而本质目的还是为了满足逐利的需求。大大小小股东的加入,使得企业更容易发挥出集体智慧,以一种更加科学、负责任的态度来面对企业的经营管理。

19 世纪末,随着纽约证券交易所的发展,股票投资逐渐深入人心,了解商业金融资讯就成了很多商业投资人士的需求。1882 年,美国股票经纪人查尔斯·道和爱德华·琼斯共同创办了道琼斯公司。他们在纽约金融区开展业务,为股票投资人提供商业金融信息。1885 年,查尔斯·道和爱德华·琼斯创立了股票市场平均指数"道琼斯"工业指数。1889 年,公司两位创始人又共同创办了《华尔街日报》,以适应蓬勃发展的证券市场对商业和金融信息的需要。查尔斯·道作为《华尔街日报》的第一位编辑,为《华尔街日报》编写了大量研究股市运行规律的原创性的文章。后来,他的文章被美国一些经济学家集结成书出版,他的股市理论被称为"道氏理论"。"道氏理论"中的很多经典假设和定理一直沿用到了今天。据 2010 年 4 月美国报纸发行量审核局公布的数据，《华尔街日报》以 210 万份的日发行量高居全美报纸发行量首位，《华尔街日报欧洲版》于 1983 年诞生，1996 年推出网络版，此后又增加了微博客、播客、RSS 新闻订阅等功能，深受人们喜爱。

1971 年，在美国证券市场诞生了一个完全采用电子交易的二级市场纳斯达克，纳斯达克是"全美证券商协会自动报价系统"的简称。后来，纳斯达克逐渐发展成为全球新兴产业提供证券业务服务的市场。虽然纳斯达克市场的出现比纽约证券交易市场晚了约 80 年，但其发展速度是惊人的。1999 年，纳斯达克市场日均成交额 415 亿美元，首次超过了纽约证券交易所（350 亿美元/日）。1999 年的最后一天，纳斯达克综合指数比市场刚成立时上涨 3300%。目前纳斯达克已成为全美也是全球最大的股票电子交易市场。

截至 2007 年 8 月，纳斯达克共有 322 家非美国公司挂牌上市，非美国上市公司的市值共约 6685 亿美元；其中中国内地公司为 40 家，市值约 280 亿美元，中国香港公司 19 家。纳斯达克市场不仅孕育了微软、英特尔等世界知名企业，而且使得中国很多高科技企业在国际资本推动下进入高速发展状态，它使得很多高科技企业资产一夜暴增成为现实。纳斯达克国际公司总裁约翰·沃尔在北京中关村考察时指出，今后纳斯达克将考虑在中国建立分支机构，以推动中国高科技企业在纳斯达克市场的上市以及中国投资人对纳斯达克市场的投资。随着美国经济的复苏和中国人民币可兑换问题的逐步解决，相信他的这些愿望终有一天会变为现实。

## 函数

这个世界在本质上存在着一种因果关系。中国古代的《易经》认为，世间万物的变化莫不由"理、数、形"三大要素制约；而在这其中，"理"又是最重要的。以现代信息论的眼光来看，"理"可以指一组契约或边界条件的制约，它从本质上规范了事物数和形的变化趋势。理可以是定性的，也可以是定量的；当理规定了事物量之间的变化关系时，它又可以理解成"函数"。函数即是自变量和因变量关系的约束条件集合，它也可以被视为输入信息和输出信息的关系。函数不仅是物理学等基础科学研究的基础，也是计算机技术等工程学科的基础。

16 世纪，法国数学家弗朗索瓦·韦达系统而全面地利用符号构建出数学计算，他被认为是"现代代数之父"。弗朗索瓦·韦达对数学的主要贡献是系统地发展了三角函数运算；提出了用代数解决几何问题的思想，这为后来笛卡尔创建解析几何奠定了基础；除此以外，他将符号运算称为"类"的运算，将其和通常"数"的运算区分开来，这被认为是代数思想史上的一次伟大变革。弗朗索瓦·韦达认为，在他的这种新的代数的帮助下，几乎现存的一切问题都可以解决。在弗朗索瓦·韦达看来，代数存在的主要意义，不仅是要解决数学计算中未知数求解的问题，还需要解决好类与类之间的关系问题。这种思想突破使得他创立的代数学成为一个重要的分水岭，使代数从此迈进现代代数研究。

17 世纪下半叶，英国科学家牛顿和德国科学家莱布尼茨分别独立地发明了微积分，这为函数的研究拓展出了新的领域。牛顿和莱布尼茨当初创建微积分主要是为了解决无穷小的问题。无穷小分析是现代数学分析学的一个重要分支。牛顿研究微积分侧重于从运动角度来考虑，而莱布尼茨则侧重于从几何学角度考虑。相比较而言，莱布尼茨建立的微积分使用的符号系统更加完善一些。微积分发明后,英国和德国曾陷入了长达百年之久的微积分发明权之争。这并不仅仅因为牛顿和莱布尼茨本身都是科学巨匠,而且因为微积分在数学史乃至自然科学史上的地位太重要了。正是有了微积分,人类才有能力精确地把握物体的运动变化过程。近代工业革命,特别是第二次工业革命和微积分这种数学工具密切相关;现代航天技术和现代化交通工具的制造都离不开微积分的帮助。牛顿和莱布尼茨创立的微积分还不完善,此后又经过贝努利、欧拉、拉格朗日、柯西等人的发展。

莱昂哈德·欧拉是瑞士伟大的数学家,为函数理论的发展做出了卓越的贡献。在欧拉晚年,几乎所有的欧洲数学家都把他视为老师。拉普拉斯曾经说过:"读读欧拉、读读欧拉,它是我们大家的老师!"高斯曾经说过:"研究欧拉的著作永远会是我们了解数学的最好方法。"欧拉对数学史的贡献主要体现在他完善了微积分理论,创立出一系列我们现在还在使用的函数符号,将函数大量运用于天体运动、刚体力学、流体力学、航海科学等复杂计算中。他为显微镜和望远镜的设计和制造提供了完善的数学计算方法。在代数和几何中以欧拉命名的函数表达式不胜枚举。欧拉从 19 岁开始发表论文,到 76 岁去世前共出版了 32 部专著,发表了 856 篇论文,其中分析数学、代数、数论占 40%,几何学占18%,物理学和力学占 28%,天文占 11%,弹道学、航海学、建筑学占 3%。据说当初彼得堡科学院为了整理欧拉的思想,花了整整 47 年时间。

1829 年,法国出现了一名数学史上罕见的天才人物。一位年仅 18 岁的名叫瓦里斯特·伽罗瓦的中学生在面对一元五次方程不可解的问题时创立了"群论"。群论的提出,标志着抽象代数的诞生。可惜的是,瓦里斯特·伽罗瓦由于年轻气盛,在 20 岁的时候与人决斗不幸身亡。抽象代数又名"近世代数",是现代数学的一门重要科学分支。它变"求函数解"为"研究函数结构",从而使得数学研究上升到了逻辑研究和哲学的高度。瓦里斯特·伽罗瓦被公认为是近世代数的创始人。目前近世代数主要包括群论、域论、环论、格论、线性代数等等;近世代数目前在一些理化基础科学的前沿研究领域,在计算机程序设计以及各种经济系统的建模和研究分析中都具有十分广泛的用途。

## 系统理论

哲学常被人们誉为"科学之母",它不仅代表着科学的认识论和方法论的总结,也作为我们的价值观念和信仰的基础。历史上自然科学的方法论大体上沿着"机械论"和"生机论"两条路发展。机械论的主要思维特色是确定性、必然性、还原性;生机论的主要思维特色则是不确定性、偶然性、整体性。举一个最简单的例子来说,如果机械论认为:A+B=C,则 C-A=B;那么生机论给出的答案就是:不一定。极有可能出现的事实就是,在"A+B=C"的过程中,已经产生了"AB"这种新的层次关系。换句话说,在生机论的眼中事物并不是机械累加的,也不可以绝对地还原出原貌。

可见,盲目追求客观性容易使得我们的结论陷入形而上学,而忽视人与环境的互动性则有可能让我们做出南辕北辙的愚蠢举动。1945 年,美籍奥地利裔理论生物学家路德维希·冯·贝塔朗菲在《德国哲学周刊》上发表了《关于一般系统论》的文章,标志着系统论正式诞生。系统论的主要概念有:系统、要素、环境、结构、功能、演化等;它将事物之间的互动性、目的性、发展性、协作性纳入了视野。系统论是现代科学思维的杰出代表。1969年美国阿波罗登月计划的成功，就离不开系统工程及系统思维的帮助。在电子技术发展史上，安布鲁斯·弗莱明看到了真空管和无线电波检测的关系，李·德福雷斯特看到了真空管与无线电波放大的关系，这都是系统思维的结果。

贝塔朗菲提出的系统论，开创了整合科学的时代。正如同我们的社会是一个"关系"社会一样，科学内部也是一种"关系"结构。系统思维可以帮助我们进行科学的整合，进一步澄清科学的本质概念，去除原先科学体系中存在的形而上学的成分。熟悉哲学的人，想必对"去粗取精、去伪存真、由此及彼、由表及里"这十六字并不陌生；但这十六字的认识论精髓并不构成哲学的全部，这只是一种"修"的过程；真正的哲学还需要科学地对待"建"的过程。因此，我们更需要一种高屋建瓴的思维和眼光来看待现实存在的本质。1948年，美国数学家诺伯特·维纳出版了《控制论——关于在动物和机器中控制和通讯的科学》一书，标志着控制论正式诞生。维纳将控制定义为"为改善某个或某些受控对象的功能或发展，获得并使用信息；以这种信息为基础而选出于该对象上的作用。"从维纳对控制的定义上我们不难发现，控制是实现系统目标的核心手段。它揭示出系统存在和协作的原因，也概括出了系统发展的基础和控制关键所在，那便是对信息的获取和选择。就在控制论诞生的同年，美国数学家克劳德·艾尔伍德·香农在《贝尔系统技术学报》上发表了《通信的数学原理》一文，标志着信息论正式诞生。信息论是围绕信息的获取、传输、变换、存储、处理、显示等一系列问题进行研究的学科。如果说系统论旨在强调整体思考，控制论旨在强调目标与手段的关系，那么信息论就旨在强调对运动变化具体细节的把握。

值得注意的是，系统论、控制论、信息论集中诞生在20世纪40年代，而这个时代恰好是电子计算机问世的时代。电子计算机要解决的终极哲学问题便是："何为智能？"而另一个与其紧密相关的问题便是："何为生命？"1969年，比利时物理学家伊利亚·普里高津在一次理论物理和生物学会议上提出了耗散结构论。耗散结构论的重要概念有：开放、秩序、涨落、相变、远离平衡态、非线性等。1971年，德国物理学家赫尔曼·哈肯提出了协同论。协同论的重要概念有：序参量、自由度、役使、自组织、协同等。1972年，法国数学家勒内·托姆提出突变论，阐述了系统结构稳定和形态发生的数学模型；他的发明被誉为"是牛顿和莱布尼茨发明微积分三百年以来，数学史上最伟大的革命。"耗散结构论、协同论、突变论这"新三论"将有助于我们最终解开生命结构诞生、演化、协同、突变、衰亡等复杂的过程；系统论、控制论、信息论这"老三论"也是我们在研究复杂现象时不可或缺的。由于新老三论都重点着眼于系统的本质演化过程及其相互之间的关系，所以它们也可以统称为"系统理论"。

## 大统一理论

20世纪上半叶，原子的"大门"逐渐被科学家们敲开。1914年，英籍新西兰裔物理学家欧内斯特·卢瑟福发现质子；1932年，英国物理学家詹姆斯·查德威克发现中子。科学家们继而提出，在原子核当中应存在一种不同于万有引力和电磁力的相互作用力。1935年，日本科学家汤川秀树提出了一种新理论：核子之间通过"交换粒子"发生作用，这种交换粒子被称为"介子"。1947年，汤川秀树的理论被科学实验证实。此后人们进一步总结出原子核内部的一对作用力：强子之间的强相互作用力和导致原子核衰变的弱相互作用力。

1961年，美国科学家格拉肖提出了弱力和电磁力统一的猜想，据此搭建起弱力和电磁力统一的框架。1967年，美国科学家温伯格和和巴基斯坦科学家萨拉姆在格拉肖弱电统一模型的基础上建立起弱电统一模型；此模型后来又经格拉肖进行了完善。这个模型的科学性在1983年通过了实验验证。1973年，美国科学家格罗斯、波利茨、威尔茨克共同创建出一个数学模型，证明了强力中存在着"渐进自由"的现象，这导致了量子色动力学的诞生。目前科学家在原子核研究中主要进行两方面的工作，其一是通过高能物理实验继续研究强子的内部结构，其二便是从理论上不断突破，争取先行做出一种能从根本上统一物理基本作用力的假设。

目前的粒子统一标准模型还处在假设阶段，它是在弱电统一模型和量子色动力学基础上发展起来的，这是量子力学的最前沿研究领域。未来它对社会经济将会造成深远影响，特别是一些高科技产业。"大统一理论"不仅对未来的核工业、激光工业、电子显微镜、纳米技术、核磁共振等研究具有重要的影响，对于凝聚状物理和化学基础理论也有十分重要的价值，而且它将帮助我们彻底弄清时间、空间、概率等现象的哲学本质。当然，目前很多粒子统一标准模型并不完备，这不仅是因为它们还有待于实验做出进一步的验证，而且也在于它对于四种相互作用力中最普遍存在的一种——引力尚未囊括进去。所以，要真正建立起"大统一理论"，还有待于我们从根本上认识量子引力的本质。

有一种朴素的哲学观支配着人们未来对量子本质的界定，那便是这个世界在本质上有着惊人的"同构性"。1968年，意大利理论物理学家加布里尔·维内奇诺等人提出了一种轰动世界的理论——弦论。正如同爱因斯坦创造出相对论借鉴了"非欧几里德"几何学思想一样；加布里尔·维内奇诺也借鉴了一种数学思想，那便是有两百多年历史的"欧拉Beta函数"。这个函数非常奇特，能够像一小段橡皮筋一样进行扭动，从而形成纷繁复杂的状态。加布里尔·维内奇诺猜想，构成我们世界的本质或许就是这种被称之为"弦"的东西；各种不同的量子只是对应了"弦"的不同的振动状态。1984年，美籍日裔物理学家南部阳一郎等人提出了一种新的超弦理论。10年后，美籍犹太裔物理学家爱德华·威腾创立了"M理论"。由于"M理论"能够将各种弦理论在一个框架内统一起来，所以它备受人们的关注。

与弦理论对应存在的一种量子引力理论被称为"圈量子"理论，它由李·施莫林、阿贝·阿希提卡、卡洛·洛华利等人创建。它和弦理论一样，认为时空不是可以无限分割的，而在这其中一定存在着某种最小的基元结构；只不过它认为这个最小的结构不是"弦"而是"圈量子"。圈量子引力理论与弦理论的最大不同之处在于，它克服了弦理论的"背景依赖性"，而这是弦理论和广义相对论存在着不可调和矛盾的关键之处。换句话说，圈量子引力理论是一种"关系"理论。除了弦理论、圈量子引力论外，目前在"大统一理论"中还有一种研究比较热门，那便是"全息物理"论。这种理论跳出了世界是由"物质"和"能量"组成的传统思维框架，创造性地认为世界的本质是由"信息"构成。换句话说，物质和能量或许只是由信息衍生出来的外在表象。弦理论、圈量子引力论、全息物理论被认为是目前通向量子引力本质的三条重要途径，它们其中之一有可能在不远的将来为我们揭示出世界的本质。待到那时一场科学和哲学革命将随之发生。

## 乐谱

音乐的"音"源自物体振动发出的声音,振动发出的有规律、有固定音高的声音则谓之音乐。音乐诞生于乐谱出现以前,为了更好地研究、记录、创造音乐,人们便发明了乐谱。音乐与乐谱的关系,很像口头语与文字的关系,会说话的人不一定识字。古代的牧童未必识乐谱,但他们凭经验也能够吹奏出美妙动听的乐曲。乐谱的出现,则使得音乐的学习和创作变得更加容易。人类历史上早在苏美尔人时期就已经出现了乐谱;在古希腊时期,他们创造的乐谱已经能够表示出音高;在古代伊拉克地区,艾尔·金迪是一位著名的音乐理论家,他建立了系统的音乐理论和乐谱表示方法,他的音乐思想超过了古希腊音乐家的成就,对后来英语世界国家音乐的发展造成了深远的影响。

在古代中国,曾出现过以"宫商角徵羽"命名的音阶,它相当于今天简谱中的"12356"音。《周礼·春官》云:"皆文之以五声,宫商角徵羽。"以这五音为主,后来又发展出了"清角""变徵""变宫"等音,使得中国的音乐更加丰富多彩。《战国策·燕策》云:"高渐离击筑,荆轲和而歌,为变徵之声,士皆垂泪涕泣。"与西方乐谱不同之处在于,中国古代乐谱以文字谱和工尺谱等形式为主,这些记谱方式重视音乐变化的表现价值,重视声口相传,鄙薄乐谱节奏的理性抽象。据史料记载,当时唐明皇曾让女乐师黄幡绰设计拍板谱,谁料她画了一只耳朵呈上,并言道:"但有耳道,则无失节奏也。"由于中国古代乐谱标准化不够,不易推广,到了近代基本都被淘汰了。

欧洲乐谱的发展比较看重符号化表达。在古希腊时期,音乐的高低长短是用字母来表示的。到了古罗马时代,由于宗教活动的需要,开始出现了著名的"纽姆记谱法"。纽姆符号可以帮助音乐表演者记忆音乐的曲调,但它不能表示出音高;后来人们在纽姆记谱法上划出一根直线,用其作为基准位确定音的高低,这称之为"一线谱"。到了11世纪,意大利城邦国家阿雷佐的一位名叫圭多的僧人把纽姆符号放在四根线上,从而更好地帮助音乐演唱者确定音高,这便是"四线谱",它是现代五线谱的前身。圭多的四线谱用不同的颜色划出,以方便人们识别。到了13世纪,四线谱全部采用黑线,只是在线的前面写上一个拉丁字母表示绝对音高。由于四线谱不能把节奏标示出来,后来人们又对定量音乐的表示法进行研究。

"有量记谱法"由科隆的教士弗兰科创立,它用音符、休止符和记号严格规定了音的长短。公元15世纪时出现了能够记录音的高低长短的全部涂成黑色的五线谱。图中的符号即谓之为"有量黑符"。后来这种有量黑符又改用空心音符,即为"有量白符"。到了公元18世纪时,五线谱中出现了升降记号,从纽姆符号演变出了装饰音符号,从有量记谱法演变出了表情记号;音乐的表达方式已经非常接近今天的五线谱结构。后来,随着欧洲音乐文化的不断发展,到了20世纪,五线谱已经成为全世界通用的音乐文字。五线谱传入中国,最早见于文字记载的是1713年的《律吕正义》续编,书中记述了五线谱的详细说明。在五线谱之后,曾有人立足于五线谱试图发展出了更多线的乐谱,但都是昙花一现,未能推广开来。

在公元17世纪,法国神父苏埃蒂在指导信众唱赞美诗时,发现五线谱教学比较困难,于是他便想到了创建一种更简单的乐谱;他后来想到了用"1234567"来代替"Do Re Mi Fa sol La Si"。他于 1665 年和 1679 年,分别发表了《学习音乐的新方法》和《用数字谱唱教会歌曲的实验》论文。由于当时五线谱已经非常流行,他的论文没有受到人们的重视。18 世纪中叶,法国思想家让·雅克·卢梭看到了苏埃蒂的论文,对他提出的这种想法非常感兴趣,于是便对简谱进行了改进和推广。此后,法国数学老师 Galin 和医生 Paris 以及音乐教育家 Cheve 又对简谱进行了进一步改进,最终他们的成果获得了法国政府教育机构的认可,称其为"Galin-Paris-Cheve"记谱法。这种简谱由于易于学习受到很多国家的欢迎,在欧洲主要有德国、法国、荷兰和俄国等国。后来它传入亚洲后,深受东亚国家人们的喜爱,尤其是在中国。

## 文字

历史上最早的文字是由古苏美尔人创造的楔形文字,象形文字则最早出现在古代埃及和古代中国。中国有史可考的最早的系统性汉字是甲骨文,甲骨文由我国清代国子监王懿荣最先发现。有一次,王懿荣在药铺看见一味叫作"龙骨"的中药上面居然有类似文字的图案,于是便将所有此类龙骨买了下来。他经过研究后确认,这是出现在我国殷商时期的一种象形文字。后来,人们找到了这批龙骨出土的地方——河南省安阳县,在那里又发掘出了大量含有象形文字的龙骨。此后人们便把这种文字称为"甲骨文",而研究它的学科则为"甲骨学"。最早的象形文字是和"文字画"结合在一起的,它是古人的一种抽象意念的表达;在殷商象形文字出现以前的所有历史,包括黄帝的功绩,仓颉造字的历史,都仅仅只能认为是一种传说。

文字的发明对于人类文明的启蒙具有十分重要的意义。正是文字使人类摆脱了"文盲";也正是文字使得历史可以记载、传承和研究。中国汉字作为一种象形文字,历经甲骨文、金文、大篆、小篆、隶书、楷书、草书、行书等发展阶段,是世界上现在仍在使用的文字中最早出现的一种。作为表意的象形文字,汉文博大精深;人类很少有一种文字能够像汉文这样仅用四个字组成的成语就能够表达出一种内容丰富的意境。在此意义上而言,中国古代人拥有杰出的智慧。不过,正如中国成语"尺有所短,寸有所长"表述的那样,拉丁文和英文也有其优点,那便是简单易学。

拉丁文最早是意大利的一种方言,后因古罗马扩张而传入古罗马,古罗马后来将拉丁文确定为官方文字。拉丁文后来因为基督教的影响在欧洲广泛传播,成为法文、西班牙文、葡萄牙文等文字的重要基础。拉丁文后来随着西班牙和葡萄牙等国家对中南美洲的殖民主义扩张而发展到美洲地区。后来,中南美洲即被称之为"拉丁美洲"。在拉丁文发展的过程中,古罗马帝国的开国皇帝盖乌斯·屋大维、"拉丁文神学之父"奥古斯丁、古罗马政治家西塞罗起到了关键性作用。西塞罗曾将古希腊大量书籍翻译成拉丁文,使得很多古希腊专业词汇进入拉丁文,为拉丁文体系的深入发展做出了贡献。拉丁文也为现代社会最通用的文字——英文的发展造成了影响。

英文最早属于印欧语系中日耳曼语族下的一个分支。公元 449 年前后,不列颠群岛的国王沃蒂根因为战争的需要,请来了大量日耳曼人。后来这些"移民"建立起了七个王国,史称"撒克逊王朝"。在撒克逊王朝时期,日耳曼人逐渐统一了当地的文字,形成了

"古英文"。1066 年,法国人诺曼底公爵吉约姆二世,史称"征服者威廉"以武力征服了英格兰。此后约三百年,英格兰王室通行法语。在此时期内,大量以拉丁文为基础的法文词汇进入英文,古英文也开始了复杂的演变过程,逐渐演变成中古英文。古英文时期最著名的文学作品是《贝奥武夫》,而中古英文时期最著名的文学作品是《坎特伯雷故事集》。近代英文则是从莎士比亚所处的时期开始繁荣。在近代英文时期,随着英国在全球范围内的殖民主义扩张,英文在全世界的影响力越来越大,以至于后来发展成为世界上最通行的文字。

英文部分源自法文,法文部分源自拉丁文,拉丁文部分源自古希腊文,古希腊文又部分源自古埃及文字。从西方文字的这种十分曲折的发展历程中我们不难发现,汉文与西方文字的不同之处,不仅仅在于它是一种世界上罕见的"流传至今"的象形文字,而且也在于它是一种世界上少有的"独立发展"出的文字。尽管中国有数不清的地方方言,又经历过一些少数民族统治的朝代,但汉文始终是中国人使用得最为广泛的文字。有一种观点认为,正是因为汉文的字形结构异常复杂,这使得其演变起来不像拉丁文等文字那样简单,所以,这使得中华民族的文化能够以汉文为核心基础历经数千年延续不断,而在绝大多数时间内又始终处在一个大一统的国家状态。如果这种观点可以成立的话,那我们今天更加要感谢汉文了;它使得中华民族卓尔不群,使得中华民族历经数千年人类历史绵延不绝,笑傲世界民族之林。

# 科技探秘

## 生物医学

### 神秘冰人奥兹之谜

冰人的发现地点在奥兹山谷,因此人们将他称为冰人奥兹。他年约 30 岁,身上有很多纹身,对于当时恶劣的环境来说,他的服装显得较完整。由于他看来较完整,被冻在冰层里,人们一开始以为他刚刚死去,甚至没有想到要咨询考古学家的意见。

结果研究发现奥兹属于青铜时代(公元前 3500 年~公元前 1000 年)。他死时埃及的金字塔还未建好,欧洲人正在尝试车轮的发明。他死后不久被冻结在冰中,当人们发现他时,阿尔卑斯山上的冰雪已经把他制成了木乃伊。他身体上皮肤的孔仍清晰可见,甚至连眼球都保存完好。他身高约为 1.59 米,身上穿着由羊皮、鹿皮和树皮及草制成的三层服装,戴着帽子和羊皮护腿。他身旁还放置了一把铜制的斧头和一个装有 14 支箭的箭袋。

研究家们试图利用这些线索发现他以何为生,从何处来,受到什么样的袭击,最后一餐吃了些什么,而死因究竟是什么。奥兹是目前保存最完好的史前人遗体。在奥兹身上不断获得的发现,总会引起广泛的关注,而他的死因则始终是科学家争论的一大焦点。一些科学家认为奥兹在死后不久就被冻结在冰中,所以遗体才能保存得如此完好。他们发现奥兹的结肠里有花粉,由此猜想他死于夏末。最后被秋季的一场突如其来的暴风雪袭击,在寒冷恶劣的天气里变成了冰人。

但奥地利因斯布鲁克大学古人种学家奥格教授使得从前有关奥兹死因的猜测受到了质疑。他通过对冰人结肠内的物质用显微镜分析发现,从奥兹结肠中提取的内容物含有完整的蛇麻草角树的花粉颗粒。这种树在 3~6 月开花,并且只生长于低海拔的温暖地区。由于花粉在空气中分解得很快,因此可以推断奥兹应该死于春季或初夏。花粉应是在奥兹离开蛇麻草角树后才被吸收,附近最近的蛇麻草角树位于南边的一个山谷,徒步走大约需 6 个小时。另外,对他的皮肤分析表明,奥兹的躯体在冻成冰人前,曾在水中浸泡了几个星期。奥格教授相信,奥兹在死前 8 个小时正通往山谷,在那里吃的最后一餐是未发酵的单粒小麦面包,一种草或绿色植物、肉。由于单粒小麦并非天然在欧洲生长,这说明当时农业社会的一些状况。小麦是被研成粉做成面包,而不是做成麦粥。

新的证据还促使研究人员重新思考奥兹是如何陈尸于高山之上的。奥兹的死亡之旅依然显得相当神秘。一些研究人员甚至猜测，他是作为新石器时代的某种献祭被拽到那里的。然而奥格教授的思绪并没有走那么远：

"我们可以肯定的是，在奥兹死前的 12 小时中，他曾在长有蛇麻草角树的山谷底部呆过，他是在一天之内来到他的长眠之地的。"

另外，科学家们还吃惊地在冰人的身上发现了 47 处纹身，其背部和腿部的纹身甚至接近于或者就在缓解背疼或腿疼的针灸位置。X 射线分析表明奥兹的骨关节炎曾对针灸有过反应。问题是针灸起源于 2000~3000 年前的中国，冰人的发现说明针灸或类似针灸的治疗法在 5300 年前就在远离中国的地方出现。

奥兹的帽子是由熊的皮毛制成，当时此地较现在有更多的熊出没，人们也许会组成狩猎队猎捕熊。奥兹的鞋引起了研究者的较大兴趣，其具有较佳的保暖性、保护性，在高山上还能防水。其底部较宽，且防水说明是专门用于在雪地行走用的。鞋底用熊皮制成，鞋面则是鹿皮制成。

奥兹身上最令人吃惊的莫过于那把铜斧。因为科学家们一直以为人类在 4000 年前才掌握这样的熔炉及成型技术。此外，对奥兹头发的分析显示他参加过冶炼铜的工作。这个冰人令考古学家不得不重新考虑青铜时期的问题。这把铜斧长 2 英尺，斧把由浆果紫杉木制成。斧的顶部不到 4 英寸，斧头边略弯。斧头表面的分析表明其含 99% 的铜、0.22% 的砷、0.09% 的银。含砷和银说明此种铜来自当地的铜矿。

据意大利考古博物馆的研究人员认为，奥兹是在雪地里睡着了冻死的或是死于雪崩。而一份《华盛顿邮报》的报道则称，在对冰人经过一种被称作层面 X 线照相术的技术测试后，科学家发现冰人的左肩下有一枚箭头，在骨骼上还发现箭头射入他身体后留下的痕迹。

研究人员称，奥兹很可能是死于战争，因为他身上武装着斧头、刀和弓箭。箭头进入体内的角度表明他是被人从下方击中。这柄箭不到 1 英寸长，穿过他的背部，切断臂上的神经和血管，停在肩膀和肋骨之间。由于箭没有射到任何重要器官，研究人员估计奥兹流了很多血，最后在痛苦中死去。

迄今为止，神秘的冰人不仅因其神秘的死亡留给了科学家发挥想象的巨大空间，还因而留下了无休无止的争论和无穷无尽的探索。路漫漫其修远兮，攀登科学高峰的道路是无止境的，关于冰人死亡的争论和猜测还会进行下去。重要的，也许不是结果，而是这种在追求真理过程中所感到的快乐。

## 人类起源之谜

你知道我们人类是从哪里来的吗？到目前为止，除了一些美丽的传说和各种未经证实的推测之外，并没有一个真正的答案。它与宇宙的起源、地球的起源并列为三大起源之谜。

关于人类的起源在我国流传着这样的神话故事：盘古开天辟地之后，不知道过了多久，忽然在天地间出现了女娲。女娲在荒凉的天地中无依无伴，十分寂寞，她来到水边，看见自己的倒影，忽发奇想，就照自己的形体用水边的泥巴捏出泥偶，放在地上，迎风一吹便活了,后来女娲给他起名为"人"。

埃及同我国一样也是一个文明古国,而它的人类起源的说法则更为奇特。据《埃及神话》的说法,人类是神呼唤出来的。埃及人认为全能的神"努"在埃及、在世界出现之前就已存在,他创造了天地的一切,他呼唤"泰雅那",就有了雨;呼唤"苏比",就有了风;呼唤"哈比",尼罗河就流过非洲大地。他一次次地呼唤,世界便因此丰富起来,最后,他喊出"男人和女人",转眼间,就出现了许多人,这些人又创建了埃及。造物工作完成,努就将自己变成男人外形,统治大地与人类,成为埃及第一位法老王。

日耳曼神话中说日耳曼人的祖先是天神欧丁和其他的神创造的,众神在海边散步时看到沙洲上长了两棵树,其中一棵挺拔雄伟,另一棵风姿绰约,于是砍下两棵树,分别造成男人和女人。欧丁首先赋予其生命,其他的神分别赋予其理智、语言、肤色和血液等。

而在信奉基督教的西方国家里,人们大都相信上帝造人说。《旧约·创世纪》中记载:上帝花了5天时间创造了天地万物,到第6天,他说:"我要照着我的形体,按着我的样式造人……"于是把地上的尘土捏成人形,将生气吹进人的鼻孔后,造出了男人,取名亚当。上帝见亚当一个人生活得很孤独,就用他的一根肋骨造成一个女人,亚当说:"这是我骨中的骨,肉中的肉,就叫他女人吧。"

然而,传说毕竟只是传说,缺乏令人置信的科学依据。因此这个话题依然众说纷纭。

19世纪,达尔文提出了进化论学说,这成为19世纪人类探寻自身起源的一个新的线索。

达尔文是19世纪英国学术界破旧立新的大师。他身患痼疾,为探索自然规律,一生孜孜以求。1859年他的《物种起源》一书问世,这本书是他对自己多年在世界各地亲自观察生物界现象的总结,书中阐述了自然选择在物种变化上起的作用,提出了物种的起源和进化的一般规律。

《物种起源》的发表从根本上打击了上帝造人的宗教神话和靠神造论来支持的封建伦理。当时保守势力的反扑顽抗和社会思想界的巨大震动,使一贯注意不越自然科学领域雷池一步的达尔文也兴奋不已。为了用客观事实来揭示人类起源的奥秘,他发愤搜寻各种事实依据,终于在1871年,即《物种起源》出版后12年,又发表了《人类的由来》这本巨著。达尔文认为,物种起源的一般理论也完全适用于人这样一个自然的物种。他不仅证实了人的生物体是从某些结构上比较低级的形态演变进化而来的,而且进一步提出了人类的智力、人类的心理基础等精神文明的特性也是像人体结构的起源那样,由低级向高级逐渐发展。《人类的由来》奠定了人类学研究的基础。

达尔文认为人类起源于古猿。经过一番激烈的学术的和宗教的争论之后,科学界渐渐接受了这个理论。后米的科学家又经过不断探索,在达尔文学说的基础上形成了现代的人类起源说。他们认为,人类是古猿在数百万年的漫长时间里,在大自然的影响下逐渐进化而来的。作为一种学说,进化论有着许多合理的科学内核,然而毕竟是一种假说,也有其缺陷,考古学上的许多发现都无法用进化论的理论解释。例如:

1913年德国的人类学家在坦桑尼亚 Olduvai 峡谷 100 万年以前的地层中发现了一具完整的现代人类骨骼。

美国科学家麦斯特则在犹他州羚羊泉的寒武纪沉积岩中发现了一个成人的穿着便鞋踩上去的脚印和一个小孩的赤脚脚印,就在一块三叶虫的化石上面。而三叶虫是2.5

亿~5.4亿年前的生物,早已绝迹。经过犹他大学的化学专家们鉴定这的确是人的脚印。

在中国云南富源县三叠纪岩石面上发现有四个人的脚印。据考证,这些脚印是2.35亿年前留下的。

1976年,著名考古学家玛丽·D·利基也曾发现了一组和现代人特征十分类似的脚印。这些脚印印在火山灰沉积岩上,据放射性测定,火山灰沉积岩有340万~380万年的历史,古生物学家证实,其软组织解削特征明显不同于猿类。

这些考古发现又是怎么回事呢?它们似乎有悖于达尔文的生物进化论中的观点。根据达尔文进化论假说,森林古猿经过千百万年的进化才成为今天的人类,可是科学家至今却无法找到这千百万年的中间过程,也找不到任何猿与人之间的人存在的证据;按照通常的认识,人类大约在距今1万年左右才发展到最原始的状态,有文字记载不过5000年时间。按照达尔文进化论假说,几亿年前不可能有人类存在,至于高度的人类文明就更是天方夜谭了。

随着时代的发展和科技的进步,科学家们不断提出新观点,对人类起源问题发表自己的看法。

1960年,英国人类学教授爱利斯特·哈代爵士提出了一种新的假说,他根据在距今400万~800万年前这一时期的化石资料几乎空白这一事实,认为这一时期内人类祖先不是生活在陆上,而是生活在海中;在人类进化史上存在着几百万年的水生海猿阶段,至今仍能在人类身上找到那一阶段留下的许多"痕迹",如人类的许多解剖生理学的特征在别的陆地灵长动物身上都找不到,而在海豹、海豚等水生哺乳动物身上却同样存在。例如:所有陆地灵长动物体表都有浓密的毛发,唯独人类皮肤裸露,这一点与海兽相同;灵长动物都没有皮下脂肪,而人类却有厚厚的皮下脂肪,这一点又与海兽相同;人类胎儿的胎毛着生位置,明显不同于别的灵长动物,而与水兽胎儿的胎毛位置相当;人类泪腺分泌泪液、排出盐分的生理现象,在灵长动物中是绝无仅有的,而海兽却都具有。

哈代爵士查阅了大量史料,指出在400万~800万年前,海水曾淹没了非洲的东部和北部的大片地区。海水分隔了生活在那儿的古猿群,其中的一部分为了适应急剧变化的自然环境,进化成为海猿。几百万年以后,海水退却,已经适应水生生活的海猿重返陆地,又经过几百万年的进化,成为人类。海猿历经沧桑,在水中的生活进化出了向人类方向发展的特征,这些特征为以后的直立行走、解放双手、进行语言交流等重大进化步骤创造了条件。这使得他们在返回陆地上后有了更明显的优势,超越了其他猿类,进化成为地球上最高等的智慧动物。

此外,美国加州圣·克鲁兹大学的生物学家大卫·迪默则认为地球上的生命,或者说生命的早期形态有可能起源于浩瀚宇宙。

国际生物界一致认为,生命的起源在很大程度上依赖于细胞膜的作用。迪默在实验中发现,即使是在寒冷、充满辐射的真空宇宙环境下,细胞膜仍然具有"生命力"。这说明恶劣的宇宙条件并未阻止生命的演化,生命起源于地球以外的浩瀚宇宙也是完全有可能的。

面对这么多假说、矛盾、谜团,我们不禁要问,人类到底是怎样起源的呢?我们相信一定能解开这个秘密,也许就在明天。

## 埃博拉病毒究竟藏身何处?

2004年英国《焦点》月刊2月号发表的文章《病毒——看不见的敌人》,科学家们探索了有关这一神秘的看不见的敌人的已解和未解之谜,列举了6种高致命的病毒,而埃博拉赫然排在首位。世界卫生组织也将其与癌症和艾滋病等并列为威胁人类健康的主要杀手而严加防范。

那么埃博拉究竟是一种什么样的疾病,能令全世界的人闻之色变?

1976年,在非洲中部扎伊尔和苏丹两国交界的林区,突然爆发了一种急性出血性传染病——埃博拉出血热。病人出现发热、头痛、胸痛、皮疹、出血、腹泻、呕吐和肌肉酸痛等症状,这种传染病在病人家庭和医院中迅速传播着,并逐渐蔓延到苏丹、加篷等地,致使600人被感染,其中400多人丧生,其死亡率高达70%以上。科学家们随即展开了深入的调查研究,最终发现这是由一种病毒引起的。由于这种病毒最早是在扎伊尔埃博拉河附近的一个小村庄里被发现的,所以将之命名为"埃博拉病毒"。

1995年"埃博拉出血热"又一次在扎伊尔肆虐开来。仅在基奎特市便引起315人发病,其中244人死亡,致死率高达80%。不仅如此,科学家还惊奇地发现:在过去5年里,埃博拉病毒还导致数千只灵长类动物死亡,其中乌干达的一个大猩猩保护区内的灵长类动物竟然减少了2/3。

有的科学家认为,埃博拉出血热比艾滋病更可怕,这是因为艾滋病患者在感染了病毒后仍能存活相当长的时间,而感染了埃博拉病毒的人,仅有一两个星期的潜伏期,在饱受病魔一个星期的折磨后,就会七窍流血而死。他们曾做过这种一个比喻:将艾滋病一个周期的病变压缩在一个星期之中,就是埃博拉出血热。然而最令人胆战心惊的是,埃博拉病毒在人体内,会像绞肉机一样把各种组织器官绞碎,使其糜烂成半液体状。因而每当病人口吐鲜血或坏死的体内器官时,连空气中都散发着血腥和浓浓的臭味。

美国在2003年8月份的《自然医学》杂志上发表了一篇论文,称97%的埃博拉病毒感染者都会出现内出血症状,其原因可能是由于一种病毒蛋白质破坏血管内壁细胞造成的。这项由美国国家卫生研究所的科学家们得出的研究成果意义重大,它可能会有助于开发出通过攻击这种蛋白质来减小或防治埃博拉病毒的药物和疫苗。不过,到目前为止,研究人员仍无法确认埃博拉病毒的宿主究竟是什么,世界卫生组织的玛丁尼兹医生说:"没人知道埃博拉病毒在病疫爆发前藏身何处,是什么因素将它们激活并蔓延开来。"

现在,一项新的研究表明,埃博拉出血热的爆发存在多个源头,这说明它可能有多种宿主。世界卫生组织和环境保护学家们也在努力搜寻着开始变异的埃博拉病毒流行的源头,他们怀疑埃博拉病毒可能是潜伏在一种或几种动物体内,该动物不知何故对埃博拉病毒的致命性作用不敏感,但又能传染给其他易感染动物。一个重要的谜题就是,最近一次埃博拉病毒是否是一次蔓延到热带雨林的更大规模的大流行的全部源头,还是此次大流行的每个部分都有其自己病毒引入的途径?这个问题的答案对于制定遏制埃博拉大流行的策略具有重要意义。

非洲国家加篷发育研究所的Eric Leroy和他的同事测序了2001到2003年间,在加篷和刚果共和国5个不同埃博拉出血热爆发地区的死亡动物和人的病毒样本。令人惊异的是,研究人员发现了 8 个不同的埃博拉病毒株。早先的研究已表明,埃博拉病毒比较稳定,从 1996~1997 年间埃博拉流行中的 9 名感染者体内分离出来的毒株完全一样;对 1976 年扎伊尔爆发时的埃博拉病毒和 1996 年刚果爆发时的埃博拉病毒的序列比较结果表明,二者的差异不到 2%。因此,刚果的 8 个毒株过去几十年里可能发生了分化,这说明它们可能有不同的起源。研究小组将研究结果发表在 2004 年 1 月 16 日的《科学》上。

这个研究结果暗示了一个令人不安的可能性,文章的合著者、世界卫生组织的 Pierre Formenty 指出:埃博拉存在多个毒株这一事实表明,它们可能有多个宿主物种,昆虫以及蝙蝠、老鼠和鸟类等或许也是埃博拉病毒的宿主,如果真是这样的话,那将给埃博拉出血热流行的控制带来更大的难度。

然而,并非所有人都相信埃博拉病毒有多个宿主。普林斯顿大学的生态学家 Peter Walsh 认为,人类和猿猴中埃博拉病毒的蔓延只是一次流行的两个部分,他认为存在明显差异的毒株的出现并不排除是一次埃博拉爆发的余波的可能。如果埃博拉病毒通过多种宿主动物传播,它们可能会快速发生突变。

目前,对于埃博拉病毒究竟是单一的宿主,还是多个宿主,其宿主究竟是什么,至今仍无定论,然而根据美国《病毒学杂志》2004 年 12 月 17 日公布的研究结果表明,鸟类作为埃博拉病毒的宿主(可能是单一宿主,也可能是宿主之一)的“可能性”极大。珀杜大学研究人员桑德斯等人在这期杂志上公布了他们的发现:埃博拉病毒的蛋白质外壳,在生物化学结构上与鸟类携带的多种逆转录病毒非常相似。科学家此前已经知道,埃博拉病毒与鸟类携带的一些病毒内部结构相似,而桑德斯等人的研究进一步证明了其外部的相似性。桑德斯最后说道:“尽管鸟类携带埃博拉病毒的结论还需进一步证实,但所有这些病毒间的相似性应该引起卫生部门负责人的高度警惕。”

相信随着医学科技的不断进步,科学家们最终能解决这一困扰人类多年的顽疾,届时,埃博拉病毒将不再神秘,也不再可怕。

## 法老陵墓的造访者离奇死亡之谜

1912 年 4 月 15 日,世界上最大的游轮——“泰坦尼克”号从英国首航美国,在途中不幸沉到大西洋里。这艘豪华游轮上的游客和工作人员 1500 多名遇难或失踪,这是人类历史上最惨重的海难事件。事件引起了各国的广泛关注,许多专家从不同途径寻找造成“泰坦尼克”号沉没的原因。在人们提出了种种猜想仍得不到一致意见的时候,有人想起了船上曾有一具石棺,棺上附有咒语,最后一句是:

“凡是碰到这具石棺的人都不会有好的结果,将沉没于水底。”

难道这只是巧合吗？这具石棺是 12 年前一群考古学家从埃及的古墓中发掘出来的,后来一位富裕的美国实业家买下了大英博物馆的这具石棺以及棺中的木乃伊。恰好这时,“泰坦尼克号”要开始其首次航行,这位美国实业家便委托船长将石棺运往美国。

科学家们并不相信真有传说中的咒语存在,更不相信它能改变人的命运,然而后来接二连三的类似事件,让科学家们也一筹莫展。其中最让人不寒而栗的事件莫过于挖掘图坦卡蒙金字塔的考古学家们在很短的时间内接连死去。

英国人卡纳冯勋爵和他的助手霍华德·卡特于 1914 年来到埃及王陵谷,他们在此处经过锲而不舍的努力挖掘,终于在 8 年之后,即 1922 年 11 月 3 日,发现了一座从未被人挖掘过的地下陵墓。这就是图坦卡蒙法老的陵墓,他仅仅活了 18 岁,但拥有举世罕见的美貌。此墓的富丽豪华程度实在出人意料,人们光清理随葬的奇珍异宝就花了一年的时间。后来人们打开神龛,一睹图坦卡蒙法老的真面目。法老的石棺盖子是用玫瑰色的花岗岩做成的,而整个石棺是用一整块质地细密的淡黄色花岗石凿成的。石棺里是一具镀金木棺,上面雕刻着年幼法老的金像。而最内层竟是用纯金制成的,纯金厚为 0.15～0.21 英寸,棺材内放着法老的木乃伊。

在图坦卡蒙法老的陵墓中,卡特等人发掘出 5000 多件工艺品、家具、衣服和兵器,但接下来这些掘墓者遇到了一连串他们预想不到的怪事。1923 年 2 月 18 日,卡纳冯勋爵突患重病死去,死前他曾花巨资支持卡特的发掘工作。他姐姐在回忆录中写道:"临死之前他在高烧当中连声叫嚷:'我听见他呼吸的声音,我要随他而去了。'"据说当初卡纳冯勋爵正要步入图坦卡蒙陵墓大门的时候,一只蚊虫突然叮咬了他一下,被叮咬的地方逐渐形成为一个肿块,越来越痛,也越来越大。在一次刮胡须时,他的刮胡须刀片竟然刮破了这个肿块,最终导致了败血症。卡纳冯勋爵死后几个月,他同父异母的弟弟奥布里·赫巴德上校,也曾经进过法老的陵墓,后来突患精神分裂症自杀身亡。一位在埃及开罗医院曾经照料过卡纳冯勋爵的护士很快也死去了。

美国铁路大王杰艾·格鲁德也在参观图坦卡蒙王陵之后不久突然死去;南非一位叫威尔夫·尤埃尔的人在参观了图坦卡蒙王陵后从一艘豪华游艇的甲板上跌入河中溺死;亚齐伯尔特·理德教授全身发高烧并很快死亡,他曾用 X 光检查图坦卡蒙王的木乃伊;后来,卡纳冯勋爵的妻子伊丽莎白也死于一只不明蚊虫的叮咬。参与王陵发掘工作的人接二连三地死亡,这让人们对图坦卡蒙王陵的咒语谈虎色变。

据说法老公主看中了图坦卡蒙的稀世美貌,因而选他为驸马。在法老死后,图坦卡蒙与老臣阿伊共执国政,但在他 18 岁时突然猝死。悲痛欲绝的王后决定以盛大的仪式将其厚葬。还有人说,王后在图坦卡蒙死后不久就不知去向,年老的阿伊登基称王。甚至有人说,图坦卡蒙死得不明不白,他死亡的背后隐藏着一个惊人的秘密和莫大的冤屈。多少世纪以来,有关图坦卡蒙陵墓的富丽豪华在全世界传得纷纷扬扬,但许多盗墓者无缘得见。

等到人们真的进入图坦卡蒙的陵墓时,被陵墓的宏大和华丽震惊的同时,也发现了陵墓中的咒语:

　　谁扰乱了这位法老的安宁,

　　展翅的死神将降临到

　　他的头上。

　　我是图坦卡蒙的保卫者,

　　是我用沙漠之火

　　驱赶那些盗墓贼。

神秘的咒语和莫名其妙的死亡并没有让科学家就此止步,一个叫阿瑟·美斯的教授和一个叫埃普森·霍瓦伊特的博士就没有被吓倒,他们毅然决定与卡特合作发掘王陵谷。但是,就在美斯教授进入安置图坦卡蒙法老的棺椁的房间时,突然全身瘫软,浑身无力,失去了知觉,并很快停止了呼吸。而刚从图坦卡蒙棺椁房出来的霍瓦伊特博士也忽然感到浑身不适,他梦呓般地告诉别人:"我已经看过法老王的木乃伊,同时也受到了法老王的诅咒,我必须从这个世界上消失。"他不久便自杀。

活到 65 岁高龄才去世的卡特博士是一个例外,他曾经主持过发掘工作。但他最钟爱的小女儿伊布琳·怀特却死于自杀,她曾随父亲一起最早进入图坦卡蒙王陵。她死前写下谜一般的遗书,遗书中称"我再也无法忍受诅咒对我的惩罚了"。这实在让人奇怪。

人们一直以来无法解释为什么发掘金字塔的考古学家接二连三地神秘死亡。尽管很多人认为诅咒之说不可信,但种种从科学角度做出的解释,又实在让人无法信服。

有人认为是陵墓中某种具有放射性物质,然而,这种说法站不住脚,因为参与挖掘工作的埃及工人却能平安无事;还有人认为可能是法老们为了防止后人盗墓,特地在安置棺木的房间的各个角落涂上毒剂;有人认为某些人在发掘王陵时吸入了能引起矽肺病的石粉,可这种现象似乎仅仅在卡特的助手亚博·麦司身上发生。参观者不可能吸入石粉,那么他们又是怎么死的呢?还有人认为木乃伊内存在着能使人的呼吸系统发炎的曲霉细菌,感染者除了呼吸系统发炎外,还伴随着皮肤上出现红斑,最后因呼吸困难而死亡。可是这不能解释为什么只有少数人死于呼吸困难,而且这种曲霉细菌对参与挖掘陵墓的埃及工人根本不发生作用。

金字塔在过去曾一直被认为是古代埃及法老们为自己建造的陵墓,但目前在许多地方都发现了类似金字塔的方底尖顶的方锥形石砌建筑物的踪迹,如非洲的苏丹,美洲的墨西哥、危地马拉、洪都拉斯和巴西,亚洲的中国,甚至有人声称在百慕大区域的海底、月球以及火星与金星等神秘的地带也有发现。到底是什么人在什么时间为什么目的在如此广大的范围内建造了如此宏大的建筑呢?难道神乎其神的法老咒语也与此有关吗?

## 美人鱼之谜

自古以来,有关海洋的神奇传说数不胜数,其中流传最广和最引人入胜的莫过于美人鱼的传说了。虽然人们与它保持着一定距离,小心翼翼地来赞美着它。但是,美人鱼的迷人魅力仍使它流传于世,而且愈传愈真。

关于传说中的美人鱼,一直有着三种不同的说法:

### "上半身是人下半身是鱼"

1991 年 8 月,美国两名渔民发现人鱼事件,报道如下:最近美国两名职业捕鲨高手在加勒比海海域捕到 11 条鲨鱼,其中有一条虎鲨长 18.3 米,当渔民解剖这条虎鲨时,在它的腹内胃里发现了一副异常奇怪的骸骨骨架,骸骨上身 1/3 像成年人的骨骼,但从骨盆开始却是一条大鱼的骨骼。当时渔民将之转交警方,警方立即通知验尸官进行检验,检验结果证实是一种半人半鱼的生物。对于这副奇特的骨骼,警方又请专家进一步研究,并将资料输入电脑,根据骨骼形状绘制出了美人鱼形状。参加这项工作的美国埃毁斯度博士说,从他们所掌握的证据来看,美人鱼并不是传说或虚构出来的生物,而是世界上确实存在的一种生物。

### "上半身是鱼下半身是人"

科威特的《火炬报》在 1980 年 8 月 24 日报道：最近，在红海海岸发现了生物公园的一个奇迹——美人鱼。美人鱼的形状上半身如鱼，下半身像女人的形体——跟人一样长着两条腿和 10 个脚趾。可惜的是，它被发现时已经死了。

### 来自海底的活人鱼

关于对活人鱼的发现也是有的。1962 年曾发生过一起科学家活捉小人鱼的事件。英国的《太阳报》、中国哈尔滨的《新晚报》及其他许多家报刊对此事进行了报道。苏联列宁科学院维诺葛雷德博士讲述了经过：1962 年，一艘载有科学家和军事专家的探测船，在古巴外海捕获一个能讲人语的小孩，皮肤呈鳞状，有鳃，头似人，尾似鱼。小人鱼称自己来自亚特兰蒂斯市，还告诉研究人员在几百万年前，亚特兰蒂斯大陆横跨非洲和南美，后来沉入海底……现在留存下来的人居于海底，寿命达 300 岁。后来小人鱼被送往黑海一处秘密研究机构里，供科学家们深入研究。

老普利尼是第一个详细记述美人鱼的自然科学家。在他不朽的著作《自然历史》中写道："至于美人鱼，也叫作尼尼丽德，并非难以置信……她们是真实的，只不过身体粗糙，遍体有鳞，甚至像女人的那些部位也有鳞片。"

那么美人鱼到底在世界上到底存在不存在呢？有些科学家持否定的态度，但 1991 年的考古学发现对这些人来说是一个不小的打击。1991 年春，考古学家发掘到世界首具完整的美人鱼化石，证实了这种以往只在童话中出现的动物，的确曾在真实世界里存在过。化石是在南斯拉夫海岸发现的，化石保存得很完整，能够清楚见到这种动物拥有锋利的牙齿，还有强壮的双颚，足以撕肉碎骨，将猎物杀死。"这只动物是雌性的，大概 1.2 万年前在附近海岸出现。"柏列·奥干尼博士说。奥干尼博士是一名来自美国加州的考古学家，在美人鱼出现的海域工作了 4 年。奥干尼博士说："它在一次水底山泥倾泻时被活埋，然后被周围的石灰石所保护，而慢慢转为化石。化石显示，美人鱼高 160 厘米，腰部以上像人类，头部发达，脑体积相当大，双手有利爪，眼睛跟其他鱼类一样，没有眼帘……"

追溯一下历史就会发现，在早期的海上探险中，也有人仓促看见过美人鱼，甚至在哥伦布 1492 年的航海日记中也提到过美人鱼。他写道："我看见 3 条美人鱼，它们从海上跃起很高，虽然在一定程度上有人样的面孔，但不像传说中的那样美丽。"在另一篇航海日记里，哥伦布还写道："在波尔内岛附近抓到了一条美人鱼般的怪物，它有 1.5 米长，在陆地上活了 4 天，又在装满水的大桶里活了 7 小时。从一开始，它就发出如老鼠般的轻微叫声。我们给它喂小鱼、贝类、蟹和虾等，但它都不吃。"

18 世纪挪威博物学家艾里克·彭特是个研究美人鱼的"专家"。他在《挪威博物志》中为了证明美人鱼确实存在，用了整整 8 页的篇幅来记叙美人鱼真实历史。

那么，美人鱼是否像传说的那样真实地存在于海洋中呢？

有许多科学家认为，传说中的美人鱼实际上就是海中普普通通的海牛或海豹类动物，它们拥有与美人鱼相似的特征：海牛的身体虽说比妇女的体躯略大，但雌海牛的胸部乳房的位置与人类女性乳房的位置相似。至于在寒带或温带海洋看见的"美人鱼"，则很可能就是海豹。海豹除了有肢状前鳍和逐渐缩小的身体外,还有一双温柔迷人的眼睛,而且它还会跳跃,这些特点都和传说中的美人鱼十分相似。

美国斯密森尼安博物馆脊椎动物部主任居格博士是位著名的隐匿动物学家。一次有人问他美人鱼究竟属于哺乳动物还是属于鱼类时,他说除非他看到美人鱼的标本,否则对这个问题任何一种回答都是臆测。

## 人类基因组计划揭秘

1990 年美国政府投资 30 亿美元,启动了人类基因组计划。此后,英、法、日、德、中等国先后加入。2000 年 6 月 26 日,被称为"继达尔文的'生物进化论'以后意义最为重大的生物学发现"的人类基因草图绘制完毕,人类基因组计划初步完成。那么,这项历时 10 年、耗资几十亿、被科学家们推崇备至的人类基因组计划,对人类的生存到底有什么意义呢?

首先,让我们了解一下什么是基因:基因是具有独特的双螺旋结构的长链,这条长链是由 4 种脱氧核苷酸分子连接而成的控制生物遗传性状的最基本单位,生物所有的遗传信息和遗传性状都隐藏在其中。

现代遗传学认为,基因是遗传的基础,它决定了人体的各种性状。例如亚洲人有黑眼珠,而欧洲人则为蓝眼珠,此外人的身高、相貌等大都由基因决定。

不仅如此,人类所患的疾病有许多是基因病,基因与疾病有密不可分的联系。

基因病又叫作遗传病,也可说是由于遗传物质的变化而产生的疾病。然而根据人们以往的理解,遗传病是与生俱有的,也就是说这种疾病是从父母那里遗传而来的。随着现代分子生物学的发展,人类对遗传病有了更加深入的了解。目前认为遗传病既有从父母那里遗传而来的可能性,也有不从父母那里遗传而来的可能性。例如尿黑酸症等病,它们既属于基因病也属于遗传病,可从父母那里遗传而来的;然而人人都怕的癌症就是基因病,它不是从父母那里遗传而来的,而是由于在出生后的成长过程中病毒感染或其他原因引起基因改变而产生的。

在人类基因组计划完成的基础上,随着人类对自身基因了解的不断深入,科学家可以根据每个人独特的基因图谱判断人的健康情况,并且预测他患某种潜在疾病的可能性,通过这种判断和预测,人们可以进行有效的预防;或是采用基因技术,向人体导入功能基因,修补、改变相应的缺陷基因,达到治疗的目的,或是根据由基因图谱提供的遗传信息,最终解决长期以来一直困扰着人类的一些遗传性疾病,如糖尿病、肥胖症、精神病等。也许在不远的将来,活到 150 岁将不仅仅是人们的梦想。除此之外,根据癌症、心脏病等疾病的病因,科学家可以在人类基因组计划的帮助下,有针对性地研制和开发价廉物美的基因工程药物。

此外,一场"绿色革命"也马上会因基因组计划悄悄地影响与我们日常生活息息相关的传统农业。例如,根据水稻基因图谱我们可以有选择地培育出具有抗旱涝、高产、抗虫等多种优点的农作物。我国著名农学家袁隆平发明的杂交水稻,就是部分利用基因工程学的知识实现的。山东农业大学的研究者在不久前分别在水稻细胞中导入毒蛋白抗虫基因和抗除草剂的基因,培育出了具有明显的抗除草剂效果和抗虫性的新型水稻。而荷兰的一家公司将转基因技术用来生产一种具有抗菌、转铁等功效的乳铁蛋白，一年的销售额达到50亿美元。

尽管人类基因组计划的初步完成会给人类带来巨大方便，但随着对基因认识的深入，却不可避免地会带来一些"副作用"。这正如美国伍斯特工艺研究所宗教和社会伦理学教授汤姆·香农向人们所警告的：一旦给出了基因组图谱，对隐私权、保密权等伦理道德问题人们就必须加以重新思考。例如有些公司就会以基因特征为标准根据基因信息技术来选择它的雇员，保险公司要通过基因信息来挑选客户。一些社会团体、政府机构或是医务人员或许会出于人道主义考虑对那些携带先天性基因缺陷的人们或家庭采取预防性保护措施，从而使被监护者感到自卑，造成社会偏见，蒙受社会和心理压力，也许他们将在无形的精神压力下痛苦地度过一生。

而且，片面地强调基因的作用，甚至会给种族主义极端理论以可乘之机。如果根据基因对未出生婴儿进行筛选，就会出现更难以想象的事情。例如20世纪的天才之一、被誉为拥有爱因斯坦之后最杰出大脑的英国剑桥大学理论物理学家、《时间简史》的作者斯蒂芬·霍金也许就会因为患有侧索硬化症这种严重的遗传性疾病而早早地离开了这个世界，然而这样罕见的天才对人类所做的贡献，却是许多正常人自叹不如的。又如，假如发现荷兰著名画家梵高在未出生时携带着容易导致精神病的基因而剥夺了他生的权利，那么一幅幅非凡的画作就不可能被这个世界所拥有了。

更何况，某些别有用心的个人、组织或国家利用基因组计划的成果来制作"基因武器"，针对不同群体或种族的特异性基因，实现赢得战争、达到灭绝整个种族的目的。美、英、俄、德等国的专家都已经认识到了这种可能性。这并非耸人听闻，而且早在1997年英国就成立了攻关小组，由生物技术、医学等多学科专家组成，研究其对策。

人类基因组计划的完成和其他一切科学技术的进步一样，既可以给人类造福，也可能给人类带来灾难，因此人类应该慎重地利用这种高精技术，只有这样才能使人类社会更加美好。

## 人类为何会得癌症

癌症这个词现在频繁出现在人们的嘴边，可谓谈癌色变。它夺去了无数人的生命，已经成为威胁人类健康的最可怕的"杀手"之一。有资料显示，全世界每年因癌症死亡的多达几百万，近年来，儿童患癌率显著增加，这一现象令医学家们大为震惊。癌症如此可怕，不禁令我们疑惑：究竟是什么导致人类会得这种致命的绝症呢？

带着这个疑问，科学家们进行长期的研究，现今已经了解和掌握了一定的规律，并取得了一些临床治疗上的进展，得了癌症，已经不再意味着就是走向死亡了；但是科学家们并未把致癌症的真正原因找到，每年仍有大量的人因患癌症而死亡。所以说，要想彻底攻克这个难关，并揭开它的秘密，还要有相当长的路程要走。

科学家们首先把注意力放在了寻找致癌物质上。他们研究了患肿瘤的动物，通过研究发现，诱发癌症的主要因素有：一定的化学物质和物理、环境方面的因素。举例来说，许多日本人在广岛的原子弹大爆炸中因核辐射患血癌、长期工作在铀矿的矿工患肺癌的几率大大高于普通人，而且死亡率也相当高。

然而,科学家们在进一步的研究中发现,日常生活中也不乏患癌症的人,那么日常生活用品中自然也含有致癌物质,到底哪些物质含有致癌物呢?经过统计发现,诱发癌症的因素还有煤油、润滑油、香烟中的尼古丁、发霉的苞米花和粮食中的黄曲霉素等等。

还有一些科学家提出,癌症还与遗传因素有关,致癌物可能通过基因突变传给后代。根据一部分医学工作者研究的结果,有一种癌症属于"遗传性癌",它是直接由遗传决定的。进一步的研究之后,医学专家们又发现,那些属于非遗传型的癌症,竟也呈现出明显的遗传倾向。比如,胃癌患者的子女得胃癌症的几率比一般人高出 4 倍;母亲患乳腺癌,女儿的乳腺癌发生率也比一般人要高。很显然,遗传因素对癌症所起的作用是不容忽视的。相关研究还表明,某些人对癌症具有易感性,主要因为体内某些酶的活性降低,染色体数目异常或畸变。总之,遗传上的缺陷很有可能促发癌症。但遗传因素是怎样促发癌症的,却仍然令医学家们感到费解。

近年来,对有一些医学专家提出,绝大多数癌症与环境因素有关,例如,土壤中镁的含量低的地区,胃癌的发病率就相对较高一些;皮肤癌的发病率和饮用水受砷污染的程度密切相关;饮用水中的碘的含量如果过低,甲状腺癌的发病率就会上升等。可见,环境因素对癌症的发生起着不可忽视的影响。

综上所述,我们看到,诱发癌症的因素很多,但是这些致癌因素之间并没有什么共同点,这到底是为什么呢?经过一系列临床研究实验后,医学家们又发现,同样的致癌因素,并不一定都能诱发癌症。也就是说,所有的致癌因素可能都不过是外在因素,还有可能存在着内在的因素。因此,科学家们又开始了致癌的内在原因的探寻过程,经研究发现,癌组织是由正常组织细胞病变而来,具体来说,人的机体内都存在着克服致癌因素的抑癌因素,在这种抑癌因素的作用下,细胞才会健康发展。如果抑癌因素的作用减少或消失,正常细胞就会发生基因突变,代谢功能紊乱,细胞也因此无限地分裂、增生。一般地说,正常细胞演变成癌细胞,再引发癌症是一个相当漫长的历程,大约需要 10 年多的时间。同时,科学家们又发现人体基因内存在着癌基因,这是造成正常细胞癌变的关键。其实,人体内不仅存在有癌基因,还有抗癌基因。抗癌基因的发现,使人类对癌症的研究有了突飞猛进的进展,是人类最终战胜癌症的前提。科学家们把培养的抗癌基因注入动物身上,并取得了初步成功。如果研究能够再深入一步的话,有望在不远的将来把这种方法应用于人类的癌症治疗上。将这种抗癌基因注入人体后,将可以有效地阻止癌细胞生长。

一部分医学专家在不断研究细胞癌变的过程中还发现,癌细胞的氧含量很低,而蛋白质含量却很高,而且癌细胞的表层组织越深入其裂变能力越差,直至坏死。因此,细胞缺氧可能也是诱发癌症的因素之一。当局部组织受到损坏,并进入窒息状态时,会改变其生存方式,癌细胞由此生成。

尽管关于癌症的成因,可以说是林林总总,莫衷一是,但这些都只是具体细节方面的分歧,大体上来说,都有一定的合理成分在其中。但从根本上讲,人们并没有把癌症的病因彻底弄清楚,仍处于推测假说阶段。面对着癌症这个疯狂的病魔的肆虐,医学家们在大多数情况下仍然是束手无策,无能为力。但"魔高一尺,道高一丈",随着科学的进步,经验的累积,研究的深入,相信终有一天,人类会彻底弄清楚癌症的病因,彻底地降服这个恶魔。那时,癌症就会像伤风感冒打喷嚏一样平常,不再那么可怕。那一天迟早会到来,让我们一起期盼吧。

## 艾滋病从何而来

人类在同大自然的斗争中遇到过一个又一个的绝症,从肺结核、麻风到癌症。如今,肺结核、麻风对人类来说早已不再是绝症,在人们把精力集中到解决癌症上的时候,又一种绝症出现了,它就是目前搅得全球鸡犬不宁的艾滋病。

自从 1978 年在美国纽约发现第一例艾滋病人以后截至 1999 年 11 月 26 日,世界卫生组织根据各国官方提供的统计数字表明,全世界已有 163 个国家和地区报告发现了艾滋病人。据世界卫生组织的专家们估计,全世界艾滋病实际患者已达 3400 万。全世界已有 1600 万人死于艾滋病。对于艾滋病的病因,许多科学家进行了大量的研究,但是至今还没有弄清楚。大多数的科学家认为艾滋病的发病与一种 T 细胞有关。

1983 年 5 月,法国巴斯德研究所的吕卡·蒙塔尼埃研究组从病患者体内的淋巴结里分离出了艾滋病病毒。这是人类首次发现艾滋病病毒。这种病毒能够附着 T 细胞的表面进行繁殖,受感染 T 细胞很快就会停止生长,丧失免疫功能而死亡。而新繁殖的艾滋病病毒又释放到血液中,寻找新的 T 细胞。这样循环往复的进行导致患者的免疫力下降,最终失去抵抗力。

也有少数的科学家认为,艾滋病并不是仅仅由一种病毒引起的,很可能还有其他的因素在起作用。

1986 年上半年,世界卫生组织决定将艾滋病病毒定名为"人体免疫缺损病毒",英文缩写为 HIV。艾滋病即由 HIV 潜伏性和作用缓慢的病毒引起的疾病,英文缩写为 AIDS。中文音译为艾滋病。1988 年,世界卫生组织为了唤起世界各国共同对付这种人类历史迄今出现的最厉害的病毒,定每年 12 月 1 日为"世界艾滋病日"。

关于艾滋病的来源,说法也是各种各样。起初人们认为艾滋病是由同性恋引起的。因为在美国一些大城市中的同性恋中艾滋病患者居多。可是,经过许多学者的研究后,发现早在古希腊罗马时代,西方国家就已存在同性恋问题,而在东方国家的古代社会里,也同样存在这一问题,如果因同性恋导致艾滋病的产生,那么必定在古代就流行了,为何在当代才传播开呢?从而得出同性恋并非艾滋病起源的结论。

最令人震惊的说法是有人称艾滋病病毒是美国细菌战研究的产物。他们认为艾滋病是美国生物战研究中心利用遗传工程基因重组的新技术制造出来的新病毒。美国在越南战争期间,开始了对这一问题的研究,目的是制造一种新型的生物战武器。研究者首先在中非的绿猴身上做试验,后来转为在以减刑为条件自愿接受该病毒的一些服重刑的囚犯身上试验,囚犯中不少是同性恋者。他们被释放后,便把艾滋病带到社会上,并由各种途径传播开来。这是试验者和被试验者始料不及的后果。这一观点引起各种各样的议论和猜测。尽管美国有关方面否认这一说法,但一些人还是将美国为全世界艾滋病最多的国家与此问题联系起来,持肯定态度。

还有两位英国科学家曾提出过"外空传入地球"的假说,认为艾滋病病毒可能早在外空中存在,但因千百年来缺乏传播媒介,所以人类一直没感染上。后来由于一颗飞逝的彗星撞击了地球,将这种可怕的病毒带到地球来,祸害了人类。这种假说还没有找到可靠的事实依据来证明。

目前，人们又提出了"猴子传给人类"的假说。科学家经过研究后发现，在猴子身上存在与人类艾滋病患者相同的病毒，被发现的猴子生活在非洲。研究者们从血液接触可以感染上艾滋病病毒，以及中非地区高发病率与奇特生活习俗等方面联系起来，假定艾滋病病毒是猴子传染给人类的。根据现有的资料显示，早在美国出现艾滋病之前，中非地区的卢旺达、乍得等国家和地区就流行过艾滋病。有人推测类似艾滋病病毒的东西最早存在于当地的猴群中，由于当地人经常被猴抓伤以及吃猴肉等原因，这种病毒就进入了人体，逐渐演变成了艾滋病毒。据一些专家估计，携带艾滋病病毒者可能高达非洲中部城市人口的 10%。在 20 世纪 80 年代，扎伊尔的金沙萨市在对千份血液样本加以检验后，发现其中 6%～7% 带有艾滋病病毒。赞比亚首都卢萨卡也做过一次广泛的调查，发现18% 的输血者带有艾滋病病毒，在赞比亚 1987 年间便约有 6000 名儿童接受艾滋病治疗。而非洲某些地区 5% 的新生婴儿都带有艾滋病病毒，其中一半至 2/3 的人在两年内会演变成艾滋病。法国一位研究人员偶然了解到中非地区有些居民有以下生活习俗：将公猴血和母猴血分别注入男人和女人的大腿和后背等，以刺激性欲；有些居民还用这种方法治疗不孕症和阳痿等病。许多的专家认为，艾滋病就是这样传染给人类的。但是中非部分居民的奇特生活习俗的历史无疑长于艾滋病流行史。研究者们进而假设：可能在很早以前，猴子就将艾滋病病毒传给人类，但因偶然的原因几度自生自灭。在现代，由于大量欧美人员到过非洲，传染上了这种病毒，并把艾滋病病毒带回欧美，加之性生活混乱和吸毒等流行，所以艾滋病在欧美地区就广泛传播开来。

目前，人类对艾滋病的研究已取得许多重大成就，但它究竟怎么起源，至今各说其是，很多专家认为这种争论还只是一个开始，要想弄清艾滋病的来源仍需要相当长的时间。

# 人体科学

## 破译人体辉光之谜

在自然界里，很多东西都能发光。除了我们所熟知的海洋里的鱼类和浮游生物能发光外，一些腐败的细菌菌丝也能发光。现代科学证明：每个人的身体都能发出不同程度的辉光，只是一般人发出的光太弱了，肉眼根本无法看见。

人们曾在中国古代的一些宗教画中发现一些周身总是笼罩着一层薄薄光辉的圣人形象。在早期的西方，基督徒将他们神圣的始祖——耶稣用美丽的光环来围绕。在其他一些国家的古老宗教图画中这种光环也会被看到。

那些圣人们是否周围真的有一层辉光，我们不得而知。但是到了近代，却屡屡有人发现人体辉光的现象。

丹麦著名医生巴尔宁早在 1669 年就发现一个身体会发光的意大利女子。意大利在

20 世纪 30 年代,也发现过一个发光的女子。她的全身好像有光环环绕,特别在她晚上外出时,光环就更为明显。

这些奇特的现象引起了人们极大的关注。

为了证明人体光环是否存在,英国伦敦的华尔德·基尔纳医生做了一个实验。他用一块用一种双青花染料刷过的玻璃观察人体,结果发现的确有一圈约 15 毫米宽的光晕存在于人体周围,若隐若现,色彩丰富,非常奇妙。而且随着人的健康状况的变化,光晕的具体形状和色彩也会发生改变。

后来很多仪器被科学家们发明出来,用来观察人体辉光。在对人体光辉的进一步研究中,科学家们取得了不少成果。

在 20 世纪 80 年代以后,美、日等国的许多科学家在对人体辉光的研究中大量使用了高科技仪器。日本的科学家就成功得到了人体辉光的图像显示,他们所采用的光电信增管和医学装置,是世界上灵敏程度最高的,可用于检测微弱光线,现在这一学术研究成果已被医学和保健所广泛采用。

苏联生物学家塞杰耶夫用其发明的一种仪器将与心电图相连的静电和磁场变化进行了完全记录,这种仪器发现了人体某些部分显示出明亮闪光点,而令人惊奇的是针灸图上的 741 个穴位与这些点的位置完全一致。

科学家们对人体辉光的研究已不仅仅作为一种出于好奇所做的人类探索或科学研究,而是一种具有很高的实用价值的科学行动。

有人曾对一个饮酒者的手指进行辉光拍摄,结果发现在饮酒过程中,此人的手指辉光是逐步变化的。开始饮酒时,此人手指辉光发亮、清晰,而后辉光逐渐不调和,并开始向暗淡发展,随着饮酒者饮入酒量的增多,辉光便无力地闪烁。

日本医学专家稻场文夫教授发现饮食不同的人其辉光也不相同。他是通过一种能准确计算物质光子个数的仪器得到这一结果的。北欧、北美人生活水平高,其辉光较亮;生活水平低的南美人,其辉光则相对较暗。

科学家们随后又发现,人体不同部位、同一人体所处不同状况时,辉光都存在着巨大的差异。如手臂辉光较人的头部浅蓝色的光晕稍深,为青蓝色,胳膊、腿、躯干的辉光亮度相对手脚辉光亮度要弱。人在不同精神状态下辉光也不同,如平静的时候,为浅蓝色辉光,发怒时呈橙黄色辉光,恐惧时辉光为橘红色。另外,年龄的变化也会使辉光发生相应变化,辉光会随年龄的增长而增强,到中年以后辉光呈减弱趋势。此外,普通人的辉光弱于身体强壮的运动员的辉光。

有趣的是,人体辉光还可用以衡量爱情达到的程度。美国学者曾在一家照相馆用一种高科技微光检测仪对准备结婚而来拍结婚照的男女进行观测,发现女性指尖上的辉光会在双方挽手时特别亮,并向男方的指尖延伸;男性指尖上的辉光顾应女性光圈向后缩。双方彼此的辉光在拥抱接吻时格外明亮。还有一个同样有趣的发现,当单恋的人与对方在一起时,两人的辉光会一暗一亮,一弱一强,出现正好相反的现象。因而科学家们得出结论,可以利用人体辉光检测出恋人是否真心相爱或能否组成家庭。

科学家还发现,随着行为意向、思维方式的改变,人体辉光也会相应变化。若一个人产生用刀子去捅死另一个人的想法时,会有红色的辉光出现在他的指尖;与此同时,有预感的受害者会在指尖出现一团橘红色,产生十分痛苦的弯曲状,此人的身上也会出现蓝白色的辉光。当犯人说谎时,身上则会交替闪耀各种色彩的辉光。

辉光呈红亮色说明身体健康,辉光呈灰暗色则说明病情严重。健康状态下的人体辉光类似太阳的"日冕",辉光为很强的"之"字形则表明此人已得了癌症。

教练员在体育比赛或训练时,可利用人体辉光了解运动员的身体状况。然而科学家们至今也无法解释神秘的人体辉光是怎么产生的。

有的科学家持这样的观点,认为人体发光仅仅是荧光现象。原因是这些人血液里含有特别强的有丝分裂射线,这种射线能激发体内的某些物质,于是荧光便产生了。还有人认为,人体辉光的产生是由于体表的某种物质射线和空气的复合。有的科学家则提出,辉光产生于人体盐分和水汽以及人体高频电场的作用。当然也有人认为,当虔诚的信徒全神贯注在宗教信仰之中的时候,神经系统高度兴奋,皮肤也会发出光来。另有观点认为,人体的光导系统或经络系统的外在显现是产生辉光的原因所在。在心灵学家看来,辉光是人的灵魂不死的精神证明,但这显然是一种具有迷信色彩的说法。

无论何种解释,都没有充分的科学证据来说明辉光的真正成因,至于为什么只有少数人才能发出可见光来,更是一个不解之谜。

## 人脑之谜

人类在世界的历史上创造了许多伟大的奇迹,而这些奇迹的创造要归功于我们人类有一个与众不同的脑。但是,尽管人类创造出了种种的奇迹,但是人脑对于其自身的认识却充满了未解之谜,等待着我们去探索、去解决。

人脑之谜面临的问题很多,最首要的问题就是大脑的工作机理和它的微观的机制。目前人们对这个问题的认识仍然是很少的。例如:人脑是如何处理信息的? 是序列式还是并列式处理? 他们又是怎样具体进行的? 人脑中信息的表象是什么? 怎样对化学密码做出阐释? 其次是关于脑功能和结构异常引起的疾病的问题。占首要地位的可以说是精神分裂症,病人有思维障碍、幻觉、妄想、精神活动与现实活动脱离等症状。大约有1%的人可患此病,这个比例意味着在我国将有上千万的患者。对于它的病因目前仍不很清楚。另一种疾病是癫痫,人口中约有0.5%的患病几率,对人类的健康构成严重的威胁。病因也不是很清楚。再有一种疾病就是老年痴呆症,在病人的脑中可以看到一种特殊的蛋白质的沉积,但是关于它是如何产生,在发病过程中所起的作用如何,都还是一个未解之谜。

最后一个问题就是人类对自己大脑的认识。在近代的科学史上,生理学家们一致认为:大脑皮层是智力和意识活动的中枢,并且认为大脑的发达程度和智力的高低与脑子的大小有密切的关系。为了弄清这个问题,医学家们甚至解剖过许多杰出人物的脑子。通过无数的实验得出结论:正常成年男子的脑重1.42千克左右,女子的脑重比男子要轻10%,如果男子脑重轻于1千克,女子轻于0.9千克,人的智力就会受到影响。

但是,随着科学的发展,往往可以得出一些与定论相悖的结论。例如英国的神经科专家约翰·洛伯教授就指出:人类的智力可能与脑完全无关。一个完全没有脑子的人一样可以有极好的智力。他提出的理论根据是:英国的谢菲尔德大学数学系有一个学生,每次考试成绩都名列前茅,可是在对他的脑部进行探测时却发现,这个学生的大脑皮层的厚度仅有1毫米,而正常人是45毫米。而在他的脑部空间充满着脑脊液。另外,教授还发现一位医院女工作人员,根本就没有大脑这一部分,而她的智商却高达120。

如果说大脑皮层是智力和意识的活动中枢,那么我们如何解释"没有脑子的高才生"的现象?洛伯教授发现的"水脑症",不是根本没有大脑,而是有脑,但不及正常人的1/4,既然如此,那么对于他们的超常智力又做何解释?

在人脑探秘中,科学家们现在进行的另一个关于人脑中枢的研究是:人脑中是否存在着嗜酒中枢。我们经常见到一些嗜酒如命的人,为了帮助这些酒鬼戒酒,有些科学家首先想到这样一个问题,在大脑中有负责正常人进食和饮水的延脑,那么有没有嗜酒的中枢呢?有的话,这种中枢又位于哪里呢?

苏联的科学家们首先进行了这方面的研究。他们发现下丘脑与嗜酒有一定的关系。苏联医学科学院的苏达科夫经过研究认为,酒精破坏了下丘脑神经细胞的作用,从而形成了一些副作用。在对许多的动物和人类中的酒鬼的下丘脑检测实验中发现了酒精破坏的痕迹。酒精破坏了神经细胞的正常工作,被损坏的神经细胞会发出"索取"酒精的指令,于是酒鬼们就会无休止地沉湎于酒精的麻醉中。为了证实这一点,他做了这样一个实验:他让一群老鼠连喝了一个月的酒,结果把这些老鼠全都变成了酒鬼,然后再破坏一部分老鼠的渴中枢,然后一连数天不让所有的实验鼠喝水,最后,当把清水和酒精放在这些老鼠面前的时候,在90只老鼠中,只有6只选择了清水,其余的84只全部选择了酒精。而未喝过酒和动过手术的老鼠选中的都是清水。这个实验有力地说明,动物大脑中的嗜酒中枢可能是渴中枢受酒精的刺激转化而成的。有些科学家由此断言,嗜酒中枢就是渴中枢。

这个实验在学术界产生了很大的影响,但是一些生理学家和医学家对于人脑中存在着嗜酒中枢却持怀疑的态度。他们认为,首先在动物身上获得结果能否在人体重新获得还有待于证实,动物的嗜酒是一种人工形成的生理需要,而人的嗜酒情况是很复杂的。还有遗传、环境、习惯、性格的各种因素的作用。其次,动物脑中的嗜酒中枢,仅仅是实验证明的一部分,对于所有动物来说是否成立还需要实验的证明。至于人脑中是否存在着嗜酒中枢就更需要进一步的实验来证明了。

科学本来就是在辩论中不断地更新和发展的,法国著名的文学家巴尔扎克说:打开一切科学的钥匙都毫无异议地是问号;我们大部分的伟大发现都应归功于不断的疑问,而生活的智慧大概就在于逢事都问个为什么!究竟哪一种结论是正确的,这还需要科学家们用实践来证明。

## 人为什么会做梦

梦究竟是怎样产生的?它究竟能不能预卜吉凶?它受不受人世间自然力量的安排和支配呢?这些问题一直都吸引着历代学者去探讨。然而真正系统而比较准确的研究还是近现代的事。

1900年,世界著名心理学家弗洛伊德从心理学的角度解释梦的原因。他认为,梦是一种愿望的满足。在多种多样的愿望中,他更为重视性的欲望。认为性欲是人的一种本能,而本能是一种需要,需要是要求满足的,梦就是满足的形式之一。弗洛伊德还认为,梦是有意义的精神现象,是一种清醒的精神活动的延续。借助梦可以洞察到人们心灵的秘密。梦是无意识活动的表现,人在睡眠时,意识活动减弱,对无意识的压抑也随之减弱,于是无意识乘机表现为梦境的种种活动。

弗洛伊德的学生阿德勒则认为,做梦是有目的的。梦是人类心灵创造活动的一部分,人们可以从对梦的期待中,看出梦的目的。梦的工作就是应付我们面临的难题,并提供解决之道。梦和人类的生活是息息相关的。每个人做梦时,都好像在梦中有一个工作在等待他去完成一般,都好像他在梦中必须努力追求优越感一般。梦必定是生活样式的产品,它也一定有助于生活样式的建造和加强。人在睡眠时和清醒时是同一个人,由白天和夜里两方面表现结合起来才构成了完整的人格。人在睡梦中并没有和现实隔离,仍在思想和谛听。梦中思想和白天思想之间没有明显的绝对界限,只不过做梦时较多的现实关系暂被搁置了。梦是在个人的生活样式和他当前的问题之间建立起联系,而又不愿意对生活样式作新要求的一种企图。它联系做梦者所面临的问题与其成功目标之间的桥梁。在这种情况下,梦常常可以应验,因为做梦者会在梦中演习他的角色,以此对事情的发生做出准备。

弗洛伊德的另一名学生荣格认为,梦就是集体潜意识的表现。重视潜意识,尤其是集体无意识,是理解和分析梦的前提,梦具有某种暗示性。梦所暗示的属于目前的事物,诸如婚姻或社会地位,这通常是问题与冲突的根源所在。梦暗示着某种可能的解释。同时,梦还能指点迷津。

可以说,弗洛伊德、阿德勒和荣格对梦的心理机制,梦的成因以及梦的作用和意义等方面,都有自己独到的见解和贡献。

世界著名生理学家巴甫洛夫从生理机制方面解释了人为什么做梦的问题。他认为,梦是睡眠时的脑的一种兴奋活动。睡眠是一种负诱导现象。大脑皮层兴奋过程引起了它的对立面——抑制过程,抑制过程在大脑皮层中广泛扩散并抑制了皮层下中枢,人便进入了睡眠状态。人进入睡眠时,大脑皮层出现了弥漫性抑制,也就是抑制过程像水波一样扩展,当人熟睡时,弥漫性抑制占据了大脑皮层的整个区域以及皮层更深部分后,这时就不会做梦,心理活动被强大的抑制过程所淹没。当浅睡时,我们大脑皮层的抑制程度较弱,且不均衡,这便为做梦提供了条件。

现代科学发达,可以通过实验分析来逐步揭开梦的奥秘,有的科学家认为:梦是快速眼球运动中"意象"的集合,在快速眼球运动睡眠(REN)就会产生梦境,此时脑电波振幅低、频率快,呼吸和心跳不规则,周身肌肉张力下降。当这时候叫醒睡眠者,他会说:"正在做梦中。"如果不断地叫醒(打断其梦),会使其情绪低落、精神不集中,甚至暴躁和性急,笔者认为,这是破坏了人的心理平衡的缘故。睡眠必须是完整而不断,梦的完成对心理平衡大有益处。

有的科学家做过这样的实验:将乙酰胆咸类药物注射到猫的脑干里,此时猫眼快速运动进入睡眠状态。经研究当脑干里某神经元放出乙酰胆咸进行沟通信息时,另一种神经元就停止放出去甲肾上腺素和羟色胺,前一种神经元将信息传至大脑皮层,皮层的高级思维和视觉中心,借助已存的信息去解释、编织成故事,梦就产生出来。在梦境里为什么只见"境象",尝不出五味,闻不到香臭,这是因为快速眼球运动期间发射出的是视神经元,而不是味觉、嗅觉神经元。为什么梦醒片刻就记不住梦的内容,这是由于梦的储存仅在短暂记忆里,而长期记忆库的去甲肾上腺素和羟色胺处在封闭状态。

当然,心理学家和生理学家对梦的解释和研究也不是完全正确的,有些解释还欠妥和过于简单。但可以相信,随着心理学和生理学的发展,当代和未来的心理学和生理学家们会对梦做出更准确、更完善的解释。

# 数理化

## 球形闪电之谜

夏天,雷电交加的晚上雷声隆隆,火花在天空中闪亮,一道道明亮刺眼的闪电划破寂静的夜空。闪电是人们司空见惯的一种自然现象。专家计算过,全世界平均每秒钟就要发生 100 次闪电。人们常常见到的闪电大多是分岔的枝条状而非平直的线条状,科学家对此有着不同的解释。

荷兰科学家曼努埃尔·艾里亚斯解释说,大气放电过程中存在两种媒介,即中性气体和一个充斥着电离气体的"通道","通道"在一定的时机会成为一个导体,放电时电流进行自由的流动,而电离气体和中性气体由于界限的不稳定就会出现交融,因而出现了分岔的枝条状现象。

科学家还解释说,分枝现象是否出现取决于电场的强度。如果电场强度大,也有可能使阴极和阳极气体迅速形成"枝繁叶茂"的闪电现象。

除了树枝状的闪电以外,还有一种球形闪电也是多年来科学家研究探索的现象之一。几乎所有的报道都表明,球状闪电出现在雷暴天气下,且尾随于一次普通闪电之后。它出现时常漂浮在离地面不远的空中,接触地面后常反弹起来,而被接触的物质通常会被烧焦,目前,国内外有很多关于球形闪电的报道。

10 多年前,出现在西德的球状闪电却很奇特。人们看到一个大火球自天而降,击在一棵大树顶上,当即分散成 10 多个小火球,纷纷落地,消失了,犹如天女散花一样。

在苏联的一个农庄,两个孩子在牛棚的屋檐下躲雨。突然,屋前的白杨树上滚落下一个橙黄色的火球,直向他们逼来。慌乱中一个孩子踢了它一脚,轰隆一声,奇怪的火球爆炸了,两个孩子被震倒在地,但没有受伤。事后,人们才知道那个火球是罕见的球状闪电。

在美国一个叫龙尼昂威尔的小城里发生了一件怪事:一位主妇清楚地记得,她放

球形闪电

进冰箱的食品是生的,可是在她从市场回到家里,打开电冰箱一看,发现所有的食品都成了熟食。后来,经过科学家的研究才明白,这是球状闪电开的玩笑。不知怎么搞的,它钻到电冰箱里把冰箱变成了电炉,奇怪的是,冰箱竟没有损坏!

一位名叫德莱金格的奥地利医生,在钱包被盗的当天晚上,被请去为一个遭雷击的人看病,他发现那个人的脚上印着两个"b"字,同自己丢失的钱包上的"b"字大小相同,结果钱包就在这个人的口袋里。

1962年7月22日傍晚,我国科学工作者在泰山顶上对雷暴进行研究时,亲眼目睹了一次奇怪的球状闪电。随着一声巨响,在窗外冒雨工作的科学工作者,发现一个直径约15厘米的红色火球从西边窗户的缝中窜入室内,大约几秒钟后,又从烟囱里飘出。在离开烟囱口的瞬间,发生了爆炸,火球也消失了。桌子上的热水瓶、油灯都被震碎,烟囱也被震坏。火球所经过的床单上,留下了10厘米长的焦痕。

1979年1月6日,在我国吉林市,有人曾经看到一个落地球状闪电在气象站办公室转了数圈,然后又腾空而起,往东方飞去。它像个大探照灯,一路照得通亮,最后落入松花江里消失了。

1981年7月9日,随着一声惊雷,人们看到两个橘红色的大火球,带着刺耳的呼啸声,从乌云中滚滚而下,坠落在上海浦东高桥汽车站。两个火球在地面相撞,发生一声巨响,消失了。

1993年9月16日大约19时45分,江苏省滨海县城天气异常闷热,气压很低,突然一条红火龙从该县东坎镇东村东园组的村东向西飞来,飞到杨某家周围上空时,变为一只火球窜进屋内,紧接着一声巨响,一人遭雷击身亡,身上衣服头发均被烧光,还有二人被击昏在地,身上多处烧伤,后经抢救脱险。

球状闪电这种罕见的自然现象给充满好奇心的人类带来了无尽的遐想。古人在很长一段时间只能借想象来解释它。把它描绘成骑着火团的矮精灵,或者是口吐火焰、兴风作雨的怪物。

在19世纪初,科学家们开始了对球状闪电的漫长的探索。球状闪电虽然罕见,但两个世纪来,人们还是得到了大量的直观资料,其中包括一些科学家的目击纪录。球状闪电是一种奇特的闪电,但它的形成原因至今尚未弄清。有人认为它是一团涡旋状的高温等离子体;有人认为它本身就是一种特殊形式的大气放电等。

最新的科学进展导致了一些科学家将分形理论引入球状闪电的研究,提出分形球状闪电模型:在普通闪电的一次放电瞬间产生的颗粒极小的高温微尘与周围介质碰撞并粘结成一种错综复杂的网状结构———一种分形结构。它有相对稳定的形状,但密度极小,绝大部分体积是空隙。正是这些空隙储存了球形闪电的能量,它是一种化学能,能量的释放可能是一个链式的化学反应。

从人类已掌握的自然规律出发,科学家们已提出了几十种模型,他们都能不同程度的解释球状闪电的一部分性质。然而,毕竟因为不能在实验室中对球状闪电直接研究,无法获得充分的数据,而目击报告中许多现象又似乎矛盾重重,所以,能得到普遍认可的模型至今还没出现。两百年已经过去,自然界仍在炫耀它的天才的创造。它里面究竟隐藏着什么奥秘,相信总有一天人类能够解开球状闪电之谜。

## 地磁场能影响人体吗

自从人类发现有地磁现象存在,就开始探索地磁与生命的关系问题。我们知道,信鸽辨别方向的能力特别强,即使把上海的信鸽带到内蒙古放飞,它仍然会飞回上海。路途中就是遭遇到狂风暴雨,它也不会迷失方向。如此高强的辨别方向的本领让科学家们啧啧称奇。于是他们对信鸽进行研究,做了这样一个有趣的实验。他们在一个阴天的下午,把磁棒和铜棒分别绑在一些鸽子身上,然后运到很远的地方放飞。结果很有趣,绑着铜棒的鸽子,飞行方向正确,都安全返回主人家。而那些绑着磁棒的鸽子却满天飞失去了方向。这个实验说明鸽子辨别方向的能力受到磁场的影响。绑了磁棒的鸽子,识别地磁场的本领受到磁棒的干扰,自然也就迷失方向。

科学家们又对类似的候鸟迁徙现象进行了研究,结果发现候鸟体内也有"雷达",它们和鸽子一样,能够根据自己的电磁场同地磁场的相互作用来辨别方向。为了进一步证实这一点,科学家们在秋天把候鸟关进笼子里,用布罩起来,不让它们看到外面的世界。这些鸟却倔强地聚集在笼子的南部,准备向南飞。后来,科学家又把笼子放在一种磁场装置里,这些鸟儿就失去了方向,开始散布在笼子各处。可见地磁场是它们辨别方向至关重要的依据。不光鸟类,就是一些昆虫,甚至细菌也会对地磁场有感受能力。有一种细菌,总是一头朝南,一头朝北。从不在东西方向上"躺"着。这就充分说明它也有感知地磁场的本领。有的鱼儿,把它放进陌生的静水池里,它也是朝着南北方向游动。有种白蚁能在南北方向上建巢,因此称这种白蚁为"罗盘白蚁"。

医学家发现,人类的某些疾病与地球的磁纬度也有一定的关系。例如猩红热的发病率就与地磁的变化有关。在一些地磁异常的地方,人们患高血压、风湿性关节炎和精神病的人数,要比地磁场正常的地区高差不多 1.5 倍。这充分说明,地磁场能使人体患上某些疾病。

有科学家据此认为,地球上生命的存在,和地磁场形成的保护层有密切关系。因此宇宙中各种宇宙射线即使有穿透岩层的能量,却被拒之于磁场之外。没有这个保护层,生物就无法衍生繁殖,人类也不会安然无恙。而其他一些星球,虽然空气、温度、水分适宜,但就因为几乎没有磁场的保护,所以至今尚无生命。正是因为在磁环境下孕育着生命,所以生物与人类有着奇特的感应和适应能力。一些小动物身上的特殊生物罗盘,信鸽、候鸟、海豚等都是这种奇特的感应和适应能力的具体体现。这些动物的器官和组织中,都有着磁铁细粒,因此,它们都有着磁性细胞。正是这些磁性细胞,使它们自身具备生物罗盘而永不迷向。

作为高级生命的人类来说,虽然生物罗盘的作用已退化了,但仍有少数有特异功能的人还保留着这种特点。可见,人与磁也有着密切的关系。我们知道,电与磁是难以分开的,电流能产生磁场,磁场能感应电流。在人体内,由于生命活动必然产生生物电流,如心电流、脑电流等。这些生物电流必然产生生物磁场,由心磁图和脑磁图都观测到磁场的存在,尽管生物磁场比起地磁场来小得多,但是研究生物磁场对于了解脑的思维、生命的活动却有着重要的意义。

据说,人的心理状态、喜怒哀乐的精神因素,会直接影响心磁场的强度,而脑的思维情况也由脑子的不同部位的磁信号反映出来。因此可以用人工电磁信号去取代紊乱的电磁信号,从而达到治病的目的。

提到治病,磁的应用可以说是全方位的。像上面所说,电磁信号可以诊断和治疗疾病。另外,还可用药物或针疗等办法,比如中医常用磁石作为一种镇静药。还有现在流行的磁化杯和磁化水,也成为保健物品。更为神奇的是,磁还具有使人类恢复再生功能的巨大魔力!我们知道,原始动物如蜥蜴断了腿或尾巴以后能重新长上,螃蟹掉了螯钳以后还能长出更粗的螯钳。但是高等动物就不行。但通过医学实践证明,在适当的电磁场下可以使断骨的愈合加速,在脉冲电磁场的刺激下,可以使家鼠的断肢再生。因此磁疗的研究,在将来甚至有可能使人类的器官再生。这样,人的生命对于我们来说并不是只一次了,每个人都可以有多次生命。这无疑是天大的福音。

那么,地磁场是如何影响人体健康的呢?科学家们给出的解释有多种,但都不理想。一种认为人体的各部分都有水,水在地磁场中会发生物理化学变化。这样,当地磁场变化后,自然影响到水,也就使人体功能也发生变化,引起某些疾病。有的学者认为,人的各种器官也是有磁场的,即使地磁场发生微弱变化,也引起头脑、血液等周围的磁场发生变化,导致机体功能受影响,功能失常,疾病出现。也有人认为,人是处在不同生态环境之中,因此人的每个器官都带有当地地磁生态的烙印。当地磁变化后,人就会出现生理反常,产生反应,引起疾病。

当然,还有人提出生物膜理论以及其他不同的解释。但都不能使人满意。地磁场到底如何影响人体,特别是对大脑活动以及生理活动的影响,尚没有得到科学的解释。同样,在零磁环境下人类会受什么影响,在宇宙航行或在其他星球居住时,新的磁环境会对寿命有什么影响,也都是未来的课题。

## 元素到底能有多少种

我们肉眼看得见的物质(如楼房)或看不见的物质(如空气),都是由什么组成的?这一问题曾困扰人们好多年。由于人类的进步,到19世纪初期,经过科学家们的研究,终于揭开了物质世界的面纱:世界上的一切物质都是由元素组成的。从坚硬的石头到软绵绵的棉花;从流动的水到飘浮的云;从人的肌肉骨骼到极小的细菌;从高大的树木到浮游生物……一切都不例外。

那么元素大家庭的成员到底有多少个呢?一开始,科学家们认为只有92个。直到1940年,美国加利福尼亚大学的麦克米伦教授和物理化学家艾贝尔森在铀裂变后的产物中,才发现了93号新元素!他们俩把这新元素命名为"镎",镎的希腊文原意是"海王星",这名字是跟铀紧密相连的,因为铀的希腊文原意是"天王星"。镎的发现,充分说明了铀并不是周期表上的终点,说明化学元素远没有达到周期表上的终点,在镎之后还有许多化学元素。镎的发现,鼓舞着化学家在认识元素的道路上继续前进!

不多久,美国化学家西博格、沃尔和肯尼迪又在铀矿石中发现了94号元素。他们把这一新元素命名为"钚",希腊文的原意是"冥王星"。这是因为镎的希腊文原意是"海王星",而冥王星是在海王星的外面,是太阳系中离太阳最远的一个行星。钚的发现在当时根本没有引起人们的注意,人们只是把它看作一种新元素而已,谁也没有去研究它到有什么用处。但当人们发现了钚可以制作原子弹之后,钚就一下子青云直上,成了原子舞台上非常难得的"明星"!而且,钚的发现及广泛应用,人们对元素的认识,进入了一个新的阶段:原来,世界上还有许多很重要的未被发现的新元素哩!

于是,人们继续努力,要寻找94号以后的"超钚元素"。在1944年底,钚的发现者——美国化学家西博格和加利福尼亚大学教授乔索合作,用质子轰击钚原子核,最先是制得了96号元素,紧接着又制得了95号元素。他们将95号元素和96号元素分别命名为"镅"和"锔",用以纪念发现地点美洲和居里夫妇("锔"的原意即"居里")。

西博格和乔索继续努力,在1949年又制得了97号元素——锫;在1950年制得了98号元素——锎。锫的原意是"柏克立",因为它是在柏克立城的回旋加速器帮助下制成的;锎的原意是"加利福尼亚",因为它是在加利福尼亚州的回旋加速器帮助下制成的。

接着,人们又开始寻找99号元素和100号元素。当人们准备用回旋加速器制造出这两种新元素之前,却在另一个场合无意中发现了它们。那是在1952年11月,美国在太平洋上空爆炸了第一颗氢弹。当时,美国科学家在观测这次爆炸产生的原子"碎片"时,发现竟夹杂着两种新元素——99号和100号元素。1955年美国加利福尼亚大学在实验室中制得了这两种新元素。为了纪念在制成这两种新元素前几个月逝世的著名物理学家爱因斯坦和意大利科学家费米,分别把99号元素命名为"锿"(原意即"爱因斯坦"),把100号元素命名为"镄"(原意即"费米")。

1955年,就在制得锿以后,美国加利福尼亚大学的科学家们用氦核去轰击锿,使锿原子核中增加2个质子,变成了101号元素。他们把101号元素命名为"钔",以纪念化学元素周期律的创始人、俄罗斯化学家门捷列夫。

紧接着,在1958年,加利福尼亚大学与瑞典的诺贝尔研究所合作,用碳离子去轰击锔,使锔这个本来只有96个质子的原子核一下子增加了6个质子,制得了极少量的102号元素。他们用"诺贝尔研究所"的名字来命名它,叫作"锘"。

到了1961年,美国加利福尼亚大学的科学家们着手制造103号元素。他们用原子核中含有5个质子的硼,去轰击原子核中含有98个质子的锎,进行原子"加法":5+98=103,从而制得了103号元素。这个新元素被命名为"铹",以纪念当时刚去世的美国物理学家、回旋加速器的发明者劳伦斯。

在1964年、1967年,苏联弗列罗夫领导的研究小组和美国的乔索及西博格等人,分别用不同的方法制得了104、105和106号元素。但是由于双方都说是自己最早发现了新元素,所以,关于104号、105和106号元素的命名,至今仍争论不休,没有得到统一。

1976年,苏联弗列罗夫等人着手试制107号元素。他们用24号元素——铬的原子核,去轰击83号元素的原子核。24+83=107,就这样,107号元素被制成了。

到目前为止,得到世界各国科学家公认的化学元素,总共有107种。然而,世界上到底存在有多少种化学元素?人们会不会无休止地把化学元素逐个制造出来呢?这个问题引起了激烈的争论。

有人认为,从100号元素镄以后,人们虽然合成了许多新元素,但是这些新元素的寿命却越来越短。像107号元素,只能存在1毫秒。照此推理下去,108号、109号、110号,这些元素的寿命可能更短,因此要人工合成新元素的希望将越来越渺茫。他们预言,即使今后人们还有可能再制成几种新元素,但却已为数不多了。但是,很多科学家认真研究了元素周期表，并推算出在 108 号元素以后，可能又会出现几种"长命"的新元素！到底孰是孰非呢？迄今为止，尚无定论。

## 光合作用之谜

作为地球上最重要的化学反应，光合作用对大多数人来说，好像并没有什么太大的秘密，似乎它的过程无非就是吸收二氧化碳，放出氧气。然而，尽管光合作用的发现至今已有 200 多年历史，并且已有多位科学家在光合作用前沿研究上频频摘取诺贝尔奖，但其内在复杂机理仍被重重谜团笼罩。科学家坦言，要真正揭开"绿色工厂"的全部谜底，仍有很长的一段路要走。

为什么科学家们要对光合作用进行研究呢？这是因为人类所需要的各种生产生活资料都是由光合作用产生的，如果没有光合作用就不会有人类的生存与发展。所以，光合作用研究是一个重大的生物科学问题，同时又与人类现在面临的粮食、环境、材料、信息问题等密切相关。现在世界上每年通过光合作用产生 2200 亿吨生物质，相当于世界上所有的能耗的 10 倍。要植物产生更多的生物质，就需要提高光合作用效率。通过高新技术转化，我们甚至可以让有些藻类，在光合作用的调节与控制直接产生氢。根据光合作用原理，还可以研制高效的太阳能转换器。

光合作用与农业的关系同样密切，农作物干重的 90% 到 95% 来自光合作用。高产水稻与小麦的光合作用效率只有 1% 到 1.5%，而甘蔗或者玉米的效率则可达到 50% 或者更高。如果人类可以人为地调控光能利用效率，农作物产量就会大幅度增加。

近年来，空气里面二氧化碳不断增加，产生温室效应。光合作用能否优化空气成分，延缓地球变暖，也很值得探索。光合作用研究，还可以为仿真模拟生物电子器件，研制生物芯片等，提供理论基础或有效途径，对开辟 21 世纪新兴产业产生广泛而深远的影响。正是这些，使得光合作用研究在国际上成为一大热点难点。

早在一个多世纪以前，科学家就已经知道了光合作用，但真正开始研究光合作用还是在量子力学建立之后，人们也越来越为它复杂的机制深深叹服。

现在，科学家们已经知道，光合作用的吸能、传能和转化均是在具有一定分子排列及空间构象、镶嵌在光合膜中的捕光及反应中心色素蛋白复合体和有关的电子载体中进行的。但是让科学家们不可思议的是，从光能吸收到原初电荷分离涉及的时间尺度仅仅为 $10^{-15} \sim 10^{-17}$ 秒。这么短的时间内却包含着一系列涉及光子、激子、电子、离子等传递和转化的复杂物理和化学过程。

更让人惊奇的是，这种传递与转化不仅神速，而且高效。在光合膜系统中，在最适宜的条件下，传能的效率可高达 94%~98%，在反应中心，只要光子能传到其中，能量转化的量子效率几乎为 100%。这种高效机制是当今科学技术远远不能企及的。

那么，光合系统这个高效传能和转能超快过程到底是如何进行的？其全部的分子机理及其调控原理研究竟是怎样的？为什么这么高效？这迄今仍是多年来一直困扰着众多科学家的谜团。有科学家说：要彻底揭开这一谜团，在很大程度上依赖于合适的、高度纯化和稳定的捕光及反应中心复合物的获得，以及当代各种十分复杂的超快手段和物理及化学技术的应用与理论分析。事实上，当代所有的物理、化学最先进设备与技术都可以用到光合作用研究中来。

光合作用的另外一个谜团是：生化反应起源是自然界最重大的事件之一，光合作用的过程是一系列非常复杂的独立代谢反应，它究竟是如何演化而来？美国亚利桑那州立大学的生化学家罗伯特教授说："我们知道这个反应演化来自细菌，大约在 25 亿年前，但光合作用发展史非常不好追踪。有多种光合微生物使用相同但又不太一样的反应。虽然有一些线索能把它们联系在一起，但还是不清楚它们之间的关系。"罗伯特教授等人还试图透过分析 5 种细菌的基因组来解决部分的问题。他们的研究结果显示，光合作用的演化并非是一条从简至繁的直线，而是不同的演化路线的合并，把独立演化的化学反应混合在一起。也许，他们的工作会给人类这样一些提示：人类也可能通过修补改造微生物产生新生化反应，甚至设计出物质的合成的反应。这样的工作对天文生物学家了解生命在外星的可能演化途径，也大有裨益。

我国著名科学家匡廷云院士曾深有感触地说："要揭示光合作用的机理，就必须先搞清楚膜蛋白的分子排列、空间构象。这方面我们最新取得的原创性成果就是提取了膜蛋白，完成了 LHC-II 三维结构的测定。由于分子膜蛋白是镶嵌在脂质双分子膜里面的，疏水性很强，因此难分离、难结晶。"现在，中国科学院植物所经过多年努力已经提取了这种膜蛋白，在膜蛋白研究上，我国已经可以与世界并驾齐驱。

那么是否可能会有那么一天，人们可以模拟光合作用从工厂里直接获取食物，而不再一味依靠植物提供呢？科学家们认为，这在近期内是不可能的，因为人类对光合作用的奥秘并不真正了解，还有很多问题需要进一步弄清楚，要实现人类的这一长远理想，可能还要付出更为艰辛的努力。

## 哥德巴赫猜想：皇冠上的明珠谁来摘

1977 年，老作家徐迟发表了轰动一时、影响极大的报告文学《哥德巴赫猜想》，不仅使以前默默无名的数学家陈景润一日成名天下知，而且文中那被他称为"皇冠上的明珠"的世界著名难题——哥德巴赫猜想的大名也为许许多多数学门外汉们所熟悉。然而，即便时至今日如果真问起什么是哥德巴赫猜想，恐怕绝大多数人仍是不知其所以然吧。不止一次地听到一些博学的万事通不屑地说：不就是 $1+1=2$ 吗？你说这有什么可研究的？实际的问题真是如此吗？

其实，"哥德巴赫猜想"是一道数学命题，它是德国数学家哥德巴赫于 1742 年写给当时最有名的数学家欧拉的信中提及的。原命题是：每一个大于 2 的偶数，都可以表达为两个素数之和。偶数和素数都属于自然数范畴，小学课本上已有介绍。偶数就是双数，如 2、4、6、8、10、12 等等；素数则是只能被 1 和自身整除的自然数，如 2、3、5、7、11 等等。用数学语言描述哥德巴赫猜想为：$N=P1+P2$，简称 $[1+1]$，也就是两个素数之和。这里的 N 是大于 2 的任何偶数，P1、P2 均是素数。例如 $6=3+3$  $12=5+7$  $26=3+23$  $48=7+41$ 等。这就是有名的、被许多学者认为正确，但又绵延了 260 余年仍未得到证明的"哥德巴赫猜想"。

哥德巴赫写信给欧拉时还称，他作的大量验算表明，该命题正确。但是不知道如何去证明它。欧拉饶有兴味地读完信，立刻被吸引住了。他作的验算也表明 $N=P1+P2$ 命题正确。说到如何证明呢？欧拉同样束手无策。欧拉在 6 月 30 日给他的回信中说,他相信这个猜想是正确的,但他不能证明。于是欧拉向全世界公布了哥德巴赫猜想,希望数学界同仁集思广益给出证明。叙述如此简单的问题,连欧拉这样首屈一指的数学家都不能证明,这个猜想便引起了许多数学家的注意。多少年又过去了,世界上许多不同肤色、不同民族的数学家、数学爱好者一次次向"哥德巴赫猜想"发起冲锋,又一次次退却下来。每失败一次,都向前迈进了一步,从而更接近了真理。但迄今为止,这座堡垒仍然没有被攻克。"哥德巴赫猜想"被誉为"世界最迷人的数学难题"第一的称号。她用貌似平凡的外表,吸引无数数学家为她神魂颠倒、寝食难安。不知道有多少数学家为她浪费了宝贵的青春,却不能娶她回家。

但数学工作者们没有灰心,为攻克"哥德巴赫猜想",他们不断地创造出各种新的数学理论来证明它。可是,问题真的是出乎意料的难。人们验证了数量巨大的数,使它成为被验证最多的数学猜想,在验证中也没有发现任何反例。但一百多年中,对它的证明却几乎不见任何实质性的进展。到了 20 世纪 20 年代,才有人开始向它靠近。1920 年,挪威数学家布郎用一种古老的筛选法证明,得出了一个结论:任何一个足够大的偶数,都可以表示成其他两个数之和,而这两个数中的每个数,都是 9 个奇质数之和。这种缩小包围圈的办法很管用,科学家们于是从(9+9)开始,逐步减少每个数里所含质数因子的个数,直到最后使每个数里都是一个质数为止,这样就证明了"哥德巴赫猜想"。数学家们使用这种方法,哥德巴赫猜想的证明工作才开始"柳暗花明"起来。短短的 20 年内,取得了一系列重要的研究成果。

1920 年,挪威的布朗证明了"9+9"。

1924 年,德国的拉特马赫证明了"7+7"。

1932 年,英国的埃斯特曼证明了"6+6"。

1937 年,意大利的蕾西先后证明了"5+7","4+9","3+15"和"2+366"。

1938 年,苏联的布赫·夕太勃证明了"5+5"。

1940 年,苏联的布赫·夕太勃证明了"4+4"。

1948 年,匈牙利的瑞尼证明了"1+c",其中 c 是一很大的自然数。

我国的数学家在这一世界难题的征服上更是捷报频传。1958 年,青年数学家王元证明了"2+3",1962 年年轻数学家潘承洞又证明了"1+5"。同年,两人证明了"1+4"。1966 年,陈景润发表《大偶数表为一个素数与一个不超过两个素数乘积之和》的论文,标志着他已完成了"1+2"的证明。

他的这一杰出成果在发表后立即传遍了全世界,被誉为"陈氏定理""辉煌的定理",是运用筛法的"光辉的顶点",受到广泛征引,也为中国数学界争得了极大的荣誉。尤为难得的是,这篇用 200 页稿纸写出的光辉论文是陈景润在 6 平方米居室中完成的:"任何一个大于 4 的偶数,都可以表达为 1 个素数和另外 2 个素数乘积之和。"用数学式描述为:N=P1+[P2×P3],其中 N 是大于 4 的偶数,P1、P2、P3 均是素数。该成果不仅是有史以来最接近"哥德巴赫猜想"的证明,而且也成了激励人们奋力拼搏的典范,成为中华儿女最时髦的话题。这篇论文简称为[1+2],它离最终解决哥德巴赫猜想[1+1],离摘取数论皇冠上的明珠仅一步之遥。然而这也正是最艰难的一步。陈景润直到去世也没能实现攻克这一难关的宏愿。

　　计算机科学的迅猛发展，无疑给"哥德巴赫猜想"开了绿灯。现在的超级计算机已经验证出，在 400 万亿以内的所有偶数，均可表示为 2 个素数之和。这是一个好信息，但是与数学证明仍有较大距离。现在的最好证明，还是陈景润的［1+2］。时间也已经又过去了 30 年，这颗"皇冠上的明珠"至今仍无人摘取。2000 年，英国费伯公司宣布：愿意拿出 100 万美元奖金，来征解这道古老的数学难题。这是一个新机遇与新挑战。最后会珠落谁手呢，人们仍需拭目以待。